Arend Hoyer ● Was Musik andächtig macht

TVZ

Arend Hoyer

Was Musik andächtig macht

Drei Leipziger Kirchenkantaten Johann Sebastian Bachs, liturgiewissenschaftlich unter die Lupe genommen

T V Z

Theologischer Verlag Zürich

Gedruckt mit freundlicher Unterstützung des Synodalrats der Reformierten Kirchen Bern-Jura-Solothurn.

Der Theologische Verlag Zürich wird vom Bundesamt für Kultur mit einem Strukturbeitrag für die Jahre 2016–2018 unterstützt.

Bibliografische Informationen der Deutschen Nationalbibliothek
Die Deutsche Nationalbibliothek verzeichnet diese Publikation in der Deutschen Nationalbibliografie; detaillierte bibliografische Daten sind im Internet über http://dnb.dnb.de abrufbar.

Umschlaggestaltung
Simone Ackermann, Zürich
unter Verwendung einer Zeichnung von Ekkehard Hoyer, Altar mit Engel aus der Krypta von Saint-Victor in Marseille © Ekkehard Hoyer

Druck
Rosch-Buch GmbH, Scheßlitz

ISBN 978-3-290-18139-0

www.tvz-verlag.ch

Inhalt

Vorwort 13

1 Einleitung 15

1.1 Fragestellung 15
1.1.1 Luther, Zwingli, Calvin und das Konzil von Trient zur Aufgabe oder Nichtaufgabe von Gottesdienstmusik 16
1.1.2 Die vorliegende Untersuchung: Vorarbeiten und Zielsetzung 22
1.2 Zum geistesgeschichtlichen Kontext der Fragestellung 24
1.2.1 Der Untersuchungsgegenstand im Licht der lutherischen Orthodoxie 25
1.2.2 Der Untersuchungsgegenstand im Licht der Mystik 26
1.2.3 Der Untersuchungsgegenstand im Licht des Pietismus 29
1.2.4 Der Untersuchungsgegenstand im Licht der Aufklärung 33
1.3 Aufbauschritte 38
1.4 Anmerkung eines Nicht-Musikers 39

2 Die Erforschung der Bach-Kantaten – Ein Überblick 41

3 Der Leipziger Gottesdienst zur Zeit Bachs 53

3.1 Die Liturgie 57
3.2 Die Predigt 58

4 Bachs Kirchenkantaten als musikalische Gattung 63

5 Theorien zu Text und Musik der Kirchenkantaten Bachs 69

5.1 Bachs Begriff einer andächtigen Musik – Auslegung einer Marginalie 70
5.1.1 Textkritische Sichtung 70
5.1.2 Literarkritische Aspekte: Datierung und unmittelbarer Kontext 73
5.1.3 Bachs Arbeit an der *Deutschen Bibel* 78
5.1.3.1 Marginalie zu Ex 15,20 82
5.1.3.2 Marginalie zu 1Chr 25 84
5.1.3.3 Marginalie zu 1Chr 28,21 86
5.1.4 Formkritik: Anlass und Gattung 88
5.1.5 Begriffsgeschichte zu «andächtig» 90
5.1.6 Begriffsgeschichte zu «Gnaden=Gegenwart» 98

5.1.7 Was Musik andächtig macht – eine Verhältnisbestimmung 101
5.2 Die Bach-Kantaten und die Rhetorik 106
5.2.1 Inventio, dispositio, elocutio, actio, memoria 109
5.2.2 Die Stilhöhen der elocutio 112
5.2.2.1 Docere 113
5.2.2.2 Movere 116
5.2.2.3 Delectare 119
5.2.3 Von der klassischen Rhetorik zur Analyse von Bach-Kantaten 121
5.3 Deylings «Herrliche Dinge» als homiletisch-erbauliches Modell 122
5.3.1 Brücken zur Rhetorik 125
5.3.2 Brücken zur Musik 126
5.4 Die Bach-Kantaten und der Gottesdienst – Theoretische Zugänge 126
5.4.1 Salomon Deyling: Kirchenmusik in Abgrenzung zur Welt des Theaters 131
5.4.2 Gottesdienst als symbolische Kommunikation 137
5.4.3 Semiotisch gestützter Inszenierungsbegriff 139
5.4.4 Verhaltenswissenschaftliche und ritualtheoretische Ansätze 141
5.4.5 Gottesdienst als Lernprozess 143
5.4.6 Zwischen Ritual und Theater 144
5.4.7 Religiöse Erfahrungsebene 145
5.4.8 Identität und Szene 147
5.4.9 Gottesdienst als Weg 148
5.4.10 Gottesdienst als Textinszenierung 149
5.4.10.1 Henning Luther 149
5.4.10.2 Martin Nicol 150
5.4.10.3 Michael Meyer-Blank 152
5.4.10.4 Yorick Spiegel 154
5.4.10.5 Wilhelm Gräb 155
5.5 Innerer und äusserer Gottesdienst – eine erbauungsrelevante Unterscheidung 156

6 Analyse der Kantaten zum 14. Sonntag nach Trinitatis 163

6.1 Auswahlkriterien 163
6.2 Quellenlage 164
6.3 Der Gottesdienstablauf 165
6.4 Deylings «Herrliche Dinge» zum Tag 171

7 «Es ist nichts Gesundes an meinem Leibe» (BWV 25) 173

7.1 Libretto und Musik: Quellenlage 173
7.2 Aufführungskontext 173
7.3 BWV 25,1 (Coro) 175
7.3.1 Inventio 176
7.3.2 Dispositio 179
7.3.3 Elocutio 180

7.3.3.1 Docere 180
7.3.3.2 Movere 185
7.3.3.3 Delectare 187
7.3.4 Inszenierte Andacht – eine erste Synthese 189
7.4 BWV 25,2: Recitativo T 192
7.4.1 Inventio 192
7.4.2 Dispositio 193
7.4.3 Elocutio 193
7.4.3.1 Docere 194
7.4.3.2 Movere 195
7.4.3.3 Delectare 196
7.4.4 Inszenierte Andacht 198
7.5 BWV 25,3: Aria B 199
7.5.1 Inventio 200
7.5.2 Dispositio 200
7.5.3 Elocutio 201
7.5.3.1 Docere 202
7.5.3.2 Movere 204
7.5.3.3 Delectare 205
7.5.4 Inszenierte Andacht 207
7.6 BWV 25,4: Recitativo S 208
7.6.1 Inventio 208
7.6.2 Dispositio & elocutio 210
7.6.2.1 Docere 211
7.6.2.2 Movere 212
7.6.2.3 Delectare 214
7.6.3 Inszenierte Andacht 215
7.7 BWV 25,5: Aria S 217
7.7.1 Inventio 217
7.7.2 Dispositio 218
7.7.3 Elocutio 219
7.7.3.1 Docere 220
7.7.3.2 Movere & delectare 220
7.7.4 Inszenierte Andacht 221
7.8 BWV 25,6: Choral 222
7.8.1 Inventio 223
7.8.2 Dispositio 226
7.8.3 Elocutio 227
7.8.3.1 Docere 228
7.8.3.2 Movere 230
7.8.3.3 Delectare 231
7.8.4 Inszenierte Andacht 231
7.9 Ergebnis der ersten Kantatenanalyse 232

8 «Jesu, der du meine Seele» (BWV 78) 237

8.1 Quellenlage 237
8.2 Aufführungskontext 238
8.3 Literarischer und musikalischer Kontext 239
8.4 Aufbau und *inventio* der Kantate 239
8.5 BWV 78,1: (Coro) 242
8.5.1 Inventio 242
8.5.2 Dispositio 247
8.5.3 Elocutio 247
8.5.3.1 Docere 247
8.5.3.2 Movere 248
8.5.3.3 Delectare – Bachs rhetorischer Formbegriff 249
8.5.4 Inszenierte Andacht 252
8.6 BWV 78,2: Aria (Duetto) S A 253
8.6.1 Inventio 254
8.6.2 Dispositio 255
8.6.3 Elocutio 255
8.6.3.1 Docere 256
8.6.3.2 Movere 257
8.6.3.3 Delectare 259
8.6.4 Inszenierte Andacht 261
8.7 BWV 78,3: Recitativo B 262
8.7.1 Inventio & dispositio 263
8.7.2 Elocutio 265
8.7.2.1 Docere 265
8.7.2.2 Movere 268
8.7.2.3 Delectare 272
8.7.3 Inszenierte Andacht 273
8.8 BWV 78,4: Aria T 274
8.8.1 Inventio & dispositio 274
8.8.2 Elocutio 279
8.8.2.1 Docere 279
8.8.2.2 Movere 280
8.8.2.3 Delectare 281
8.8.3 Inszenierte Andacht 285
8.9 BWV 78,5: Recitativo B 287
8.9.1 Dispositio 288
8.9.2 Inventio & elocutio 289
8.9.2.1 Docere 293
8.9.2.2 Movere 295
8.9.2.3 Delectare 297
8.9.3 Inszenierte Andacht 297
8.10 BWV 78,6: Aria B 299

8.10.1 Dispositio 299
8.10.2 Inventio & elocutio 301
8.10.2.1 Docere 307
8.10.2.2 Delectare 309
8.10.3 Inszenierte Andacht 311
8.11 BWV 78,7: Choral 311
8.11.1 Inventio 312
8.11.2 Dispositio 313
8.11.3 Elocutio 314
8.11.4 Inszenierte Andacht 314
8.12 Andachtsspezifische Deutung von BWV 78 als Choralkantate 316

9 «Wer Dank opfert, der preiset mich» (BWV 17) 319

9.1 Quellenlage 319
9.2 Kontext 320
9.3 Bezug zur Perikope 320
9.4 BWV 17,1: Coro 321
9.4.1 Inventio 321
9.4.2 Dispositio & elocutio 327
9.4.2.1 Docere 327
9.4.2.2 Movere 330
9.4.2.3 Delectare 331
9.4.3 Inszenierte Andacht 334
9.5 BWV 17,2: Recitativo A 335
9.5.1 Inventio 335
9.5.2 Dispositio 336
9.5.3 Elocutio 337
9.5.3.1 Docere 338
9.5.3.2 Movere 340
9.5.3.3 Delectare 340
9.5.4 Inszenierte Andacht 341
9.6 BWV 17,3: Aria S 343
9.6.1 Inventio 343
9.6.2 Dispositio 345
9.6.3 Elocutio 346
9.6.3.1 Docere 346
9.6.3.2 Movere 349
9.6.3.3 Delectare 350
9.6.4 Inszenierte Andacht 352
9.7 Parte 2da, BWV 17,4: Recitativo T 353
9.7.1 Dispositio 353
9.7.2 Inventio & elocutio 354
9.7.2.1 Docere 359

9.7.2.2 Movere 361
9.7.2.3 Delectare 363
9.7.3 Inszenierte Andacht 364
9.8 BWV 17,5: Aria T 365
9.8.1 Inventio 365
9.8.2 Dispositio 366
9.8.3 Elocutio 367
9.8.3.1 Docere 367
9.8.3.2 Movere 368
9.8.3.3 Delectare 371
9.8.4 Inszenierte Andacht 372
9.9 BWV 17,6: Recitativo B 374
9.9.1 Inventio 374
9.9.2 Dispositio & elocutio 378
9.9.2.1 Docere 378
9.9.2.2 Movere 379
9.9.2.3 Delectare 380
9.9.3 Inszenierte Andacht 382
9.10 BWV 17,7: Choral 383
9.10.1 Inventio 383
9.10.2 Dispositio & elocutio 385
9.10.2.1 Docere 387
9.10.2.2 Movere 387
9.10.2.3 Delectare 388
9.10.3 Inszenierte Andacht 389
9.11 BWV 17: Ergebnis 390

10 Was Musik andächtig macht – Auswertung einer Rekonstruktion 393

10.1 Lehrkonformität 396
10.1.1 Zurück zur Fragestellung 400
10.2 Liturgieaffinität 402
10.2.1 Bezüge zum Proprium 402
10.2.1.1 Exkurs: Brücken zur Epistel 405
10.2.2 Bezüge zum Ordinarium 412
10.2.3 Bezüge zu einzelnen Liturgiebausteinen 413
10.2.4 Die Fürbitten als liturigsche Brücke zum inneren Gottesdienst 416
10.2.5 Zurück zur Fragestellung 418
10.3 Erbauungsgehalt – Einbezug des Alltags 421
10.3.1 BWV 25 und der Alltag der Hörerinnen und Hörer 422
10.3.2 Die Inszenierungstheorien und der Alltagsbezug in den Kantaten 425
10.3.3 Vom Alltagsbezug zum inneren Gottesdienst 434
10.3.4 Vom inneren zum äusseren Gottesdienst 436
10.3.5 Zurück zur Fragestellung – Schlussbetrachtung 437

10.4 Bach und Deyling – zwei Andachtsperspektiven im Vergleich 446

11 Andächtig Musig – eine Herausforderung für den Gottesdienst der Gegenwart 453

11.1 Zwischen Tradition und Innovation – Stichwort Sorgfalt 455
11.2 Zwischen Expertentum und uneingeschränkter Partizipation – Stichwort Amt 459
11.3 Zwischen Planung und Improvisation – Stichwort Situativität 463
11.4 Zwischen Verkündigung und Seelsorge – Stichwort Konfrontation 466
11.5 Schlussbetrachtung 468

Anhang 471

Abkürzungen 471
Bibelausgaben 471
Weitere Quellen 472
Literatur 472

Vorwort

Seit meiner Kindheit bin ich mit Gottesdienst und Musik vertraut, insbesondere in der Kombination: Musik *im* Gottesdienst. Während mein Vater als Pastor der deutschen lutherischen Gemeinde in Genf Gottesdienste hielt, schlug neben professionellen Organisten einer meiner Brüder die Orgel oder begleitete am Klavier die in den 1960er Jahren aufkommenden «Neuen Lieder». Wir übrigen Brüder begrüssten die Gemeinde zum Gottesdienst und teilten Gesangbücher aus. Meine Mutter wirkte als Kantorin. So stand meine Kindheit nicht nur unter dem Zeichen liturgischer Bezüge. Musik, insbesondere diejenige Johann Sebastian Bachs, gehörte dazu, zum Gottesdienst wie zur Allgemeinbildung. In Familie und Kirche wurde über Musik gesprochen und gestritten, vor allem über Bach. Dieser stand in einer geistesgeschichtlichen Linie mit Luther, Goethe und Dietrich Bonhoeffer. Die hier vorliegende Untersuchung hat also auch etwas mit einer Tradition zu tun, die meine persönliche Entwicklung als Theologe und Liturg prägt. Das genaue Verhältnis von Musik *zum* Gottesdienst ist mir aber bis heute ein Rätsel geblieben, das ansatzweise zu lüften ich mir mit dieser Untersuchung als Aufgabe stelle.

Für seine Unterstützung im Verlauf meines Suchprozesses bin ich zuallererst meinem 2011 verstorbenen Bruder Harro gegenüber zu Dank verpflichtet, der bei mir das Interesse für Bachs Musik weckte und über Jahrzehnte die Vermutung wachhielt, es gebe bei Bach stets noch mehr zu finden, als bisher erforscht worden sei. In diesen Dank schliesse ich meine Schwägerin Marie-Louise Hoyer ein, die die gut bestückte Bach-Bibliothek meines Bruders verwaltet und als ausgebildete Musikerin diese Untersuchung umsichtig gegengelesen und mit nützlichen Anmerkungen ergänzt hat. Danken möchte ich ebenfalls meinem Vetter Roland Hüttmann für seine Hinweise auf stilistische Mängel. Für seine zahlreichen methodischen Anregungen danke ich meinem Doktorvater David Plüss herzlich. Als Professor für Homiletik, Liturgik und Kirchentheorie wendet er sich in der eigenen Forschung dem Gottesdienst der Gegenwart zu. Gleichwohl erklärte er sich bereit, sich dieser im Wesentlichen historisch angelegten Untersuchung anzunehmen. Professor Jochen Arnold danke ich für seine unterstützenden Anregungen als Bach-Kenner und Experte der Schnittstelle Kirchenmusik und Theologie und als Verfasser des Zweitgutachtens sehr. Alfred Ehrensperger möchte ich für das wache Interesse danken, das er als Liturgiewissenschaftler und langjähriger Mitstreiter in der Liturgiekonferenz beim Schweizerischen Evangelischen Kirchenbund und in der Deutschschweizerischen Liturgiekommission meinem Vorhaben bekundet hat und mir in meinen allerersten Schritten aufmunternd zur Seite stand. Andreas Marti, emeritierter Titularprofessor für theoretische und praktische Kirchenmusik und ebenfalls langjähriger Mitstreiter in beiden Kommissionen, danke ich für seine stets präzisen Anmerkungen, wenn ich ihn um Rat bat. Dem Musikwissenschaftler Dominik Sackmann verdanke ich einen anregenden Nachmittag über die Interpretation der Kantate BWV 25 in dessen Basler Instrumentenwohnung. Auch möchte ich Monika Henking, langjährige Organistin der reformierten Kirche Thalwil, für ihre Anregungen zur gleichen Kantate danken. Insbesondere möchte ich Gabriela Schöb, Kantorin in derselben Kirchgemeinde, für die Aufführung der Kantate BWV 78 im Rahmen eines Gottesdienstes und für ihre Bereitschaft danken, die «Notenzitate», die Simon Schreiber aus der NBA übertragen hat, zu vervollständigen. Auch ihm spreche ich meinen Dank aus. Die erste musikwissenschaftlich orientierte Analyse eines Kantatensatzes verdanke ich Hans Bergmann, der mir als Leiter des Freiburger Ensembles Musica Poetica in den 1970er Jahren schon den Geschmack für eine Barockmusikinterpretation vermittelte. Auch möchte ich mich bei David O. Berger bedanken, der mir als nun ehemaliger «Director of Library Services» des Concordia Seminary in St. Louis, Missouri, 2011 freien Zugang zu Bachs Arbeitsbibel gewährte. Meinem Kollegen und ehemaligen Vikariatsleiter Thomas Scheibler möchte ich ebenfalls danken. In unserer gemeinsamen Promotionszeit tauschten wir uns über die von uns verwendete Hermeneutik aus. Nicht zuletzt danke ich meiner Frau Viviane für ihre grosse Unterstützung im Rahmen dieses Projektes, das über Jahre hinweg die Tage früh beginnen liess. Für die grosszügige finanzielle Unterstützung bei der Veröffentlichung dieses Projektes spreche ich schliesslich dem Synodalrat der Reformierten Kirchen Bern-Jura-Solothurn gegenüber meine Dankbarkeit aus.

Bei der Vorliegenden Untersuchung handelt es sich um eine Dissertation, die ich am 2. Februar 2015 an der theologischen Fakultät in Bern verteidigt und in der Zwischenzeit um den Abschnitt zum geistesgeschichtlichen Kontext (1.2) ergänzt habe. Auch habe ich die Auswertung (10) auf die Fragestellung hin breiter entfalten und die Ergebnisse ausführlicher auf die einzelnen Analyseschritte beziehen können, als dies mit der Seitenlimitierung als Vorgabe zur Einreichung der Dissertation gegeben war.

1 Einleitung

1.1 Fragestellung

Dass Musik im Gottesdienst eine besondere Aufgabe wahrnimmt, ist in einem lutherisch geprägten Umfeld selbstverständlich. Weit weniger selbstverständlich ist es hingegen, hierfür zu schlüssigen Definitionen vorzudringen.[1] Ist im lutherischen Kontext die theologische Hochschätzung des Reformators für eine vokal wie instrumental aufgeführte Musik *im* Gottesdienst in Bezug auf deren Entfaltung als Gottesdienstmusik zur Zeit Bachs liturgiepragmatisch fraglos als förderlich einzustufen, so zeichnet sich damit über den liturgietheoretischen Stellenwert der Musik und die ihr zugeschriebenen Eigenschaften und Funktionen *auf den* Gottesdienst zu freilich noch keine schlüssige Definition ab. Es ist daher sicher angebracht, mit Karl-Heinrich Bieritz liturgiesystematisch die Annäherung an das Phänomen der Musik im Gottesdienst über den weiten Begriff «Klänge» im Gottesdienst zu wagen und dabei umsichtig allerlei «Zugänge» anthropologischer,[2] religiös-kultischer,[3] biblischer,[4] zeichentheoretischer[5] Natur zu versuchen, bevor liturgierelevante Aussagen zu deren «Geschichte und Gestalt»[6] getroffen werden. Das komplexe und offene Verhältnis, das Musik und Gottesdienst wohl zu jeder Periode ihrer gemeinsamen wie voneinander getrennt verlaufenden Geschichte im christlichen Kontext unterhalten, soll im Rahmen dieser Untersuchung in Bezug auf die Leipziger Verhältnisse der 1720er Jahre unter Gesichtspunkten beleuchtet werden, die aus dem geistesgeschichtlichen Kontext heraus als plausibel erscheinen. Hierfür weite ich zunächst den Horizont dieser Untersuchung über den Leipziger Horizont der ersten Hälfte des 18. Jahrhunderts hinaus auf drei Referenzgrössen aus, die in meinen Augen das Phänomen Kirchenmusik aus theologischer Sicht

---

1 In einem Gespräch am 15.11.2014 bestätigte mir Andreas Marti, dass meine Fragestellung immer noch ein Desiderat der Forschung darstellt.

2 Bieritz 2004, 123.

3 Bieritz 2004, 124.

4 Bieritz 2004, 126ff.

5 Bieritz 2004, 128.

6 Bieritz 2004, 130ff.

systematisieren und Bachs Musik geistesgeschichtlich eingrenzen helfen. Ich lehne mich dabei an Andreas Martis nicht abschliessende Aufzählung von richtungsweisenden Annäherungen an, die sich seiner Einschätzung nach im westkirchlichen Kontext[7] in Bezug auf die «postulierten oder erhofften Wirkungen und Funktionen der Musik»[8] im Gottesdienst als nachhaltig herausgestellt haben.

1.1.1 Luther, Zwingli, Calvin und das Konzil von Trient zur Aufgabe oder Nichtaufgabe von Gottesdienstmusik

Als erste Referenzgrösse greife ich Martin Luthers vielfältige Stellungnahmen zur Musik auf, über die im Zusammenhang mit Bachs eigener Musik schon einiges geschrieben wurde.[9] Dass Bach ‹seinen› Luther kennt und schätzt, steht ausser Zweifel, auch dass Luthers grundsätzlich der Musik gegenüber wertschätzende Haltung für Bachs eigene musiktheologischen Vorstellungen bestimmend sein dürfte, wird von niemandem bestritten.[10] Das Kapitel ‹Luther und die Musik› muss nicht mehr eigens geschrieben werden.[11] Ich erlaube mir an dieser Stelle, Luthers Position summarisch folgendermassen zu charakterisie-

---

7 Ich klammere im Rahmen dieser Untersuchung das der Instrumentalmusik grundsätzlich ablehnend gegenüberstehende Liturgieverständnis der ostkirchlichen Orthodoxie aus und verweise hierzu auf Pfeiffer 1999, 141–156.

8 Marti 2012, 6ff. Eine vergleichbare Systematik in dieser Fragestellung bieten Chalamet 2016 und Föllmi 2017.

9 Auch abgesehen von Publikatiomen, die die Beziehung Bachs zu Luther bereits im Titel aufweisen wie Blankenburg 1983 («Luther und Bach») oder Steiger 1999 («Von Luther zu Bach»), wird allgemein in der Bachforschung mit Bezügen zwischen beiden nicht gespart. Siehe im Rahmen dieser Untersuchung im Zusammenhang mit den theoretischen Zugängen 5.1.3–5.1.6, 5.4.1, 5.4.2, 5.5, in Bezug auf Einzelanalysen 7.3.3.3, 7.5.3.3, 8.5.1, 8.7.2.1f, 9.4.1, 9.4.2.1, 9.10.2.3, im Hinblick auf den Ertrag 10.2.1.1, 10.3.5 und schliesslich im Rahmen des Ausblicks 11.1.

10 Siehe 5.1 insbesondere 5.1.1 und 5.1.3. Zum beeindruckenden Bestand an Luthers Werken in Bachs theologischer Bibliothek siehe Leaver 1983, 13. Insbesondere fallen dabei die beiden Gesamtausgaben auf, die achtbändige Jena-Gesamtausgabe (1555–1615) (siehe Leaver 1983, 56ff) und die die Jenaer Ausgabe überarbeitende siebenbändige Altenburger Ausgabe (1661–1664) (siehe Leaver 1983, 52–55).

11 Vgl. Blankenburg 1979b, Renate Steiger 1998b, aber auch Dienst 2000, Petzoldt 2006 usw.

ren: Luther versteht Musik[12] als «Gabe Gottes»[13] und ordnet sie gottesdienstrelevant der Verkündigung zu.:

> «DEnn Euangelium ist ein Griechisch wort / vnd heisset auff Deudsch / gute Botschafft / gute Mehre [Bericht] / gute Newezeitung [Neuigkeit] / gut Geschrey / dauon man singet / saget vnd frölich ist [...] Also ist auch das noch nicht / wenn du solch Lere vnd Gebot weissest / sondern wenn die stim kommt / die das sagt / Christus sey dein eigen mit leben / leren / wercken / sterben / aufferstehen / vnd alles was er ist / hat / thut vnd vermag.»[14]

Mit dieser Zuordung einer musikalischen Stimme zur Verkündigung des Evangeliums scheint für ihn die wesentliche Bestimmung der Musik im Gottesdienst festzustehen, sodass er im Hinblick auf deren weitere liturgische Ein- und Zuordnung einen verkündigungsorientierten Pragmatismus walten lässt.[15] Was die biblische Verankerung der Kirchenmusik anbelangt, übersetzt Luther Kol 3,16[16] in einer Weise, die der Musik gegenüber kaum Vorbehalte zulässt:

---

12 Zur für Luther massgeblichen Vorstellung der musikalischen Klangstruktur, dem Prinzip der Vierstimmigkeit und der Stellung der Tenorstimme als «Vox Media» verweise ich auf Dammann 1984, 181ff.

13 Luther 1909 / WA 30 II, 696. Siehe Krummacher 1994, 14ff. Zu Luthers schöpfungstheologischen Verankerung von Musik verweise ich auf Knellwolf 1989, 61ff.

14 «Vorrede auff das Newe Testament», in: Luther 1974, 1962 und 1964f. Zur Thematik siehe ferner Marti 2012, 7. Zur «Aussagemacht» der Musik im Verhältnis «zur Botschaft des Wortes Gottes» verweise ich auf Söhngen 1967, 171.

15 «Von ordenung gottis diensts ynn der gemeine 1523»: «Das gesenge ynn den sontags messen vnd vesper las man bleyben / denn sie sind fast [recht] gutt / vnnd aus der schrifft getzogen / doch mag mans wenigern odder mehren.» (Herbst 1992, 13–15 zit. n. Marti 2005, 1). Eine gründliche Untersuchung der komplexen Beziehung Luthers zur Musik bietet Krummacher 1994, 33–40: «Luthers Beurteilung gottesdienstlicher Musik». Darin fasst er zusammen: «Die von Luther nie in Zweifel gezogene Bedeutsamkeit der Musik für das Leben des von Gott aus Gnaden angenommenen Menschen, der ‹im neu fröhlichen Testament› leben darf, soll nicht durch Ordnungen oder Gesetze in dieser oder jener Richtung gefährdet werden. Daher verzichtet Luther auf jede Soll-Forderung hinsichtlich gottesdienstlicher Musik.» (ebd., 38). Zugespitzt formuliert Krummacher: «Ein an Luther orientiertes Selbstverständnis evangelischer Kirchenmusik wird sich [...] nicht zuvörderst an Gottesdienst und Liturgie festmachen können. Es wird vielmehr die über den Gottesdienst hinausreichenden Dimensionen der Gestaltwerdung des Wortes und der Ausdrucksformen des Glaubens wahrnehmen müssen.» (Ebd.).

16 Siehe Söhngen 1967, 12–25: «Begründung des Singens im Neuen Testament». In der vorliegenden Untersuchung werden Kol 3,16 und ihre Parallelstelle Eph 5,18f. als *loci*

«LAsset das wort Christi vnter euch reichlich wonen / in aller weisheit. Leret vnd vermanet euch selbs / mit Psalmen und Lobsengen / vnd geistlichen lieblichen Liedern / vnd singet dem HErrn in ewrem hertzen.»[17]

Mit entsprechend wenig Vorbehalt der Gottesdienstmusik gegenüber wird diese Stelle denn auch durch den Reformatoren interpretiert:

«Nicht meynet das S. Paulus, das der mund solle stille schweygen, sondern das des munds wort sollen aus herzlicher meynung, ernst und brunst eraus gehen, das nicht heuchel werck sey, wie Isajas 28. spricht: ‹Dis volck lobet mich mit seynem munde, aber yhr hertz ist ferne von myr.›. So will nu S. Paulus das wort Gottis so gemeyn und reychlich wonend haben unter den Christen, das man allenthalben davon sage, singe und tichte, und doch, das alles also, das es mit verstand und geystlicher frucht zu gehe und bey ydemann lieb und werdt sey und aus hertzen grund dem herren also zu lobe und danck gesungen werde.»[18]

Dem entgegengesetzt beruft sich Huldrych Zwingli auf Kol 3,16, um sich für den Verzicht des Gesangs im Gottesdienst einzusetzen. Zwinglis Position sei an dieser Stelle aufgegriffen, weil sie sich in abgemilderter Form in der späteren lutherischen Orthodoxie wiederfindet, die für die theologische Auseinandersetzung mit der Bachschen Musik die massgebliche Grösse darstellt:[19]

«Hie leert uns Paulus nit das prülen [Brüllen] unnd murmeln in den templen, sunder er zeigt das war gsang an, das got gevellig ist, das wir nit mit der Stimm, als der Juden senger, sunder [sondern] mit dem hertzen die lob und bryß gotes singind.»[20]

Knellwolf fasst den Sachverhalt bei Zwingli folgendermassen zusammen:

«Zwinglis Schwierigkeit mit der Musik im Gemeindegottesdienst kommt daher, daß sie ein Menschenwerk ist. Im Zusammenhang mit menschlicher Aktion stellt sich sogleich die Frage nach dem Lohn. Menschenwerk ist immer auf Verdienst aus. Da nun die ganze äußere Welt mit menschlicher Aktion untrennbar verbunden ist, muß Zwingli aus

---

classici der theologischen Integration von Musik im Gottesdienst bzw. ihrer Nicht- oder Teilintegration in 5.4.1 im Rahmen ihrer lutherisch-orthodoxen Rezeption erneut aufgegriffen.

17 Luther 1974, 2377. Zur Konstruktion des griechischen Urtextes siehe Söhngen 1967, 14.

18 Luther 1925.

19 Siehe 5.4.1.

20 Egli/Finsler 1984, 349. Zu Zwinglis Musikanschauung verweise ich auf Söhngen 1967, 32–53.

dem Verkehr des Menschen mit Gott, soll dieser nicht auch dem Verdienstgedanken unterliegen und damit zur Heuchelei werden, alle menschliche Aktion grundsätzlich ausschließen.»[21]

Im Kontrast hierzu wiederum beruft sich Johannes Calvin auf Augustin und Chrysostomos, wenn er dem Psalmgesang der Gottesdienstgemeinde eine von Gott zu dessen Ehre *in Auftrag gegebene* kulttheologische Funktion zuschreibt und ihn mit dem zeitgleich vollzogenen Engelsgesang in Beziehung setzt:

«[...] nous ne trouverons meilleures chansons ne plus propres pour ce faire, que les Pseaumes de David: lesquelz le sainct Esprit luy a dictz et faitz. Et pourtant, quand nous les chantons, nous sommes certains que Dieu nous met en la bouche les parolles, comme si luy-mesmes chantoit en nous pour exalter sa gloire. Pourquoy Chrysostome exhorte tant hommes que femmes et petis enfants, de saccoustumer à les chanter, afin que cela soit comme une meditation pour s'assoicier à la compagnie des Anges. – Darum mögen wir suchen, wo immer wir wollen: wir werden keine besseren und geeigneteren Lieder finden als die Psalmen Davids, die der Heilige Geist ihm eingegeben und gemacht hat. Wenn wir singen, so sind wir sicher, daß Gott uns die Worte in den Mund legt, so als ob er selbst in uns sänge, um seine Ehre zu erhöhen. Deshalb ermahnt Chrysostomus sowohl Männer wie Frauen und kleine Kinder, sich anzugewöhnen, sie zu singen: dies sei wie eine Andacht, um sich der Gesellschaft der Engel anzuschliessen.»[22]

Die beinahe («comme si ...») unmittelbare Anbindung an Gottes eigenem Lobgesang («... luy-mesme chantoit [...] pour exalter sa gloire») schützt Calvin vor möglicher innerreformierter Kritik der Musik gegengüber als blosses «Menschenwerk» (Knellwolf) und stellt Kol 3,16 in ein positives liturgietheoretisches Licht:

«... L'autre part est des pseaulmes que nous desirons estre chantées en l'eglise, comme nous en avons l'exemple en l'esglise ancienne et mesme le tesmoigniage de S. Paul, qui dict estre bon de chanter en la congregation de bouche et de cueur. – ... Zweitens geht es um die Psalmen, die wir in der Kirche singen lassen möchten. Wir haben dafür das Beispiel der alten Kirche und sogar das Zeugnis des Paulus, der sagt, es sei gut, in der Versammlung mit dem Mund und dem Herzen zu singen.»[23]

---

21 Knellwolf 1989, 59.

22 La forme des chantz et prières ecclésiastiques / Die Genfer Gottesdienstordnung (1542) abgedruckt bei Busch 1997, 158 zit. n. Marti 2005, 5.

23 Articles baillés par les prescheurs, Genf Januar 1537 abgedruckt bei Pidoux 1962, 1 zit. n. Marti 2005, 3. Vgl. ausserdem Busch 1997, 137–225: «Et mesmes sainct Paul ne parle pas seulement de prier de bouche, mais aussi de chanter.» (zit. n. Marti 2005,

Im Unterschied zu Zwingli stellt Calvin seiner kirchenmusikspezifischen Interpretation von Kol 3,16 zwischen «Herz» und «Mund» eine Unmittelbare Beziehung her («chanter … de bouche et de cueur») und sichert auf diese Weise den «Anschluss» («pour s'assoicier») der menschlichen «Andacht» («meditation») an den liturgischen Vollzug der «Gesellschaft der Engel» («compagnie des Anges»). Im Unterschied zu Luther wiederum ist es Calvin weniger um die kirchenmusikalisch relevante Aussenwirkung des Evangeliums zu tun («gut Geschrey / dauon man singet / saget vnd frölich ist»), als um die über den Psalmgesang gesicherte Übereinstimmung des gottesdienstlichen «wir» («nous») mit dem quasi «in uns» singenden Gott («comme si luy-mesmes chantoit en nous»). Aus dieser Übereinstimmung heraus ergibt sich für Calvin gewissermassen die Bedingung der Möglichkeit, einen Gottesdienst zu Gottes Ehren («pour exalter sa gloire») zu veranstalten, Zielpunkt aller gottesdienstmusikalischen Erwägungen des Genfer Reformators.

Zwinglis Haltung ist in dem Masse für die Zwecke dieser Untersuchung relevant, als sie sich in der Auswirkung auf die *Akzeptanz* von Musik im Gottesdienst lediglich in der Radikalität von derjenigen Salomon Deylings unterscheidet, der sich als Lutheraner und Superintendent Leipzigs über Bachs gesamte Amtszeit hinweg ebenfalls auf Kol 3,16 beruft, um seine der Musik im Gottesdienst gegenüber mehr als nur zurückhaltende Haltung biblisch zu rechtfertigen.[24] Mit der calvinischen Theologie wird sich Bach aus seiner konfessionellen Zugehörigkeit heraus – seinem Aufenthalt im reformierten Köthen von 1717 bis 1723 zum Trotz – wohl kaum je als Komponist eingehender befasst haben.[25] Gleichwohl erinnern Bachs Bemühungen um eine biblische

---

4). Übers: «Und selbst Paulus spricht nicht enzig davon, dass man Gebete mit dem Mund sprechen solle, sondern dass diese auch zu singen seien.»

24 Siehe 5.4.1. Deylings Interpretation von Kol 3,16 ist umso erstaunlicher, als er sich in keiner Weise dabei auf Luthers Auslegung dieser Stelle abstützen kann. Es stellt sich der Verdacht ein, dass beide Orthodoxien, die lutherische wie die reformiert-zwinglianische, um eine theologisch profilierte Begründung von Musik im Gottesdienst verlegen sind. Zur Zürcher Haltung eines Johann Baptist Ott siehe Knellwolf 1989, 46ff. Sowohl Ott wie Deyling scheinen auf die nachreformatorische Musikpraxis eher *reagieren* zu müssen, als diese theologisch-systematisch steuern zu können bzw. zu wollen.

25 Siehe Werthemann 1985, insbesondere 16f.

Begründung der Gottesdienstmusik an Calvins Ansatz, den Psalmgesang als eine unmittelbar göttliche Einrichtung gottesdiensttheoretisch zu verankern.[26]

Als letzte theologische Positionierung zur gottesdienstlichen Bestimmung von Musik innerhalb der abendländischen Tradition greife ich im Anschluss an Andreas Marti eine Bestimmung heraus, die sich in den Vorlagen zum Konzil von Trient (1545–1563) befindet:

> «Alles soll so vonstatten gehen, daß in den mit Choralgesang und in den mit mehrstimmiger Musik gestalteten Meßfeiern jeder Teil klar und verständlich (omnia clare matureque prolata) ausgeführt wird und ohne Schwierigkeit (placide) in die Ohren und Herzen der Zuhörer eindringen kann. Im polyphonen Gesang und in der Orgelmusik darf nichts Profanes enthalten sein, es sollen darin nur geistliches Liedgut und Gotteslob (hymni tantum et divinae laudes) verwendet werden. Die ganze Art des musikalischen Gotteslobes darf nicht eitlen Ohrenkitzel (inanem aurium oblectationem) intendieren, sie soll vielmehr auf allgemeines Textverständnis, auf die Sehnsucht nach himmlischer Harmonie und auf die Betrachtung des Glücks der Heiligen gerichtet sein.»[27]

Bestimmung der Musik im Gottesdienst sei es nach Marti, «die Sehnsucht nach der himmlischen Harmonie» zu «wecken».[28] Marti fasst denn auch die konzeptionelle Ausrichtung dieser Position folgendermassen zusammen:

> «Musik führt uns an die Grenzen der Sprache, der Ausdrucksmöglichkeit, der Erfahrung und vermittelt eine Ahnung davon, dass jenseits dieser Grenzen nicht nichts ist – und nicht nur das: es ist als ‹Harmonie› der Inbegriff des Guten, des Positiven, des Schönen. Es ist schlechterdings jenseits der Erfahrungsgrenze, wir können es nicht erreichen; es ist eben nicht irdisch, sondern ‹himmlisch›. Aber uns danach zu sehnen, macht es hier und jetzt wirksam: So gesehen holt die Musik eben doch den Himmel auf die Erde.»[29]

---

26 Siehe den gesamten Abschnitt 5.1 mit seinen Unterabschnitten. In Bezug auf die Einzeluntersuchungen siehe 7.3.3.3, 7.7 und darin insbesondere 7.7.1, ferner 9.4.1 und 9.4.2.1 und in Bezug auf den Ertrag 10.2.5.

27 Fellerer 1976, 7. Zum Hintergrund des Dokuments schreibt der Autor: «Ausgangspunkt der kirchenmusikalischen Beratungen des Konzils waren die in der musikalischen Gestaltung des Gottesdienstes eingerissenen Mißstände, die nicht die notwendige Klarheit und Verständlichkeit des Textes gewährleisteten, die sich im Ausdruck vom kirchlichen Gesang entfernten und mehr einer sinnlichen Musikfreude als dem Gebet entsprachen. Die dem Konzil vorgelegte Proposition faßte die aus dem Bestreben einer Verbesserung dieser Mißstände entwickelten Forderungen zusammen».

28 Marti 2012, 7.

29 Marti 2012, 7f.

Der in der tridentinischen Proposition (Fellerer) enthaltene Verweis auf himmlische Verhältnisse, auf die sich die irdische Kirchenmusik *essenziell* bezieht, ist in der Barockmusik über die konfessionellen Gräben hinweg tief verwurzelt[30] und bildet auch für das Konzept der musikalischen Klangrede, auf die ich in dieser Untersuchung eingehender zu sprechen komme,[31] ein konstitutives Element.

Mit diesen liturgietheologischen Grundpositionen zur Aufgabe der Musik im Gottesdienst (Luther, Calvin, Tridentinum) oder eben auch zu ihrer Nichtaufgabe (Zwingli) darin stecke ich den konfessionshistorischen Rahmen dieser Untersuchung ab, innerhalb dessen sich die einzelnen Beobachtungen zu den ausgewählten Kantaten, aber auch zu Bachs eigenen Stellungnahmen zu dieser Frage bewegen. Weitere musiktheologische Zugänge, die ich zur Analyse einzelner Sätze heranziehe, lassen sich mühelos in diesen Kontext einordnen.[32] Die Grundpositionen greife ich im Anschluss an den Analyseteil 6–9 in den Abschnitten 10.1.1, 10.2.5 und 10.3.5 wieder auf, in denen Fragestellung und Ertrag der Untersuchung abschliessend in Beziehung gebracht werden, um die Systematik aufscheinen werden zu lassen, nach welcher Bach die Interaktion zwischen Musik und Gottesdienst gestaltet. Bei aller Unabhängigkeit, die der Ausübung von Kunst ihrem jeweiligen soziokulturellen Kontext gegenüber stets anzuerkennen ist, lässt sich Bachs Kunst – und darin liegt das Schwergewicht dieser Untersuchung – gleichwohl auf den gottesdienstlichen Kontext ein, in dem sie erklingt und gestaltet den dabei entstehenden privaten wie öffentlichen Vollzug bereichernd mit, aber auch modifizierend um.

1.1.2 Die vorliegende Untersuchung: Vorarbeiten und Zielsetzung

Die soeben beschriebenen Schlaglichter auf theologisch unterschiedlich motivierte Verhältnisbestimmungen von Gottesdienst und Musik müssen ausrei-

---

30 Siehe Dammann 1984, 452ff. In Bezug auf die Querverbindungen des ‹tridentinischen› Ansatzes zur vorliegenden Untersuchung siehe 10.3.5.

31 Siehe 5.2.

32 Zu denken sind z. B. an Bezüge zur Trinitätslehre, die sich musikalisch in der Gestalt des Trios ‹abbilden› (siehe 8.9.2.3) lasssen. Sie entspringen dem *common sense* westeuropäischen Musikverständnisses zumindest bis zur Aufklärung (siehe hierzu Dammann 1984, 11ff). Anders verhält es sich mit der symbolisch hochsignifikanten musikalischen Gattung des Kirchenlieds, das in Bezug auf Bach adäquat im Rahmen der lutherischen Tradition zu behandeln ist (siehe 8.12.3)

chen, um das Feld abzustecken, auf dem ich selbst nach einer Verhältnisbestimmung der Bach-Kantaten zum Gottesdienst suche. Dieser Frage bin ich, angeregt durch Arbeiten meines Bruders Harro,[33] 1986 in meiner Akzessarbeit[34] nachgegangen. Darin setzte ich mich erstmals mit der beschriebenen Thematik auseinander. Trotz der Forschungsanstrengung der vergangenen dreissig Jahre wage ich die Behauptung, dass die Zuordnung der Bachschen Kantaten zum Gottesdienst nach wie vor unpräzis beschrieben bleibt. In der hier vorliegenden Untersuchung konzentriere ich mich auf Bachs konzeptionelle Arbeit in Ermangelung einer ausreichend dokumentierten Rezeption der Kirchenkantaten durch die Gottesdienstgemeinde seiner Zeit[35]. Ich folge dabei der Vermutung, dass Bachs Musik selbst über ihr Verhältnis zum Gottesdienst Auskunft erteilt, und dass die wenigen theoretischen Hinweise aus Bachs Feder ausreichen, um im Wesentlichen die Lücke zwischen Theorie und Praxis

---

33 Harro Hoyer untersucht 1976 im Rahmen einer Seminararbeit an der Universität Göttingen die in dieser Untersuchung analysierten Bach-Kantaten. Er tut dies unter Berücksichtigung von rhetorischen wie homiletischen Gesichtspunkten. Ihr entscheidender Wert liegt aber in der Anregung Alfred Dürrs, Salomon Deylings «Herrliche Dinge» (Deyling 1734a) als Vergleichsgrösse zur homiletischen Anstrengung der Bach-Texte beizuziehen (siehe 5.3). Die vorliegende Untersuchung verdankt einen Grossteil ihrer Ergebnisse der von Dürr angeregten Gegenüberstellung der Kantatentexte mit der Deylingschen Publikation. «Herrliche Dinge» bietet den einzigen Anhaltspunkt für eine wie auch immer zu beschreibende und auszuwertende gemeinsame homiletisch-erbauliche Anstrengung zwischen Bach und Deyling. Etwas frech liesse sich diese zeitverschobene ‹Zusammenarbeit› mit der Bezeichnung ‹Deyling meets Bach› betiteln. Dieser Gegenüberstellung verdankt die hier vorgelegte Untersuchung ihren Grundimpuls.

34 Arend Hoyer 1986.

35 Ich bin verschiedentlich gebeten worden, meine Untersuchung rezeptionsorientiert zu gestalten. Hierfür steht aber, was den historischen Kontext angeht, wenig verwertbares Material zur Verfügung, das sich auf die unmittelbare Wirkung von Kantatenaufführungen auf ihr Gottesdienstpublikum beziehen liesse (siehe Dürr 1988a, 192). Unter den wenigen ‹Rückmeldungen› sind Zeitungsartikel heranzuziehen, wie derjenige zur Kantoratsprobe vom 7. Februar 1723: «Am verwichenen Sonntage Vormittage macht der Hochfürstl. Capellmeister zu Cöthen, Mr. Bach, allhier in der Kirchen zu St. Thomä [...] seine Probe, und ist desselben damahlige Music von allen, welche dergleichen ästimiren, sehr gelobet worden.» (BD II, Nr. 124, 91). Die z. B. in diesem Dokument enthaltenen Aussagen, in denen sich Zuspruch wie Zurückhaltung auszudrücken scheinen, verdienen eine eigene Analyse. Allein, eine einigermassen repräsentative Untersuchung zur Rezeption der Bach-Kantaten ist unter den beschriebenen Bedingungen wohl nicht zu leisten.

schliessen zu helfen.[36] Diese Untersuchung versteht sich als liturgietheoretischer Beitrag zur Debatte über die Zuordnung von Musik (auch von Kunst allgemein) und Gottesdienst. Der Fokus liegt dabei auf der Wahrnehmung des überlieferten Notenmaterials dreier Kirchenkantaten Bachs als Ausdruck einer zielgerichteten Kommunikation zwischen Komponist und Gottesdienstgemeinde im Rahmen des liturgisch gestalteten Geschehens, für welches diese Werke bestimmt sind. Der stets mitgedachte Bezug zum Publikum, das Bach als Gottesdienstgemeinde wahrnehmen und ansprechen will, macht aus dieser Untersuchung eine praktisch-theologische Arbeit, in der die liturgisch-homiletische Dimension einer Kantatenaufführung im Mittelpunkt steht. Den Ausblick der Untersuchung verstehe ich als Beitrag zu einer zeitgenössischen Adaptation der in der Untersuchung beschriebenen Verhältnisbestimmung.

1.2 Zum geistesgeschichtlichen Kontext der Fragestellung

Die in 1.1 vorgenommene konfessionsübergreifende Einkreisung der Fragestellung mithilfe der drei beschriebenen Referenzgrössen werden nun kontextbezogen um weitere Bezugspunkte ergänzt. Es gilt, das Untersuchungsfeld soweit einzuschränken, dass Konzeption und Aufführung von Bach-Kantaten im Leipziger Gottesdienst der 1720er Jahre unter Voraussetzungen analysiert werden können, die den geistesgeschichtlichen Bedingungen dieser Zeit entsprechen. In dieser Hinsicht unterscheide ich insgesamt sechs Kontextebenen. Eine erste Kontextebene bildet Bachs eigene Reflexionsarbeit zum Verhältnis zwischen Gottesdienst und Musik.[37] Auf einer weiteren Kontextebene geraten zwei Publikationen Salomon Deylings ins Blickfeld der Untersuchung, mit denen sich die Aufführung von Kantaten in einem hohen Masse homiletisch[38] und in

---

36 Die von mir hierfür verwendeten Aussagen Bachs stammen aus ganz unterschiedlichen Lebensabschnitten des Komponisten. Auch wenn einzelne davon, wie die Randnotizen in Bachs Studienbibel (siehe 5.1), von der Forschung als weit nach der Uraufführung der drei analysierten Kantaten datiert werden (siehe 5.1.2), ziehe ich sie im Sinn einer Synopse zurate, zumal bis heute in der Forschung keine nennenswerten Brüche in der geistigen Entwicklung des Komponisten aufgedeckt wurden.

37 Siehe die Abschnitte unter 5.1.

38 Deyling 1734a. Siehe die Abschnitte unter 5.3.

einem geringeren Mass auch liturgietheoretisch[39] auf die Leipziger Verhältnisse hin näher konturieren lassen.[40]

In Ergänzung hierzu unterscheide ich vier weitere Ebenen, die keinen unmittelbaren Bezug zu Form und Inhalt des Gottesdienstes noch zu den Kantatenaufführungen besitzen, dafür aber stärker die geistesgeschichtliche Färbung der Werke konturieren helfen, die im Rahmen dieser Untersuchung behandelt werden. Diese vier Ebenen werden in folgenden Unterabschnitten skizziert und besprochen.

1.2.1 Der Untersuchungsgegenstand im Licht der lutherischen Orthodoxie

Die Analyse der drei Bach-Kantaten zum 14. Sonntag nach Trinitatis bewegt sich theologisch im Rahmen der Richtung, die das offizielle und obrigkeitlich abgestützte Luthertum im 16. und 17. Jahrhundert einschlägt und als lutherische Orthodoxie bezeichnet wird.[41] Die Namen der von mir im Verlauf der Untersuchung zurate gezogenen Theologen Calov,[42] Deyling,[43] Olearius[44] und marginal auch Gerhard[45] und Löscher[46] lassen sich alle mit dieser theologischen Richtung in Verbindung bringen. Als theologischen Hauptzeugen der lutherisch-orthodoxen Theologie behandelt die vorliegende Untersuchung in annähernd[47] allen Lehrfragen Leonhard Hutter, dessen «Compendium locorum theologicorum» einem Nicht-Theologen wie Bach von Jugend auf als Standardwerk der offiziellen lutherischen Lehre zur Verfügung steht.[48] Für die Be-

---

39 Deyling 1734b. Näheres hierzu in 5.4.1.

40 Zur Gesamtbeurteilung des Vergleichs Deyling und Bach siehe 10.4.

41 Zur Periodisierung der lutherischen Orthodoxie siehe Matthias 1995, 464–466.

42 Siehe 5.1.1–5.1.3.

43 In der Kantatenanalyse (7–9) nehme ich durchgehend Bezug auf Deylings Publikation «Herrliche Dinge», ertragsbezogen besonders in 10.4 und im Ausblick dieser Untersuchung.

44 Siehe 5.1.6, 7.5.3.3, 9.4.1, 9.4.2, 9.4.2.1 und 9.5.1.

45 Siehe 5.1.6.

46 Siehe 7.3.3, 7.3.3.1, 8.10.2.2 und 8.11.2.2.

47 Als gewichtige Ausnahme ist die für diese Untersuchung zentrale Statuslehre festzuhalten, die erst in späten Ausgaben von Hutters Compendium Aufnahme findet. Zur Besprechung dieser Lehre siehe 5.1.6.

48 Siehe 2, 5.1.3, 5.1.6, 5.1.7, 5.2.1, 5.2.3, 5.3 wie in Bezug auf Deylings «Herrliche Dinge» in zahlreichen Abschnitten der Einzelanalyse der Kantatensätze (7–9).

lange dieser Untersuchung zentral und alle von mir aufgegriffenen Einzelströmungen der Orthodoxie vereinigend ist das Prinzip der Verbalinspiration in Bezug auf den biblischen Text[49] sowie das daraus abgeleitete Prinzip der Selbstauslegung des Heiligen Geistes im biblischen Wort.[50] Über diese Tendenz zur Systematisierung des Schriftbezugs innerhalb von Exegese und Verkündigung und zur autoritativen Absolutsetzung der Bibel als Heilige Schrift[51] hinaus gerät die Bereitschaft der lutherischen Orthodoxie ins Blickfeld dieser Untersuchung, das Gedankengut der Antike,[52] der Scholastik[53] und des Humanismus[54] sowie die damit verbundene Pflege der Rhetorik[55] verhältnismässig ungefiltert, das heisst im Wesentlichen unkritisch und kumulativ zu rezipieren.[56] Die sich im Geist der lutherischen Orthodoxie aussprechende Hochachtung des europäischen Gedanken- und Kulturguts von der griechischen Antike an bis hin zu dessen Entfaltung in Dichtung[57] und Musik[58] des 17. und der ersten Hälfte des 18. Jahrhunderts in den lutherisch geprägten Gebieten Deutschlands bildet den geistesgeschichtlichen Horizont ab, auf dem sich die hermeneutischen Bemühungen dieser Untersuchung im Wesentlichen abstützen.

1.2.2 Der Untersuchungsgegenstand im Licht der Mystik

Näher auf die durch die Aufführung von Bach-Kantaten im Leipziger Gottesdienst zur Zeit Bachs vermittelten Inhalte eingehend, möchte ich an dieser Stelle bereits eine konzeptionell erbauliche Grundorientierung aufgreifen, die

---

49 Siehe 3.2 und 5.1.3.

50 Siehe ebenfalls 5.1.3.

51 Siehe 5.1.3 und die Ergebnisse zusammenfassend 10 und 10.1.

52 Siehe 5.2, 5.2.1, 5.2.2 und in der Einzelanalyse 7.4.3, 7.4.3.3 und vor allem 7.8.3.1.

53 Siehe 3,5.1.3 3.2, 5.2, 5.2.2 und vor allem in Bezug auf die Affektenlehre des Thomas von Aquin 5.2.2.2.1.

54 Siehe 1.3, 3 und vor allem 5.2.

55 Siehe 1.1, 1.3, 2, 3.2, 4 und vor allem die Abschnitte 5.2–5.3, sowie durchgehend in der Analyse, in der Auswertung sowie im Ausblick.

56 Siehe unter besonderer Berücksichtigung des vorliegenden Untersuchungsgegenstands Reichert 1975, 69–112: «Das kirchlich-theologische Erbe des 17. Jahrhunderts».

57 Siehe 4, wo das Verhältnis zwischen Musik und Dichtung auf den Untersuchungsgegenstand bezogen behandelt wird. Über den Zusammenhang von Dichtung, Antike und Rhetorik im Deutschland des 17. Jahrhunderts siehe u. a. Opitz 1902, 8–10: «Das II. Capitel. Worzue [wozu] die Poeterey, und wann sie erfunden worden.»

58 Siehe umfassend Dammann 1984.

bei allen Unterschieden in der Stoffbehandlung[59] allen drei Kantaten zum 14. Sonntag nach Trinitatis gemeinsam ist und, wie ich vermute, mehr oder weniger deutlich allen übrigen kirchlichen Kompositionen dieser Leipziger Periode zugrunde liegt. Es handelt sich um die Vorstellung einer jenseits jeglicher irdischen Erfahrung liegenden Vereinigung von Gott und Mensch als Zielpunkt des christlichen Glaubens schlechthin.[60] Ich greife diese Grundorientierung an dieser Stelle deshalb auf, weil sich damit einerseits die Beheimatung der Bach-Kantaten im Kontext der lutherischen Orthodoxie schärfer erfassen lässt und andererseits, weil sich damit der Kontrast zum pietistischen Gedankengut seiner Zeit besonders gut herausarbeiten lässt, auf das Ich im nächsten Abschnitt zu sprechen komme. Wie soeben festgehalten wurde, verhält sich die lutherische Orthodoxie dem überlieferten europäischen Kulturgut vorausgehender Jahrhunderte gegenüber grundsätzlich rezeptiv. So verhält es sich auch mit dem mystischem Gedankengut aus dem christlichen Mittelalter, das auf evangelisch-lutherischem Boden erstmals mit Philipp Nicolai und kirchenkritisch[61] mit Johann Arndt in Verbindung gebracht wird.[62] Auf beide Theologen wird in dieser Untersuchung zurückzukommen sein.[63] Beide haben das Konzept der «*unio mystica*, die geheimnisvolle Vereinigung der (wiedergeborenen) Menschen, der Gläubigen mit Gott» zu einem «der zentralen Themen der protestantischen Erbauungs- und religiösen Volksliteratur des 17. und beginnenden 18. Jahrhunderts» ausgestaltet.[64] Es kommt nun aber alles darauf an, das Adjektiv «wiedergeboren» erbauungsgeschichtlich präzis zu fassen. Reinhard Kirste streicht heraus, was Arndt unter einer «neuen Geburt» des Menschen

---

59 Siehe zusammenfassend Abschnitt 10 mit seinen Unterabschnitten.

60 Siehe 5.1.5,5.1.6, 5.3, 7.6.2.2, 7.9, 8.13, 10 und 10.3.5.

61 Siehe Wallmann 2010b, 108ff. «Arndt ist der Vater der protestantischen Kirchenkritik. Er ist der erste, bei dem sich Kritik an der Kirche nicht mehr, wie bei den Reformatoren, gegen die römisch-katholische Papst- und Bischofskirche richtet, sondern sich nach innen wendet und die Zustände in der eigenen lutherischen Kirche einer schonungslosen Analyse und Anklage unterzieht.» (Ebd., 108).

62 In diesem Zusammenhang wäre auch auf Heinrich Müller zu verweisen (siehe Wallmann 2010b, 114f.), von dem zwei Bücher in Bachs theologischen Bibliothek stehen (siehe Leaver 1983, 13).

63 Zu Nicolai siehe 9.8.3.1, vor allem aber in Bezug auf die Choralkantate BWV 140, die auf das gleichnamige Lied Nicolais: «Wachet auf, ruft uns die Stimme» aufbaut. Siehe 10.3.5. Zu Arndt siehe 5.1.5 und vor allem 5.5. In der Kantatenanalyse nehme ich auf Arndt explizit Bezug in 7.4.4, 7.5.4, 8.9.3, 9.8.3.1 und zusammenfassend in 10.3.3.

64 Casper 1985, 62.

versteht. Arndt beschreibe damit «die innerliche Veränderung durch die Predigt [...], so daß der Mensch sozusagen innerlich ‹umgeschrieben› wird.»[65] Arndts Anliegen ist es, dass das biblische Wort kein äusserliches Wort bleibt, sondern im Glauben auch innerlich rezipiert wird. Daher kann Arndt sogar in Bezug auf die Bibel zwischen einem *äusserlichen* und einem *innerlichen* Buch unterscheiden:

> «Wenn der Heilige Geist dies innerliche Buch nicht bereitet, da bleibt freilich Gottes Wort wohl draußen; wo es aber durch den Geist Gottes ins Herz geschrieben wird, da wird es auch bewahret, daß es Frucht bringe in Geduld, da wird auch die Wahrheit gar bald erkannt, da ist das lebendige Zeugnis des Geistes, da ist die rechte grüne wohlschmeckende Weide der Schäflein Christi, da wird als in einem goldenen Gefäßlein das Himmelsbrot aufgehoben, und mit ins gelobte Land des ewigen Lebens gebracht.»[66]

In Arndts Konzeption der «Vereinigung der Seele mit Gott (unio mystica)» bleibt es bei «eine[r] verinnerlichte[n] Hinwendung».[67] Gott und Seele sind aufeinander bezogen. Das Ziel dieser gegenseitigen Bezogenheit ist, dass Gottes Wort «in uns Frucht schaffe und lebendig werde, als Gottes Same».[68] Nun gilt es im Hinblick auf die lutherische Orthodoxie mit Jörg Herchet und Jörg Milbradt festzuhalten, dass die erbauungsrelevante Konzeption der *unio mystica* «stets in einer untergründigen, niemals ganz ausgetragenen Spannung zum eigentlichen Herzstück der lutherischen Dogmatik, der Rechtfertigungslehre» zu stehen kommt, sich aber gleichwohl «mit ihr definitorisch» zu «verklammer[n]» versteht.[69] Was nun Bachs eigene Rezeption der *unio mystica* anbelangt, so wird aus der Besprechung der von ihm vertonten Texte der Kantaten BWV 25, 78 und 17 ersichtlich, dass er sie in der Gestalt der Brautmystik[70] stets im Reich *jenseitiger* Erfüllung ansiedelt, womit sie dogmatisch gesprochen der Lehre der Vorherbestimmung zugeordnet werden kann. In dieser Lehre steht die Verherrlichung des Menschen als letzte Stufe der Heilsordnung und

---

65 Kirste 1985, 84.

66 Zitat aus Arndts «Sechs Bücher vom Wahren Christentum» (VI,7, Seite 755) in einer Ausgabe aus dem 19. Jahrhundert zit. n. Kirste 1985, 84 (siehe ebd., 94, Fussnote 27).

67 Kirste 1985, 85.

68 Zitat aus Arndts «Sechs Bücher vom Wahren Christentum» (II,5, Seite 210) in einer Ausgabe aus dem 19. Jahrhundert zit. n. Kirste 1985, 84 (siehe ebd., 94, Fussnote 27).

69 Herchet/Milbradt 1985, 208.

70 Über den Zusammenhang der Brautmystik oder Christusmystik bei Luther siehe Wallmann 2010b, 104ff.

stellt somit die Vollendung der göttlichen Vorherbestimmung dar.[71] Als weiterer dogmatischer Bezug zur Brautmystik steht die Wiederherstellung der Gottesebenbildlichkeit des Menschen zur Verfügung, deren Vollendung sich die Orthodoxie ebenfalls erst «im zukünftigen Leben»[72] vorstellt.[73] Auf diesen Zusammenhang werde ich in dieser Untersuchung verschiedentlich zu sprechen kommen.[74] Worin sich die Inhalte der lutherischen Erbauungsliteratur vornehmlich des 17. Jahrhunderts[75] von spezifisch pietistischen Erbauungsansätzen unterscheidet, gilt es nun im folgenden Abschnitt zu besprechen.

1.2.3 Der Untersuchungsgegenstand im Licht des Pietismus

Als eine weitere auf Kirche und Gottesdienst im Kontext nachreformatorischer Erbauungsbewegungen einwirkende, aber beide Grössen in ihren Grundfesten ungleich stärker infrage stellende Geistesströmung, als es die Arndtsche Erbauungsbewegung innerhalb der lutherischen Orthodoxie darstellt, ist der Pietismus mit seinen vielfältigen Schattierungen[76] zu nennen.[77] Dieser lässt sich in seiner Spenerschen Prägung auf Arndts Kirchen- und Gottesdienstkritik zurückführen.[78] Die spezifisch pietistische Vorstellung von einer christlichen *praxis pietatis*[79] weist aber im Vergleich zu derjenigen signifikante Unterschiede auf, die in der Orthodoxie Aufnahme findet oder zumindest geduldet wird.[80]

---

71 Zur Besprechung dieser Thematik siehe 9.7.2.

72 Hutter/Schnabel 2000, 81: VI (vom Ebenbild Gottes im Menschen), zur Frage 5: «Kann aber das verlorene Ebenbild Gottes wiederhergestellt werden?»

73 Vgl. Wallmann 2010b, 112 und Marti 2015.

74 Siehe zusammenfassend 10.3.5.

75 Zu Bachs Verwendung von erbauungsliterarischen Erzeugnissen vornehmlich aus dem 17. Jahrhundert siehe 5.1.5.

76 Siehe Brecht 1996, 606: 1. «Bestimmung, zeitliche sowie räumliche Erstreckung, Strukturen und Wurzeln».

77 Zur Rezeption dieser Bewegung in meiner Arbeit siehe 3, 5.1.4, 5.4.1, 5.5, 7.5.4 und 11.

78 Siehe Brecht 1996, 609ff: «Die Arndtsche Frömmigkeitsbewegung.»

79 Brecht 1996, 606.

80 Hierzu Brecht 1996, 610: «Warum sich die Orthodoxie auf die Dauer weitgehend mit den neuen Elementen der Frömmigkeit Arndts abfand, ist wohl dahingehend zu beantworten, daß den Verantwortlichen gleichfalls das bestehende Frömmigkeitsdefizit bewußt war und daß sie deswegen Arndts Impulse akzeptierten, obwohl dadurch sowohl Heterodoxie als auch Separation als radikale Möglichkeiten verstärkt drohten, wie sich bei den radikalen Anhängern Arndts auch alsbald zeigte. Von der Bejahung

Zum Vergleich greife ich erneut auf den im vorausgehenden Abschnitt behandelten erbauungs-theologischen Topos der Vereinigung von Gott und Mensch zurück, der sowohl von der lutherischen Orthodoxie als auch vom Pietismus rezipiert, von beiden Geistesrichtungen jedoch signifikant unterschiedlich behandelt wird. Lässt sich diese Thematik in der lutherischen Orthodoxie im Anschluss an Nicolai und Arndt mit dem Schlagwort *unio mystica* auf den Begriff bringen,[81] in den Bereich jenseitiger Erfüllung der christlichen Hoffnung verorten und im *ordo salutis* der Orthodoxie ein- bzw. unterordnen,[82] verlagert sich das Interesse des Pietismus Spenerscher Prägung[83] in dieser Frage auf das Feld einer rein individuell wahrgenommenen Gottesbeziehung, die ihr Ziel bereits im Diesseits erreicht.[84] Diese Neuorientierung an diesseitigen Bezügen fügt sich in ein Reformprogramm, das bei der «Wiedergeburt des Einzelnen»[85] ansetzt, ein theologisches Konzept, das im Kontrast zur Orthodoxie zu einem biografisch fassbaren Ereignis mutiert und somit das Reich jenseitiger Erfüllungen verlässt, um sich in die Erfahrungswelt der einzelnen Gläubigen zu beheimaten. Entsprechend diesseitig gestaltet sich auch die Zukunftsperspektive, die Philipp Jacob Spener der neu gegründeten «Sammlung der Frommen»[86] in Aussicht stellt: Anstelle des Jüngsten Gerichts und der Wiederherstellung der Gottesebenbildlichkeit anlässlich der definitiven Auferstehung der Toten[87] rückt bei Spener die «Hoffnung auf bessere Zeiten für die Kirche»[88] in den Vordergrund. Die Erwartung des «Tausendjährigen Reichs»[89] ersetzt auf diese Weise den eschatologischen Ausblick der Orthodoxie auf eine jenseitige Erfül-

---

der Arndtschen Frömmigkeit her läßt sich das Verhalten eines Großteils der lutherischen Orthodoxie des 17. Jahrhunderts erst voll verstehen.»

81 Siehe 10.3.5.

82 Zur Ausgestaltung dieses Topos in der Analyse der einzelnen Sätze siehe 7.6.2.27.6.2.2 7.7.1 und 7.8.3.3 sowie grundlegend Deylings «Herrliche Dinge» zum 14. Sonntag nach Trinitatis, insbesondere zum *Glaubenstrost* (6.4) und sämtliche Abschnitte, die die Stilhöhe des *delectare* besprechen.

83 Zur Besprechung von Speners «Pia desideria» und zur Entfaltung der pietistischen Bewegung im lutherischen Kontext siehe Wallmann 2010e, 17f. Siehe ferner Brecht 1996, 612f: «Philipp Jakob Spener, sein Programm und dessen Auswirkung».

84 Vgl. Pfefferkorn 2005, 86.

85 Wallmann 2010e, 18.

86 Wallmann 2010e, 17. Spener verwendet auch den Begriff «ecclesiola in ecclesia» (ebd.).

87 Siehe 5.1.6.

88 Wallmann 2010e, 17.

89 Wallmann 2010e, 19.

lung christlicher Hoffnung. Eine solche chiliastisch ausgerichtete Konzeption von Glaube und Kirche, die das von der Reformation ererbte und obrigkeitlich gestützte kirchliche Gefüge auf den Kopf stellt, ist nach meiner Beobachtung in keinem der von Bach vertonten Texten anzutreffen. Die Analyse der drei Kantaten zum 14. Sonntag nach Trinitatis wird zeigen, auf welche Weise Text und Musik die Erfüllung der christlichen Hoffnung zwar in den Erfahrungshorizont irdischer Verhältnisse zu transportieren verstehen, dies aber in der Gestalt eines «Vorschmacks»[90] auf künftige beziehungsweise jenseitige Verhältnisse, nicht aber als eine den Frommen unter den Christen vorbehaltene fassbare irdische Realität.[91] Es bleibt bei der poetisch-musikalischen Darstellung einer künftigen Vereinigung der Seele mit Gott.[92]

In Ergänzung zu Speners auf diesseitige Verhältnisse fokussierende Eschatologie ist im Hinblick auf den vorliegenden Untersuchungsgegenstand Gottfried Arnolds Rückbindung des christlichen Gottesdienstes an die Praxis der frühen Kirche aufzugreifen,[93] die seiner radikal pietistischen[94] Einschätzung gemäss neben dem schlichten Gemeindegesang weder Kantor noch Musikinstrument duldet.[95] Auch wenn sich Spener als Vertreter eines mit der Orthodoxie versöhnlich gestimmten Pietismus persönlich mehr und mehr von den radikalen kirchenmusikalischen Ansichten Arnolds distanziert[96] und selbst den Pietismus als eine «mit Johann Arndt beginnende Frömmigkeitsbewegung»[97] darstellt, bleibt auch im gemässigt gestimmten Pietismus, wie er sich zum Beispiel in Halle um die Wende zum 18. Jahrhundert durchsetzt,[98] eine der Kirchenmusik gegenüber stets kritische Haltung bestehen. Diese äussert sich zum einen in der strikten Unterteilung in weltliche und geistliche Musik,[99] wonach weltliche Musik generell zu verwerfen sei, was eine für Musiker grundsätzlich schwierige finanzielle Ausgangslage darstellt. Zum anderen schwebt über der Kirchenmu-

---

90 Heinrich Müller 1695, 18a zit. n. Renate Steiger 1998b, 200.

91 Siehe 8.9.3 und die Ergebnisse zusammenfassend 10.3.5.

92 Siehe 5.1.5.

93 Zur Besprechung Arnolds und seinen kirchenmusikalischen Auffassungen siehe Wallmann 2010c, 249ff.

94 Zum «radikalen Pietismus» siehe Brecht 1996, 616ff.

95 Wallmann 2010c, 249–251.

96 Siehe Wallmann 2010c, 254f.

97 Wallmann 2010c, 255.

98 Zum Hallensischen Pietismus siehe Brecht 1996, 613ff.

99 Siehe Wallmann 2010c, 255.

sik nach pietistischer Auffassung stets das moralische Verdikt, dass das dafür ausgegebene Geld besser noch den Armen zugute käme, was letztlich doch auf eine Infragestellung des Musikerstandes hinausläuft.[100] In Bezug auf die musikalisch, vokal, instrumental und personell aufwendige Inszenierung von Musik im Leipziger Gottesdienst zur Zeit Bachs[101] drängt sich somit ein enger Bezug der Bach-Kantaten zur Reformbewegung des Pietismus welcher Couleur auch immer nicht auf, steht diese doch gerade sowohl dem öffentlich zelebrierten Gottesdienst wie der darin aufgeführten Musik von Grund auf zurückhaltend bis ablehnend – wenn nicht in ihrer radikalen Ausformung sogar feindselig – gegenüber.[102] Von kirchenpolitischen Voraussetzungen einmal abgesehen, die einer Entfaltung des Pietismus im Leipzig zur Zeit Bachs im Wege stehen,[103] weist Bachs Musik auch keinerlei Spuren einer strikten Trennung auf, hie weltliche, da geistliche Musik,[104] noch eine wie auch immer geartete pietistisch motivierte ‹freiwillige› Selbsteinschränkung in ihrer personellen wie stilistischen Ausgestaltung.[105] Mit anderen Worten: Weder die spezifisch pietistischen Glaubensinhalte noch die spezifisch pietistische Zurückhaltung der Kirchenmusik gegenüber lassen im Rahmen dieser Untersuchung eine eingehende Beschäftigung mit dieser Geistesrichtung als zwingend erscheinen. Gleichwohl bestehen zwischen dem Pietismus und der im Rahmen der Orthodoxie sich entwickelnden oder geduldeten Frömmigkeit Brücken, die ebenfalls zum Gegenstand dieser Untersuchung führen. Hierzu zählt ein gewisser poetischer Überschwang, dessen Fluchtpunkt in der Literatur mit der Bezeichnung «Jesusliebe»[106] angegeben wird und bisweilen stark erotische Züge annehmen kann.[107] Doch in dieser Hinsicht gilt es mit Marti festzuhalten, dass die von Bach verwendete Lyrik in den Formulierungen «bei aller Intimität jedoch deutlich zu-

---

100 Siehe Wallmann 2010c, 256.

101 Siehe 2, 4, 5.1.3.1–5.1.3.3, 5.1.7, 5.2, 5.4, 5.4.1 und zahlreiche Abschnitte in der Einzelanalyse 7–9.

102 Siehe Dürr 2010, 21f. Zur Verwerfung jeglicher Kirchenmusik ausserhalb des Gemeindegesangs bei Samuel Stryck siehe Wallmann 2010c, 250f.

103 Zum Verbot des Pietismus in Leipzig seit 1690 siehe Abschnitt 3. Vgl. ferner Brecht 1996, 613f.

104 Siehe Dienst 2000, 10 und Forchert 2000, 244.

105 Siehe Bachs Eingabe an die Stadt Leipzig, besprochen in 10.2.3.

106 Siehe Werthemann 1985, 15 oder Casper 1985, 65.

107 Siehe Kuhn 2015, Blankenburg 1986, 77. In Bezug auf die Einzelanalyse 7.5.4, 7.6.3 und ertragsbezogen 10.3.1.

rückhaltender»[108] verfährt. Nach meiner Beobachtung verlässt Bach zum Beispiel in der Auswahl der seinen Kantaten zugrunde liegenden Lyrik nie aus den Augen, wer in der Beziehung zwischen Mensch und Gott oder der Seele und Jesus heilsperspektivisch die Führung behält, nämlich Gott oder Jesus. Es kommt in dieser Lyrikauswahl zu keinerlei theologischen Verwischungen.[109] Mit ähnlicher Zurückhaltung gilt es, eine weitere Brücke zwischen Pietismus und dem vorliegenden Untersuchungsgegenstand zu behandeln. Es handelt sich um die pietistisch vorangetriebene Unterscheidung zwischen einem *inneren* und einem *äusseren* Gottesdienst, den ich erkenntnisleitend in Abschnitt 5.5 besprechen werde. Selber werde ich diese Unterscheidung im Sinne eines Ver- und Ausgleichs zwischen beiden Ebenen vornehmen und nicht im Sinn einer Abwertung des äusseren dem inneren Gottesdienst gegenüber, wie es Spener vorschlägt.

1.2.4 Der Untersuchungsgegenstand im Licht der Aufklärung

Die Frage, in welchem Mass Text und Musik der Bach-Kantaten aus seiner Leipziger Schaffenszeit mit dem Gedankengut der deutschen Aufklärung in Berührung stehen, ist aus zwei Gründen nicht leicht zu beantworten. Die erste Schwierigkeit liegt in der Beurteilung dessen, in welchem Mass Text und Vertonung der Bach-Kantaten zum Zeitpunkt ihrer Entstehung – oder ihrer Wiederaufführung[110] – mit der Aufklärung in Berührung stehen und mit welcher

---

108 Marti 2005, 144.

109 Vgl. das von Kuhn 2015 als «Liebesexamen» bezeichnete Ringen zwischen Jesus und der Seele, an dessen Ende es in einem pietistisch geprägten Lied heisst: «Dein Glaube, mein Liebster! Der hat mich bezwungen. / ich lieb dich, ich halt dich, ich will dich nicht lassen,/ ich will dich annehmen, ich will dich umfassen.» (Zit. n. Kuhn 2015, 141). In den von Bach vertonten Texten ist das Erlösungswerk nach lutherischer Lehre immer bereits am Kreuz vollzogen worden. Einzig ausstehend ist dessen eschatologische Vollendung. Siehe u. a. 8.9.2.3, 9.9.1, 10.3.2 und 10.3.5. Diese von u. a. Marti und mir gezogene Trennlinie zwischen Bach und dem Pietismus wird freilich nicht von allen Forschern gleichermassen scharf gezogen. Hierzu gehört Geck (Geck 2000, 719) aber auch Werthemann, die zur Bezeichnung der Bachschen Kantatenlibretti die wenig hilfreiche Wortkombination «mystisch-pietistisch[]» verwendet und damit die Unterschiede zwischen «mystisch» und «pietistisch» von vornherein ausblendet (Werthemann 1985, 15).

110 Zu den Veränderungen vor allem in der musikalischen Gestaltung der Kantaten anlässlich einer Wiederaufführung siehe Abschnitt 4.

Ausformung von Aufklärung zu diesem Zeitpunkt gerade gerechnet werden muss.[111] Die zweite Schwierigkeit liegt darin, dass es in meinen Augen heutigen Beobachterinnen und Beobachtern der damaligen ‹Szene› kaum mehr möglich ist, von der Aufklärung als geistesgeschichtlich prägende Bewegung der letzten drei Jahrhunderte grundsätzlich abstrahieren und die Musik eines Komponisten auf der Schwelle zur Aufklärung von Voraussetzungen her begreifen zu können, die sich gegebenenfalls als leicht vor- oder auch nur frühaufklärerisch herausstellen. Dieser Schwierigkeit versuche ich in der Wahl der Aufbauschritte in 1.3 gerecht zu werden und hoffe damit, die Gefahr einer methodisch ungenügenden Distanznahme einem Untersuchungsgegenstand gegenüber bannen zu können, der sich möglicherweise knapp einer Rationalität entzieht, die sich seither im wissenschaftlichen Diskurs durchgesetzt hat. Im Hinblick auf die erste von mir aufgeworfene Schwierigkeit hat die Diskussion über Bachs Nähe oder Distanz zum Gedankengut der deutschen Aufklärung in der Forschung noch zu keinem Konsens geführt. Auch teile ich Hartmut Grimms Einschätzung, dass «[d]ieFrage nach dem Verhältnis Bachs zur Aufklärung […] von der Bach-Forschung bislang kaum befriedigend bedacht worden»[112] ist. Dies an dieser Stelle nachzuholen, sprengt den Untersuchungsrahmen. Auf den Untersuchungsgegenstand bezogen möchte ich gleichwohl stichprobenartig zwei mögliche Bezüge von Text und Musik zur Aufklärungsbewegung ausloten.

Als erstes greife ich eines der «Prinzipien der Aufklärungsbewegung des 18. Jahrhunderts»: die «Ermächtigung der Vernunft zur zentralen Instanz des menschlichen Denkens»[113] auf und bringe diese mit Text und Musik der drei Bach-Kantaten in Beziehung. Die vorliegende Analyse bietet für eine Bezugnahme des Untersuchungsmaterials auf dieses Prinzip in BWV 25 und 78 keine in meinen Augen greifbaren Anhaltspunkte. Anders verhält es sich mit dem Libretto der Kantate BWV 17,3, wo das «ich» als kritisch reflektierend inszeniert und anders als in den Schwesterkantaten als Subjekt seiner eigenen Gottesbeziehung wahrgenommen wird:

---

[111] Ich denke insbesondere an den Übergang von einem Aufklärungsverständnis des Lessingschen Typus, den ich in Leipzig der 1720er Jahre als wirksam erachte (siehe Piepmeier 1979, 582ff) und des Kantschen Typus, der jeden Bezug zu einer Form von Offenbarungsreligion ablehnt (siehe Piepmeier 1979, 584f. und Malter 1988, 577f.).

[112] Hartmut Grimm 2000, 53.

[113] Ebd. Siehe ferner Dahlhaus 1985, 11 zur aufklärerischen «Forderung, den eigenen Verstand zu gebrauchen, statt sich einer fremden Autorität zu unterwerfen».

«Wüßt ich gleich sonsten nicht, wie herrlich groß du bist, /
So könnt ich es gar leicht aus deinen Werken sehen.»[114]

Bei allem höfischen Zeremoniell spricht sich in dieser Doppelzeile ein selbstbewusstes «ich» aus, welches auch und gerade Gott gegenüber eine kritische Distanz wahrt und sich das Recht auf ein eigenes Urteil in dieser metaphysischen Frage sichert.

Ebenso selbstbewusst und sich auf eigene Erkenntnisse stützend drückt sich das Libretto-ich in Satz 6 aus:

«... ich kenne, was ich bin».[115]

Anders als in BWV 25 und 78 tritt den Hörerinnen und Hörern von BWV 17 ein Subjekt entgegen, das sich nicht von vornherein als von Bibel und Katechismus unmittelbar angesprochen und herausgefordert sieht, sondern aus einer Position der Selbstreflexion heraus seinen eigenen Bezug zu den in der Kantate verhandelten Thematiken zu suchen wagt.[116]

Diese beiden Beobachtungen mögen ausreichen, um die Berührung des Librettos mit aufklärerischem Gedankengut als gegeben erscheinen zu lassen. Die Datierung des Librettos auf 1714[117] lässt hierfür die Bezugsgrösse der deutschen Frühaufklärung als plausibel erscheinen, eine Form von «gläubige[m] Rationalismus», der mit Gedanken von Gottfried Wilhelm Leibniz in Verbindung steht und auf Komplementarität im Verhältnis zwischen dem «göttlichen Schöpfungsakt»[118] und den nach Massgabe der menschlichen Vernunft erschlossenen Naturgesetzen ausgerichtet ist.[119] Auf welche Weise sich Bach mit dieser Frühform der Aufklärung auseinandersetzt, wird an den Stellen der musikalischen Bearbeitung des Librettos nachzuvollziehen sein, in denen Bach in Ergänzung zur Topik des Textes über das von mir beschriebene Verfahren der *hidden agenda* der lutherisch-orthodoxen Homiletik gerecht zu werden ver-

114 Siehe 9.6.

115 Siehe 9.9.

116 Hierzu Dahlhaus 1985,13: «Im Unterschied zur Rationalität der Antike oder der Renaissance handelt es sich um eine ‹musikalische Vernünftigkeit›. Deren aufklärerisches Moment darin besteht, daß sie vom Subjekt verfügt (und nicht im Objekt entdeckt) wurde, und zwar von einem Subjekt, das systematisierend verfuhr (der Hang zum System gehört zu den charakteristischen Zügen der Aufklärung).»

117 Siehe 9.1.

118 Hartmut Grimm 2000, 54

119 Hierzu ausführlicher Kreutzer 2005.

sucht.[120] Im Hinblick auf «Empfindung» und «Gefühl»[121] lassen sich die von mir analysierten Kantaten konzeptionell auf die antike Rhetorik in ihrer scholastischen Rezeption beziehen.[122] Selbst für BWV 17 bedarf es hierfür des Zuzugs der «Gefühlsästhetik»[123] nicht, mit welcher im Zeitalter der Aufklärung die Musik als «Kunst des Ausdrucks emotionaler Regungen»[124] eines Komponisten zu erfassen versucht wird. Persönlich neige ich zur Auffassung, dass sich Bachs Kirchenkantaten aus der Perspektive voraufklärerisch-humanistisch geprägter musiktheoretischer, theologischer wie erbauungsspezifischer Positionen heraus analysieren lassen. Dies gilt grundsätzlich auch in Bezug auf die musikalische Affektgestaltung von BWV 17. Die Vertonung eines der deutschen Frühaufklärung offensichtlich nahestehenden Textes ist freilich für das Ergebnis nicht folgenlos. Die vom Libretto der Schöpfung insgesamt wie dem Menschen im Besonderen gegenüber eingenommene positive Grundhaltung ermöglicht es Bach, in der Vertonung eine entsprechend unbeschwert heitere Affektik ins Spiel zu bringen, so wie dies in der musikalischen Gestaltung der Schwesterkantaten BWV 25 und 78 der traditionell lutherisch-orthodoxen Optik wegen nicht möglich ist, die um die explizite Thematisierung der Sünden- und Rechtfertigungslehre nicht herumkommt. Der Affektgestaltung haftet entsprechend eine gewisse Komplexität an, der sich BWV 17 nicht verpflichtet weiss.[125]

Diese Erwägungen mögen genügen, um einerseits Bachs flexible Handhabung von Texten zu dokumentieren, die sich bereits der Aufklärung verpflichtet wissen. Andererseits ist die Anlehnung der Bachschen Vertonungen an das Gedankengut der Aufklärung ungleich schwieriger auszumachen. Hierfür müsste der geistesgeschichtliche Paradigmenwechsel belegt werden können, der mit der Aufklärung einhergeht.[126] Die in dieser Untersuchung zur Anwendung

---

120 Siehe insbesondere 9.5.3.1, 9.6.3, 9.8.1, aber auch 9.5.3.2 und 9.8.4.

121 Mattheson 1739/1980, 16 zit. n. Eicken 2000, 28.

122 Siehe 5.2.2.2 und 5.2.2.2.1

123 Dahlhaus 1985, 9 und 15.

124 Grimm 2000, 54.

125 Siehe 9.4.2.2, 9.5.3.2, 9.6.3.2, 9.7.2.2, 9.8.3.2 und 9.8.4. Zum Vergleich mit den Schwesterkantaten siehe 10.1, 10.2.1, 10.2.1.1, 10.2.3, 10.2.4, 10.3.2, 10.3.5 und 10.4.

126 In Bezug auf die von der Aufklärung erwünschte Funktion der Musik im Gottesdienst fasst Marti zusammen: «Beruhigen, stärken und trösten zur Besserung der Herzen und des Lebens und damit zur Förderung des individuellen und allgemeinen Glücks. Der emotionale Bereich meint hier aber viel mehr als bloße Gefühligkeit: im ‹Herzen›, im

gelangenden theoretischen Zugänge lassen sich aber auch ohne Bezug zum hochkomplexen und geografisch höchst unterschiedlich verlaufenden «kulturgeschichtlichen Prozeß»[127] der Aufklärung auf die Vertonungsleistung Bachs anwenden. Mit Dammann[128] situiere ich Bachs Kompositionshorizont im Kontext des deutschen Barock, eine Musikperiode, die freilich in den 20er Jahren des 18. Jahrhunderts auch in Deutschland allmählich vom «neuen Stil» abgelöst wird.[129] Dieser verdankt sich einer Ästhetik, die mit der bestehenden Ordnung in Musik und Gesellschaft zu brechen bereit ist.[130] Wie auch immer «Bachs Ort zwischen Orthodoxie und Aufklärung»[131] beurteilt wird, vermag ich in meiner Untersuchung in Bachs Musik weder Bruch noch Distanznahme zur ‹alten Ordnung› wahrzunehmen und beschränke mich entsprechend darauf, die mir zur Verfügung stehenden Analysemittel zu verwenden, ohne verdachtshermeneutisch nach ‹Auflösungserscheinungen› in Stil und Inhalt zu suchen.[132] Eine solche Perspektive drängt sich für das Verständnis dessen, was Bach unter einer

---

Zentrum der Persönlichkeit ist der Umschlagplatz, wo Erkenntnis im Handeln umgesetzt werden kann. So hat es die Aufklärung gesagt, auch wenn sie musikalisch wohl einigermaßen hinter diesem Anspruch zurückgeblieben ist und zudem der Gefahr einer allzu unmittelbaren ‹Zweckdienlichkeit› der Liturgie erlegen ist – einer Gefahr, die Friedrich Schleiermacher dann durch seine bekannte Unterscheidung von ‹wirksamen› und ‹darstellendem› Handeln gebannt hat.» (Marti 2012, 7).

127 Hartmut Grimm 2000, 52.

128 Dammann 1984, 21.

129 Dahlhaus 1985, 2f.

130 Siehe ebd.

131 Siegele 1981.

132 Gleichwohl gilt es im Verlauf der Untersuchung mit zu bedenken, dass sich gerade während Bachs Leipziger Zeit ereignet, was Dammann als «Auflösung des Musikbegriffs» bezeichnet: «zwischen 1730 und 1750 löst sich die Vorstellungswelt des deutschen Barock auf. Die tragenden Kräfte und Grundbezüge werden verwandelt oder zerschlagen. Was für die Struktur der Musikwirklichkeit grundsätzlich gewesen ist, gerät unter die scharfe Sonde einer teils ästhetischen, teils kritischen Betrachtung. Das Zurückliegende erscheint abstrus und skurril, überladen und verworren, belastend und dunkel. Eine neue Bewußtseinshelle und Vernünftigkeit, eine neue Natürlichkeit und Lebendigkeit soll jenes ‹Dunkel› ablösen, das aus dem geschichtlichen Rückblick über der vergangenen Epoche lastend und bedrückend ausgebreitet zu liegen scheint.» (Dammann 1984, 477). Eine umfassende Darstellung dieses Verhältnisses zwischen Bach und der Aufklärung bietet Siegele (1981). In neuerer Zeit regt vor allem Wolff 2005 zur Auseinandersetzung mit Bachs geistesgeschichtlichem Umfeld an.

«andächtig Musig» versteht, im Rahmen dieser Untersuchung jedenfalls nicht auf.

1.3 Aufbauschritte

Die Untersuchung der Frage, auf welche Weise Bach Musik konzeptionell mit Gottesdienst in Beziehung setzt, nehme ich anhand von Leipziger Kantaten vor, die der Komponist auf den gleichen gottesdienstlichen Anlass hin entwirft. Hierfür wähle ich Herangehensweisen, die einerseits die zeitliche Distanz zwischen ‹heute› und ‹damals› überbrücken,[133] andererseits aber auch grundsätzliche liturgietheoretische Fragen über das Zusammenspiel von Musik und Gottesdienst klären helfen. Als Bindeglied zwischen diesen Zugängen erweisen sich Bachs Notizen am Rande seiner Studienbibel als hilfreich, weil sie einerseits den Untersuchungsgegenstand geistesgeschichtlich verankern helfen, andererseits aber auch über die darin gewählte Terminologie mit liturgietheoretischen Fragestellungen der Gegenwart in Beziehung gesetzt werden können.

Nach einem Überblick über die Bach-Kantaten-Forschung (2) und die Beschreibung des gottesdienstlichen Kontextes, in welchem Kantaten im Leipziger Gottesdienst zur Zeit Bachs aufgeführt werden (3 + 4), erläutere ich die theoretischen Zugänge, die es mir ermöglichen, die Bach-Kantaten nach ihrer liturgischen Einbettung zu befragen, und dies auf der Ebene ihrer konzeptionellen Zuordnung durch den Komponisten (5): In einem ersten Schritt arbeite ich Bachs eigenen Begriff andächtiger Musik heraus (5.1). Hiermit ist bereits eine Stufe erreicht, auf der die Verhältnisbestimmung zwischen Musik und Gottesdienst vom Komponisten selbst nahezu als Definition vorliegt. In einem weiteren (5.2) Schritt wende ich mich dem Verhältnis zwischen Bachs Kantaten und

---

133 Ich lehne mich in meiner Annäherung an den zeitlich um bald drei Jahrhunderte zurückliegenden Untersuchungsgegenstand an Gadamers Hermeneutik an, die von einer Wechselwirkung von «Tradition und Historie, zwischen Geschichte und Wissen von ihr» ausgehend die «Auflösung des abstrakten Gegensatzes» zwischen ihnen anstrebt (Gadamer 1990, 287). Es ist für ihn sogar ein Merkmal der Geisteswissenschaften gegenüber den Naturwissenschaften, Gegenwart und Überlieferung permanent aufeinander zu beziehen: «Bei den Geisteswissenschaften ist vielmehr das Forschungsinteresse, das sich der Überlieferung zuwendet, durch die jeweilige Gegenwart und ihre Interessen in besonderer Weise motiviert. Erst durch die Motivation der Fragestellung konstituiert sich überhaupt Thema und Gegenstand der Forschung.» (Gadamer 1990, 289).

der klassischen Rhetorik zu, welches die konzeptionelle Arbeit eines deutschen Barock-Komponisten wie Bach beleuchten hilft. Näher noch an der gottesdienstlichen Situation behandelt ein homiletisch orientiertes Unterkapitel (5.3) das historisch schwer zu eruierende Verhältnis zwischen Kantaten und Predigt. Anschliessend daran beschreibe ich die liturgietheoretische Einbettung der Kantaten unter inszenierungsspezifischen Gesichtspunkten (5.4). Da eine phänomenologisch ausgerichtete Liturgik zu Bachs Zeit noch fehlt,[134] versuche ich, historisch Eruierbares vermittels Inszenierungstheorien der Gegenwart beschreibbar (5.4.2–5.4.10) und für eine liturgietheoretische Verortung der Bach-Kantaten in ihrem historischen Kontext fruchtbar zu machen. In 6 bis 9 setze ich die zuvor gewonnenen Erkenntnisse mit dem Notenmaterial des von mir gewählten Querschnitts aus dem Bestand des Leipziger Kantatenkorpus in Beziehung. 10 bietet eine systematisierte Zusammenfassung des Ertrags mit dessen Rückbindung an die Ausgangsfrage, und 11 einen Ausblick auf heutige Verhältnisse.

1.4 Anmerkung eines Nicht-Musikers

Als Nicht-Musiker bin ich in der Interpretation des Noten- und Textbildes elementar auf Sekundärliteratur angewiesen. Im Gegensatz zur Exegese biblischer Bücher verfügt die Bach-Kantaten-Auslegung aber über eine verhältnismässig geringe Kommentardichte. Auch fehlt zurzeit hierzu eine transparent geführte Methodendiskussion.[135] Insgesamt werden in den meistens «an den

---

134 Reichert schreibt zur Wahrnehmung der Liturgie in der lutherischen Lehrtradition: «[E]s gibt [...] in den orthodoxen Dogmatiken keine zusammenhängenden Ausführungen über Wesen, Wertigkeit und Bestandteile der Liturgie. Alle Äußerungen zu gottesdienstlichen Formproblemen erscheinen jeweils bei dem Lehrabschnitt der Dogmatiken, dem sie zugeordnet werden können, d. h. alle Gedanken zur Liturgie werden vom Blickwinkel des gesamten theologisch-dogmatischen Systems her gemacht und je und je diesem Ganzen eingeordnet, ohne dabei selbst zu einem Ganzen zu werden.[...] Gerade diese Verstreutheit der Ausführungen ist es, die es geraten scheinen läßt, in diesem Stadium der Entwicklung protestantischer Gedanken zur Liturgie noch nicht von einer ‹Lehre des Kultus›, einer Liturgik zu sprechen, sondern von ‹liturgischen Ansichten›.» (Reichert 1975, 81f.). Hierzu ferner Grözinger 2012 über die Entstehung der Praktischen Theologie.

135 Dies gilt umso mehr, wenn theologische Fragestellungen zur musikwissenschaftlichen Deutung hinzukommen: «Grundprobleme einer solchen theologisch-musikwissenschaftlichen Deutung sind nicht nur die Textauslegung und die musikalische Analyse,

interessierten Laien» gerichteten Kommentaren[136] poetische und musikalische Charakteristika einer Kantate wie der einzelnen Sätze summarisch behandelt. Dabei bleiben die für eine Detailbesprechung angewandten Kriterien unerläutert, sodass sich der Eindruck einstellt, man betrete bei der über musikimmanente Fragestellungen hinausgehenden Kommentierung von Kantaten immer noch wissenschaftliches Neuland.[137]

sondern vor allem die Integration der Ergebnisse beider Arbeitsweisen und schließlich auch die dabei immer implizierte, aber eher selten ausführlich bedachte philosophisch-hermeneutische Frage: Was heißt und wie ‹geht› überhaupt ‹Übersetzen› – und wie zeigt sich das dann wiederum in Bachs Musik?» (Meinrad Walter 2005, 391). In meinen Augen lässt sich Walters Fragestellung auf die Interpretation von Werken überhaupt übertragen. Auch eine ‹rein› musikalische Analyse geht von Prämissen aus, die den historischen Kontext nicht ausser Acht lassen können.

136 So schreibt z. B. Alfred Dürr: «Das vorliegende Buch wendet sich in erster Linie an den interessierten Laien und will sein Begleiter bei Aufführungen, Rundfunksendungen und Schallplattenwiedergaben sein.» (Dürr 2010, 7).

137 In einem Gespräch mit Dominik Sackmann am 09.03.2011 bestätigte mir der Musikologe, dass eine gründliche Analyse einer Bachkantate Sache der Aufführenden und in der Regel nicht Gegenstand von Publikationen sei.

2 Die Erforschung der Bach-Kantaten – Ein Überblick

Die Erforschung der Bach-Kantaten ist eng mit der Entwicklung der Pflege Bachscher Musik und mit der Herausgabe des Notenmaterials verknüpft. Mit Johann Nikolaus Forkel als «eine[m] der Gründungsväter der akademischen Musikwissenschaft»[138] und mit dessen Bach-Biografie 1802 beginnt die eigentliche Bach-Pflege,[139] die von nun an auch die Bach-Interpretation begleitet. Darin verfolgt Forkel das Projekt einer ersten Bach-Gesamtausgabe.[140] Bezeichnend für den Wissensstand dieser Zeit ist die Konzentration auf die Instrumentalwerke.[141] Doch beginnt seit 1800 die Berliner Singakademie sich der Vokalmusik Bachs zu widmen.[142] Mit diesen und weiteren ist im frühen 19. Jahrhundert ein wachsendes «Bewußtsein von der geschichtlichen Größe

---

138 Kühn 2000, 197.

139 Ich verstehe unter Bach-Pflege sämtliche Bemühungen um Herausgabe und Aufführung seiner Werke. Diese sind es, die der Bachforschung bis heute die nötigen Impulse gibt. Zum Begriff «Bach-Pflege» siehe Hiltner 1994 und Hellmann 1999. Weiter bietet Eller 2005 eine Zusammenfassung der Bach-Fest-Bewegung durch die bewegten Jahrzehnte des 20. Jahrhunderts bis an die Schwelle zum 21. Jahrhundert.

140 «Zusammen mit dem Nekrolog bildet Forkels Buch die Grundlage fast aller späteren Bach-Biografik, weil sich in ihm durch Forkels Informanten (vor allem Carl Philipp Emanuel und Wilhelm Friedemann Bach) noch ein bedeutender Teil unmittelbarer Überlieferung niederschlägt.» (Kühn 2000, 197).

141 Vgl. Kühn 2000, 197.

142 Hierzu zählen zunächst die Motetten, später unter Carl Friedrich Zelter auch grössere Vokalwerke wie die Johannes-Passion und die h-Moll-Messe (siehe Hinrichsen 2000e, 563). In dieser Beziehung verdient die Berliner Wiederaufführung der Matthäus-Passion 1829 unter der Leitung von Felix Mendelssohn Bartholdy genannt zu werden, wird doch mit dieser durch Adolf Bernhard Marx publizistisch als «religiöse Hochfeier» stilisierten Aufführung (Hinrichsen 2000e, 563). Bachs Kirchenmusik nachhaltig für das breite Publikum zurückgewonnen. «Noch im selben Jahr ließ [Marx] eine Edition der Kantaten BWV 101–106 folgen, die rasch als «die Marxschen Kantaten» bekannt wurden […] und noch 1876 durch Wilhelm Rust in der von Marx gewählten Reihenfolge in die Bach Gesamtausgabe (BGA) übernommen wurde.» (Hinrichsen 2000b, 358–360).

dieser Musik»[143] verbunden, welche hermeneutisch zu erschliessen vor allem das Verdienst Johann Theodor Mosewius' ist, der sich in Schlesien um die Wiederaufführung der ihm vorliegenden hundertachtundsechzig Kirchenkantaten bemüht.[144] Weitere Versuche folgen, die Bach-Dokumentation zu sichern und zu ordnen.[145] Bach-Pflege und Bach-Ausgabe werden nun als eine zusammengehörige Bewegung betrachtet, zu deren Entwicklung sogar die Gründung einer Bach-Gesellschaft als notwendig erachtet wird.[146] Auf diese Weise werden die in dieser Studie analysierten Kantaten ein erstes Mal nach quellensystematischen Kriterien herausgegeben.[147] Es ist als Zeichen grosser Vitalität der Bach-Bewegung zu werten, wenn auf den Abschluss der ersten Bach-Ausgabe und dem damit verbunden Erlöschen der Bach-Gesellschaft am 27. Januar 1900 gleichentags eine Neue Bach-Gesellschaft[148] gegründet wird, «deren Anliegen eine Verbreitung und Popularisierung des Bachschen Werkes» ist.[149] Diesem

---

143 Heinemann 2000b, 203.

144 «Mosewius war der erste, der eine Exegese des Bachschen Tonsatzes vornahm und in minutiöser Analyse zumal der Rezitative die enge Relation zwischen Text und Musik zeigte. Auch die Intensität der Textdeutung in den vierstimmigen Choralsätzen Bachs [...] vermochte er zu erschließen, um so die besondere Qualität der geistlichen Musik Bachs zu verdeutlichen.» (Heinemann 2000c, 374).

145 Siehe Heinemann 2000b, 203. So ist z. B. Philipp Spitta die Entwicklung einer ersten sich auf Bachs Werke beziehenden quellenkritischen Methodik zuzuschreiben (Hinrichsen 2000d, 488). Ebenfalls auf Spitta geht im Wesentlichen der liturgierelevante Anstoss zurück, Bachs Vokalwerke wieder ihrem ursprünglichen Funktionszusammenhang zuzuführen. «So gehörte er zu den Initiatoren des 1875 gegründeten Leipziger Bach-Vereins, der sich nicht nur um die kontinuierliche Aufführung Bachscher Kantaten in der Thomaskirche bemühte, sondern [...] auch eine vor allem hinsichtlich des Accompagnement für authentisch gehaltene Aufführungspraxis durch Editionen zu verbreiten versuchte.» (Hinrichsen 2000d, 489). Spitta wird ausserdem im Zusammenhang mit der Bach-Gesamtausgabe als Gutachter herangezogen (ebd.).

146 Siehe Schäfers 2000, 92.

147 1852 wird die Kantate BWV 17 von Moritz Hauptmann in «Kirchenkantaten 2», 1855 die Kantate BWV 25 von Wilhelm Rust in «Kirchenkantaten 3» und die Kantate BWV 78, ebenfalls von Wilhelm Rust 1870 in «Kirchenkantaten 8» herausgegeben (Siehe Heinemann 2000a, 91). Wilhelm Rust hat das Profil der BGA massgeblich geprägt. «Durch Rust wurden unter dem Einfluß des Altphilologen Otto Jahn systematisch die Methoden der klassischen Altertumswissenschaft in die Bach-Forschung eingeführt.» (Hinrichsen 2000c, 455).

148 Zur Entstehung und Entwicklung der NBG siehe Eller 2005, 242ff.

149 Schäfers 2000, 93. «Zahlreiche Quellenfunde und eine verfeinerte Editionstechnik ließen bereits beim Abschluß der Bach Gesamtausgabe (BGA) am Ende des

Ziel dienen auch die in diesem Zusammenhang 1904 gegründeten «deutsche[n] Bach-Fest[e]», zu deren Aufgaben zählt, «insbesondere auch [Bachs] für die Kirche geschaffenen Werke dem Gottesdienst nutzbar zu machen»[150].

In der Gestalt des «Bach-Jahrbuchs», das seit 1904 beinahe ununterbrochen[151] erscheint, gewinnen Bachforschung wie Bach-Pflege gerade auch im Hinblick auf die geistliche Musik Bachs ein wichtiges Instrument der Konsolidierung, Erweiterung und Revolutionierung der über die Jahrzehnte angesammelten Erkenntnisse und Verstehensmodelle.[152] In periodisch erscheinenden Überblicken über das «Bach-Schrifttum» werden möglichst alle Neuerscheinungen zu und über Bach der Öffentlichkeit zugänglich gemacht.[153] Durch diese Massnahmen gestützt, kennt die erste Hälfte des 20. Jahrhunderts eine erste grosse Welle der Bach-Kantaten-Aufführungen.[154] In Bezug auf die Musiktheorie dieser Zeit streife ich Albert Schweitzers 1908 in deutscher Übersetzung erschienene Monografie «J. S. Bach», die im wissenschaftlichen Diskurs der Gegenwart ihrer «stark romantischen Kunstidealen»[155] verpflichteten ästhetischen Ausrichtung wegen zwar kaum mehr rezipiert wird. Schweitzer verdankt die Bach-Kantaten-Forschung jedoch den Hinweis auf «einzelne musikalische Phänomene als Bedeutungsträger in Bachs Tonsprache».[156] Für die Erforschung dieser Phänomene nachhaltiger wirkt sich Arnold Scherings Figu-

---

19. Jahrhunderts erkennen, daß das eben erst erfolgreich abgeschlossene Projekt weder dem Ziel, alle Werke Johann Sebastian Bachs vorzulegen, noch der Intention, eine bestmögliche Lesart zu bieten, gerecht geworden war.» (Franke 2000, 388).

150 Aus dem Festbuch 1904 zit. n. Eller 2005, 244.

151 Zu Entstehung und Entwicklung des BJ siehe Eller, 2005, 247ff. Zu Inhalt und Systematik der BJ-Ausgaben siehe Bach-Jahrbuch-Index in BJ 2004, 252ff.

152 Siehe Schäfers 2000, 94.

153 Zur Einteilung des «Bach-Schrifttum 2001–2005» siehe Söhnel 2011, 177ff.

154 Mithin entwickelt die Bach-Pflege eine emanzipatorische Dynamik: «Die Bachpflege erachtet es nun nicht mehr für nötig, sich dem allgemeinen Konzertbetrieb anzupassen; vielmehr tritt sie in bewußte Opposition zu ihm und findet willkommene Bundesgenossen in der musikalischen Jugendbewegung und in den liturgischen Erneuerungsbewegungen der beiden christlichen Kirchen. Die Bachbewegung begreift sich nun nicht allein als Bewahrerin alter Kunstschätze, sondern zugleich als Steigbügelhalter der neuen Musik […] Dieser Umschwung ist letztlich Ausdruck eines veränderten Geschichtsbildes, das die Vergangenheit nicht mehr als eine noch unvollkommene Vorstufe zur Gegenwart auffaßt, sondern den Eigenwert jeder Geschichtsperiode zu erkennen sucht.» (Dürr 1988c, 179).

155 Hiemke 2000b, 476f.

156 Friedemann Walter 2000, 466.

renlehre aus, mit welcher eine «Systematisierung aller Parameter des Tonsatzes»[157] erreicht wird und Bachs Musik erstmals mit «musiktheoretischen, philosophischen und psychologischen Texten aus der Entstehungszeit der Werke»[158] in Beziehung gebracht werden kann.[159] Von Friedrich Smends Forschung geht der die Bachforschung seither in die Pflicht nehmende Impuls aus, jeden interpretativen Ansatz Bachscher Musik «musikalisch immanent zu begründen».[160] Auf Smend geht weiter die «(Wieder-)Entdeckung» der «Zahlensymbolik» als «exegetische Dimension» in der Analyse von Aufbau und Satztechnik der Bachschen Musik zurück,[161] von der Forschende der Gegenwart ihres spekulativen Charakters wegen in meinen Augen allzu dezidiert Abstand nehmen.[162] Es sei in diesem Rückblick auf die erste Hälfte des 20. Jahrhunderts noch auf Arnold Schmitz hingewiesen, «der [die] aus der Rhetorik entlehnte […] musikalische[…] Figurenlehre für die Bildlichkeit der wortgebundenen Musik Bachs»[163] herausstellt und die seit dem 19. Jahrhundert gewonnenen Erkenntnisse in einer Gestalt systematisiert, dass sie zur Analyse Bachscher Musik eine verlässli-

157 Ebd.

158 Ebd.

159 Auf Scherings Forschung geht auch die Wahrnehmung des Bachschen «Parodie-Verfahren als kompositorisches Prinzip» (Friedemann Walter 2000, 466) zurück. In Bezug auf die Figurenlehre macht Michael Radulescu auf Jacobus Kloppers aufmerksam, der sie 1966 im Detail in seinem Buch «Die Interpretation und Wiedergabe der Orgelwerke Bachs» bespricht (Radulescu 2013, 26).

160 Dazu Heinemann 2000c, 483: «Eingehende Untersuchungen zur Entstehungsgeschichte sowie (form-)analytische Beobachtungen ließen ihn Tonartenpläne wie symmetrische Strukturen in Bachs Werken aufzeigen.»

161 Ebd.

162 Dass Bach in seinen Kompositionen auf Zahlensymbolik zurückgreift, wird in der neueren Forschung eher verneint. Siehe Dürr 1988c, 189ff und Geck 2000, 736. Auch Heinemanns Artikel dazu (Heinemann 2000e) beschreibt lediglich die Unmöglichkeit, Zahlensymbolik in Bachs Musik zu belegen. Positiver beurteilt Frieberger die Möglichkeit zahlensymbolischer Zusammenhänge in Bachs Musik (Frieberger 2011). Ebenso Radulescu, der kurz, dafür aber das ganze Feld möglicher Bezüge von der «einfache[n] Zahlenallegorik» über die «tiefgründige Zahlensemantik» bis zur «höchst rationale[n] Zahlenkabbalistik» beschreibt und mit Bachs Musik ins Gespräch bringt (Radulescu 2013, 31–35). Zum «Begriff musikalischer Ordnung» in der Barockmusik siehe ferner Dammann 1984, 23ff. Selber werde ich im Rahmen der Analyse der Stilhöhe des *delectare* vereinzelt im Zusammenhang mit Bachs Formprinzip (Siegele 1978) auf zahlensymbolische Aspekte zu sprechen kommen.

163 Dürr 1988c, 181.

che Basis liefert. Mit den Namen Alfred Dürr und Werner Neumann verbindet die Bachforschung seit 1950 die Edition der «Neuen Bach-Ausgabe», die gleichermassen vom Göttinger Bach-Institut (Dürr) wie vom Bach-Archiv in Leipzig (Neumann) wissenschaftlich begleitet wird.[164] Im Zuge der Überarbeitung des Bach-Bildes, das Philipp Spitta geprägt hatte, revolutionieren Alfred Dürr und Georg von Dadelsen[165] die Chronologie der Bach-Kantaten in einem Ausmass, dass sich mit der Rückdatierung von bislang als Spätwerke eingestuften Kantaten in die 1720er Jahre hinein ein vollständig neues Bild von Bachs Leipziger Schaffensperiode ergibt.[166] Auch mit seinem Kantaten-Kommentar[167] setzt Dürr Massstäbe. Er fasst in einer an Präzision in meinen Augen bis heute unübertroffenen musikhistorischen Einführung die Welt dessen zusammen, was sich bis und mit Bach unter der Gattungsbezeichnung ‹Kantate› subsumieren lässt.[168] Andererseits versucht Dürr mit seinen «Ausführungen», die «Bemühung Bachs um Aktualisierung der Kirchenmusik seiner Zeit» mit einzufangen und stellt somit sein Kommentarwerk in den Kontext des «Anspruch[s]», den die «Bachkantate als Zeugnis allerhöchster Kunst, christlichen Glaubens und abendländischer Kulturgeschichte […] an den Menschen unserer Zeit stellt, sich mit ihr auseinanderzusetzen.»[169] In der Darstellung gliedert Dürr die Kirchen-Kantaten nach ihrer Zuordnung im Kirchenjahr, gibt mit den Angaben zu Epistel- und Evangeliumslesung den unmittelbar proprialen liturgischen Rahmen an, führt den Wortlaut des Librettos mitsamt den harmonischen Verhältnissen auf, kommentiert die Entstehungsbedingungen der Kantate und lenkt die Aufmerksamkeit des «interessierten Laien»[170] auf inhaltsbezogene Gewichtungen[171] innerhalb des Werkes sowie der einzelnen Sätze, die er in

---

164 Siehe Franke 2000, 388.

165 Siehe Dürr 1957 und Dadelsen 1958. Als Referenz gilt heute Dürr 1976.

166 Die neue Chronologie ergibt das Bild einer bezüglich der Kirchenkantaten äusserst konzentrierten Schaffensperiode in den 1720er Jahren. In fünf Jahrgängen entstehen seit 1723 eng aufeinander folgend beinahe sämtliche Leipziger Kirchenkantaten. Siehe u. a. Wolff 2006, 20.

167 Dürr 2010.

168 Dürr 2010, 17ff.

169 Aus dem Vorwort zur 1. Auflage, in: Dürr 1985, 7.

170 Ebd.

171 Als Beispiel hierfür Dürrs Kommentar zu BWV 126: «Das Evangelium des Sonntags Estomihi erzählt zweierlei: die Ankündigung Jesu, er gehe nun nach Jerusalem, wo sich seine Passion erfüllen werde, ferner den Bericht von der Heilung eines Blinden, der am Wege steht und ruft: ‹Jesu, du Sohn Davids, erbarme dich mein!›. Unsere Kantate

wenigen Worten musikwissenschaftlich zu charakterisieren versucht.[172] Die Knappheit der Ausführungen zu den einzelnen Werken bedingt, dass Dürrs eigentliche analytische Arbeit der Leserschaft weitgehend verborgen bleibt. Spätere Bach-Kantaten-Kommentare (Schulze, Küster, Petzoldt) nehmen auf Dürr Bezug, führen aber über die Stufe Einführungsliteratur nicht wirklich hinaus.[173] Mit Dürrs Interesse an der Verknüpfung der Musik der Bach-Kantaten mit gottesdienstimmanenten Inhalten lässt sich die im 20. Jahrhundert signifikante Erweiterung der Bachforschung um einen theologischen Zweig verbinden, dessen Exponenten sich in der «Internationalen Arbeitsgemeinschaft für theologische Bachforschung» 1976 zusammenschliessen.[174]

---

nimmt in ihren madrigalischen Texten (Satz 1 bis 3) nur auf diese Blindenheilung Bezug und greift erst durch ihren Schlußchoral (sowie dessen textloses Zitat in Satz 2) zugleich auch die Leidensankündigung auf und schlägt so die Brücke zum Karfreitag über die Fastenzeit, während der in Leipzig die Figuralmusik zu schweigen pflegte.» (Dürr 2010, 279).

172 Als Beispiel hierfür Dürrs Kommentar zu BWV 190, 3: «Auf die beiden Eingangssätze folgt als 3. Satz eine Arie in schlichter, tänzerischer Melodik. Der homophone, durch Echodynamik gegliederte Streichersatz läßt an eine weltliche Vorlage denken, ohne daß wir konkrete Hinweise darauf besäßen.» (Dürr 2010, 180). Dürrs musikalische Charakterisierungen verschaffen einen Gesamteindruck der musikalischen Faktur eines Satzes. Der Knappheit der Ausführungen wegen verfährt Dürr dabei notgedrungen selektiv.

173 Anders verhält es sich mit Einzelstudien wie Renate Steiger 2002 und Kube 1992, die sich mit einzelnen Kantaten oder einer Kantatenserie (Steiger) – wie die hier vorliegende Untersuchung – oder sogar nur mit einzelnen Kantatensätzen (Kube) befassen.

174 Zu den Gründungsmitgliedern zählen Walter Blankenburg, Christoph Trautmann, Christhard Mahrenholz, Oskar Söhngen, Alfred Dürr, Erich Hübner, Ulrich Meyer, Ludwig Prautzsch, Lothar und Renate Steiger, Helene Werthemann, Winfried Zeller, Günther Stiller, Robin Leaver und Elke Axmacher. «Ziel der Gründung war es, einen Kreis von interdisziplinär qualifizierten Forschern zusammenzuführen, die die Aufarbeitung eines seit langem beklagten Defizits in Angriff nehmen und der Bachphilologie, von der die Forschung seit den 1950er Jahren im Zusammenhang mit der Vorbereitung der Neuen Bachausgabe die stärksten Impulse empfangen hatte, sowie dem in der DDR von offizieller Seite aus betriebenen, ideologisch nicht unbeeinflußten Konturieren von Zügen der beginnenden Aufklärung im Bach-Bild die Erforschung der theologischen Grundlagen des Bachschen Oeuvres an die Seite stellen sollten, eines Oeuvres, das als einer der großen Höhepunkte nicht nur der Musik, sondern als ein Höhepunkt auch in der Geschichte der Auslegung der Heiligen Schrift wie in der Geschichte des lutherischen Gottesdienstes zu gelten hat.» (Renate Steiger 1998c, XIf). Zur östlichen offiziellen Bachrezeption siehe Klingberg 2005 und Rienäcker 2005.

Seit dieser Zeit bemüht sich die theologische Bachforschung, Bach nicht etwa als Theologen zu fassen, der er nicht ist, sondern vielmehr als «theologisch Gebildeten» zu begreifen und mit dieser Einschätzung «zu einem umfassenden Verständnis der Bachschen Musik in unserer Zeit beizutragen».[175] Näher auf die vorliegende Untersuchung bezogen, mündet die theologisch motivierte Erforschung der Kantaten Bachs in das Unternehmen Martin Petzoldts, einen drei umfangreiche Bände umfassenden «Bach-Kommentar» zu liefern, in welchem er zu Bachs musikalischer Bibelauslegung die «Olearius-Bibel»[176] als unmittelbare literarisch-theologische Bezugsgrösse heranzieht.[177] In diesem Zusammenhang sind auch Hans-Joachim Schulzes «Einführungen zu sämtlichen Kantaten Johann Sebastian Bachs» zu nennen, die 2006 unter dem Titel «Die Bach-Kantaten» erscheinen. In diesen nicht «[p]rimär für den Druck bestimmt[en]»[178] Einführungen spricht sich eine explizit herantastende Systematik aus.[179] Einen anderen Weg beschreitet Jochen Arnold in seiner 2009 er-

---

175 Blankenburg fasst 1985 die unter anderem durch Friedrich Blumes Artikel: «Umrisse eines umstrittenen Bachbildes» (Blume 1962) angestossene Diskussion um Bachs persönliche Einstellung zu Glaube und Kirche zusammen und spitzt sie auf die heute noch gültige Fragestellung zu: «In welchem Maße ist Bachs Musik überhaupt erst von der Theologie seiner Zeit her zu verstehen?» (Blankenburg 1985b,176).

176 Olearius 1678. Petzoldt beschreibt dieses in Bachs eigene Bibliothek aufgenommene Werk als «Summe bibeltheologischer Gelehrsamkeit der zweiten Hälfte des 17. Jahrhunderts in Mitteldeutschland» (Petzoldt 2005, 14f.). Petzoldt fasst den Einfluss dieser Schrift auf die Bach-Kantaten mit den Worten zusammen: «Es sieht so aus, als ob Bach vorwiegend Texte vertont habe, die mit Hilfe der Olearius-Bibel entstanden oder korrigiert worden sind.» (Petzoldt 2005, 16).

177 Petzoldt bezieht sich ausdrücklich in Bezug auf die musikwissenschaftliche Analyse auf das Standardwerk Alfred Dürrs 2010 und auf Konrad Küster 1999 (siehe Petzoldt 2005, 9). Selbst beschränkt er sich im Wesentlichen auf die Textanalyse (siehe Petzoldt 2005, 8).

178 «Entstanden sind sie im Zusammenhang mit einer Sendereihe des Mitteldeutschen Rundfunks in den Jahren 1991 bis 1994, die bis 2000 mehrere Wiederholungen erlebte. Bedingt durch Möglichkeiten und Grenzen des gesprochenen Wortes mußte und konnte seinerzeit auf das übliche Arsenal der Analytik verzichtet werden: Notenbeispiele, Tabellen, Taktzahlen, Stemmata, Querverweise kamen somit nicht in Frage, Formbeschreibungen mußten sich auf das Grundsätzliche konzentrieren.» (Schulze 2006a, 9).

179 «Vielmehr erfolgte die Beschäftigung mit dem Einzelwerk bevorzugt anhand des Textes und später der Partitur. Dabei kam es darauf an herauszufinden, mit welchem Ansatz Johann Sebastian Bach sich seiner jeweiligen Textvorlage genähert haben könnte

schienenen Habilitationsschrift «Von Gott poetisch-musikalisch reden. Gottes verborgenes und offenbares Handeln in Bachs Kantaten». Arnold spürt aus den Bach-Kantaten «Sprach- und Lebensformen des Glaubens als spirituelle Muster für religiöse Erfahrungen» heraus und richtet damit seine Analyse auf das Potenzial von Text und Musik aus, von heutigen Menschen als religiös relevant wahrgenommen zu werden.[180] Aus dieser unterschiedliche Verstehenshorizonte miteinander verbindenden[181] Perspektive heraus gestaltet Arnold seine Studie entlang unterschiedlicher Zielsetzungen[182] und Interpretationsebenen,[183] die Bachs Kirchenkantaten liturgierelevant über jeden «rein christologischen bzw. trinitätstheologischen» Ansatzpunkt hinaus «die Erfahrung des Gerichts und der Verborgenheit Gottes» integrierend (These 1) als inszenierten «lebendigen Dialog zwischen Gott und Mensch» zu fassen versuchen (These 2), dessen «liturgische[r] Ort [...] heute je nach Gottesdienstort und Gottesdienstgemeinde immer wieder neu bestimmt werden» muss (These 3) und in der vermuteten ursprünglichen gottesdienstlichen Funktion der Kantaten im Leipziger Gottesdienst als «Bekenntnismusik [...] gesungener Ausdruck religiöser Gewissheit» gründet (These 4).[184]

Wer sich in der theologischen Bachforschung der Gegenwart umsieht, kann auf eine immer gründlichere Erforschung des historischen Kontextes, in welcher Bachs Musik erklang, zurückgreifen.[185] Dies gilt insbesondere für die gottesdienstlichen Rahmenbedingungen einer Kantatenaufführung. Paradebeispiel für eine internationale und interdisziplinarisch erstellte Zusammenarbeit sind die drei Bände «Die Welt der Bach-Kantaten», die mit Christoph Wolff (Musikwissenschaftler) und Ton Koopmann (Musikwissenschaftler und Dirigent)

---

und wie er sich insbesondere bei relativ ‹abstrakten› Texten zu helfen wußte.» (Schulze 2006a, 8).

180 Arnold 2009, 11. Bezeichnend für Arnolds Ansatz ist der Titel seiner «Hinführung: Lebens- und Geschichtsdeutung im Spiegel der Kantaten Bachs» (ebd.). Dieser rezeptionsorientierte Ansatz wird über Ereignisse der neuesten Geschichte wie 9/11 und der Tsunami von 2004 veranschaulicht, die Arnold als Herausforderung für die Theologie über die Theodizee-Problematik auch an Bachs Musik heranträgt (Arnold 2009, 12).

181 Siehe zum Begriff Horizontverschmelzung Gadamer 1990, 311.

182 Arnold 2009, 22.

183 Arnold 2009, 28.

184 Arnold 2009, 26–28.

185 Eine systematische Zusammenschau der Bachforschung im 20. Jahrhundert bietet Rampe 2005, 124f.

als gemeinsame Herausgeber 1995 ein erstes Mal erscheint und mit Peter Wollny, Hans-Joachim Schulze, Claus Oefner, Andreas Glöckner, Daniel R. Melamed, Ulrich Leisinger, Georg B. Stauffer, Alberto Bosso, Günther Hoppe, Z. Philip Ambrose und Hans-Joachim Kreutzer als Co-Autoren Musikwissenschaft, Musikgeschichte, Bach-Archivistik und Bach-Pflege[186] und mit Martin Petzoldt auch Theologie um ein gemeinsames Thema zueinander in Beziehung setzt.

Insgesamt sind Publikationen gründlicher Einzelanalysen im Rahmen der Bach-Kantaten-Forschung jedoch selten. Zu diesen rechne ich Martis «Analyse der drei Kantaten zum 17. Sonntag nach Trinitatis».[187] Marti führt seine Untersuchung «unter musikalisch-rhetorischen und theologischen Gesichtspunkten»[188] aus und steckt somit deren methodischen Rahmen klar ab.[189] Wei-

---

186 Zur Auseinanderentwicklung von Forschung und Aufführungspraxis in der zweiten Hälfte des 20. Jahrhunderts siehe Rampe 2005, der als Bach-Interpret mit der Bachforschung hart ins Gericht geht: Diese «setzt sich [...] im Wesentlichen aus dem festen Kreis einer Fachelite im Umfeld der genannten öffentlichen Institutionen [Bach-Archiv in Leipzig, Johann-Sebastian-Bach-Institut in Göttingen, Neue Bach-Gesellschaft, Internationale Bachakademie Stuttgart ...] zusammen. Diese Struktur fördert zwar die Spezialisierung und Bündelung von Forschungsmaßnahmen. Eine Zusammenarbeit mit institutionalisierten Bereichen der Musikforschung in der Nachbarschaft aber, etwa der Haydn- und Mozart-Forschung, ist die Ausnahme, ganz zu schweigen von einer Vermittlung zwischen Theorie und Praxis. Nur so läßt sich erklären, daß sich die Bachforschung in der zweiten Hälfte des 20. Jahrhunderts fast ausschließlich auf quellenkundliche Aspekte beschränken konnte. Die wissenschaftliche Erforschung aufführungspraktisch relevanter Probleme wurde zu einer Randerscheinung, eine Untersuchung der musikalischen Substanz der Bachschen Werkes fehlt bis heute fast vollständig.» (Rampe 2005, 125).

187 Marti 1980.

188 Der vollständige Titel seiner Untersuchung lautet: ‹... die Lehre des Lebens zu hören› Eine Analyse der drei Kantaten zum 17. Sonntag nach Trinitatis von Johann Sebastian Bach unter musikalisch-rhetorischen und theologischen Gesichtspunkten».

189 Martis Arbeit verläuft in mancherlei Hinsicht parallel zu meiner Untersuchung: Sie ist als Querschnittsuntersuchung angelegt (es werden die drei erhaltenen Kantaten zu einem Sonntag im Kirchenjahr analysiert). In der Heraushebung der musikalischen Figuren stützt sie sich auf die strukturgebende Qualität der klassischen Rhetorik ab. Auf der Ebene theologischer Zusammenhänge greift Marti wie ich unter anderem auf Hutters «Compendium locorum theologicorum» zurück. Anders als Marti fächere ich die Untersuchung über die *decoratio* hinaus auf die übrigen ‹Baustufen› einer klassischen Rede auf. Auch liegt bei mir das Schwergewicht in der theologischen Behandlung we-

ter ist Renate Steigers Analyse der Kantate BWV 78 im Rahmen einer Publikation zu nennen, die Bachs geistliche Vokalmusik insgesamt ins Blickfeld rückt.[190] Steiger geht insbesondere auf den «hermeneutischen Zirkel» zwischen Text und Musik ein:

> «Von der Betrachtung des Textes zur Musik – von Beobachtungen an der Musik zurück zum Text. Das ist der in das Verständnis des Werkes immer tiefer hineinführende hermeneutische Zirkel: einzelne Inhalte und Gestaltungselemente des Textes lassen Wahl und Bedeutung der kompositorischen Elemente verstehen; musikalische Gegebenheiten – von rhetorischen Figuren über Satzarten und -techniken bis zur großformalen Disposition – akzentuieren theologische Inhalte des Textes.»[191]

Ebenso unter theologischem Gesichtspunkt verdient Meinrad Walters «musikalisch-theologische Einführung» in Bachs Johannes-Passion genannt zu werden.[192] Sie präsentiert sich einerseits pointiert als laienfreundlich und praxisbezogen,[193] andererseits aber auch als unterschiedliche Disziplinen und Zugänge unverkrampft miteinander in Beziehung setzend:

> «Musiker werden manche theologischen Details neu entdecken, für Theologen mögen sich Verstehenszugänge zu Bachs komponierten Gebeten eröffnen, und den kulturell Interessierten soll ein Einblick in Bachs musikalische Sprache für das Thema Passion gebo-

niger auf der Dogmatik selbst als auf deren homiletisch-erbaulicher Adaptation auf Bachs Zeitgenossen.

190 Renate Steiger 2002. Im Rahmen der Publikationen, die sich mit BWV 78 befassen, ist noch eine rein musikologische Untersuchung Michael Kubes des ersten Satzes zu verzeichnen, die ich im Rahmen meiner Untersuchung dieses Satzes streife (Kube 1982).

191 Renate Steiger 1998a, 417.

192 Meinrad Walter (2011).

193 «Deshalb soll hier der Versuch einer musikalisch-theologisch fundierten und zugleich ohne besondere Vorkenntnisse gut lesbaren Einführung gewagt werden. […] Verpflichtet ist diese Interpretation dem integrativen Konzept «Hörend verstehen, verstehend hören», das ich in den letzten 20 Jahren vielfach in Vorträgen, Radiosendungen, Programmeinführungen und Workshops erproben konnte.» Meinrad Walter 2011, 8. Auf Meinrad Walter und Johannes Götz (Bezirkskantor St. Peter/Schwarzwald) geht die Initiative der alljährlichen «Bachkantaten zum Mitsingen» zurück, ein Versuch niederschwelliger Durchdringung von Musik, Messeliturgie und Verkündigung.

> ten werden. Bachs Johannes-Passion ist faszinierende barocke Klangrede[194] und zugleich klingende Theologie, die ihre Hörer emotional, rational und spirituell anspricht.»[195]

Für die Zwecke meiner Untersuchung wirkt Walters Arbeit an Bachs Musik ausserdem durch ihre konfessionsübergreifende und liturgietraditionssynoptische Akzentsetzung wohltuend.[196]

Die Editionsarbeit an der NBA findet 2007 ihren Abschluss. Getreu der Bach-Editionsgeschichte bedeutet dieses Datum wieder eine Zäsur zumindest in der deutschen Bachforschung: Das Johann-Sebastian-Bach-Institut Göttingen hat somit seine Aufgabe erfüllt und wird ein Jahr zuvor aufgelöst.[197] Die editorische Arbeit wird von nun an allein vom Bach-Archiv Leipzig wahrgenommen. Der erste Schritt zur dritten Gesamtausgabe, wie ich sie nennen möchte, ist mit der Publikation eines ersten Bandes «Neue Bach-Ausgabe. Revidierte Edition» (NBArev) im Jahr 2010 getan.[198] Die hier vorliegende Untersuchung der Leipziger Kantaten BWV 25, 78 und 17 muss sich noch ganz auf die ‹alte› NBA abstützen, auf den sie begleitenden «Kritischen Bericht» aus den 1950er Jahren und auf die darauf bezugnehmende und diese revidierende Diskussion.

Ich schliesse diesen Forschungsüberblick mit Michael Heinemanns im Jahr 2000 getroffener Feststellung zur Bachforschung ab und stelle fest, dass sie achtzehn Jahre danach zumindest in Bezug auf die Analyse der Bach-Kantaten an Aktualität noch nichts eingebüsst hat:

> «[Bachs] Musik selbst [...] scheint fast an den Rand der wissenschaftlichen Aufmerksamkeit gerückt zu sein. Neben den grundlegenden Studien zu Bachs Schaffensprozess [...] finden sich analytische Untersuchungen nur in geringer Zahl.»[199]

Dominik Sackmann, Lehrer für Musikgeschichte und Aufführungspraxis am Konservatorium Winterthur, erläutert mir in einem Gespräch, dass in der Mu-

---

194 Siehe 5.2.

195 Meinrad Walter 2011, 8.

196 In seinem Artikel zur theologischen Bachforschung «erinnert» Meinrad Walter «an die Lehre des Zweiten Vatikanischen Konzils über das Verhältnis von geoffenbarter Wahrheit, verkündigender Predigt und wachsendem Verstehen» und vermag somit theoretische Zugänge aus unterschiedlichen Epochen und konfessionellen Kontexten miteinander zu verbinden (Meinrad Walter 2005, 422, Fussnote 55).

197 Siehe Mendel 2016.

198 Siehe Homepage des Bärenreiter-Verlags 2016 / Gesamt- und Werkausgaben / NBArev.

199 Artikel «Forschung», in: Das Bach-Lexikon (= Heinemann 2000), 204.

sikwelt vorgängig zu Aufführungen sehr wohl Analysen auch zu den Bach-Kantaten durchgeführt würden, diese jedoch der eigenen Vorbereitung dienend unpubliziert bleiben.[200] Für Nicht-Musiker eine Erschwernis mehr, auf rezipierbare Forschung im Bereich Bach-Kantaten zurückzugreifen.

200 Gespräch am 9. März 2011 in Basel.

3 Der Leipziger Gottesdienst zur Zeit Bachs

Leipzig kann zur Zeit Bachs als eine Hochburg gottesdienstlichen Lebens gelten.[201] Darüber hinaus findet neben dem katholischen sogar der reformierte Gottesdienst seinen Platz in der Stadt.[202] Leipzig bewahrt gleichwohl im Königreich Sachsen der katholischen Hauptstadt Dresden gegenüber eine klar lutherische Prägung.[203] Wie andere Städte Mittel- und Norddeutschlands partizipiert Leipzig am Aufschwung seit dem Ende des Dreissigjährigen Krieges und steht in demografischer, kultureller und wirtschaftlicher Hinsicht in Konkurrenz mit Städten wie Hamburg und Frankfurt a. M.[204] Dieser Aufschwung korrespondiert mit einer regen Restaurierungs- und Neubautätigkeit auch von Kirchengebäuden, die mit einer «Intensivierung des gottesdienstlichen Lebens»[205] um die Wende zum 18. Jahrhundert einhergeht.[206] Über die gesamte

---

201 Ich vollziehe an dieser Stelle eine gedankliche Kontraktion zwischen dem von Stiller beschriebenen blühenden gottesdienstlichen Leben der Stadt (Stiller 1970, 29ff) mit der von ihm zitierten Aussage Hamels über Leipzig als einer «der stärksten Hochburgen der lutherischen Orthodoxie» (Hamel 1951, 116 zit. n. Stiller 1970, 23). Die enge Beziehung zwischen theologischer und gottesdienstpraktischer Ausrichtung der Stadt wird durch die Gestalt Salomon Deylings gewissermassen symbolisiert, der als «Professor primarius der Theologischen Fakultät […] noch gleichzeitig […] als Hauptpastor an St. Nikolai und Superintendent der Stadt sowie als Mitglied des Leipziger Konsistoriums rund dreieinhalb Jahrzehnte an der Spitze des gesamten kirchlichen Lebens der Stadt gestanden hat und somit die ganze Entwicklung gerade auch hinsichtlich des Gottesdienstes entscheidend beeinflussen konnte» (ebd.).

202 Siehe Stiller 1970, 41.

203 Zur Konkurrenzsituation beider Städte und der damit zusammenhängenden herausgehobenen spannungsreichen politisch-konfessionellen Rolle Leipzigs innerhalb Kursachsens siehe Siegele 1999, 6–14.

204 Zum Vergleich unter den deutschen Städten siehe Stiller 1970, 30 oder auch Niefanger 2006, 33.

205 Stiller 1970, 31: «[G]erade dieser Sachverhalt, daß immerfort Gottesdiensträume von teilweise schon seit der Reformationszeit nicht mehr zu Gottesdiensten und Andachten benutzten Kirchen wieder erschlossen und somit die Gottesdienste und Andachten in der Stadt in beträchtlichem Maße vermehrt wurden, ist charakteristisch für das kirchliche Leben am Anfang des 18. Jahrhunderts in Leipzig.»

Woche verteilt ist das Gottesdienstangebot formal wie inhaltlich reichhaltig gestaltet und adressatenbezogen.[207] Zur Zeit Bachs gilt Leipzig somit auch als Hochburg der lutherischen Orthodoxie.[208] Der Pietismus ist als Frömmigkeitsbewegung schon seit 1690 offiziell verboten.[209] Auch die Säkularisierung macht im kirchlichen Leben zur dieser Zeit noch vor den Stadtmauern halt. Erst mit der Amtszeit des Superintendenten Johann Georg Rösenmüller (1785–1815) gelangt diese auch in Leipzig zum Durchbruch.[210] Somit zeichnet sich das gottesdienstliche Leben zur Zeit Bachs durch eine Lebendigkeit und Vielfalt noch lutherisch-orthodoxer Prägung aus.[211] Stiller beschreibt, in wel-

---

206 All diesen auf einen auch kirchlichen Aufschwung weisenden Faktoren zum Trotz gilt es, die «Krisenzeiten» (Bieritz) nicht zu übersehen, die in der zweiten Hälfte des 18. Jahrhunderts auch im Leipziger Kirchenwesen auftreten. Hierzu Bieritz 2004, 537f: «Krisenzeichen».

207 Bemerkenswert ist in dieser Hinsicht, dass der Hauptantrieb zur Erweiterung des Gottesdienstangebotes der Stadt aus einem wachsenden Bedürfnis der Bevölkerung selbst zu erklären ist. Siehe Stiller 1970, 37f.

208 Ich verwende in meiner Untersuchung insgesamt den Begriff Orthodoxie nicht in scharfer Abtrennung und Gegenüberstellung zu Pietismus und Aufklärung, sondern als Ausdruck des obrigkeitlich akkreditierten lutherischen *mainstreams*, der geistesgeschichtlich an der Lehre Luthers unter Einbezug scholastisch-humanistischen Gedankenguts festhält. Zur Frage, ob und in welchem Mass Bach pietistisch beeinflusst und/oder mit der Aufklärung in Verbindung zu bringen ist, behandle ich in den Abschnitten 1.2.3 bzw. 1.2.4.

209 Stiller 1970, 87. «Zur Zeit Johann Sebastian Bachs und auch schon zuvor konnten in Leipzig eindeutig zum Pietismus neigende Theologen überhaupt nicht ordiniert und angestellt werden. So wissen wir von dem im Jahre 1723 zum ‹Sonnabendsprediger zu St. Thomae› berufenen M. Friedrich Gottlieb Krantz, daß er 1727 ‹das Diaconat zu Taucha erhielt›, aber ‹wegen seiner Streitigkeiten mit dem dasigen Pastor Hoffmann und seiner Neigung zum Pietismus 1734 suspendiret, und zu Ende des 1735. Jahres seines Amtes gänzlich entsetzet wurde› (Albrecht 1799, 323 zit. n. Stiller 1970, 87). In Bezug auf die Leipziger Fakultät siehe Wartenberg 1990, 726f.

210 Stiller 1970, 142.

211 So schreibt Stiller 1970, 39: «In den beiden Hauptkirchen der Stadt, St. Nikolai und St. Thomae, löste […] nicht selten, zumal an Festtagen, ein Gottesdienst den anderen ab, so daß für die Bürger dieser Stadt vom frühen Morgen bis in den späten Nachmittag hinein die Möglichkeit zu Besuch von Gottesdiensten und Andachten gegeben war, und die Zahl der Bürger, die an einem Sonn- oder Festtag sogar zwei Gottesdienste besuchten, wird nicht gering gewesen sein, ja wir hören sogar, daß ‹auch andächtige Christen gefunden werden, so alle drey Predigten in der Stadt hören und abwarten›.» (LKA, 1694, 543 zit. n. Stiller 1970, 39.)

chem Mass sich die Leipziger Gottesdienstpflege in «engster Kontinuität mit der Neuordnung des lutherischen Gottesdienstes in der Reformationszeit sieht, die ihrerseits im großen und ganzen äußerst konservativ an die abendländische Gottesdiensttradition anknüpfte und nur das eindeutig Schriftwidrige ausmerzte.»[212]

Im Hinblick auf die Gottesdiensttheorie, die Stillers Kurzbeschreibung zugrunde liegt, referiere ich aus Arnolds Verhältnisbestimmung von Liturgie und Dogmatik, die er bei Philipp Melanchthon findet.[213] Arnold bezieht sich dabei vor allem auf die zentralen Artikel der Confessio Augustana V und VII «Vom Predigtamt» und «Von der Kirche» und auf deren Apologie (XXIV).[214] Er hält bei seiner Untersuchung vom Artikel V den «fundamentalen Zusammenhang zwischen der einmaligen, rechtfertigenden *Heilstat Christi (‹propter Christum›*, vgl. Röm 4,25) und der gottesdienstlichen Austeilung der Gnadenmittel als *Heilswort des Heiligen Geistes»* fest, «durch das Menschen den rechtfertigenden Glauben erlangen und bewahren. [...] So besteht ein enger Konnex zwischen dem einmaligen Heilserwerb in Christus und der jeweiligen Zueignung des Heils durch den Geist, Versöhnungstat und Versöhnungswort (vgl. 2Kor 5,18–20).»[215] In diesem Zusammenhang wird das «Versöhnungswort» in der Form des Predigtamtes als «göttliche Institution»[216] begriffen, die «von der ganzen Gemeinde wahrgenommen» wird, in dem sie «dazu einzelne, besonders befähigte, ausgebildete und berufene (CA XIV) Menschen beauftragt.»[217] Gottes Geist bindet sich «in seiner Kondeszendenz an die kreatürlichen *äußeren* Mittel der Verkündigung und der Sakramente», wie es «auch ganz seine Sache ist, die Wahrheit des Evangeliums dem einzelnen Menschen ins Herz zu legen und *innerlich* zu erschließen.»[218] Ist dieser gottesdiensttheologische Rahmen einmal gesetzt, vermag im lutherischen Kontext die konkrete Ausgestaltung der Riten lokal recht unterschiedlich sein. Arnold hält im Hinblick auf das ökumenische Anliegen der CA fest, «dass eine *Übereinstimmung* hinsichtlich der von Menschen eingesetzten Riten in den Kirchen *nicht* vonnöten sei, sondern vielmehr nur in der von Gott eingesetzten Wortverkündigung und Sakramentsaustei-

---

212 Stiller 1970, 96f.
213 Arnold 2004, 145–153.
214 Arnold 2004, 145.
215 Arnold 2004, 146f.
216 Arnold 2004, 147.
217 Arnold 2004, 148.
218 Arnold 2004, 149.

lung.»[219] Somit widerspricht die Leipziger Gottesdienstordnung zur Zeit Bachs mit seinen rituellen Eigen- und Altertümlichkeiten in keiner Weise der Grundkonzeption lutherischer Kirchengemeinschaft.[220] Es handelt sich dabei um «einzelne menschliche Satzungen und Kirchenordnungen, die keinesfalls *heilsnotwendig* sind» und somit als Adiaphora eingestuft werden können.[221] «Jedoch beinhaltet die Verpflichtung zu *reiner Lehre* und *rechter Sakramentsspendung* nach der CA auch die Verpflichtung zu einer Bemühung um Kirchengemeinschaft, auf dass *in der Einheit der notae externae ecclesiae – sowohl was die Lehre als auch was den Vollzug angeht* – die *eine, heilige, katholische und apostolische* Kirche sichtbar werde.»[222]

Im Anschluss an diese gottesdiensttheoretischen *fundamenta* stellen Eigenheiten der Leipziger Gottesdienstpraxis wie die Benutzung von «Wandel- oder Meßglöcklein» in der Abendmahlsliturgie oder das Tragen von «Meßgewänder[n]» sowie die Praxis des «Exorcismus oder [der] Beschwörung des unreinen Geistes» auf die Taufe hin[223] an diese Untersuchung keine Sonderanforderungen. Es ist mir auch nicht bekannt, dass Bach selbst auf solcherlei rituellen Einzelheiten in irgendeiner Weise musikalisch Bezug genommen hätte.[224] Der

---

219 Arnold 2004, 151: «4.1.6 ‹*Satis est consentire de doctrina evangelii*› – das ökumenische Anliegen der CA.»

220 Zu den Leipziger Spezifika in der Leipziger Liturgie schreibt Stiller: «Diese Treue zu den von der Reformation eingerichteten oder beibehaltenen liturgischen Traditionen konnte sogar so weit gehen, daß in den Gottesdiensten der beiden Leipziger Hauptkirchen bis zum Jahre 1878 während des Absingens der Einsetzungsworte stets mit dem ‹Wandel- oder Meßglöckchen› geklingelt wurde (Bn, 61), und zwar durch den am Altar knienden Küster jeweils bei der Konsekration des Brotes und der des Weines. [...] Daß es sich bei dieser Sitte um eine besondere, längst nicht überall in Sachsen anzutreffende Tradition gehandelt hat, bezeugt uns Gerber mit folgendem Bericht: ‹Als ich solches zum erstenmal in Leipzig hörete und eben mit communicirte, erschrak ich über dieses Klengeln, welches damals sehr starck von dem Küster nahe beym Altar geschahe, und wußte nicht, was es bedeuten sollte. Ja meine Gedanken wurden zerstreuet, daß ich mehr an diß Geläute und Klengeln, als an das Haupt-Werck, nemlich die Verkündigung des Todes Christi und Genießung seines Leibes und Blutes gedachte› (Gerber 1732, 456)» (Stiller 1970, 93).

221 Arnold 2004, 151.

222 Arnold 2004, 151f.

223 Stiller 1970, 145.

224 Anders verhält es sich dabei in Bezug auf die Gottesdienstordnung, mit deren Aufbau Bach seine Musik inszenatorisch in Beziehung zu setzen trachtet: «Ihr liturgischer Aufbau war so reichhaltig gegliedert, daß sich selbst der Thomasküster *Rost* ein besonderes

im Abschnitt 6.3 aufgeführte Gottesdienstablauf liefert selbst die nötigen Anhaltspunkte für eine liturgische Einbettung der drei überlieferten Bach-Kantaten für den 14. Sonntag nach Trinitatis.

3.1 Die Liturgie

Die Leipziger Gottesdienstordnung oder das Gottesdienst-Formular[225] gestaltet sich nach den Vorgaben der Herzog-Heinrich-Agende von 1538/43.[226] Auskunft über die konkrete liturgische Ausgestaltung geben ausserdem der *Leipziger Kirchen-Staat* aus dem Jahre 1710,[227] die *Leipziger Kirchen-Andachten* aus dem Jahre 1694[228] und die «handschriftlichen Aufzeichnungen des Thomasküsters Johann Christoph Rost», welche die Zeitspanne liturgischer Begehungen von 1716 bis 1739 umfassen.[229] Insgesamt gilt, dass der Gottesdienstablauf über die gesamte Wirkungszeit Bachs Leipzig unverändert bleibt.[230] Auf diese Weise lässt sich der Hauptgottesdienst (Frühgottesdienst, Amt[231] oder Früh-Predigt[232]), wie er zum 14. Sonntag nach Trinitatis – mit Ausnahme der Predigt und der jeweils gesungenen Gemeindelieder – gefeiert wird, recht genau rekonstruieren. Die Untersuchung kann sich auf insgesamt drei Formulare für

---

Merkbuch für die jeweiligen Besonderheiten in den Gottesdiensten der einzelnen Sonn- und Festtage anlegte, um bei den üblichen Amtsverrichtungen nichts zu vergessen. Auch Johann Sebastian *Bach* hat sich, nachdem er bereits ein halbes Jahr seines Amtes in Leipzig gewaltet hatte, den vollen Gang der Hauptgottesdienstliturgie für den I. Sonntag im Advent, die an diesem Tage etwas abweichend von dem sonst üblichen Gang der Liturgie verlief, auf der Innenseite des Umschlages zur Kantate BWV 16 aufgeschrieben, um offenbar bei der reichen liturgischen Gestaltung jener damaligen Gottesdienste keinen Fehler zu machen.» (Stiller 1970, 102).

225 Zum Begriff siehe Ehrensperger 2004b, 3.

226 Siehe Stiller 1970, 26. «Die Neuauflage dieser Agende vom Jahre 1712 ist in den Leipziger Gottesdiensten zur Amtszeit Johann Sebastian Bachs benutzt worden.»

227 Ausführlicher Titel siehe unter «Quellen».

228 Stiller 1970, 25.

229 Stiller 1970, 26.

230 «Das hinsichtlich der liturgischen Gestaltung der verschiedenen Gottesdienste an den Sonn – und Festtagen sowie auch an den Werktagen in der Agende von 1712 Verordnete und Empfohlene, einschließlich der vom Liturgen und Lektor zu singenden Weisen, steht bereits wörtlich – ohne Abstriche und Zusätze – in der Agende von 1647 und kehrt unverändert noch in der Agende von 1771 wieder.» (Stiller 1970, 27).

231 Petzoldt 2006, 84.

232 Stiller 1970, 40.

die liturgischen Begehungen eines Kirchenjahres abstützen: Eine Gottesdienstordnung für Festzeiten, eine vor allem in der Mitgestaltung figuraler, das heisst mehrstimmiger Musik, verschlankte Ordnung für festlose Zeiten, sowie ein drittes Formular für Fastenzeiten, in welchem der Chor als unentbehrliches Element den Gottesdienst stützend vorgesehen bleibt, die Figuralmusik aber zu schweigen hat.[233]

3.2 Die Predigt

Die Forschungslage in Bezug auf die Predigten zu Bachs Leipziger Zeit wird von Jochen Arnold lapidar als «ernüchternd»[234] bezeichnet. Tatsächlich ist keine einzige mündlich gehaltene Predigt[235] als Handschrift[236] oder in Druck gegeben überliefert worden.[237] Es gilt daher, einen indirekten Weg einzuschlagen, um dem Gegenstand phänomenologisch auf die Spur zu kommen. Eine Möglichkeit hierzu bietet die Rezeption der gehaltenen Predigten durch Johann Christoph Gottsched,[238] der über die gesamte Leipziger Zeit Bachs in den beiden Hauptkirchen annähernd dieselben Predigten zu hören bekam wie dieser.[239] Walter Blankenburg verweist auf eine 1728 veröffentlichte Schrift:

---

233 Siehe Stiller 1970, 49ff. und Petzoldt 2006, 85f.

234 Arnold 2009, 60. Diese Ernüchterung lässt sich auf alle weiteren Schaffensperioden und -Orte Bachs ausdehnen: «Eigentümlicherweise scheint keine der Predigten, die Bach in seinen Jahren als Kirchenmusiker in Arnstadt, Mühlhausen, Weimar und Leipzig von der Kanzel hätte hören können, veröffentlicht worden oder auch in anderer Form überliefert zu sein.» (Marshal und Marshal 2015, 162).

235 Selbst wenn Predigten dieser Zeit in Druck gegeben worden wären, wäre damit eine treue Wiedergabe des gesprochenen Wortes noch nicht sichergestellt. Zum Weg vom mündlich gehaltenen zum geschriebenen Wort siehe Wallmann 2010d, 436ff.

236 Über die durch Predigthörende mitgeschriebene Predigt zu dieser Zeit siehe Wallmann 2010d, 436.

237 Am Rand der Zürcher Bach-Tage im Mai 2011 bestätigt mir Petzoldt diesen Befund. Dieser Umstand mag bei der Fülle der sonst überlieferten Predigten dieser Zeit (siehe Wallmann 2010d, 431) erstaunlich anmuten. Wird aber die tatsächliche Predigtpraxis dieser Zeit in den deutschen Städten berücksichtigt, nach welcher «ein Pfarrer des späten 16. und 17. Jh. jährlich 200 Predigten zu halten» (Beutel 1997, 300) hat, verwundert es nicht, dass die wenigsten davon dokumentarisch erhalten bleiben.

238 Zu Gottsched als Vertreter der deutschen Frühaufklärung und zur gelegentlichen Zusammenarbeit zwischen Bach und Gottsched siehe Braun 2000.

239 Siehe Blankenburg 1985a.

«Grundriß einer vernunfgmäßigen Redekunst»,[240] in welcher sich Gottsched unter rhetorischen Gesichtspunkten mit den Leipziger Predigten auseinandersetzt. Dort greift er die in der Orthodoxie gängigen «Predigtmethoden» auf und an, die er als «gekünstelt» bezeichnet.[241] Harro Hoyer untersucht 1976 die Beziehung der Bach-Kantatentexte zu den veröffentlichten Predigtmethoden dieser Zeit.[242] Die lutherische Predigtlehre führt im 16. und 17. Jahrhundert zu zahlreichen «Methodus concionandi» wie diejenigen Hunnius' (1596), Schleupners (1608) und Hülsemanns (1625).[243] Hoyer spricht in Bezug auf die Entwicklung der Predigtlehre, Achelis zitierend, von einer «scholastischen Gelehrsamkeit».[244] Es lässt sich dabei von einer Aneinanderreihung unterschiedlichster Predigtparadigmen sprechen, ohne dass sich die Autoren jeweils um die Erstellung einer Überblick verschaffenden Systematik bemüht zeigten.

> «[Christoph] Schleupner fängt 1610 an, die Predigtarten je nach der angewandten Methode zu vermehren, er kennt erst 4 Methoden (heroica oder theandria (Luther), textualis, periphrastica, articulata oder localis, thematica oder Pancratia methodus). Das geht dann später soweit, bis die Zahl nicht mehr gesteigert werden kann wie bei Johann Benedict Carpzov mit seinen 100 Methoden. Dies ist selbst den Scholastikern zu viel, und so erntete Valentin Ernst Löscher Beifall, als er die Methoden auf 25 reduzierte.»[245]

Mit solcherlei Predigtmethoden muss Gottsched wohl unmittelbar als Predigthörer konfrontiert sein, wenn er in der «Rede wieder die homiletischen Methodenkünstler» schreibt:

> «Was das für eine gekünstelte Predigermethode sey, davon ich rede, kann ihnen allen, meine Herren, nicht unbekannt seyn. Sie leben alle in Leipzig, welches seit vielen Jahren der rechte Sitz und Aufenthalt derselben gewesen, und noch ist; ja welches so viel andern Städten in Deutschland fast zur Regel darinnen geworden. Sie haben alle aus den wöchentlichen ja täglichen predigten der geistlichen Lehrer allhier unzählige Muster davon

---

240 Zur Publikation wie zur bis heute andauernden Schwierigkeit, zu einer ungekürzten Fassung dieser 1738 vom königlichen Kirchenrat der darin enthaltenen Predigtkritik wegen beanstandeten Schrift zu gelangen, siehe Blankenburg 1985a, 99f. und 107, Fussnote 12.

241 Gottsched 1975, 124 zit. n. Blankenburg 1985a, 100.

242 Vgl. Achelis 1911, 107–110: § 147. Die Homiletik des 17. Jahrhunderts». Hoyer bezieht sich im Folgenden im Wesentlichen auf Achelis Abhandlung.

243 Siehe Achelis 1911, 107.

244 Achelis 1911, 108.

245 Harro Hoyer 1976, 3. Vgl. Achelis 1911, 108.

gehöret, gesetzt auch, daß sie sich selbst nicht auf diese berühmte Kunst geleget hätten.»[246]

Gottsched ist es nicht um Widerspruch zu tun, sondern um die Anhebung der Predigt auf «Regeln [...] einer vernünftigen Redekunst».[247] Diesen widersprechen in seinen Augen «die weitgesuchten ‹Eingänge›, in deren erstem Teil in der Regel der ‹Hauptsatz› gewonnen und in deren zweitem der Weg zum Hauptteil der Predigt gebahnt wurde. Jedoch konnten darin auch gesonderte Themen behandelt werden.»[248] Solchen Exordien folgt in der Regel ein Gemeindelied, bevor mit der «Propositio mit Partitio, Tractatio oder Confirmatio, Applicatio» fortgesetzt wird, bis mit der «Conclusio oder Epilogus»[249] der Abschluss gefunden wird. Blankenburg fasst zusammen:

«Insgesamt war die Predigtweise der Orthodoxie einem heute nicht mehr vorstellbaren Schematismus unterworfen, der den Pfarrer völlig einzwängte. Und es war insonderheit dabei der Umgang mit der Bibel, den Gottsched scharf angriff. Er warf den Predigern vor, daß sie die Kanzel zur Studierstube machten, wenn sie den Predigttext in der Weise vorstellten, daß sie seine ‹künstliche Auflösung, sonderlich nach grammatischen Regeln›[250] betreiben.»[251]

Weiter bestehe die «Erklärung eines Bibeltextes [...] in fast nichts anderem als endlosem Zitieren von biblischen Parallelstellen. Wörtlich sagt Gottsched:

«‹Sie pflegen ja eine so große Menge biblischer Sprüche auszuführen, daß man ihre Predigten vor der Concordanz nicht sehen kann›.»[252]

Hierzu erläutert Blankenburg:

---

246 Gottsched 1975, 124 zit. n. Blankenburg 1985a, 100. Insbesondere macht Gottsched sich über einige «Homileten» seiner Zeit lustig, «die uns dadurch zu überreden suchten, die Jünger des Heylandes hätten schon im Anfange des Neuen T. nach der Leipziger Methode geprediget [...] als ob Paulus zum wenigsten auf der Universität zu Jerusalem bey dem berühmten Lehrer Gamaliel, ein COLLEGIUM HOMILETICUM RESOLUTO-RIO-DISPOSITORIO-VARIATORIO-ANALYTICO-SCHEMATICUM gehöret haben würde.» (Gottsched 1975, 129 zit. n. Blankenburg 1985a, 100).

247 Gottsched 1975, 65 zit. n. Blankenburg 1985, 102.

248 Blankenburg 1985a, 103.

249 Ebd.

250 Gottsched 1975, 134 zit. n. Blankenburg 1985a,103.

251 Ebd.

252 Gottsched 1975, 125 zit. n. Blankenburg 1985a,104.

«Der Grundsatz ‹Biblia suae ipsius interpres› wurde in der Praxis der orthodoxen Predigt nicht als Verständnishilfe, sondern als alleiniges und zusammen mit den Kirchenvätern ausschließliches Interpretationsprinzip angewandt.[253] Es war dessen schematische Anwendung die zwangsläufige Folge der Lehre von der Verbalinspiration, die Gottsched mehr oder weniger deutlich zugleich mitbekämpfte.»[254]

Es entsteht somit der Eindruck einer recht formalistisch gestalteten Leipziger Predigtpraxis, in welcher die Sorge um eine lehrkonforme Textauslegung im Mittelpunkt steht.[255] Über inhaltsbezogene Aspekte und die erbauungsrelevante «Umsetzung» von Predigtinhalten «in das alltägliche Leben der Christen»,[256] erteilt in Bezug auf die Leipziger Amtszeit Bachs Salomon Deylings poetisch verkürzte Wiedergabe der Predigtinhalte aus dem Jahr 1734 (Deyling 1734a), auf die ich in 5.3 näher einzugehen habe, weil sie die zurzeit einzig dokumentierte Spur zu den effektiv gehaltenen Predigten aus diesem Zeitraum zu legen vermag. Die darin aufgeführten Merksätze zur Perikope des 14. Sonntags nach Trinitatis dienen im Hinblick auf die Analyse der drei für diesen Sonntag komponierten Kantaten als Richtschnur für eine homiletisch konforme Behandlung des Sonntagsevangeliums und bieten darüber hinaus wertvolle Hinweise auf deren erbauungsrelevante Umsetzung für die Gottesdienstbesucherinnen und -besucher dieser Zeit.

---

253 Zum reformatorischen Schriftprinzip siehe Bernhardt 2017, 14–16 und zum Schriftprinzip bei Calov siehe Bernhardt 2017, 16 –21.

254 Ebd.

255 Petzoldts Urteil über eine von Blankenburg in diesem Zusammenhang analysierte Leichenpredigt aus dem Jahre 1726 (siehe Blankenburg 1985a, 104) fällt nicht weniger nüchtern aus: Man darf «sich die Entstehung einer Predigt in der Reihenfolge vorstellen, daß das feststehende homiletische Gliederungsschema erst einmal dogmatisch angereichert wurde, wobei der dogmatische *lokus* des vorgeschlagenen Predigttextes eine leitende Rolle spielte. Hier wird sichtbar, daß Predigt und Verkündigung primär nicht Auslegung biblischen Wortes sind, sondern daß die Funktion der Predigt in der rhetorisch-homiletischen Darstellung und Aufarbeitung der Dogmatik zu suchen ist.» (Petzoldt 1985b 121).

256 Pfefferkorn 2005, 94.

4 Bachs Kirchenkantaten als musikalische Gattung

Die Bach-Kantaten aus der Leipziger Zeit sind als Endprodukt einer langen und vielverzweigten Geschichte kirchlicher Gebrauchsmusik[257] zu verstehen, die im Rahmen dieser Untersuchung nicht annähernd erschöpfend charakterisiert werden kann. Ich verweise in diesem Zusammenhang auf Dürrs immer noch massgebende Einleitung zu seinem Kommentar der Bach-Kantaten, die über die Entstehung der Gattung im deutschen protestantischen Kulturraum, über die Entwicklung der einzelnen Satztypen, aus denen die Kantaten zusammengesetzt sind, sowie über die Aufführungspraxis Auskunft erteilt.[258]

Als grundlegend für die Entstehung dieser Gattung führt Dürr Luthers Theologie an:

> «Die Überzeugung, daß das in der Bibel niedergelegte Gotteswort tot und wirkungslos sei, sofern es nicht ‹verkündigt› werde, [...] hatte in zunehmendem Maße auch eine Neuorientierung der Kirchenmusik zur Folge.»[259]

Luthers nachhaltigen kirchenmusiktheoretischen Einfluss macht Dürr an der zentralen Stellung der Predigt im reformatorischen Gottesdienst fest:

> «Die Geschichte der Kirchenmusik von Schütz bis Bach ist darum die Geschichte des Eindringens predigthafter, d. h. erklärender auslegender Elemente in die gottesdienstlichen Gesänge. [...] Hatte bis zur Reformation viele Jahrhunderte lang das *Ordinarum Missae* die Komponisten zu immer neuen Vertonungen angeregt, so treten nunmehr die *Lesungen* in den Vordergrund: bisweilen die *Epistel*, besonders häufig aber das *Evangelium*; [...] Diese Lesungen hatte der Liturg bisher – auch in der lutherischen Kirche – im Lektionston gesungen; nun aber werden Teile daraus, besonders die Jesusworte oder andere sententiöse Partien in neuer Komposition vom Chor übernommen;[260] und schließ-

---

257 Zum Begriff siehe Marti 2002. Renate Steiger spricht von «‹funktionale[r]› Musik» (Steiger, Renate 2002, ohne Seitenangabe unter «Zusammenfassung» zu Beginn der Publikation). Auch in Bezug auf die Texte, die Bach seinen Kantaten zugrunde legt, ist die Bezeichnung «Gebrauchskunst» üblich. Siehe Schulze 2006b, 114.

258 Dürr 2010, 17–97.

259 Dürr 2010, 17.

260 Wolff bestimmt denn auch den «liturgische[n] Ort für die Aufführung der Kantaten» an der «Stelle, an der im lutherischen Gottesdienst seit der Reformationszeit die soge-

lich geht die Entwicklung dahin, daß der Chor seine ‹Spruchmotette› nicht mehr in die Lesung hinein, sondern anschließend an diese vorträgt. Hier stehen wir an der Geburtsstätte dessen, was in der Terminologie der Zeitgenossen noch sehr unterschiedliche Bezeichnungen wie ‹Motette›, ‹Kirchenstück›, ‹Kirchenmusik›, oft einfach ‹Musik›, ‹Musikalische Andacht›, ‹Concerto› usw. führt, endlich aber auch ‹Cantate› genannt wird, – und dieser Name hat sich in der Nachwelt als einziger durchgesetzt.»[261]

Zur Einschätzung der Textsorten in den Libretti der Bachkanten gilt es, die Entwicklung dieser Gattung von der Vertonung des eigentlichen Bibelwortes bis hin zur Vertonung von «frei erfundene[n] Texte[n]» nachzuvollziehen:

«Hier bediente man sich vornehmlich zweier Formen, der Strophendichtung und des Madrigals. Strophendichtung war bereits das Kirchenlied [...]. Aber mit den Bestrebungen um eine vertiefte Frömmigkeit, [...] entstand auch eine verbreitete Andachtsdichtung in Strophenform [...]. Das Charakteristische an der Madrigaldichtung sind die Freiheiten, die man ihr – wohl im Hinblick auf die vorgesehene Komposition – läßt. [...] Die eigentliche Bedeutung für die Entwicklung der evangelischen Kirchenkantate kommt freilich weniger dem Madrigal selbst zu als der Verwendbarkeit madrigalischer Dichtung für die aus Italien übernommenen Kompositionsformen des Rezitativs und der Dacapo-Arie.»[262]

Diese wenigen Angaben müssen für die Belange dieser Untersuchung genügen, um die äusserst kreative und flexible Handhabung der Kantatentexte bis hin zur Zeit Bachs zu veranschaulichen.[263] Ich gehe in meinen Analysen nur sehr spärlich auf die Machart eines Kantatensatzes ein.[264] Diese bewerte ich vielmehr

---

nannte Evangelien-Motette stand. Sie folgte unmittelbar auf die Lesung des Tages-Evangeliums und hob zumeist einen zentralen ‹Spruch› dieses Textes hervor.» (Wolff 2006, 16).

261 Dürr 2010. 18f.

262 Dürr 2010, 19f.

263 Kreutzer macht z. B. darauf aufmerksam, dass die in den Kantaten verwendeten Texte auch mit dem Lyrikkanon zur Zeit Bachs nicht einfach übereinstimmen: «Was sich etwa seit der Mitte des 18. Jahrhunderts im Kanon der Formen als Lyrik herausgebildet hat, ist etwas grundsätzlich anderes als das, was Bach benötigte und verwendete, immer wieder auch anfertigen ließ: Gebrauchsverstexte. [...] Die Begriffssystematik unserer Literaturwissenschaft können wir nur mit Vorbehalten anwenden.» (Kreutzer 2005, 69).

264 Auch gehe ich auf die Frage, in welchem Mass der protestantische Dichter Erdmann Neumeister mit seinem Werk «Geistliche Cantaten statt einer Kirchenmusik» um 1700 massgebend zur Entwicklung der Gattung Kirchenkantate beiträgt, wie es in der Literatur immer wieder vertreten wird, (Siehe u. a. Dürr, 1970, 295; Stiller 1970, 128;

unter dem Aspekt ihrer jeweiligen rhetorischen Verwendbarkeit. Dies gilt auch für den Reichtum der musikalischen Formen,[265] «die nahezu das gesamte Repertoire der Zeit in sich vereinigen.»[266] Abschliessend hält Dürr in aufführungspraktischer Hinsicht fest, «daß den Aufführungen Bachs etwas ausgesprochen Improvisatorisches anhaftet. Das konnte sich unter einem so versierten Leiter durchaus vorteilhaft auswirken, und wir dürfen annehmen, daß mancher geschickte Musiker unter Bachs Direktion zu einer künstlerischen Vollkommenheit inspiriert wurde [...]. Andererseits darf nicht verkannt werden, daß ein großer Teil der künstlerischen Bemühungen sich auf die halbwegs richtige Wiedergabe der geforderten Noten konzentrieren mußte.»[267] Für das Fehlen eines detailliert ausgeschriebenen Stimmenmaterials ist freilich nicht allein der Zeitfaktor verantwortlich zu machen.[268] Dürr schreibt in Bezug auf die Unvollständigkeit und Vorläufigkeit der meisten Werkfassungen:

> «[E]s [geht] dem Musiker der Zeit Bachs darum, mit seiner Komposition die Voraussetzung für ein bestes Gelingen der eben geplanten Aufführung zu schaffen. Kurz: Nicht die Fassung, sondern die bevorstehende Aufführung soll die denkbar beste sein.»[269]

Martis Charakterisierung der Gattung als «Gebrauchsmusik» umschreibt somit ein klangliches Phänomen, im Rahmen dessen von der Wahl der Texte und

---

Geck 2000, 101; Arnold 2009, 35f; Leaver 2014, 176 aber bereits Spitta 1970, 467 und Graff 1994, 272) nicht näher ein, sondern verweise vielmehr auf Küsters kritische Haltung in dieser Frage: «Wohl als erster protestantischer Dichter erschloss [Erdmann] in geistlichen Dichtungen opernnahe Formen. Sein Werk heißt Geistliche Cantaten statt einer Kirchenmusik (1700), und dieser Titel sollte sehr ernst genommen werden. ‹Geistliche Cantaten› besagt zwar, dass er sich eines Stiltransfers bewusst war; diese Werke sollten aber ‹statt einer Kirchenmusik› verstanden werden, nicht etwa also ‹als Kirchenmusik› aufgeführt werden.» (Küster 1999, 108). Arnold weist nun freilich darauf hin, dass Neumeister «ab seinem dritten Kantatenjahrgang 1711 wieder auf die traditionellen Elemente des 17. Jh. zurück[greift]» (Arnold 2009, 35) und so wieder den Bogen zur eigentlichen Kirchenmusik schlägt. Die Diskussion über die Bedeutung Neumeisters in der Perspektivierung der Entwicklung der Gattung auf die Kirchenkantaten Bachs hin ist in meinen Augen noch nicht zufriedenstellend abgeschlossen.

265 Vgl. Küster 1999, 107 in Bezug auf die Kantate: «Streng genommen handelt es sich um eine totale Entgrenzung. Fortan war prinzipiell alles möglich.»

266 Dürr 2010, 22.

267 Dürr 2010, 76.

268 Vgl. Dürr 2010, 71f. Zur Entstehung von Kantatenpartituren der ersten Leipziger Jahre siehe ferner Dürr 2010, 43f.

269 Dürr 1989, 16.

ihrer Sorten über die der musikalischen Formen bis zur Wahl der Musiker und ihrer Instrumente die jeweilige Aufführung im Mittelpunkt der gesamten konzeptionellen Arbeit Bachs steht.[270]

Näher auf die Leipziger kirchenmusikalischen Verhältnisse eingehend, die Bach 1723 als *Cantor und Director Musices*[271] antritt und mithilfe eines weder zuvor noch danach üblichen Masses an Eigenproduktionen an seine Vorstellungen anpasst,[272] hält Wolff fest:

> «Bach nahm sich wohl schon vor dem unmittelbaren Beginn seiner Amtszeit vor, die Leipziger Kirchenmusik im wesentlichen mit eigenen Werken zu bestreiten. Das bedeutete, für die Sonn- und Festtage des Kirchenjahres (mit Ausnahme der Advents- und Fastenzeit) je eine Kantate zu komponieren. Der jährliche Bedarf eines solchen Unterfangens belief sich auf gut 60 Stücke, was ihm – vor allem im Verlauf der ersten Jahre – ein enormes Arbeitspensum abverlangte. Denn er konnte sich ja erst allmählich ein Kantaten-Repertoire aufbauen, das ihm dann später einen reichhaltigen und flexibel zu handhabenden Bestand an Werken bereitstellen sollte. Dabei galt es auch, einen gewissen Teil der vor allem in Weimar geschriebenen Werke in das Leipziger Repertoire zu integrieren. Durch entsprechende Umarbeitungen ließen sich überdies manche der für den Köthener Hof bestimmten Huldigungsmusiken der Leipziger Praxis eingliedern.»[273]

Im Hinblick auf den Werkbestand, aus dem beispielsweise zum 14. Sonntag nach Trinitatis lediglich die in dieser Untersuchung analysierten drei Kantaten überliefert sind, fasst Wolff zusammen:

> «Nach Ausweis der ersten summarischen Werkverzeichnisses in Bachs Nekrolog (verfaßt 1750, gedruckt 1754) hinterließ Bach bei seinem Tode insgesamt ‹fünf Jahrgänge von Kirchenstücken› (Dok III, Nr. 666). Zu diesem Bestand von – hochgerechnet – etwa 300 regulären Sonn- und Festtags-Kantaten wären die Kirchenmusiken für besondere Anlässe wie Trauungen, Trauerfeiern, Ratswahlgottesdienste usw. noch hinzuzuzählen. Die ursprüngliche Hinterlassenschaft Bachs ist jedoch nur unvollständig erhalten geblieben. Für die nach seinem Tod eingetretenen Verluste, die fast alle Bereiche seines Schaffens einschlossen, ist in erster Linie die Erbteilung verantwortlich zu machen. Im Blick auf die Kirchenkantaten muß der Gesamtverlust mit gut zwei Fünftel beziffern werden,

---

270 Siehe Dürr 1988c, 183.

271 Siehe Wolff 2006, 13.

272 Siehe Wolff 2006, 14.

273 Ebd.

> wovon allein bei den Jahrgangs-Kantaten ein Fehlbestand von mehr als 120 Werken zu beklagen sind.»[274]

Es ergibt sich somit in Bezug auf Bachs Kirchenkantaten das Bild einer sehr variablen und auf Aktualisierung hin schier «entgrenzt» (Küster) flexibel handhabbaren musikalischen Gattung, deren Analyse sich ausserdem – allen Verlusten zum Trotz – insbesondere für Bachs Leipziger Schaffensperiode auf einen verhältnismässig gut erhaltenen Noten- und Textbestand stützen kann.

---

274 Ebd.

5 Theorien zu Text und Musik der Kirchenkantaten Bachs

In diesem Abschnitt gilt es, die theoretischen Zugänge zu beschreiben, mit denen ich die bisher geführte wissenschaftliche Diskussion über die Kirchenkantaten Bachs meiner Fragestellung entlang zu ergänzen trachte. Dazu gehört als erstes die Analyse einer bibelmarginalen Aussage Bachs über die liturgische Kompetenz andächtiger Musik (5.1). Im Rahmen dieser Teiluntersuchung versuche ich in Anlehnung an die historisch-kritische Methode,[275] Bachs eigene Haltung herauszuarbeiten, mit welcher er Musik und Gottesdienst miteinander in Beziehung setzt. In den Unterabschnitten 5.2 und 5.3 wird dieser Ansatz auf die Bezüge übertragen, die Bachs Musik mit der aus der Antike rezipierten Rhetoriklehre unterhält.

5.4 führt in einen Wechsel der Methodik. Es gilt nun, das Verhältnis zwischen dem überlieferten Notenmaterial und dem rekonstruierbaren Gottesdienstablauf miteinander ins Gespräch zu bringen. Hierfür reicht eine rein historisch orientierte Annäherung nicht mehr aus, versagt sich doch der orthodox-lutherische Lehrbetrieb jede phänomenologisch ausgerichtete Würdigung des Gottesdienstes als solchen wie der Musik, die vielfältig darin vorkommt (5.4.1). In den darauf folgenden Abschnitten bringe ich Notenmaterial und Gottesdienstablauf entsprechend mit Theorien ins Gespräch, die es aus heutiger Sicht erlauben, den Gottesdienst wie die darin aufgeführte Musik als Inszenierungen zu fassen und so aufeinander zu beziehen (5.4.2–5.4.10).

In einem letzten Unterabschnitt wird der Gottesdienst frömmigkeitsgeschichtlich ausdifferenziert (5.5). Mithilfe dieser Ausdifferenzierung können die zuvor beschriebenen Herangehensweisen nun ergebnisorientiert auf das Verhältnis zwischen Gottesdienst und Musik am jeweils analysierten Material (6–9) angewendet und erprobt werden.

---

275 Siehe Sascha Müller 2010.

5.1 Bachs Begriff einer andächtigen Musik – Auslegung einer Marginalie

Die Beurteilung dessen, wie Bach selbst Musik und Gottesdienst konzeptionell aufeinander bezieht, nimmt ihren Ausgangspunkt bei einer Marginalie, die er zu 2Chr 5,13 verfasst. Zusammen mit weiteren Bibelmarginalien gehört dieses Notabene zu den wenigen dokumentarisch erhaltenen Äusserungen Bachs zur Kirchenmusik überhaupt.[276] Die Auslegung dieser Marginalie hilft, den geistesgeschichtlichen Kontext dieser Untersuchung auf eine Weise zu beleuchten, wie sie der Arbeit Bachs an den Kantaten zum 14. Sonntag nach Trinitatis am nächsten kommt.[277]

Der Umstand, dass Bachs schriftliche Äusserungen dabei zeitlich in keinem unmittelbaren Zusammenhang mit der Entstehung der drei von mir analysierten Werke steht,[278] macht ein weiteres Mal deutlich, wie spärlich die Dokumentation in dieser Frage ist. Da sich Bachs schriftlich niedergelegte Äusserungen zum Verhältnis zwischen Gottesdienst und Musik über die Jahrzehnte aber nicht zu widersprechen scheinen, steht einer Annäherung an den Gegenstand dieser Untersuchung auch über diesen Weg aber nichts im Weg.

5.1.1 Textkritische Sichtung

Da das Schriftbild der von mir als Hauptzeugin behandelten Marginalie bisher zu zahlreichen Interpretationen Anlass geboten hat, gilt es in einem ersten Schritt, das Manuskript[279] in einer dem Schriftbild[280] möglichst getreuen Über-

---

276 Eine Zusammenfassung der Entwicklung in der Bach-Dokumentation bietet Wolff 2010, XVIff.

277 Zum geistesgeschichtlichen Kontext siehe die Abschnitte zu 1.2.

278 Siehe 5.1.2.

279 Die genaue Quellenangabe zu Bachs Studienbibelausgabe lautet: «Deutsche Bibel Concordia Seminary St. Louis, Rare Book Collection, Ludwig Ernst Fuerbringer Hall, acquisition number 27911, 27912 und 27913. […] The folio format of the pages is 195 by 330 mm.» (Leaver 1985, 21).

280 Zum Schriftbild siehe https://commons.wikimedia.org/wiki/File:Bach_Calov-Bibel_2_Chr_5,13.jpg (zuletzt abgefragt am 11.04.2017).

tragung wiederzugeben.[281] In Bezug auf die *Deutsche Bibel*, die in der Welt der Bachforschung auch als *Calov-Bibel* bekannt ist,[282] schreibt Volker Jung:

> «Die *Deutsche Bibel* ist eine Bibelausgabe mit in den Text eingeschobenen Erklärungen. Dabei handelt es sich zum Großteil um wörtlich übernommene Auslegungen Luthers. Von Calov selbst stammen den Kapiteln vorangestellte Gliederungen sowie zahlreiche erläuternde Einschübe.»[283]

Es handelt sich somit im Wesentlichen um eine mit Kommentaren Luthers zu einzelnen Bibelversen angereicherte Bibelausgabe aus dem Jahr 1681.[284] Bachs Eintrag zu 2Chr 5,13 befindet sich im Bd. 1, am rechten Rand der in der aufgeschlagenen Doppelseite selber rechts aussen zu stehen kommenden Kolumne 2088. Der Marginalie bleiben des schmalen Seitenrands wegen etwas weniger als 28 mm. In der Höhe nimmt Bachs Marginalie etwa 19 mm ein. Die von mir wiedergegebene typografische Übertragung strebt eine diplomatisch getreue[285] Textwiedergabe an. Keine der bisher vorgeschlagenen Transkriptionen hat sich in der Bachforschung als normativ durchsetzen können. Einige seien exemplarisch aufgelistet:

> NB. Bey einer andächtig Musig ist allezeit Gott mit seiner Gnaden Gegenwart.[286]
> (N. B.) Bey einer andächtigen Musique ist allezeit Gott mit seiner Gnaden Gegenwart.[287]
> N. B. Bey einer andächtigen Musique ist allezeit Gott mit seiner Gnaden=Gegenwart.[288]
> NB. Bey einer andächtigen Musique ist allezeit Gott mit seiner Gnadengegenwart.[289]

---

281 Die Schwierigkeiten liegen dabei auf der Ebene der Orthografie, die teils auf Bachs Eigenwillen zurückgehen mag, teils aber durch weitere Umstände beeinflusst sein könnte, wozu die Textur des Papiers, die Beschaffenheit des Schreibkiels, die Zusammensetzung der Tinte und die den Schreibenden bedrängenden Platzverhältnisse am äusseren Rand des gedruckten Textes gehören mögen.

282 Ich ziehe dennoch Jungs Bezeichnung *Deutsche Bibel* vor, die auch Bach selbst verwendet. Siehe Bachs Kaufbeleg (BD I, 199).

283 Volker Jung 1999, 9.

284 Siehe Leaver 1985, 23.

285 «In der diplomatischen Übertragung wird der Quellentext buchstabengetreu mit konsequenter Beibehaltung der Druck- bzw. Schreibfehler sowie der originalen Orthografie wiedergegeben» (DME, Index 2.2.). Vgl. ferner Volz 1971, 7*.

286 Leaver 1985, 45 und 97 im Anschluss an Trautmann 1969, 152.

287 Geck 2000, 718 mit Petzoldt 2006, 81 und Wolff 2000, 366.

288 Renate Steiger 2002, XVII und Meinrad Walter 1999, 128.

289 Meyer 1977, 152. «NB.» Und «Musique» bei BD III, 636 in Schrägschrift.

In der von mir vorgeschlagenen Transkription wird auf die physische Position der Marginalie an den Rändern zwischen Kolumne und Buchkante Wert gelegt.

Textspalte	Seitenrand (27,9 mm)	Kante
v. 13 Und es war / als wäre es	„	
einer / der drommetet / und singe / als	„	
höret man eine Stimme zu loben und	„	
zu danken dem HErrn. Und da die	NB.[290] Beÿ[291] einer	1
Stimme sich erhub von den Dromme=	andächtig[292] Musig[293]	2
ten / Cymbaln und anderen Seitenspie=	ist allezeit Gott[294]	3
	mit seiner Gnaden=	4
	Gegenwart.[295]	5

---

290 Bach fügt zahlreiche Notabenes in seine Werke ein. In der Deutschen Bibel befinden sich insgesamt 25 Notabenes, mit oder ohne Begleittext (Siehe Liste bei Leaver, 1985, 44–46).

291 Das Trema über dem y weist keine sinnbestimmende Funktion auf und fällt in allen bisherigen Transkriptionen weg.

292 Das Adjektiv ist umgangssprachlich und muss für den Sprachgebrauch zur Bachzeit nicht zu «andächtigen» grammatikalisch korrekt ausformuliert werden wie Trautmann, Petzoldt, Renate Steiger und Geck vorschlagen.

293 Das kleine g am Ende der Vokabel «Musig» ist einzigartig. Mir ist keine Entsprechung bei Bach oder anderen Autoren seiner Zeit bekannt. Zu erwarten wäre «*Music*» (Vgl. BD I, 60) oder kleingeschrieben «music» (Vgl. BD I, 19) von «*Musica*» (Marginalie zu 1Chr 28,21, in: Leaver, 1985, 95), weiter «*music*» (BD I,19 und 62), «*Musique*» (BD I, 74). Es ist denkbar, dass Bach beim Ausschreiben des Wortes «*Musique*» die Blattkante erreicht und ein q als Kürzel für «que» zu schreiben beabsichtigt, und dass dieses ihm aus den bedrängten Verhältnissen heraus zu einem g gerät (vgl. die Diskussion bei Renate Steiger 2002, 243). Radulescu entscheidet sich für ein q (Radulescu 2013, 237). Selber ziehe ich vor, dem Prinzip der diplomatischen Übertragung treu zu bleiben und gerade nicht das Gemeinte zu rekonstruieren, sondern den vorfindlichen Text typografisch zu übertragen wie dies auch Leaver 1985 und die in Bearbeitung stehende Faksimileausgabe vorschlagen (siehe Abbildung unter http://www.butz-verlag.de/deutsch/bach.htm).

294 Beim Schreiben des Begriffs «Gott» gerät Bachs Feder in Berührung mit dem G von «Musig». Der daraus entstandene Tropfen verbindet ausserdem beide Ts von «Gott».

295 Bach trennt Gnaden und Gegenwart mit einem Bindestrich, der, wie zu seiner Zeit üblich, an ein Gleichheitszeichen erinnert. Auch an dieser Stelle macht sich die Nähe der Buchkante erneut bemerkbar: die drei letzten Buchstaben von «Gnaden» sind eng aneinander geschrieben und wirken wie durch ein Gewicht nach unten gezogen. Der Bindestrich, welcher in Handschriften dieser Zeit auf der Höhe der Interpunktion angebracht wird (Vgl. Bachs Marginalie zu Ex 38,24–29. Leaver 1985, 79), gerät auf diese Weise in den Zwischenraum der Zeile 4 und 5. Warum Trautmann, Leaver, Geck und Petzoldt die Begriffe «Gnaden» und «Gegenwart» unverbunden nebeneinander

len / und von dem (würklichen) loben des
HErrn / daß er gütig ist / und seine

5.1.2 Literarkritische Aspekte: Datierung und unmittelbarer Kontext

Die drei Titelseiten der Bände der *Deutschen Bibel* tragen am unteren rechten Rand Bachs Monogramm und die Jahreszahl 1733.[296] Ich schliesse mich zusammen mit Leaver[297] und Rossin[298] Gerhard Herz' These an, wonach Bach 1733 die viereinhalb Trauermonate um Friedrich August I. nutzt, um seine Bibliothek neu zu ordnen und einzelne Werke mit seinem Exlibris zu versehen.[299]

Der Eintrag 1733 lässt sich nun als Hinweis auf den Terminus *post quem non* des eigentlichen Erwerbs lesen. Bachs Arbeit mit seiner Studienbibel kann selbst aber vor wie nach 1733 erfolgt sein und sich über einen längeren Zeitraum erstrecken.[300]

Primär bezieht sich die Marginalie in literarkritischer Hinsicht auf die Bibelstelle, der sie zugeordnet ist.[301] Zusätzlich zum marginal kommentierten V. 13 unterstreicht Bach in Calovs Überschrift zum dritten «Theil» des Kapitels die Worte «schöne Music» mit roter Tinte.[302] Ebenfalls in roter Tinte bringt er neben die Vv. 12 und 13 bis zur Marginalie selbst Randzeichen an, die an Gän-

---

stehend wiedergeben, leuchtet der Quellenlage und der Grammatik wegen nicht ein. Der Begriff «Gnaden» hinge folglich formal wie inhaltlich in der Luft. Weit eher ist Renate Steigers Lösung zuzustimmen, Gnadengegenwart – wenn schon nicht ‹diplomatisch› – zusammengeschrieben wiederzugeben (Renate Steiger 2002, Titel).

296 Leaver 1985, 26.

297 Leaver 1985, 27.

298 Rossin 1992, 18.

299 Herz 1970, 23f. zit. n. Rossin 1992, 18.

300 Schulze formuliert seine Datierungsvermutung im Titel des Paragrafs 183a vorsichtig: «Randnotizen zum ersten Band der Bibelausgabe Abraham Calovs. Leipzig, Nach 1740 (?)». Im Apparat datiert er aber dezidierter: «Sicherlich erst nach 1740 geschriebene Randnotizen» (Schulze 1963, 636). Vgl. ferner Blankenburg 1985b, 182.

301 Da die Marginalie keine übersetzungsspezifischen Probleme aufweist, sehe ich von einer eingehenden Analyse der Bibeltextversionen auf Hebräisch, Griechisch und Lateinisch ab.

302 Ich habe versucht, der Bedeutung der unterschiedlichen Tintenfarben rot und schwarz nachgehen. Die Forschung äussert sich nicht dazu. Ich vermute, dass Bach die Unterzeichnung der Kapitelüberschrift sowie die Anbringungen der Randzeichen zu einem anderen Zeitpunkt vornimmt als die Marginalie selbst. Zur Auflistung der Einträge und der dafür verwendeten Tinte siehe Leaver 1985, 44–46 und Rossin 1992, 51.

sefüsschen erinnern. Aus diesem Grund wird der gesamte von Bach auf diese Weise durch Markierungen unterschiedlicher Art hervorgehobene «Dritte Theil» des Kapitels an dieser Stelle übertragen:

> «Der Dritte Theil | Wie auff die schöne Music[303] die | Herrlichkeit des HErrn erschie= | nen sey.
> V, 11. Und da die Priester her=| aus giengen aus dem Heiligen / [denn | alle Priester / die fürhanden waren / hei= | ligten sich / dass auch die Ordnung nicht gehalten wurde] (Wegen eyfriger Andacht | zur heiligen Einweihung: sie hatten sonst ihre or= | dentliche Woche: zu dieser Einführung der La= | den des HErrn hatten all sich geheiliget / und | waren also all eyfrig darauff / dass sie sich gleich | ohne Ordnung darzu drungen.) | V, 12. Und die Leviten mit al= |len die unter Assaph / Heman / Jedi= |[304] thun / und ihren Kindern und Brüdern | waren angezogen mit Leinwand / sun= | gen mit Cymbaln / Psaltern und Harf= |fen / und stunden gegen Morgen des | Altars / und bey ihnen hundert und | zwantzig Priester / die mit Drommeten | bliesen. | V, 13. Und es war / als wäre es | einer / der drommetet / und singe / als |[305] höret[306] man eine Stimme zu loben und | zu dancken dem Herrn. Und da die | Stimme sich erhub von den Dromme= | ten / Cymbaln und andere Seitenspie= | len / und von dem (würklichen) loben[307] des | Herrn / dass er gütig[308] ist / und seine | Barmherzigkeit ewig wäret[309] / (Psalm CXXXVI. I. folg.) da ward das Hauß | des HErrn erfüllet mit einem Nebel. V, 14. Dass die Priester nicht | stehen kundten zu dienen für dem Nebel / | denn die Herrligkeit des HErrn erfüllet | das Hauß Gottes. (2. Chron. VII.1. S. auch 2. Mos. XL. 34. 4. Mos. IX. 35. 1. Kön. IIX.10).»

Wie die typografische Übertragung in 5.1.1 zeigt, kommt Bachs Marginalie auf die Mitte des Raumes zu stehen, den V. 13 ausfüllt. Wird der Fokus der Analyse auf den «Dritte[n] Theil» insgesamt geweitet, fallen die Bezeichnungen «schöne Music» in Calovs Kapitelüberschrift[310] sowie «eyfrige[...] Andacht» auf, die in dessen «eingeschobenen Erklärungen» (Volker Jung) zu V. 11 die Konzentrationsarbeit der sich auf die Einweihung vorbereitenden Priester herausstreicht.

---

303 Bach unterstreicht diesen Abschnitt mit roter Tinte. Siehe Leaver 1985, 97.

304 Randzeichen von dieser Stelle an bis V. 13a.

305 Die letzte Randmarkierung kommt neben der Vokabel «als» zu stehen.

306 Im Originaltext ist das ö als ein o mit einem darüber geschriebenem e wiedergegeben.

307 Loben klein geschrieben wie, in: «Die gantze Heilige Schrifft Deudsch 1545»

308 Im Originaltext ist das ü als u mit einem darüber geschriebenen e angegeben.

309 Im Originaltext ist das ä als a mit einem darüber geschriebenen e wiedergegeben.

310 Es ist sogar anzunehmen, dass sich Bach über Calovs auf «schöne Music» fokussierende Titelformulierung veranlasst sah, den anschliessenden Bibeltext zu kommentieren.

Somit lassen sich sämtliche Vokabeln des NB auf die Handlung beziehen, die von der Überschrift des Kapitelabschnitts an bis V. 14 die Interaktion zwischen Kultmusik und Gottes Herrlichkeit beschreibt. Die Wortfolge «andächtig Musig» schöpft Bach unmittelbar aus Kalovs bereits synthetisierender Kommentiertätigkeit und setzt selbst synthetisierend eine priesterliche Haltung in einen direkten Zusammenhang mit einer weiteren Handlung, die von «al= | len die unter Assaph / Heman / Jedi= | thun / und ihren Kindern und Brüdern waren» – nämlich den «Kultmusikanten»[311] – vollzogen wird. Bezeichnend ist, dass Bach erst von der zweiten Zeile des V. 12 an die Zeilenenden mit «Gänsefüsschen» versieht und diese Sonderkennzeichnung des Textes bis zur Marginalie aber nicht darüber hinaus führt. Es ist ihm dabei ausdrücklich an der Herausstreichung der Kultmusikanten gelegen. Unmittelbar mit Bezug auf den von Bach marginal kommentierten Bibeltext lassen sich folgende Parallelen in der Gedankenführung herausstreichen:

<table>
<tr><th>Bibeltext</th><th>Marginalie</th></tr>
<tr><td>V, 11. Und da die Priester her=| aus giengen …
V, 12. Und die Leviten (usw.) … waren …
und stunden gegen Morgen des | Altars /
und bey ihnen hundert und | zwantzig Priester
die mit Drommeten | bliesen
V 13, Zeile 4f
«da die | Stimme sich erhub …»
V 13, Zeile 10f
«da ward das Hauß | …erfüllet mit»</td><td>Beÿ</td></tr>
<tr><td>V 13, Zeile 1f
«Und es war / als wäre es einer»
V 13, Zeile 2–4
«… eine Stimme zu loben und | zu dancken den HErrn.»
V 13, Zeile 7f
«… und von dem (würklichen) loben des HErrn /</td><td>einer andächtig …</td></tr>
<tr><td>V 13, Zeile 2
… der drommetet / und singe
V 13, Zeile 4–7
«Und da die | Stimme sich erhub von denn Dromme-| ten /
Cymbaln und andern Seitenspie- | len»</td><td>Musig</td></tr>
</table>

311 Gese 1984, 148.

V 13, Zeile 10f
«da **ward** das Hauß | des HErrn erfüllet» ist

V 13, Zeile 4
«… zu dancken dem **HErrn** …»
V 13, Zeile 7f
«… loben des | **HErrn** …
V 14, Zeile 3f
«die Herrligkeit des **HErrn** erfüllet | das Hauß **GOttes** …»
} Gott

V 13, Zeile 11
«… **mit** einem Nebel …
V 14, Zeile 3f
«… denn die **Herrligkeit** des **HErrn** erfüllet | das Hauß GOttes.»
} mit seiner Gegenwart

Diese Gegenüberstellung lässt eine sehr dichte Übereinstimmung zwischen Text und Ko-Text[312] erkennen und hilft, das Bedeutungsfeld des Begriffs «andächtig Musig», den Bach aus Elementen des Calovschen Begleittextes zusammensetzt, auf eine profilierte Interaktion zwischen Kultmusik und Gottes Herrlichkeit einzugrenzen:

Die Formulierung «Beÿ … ist» wirkt für sich genommen etwas unbestimmt. Es heisst weder «während», was die zeitliche Dimension herausstreichen würde, noch «in», was die Vorstellung eines räumlich-funktionalen Bezugs zur spezifisch als «andächtig» qualifizierten «Musig» hervorrufen würde. Aus der Abhängigkeit zu ihrer biblischen Vorlage heraus wird deutlich, dass Bach mit seiner Formulierung zeitliche, funktionale, besonders aber auch räumlich-szenische Vorstellungen verbindet. Die biblische Vorlage fokussiert zeitlich auf den Beginn der Zeremonie. Darin spielt das nach einem aufwendigen Selektions- und Vorbereitungsverfahren nun amtierende Kultpersonal die entscheidende Rolle, die Rolle nämlich, mit ihrem von der Ostseite des Altars aus *unisono* oder zumindest einmütig musikalisch gestalteten Gotteslob den Einzug der «Herrligkeit des HErrn» zu begleiten, wenn nicht gar hervorzurufen. Zeit, Raum, Funktion und Aktion – im Kontext der Bach-Kantaten heisst dies: Gottesdienstagende – fliessen im marginal schlicht formulierten «Beÿ(-sein)» in eins, was die gesamte Marginalie in die Nähe grundsätzlicher Betrachtungen zu einem Gott wohlgefälligen Gottesdienst überhaupt rückt. In Bachs Augen beschreibt die biblische Passage infolgedessen nicht allein eine Szene, die sich in

312 Zum Wortgebrauch Ko-Text siehe 5.1.3.

der Vergangenheit zugetragen hat. Vielmehr überträgt der Komponist und *director musices* Calovs Überschrift: «Wie auff die schöne Musik die Herrligkeit des HErrn erschie= | nen sey» in die Gegenwart des christlichen Gottesdienstes: «Wie auff die schöne Musik *jeweils* die Herrligkeit des HErrn *erscheint*». Bereits auf dieser Stufe des Textvergleichs liest sich Bachs Marginalie als Versuch einer die Aktualität der biblischen Aussage in den Blick nehmenden Interpretation. Aus dieser Perspektive heraus lassen sich Bachs Fomulierungen «allezeit» und «Gnaden=Gegenwart», die sich so weder in der biblischen Vorlage noch in Calovs Begleittexten finden, als weitere auf Aktualisierung hin zielende Präzisierungen grundsätzlicher Betrachtungen charakterisieren. Mit «allezeit» sichert sich Bach den Fortbestand der im Bibeltext vordergründig den Einzelfall der ersten Tempeleinweihung beschriebenen geglückten Korrelation zwischen Kultmusik und göttlicher Tempeleinwohnung als Regelfall.[313] Der Gegenwartsbezug des Notabenes wird vollends in Bachs Umschreibung des Einzugs Gottes im Verlauf der Tempeleinweihung deutlich. Die im Bibeltext aufgeführte in den Tempel einziehende «Herrligkeit des HErrn» wird in Bachs Marginalie nicht wörtlich aufgegriffen, sondern, wieder unter dem Aspekt fortbestehender Gültigkeit biblischer Aussagen, nun explizit in die Gegenwart der christlichen Gemeinde[314] transferiert: Aus «Herrligkeit» wird «Gnaden=Gegenwart». Hierzu fügt sich nun vollends die Wahl des Präsenz «ist» im Kontrast zur kommentierten Bibelstelle, in welcher die Vergangenheitsform dominiert.

In einer literarkritischen Perspektive ist an dieser Stelle noch auf die Parallelität der beiden Chronikbücher zu den Samuel- und Königsbüchern aufmerksam zu machen und dabei eine Besonderheit herauszustreichen, die Bach veranlasst, Stellen aus beiden Chronikbüchern marginal zu konnotieren[315] und nicht etwa aus den Königsbüchern. Dass die Samuel- und Königbücher die literarische Vorlage zu den Chronikbüchern darstellen, ist seit alters beobachtet worden.[316] Da Bachs Bibelkunde keinen Zweifel leidet, – vor Amtsantritt in Leipzig wird er gründlich auch auf diese Seite hin vom Konsistorium geprüft[317] –, wird ihm das spezifisch liturgiepraktische und musikalische Interesse der Chronikbücher aufgefallen und Veranlassung für seine beiden Einträge in die Chro-

313 Zur exegetischen Fundierung einer solchen Interpretation siehe 5.1.3.

314 Näheres in 5.1.6.

315 Siehe 5.1.3.2 und 5.1.3.3.

316 Siehe Zenger 2006, 255.

317 Siehe Petzoldt 1998, 19ff.

nikbücher gewesen sein. Im Vergleich zur Chronikstelle erscheint der Bericht der Tempeleinweihung aus 1 Kö 8,10 nämlich geradezu lapidar.[318] Diese Stelle wird nun im Chronikbericht um Angaben über das Kultpersonal erweitert, dessen kultmusikalische Kompetenzen im Gegensatz zur Vorlage hervorgehoben werden. Der Vorzug, den dabei das «chronistische Geschichtswerk»[319] für Bach besitzt, ist somit offensichtlich.

Über diese sich am biblischen Wortlaut und dessen unmittelbarem Umfeld orientierende Analyse hinaus sollen folgende beide Abschnitte die Systematik herausstreichen helfen, mit welcher Bach sich als Christ und Musiker auf die Bibel als Erkenntnisquelle bezieht.

5.1.3 Bachs Arbeit an der *Deutschen Bibel*

Eine gründliche Studie zur *Deutschen Bibel* liegt bis heute nicht vor. Es sei hierfür auf Leavers *introduction*[320] hingewiesen. Selber beschränke ich mich auf eine Besprechung der Überschrift zu dem Band, in welchem sich Bachs Marginalien befinden. Sie bietet über Calovs Hermeneutik zum Alten Testament und zur Übersetzungsarbeit Luthers einigen Aufschluss:

> «I. N. I.[321]| Die Schrifften des Alten Testaments / | Zuforderst / | Der Heil. Propheten / von GOTT / | Eingegebene / ungezweifelt | Göttliche Bücher. | Denn auch / | Die Neben=Schrifften der Bibel /| Die in der Kirchen Gottes bisher gebraucht worden / | ob sie schon nur von Menschen / und nicht aus unmit= | telbarem Eingeben des Geistes herkommen: | Wie sie sämtlich in der| Deutschen Bibel | *D. MARTIN. LUTHERI* | Enthalten / und von diesem theurem Gottes=Mann / | In seinen Schrifften / so in | Deutscher / und Lateinischer Sprach / ausgegangen / | Erkläret worden seyn.»[322]

---

318 «10. Da aber die Priester aus dem Heiligtum giengen / erfüllete eine Wolke das Haus des Herrn. 11. Dass die Priester nicht kunten stehen / und Amts pflegen / für der Wolcken. Denn die Herrlichkeit des HErrn erfüllete das Haus des HErrn.» (Biblia 1712). In Ermangelung des Wortlauts aus der *Deutschen Bibel* zitiere ich aus der Gothaer Ausgabe, die eine mit den Bibelausgaben dieser Zeit vergleichbare Orthografie aufweist.

319 Schmidt 1979, 161.

320 Leaver 1985, 21–24: «Description and Identification of the Volumes». Eine vertiefte Auseinandersetzung mit Calovs Hermeneutik liefert Jung und streift dabei immer wieder die *Deutsche Bibel* (Volker Jung 1999, 12–18).

321 = Im Namen Jesu. Siehe Leaver 1985, 56.

322 Zit. n. Leaver 1985, 55.

Bei einer auch nur oberflächlichen Sichtung der Überschrift fällt auf, wie sehr Calov selbst einerseits dem Alten Testament als Heiliger Schrift mit mannigfaltigen Ehrbezeugungen begegnet, gleichzeitig aber auch Luthers Autorität durch den Ehrentitel «Gottes=Mann» beinahe mit derjenigen biblischer Propheten gleichsetzt. Damit bezeugt Calov, in welchem Mass er Heilige Schrift und Martin Luther eng aufeinander bezogen versteht.[323] Calovs Einschätzung der alttestamentlichen Schriften entspricht der lutherisch-orthodoxen Tradition, der er sich zugehörig weiss.[324] Ins Auge sticht ferner das Adjektiv «göttlich» in Bezug auf die Bücher des Alten Testaments im Gegensatz zu den Apokryphen. Es ist auf die durch die lutherische Orthodoxie mit Akribie betriebene Absicherung der biblischen Autorität durch die Lehre der Verbalinspiration[325] zurückzuführen.[326]

Hiermit ist der geistesgeschichtliche Kontext umrissen, in welchem ein lutherisch-orthodoxer Gelehrter wie Calov seine Leserinnen und Leser zur vertieften Arbeit mit dieser Studienbibel und seiner Einzelteile führt.[327] In welchem Mass sich Bachs Studienarbeit nun an die Vorgaben anlehnt, die Calov selbst zu einer der Hl. Schrift adäquaten Exegese vorschlägt, wird aus der Bespre-

---

323 Jung weist auf die Widmungsvorrede zum 1. Band der Deutschen Bibel hin, in welcher «in 21 Punkten hermeneutische Regeln zusammengestellt» sind, «die – so Calov – ‹Herr Lutherus sel. in seiner Geistreichen Auslegung der H. Schrifft stets für Augen gehabt›.» (Volker Jung 1999, 13).

324 Zur Einschätzung Calovs in der Orthodoxie siehe Volker Jung 1999, 4ff. und Wallmann 2010a, 338ff.

325 Zur Lehre der Verbalinspiration bei Calov siehe Bernhardt 2017, 18–21.

326 Vgl. Hutter, I (de scriptura sacra), 1: «Quid est Scriptura sacra? Est verbum DEI, impulsu Spiritus sancti a Prophetis et Apostolis literarum monumentis consignatum, de Essentia et Voluntate DEI nos instruens. Et quidem generatim Scripturae sacrae appellatione, veniunt omnes libri Biblici: κατ' ἐξοχὴν autem hoc titulo eos libros denotamus, qui sunt Canonici: Unde et Scriptura ipsa dicitur Canonica.» (Hutter 1961, 1). – Art. I (Von der Heiligen Schrift), 1: «Was ist die Hl. Schrift? Sie ist Gottes Wort, durch den Antrieb und die Eingebung des Hl. Geistes von den Propheten und Aposteln in schriftlichen Urkunden aufgezeichnet, damit sie uns in dem Wesen und Willen Gottes unterweise. Und obwohl unter dem Namen der Hl. Schrift gewöhnlich alle biblischen Bücher verstanden werden, so kommt doch diese Benennung vorzugsweise denjenigen Schriften zu, die kanonisch sind, d. h. solchen, bei denen niemals bezweifelt worden ist, daß sie von den Propheten und Aposteln aufgezeichnet [… wurden]. Daher werden auch die Schriften selbst kanonisch genannt.» (Hutter/Schnabel 2000, 36).

327 Zur Charakterisierung der lutherischen Orthodoxie siehe 1.2.1 und zur Beschreibung des Publikationszweckes der *Deutschen Bibel* siehe 5.1.1.

chung der letzen in dieser Untersuchung literarkritisch erschlossenen Kontextschicht ersichtlich. Es handelt sich um die zahlreichen Eintragungen, die Bach selbst in der *Deutsche Bibel* anfertigt und von denen die Marginalie zu 2Chr 5,13 nur eine darstellt. Zur Charakterisierung dieser Einträge greife ich auf die sechs von Robin A. Leaver herausgearbeiteten Eintragungstypen[328] zurück, die ich an dieser Stelle in drei Bearbeitungsschritte unterteile:

1. Textkritische Sicherung
   a. Ergänzungen im Bibeltext oder im Lutherkommentar *(Leaver-Typ 2*[329] *und 3*[330]*)*
   b. Korrekturen und Ergänzungen *(Leaver-Typ 4*[331] *und **[332]*)*
2. Mnemotechnische Hervorhebungen *(Leaver-Typ 3 und Other markings*[333]*)*
   c. Nachträgliche Bezifferung von Auflistungen aller Art *(Leaver-Typ 3)*
   d. Anführungsstriche an Zeilenrändern *(Leaver-Typ 3)*
   e. Unterstreichungen *(Other markings)*
3. Synthese eigener Reflexion *(Leaver-Typ 1)*[334]

Mit der Brille Abraham Calovs gelesen, lässt sich Bachs Vorgehensweise als Förderung einer «kursorische[n] Bibellektüre» verstehen, die Calov in der *Paedia Theologica* (1652)[335] und als Voraussetzung «für die theologische Arbeit insgesamt» empfiehlt:

---

328 Leaver 1985, 43ff.

329 «2 – missing text from either Bible verse(s) or commentary» (Leaver 1985, 43).

330 «3 – amplification or clarification of the text» (Ebd.).

331 «4 – correction of typographical and other errrors» (Ebd.).

332 «* – typographical error listed in Bd. 3/VI, signature Dddij recto and following» (Ebd.).

333 «[…] There are other markings and underlinings over which there is some considerable doubt as to their authenticity. Those noted here can, on a conservative estimate, be reasonably linked with Bach.» (Leaver 1985, 47).

334 «1 – personal notes» (Leaver 1985, 43).

335 «Die Paedia Theologica ist eine Anleitung zum Theologiestudium. In ihr beschreibt Calov die ‹Mittel› zu einem geistlich ‹fruchtbaren› Studium. Er unterscheidet die ‹generellen Anforderungen und Mittel› […] von ‹speziellen›. Diese wiederum teilt er auf in die vorauslaufenden Erfordernisse philologischer, philosophischer und historischer Kenntnisse (praerequisita) und in das Studium der theologischen Disziplinen. Hinsichtlich derer werden hermeneutische Regeln für die tägliche, kontinuierliche Bibel-

> «Durch die kontinuierliche Lektüre des biblischen Textes soll der Theologe ein möglichst hohes Maß an Vertrautheit mit dem Text gewinnen, so daß ihm gleichsam der ganze biblische Stoff und damit der Gesamtzusammenhang andauernd präsent ist.»[336]

Calovs exegetische Methode unterscheidet dabei vier Schritte, die sich in Bachs Systematik wiederfinden:

1) Der von mir bezeichneten textkritischen Sicherung entspricht Calovs «vocum et phrasium scrutinium» (Untersuchung der Worte und Redewendungen).[337]

2) Der den Skopus eines Textabschnitts einbeziehenden «contextus ratione antecedentium et consequentium observatio» (Beobachtung des Kontextes im Blick auf das Vorangehende und das Folgende)[338] entsprechen sowohl die von mir als mnemotechnisch umschriebenen Hervorhebungen[339] als auch die reflexionsspezifischen Marginalien. Beide Hervorhebungstypen sind inhaltlich miteinander verbunden und verweisen über weite Abschnitte und Bücher hinweg aufeinander.

3) Darauf bezieht sich ferner Calovs dritter Methodenschritt, der einander ähnliche wie widersprechende biblische Inhalte miteinander in Beziehung setzt: «animadversio similium Locorum Scripturae, ut et contradicentium in speciem collatio» (Vergleich mit ähnlichen und insbesondere mit widersprüchlich erscheinenden Schriftstellen).[340] Gerade in Bezug auf die biblische Begründung der Kirchenmusik stützt sich Bach auf ähnliche und in seiner Sicht aufeinander aufbauende biblische Lehrinhalte.[341]

---

lektüre (Studium Biblicum) und zur genaueren wissenschaftlichen Exegese (Studium Exegeticum) zusammengestellt.» (Volker Jung 1999, 12).

336 Volker Jung 1999, 116.

337 Ebd.

338 Ebd.

339 Diese Beobachtung gilt z. B. für das Äquivalenzverfahren, mit welchem Bach den monetären Wert biblischer Schätzungen aller Art fassbar und diesen so in exegetischer Hinsicht verwertbar zu machen versucht. Siehe Bachs Marginalie zu Ex 38,24–29: «Die Summa des freywilligen Opfers beträgt fast in die acht Tonnen Goldes». (Leaver 1985, 79).

340 Volker Jung 1999, 116.

341 Für eine Hervorhebung einander widersprechender biblischer Inhalte scheint Bach hingegen kein Interesse zu bekunden.

4) Die Beachtung der Regel der *analogia fidei*, auf die Calov als vierten Methodenschritt Wert legt,[342] macht deutlich, in welchem Mass sich Bach in seinem Bibelstudium auf die Heilige Schrift als Ausdruck des sich selbst auslegenden Heiligen Geistes bezieht. Er benötigt hierfür keinerlei Abstützung durch kirchliche Lehrinhalte: eine Marginalie am Rand der Bibel versteht sich demnach als Ko-Text zu der in «der Hl. Schrift klar dargestellten Lehre des Glaubens.»[343]

Jung fasst Calovs Verhältnis zwischen Exegese und Dogmatik folgendermassen zusammen:

> «die Lehrbücher haben den Sinn, den Gesamtzusammenhang darzustellen. Für die Studierenden sollen sie als Orientierung zur Einführung in die Schrift dienen, sind in ihren Aussagen aber von der Schrift her zu beurteilen.»[344]

Auf Bachs Arbeit an seiner Studienbibel bezogen lässt sich somit festhalten, dass sich deren schriftliche Spuren allesamt methodisch aufschlüsseln lassen und entsprechend keinerlei Zufälligkeiten aufweisen. Mit anderen Worten greift der Komponist die ihm zur Verfügung stehenden exegetischen Methoden seiner Zeit auf und setzt sie zielstrebig um. Die in 5.1.2 gesammelten Ergebnisse weisen in dieselbe Richtung: Bach arbeitet den Lehrgehalt einer Bibelstelle auf ihre Autorität in Bezug auf eine bestimmte Fragestellung heraus und synthetisiert ihn in eine Art Sentenz. Die Heranziehung von Parallelstellen dient dazu, in der Interpretation einer Schriftstelle den Boden dogmatisch gesicherter Erkenntnis nicht zu verlassen. Im Folgenden gilt es, Bachs Marginalie zu 2Chr 5,13 über die von Bach hervorgehobenen und kommentierten Parallelstellen literarkritisch weiter zu beleuchten und sie dadurch bibeltheologisch noch tiefer zu verankern. Zusätzlich greife ich auf weitere schriftlich fixierte Äusserungen Bachs zurück, um die kirchenmusikalischen Implikationen seiner Reflexionsarbeit liturgietheoretisch noch deutlicher zu konturieren.

5.1.3.1 Marginalie zu Ex 15,20

Die in der kanonischen Reihenfolge erste Marginalie lautet auf 5 Zeilen verteilt:[345]

---

342 Siehe 5.1.3.3.

343 Volker Jung 1999, 117.

344 Ebd.

345 Leaver 1985, 71f.

> «NB. | Erstes Vorspiel, | auf 2 Chören | zur Ehre Gottes | zu musiciren[346].»[347]

Der Marginalie geht die Beschreibung des Kapitels 15 im Buch Exodus voraus.[348] Bachs *NB.* steht links neben der Zeile, auf welcher der Beginn des Kommentars steht.[349] Es ist Trautmann zuzustimmen, wenn er Bachs *NB.* in einen liturgischen Zusammenhang stellt:

> «Bach meint wohl nicht ein Werk mit zwei oder zweigeteiltem Vorspiel(en), d. h. ein Präludium im heutigen Sinne, sondern benutzt ‹Vorspiel› in der Bedeutung antifonalen, also mehrchörigen Musizierens.»[350]

Weit weniger ist ihm aber bei seiner näheren Spezifizierung zuzustimmen:

> «Als erstes Vorspiel kommt also das erste Stück eines mehrteiligen Werkes oder das erste von mehreren im gleichen Gottesdienst verwendeten Werken in Frage.»[351]

---

346 Ich verzichte in allen diplomatischen Übertragungen der Bachschen Notabenes auf die Schrägstellung von Fremdwörtern wie «Music», wie dies in den Bach-Dokumenten (BD) üblich ist, weil ich in den Schriftzügen Bachs keinen Unterschied in der Behandlung der einzelnen Vokabeln zu erkennen vermag.

347 Nach der leserlichsten Ablichtung bei Christoph Trautmann 1969, 152. In der Handschrift mischen sich deutsche Buchstaben (Die beiden s' in «Erstes», das h in «Ehre», das s in «Gottes» usw.) mit lateinischen.

348 «Mirjams und der Weiber Gesang V. 20. Und Mirjam die Prophetin (Sie wird eine Prophetin genennet / weil sie auch mit dem Heil. Geist erfüllet worden wie dieser Gesang aufweiset) Aarons Schwester (Sie wird nicht Mosis / sondern Aarons Schwester genennet / weil Aaron der ältere Bruder war) nam eine Paucken in ihre Hand / und ...» (*Deutsche Bibel* zit. n. Leaver 1985, 71f.).

349 «alle Weiber folgten ihr nach hinaus mit Paucken und Reigen. (Welche Reigen Gott ihrem Erlöser zu Ehren angestellet worden von Mirjam als einer Prophetin / wie auch der König und Prophet David vor der Lade des Bundes offentlich getantzet / und wieder die Spötterin Michal solches vertheidiget hat 2. Sam. VI. 14. Besiehe auch 1. Sam. XIIX. 7. Psalm LXIIX. 26. Es haben aber hier Mirjam und die anderen Israelitischen Weiber nicht ein neues Lied angestimmet und gesungen / sondern was Moses mit den Israelitischen Männern ihnen vorgesungen / gleich als in einem Echo nachgesungen / wie aus ihrem Responsorio im Anfang des Danckesliedes zu sehen ; und muß eine gewaltige Weise / und mächtiger Schall und Wiederhall von diesen zweyen Choren gewesen seyn / da viel hunterttausend Männer / und nicht minder an der Zahl Weiber und Kinder zusammen gesetzet und gesungen haben [...])» (*Deutsche Bibel* zit. n. Leaver 1985, 72).

350 Trautmann 1969, 150. Siehe auch Dürr 1988c, 184.

351 Trautmann 1969, 150.

Bach geht es an dieser Stelle nicht um eine Beschreibung innergottesdienstlicher Phänomene. Es handelt sich vielmehr um die erste biblische Erwähnung antiphonalen Gesangs. Ein solcher Schluss lässt sich aus Bachs exegetischem Vorgehen ziehen, das in 5.1.3 beschrieben wurde.

5.1.3.2 Marginalie zu 1Chr 25

Die in der kanonischen Abfolge nächste Marginalie kommentiert die Überschrift zu 1Chr 25[352]:

> «NB. Dieses Capital | ist das wahre funda= | ment aller Gottfäl= |liger Kirchen Music»[353]

Die Marginalie steht rechts neben der von Bach unterstrichenen Kapitelüberschrift:

> «(I.) Von den Sängern und Instrumentisten v.7. (II.) Losung wegen der Sänger v. 31.»[354]

Bachs Interesse muss durch die Stichworte «Sänger und Instrumentisten» geweckt worden sein. Der Hinweis auf die «(Aus-)Losung» streicht die kultrelevante Dimension dieses sich um Gesang und Instrumentalmusik drehenden Abschnittes heraus. Vollends wird Bach im Bibeltext von der Vokabel «Aempter(n)» angetan sein.[355] Auch hier bezeichnet der Begriff «fundament» zunächst einmal lediglich die Anbindung eines liturgiehistorischen Phänomens an seinen frühesten Beleg im biblischen Kanon. Darüber hinaus bezieht sich der Begriff auf die im Kapitel 25 beschriebene Einbettung von Gesang und Instrumentalmusik im salomonischen Kultbetrieb. Bach findet an dieser Stelle die biblische Begründung der «Kirchen *Music*» überhaupt, und – vermittels der Auslosung

---

352 Luther teilt Kapitel 4 in zwei Kapitel auf, sodass seine Kapitelzählung im Vergleich zur üblichen Zählung ein Kapitel voraus ist. Bereits die Biblia 1712 führt zwar die Luthersche Zählung an, fügt aber die übliche in Klammern hinzu: «Das 26. (sonst 25.) Capitel.»

353 Im Faksimile siehe Leaver 1985, 93f.

354 Siehe Leaver 1985, 93.

355 «Und David samt den Feldhauptleuten sondert ab zu Aemtern unter den Kindern Assaphs Heman und Jedutun (welche solten GOttes Wort in geistliche Lieder und Psalmen fassen / dieselbe im Tempel singen / und zugleich darin mit Instrumenten spielen) mit Harffen / Psaltern und Cymbeln ...» (*Deutsche Bibel* 1Chr 26 (=25),1 zit. n. Leaver 1985, 93). Dürr nimmt denn auch diese Bibelstelle als den für Bach von der «Einsetzung der Kirchenmusik» handelnden biblischen Beleg (Dürr 1988c, 184).

der Ämter – ihrer «Gottfällig[keit]».[356] Mit dieser Begriffswahl steht diese Marginalie in inhaltlicher Berührung mit Aussagen des Komponisten, die sein Anstellungsverhältniss als Kirchenmusiker tangieren und nun im folgenden Exkurs gesondert besprochen werden.

5.1.3.2.1 Exkurs: «regulirt» und «wohlbestellt»

Mit der Näherbezeichnung der Musik als «Gottfäl= |lige[...] Kirchen Music» richtet Bach seine Reflexionsarbeit auf Erwägungen grundsätzlicher Art und spricht sich zu Sinn, Ziel und Auftrag von Kirchenmusik schlechthin aus. Im Rahmen dieser Überlegungen stechen zwei Aussagen des Komponisten heraus, die sich mit der Zielsetzung von Kirchenmusik befassen. Die erste davon steht in Bachs Gesuch um Entlassung, das er am 25. Juni 1708 an den Rat der Stadt Mühlhausen adressiert. Es handelt sich um die früheste erhaltene Äusserung Bachs überhaupt. In seinem Schreiben spielt er auf seine Motivation als Kirchenmusiker an:

> «Wenn auch ich stets den Endzweck, nemlich eine *regulir*te Kirchen *music* zu Gottes Ehren, und Ihren Willen nach, gern aufführen mögen [...] so hat sichs doch ohne wiedrigkeit nicht fügen wollen ...»[357]

Zeitlich näher an die Eintragungen in der *Deutschen Bibel* liegt der an den Rat der Stadt Leipzig gerichteten «Kurtzer, iedoch höchstnöthiger Entwurff einer wohlbestallten Kirchen *Music*» vom 23. August 1730. Darin stellt Bach lapidar fest:

> «Zu einer wohlbestellten Kirchen *Music* gehören *Vocal*isten und *Instrument*isten.»[358]

Die 1708 verwendete Näherbestimmung von Kirchenmusik als «*regulirt*» bezieht sich auf die Bedingungen, unter denen eine Musik zu Gottes Ehren erklingen kann. Dazu gehören ein reiches Notenrepertoire, eine taugliche Orgel, ein gut bestelltes Ensemble von Choristen und Instrumentalisten sowie eine weitreichende Kompetenzhoheit des *director musices*.[359] Werthemanns Hypothese, «*regulirt*» bezeichne «geregelte, auf das Kirchenjahr bezogene Kirchenmu-

---

356 Vgl. 1Chr 25,8: «Und sie wurffen Loos über ihr Amt zugleich / dem Kleinesten wie dem Größesten / dem Lehrer wie dem Schüler.» (Biblia 1712).

357 BD I, 19. Siehe ferner zum Kontext der Barockmusik Dammann 1984, 452.

358 BD I, 60.

359 Siehe Siegele 1999, 21.

sik»,[360] ist als Versuch zu werten, die spezifisch liturgische Aufgabe der Musik mit in den Blick zu nehmen. Ulrich Meyer geht sogar so weit, den Endzweck auf die regelmässigen Aufführungen von Kirchenkantaten zu beziehen.[361] Ich vermute aber mit Siegele, dass «*regulirt*» weit grundsätzlicher verstanden werden will und mit dem 22 Jahre später verwendeten Adjektiv «wohlbestallt» adäquat wiedergegeben wird, das nicht allein die materiellen und personellen Bedingungen von Kirchenmusik,[362] sondern auch eine weitere Grundbedingung ihres Gelingens zur Sprache bringt, «dass die Obrigkeit Neigung für die Musik haben in ihr ergeben sein müsse.»[363] Nach dieser Lesart bezieht sich «*regulirt*» schwergewichtig auf den gesellschaftlichen Stellenwert der Kirchenmusik, womit der Abfassungszweck beider Dokumente übereinstimmt.[364]

5.1.3.3 Marginalie zu 1Chr 28,21

Die der Marginalie zu 2Chr 5,13 in der kanonischen Abfolge am nächsten stehende theologische Reflexion Bachs kommentiert die Schriftstelle 1Chr 28,21[365] mitsamt Erläuterungen. Bach hebt diese Stelle zusätzlich mit Gänsefüsschen am Rand hervor. Die Marginalie lautet:

---

360 In Werthemann 1985, 14. Ähnlich Dürr 1970, 291.

361 Meyer 1998, 209.

362 Siehe Siegele1999, 21. Geck spricht in diesem Zusammenhang von einer «personell gut ausgestattete[n] Kirchenmusik» (Geck 2000, 131). Nach Wolff umfasst «*reguliert*» auch das von Bach über die Jahrzehnte erstellte «Repertoire von Kirchenstücken, darunter vor allem Kantaten für die Sonn- und Festtage des Kirchenjahres, aber auch Oratorien, Passionen, Messen und sonstige, liturgischen Zwecken dienende Werke.» (Wolff 2006, 15).

363 Siegele 1999, 21.

364 Siehe Siegele 1999, 18ff: «Bachs berufliche Situation».

365 «V. 20. Und David sprach zu seinen Son Salomo: [...] V. 21. Sihe da die Ordnung der Priester / und Leviten zu allen Aemptern im Hause Gottes / sind mit dir zu allem Geschäfft / und sind willig und weise zu allen Aemptern / dazu die Fürsten und das Volck zu allen deinen Händeln. (welche du wirst fürnehmen. Es ist aber auß dieses Göttlichen Fürbildes / und aller Prophetischen Anordnung Davids offenbar / daß er nicht auß eigenem Wercken gethan habe / im Bau und Bestellung des Tempels / und Gottesdienstes / sondern nach dem Fürbilde / daß ihm der Herr durch seinen Geist fürgestellet hat / in allen Stücken / und nach denen Ampts Bestallungen / wie auff was weise sie Gott der Herr ins Herz gegeben hat. Denn Gott dienet man vergeblich mit eigenwilligen / oder selbst erdachten Dienst / Matth. XV. 9. Gott schreibet / reisset / circkelt und machet uns alles für / und erkläret sich daher seines Willens / wie er von

> «NB. Ein herrli= |cher Beweiß, | dass neben anderen |Anstalten des Got=| tesdienstes, be= | sonders auch die Musica von | Gottes Geist durch | David mit ange= | ordnet worden.»[366]

Es geht Bach an dieser Stelle um die gottesdiensttheologische Zu- und Einordnung von Musik. Die Textstelle dient ihm als «Beweiß», das heisst als biblischen Beleg dafür, dass Musik überhaupt im Gottesdienst eine (wirklich) von Gott (selbst) eingesetzte Institution darstellt. Da König David traditionsgemäss auch als Prophet[367] eingestuft wird, geraten seine Anordnungen unter die «von Gottes Geist» beauftragten «Anstalten des Gottesdienstes», womit sich das Adjektiv «herrlich» in Bezug auf den erbrachten «Beweiß» sinngemäss einfügt. Dass an dieser Stelle nicht – auch in Luthers Kommentar nicht – von Musikern die Rede ist, scheint Bach nicht zu stören. Die Einbettung des Gesangs in den Gottesdienst gilt für Bach seit der Mosezeit,[368] und die Berufung der Instrumentalisten zum Tempeldienst mit der Einweihung des Salomonischen Tempels[369] als biblisch belegt. Leaver fasst zusammen:

> «Here Bach [...] explicitly states that music in the liturgy is a Spirit-given institution. It needs to be remembered that the musicians of the old covenant were a division of the Levites and were thus ‹ordained› to their office. Thus music, and those who perform it, are not to be regarded as optional extras that can easily be dispensed with; they are essentials in the worship of the people of God. Although in theory orthodox Lutheran theologians regarded music in worship as being among the *adiaphora* (things indifferent), in practice they regarded it as indispensable.»[370]

Worauf Leaver nicht eingeht, ist, dass die von ihm beschriebene «practice» selbst in der lutherischen Orthodoxie liturgietheoretisch nicht ganz unumstritten ist.[371] Bachs Stellungnahme kann somit als pointierte Parteinahme zuguns-

---

uns will geehret werden / darumb sollen wir in Religions Sachen nichts fürnemen und handeln / ohn sein geoffenbartes Wort zur Warung für Menschenhand / und selbst erwehlten Gottesdienste und Menschen Satzung. Item wider den Stoltz und Hoheit des Pabstes / der sich über die Schrifft erhebet.). (Deutsche Bibel zit. n. Leaver 1985, 95).

366 Mit Faksimile siehe Leaver 1985, 95.

367 Vgl. «Der | H. Göttlichen Bücher Andere Theil / | Darinnen begrieffen sind |die Poëtischen Schrifften| der H. Bibel» (*Deutsche Bibel* zit. n. Leaver 1985, 98). Calov spricht in seinem Vorwort vom Psalter als vom «H. Buch des Königs / und Propheten Davids ...» (*Deutsche Bibel* zit. n. Leaver 1985, 99).

368 Siehe Marginalie zu Ex 15,20.

369 Siehe Marginalie zu 1Chr 25,1.

370 Leaver 1985, S. 95f. Zum Stichwort Adiaphora siehe Arnold 2004, 151.

371 Siehe 5.4.1: Salomon Deyling und die Kirchenmusik.

ten einer geistgewirkten Institutionalisierung von Musik im Gottesdienst gewertet werden. Er bedient sich, darin der Calovschen Hermeneutik folgend, der Regel der *analogia fidei* (Übereinstimmung [jeder Auslegung] mit dem Glauben), zu der Jung festhält:

> «Die Regel der *analogia fidei* wird [...] dadurch begründet, daß jede Glaubenslehre an mindestens einer Stelle in der Hl. Schrift klar und deutlich formuliert ist und diese Lehren sich nicht widersprechen, sondern in einem ‹harmonischen› Gesamtzusammenhang stehen.»[372]

Dies streicht den lehraffinen Charakter Bachscher Exegese heraus: Sie dient dem Anspruch einer dem Priesterdienst zugeordneten und gleichwohl davon unabhängig angeordneten göttlichen Institution. Bei der *analogia fidei* angelangt, ist die Ebene der «Selbstauslegung der Hl. Schrift»[373] erreicht. Bachs Reflexionen spiegeln keine Privatmeinung *analoga rationi humanae* (mit dem menschlichen Verstand übereinstimmend) wider,[374] sondern den Ernst, mit der er seine Musik in Übereinstimmung mit dem sich im Gottesdienst entfaltenden Willen Gottes zu bringen trachtet.

5.1.4 Formkritik: Anlass und Gattung

Als Marginalien verstehen sich Bachs Anmerkungen naturgemäss als einen Haupttext ergänzenden, erläuternden, allenfalls auslegenden Paratext oder Nebentext. Wie ‹marginal› Bachs Notabenes sind, machen ausserdem die engen Verhältnisse am Kolumnenrand seiner Studienbibel wie auch die unhandliche Bedienung der voluminösen Bände sinnfällig.

> «Meines Erachtens sind die Eintragungen – vor allem diejenigen mit Bezug zur Musik und Musikausübung – zum größten Teil Ergebnis des einsamen Austausches Bach mit seiner Bibel; sie spiegeln in ihrem Musikbezug wohl auch die Situation des alternden Bach wider, der seiner Bibel anvertraut, was er seiner Umwelt nicht bzw. nicht mehr anvertrauen mag. Man sollte es nicht Resignation nennen. Es sind Reflexionen, resümeeartige Sätze, die selbstvergewissernden Charakter tragen.»[375]

---

372 Volker Jung 1999, 118.
373 Nach 2Petr 1,20 (Volker Jung, 118).
374 Ebd.
375 Petzoldt 1985a, 70.

Petzoldts Einschätzung formuliere ich formkritisch um: Bach richtet seine Notabenes in der *Deutschen Bibel* an sich selbst. Es liegen keinerlei Hinweise vor, dass sich Bach an einer Rezeption seiner Gedanken durch ein weiteres Publikum interessiert zeigt. Es handelt sich dabei aber um eine innere Auseinandersetzung mit seinen ‹Gegnern›. Dient Bach das *NB.* zu 2Chr 5,13 als Quintessenz einer Argumentation im Dialog mit etwa seiner Musik nicht ergebenen[376] Geistlichen?[377] Aus welchem Motiv heraus auch immer, Bachs Arbeit an seiner Studienbibel hilft ihm, seine Arbeit als Musiker biblisch-theologisch zu verankern. Ob es sich dabei um die Beschäftigung eines «alternden Bach» (Petzoldt, Neumann[378]) handelt, lässt sich der unsicheren zeitlichen Fixierung der Eintragungen wegen aber nicht sicher entscheiden.[379]

---

376 Siehe meine Besprechung von «Kurtzer, iedoch höchstnöthiger Entwurff» in 5.1.3.2.1.

377 Stiller beurteilt deren Haltung der zeitgenössischen Musik gegenüber, Friedrich Kalb zitierend (Kalb 1959, 121), umsichtig und doch bezüglich der Ursachen präzis: «Es kann freilich nicht übersehen werden, dass die lutherische Orthodoxie eine gründliche theologische Besinnung über das Wesen der mit völlig neuen Tendenzen durchsetzten Musik in ihrer Zeit schuldig geblieben ist: denn ‹als zu Beginn des 17. Jahrhunderts der ‹stile nuovo› von Italien her eindrang, wurde die revolutionäre Bedeutung dieser Musik [...] von der zeitgenössischen Theologie gar nicht recht erfasst›, die ‹Stellung der orthodoxen Theologie zur Musik›, blieb, ‹[w]ie das auch bei Luther der Fall ist, fast durchweg an der Stilepoche der Niederländer orientiert›, so daß man folglich ‹mit den alten Maßstäben der neuen Musik gerecht zu werden versuchte›» (Stiller 1970, 128f.). Wahrscheinlicher als eine frontale Auseinandersetzung Bachs mit ‹seinen› Geistlichen ist die Frontstellung des Komponisten gegen radikale Ausformungen des Pietismus, in dessen Reihen die Kirchenmusik entweder klar verworfen wird, wie z. B. durch Samuel Stryk in seiner Schrift «De Jure Sabbathi» (siehe Wallmann 2010c, 251) oder zumindest als stark einzuschränken eingestuft wird wie im frühen halleschen Pietismus insgesamt (siehe Wallmann 2010c, 256). In welcher Ausformung auch immer verwickelte diese Strömung «das Kirchenwesen in eine tiefe Krise und in jahrzehntelange Streitigkeiten [...]. Orthodoxie und Pietismus wurden in Bachs frühen Jahren im kirchlichen Leben als tiefer Gegensatz erfahren.» (Wallmann 2010c, 257). Auch wenn Wallmann für Bachs Leipziger Zeit annimmt, dass zumindest die hallesche Form des Pietismus zu ihrer kirchlichen Form gefunden haben mag (ebd.), ist es nicht ausgeschlossen, dass die von Bach in seiner Mühlhäuser Zeit ‹hautnah› erlebten Auseinandersetzungen in seiner Marginalie nachwirkten. Zur ambivalenten Haltung der kirchlichen Obrigkeit opernhafter Kirchenmusik gegenüber siehe ferner Leaver 2013, 181. Zum Pietismus als geistesgeschichtlicher Hintergrund siehe zusammenfassend 1.2.3.

378 BD III, 636.

379 Siehe 5.1.2.

5.1.5 Begriffsgeschichte zu «andächtig»

Zur Bestimmung dessen, was Bach unter «andächtig Musig» versteht, bediene ich mich der etymologischen Herleitung der Wortgruppe «Andacht» und «andächtig» und gehe der inhaltlichen Füllung nach, die sie durch die lutherische Reformation erfahren hat.

Im Grimm'schen Wörterbuch steht zum Begriff Andacht:

> «ANDACHT, f. *attentio, intentio, ahd.* anadâht [...] *mhd.* andâht [...], *nnl.*[380] aandacht, *samlung der gedanken auf einen gegenstand, inniges andenken.*»[381]

Unter dem Begriff «andächtig» fügt das Wörterbuch zu den lateinischen Adjektiven, die mit dem deutschen Wort korrespondieren, ausser «*attentus,*[382] *intentus*»[383] weiter «*pius*»[384] und «*devotus*»[385] an. Ulrich Meyer umschreibt das «mittelhochdeutsche Wort *andâht*» als «ein Erleben mit gesammeltem Bewußtsein und konzentrierter innerer Anteilnahme; im religiösen Sinn die innere Hinwendung zu Gott».[386] Radulescu weist insbesondere darauf hin, dass der Begriff Andacht «mit Denken, mit *An*denken, *Be*denken, *Ge*denken verwandt ist, und in sich ebenso einen Akt der Vernunft wie auch einen tief verinnerlichten Gemütszustand, einen starken affektiven Zustand mit einschließt.»[387] Meyer fasst die begriffsgeschichtliche Wende zusammen, die der Begriff in der Reformation erfährt:

> «Nach mittelalterlichen Sakramentartexten ergibt sich die Liturgiefeier selber, auch die ihr entsprechende Haltung, als Grundbedeutung des Wortes. Die religiöse Literatur im 12. und 13. Jahrhundert gebraucht *andâht* (lateinisch *devotio*) ebenfalls häufig im Zusammenhang mit der Feier der Eucharistie, weiterhin oft im Zusammenhang mit dem Gebet. In mystischer Theologie dient *devotio* zur Erläuterung der *contemplatio*, also der

---

380 = Neuniederländisch.

381 Jakob und Wilhelm Grimm 1854, 302f.

382 Übers.: «gespannt, aufmerksam» usw. (Georges 1869).

383 Übers.: «gespannt, aufmerksam, angestrengt, sorgfältig, pünktlich» usw. (Grimm 1869).

384 Übers.: «Pflichtmäßig, rechtschaffen, gottesfürchtig, tugendhaft, gewissenhaft» usw. (Grimm 1896).

385 Grimm 1854, 303.

386 Meyer 1977, 116f.

387 Radulescu 2013, 237. Speziell in Bezug auf die affektive Konnotation des Begriffs verweist Radulescu auf den Artikel «Andacht» in Johann Heinrich Zedlers «Universal Lexicon Alter Wissenschaften und Künste ...» von 1732.

ekstatischen Schau Gottes oder Christi; am stärksten wirkt die Christus-Devotion des Bernhard von Clairvaux in die Zukunft. In den Kirchen der Reformation werden die genannten Bedeutungen und Zusammenhänge erhalten, aber in ein neues Licht gestellt: Andacht ist die Haltung dessen, der auf das Wort Gottes hört und ihm antwortet.[388] Damit wird dann auch klarer als vorher, daß Andacht Geschenk, nicht Leistung ist.»[389]

Komplementär zur lexikalisch-etymologischen und theologiegeschichtlichen Ortung von «Andacht» und «andächtig» im Kontext frühreformatorischer Frömmigkeit[390] verschafft Oliver Pfefferkorns Untersuchung der Erbauungsliteratur des deutschen Protestantismus im späten 16. und 17. Jahrhundert einen sprachpragmatischen Zugang[391] zur Wortgruppe «Andacht» und «andächtig».

---

388 Meyer bezieht sich wohl auf die Naumburger Kirchenordnung Nikolaus Medlers 1537. Im Begleitwort schreibt Medler: «Dieweill Ceremonien in der Kirchen anderst nichts seind, den feine Christliche Ordnung aus der Heiligen schrifft vnnd derselben gemeß nach gelegenheit der Zeit vnnd des Christlichen Volcks an einem iedem Orthe vonn frommen treuen Seelsorgern gestellet, dardurch das junge vnnd vnuorstendige [= unverständige] gemeine Volck zur Andacht, das ist Gotteswort mit Lust zue hoeren vnd mit Vleiß zue betten gereiczet wirdt ...» (Medler 1923 /WA 35, 58). Krummacher spitzt das Verhältnis zwischen Hören und Antworten über den Begriff der Person zu, den er in Anschluss an Biertiz und Josuttis als «Ernstnehmen des Menschen als Person» und als «kultur- u. sozialgeschichtlich eminent wichtiger Impuls der Reformation» (Krummacher 1994, 21, Fussnote 52) deutet: «Dieses aktuelle Ereignis des Wortes hat es nun aber mit dem Hören und Verstehen zu tun, das den Einzelnen als Person mit Verstand, Herz und allen Sinnen betrifft. Dem personal zugesagten Wort entspricht die personale Antwort des Menschen. Diese Antwort ist eine je neu zu verantwortende Antwort.» (Krummacher 1994, 21).

389 Meyer 1977, 117. Im Kontext der Reformation Zürcher Prägung beschreibt Zwingli Andacht als «die Beziehung zwischen Gott und Mensch im Glauben. Andacht ist zwar nicht reine Passivität des Menschen, sondern sein Verkehr mit Gott; aber dieser ist rein geistig und deshalb wortlos.» (Knellwolf 1989, 55).

390 Auch in Bezug auf die reformierte Rezeption des Andachtsbegriffs fasst Aeschbacher zusammen: «Überprüfen wir die Verwendung des Begriffs Andacht in den Schlußreden Zwinglis, so zeigt sich eindeutig, daß nur die älteren Bedeutungen einen klaren Sinn ergeben, Also: ‹Auf ein Ziel gerichtetes Denken, Aufmerksamkeit› und im religiösem Sinn ‹ein auf Gott gerichtetes Denken›.» (Aeschbacher 1992, 2). Laut Aeschbacher teilen Luther und Zwingli denselben Andachtsbegriff. «Die Einengung des Begriffs auf ‹fromme Gedanken, Devotion›-» beginne «allerdings bereits in der Reformationszeit.» (Ebd.).

391 «Kennzeichnend für alle Ansätze einer linguistischen Pragmatik, gleich aus welcher Richtung sie kommen, ist ihre Konzentration auf den Handlungscharakter der Sprache. Sprache wird nicht mehr nur als ein autonomes System von sprachlichen Zeichen

Der Begriff Andacht wird im Rahmen des protestantischen Kontextes von den Ausdrucksformen eingeholt, die er hervorruft. Unter Andacht versteht man offenbar sehr bald nach der Reformation nicht allein eine Haltung, sondern eine damit verbundene literarische Gestalt.

Andacht erscheint somit als Textsorte neben weiteren gedruckten Erzeugnissen wie Predigt, Gebet, Kirchenlied, geistliches Lied und religiöse Leselyrik.[392]

> «Auffällig häufig begegnen in den Titeln und noch häufiger in den Untertiteln die Bezeichnungen *Andacht, Betrachtung* und *Meditation.* Sie üben für den Rezipienten eine gewisse Signalfunktion aus; ihnen kommt damit ebenfalls der Charakter von Textsortennamen zu, zumal die Titel sonst keinen weiteren Hinweis auf eine Textsorte präsentieren.»[393]

Pfefferkorn zitiert infolge Werktitel wie: *«Georg Schimmer: Geistliche Erquick=Stunden Oder Kirchen=Andachten. Wittenberg 1706.»*[394] Er macht auf die Polyfunktionalität[395] der mit Andacht, Betrachtung und Meditation bezeichneten Textsorten aufmerksam und auf die Austauschbarkeit der verwendeten Begriffe:

> «*Betrachtung* übersetzt den lateinischen Terminus *meditatio,* beide referieren auf die aus dem Mittelalter stammende Methode zur geistigen Aneignung biblischer Inhalte, wofür ein ganz spezielles Instrumentarium entwickelt wurde. Im 17. Jahrhundert treten zu dieser Schriftmeditation noch die Gelegenheitsmeditation und eine auf Ignatius von Loyola zurückgehende Meditationsmethode hinzu. Einerseits kann eine ganze Schrift als *Meditation* oder *Betrachtung* bezeichnet werden, daneben bezieht sich vor allem *Betrachtung* auf die einzelnen Abschnitte bzw. Kapitel der entsprechenden Schriften. Gleiches gilt für

---

und Regeln verstanden, sondern vorrangig als Form des sozialen Handelns aufgefasst [...], womit der funktionale Aspekt von Sprache ins Blickfeld rückt. Die pragmatische Dimension bezeichnet die Relation der sprachlichen Äußerung des sprachlichen Zeichens zum Zeichenbenutzer. [...] Während mit Hilfe grammatischer und semantischer Regeln nur die von der Situation losgelöste, grammatisch determinierte Bedeutung einer Äußerung erfasst werden kann, fragt die Pragmatik nach der jeweils aktuellen Äußerungsbedeutung unter den konkreten situativen Bedingungen.» (Pfefferkorn 2005, 17).

392 Pfefferkorn 2005, 13.

393 Pfefferkorn 2005, 138.

394 Ebd.

395 Zur Polyfunktionalität und Mehrfachadressierung historischer Texte siehe Pfefferkorn 2005, 24.

die Bezeichnung *Andacht*, die von der *Betrachtung* oder der *Meditation* nicht eindeutig abgegrenzt werden kann.»[396]

Der Begriff Andacht scheint im von Pfefferkorn analysierten Zeitraum somit etwas an lexikalischer Präzision einzubüssen. Über den von Pfefferkorn gewählten sprachpragmatischen Ansatz lässt er sich aber neu auch mit Textsorten in Verbindung bringen, die auf Vertonung angelegt sind und die Textgrundlage für Kantaten, Oratorien, Passionen usw. abgeben. Für eine auf die Inszenierung einer Kantenaufführung im Gottesdienst fokussierte Untersuchung ist folgende Spezifizierung Pfefferkorns besonders hilfreich:

> «*Meditation, Andacht* oder *Betrachtung* im Buchtitel zeigen dem Rezipienten die Gebrauchsspezifik der betreffenden Werke an. Im Gegensatz zur Predigt gehören sie in den Bereich der individuellen Frömmigkeitsausübung, sie eignen sich besonders zur Hausandacht. Zugleich heben sie nicht den lehrhaften Aspekt hervor, sondern ihre Absicht, bestimmte Gegenstände vertiefend zu behandeln.»[397]

Die Spezifizierung des Begriffs Andacht auf «den Bereich der individuellen Frömmigkeitsausübung» stellt eine kirchenmusikalische Aufführung somit automatisch in einen rein agendarisch-kultische Bezüge übersteigenden Kontext. Pfefferkorns sprachpragmatischer Ansatz zwingt nunmehr dazu, eine kirchenmusikalische Aufführung ebenso grundsätzlich aus der Warte individueller und erbaulicher Bezüge zu betrachten. Die in Abschnitt 4 gemachten Beobachtungen zur Gattung Kirchenkantate müssen entsprechend um ihre frömmigkeitsgeschichtliche Dimension erweitert werden, soll die Spezifizität poetischer und musikalischer Darbietungen im Rahmen eines Gottesdienstes in ihrer ganzen Tragweite für die Gottesdienstbesucherinnen und -besucher selbst erfasst werden. Es geht in einer Kirchenmusik nachreformatorischer Prägung entsprechend weniger um «Predigt» als um «Betrachtung», weniger um «Lehre» als um «Tiefe» (Pfefferkorn). In diesem Sinn gewinnt der Andachtsbegriff des 17. Jahrhunderts bezogen auf die Fragestellung dieser Untersuchung wieder an Präzision: Der sprachpragmatisch erschlossene Begriff Andacht taucht auch die poetisch-musikalische Gestalt der Bach-Kantaten in die erbauungsliterarisch gesteuerte Dimension der «Hausandacht» (Pfefferkorn) und verankert den gesamten Vollzug einer Kantatenaufführung fundamental in der Privatsphäre der einzelnen Gottesdienstbesuchenden. Der agendarisch gesteuerte Gottes-

---

396 Pfefferkorn 2005, 139.

397 Ebd.

dienst und die privat gestaltete Frömmigkeit der einzelnen Besucherinnen und Besucher begegnen einander. Oder anders formuliert: In einer «Kirchen Music» treffen Haus und Kirche als gleich starke Partner aufeinander.[398] Dieser Besonderheit widme ich mich im theoretischen Abschnitt 5.5.

Mit Rücksicht auf den Wortlaut der Marginalie Bachs zu 2Chr 5,13 gilt es an dieser Stelle, nun auf das Adjektiv «andächtig» näher einzugehen. Pfefferkorn weist auf dessen Verwendung in Verbindung mit der Gattung Gebet hin, wie folgende Publikation in ihrem Titel bereits veranschaulicht:

> «**Bernhard Albrecht**: Haus= und Kirchenschatz: das ist: Außerlesene andächtige Gebet und Dancksagungen / auff iede Tage in der Woche. Ulm 1660.»[399]

Die Kombination «andächtige Gebet[e]» wirkt wie ein Pleonasmus, werden die beiden Bedeutungsvarianten berücksichtigt, die dem Begriff Andacht zu dieser Zeit anhaften: einmal «als religiöse Haltung» und ein anderes Mal «als religiöse Handlung».[400] Pfefferkorn stützt sich bei dieser Unterscheidung auf das «Frühneuhochdeutsche[n] Wörterbuch», welches in Bezug auf Andacht als religiöse Handlung festhält:

> «In der zweiten Bedeutungsposition treffen sich Gebet und Andacht, ohne dass zwischen ihnen eine Trennlinie gezogen werden kann.»[401]

Aus dieser Perspektive heraus erklärt sich, warum «Betrachtung und Andacht» einerseits «Oberbegriffe» darstellen, «zu denen vielfältige Kleinformen, in erster Linie Gebete, gehören», diese andererseits aber ebenso «in einer Reihe gleichberechtigt neben solchen Formen» zu stehen kommen «wie *Gebet, Spruch, Gedanken, Lied, Gesänge, Seufzer,* zwischen denen die Abgrenzung vage bleiben

398 Natürlich lässt sich fragen, in welchem weiteren liturgischen Stück dieses Aufeinandertreffen festgestellt werden kann. Im Rahmen der offiziellen Predigt zur Zeit Bachs erscheint eine solche Begegnung, schenkt man Johann Gottfried Gottsched Vertrauen, nicht als wahrscheinlich (siehe 3.2). Auch die Gebete bieten sich als Vergleichsgrösse zu den Kantaten kaum an, bietet doch ihre Gestaltung ihrer agendarischen Fixierung wegen nicht wirklich Raum für einen individuellen Nachvollzug (siehe 10.2.3). Raum hierfür bietet einzig die Lektüre von Textheften, die den Gottesdienstbesuchenden zur Förderung ihrer persönlichen Andacht während des Gottesdienstes und allenfalls auch zur individuellen Nacharbeit angeboten werden (siehe 10.2.3, 10.4 und ferner 5.1.7, vor allem aber 5.3).

399 Pfefferkorn 2005, 140

400 Anderson (1989), 1019 zit. n. Pfefferkorn 2005, 140.

401 Pfefferkorn 2005, 140, Fussnote 46.

muss.»[402] Diese Beobachtung Pfefferkorns bezieht sich auf den frömmigkeitsgeschichtlichen Kontext, in welchem Andacht mit einer Vielzahl von Gattungen geradezu verschmilzt. Innerhalb dieses Kontextes prägt entsprechend die *Haltung* Andacht die jeweils publizierte *Handlungsgestalt* Andacht (Gebet, Spruch, Lied usw.) und macht gleichzeitig deutlich, zu welch einer Vielfalt von Ausdrucksformen die Andacht als Haltung Anlass gibt. In Bezug auf die Näherbestimmung von Musik als «andächtig» lässt sich folglich vermuten, dass der Komponist «andächtig Musig» in dieser Hinsicht ebenfalls als eine unter vielen möglichen Ausdrucksform von Andacht versteht. Dass es Bach in dieser Marginalie dabei gleichwohl aber zentral um Musik geht, machen schon allein die ihr vorausgehenden Marginalien deutlich, die auf diese hinzuzuführen scheinen.[403] In ihnen allen steht das Interesse Bachs fest, die Stellung der Musik bibeltheologisch zu verankern. Allein die Signalwirkung des Adjektivs «andächtig» ist nicht zu überhören. Mit diesem Adjektiv stellt Bach Musik gleich welchen Typs – und dies ist in meinen Augen das Entscheidende an dieser Formulierung – dezidiert in einen erbauungsrelevanten Kontext.

In welchem Mass «Andacht» und «andächtig» zur Zeit Bachs erbauungsspezifisch geprägte Begriffe sind, machen weitere Zugänge zu dieser Wortgruppe anschaulich, die Pfefferkorns sprachpragmatischer Ansatz eröffnet. Ein erster Zugang berührt die Frage nach den Rezipienten der von ihm besprochenen Literatur, die «zu dem am häufigsten gedruckten und am weitesten verbreiteten Schrifttum überhaupt»[404] gehört. Es ist daher anzunehmen, dass sich dieser Personenkreis auch quantitativ mit demjenigen der sonn- und festtäglichen Gottesdienstgemeinde deckt.[405] Wenn die Annahme richtig ist, dass die Erbauungsliteratur dieser Zeit auch tatsächlich individuell gelesen[406] oder im Familienkreis mitsamt Angestellten als durch den Hausvater etwa an Sonntagnachmittagen vorgelesen vernommen wird,[407] dann ist die Wahrscheinlichkeit gross, dass deren Inhalte auch tatsächlich als von ihren Rezipienten im Grossen und Ganzen assimiliert gedacht werden darf, zumal lesegeschichtlich diese Periode

402 Ebd.

403 Siehe 5.1.3.1–5.1.3.3.

404 Pfefferkorn 2005, 11.

405 Siehe Pfefferkorn 2005, 147–154: «Zur Rezeption der Erbauungsliteratur im 17. Jahrhundert».

406 Zum stillen und lauten Lesen dieser Zeitperiode siehe Pfefferkorn 2005, 150f.

407 Pfefferkorn 2005, 151f.

zu einer Zeit intensiver Lektüre gerechnet wird.[408] Für eine Untersuchung vornehmlich von Kantaten aus den 20er Jahren des 18. Jahrhunderts mag der Rekurs auf eine Lesepraxis des 17. Jahrhunderts als zumindest leicht anachronistisch erscheinen, nicht aber, wenn Bachs theologische Bibliothek in Ansatz gebracht wird, deren Bestand grossmehrheitlich Frömmigkeitsliteratur aus dem 17. Jahrhundert enthält[409] und in der Auswahl von Kirchenliedern in Kantaten, Oratorien und Passionen ebenfalls das 17. Jahrhundert mehr zu rezipieren scheint als sein eigenes.[410] Insofern lässt sich Bachs «Andachtsbegriff» wesentlich als in der Vorstellungswelt jener etwas zurückliegenden Zeit gegründet betrachten.

Eine weitere Dimension, auf die Pfefferkorn aufmerksam macht, ist diejenige der inhaltlichen Verschiebungen, die mit der grossflächigen Verbreitung der Erbauungsliteratur in Bezug auf heilstheologische Inhalte einhergeht. In der Forschung wird der beschriebene Zeitrahmen vom späten 16. bis in die erste Hälfte des 18. Jahrhunderts häufig in geistesgeschichtlicher Hinsicht als Krisenzeit wahrgenommen.[411] In der Gestalt Johann Arndts als einem der ersten erbauungsliterarischen Erfolgsautoren lässt sich ein Verfechter der Theorie erkennen, nach welcher innerhalb des Christentums seiner Zeit die Tendenz einer starken Veräusserlichung von Religion und Glaube Einzug gehalten hat.[412] Dass dafür auch Luthers Rechtfertigungslehre mitverantwortlich gemacht wird, erklärt zu einem grossen Teil, warum in der Frage der Aneignung heilstheologischer Inhalte an Luther vorbei in spätmittelalterlichen mystisch

---

408 «Diese intensive Lektüre stellt sich wesentlich als regelmäßige Wiederholungslektüre dar […]. [Sie] verfolgte das Ziel der Bestätigung einer schon bekannten und damit vorausgesetzten Wahrheit und führte lediglich zu ihrer vertieften Aneignung. […] Wiederholungslektüre führt zu einer beständigen Selbstvergewisserung. Sie betraf primär natürlich die im 17. Jahrhundert besonders verbreiteten Bücher, eben die Bibel, den Katechismus, Gesang- und Gebetsbücher, Andachtsbücher […]. Diese Werke wurden von der Schule an immer wieder gelesen und partiell auswendig gelernt und später wiederum vor allem in Prüfungen, Andacht, Gesang und Predigt repetiert.» (Pfefferkorn 2005, 149).

409 Siehe das Verzeichnis der theologischen Bibliothek Bachs, in: Leaver 1983, 22ff: «Bach's Books».

410 Hierzu Blankenburg 1982, 32.

411 Pfefferkorn setzt sich kritisch mit unterschiedlichen Interpretationen des 17. Jahrhunderts als Krisenzeit auseinander (Pfefferkorn 2005, 91ff: «Die Krise des 17. Jahrhunderts»).

412 Vgl. 1.2.2.

geprägten Texten und Methoden Ansätze zu einer erneuerten Spiritualität gesucht werden.[413] Stichworte wie Aktualisierung,[414] Individualisierung,[415] Subjektivierung,[416] Emotionalisierung[417] und Verinnerlichung[418] des Glaubens umschreiben die Bemühung erbauungsbezogener Autoren, ihre Leserschaft an die Lehre der Kirche zu binden.[419] Gegensätze wie innen und aussen, wahr und falsch, Geist und Fleisch, neu und alt, Leben und Tod usw. lenken die Andacht derjenigen, die sich explizit als Christen verstehen wollen, auf eine Gottesbeziehung, die in der dezidierten Absage an die äussere Welt und in einer ebenso dezidierten Hinwendung zu ewigen Werten in den Bereich persönlicher Erfahrung führt.[420]

In Bezug auf Bachs Marginalie zu 2Chr 5,13 ergibt sich aus der bisher theologie-, frömmigkeitsgeschichtlich und sprachpragmatisch geführten Untersuchung des Adjektivs «andächtig», dass es sich um eine grundsätzlich religiös konnotierte Näherbestimmung des Begriffs «Musig» handelt, die in engster Beziehung zur gelebten Glaubenspraxis weiter Kreise der Bevölkerung steht und letztlich auf die Vereinigung der Seele mit Gott hin ausgerichtet ist.[421] Die *contemplatio* orientiert sich in der reformatorischen Brechung aber nicht mehr auf das kultisch inszenierte eucharistische Geschehen, sondern nun auf das

---

413 Siehe Pfefferkorn 2005, 95.

414 Oder Vergegenwärtigung, siehe Pfefferkorn 2005, 95.

415 Pfefferkorn 2005, 95. 97. 173 und 229.

416 Pfefferkorn 2005, 117.

417 Pfefferkorn 2005, 95.

418 Pfefferkorn 2005, 97 und 229. Vgl. aber Hindermann 1987, 287, der den Begriff «Vereindringlichung» verwendet.

419 Pfefferkorn führt einzelne der von mir aufgelisteten Vorgänge wie «Emotionalisierung, Individualisierung und Vergegenwärtigung» gemeinsam auf (Pfefferkorn 2005, 97), andere wie «Subjektivierung» betrachtet er für sich stehend (Pfefferkorn 2005, 117).

420 «Also hat jeder Mensch zweyerley Geburts Linien in jhm/ die fleischliche lineam Adami vnnd die geistliche lineam Christi. Dann gleich wie Adams alte Geburt in vns ist. Also muß Christi newe Geburt auch in vns seyn/ Vnnd das heist/ der alte vnnd newe Mensch/ die alte und newe Geburt/ der alte und newe Adam/ das jrrdische vnd himmlische Bilde/ das alte vnd newe Jerusalem/ Fleisch und Geist/ Adam vnd Christus in vns/ der jnwendige vnd eusserliche Mensch.» (Arndt 2005, 37f: «Das III: Capittel. Wie der Mensch in Christo zum ewigen Leben wider ernewert wird.»)

421 Zur Vereinigung der Seele mit Gott siehe Arndt 2007, 38: «Das Dritte Buch vom wahren Christentumb», «Das IIII. Capittel. Wie eine Gleubige Seele/ Gott/ inwendig in ihr selbst suchen soll/ vnd von der Schönheit vnd Seligkeit der Seelen so mit Gott vereiniget ist.»

Wort der Heiligen Schrift als neues Medium der Begegnung zwischen Gott und Mensch, auf welches sie sich einerseits in Analogie zu kultischen Bezügen ‹responsorisch›[422] im Sinne von antwortend (Meyer) verhält. Andererseits ergibt sich mit dem ‹Mediumswechsel› vom Kult zur Heiligen Schrift auch geistesgeschichtlich einer Verlagerung vom rein religiösen Kontext in das offene Feld weltlicher Bezüge: Als «ein Erleben mit gesammeltem Bewußtsein und konzentrierter innerer Anteilnahme» (Meyer), ist Andacht seit der Reformation an kein rein kultisches Geschehen mehr gebunden. Als Medium zwischen Gott und den Menschen ist mit der Heiligen Schrift neu ein Buch getreten, Literatur also. Der deutsche Begriff Andacht steht somit mit keiner auf irgendeine Weise zu verehrenden göttlichen Realpräsenz etwa in der Eucharistie in Beziehung,[423] sondern neu mit dem einzig schriftlich vorliegenden Wort Gottes in der Gestalt der Heiligen Schrift. Andacht als Begriff legt somit zunächst den Vorgang konzentrierten Denkens nahe[424] bevor er dann doch wieder, wie Grimm feststellt, *«enger [...] auf fromme gedanken, devotion eingeschränkt»* wird.[425] Das Medium bleibt sich im evangelischem Raum von nun an aber gleich: die Heilige Schrift *als* das Wort Gottes. Auch der Vorgang des konzentrierten Denkens verlässt diese Ebene der *über* dessen geschriebenes Wort *vermittelten* Begegnung mit Gott nicht mehr. Diesem gleichzeitig Nähe schaffenden wie Distanz wahrenden Medium sind seit dem 16. Jahrhundert alle auf Verinnerlichung ausgerichteten Textsorten verpflichtet wie Predigten, Gebete, Lieder und – als Frucht der spezifisch lutherischen kirchenmusikalischen Entwicklung – auch die Kirchenkantaten.[426]

5.1.6 Begriffsgeschichte zu «Gnaden=Gegenwart»

Anders als mit dem Begriff «Andacht» und seinem Adjektiv beschreibt das Kompositum «Gnaden=Gegenwart» einen recht klar umrissenen theologischen Sachverhalt. Markus Rathey[427] weist darauf in seiner Besprechung von Lucia Haselböcks Artikel «Gnade»[428] hin. Sowohl Haselböck als auch Christoph

---

422 Siehe Enderlein 2014, 127, der auf Joest 1967 Bezug nimmt.
423 Siehe Meyer-Zitat zu Beginn dieses Abschnitts.
424 Vgl. Grimm 1854, 303.
425 Ebd. Vgl Aeschbacher 1992, 2, Fussnote 390.
426 Zur Gattung Kantate siehe 4.
427 Rathey 2006, 316.
428 Haselböck 2004, 89ff.

Wolff,[429] auf den sich Haselböck bezieht,[430] fassen den Begriff undifferenziert als eine der «physikalischen Wolke»[431] aus 2Chr 5,13 gegenüberstehende metaphysische Grösse.[432] Mit Rathey ist festzuhalten, dass der Terminus im Zusammenhang mit der «Einwohnung Gottes im Menschen»[433] steht. Renate Steiger verweist in ihrer Untersuchung der Marginalie auf Johann Gerhards *Schola Pietatis*, worin der Autor zum «Nebel» in 2Chr 5,13 festhält:

> «... welcher Nebel ein Symbolum und Anzeigung war der sonderbahren gnädigen Gegenwart Gottes / darumb steht Psal.22 v.4. GOTT wohne unter dem Lob Jsrael / das ist / im heiligen Tempel / da man zusammen kömpt / ihn zu loben und zu preisen. Wie nun Gott der HERR im Tempel zu Jerusalem mit seiner Gnadengegenwart gewohnet / also wil er auch noch heutiges Tages wohnen in den HErtzn derer / die ihn loben und preisen.»[434]

Bei Gerhard korrespondiert mit Bezugnahme auf Ps 22,4 das Lob Israels mit Gottes «gnädige[r] Gegenwart» bzw. «Gnadengegenwart». Der heilsgeschichtlich erbauungsrelevante Brückenschlag Gerhards von alttestamentlichen Zeiten zur Gegenwart seiner Leserinnen und Leser weist auf eine Dimension des Adjektivs «gnädig» bzw. des Wortbausteins «Gnaden-» hin, das theologisch noch differenzierter von Johann Olearius behandelt wird. Dieser lässt wiederum in seinem Kommentar zu 2Chr 5,14 unterschiedliche Stadien der göttlichen Präsenz durch die Menschheitsgeschichte durchschimmern:

> «[D]ie Göttl. Bewohung inhabitatio ist seine gegenwärtige Vereinigung mit der Wohnung / und seiner Gegenwart Offenbarung ... und hat ihr Absehen ...2.auff das Reich der Gnaden / nicht allein bey dem Tempel Salomonis im Alten Testament / sondern auch im Neuen Testament bey dem Tempel deß Heil. Geistes. I Cor.3. Johan.14.»[435]

---

429 Wolff 2009, 366.

430 Haselböck 2004, 91.

431 Haselböck 2004, 91. In Bezug auf Luthers Übersetzung ist der Begriff unpräzis. Siehe 5.1.1.

432 Haselböck 2004, 91.

433 Rathey 2006, 316.

434 Gerhard 1653, 718 zit. n. Renate Steiger 2002, 244.

435 Olearius1678 II, 559a zit. n. Renate Steiger 2002, 244, Fussnote 10.

Wie schon andeutungsweise bei Gerhard, erhält nun mit Olearius[436] der Terminus Gnadengegenwart über seine Anbindung ans Neue Testament eine eindeutig heilsgeschichtliche Dimension.[437] Olearius verweist in der Formulierung «Reich der Gnaden» auf die klassische Lehre, wonach die Heilsgeschichte «von der Schöpfung über den Fall zur Erlösung führt»[438] und in verschiedene Stadien oder *statūs* eingeteilt werden kann, bis sie im *status gloriae* die vollständige Retablierung der durch Adams Fall verloren gegangenen *imago Dei* (Gottebenbildlichkeit) erwirkt.[439] Da Luther selbst diese «Statuslehre» nur am Rand und nicht explizit rezipiert,[440] findet sie wohl aus diesem Grund in der Erstausgabe von Hutters Compendium noch keinen Einlass. Sie wird aber von der Orthodoxie bald danach aufgenommen und später in der Gestalt von «Annotationes» (Anmerkungen) auch in Hutters Compendium eingefügt,[441] bevor sie, noch später, in die Sammlung der *loci* selbst integriert wird.[442] Nach dieser Lehre legt der Mensch in heilsgeschichtlicher Perspektive vier voneinander klar abgegrenzte Etappen zurück: Nach dem paradiesischen «status integratis, innocentiae, sive naturae integrae» (Stand der Unversehrtheit, der Unschuld oder

---

436 Beide von Steiger zitierten Werke befinden sich in Bachs Bibliothek. Siehe Renate Steiger 2002, 244 und Leaver 1983, 8–86 zu Olearius 1678 und Leaver 1983, 1671–71 zu Gerhard 1719.

437 Zur typologischen Deutung des Alten Testaments bei Luther siehe zur Mühlen 1991, 534: 2.3.

438 Ebeling 1989, 85.

439 Vgl. Ehrensperger 2004b, 3: «Typisch für die lutherische Orthodoxie ist die Begründung des Gottesdienstes in der heilsgeschichtlichen Statuslehre: Nach dem ursprünglich paradiesischen «status innocentiae» (Unschuld) fiel der Mensch in den Stand der Sünde («status miseriae»). Durch Christi Sühnetod und Erlösung ist er versetzt in den «status gratiae» (Gnade) und wartet nun darauf, in den «status gloriae» eingehen zu können. Der Gottesdienst ist infolgedessen eine Versammlung der begnadigten Sünder.» Vgl. Reichert 1975, 84, Fussnote 46.

440 So 1536 in der Disputatio ··· de Homine, in: Luther 1926/WA 39 I, 176: die Thesen 21–23. Siehe dazu Ebeling1989.

441 Siehe Bechmann 1703.

442 Siehe bei Hutter 1833 unter dem dritten Teil «Anthropolosia» zum *status integritatis* (Hutter 1833, 214ff), *corruptionis* (Hutter 1833, 222ff), *gratiae* (Hutter 1833, 301ff). Der *status gloriae* wird im 19. Jahrhundert offenbar nicht mehr unmittelbar rezipiert, sondern im fünften Teil «Eschatologia» im Sinne der Vollendung des Versöhnungsprozesses im Loc. XXII (de novissimis) (369ff) unter dem Par. 127 «Damnatio et beatitudo aeterna» (ewige Verdammnis und Glückseligkeit) implizit integriert (Hutter 1833, 382ff).

unversehrten Natur) folgt durch Adams Fall der «status peccati, sive naturae corruptae» (Stand der Sünde oder der verdorbenen Natur), welcher durch Christi Erlösungstat vom «status reparationis, sive naturae restauratae» (Stand der Wiederherstellung oder der erneuerten Natur) abgelöst wird. Dieser *status* ist wiederum als Vorstufe des erst nach dem Jüngsten Gericht zu erreichenden «status gloriae sive naturae glorificatae» (Stand der Herrlichkeit oder der verherrlichten Natur) bzw. dem «status ignomiae aeternae, sive naturae damnatae» (Stand der Schmach oder der verdammten Natur) zu verstehen.[443] Mit *Gnaden-Gegenwart* umschreibt Bach analog zu Gerhard und Olearius präzise das Konzept der göttlichen Einwohnung bei den Menschen im Kontext seiner durch den christlichen Glauben geprägten Gegenwart. Dies ist der theologische Sinn des Beiworts «Gnaden-», welches adjektivisch als «gnädig» (Rathey, Steiger) aufgefasst, in seiner heilstheologischen Dimension nicht in seinem vollen Umfang erfasst wird. Im Rahmen dieser Untersuchung verwende ich anstelle der Bezeichnung «status reparationis» (Bechmann) stets die Parallelbezeichnung «status gratiae» (Ebeling,[444] Hutterus redivivus[445]), um den sprachlichen Bezug zum Terminus *Gnaden-Gegenwart* zu wahren, mit dem Bach den heilsgeschichtlichen Rahmen seines Notabene absteckt.[446]

5.1.7 Was Musik andächtig macht – eine Verhältnisbestimmung

Bachs Notabene zu 2Chr 5,13 lässt sich als eine «die Auslegung dieses Verses zusammenfassende Sentenz»[447] verstehen, in welcher der Komponist die Musik seiner Zeit heilsrelevant mit Gottes Einwohnung unter den Menschen in Beziehung bringt. Die Marginalie verschränkt Gottes Gegenwart im *status gra-*

---

443 Bechmann 1703, 317 als Annotation zum «locus sextus de Imagine Dei in homine sive Justicia originali».

444 Ebeling 1989, 85.

445 Hutter 1833, 315.

446 Renate Steiger weist auf eine architektonische Dimension des Begriffs hin, den sie auf Sakrament, Wort und Musik bezieht: «Die dreifache Gnadengegenwart Gottes hat in lutherischen Kirchen vielerorts zu einem spezifischen baulichen Ausdruck gefunden: zu dem architektonischen Dreiklang der übereinander angeordneten Elemente Altar, Kanzel, Orgel.» (Steiger 2002, XVII). Diese kirchenräumliche Dimension weist über den von mir gewählten Untersuchungsrahmen hinaus und wird an dieser Stelle nicht weiter reflektiert.

447 Steiger 2002, 243.

tiae[448] – im gegenwärtigen Stand der Christinnen und Christen als Gerechtfertigte, aber in ihrer Gottesebenbildlichkeit noch nicht vollständig wiederhergestellte Menschen – in zweifacher Weise mit andächtiger Musik: Gott ist räumlich-szenisch[449] «Beÿ» und insofern auch heilswirkend *mit* einer solchen und dies «allezeit». Bach bewegt sich somit auf einer erwählungstheologischen Ebene,[450] von der aus betrachtet Gott sich an Musik und an den Stand der Musiker zu binden bereit erklärt, solange diese demselben liturgischen Zweck dienen, dem sich das salomonische Kultpersonal (Priester und Leviten) verpflichtet weiss: «zu loben und | zu dancken dem Herrn.»[451] Gottes Bekenntnis zu seiner Gemeinde ist dabei die Bedingung der Möglichkeit einer musikalischen Antwort durch das Kultpersonal, das stellvertretend für die Gemeinde[452]

---

448 Siehe 5.1.6.

449 Siehe 55.1.2

450 Vgl. Hutter 1961, 62: XIII (de Iustificatione Hominis peccatoris coram Deo), insbesondere zur Frage 18: «[…] Christus omnes peccatores ad se vocat, et promittit illis refectionem. Et serio vult, ut omnes homines ad se veniant, et sibi consuli et subveniri sinant. His sese Redemptorem in verbo offert, et vult, ut verbum audiatur: et promittit se largiturum virtutem et operationem Spiritus Sancti, et auxilium divinum, ut in fide constantes permaneant, et vitam aeternam consequantur.» – «(Von der Vorherbestimmung) […] Christus ruft alle Sünder zu sich und verheißt ihnen Erquickung. Und es ist ihm ernst, daß alle Menschen zu ihm kommen und sich helfen lassen. Er selbst bietet sich in Wort als einen Erlöser an und will, daß man das Wort höre und nicht die Ohren verstopfen oder das Wort verachten soll; und er verheißt die reichlich gewährte Kraft und Wirkung des Hl. Geistes und göttlichen Beistand, damit sie im Glauben beständig beharren und das ewige Leben erlangen.» (Hutter/Schnabel 2000, 144).

451 2Chr 5,13 nach: *Deutsche Bibel* 1681 zit. n. Leaver 1985, 97.

452 Ausführlich wird diese Stellvertreterfunktion des musikalischen Kultpersonals in den Gebeten «‹vor der Predigt / wenn musiciret wird›» (LKS, 83 zit. n. Stiller 1970, 242) zum Ausdruck gebracht, die in der Gestalt von Textheften der Gemeinde zum meditativen Nachvollzug des Gottesdienstes angeboten werden (siehe Stiller1970, 107f.). In dem von Stiller zitierten Gebet wird der Auftritt der Musiker in seiner Stellvertretungsfunktion für das Lob der Gemeinde über ein stilisiertes Ich bzw. Wir als mit der Andacht des Gemeindegliedes kommunizierend inszeniert: «‹Ich will dem HErren singen›-», heisst es gleich zu Beginn des Gebets. Das Gebet stellt somit eine unmittelbare Äquivalenz zwischen dem Amt der Musiker und dem Amt der Gemeinde her. Auch fehlt in diesem Gebet die Anspielung auf den *locus classicus* der neutestamentlichen Verankerung der Kirchenmusik (Eph 5,19/Kol 3,16; siehe 1.1 und 5.4.1) nicht, wenn es heisst: «‹Siehe / bey dieser Kirchenversammlung will ich Psalmen / geistliche Lieder und Lob-Gesänge im Geist, das ist / mit Andacht / und zugleich mit dem Sinn / das ist / mit gutem Bedacht und Verstande singen / ja wir sollen uns unter einander selbst

das Amt des Lobens und Dankens wahrnimmt.[453] Wie zum Begriff andächtig festgehalten wurde, unterscheidet sich die Marginalie zu 2Chr 5,13 von den übrigen von mir besprochenen Eintragungen Bachs insbesondere darin, dass Bach an dieser Stelle Musik in unmittelbarer Verbindung mit einer Vokabel bringt, die Luther in dem von Calov angefügten Kommentar auf die Heiligung der Priester bezieht, er selber aber in der adjektivischen Form auf die Haltung überträgt, mit welcher Musik – für welchen Anlass auch immer, dies bleibt in Bachs Formulierung letztlich offen! – aufgeführt wird. Um Gottesdienst geht es Bach freilich auch. Es handelt sich bei der Übernahme der Vokabel Andacht in ihrer adjektivischen Gestalt gewiss nicht um eine reine Assoziation, sondern vielmehr um eine bewusst vorgenommene Zuspitzung dessen, was die von ihm kommentierten Bibelstellen über die Rolle von Musik kulttheologisch bereitstellen. Dass der kultische Aspekt der Fragestellung in dieser Marginalie auf ein Adjektiv komprimiert wiedergegeben wird, weist auf das Gewicht hin, das Bach dieser Vokabel zumisst. «Andächtig» sagt in seinen Augen zum gottesdienstlichen Charakter der damit qualifizierten Musik genug aus, um Gottes («Gnaden-)Gegenwart» daran als («jederzeit») gesichert darzustellen. Der kultische Aspekt dieser Verbindung ist damit in Bachs Augen nicht einfach unbedeutend oder obsolet. Dieser tritt in Bachs Marginalie jedoch in einer vergeistigten Form auf. Der gottesdienstliche Charakter von Musik wird bei Bach analog zu Arndt[454] zumindest an dieser Stelle nicht am äusserlich zelebrierten Kult festgemacht, sondern zentral an ihrem Erbauungsgehalt. Diese Schlussfolgerung legt nun nicht allein die geistesgeschichtliche Analyse der Begriffe Andacht und andächtig nahe,[455] sondern bereits die von Bach selbst vorgenommene Vorrangstellung der Andacht des Priesterpersonals vor der eigentlichen Kulthandlung, von der der Bibeltext genügend zu berichten wüsste.[456] Einzig der Begriff

---

in Psalmen auffmuntern / dir unserem GOtt singen und zu spielen von gantzem Hertzen.»» (LKS, 83f. zit. n. Stiller 1970, 242f.). Siehe ferner zu diesem Gebet Exkurs 10.2.1.1.

453 Siehe Hutters *loci* zum Lob- und Dankopfer, die ich unter BWV 17,1 bespreche.

454 Hierzu Abschnitt 5.5, in welchem die für die Zwecke dieser Untersuchung wichtige Theorie eines inneren und eines äusseren Gottesdienstes vorgestellt wird.

455 Siehe 5.1.5.

456 So hätte Bach z. B. den Einzug des Kultpersonals aus dem Allerheiligsten in den Altarraum aufgreifen können: «Und da die Priester her=| aus giengen aus dem Heiligen» (2Chr 5,11), oder die Sammlung des Personals am Altar: «... und stunden gegen Morgen des | Altars» (V 12), oder die Vielzahl an aufgeführten Instrumenten während

Andacht – aus Luthers Kommentar – bleibt von alledem übrig. Dass diese Andacht freilich mit nichts Geringerem als mit Gottes (Gnaden-)Gegenwart korrespondiert, zeigt das Gewicht an, das Bach dieser so und nicht anders spezifizierten Musik beimisst. Nun hat die sprachpragmatische Untersuchung des Begriffs Andacht gezeigt, dass darunter nicht nur eine *Haltung*, sondern auch eine *Handlung* verstanden werden kann. Musik, welcher Art auch immer, lässt sich somit als Andacht in Analogie zu Textsorten zu Erbauungszwecken begreifen. Auf den konkreten Gegenstand dieser Untersuchung bezogen, geraten somit auch vertonte Kantaten-, Oratorien- oder Passionstexte als Andacht steuernde «Textsorten» (Pfefferkorn)[457] ins Blickfeld: Form und Inhalt stimmen überein, Musik und Text fallen unter dem Gesichtspunkt ihrer einander zugeordneten Kompetenz und infolge ihrer Kombination auch ihres erhöhten Potenzials, «ein Erleben mit gesammeltem Bewußtsein und konzentrierter innerer Anteilnahme» (Meyer)[458] hervorzurufen, zusammen und bilden kultinszenatorisch, wenn auch auf einer vergeistigten Stufe, eine Einheit. Musik und Text verdichten sich einander ergänzend zu neuen Kunstgattungen und bieten für die Privatandacht[459] der Gottesdienstbesuchenden bestmögliche Voraussetzungen. Denn, wie 2Chr 5,13 festhält: Gesungen und geblasen wird unisono: «als hörete man eine Stimme.»[460] An dieser Stelle gewinnt der Gedanke der Stellvertretung an Bedeutung, die das Kultpersonal für «die gantze Gemeine Israel»[461] erfüllt: die akustisch wahrnehmbare Einstimmigkeit des Kultpersonals steht stellvertretend für die supponierte Einmütigkeit Israels seinem Gott gegenüber. Das Musikerensemble im Leipziger Gottesdienst wird in Bachs Augen stellvertretend für die Gemeinde auf die Höhe altisraelitischen Kultpersonals gehoben. Wie Gottes Gegenwart in 2Chr 5,13 symbolisch mit einem das Kultpersonal am Priesterdienst behindernden «Nebel» umschrieben wird, der «das Haus GOttes» «erfüllete», so dient das akustische Signal der Musizierenden Wort und Ton verbindend als akklamatorische Antwort auf die göttliche

---

der Kulthandlung: «… Und da die | Stimme sich erhub von den Dromme= | ten / Cymbaln und andere Seitenspie= | len …», oder die Bedrängung des Personals durch die Anwesenheit Gottes: «… Dass die Priester nicht | stehen kundten zu dienen für dem Nebel …» (V 14).

457 Siehe 5.1.5.

458 Meyer 1977, 116. Siehe 5.1.5.

459 Zum individuell wahrgenommenen inneren Gottesdienst siehe 5.5.

460 2Chr 5,13 nach: Deutsche Bibel 1681 zit. n. Leaver 1985, 97.

461 2Chr 5,6 (Biblia 1712).

Präsenz. Zumindest der zeitlichen Abfolge nach erscheint die als Nebel auftauchende Herrlichkeit Gottes als Antwort auf die vokal wie instrumental gestaltete menschliche Akklamation des Kultpersonals. Gottes Gegenwart ‹erfolgt› somit im Anschluss an die menschlichen musikalisch-liturgischen Bemühungen. Heilstheologisch stellen Tempelbau und Kultordnung nicht die Voraussetzung für Gottes Gegenwart dar. Es ist vielmehr umgekehrt die Bereitschaft Gottes selbst, seine Gegenwart an einen spezifischen Ort und an einen von ihm vorgeschriebenen Kult zu binden, die es seiner Gemeinde ermöglicht, mit ihm über Tempel und Gottesdienst adäquat in Beziehung zu treten. Der Umstand, dass Gottes Herrlichkeit den Betrieb (wohl nur ein wenig) behindert, unterstreicht diesen Sachverhalt. *Andächtig Musig* bewegt sich in Bachs Augen somit genau au dieser heilsvermittelnden Scharnierstelle in der Kommunikation zwischen Gott und seiner Gemeinde und unterscheidet sich darin nicht wesentlich vom ‹übrigen› Kultbetrieb. «Andächtig» ist eine Musik, wenn sie auf Gottes Gegenwart fokussierend konzipiert wird und erbauungsspezifisch im Sinne einer Aktualisierung, Individualisierung, Subjektivierung, Emotionalisierung und Verinnerlichung (Pfefferkorn)[462] der vermittelten Heilsinhalte zur Reziprozität mit Gottes Zuwendung zu den Menschen anzuregen vermag. Zwar ist Andacht noch keine Anschauung von Angesicht zu Angesicht.[463] Andacht ist aber perspektivisch auf diese ausgerichtet. Insofern ist die Verhältnisbestimmung «Beÿ […] ist» heilsinszenatorisch als präzis zu bezeichnen: genauer jedenfalls ist die Beschreibung der unter den Bedingungen einer Kirche im *status gratiae* erfahrbaren Gottesnähe nicht zu fassen. Im Abschnitt 5.5 wird das an dieser Stelle nur angedeutete Verhältnis zwischen dem öffentlich zelebrierten Gottesdienst und der privat vorgenommenen Andacht theoretisch eingeholt und für die Zwecke dieser Untersuchung systematisiert. Abschliessend sei festgehalten, dass diese Untersuchung zwar eine typische Gestalt von Kirchenmusik in Augenschein nimmt, dass sich Bachs Verständnis einer «andächtig Musig» aber auf jegliche Musik beziehen lässt, sofern sie Andacht verfolgt.[464] Denn der innere Gottesdienst, von dem noch die Rede sein wird, genügt sich nach Arndts Gottesdienstkritik durchaus selbst und braucht den Zuzug äusserer Zeremonien keineswegs. Die Marginalie des Komponisten zu 2Chr 5,13 lässt Gottes Gnadengegenwart bei der Ausübung von Musik an keiner Stelle von der

---

462 Siehe 5.1.5.

463 Zur lutherischen Statuslehre siehe 5.1.6.

464 Siehe Siegeles Ausführungen zu «Bachs Formbegriff» in 8.5.3.3.

Durchführung eines äusseren Gottesdiensts abhängig sein. Hierfür genügt es, wenn die Musik den inneren Gottesdienst kompetent zu bedienen vermag.

5.2 Die Bach-Kantaten und die Rhetorik

Arnold Schering, Arnold Schmitz und andere haben in der Mitte des 20. Jahrhunderts die klassische Rhetorik als strukturgebende Bezugsgrösse zur Analyse der Musik Bachs herausgestrichen[465] und wurden darin nicht widersprochen.[466] Dennoch wird in Bezug auf die Bach-Kantaten dieser hermeneutisch bedeutsame Bezugsrahmen in der Forschung seither wenig berücksichtigt.[467] Dabei legt allein schon die schulische Ausbildung des jungen Bach eine intensive Auseinandersetzung des Komponisten mit der über Scholastik und Humanismus vermittelten klassischen Rhetorik nahe.[468] Doch bereits mit der Ausformung des als barock bezeichneten monodischen Opernstils seit 1600[469] wird Musik auf sprachliche Kommunikation hin konzipiert.[470] In Deutschland wird ausserdem die Musik selbst auf ihre rhetorischen Qualitäten hin ausgelo-

---

465 Siehe Marti 1981, 21 im Zusammenhang mit der «Entwicklung der Figurenlehre».

466 Siehe Stiller 1970, 209, Dammann 1984, 156.

467 Ich zähle zu den Ausnahmen Marti 1981, Hindermann 1987 und Kirkendale 1985, die je einen Teilaspekt rhetorisch gesteuerten Komponierens konsequent in der Kantatenanalyse herausarbeiten; bei Marti handelt es sich mit der Kennzeichnung musikalischer Figuren um den Teilaspekt der *elocutio* oder *decoratio*, Hindermann konzentriert sich auf die *dispositio* des von ihm analysierten Werks, ebenso Kirkendale.

468 Siehe ausführlich Lundgreen 2005, insbesondere 34ff: «Johann Sebastian Bach an Lateinschulen».

469 «*Monodie* ist ein Begriff, der mit dem Barock stilprägend wird. Er kommt aus dem Griechischen: Μονῳδία ist «Einzelgesang», «Alleingesang» (μόνος = «allein» + ᾄδω= «singe»). In der griechischen Antike ist Monodie der Sologesang des Schauspiels (Drama, Tragödie) im Unterschied zum Chorgesang des Theaters [...]. Mit ausdrücklichem Anschluß an die Musik des Altertums wird die Bezeichnung «Monodie» in den antikisierenden und platonistischen Akademiezirkeln des italienischen Frühbarock zu einem neuen Begriff aktualisiert. Die Neuartigkeit dieser für den Barock maßgeblichen Stilgröße liegt in der Tatsache, daß sie zu systematischer Ranghöhe aufgewertet wird.» (Dammann 1984, 193).

470 Zum «Stile Narrativo, stile speciale Recitativo» und «Expressivo» Siehe Dammann 1984, 194.

tet[471] und konzeptionell auf die damit zu erzielende Wirkung auf ein Auditorium hin ausgerichtet.[472] Musik beginnt sich somit selbst als Klangrede[473] zu verstehen, und dies auch ohne Bezug zu einer Textvorlage.[474] Besonders in Deutschland wird die Messbarkeit rhetorisch gestützter Wirkung von Musik auch musiktheoretisch erfasst.[475] Die Verbindung von Musiktheorie und Musikpraxis wird hier bis zu Bach selber besonders bedacht und gepflegt.[476] In diesem Zusammenhang ist die Einordnung der Musik im bis zur Zeit Bachs[477] gelehrten spätantiken Fächerkanon der *artes liberales*[478] – wieder im deutschen Kontext – von Bedeutung, wonach die Musik sowohl zu den mathematischen Disziplinen des Quadriviums (Arithmetik, Geometrie, Astronomie und Musik-

---

471 Siehe Dammann 1984, 93ff: «Das musikalisch-rhetorische Prinzip». Zum Rhetorikbezug musiktheoretischer Lehrbücher im 17. Jahrhundert in Deutschland siehe Leaver 2013, 188.

472 «Die Barockmusik will wirken. [...] Im hörenden Gegenüber möchte sie diesen oder jenen typischen Affekt hervorbringen. Der Musiker sucht den hörenden Menschen von einem bestimmten, textlich fixierten Sachverhalt zu überzeugen. So erfährt der Wirkungswille eine vom Komponisten vorausberechnete Wirkungs*richtung.»* (Dammann 1984, 131).

473 Siehe dazu Mattheson: «Weil nun die Instrumental-Music nichts anders ist, als eine Ton-Sprache oder Klang-Rede, so muß sie ihre eigentliche Absicht allemahl auf eine gewisse Gemüths-Bewegung richten, welche zu erregen, der Nachdruck in den Intervallen, die gescheute Abtheilung der Sätze, die gemessene Fortschreitung u. d. g. wohl in Acht genommen werden müssen.» (Mattheson 1739 I, 82 zit. n. Eicken 2000, 43). Zum selbstverständlichen Gebrauch dieses Terminus in der Literatur siehe Marti 1980, 10, Radulescu 2013 und ferner Dahlhaus 1985, 56.

474 Siehe Eicken 2000, 40f: «Da die Zuhörer den Affektgehalt der Figuren als unterstützendes Mittel von der Vokalmusik her kannten, assoziierten und durchlebten sie auch ohne Text bei den jeweiligen Figuren einen bestimmten Affekt.»

475 «It was German theorists in particular who raised musical composition to a science based on the relationship of words to music. Listenius, Burmeister, Johannes Lippius – the union of music with rhetorical principles is one of the most distinctive characteristics of Baroque musical rationalism and gave shape to the progressive elements in the music theory and aesthetics of the period.» (Buelow 1980, 793).

476 «Die Musik des deutschen Barock ist ohne das Vorbild der Rhetorik nicht denkbar. Enge Verklammerungen bestätigen sich nicht nur dort, wo unmittelbare Sinn- und Namensübertragungen erweisbar sind. Auch bei Figurenbezeichnungen ohne Vorbild in der literarischen Rhetorik ist das Anschlußstreben der Musik an die Redekunst ersichtlich.» (Dammann 1984, 144).

477 Siehe Lundgreen 2005.

478 Siehe Lindgren 1992.

theorie)[479] als auch zu den grammatisch-literarischen Fächern, dem «Trivium artes dicendi»[480] (Dialektik, Grammatik und Rhetorik) gezählt wird.[481] Insbesondere wirkt sich für die Belange dieser Untersuchung die Unterscheidung zwischen Grammatik und Rhetorik aus:

> «*Grammatica est recte scribendi et loquendi scientia.*[…] *Rhetorica est bene dicendi scientia.* [– Die Grammatik ist die Wissenschaft, richtig (im Sinne von korrekt) zu schreiben und zu sprechen. Die Rhetorik ist die Wissenschaft, gut zu reden.]»[482]

Die Spezifizität beider sprachlichen Kommunikationsformen wird mit der Unterscheidung zwischen «*recte*» und «*bene*» deutlich hervorgehoben: Grammatikalisch geschultes Sprechen wird mit dem Verb «*loqui*» wiedergegeben, wogegen rhetorisch geübtes Sprechen mit dem Verb «*dicere*» ausgedrückt wird.[483] Das «*bene dicere*» der Musik findet in der Poesie als gebundene Sprache seinen musikgeschichtlichen Anhaltspunkt. Die Aufteilung der Dichtkunst in *inventio*, *dispositio* und über den Begriff «Zierde»[484] auch in *elocutio* korrespondiert mit den Aufbauprinzipien einer öffentlichen Rede, deren Aufgabe es ist, ein

---

479 «MUSICA est Scientia Mathematica subalternata comprimis Arithmetica circa Cantilenam Harmonicam artificioso & prudenter componendam occupata Hominis maxime movendi moderate causa in DEI gloriam: MUSICA est Scientia Mathematica Cantilenae Harmonicae factivae. [– Die Musik ist eine untergeordnete mathematische Wissenschaft, verstehe darunter eine Arithmetik, wie der hamonische Gesang kunstvoll und mit Verstand zu komponieren sei, und die sich mit dem höchst angemessen Beweggrund des Menschen befasst, Gott die Ehre zu geben: Musik ist die Matematikwissenschaft des harmonischen Kunstgesangs.]» (Lippius 1612 ohne Seitenangabe zit. n. Dammann 1984,11).

480 Buelow 1980, 793.

481 Marti weiss von einer wirkungsorientierten Gewichtsverlagerung im Musikverständnis im Übergang zur Neuzeit zu berichten: «Der Humanismus der Renaissance brachte […] eine entscheidende Wende, indem er die Musik ausdrücklich auf den Menschen bezog. Sie hatte nun nicht mehr abstrakte Ordnungen darzustellen, sondern sollte Ausdrucksmittel, Klangsprache, Klangrede sein. Als solche war sie dem Text untergeordnet, und der Musiker hatte sich um die sprachlichen Künste des Triviums (Grammatik, Rhetorik und Dialektik) zu bemühen, obwohl rein theoretisch die Musik natürlich im Quadrivium verblieb und auch die konstruktive Seite nicht völlig verlor.» (Marti 1980, 10).

482 Gurlitt 1944, 73.

483 In Bezug auf die Rezeption dieser Unterscheidung im Kontext der lutherischen Reformation siehe Leaver 2013, 190f.

484 Vgl. Eicken 2000, 27.

Ereignis gesellschaftlichen Interesses glaubwürdig zu behandeln.[485] Im folgenden Abschnitt soll der für Bach selbstverständliche geistesgeschichtliche Zusammenhang zwischen Text, Musik und Rhetorik nachgezeichnet werden,[486] um die Zielrichtung der Interaktion charakterisieren zu können, die der Komponist über die Kirchenkantaten mit seiner Hörerschaft unterhält.

5.2.1 Inventio, dispositio, elocutio, actio, memoria

Der Rückgriff auf die aus der Antike übernommene und durch die Jahrhunderte modifizierte und angereicherte Lehre der Rhetorik[487] steuert die Analyse der einzelnen Sätze entlang der allgemein bis heute anerkannten[488] Aufbauprinzipien: *inventio, dispositio, elocutio, actio* (oder *executio*)[489] und *memoria*.[490] Dazu ziehe ich Kirkendale[491] und Hindermann[492] folgend Quintilians «Institutio Oratoria» heran, die als «maßgebendes Standardwerk der europäischen Rhetorik»[493] Bach im Rahmen seiner schulischen Aneignung der *septem artes liberales* vermittelt wurde.[494]

---

485 Aristoteles 1976, 5: 1355b, 2.

486 «Der deutsche Spätbarockmusiker, etwa J. S. Bach, will den sprachlichen Gegenstand lehrhaft vereindringlichen, dramatisch bewältigen und in der Seele des Hörers zwingend vergegenwärtigen. […] Die deutsche Musik dieser Epoche ist durchdrungen von einem hochrhetorisierten, dabei lehrhaften, gestikulationsträchtigen und affektgespannten Darstellungswillen. Darin zeigt sich gegenüber der Renaissance eine neue Stilkonzeption.» (Dammann 1984, 130).

487 Hierzu Steiger 1998b, XVIII: «Die Quellen zeigen, daß trotz aller Wandlungen und Entwicklungen in Musikanschauung und Musiksprache, in bezug auf musikalischen Geschmack und ästhetisches Urteil, das Bewußtsein von einer engen Verwandtschaft zwischen Musik und Rhetorik vom 16. bis zum 18. Jahrhundert für Musiktheoretiker und Musiker eine Konstante gewesen ist.»

488 Vgl. Neuburger 2011, 15.

489 Siehe Krones 1997. Die bei Krones zu findende Bezeichnung *executio* bietet die Möglichkeit, über die Gestik (*actio*) hinaus den gesamten Vorgang der jeweils performativen Interpretation eines Werkes zu fassen und wird im Rahmen dieser Untersuchung verwendet.

490 Siehe Niefanger 2006, 74ff: «Rhetorische Grundbegriffe».

491 Kirkendale 1985.

492 Hindermann 1987.

493 Neuburger 2011, 9.

494 Siehe Eggebrecht 1970, 268.

Inventio

Dammann umschreibt die rhetorisch gesteuerte *inventio*[495] im Kontext des deutschen Barock folgendermassen:

> «*Inventio* ist Erfindung; es bedeutet Auffinden und Aufdecken ‹von etwas›…, von etwas Verborgenem, Unerkanntem, Unerhörtem.»[496]

Präziser auf den Vorgang des Komponierens von Musik bezogen, bezeichnet *inventio* den «Kernvorgang der Komposition» (Dammann):

> «Die schöpferische Tätigkeit, das Hervorbringen (ποιεῖν), ist stets gebunden an ein außerhalb des Musikers liegendes Gegenüber, an ein *thema* (Kircher 1650), an eine *Idee* (Heinichen, 1728), die im vorliegenden Stoffkreis begründet ist.»[497]

Aus heutiger Sicht versteht man unter *inventio* eine «zielgruppenorientierte[…] Ermittlung und Sammlung der zugrunde liegenden Aspekte und Fragestellungen sowie der stichhaltigen und wirkungsvollen Gedanken und Argumente».[498] Gerade diese Definition eignet sich für die Umschreibung der Redesituation einer Kirchenkantate: Als Zielgruppe steht die Gottesdienstgemeinde fest. Für die auf das Sonn- und Festtagsevangelium bezugnehmende Komposition sind die «zugrunde liegenden Aspekte und Fragestellungen» in der kirchlichen Lehre zu suchen. Ebenso bewegt sich die Ausgestaltung von «stichhaltigen und wirkungsvollen Gedanken und Argumente[n]» im Kontext der lutherischen Lehre, wollen sich die Kirchenkantaten der Genehmigung durch die kirchlichen Behörden auf längere Zeit sicher sein.[499] Da zur poetischen wie musikalischen Bearbeitung möglicher theologischer Lehrinhalte für einen in der lutherischen Tradition stehenden Musiker eine Vielzahl an Bezügen offen steht, beschränke ich mich dabei bewusst auf das zur Zeit Bachs verbindliche und in allen Lateinschulen auswendig zu lernende *Compendium locorum theologicorum* von Leon-

---

495 «Inventio est excogitatio rerum verarum aut verisimilium, quae causam probabilem reddunt. Haec cum existat ingenio atque natura, tum vero sine doctrina non potest perfici. [- der Erfindungsvorgang ist das Ausdenken von wahren oder wahrscheinlichen Dingen, die eine Sachlage glaubhaft erscheinen lassen. Er geht aus Fantasie und Temparament hervor, vermag aber ohne Kenntnis nichts zu bewirken.]» (C. Iulii Victoris: Ars rhetorica I zit. n. Lausberg 1990, 146: § 260).

496 Dammann 1984, 114.

497 Dammann 1984, 116.

498 Neuburger 2011, 15.

499 Zur Zusammenarbeit zwischen Bach und seine kirchlichen Vorgesetzten siehe 5.4.1.

hard Hutter, das Ich in der Erstausgabe von 1610[500] heranziehe.[501] Die Eingrenzung des «Stoffkreises» (Dammann) im Wesentlichen[502] auf eine einzige Bezugsgrösse erhöht die Überprüfbarkeit dieses Verfahrens auf seine innere Kohärenz.

Dispositio

Zur Bestimmung der «bewussten Anordnung»[503] der einzelnen Redeteile (*dispositio*) bietet die Aufteilung der Kantaten in einzelne Sätze nahezu ideale Voraussetzungen. Es ist von vornherein anzunehmen, dass mit jedem neuen Satz entweder eine Vertiefung des im Vorsatz erarbeiteten Gedankens oder den Übergang in einen neuen Redeteil verbunden werden muss. Bei der Bestimmung der Dispositio lasse ich mich entsprechend einfach von der im Libretto vorgegebenen Satzabfolge leiten und bestimme ihre jeweilige Funktion entlang der von Kirkendale und Hindermann zur Verfügung gestellten Zugänge.[504]

Elocutio

Auf der Stufe der *elocutio* erreicht die Kantatenanalyse die Ebene der Stilfragen, auf die ich im nachfolgenden Abschnitt gründlicher eingehe, weil ich im Gegensatz zu Neuburger[505] die Ebene der «stichhaltigen und wirkungsvollen Gedanken und Argumente» noch adäquater im Rahmen der Redestilfragen behandelt sehe als einzig unter dem Gesichtspunkt, dass auch sie einen Teil des Stoffauffindungsprozess darstellen. Ich unterscheide entsprechend zwischen Lehre und Argumenten, weil sich der Bezug zur Lehre auf die *inventio* eines Kantatensatzes als Ganzes bezieht, während die einzelnen Argumente zur Aus-

500 Vgl. Wolfgang Trillhaas in seinem Vorwort zur Ausgabe von 1961, V.

501 Siehe zur Bedeutung von Hutters Compendium als «theologische Quelle Bachs» Arnold 2009, 57.

502 Eine Ausnahme bildet die lutherische Statuslehre, die in der Erstausgabe des *Compendiums* noch keinen Einlass findet (siehe 5.1.6).

503 Neuburger 2011, 15.

504 Siehe die Abschnitte zur *dispositio* im Rahmen dieser Untersuchung. Beide Autoren greifen bei der Besimmung der *dispositio* in der Bachschen Musik auf Quintilians Rhetoriklehre zurück. Für die Zwecke dieser Untersuchung stellt besonders Hindermann 1987 eine nicht zu überschätzende Hilfestellung dar, lässt sich doch meine Analyse der Kantaten zum 14. Sonntag nach Trinitatis in Bezug auf deren *dispositio* parallel zu Hindermanns Bestimmung der einzelnen Sätze der Kantate BWV 140 führen.

505 Siehe Neuburger 2011,15.

gestaltung des Lehrbezugs eine von der Lehre selbst losgelöste Ebene darstellen und sich zur letzteren verhalten wie die *elocutio* zur *inventio*.

Executio und memoria

Actio bzw. *executio*[506] und *memoria* führen in das Gebiet der Aufführungspraxis und der künstlerischen Interpretation, auf die ich im Rahmen dieser konzeptionsorientierten Untersuchung nur am Rand eingehen kann. Auf *memoria*-relevante Fragen gehe ich entsprechend gar nicht ein.[507] Die *actio* bzw. *executio* kommt dort zur Geltung, wo sie zur Bestimmung inhaltlicher Bezüge verhilft.[508]

5.2.2 Die Stilhöhen der elocutio

Auf der Ebene der *elocutio* eröffnet sich das weite Feld der Stilhöhen, auf denen sich ein Komponist in der Gestaltung einer jeweiligen musikalischen Aussage bewegt[509] und mithilfe derer er seine Überzeugungsarbeit steuert. Im Anschluss an Aristoteles lässt sich die Beweisführung einer gesprochenen Rede folgendermassen zusammenfassen: Aufgabe der Rhetorik ist es, das Glaubwürdige (τό πιθανόν)[510] an einem Gegenstand öffentlichen Interesses zu erkennen. Dazu bedient sie sich bestimmter Gemeinplätze (κοινά),[511] die in der Gesellschaft Geltung und daher beim Hörenden bereits einen Vorschuss an Glaubwürdigkeit besitzen. Diese Gemeinplätze dienen dazu, in einem Schlussverfahren (ἐθύμηνα) den eine Redesituation hervorrufenden umstrittenen Gegenstand so zu beleuchten, dass dahinter die beruhigende Norm der Konventionen aufscheinen kann, die den Horizont für die Entscheidungsfindung abgeben:

> «Von den durch die Rede geschaffenen Überzeugungsmitteln [πίστεις] gibt es drei Arten: Sie sind zum einen im Charakter [τό ἦθος] des Redners angelegt, zum anderen in der Absicht, den Zuhörer in eine gewisse Gefühlslage [τό πάθος][512] zu versetzen, zuletzt

506 Siehe Krones 1997, 823–826.

507 Siehe Dyck 1991, 10.

508 Siehe 5.2.2.2.1.

509 Joachim Dyck setzt in seiner Auflistung *inventio, dispositio* usw. die *elocutio* der Stillehre gleich (Dyck 1991,10).

510 Aristoteles 1976, 5: 1355b, 26.

511 Aristoteles 1976, 4: 1355a, 27.

512 Der Terminus taucht ein paar Zeilen später auf. Siehe Aristoteles 1976, 6: 1356a, 14.

> in der Rede [ὅ λόγος] selbst, indem man etwas nachweist oder zumindest den Anschein erweckt, etwas nachzuweisen.»[513]

In diesen drei beschriebenen *pisteis* (Überzeugungsmitteln) spiegelt sich der ‹Wahrheitsgehalt› eines öffentlich debattierten Gegenstandes voll umfänglich wider. Wer sie kompetent (mit *virtus*)[514] zu handhaben versteht, vermag das Glaubwürdige und gesellschaftlich Relevante daran gewissermassen objektiv darzustellen. Nach Cicero lassen sich diese drei «Aufgaben des Redners»: *docere* (logos), *movere* (pathos) und *delectare* (äthos) auch «drei ‹Stilhöhen der Rede›, der *schlichten* (genus subtile), der *leidenschaftlichen* (genus grande) und der *gefälligen* (genus medium)»[515] zuordnen.[516]

5.2.2.1 Docere

Unter dem Beweismittel des *logos* ist die Argumentation der Rede gefasst, mit der auf einen öffentlichen Notstand hingewiesen wird, und zu dessen Aufhebung es der ‹richtenden› Entscheidung eines situationsmächtigen Auditoriums bedarf.[517] Richtig zu urteilen heisst auf der Ebene des *logos*, plausible Zusammenhänge zwischen einem Ereignis und seiner aktuellen Bedeutung herzustellen in der Lage sein:

> «Durch die Rede [διὰ δὲ τοῦ λόγου] […] überzeugt man, wenn man Wahres [ἀληθὲς] oder Wahrscheinliches [φαινόμενον] aus jeweils glaubwürdigen Argumenten [ἐκ τῶν… πιθανῶν] darstellt.»[518]

Im kirchlichen Kontext, in dem Bachs Kantaten erklingen, besitzen Musik und Text auf der Ebene der sachlichen Argumentation (*logos*) um einen biblischen Sachverhalt in der Predigt ein Verkündigungsraster, an dem sie sich zu orientieren haben.[519] Die konkrete Gestalt der Leipziger Amtspredigt eignet sich aber kaum als Modell einer gebundenen Rede, an welches sich die Gattung Kantatentext lehnen könnte. Der Abschnitt 3.2 hat eine formale Nähe beider Text-

---

513 Aristoteles 1976, 6 und Aristoteles/Grapinger 2007, 12: 1356a, 1–4.

514 Zur Etymologie und Wortbedeutung des Begriffs *virtus* siehe 5.2.2.1.1.

515 Hindermann 1987, 286f.

516 Siehe Cicero 2004, 64: Orator 21, 69.

517 Zur Status-Lehre siehe Lausberg 1990, 64ff: §§79–138.

518 Aristoteles 1976, 7 und Aristoteles/Grapinger, 2007, 13: 1356a, 19f.

519 Zur Anbindung des Gottesdienstes und seiner Formen an die lutherische Lehre siehe 3.

sorten nicht als wahrscheinlich erscheinen lassen. Allein schon die Kantatenlibretti lassen sich in keine unmittelbare Beziehung mit den homiletischen Methoden bringen, die in den zur Zeit Bachs gehaltenen Amtspredigten zur Anwendung gelangen.[520] Entsprechend wird in Abschnitt 5.4 auch eine formale Anbindung der Kantaten an die Predigt als nicht weiterführend beschrieben. Näher verwandt mit der Gattung der Kantatenlibretti erweisen sich Erzeugnisse erbauungsliterarischer Art, wie die Analyse zu den Begriffen Andacht und dessen Adjektiv in 5.1.5 ergeben haben. Gerade im Hinblick auf die Ebene lehr- und verkündigungskonformen Argumentierens (*logos*) kann sich die Forschung auf eine Publikation ersten Ranges abstützen, mit welcher die Kantatentexte unmittelbar ins Gespräch gebracht werden können. Es handelt sich um eine Publikation Salomon Deylings, die in 5.3 näher besprochen und in der Einzelanalyse als Hauptzeugin nicht einzig für eine verkündigungsgerechte Argumentation zu Rate gezogen wird, sondern sich darüber hinaus mit den übrigen von den Kantaten bedienten Stilhöhen in Beziehung setzen lässt.

Im folgenden Unterabschnitt greife ich eine spezifisch musikalische Ausdrucksweise heraus, die es einem Komponisten des deutschen Barock ermöglicht, sich auch unabhängig von der Textvorlage rhetorisch argumentativ einzubringen.

5.2.2.1.1 Die musikalische Figur

Die *logos*-Argumentation der Musik lässt sich im deutschen Barock unter anderem anhand von mehr oder weniger feststehenden ‹Redewendungen› beschreiben, die als musikalische Figuren bezeichnet und in Figurenlehren systematisiert werden.[521] Figuren sind verfestigte Formen künstlerischer Abweichungen innerhalb der sprachlichen Kommunikation, die sich über eine Hinzufügung *(adjectio)*, Wegnahme *(detractio)*, Umstellung *(transmutatio)* oder Ersetzung

---

520 Siehe 3.2.

521 «Offizielle Geltung haben die musikalischen Figuren, seitdem ihnen die deutschen Musikgelehrten definierte Termini zu geben begannen. Von nun an erscheinen die musikalisch-rhetorischen Figuren als handwerklich verfügbare Strukturmittel didaktisch überlieferungsfähig.» (Dammann 1984, 100). Siehe weiter den Beitrag Scherings und Schmitz' in Abschnitt 2. Ich reihe das Phänomen der musikalischen Figur in die Stilmittel des *docere* ein, auch wenn sie grundsätzlich allen drei Stilhöhen dienlich sein kann. Da es sich dabei aber primär um eine Ausdrucksform handelt, die von den Hörerinnen und Hörern über den Verstand entschlüsselt werden muss, um ihre rhetorische Wirkung zu entfalten, behandle ich sie auf der *logos*-Ebene.

(*immutatio*) in der Anordnung der Aussageteile definieren.[522] So haben sich in der Rhetorik Figurenbezeichnungen herausgebildet wie Geminatio,[523] Ellipse[524] oder Anastrophe.[525] In der Musik wird das Aufkommen der Figurenlehre mit dem Rostocker Lateinschulkantor Joachim Burmeister (1566–1629) verbunden. Seine Schrift *«Musica poetica»*[526] aus dem Jahr 1606 gibt den Grundanstoss zur Neuorientierung einer Musik, die musikhistorisch als Barock bezeichnet wird:

> «[Burmeisters] Erklärung zufolge umspannt die figura musica einen periodus. Im griechischen Theater ist περί-οδος das (einmalige) Herumgehen des Chors. ‹Periode› bedeutet ‹Herumgehen›, ‹Umgang›, ‹Umlauf›, mithin etwas Abgeschlossenes, – und endlich: gleichmäßige Wiederkehr, ‹Kreislauf› – Gemeint ist bei Burmeister eine in sich geschlossene Abschnittbildung, die sich von einer Klausel zur anderen erstreckt. Dabei umspannt die *Figura musica* einen ganzen musikalischen ‹Zug› (*tractus* = Gegend, Landstrich). [...] ‹Figura musica› ist hier nicht etwa das Teilgebilde innerhalb eines Abschnitts. Sie ist vielmehr das den Abschnitt bildende Strukturprinzip selbst.»[527]

Impliziert die Aufnahme des Begriffs «Figur» ein neues Verständnis musikalischer Strukturen, so ist erst recht neu daran, dass sich die musikalische Figur zur Gesamtkomposition eines Satzes mit der gleichen *virtus*[528] verhält wie das Ornament zur Rede. Andreas Marti zeigt, unter welchen Gesichtspunkten sich das Figurenrepertoire seit Burmeister bis hin zu den Bach-Kantaten entwickelt. Die *virtutes* der Figuren sieht Marti in zwei «Figurenfunktionen» verankert: in der *emphasis*[529] und in der *hypotyposis*.[530] Die Funktion der *emphasis* verleiht der

---

522 Knape 1996, 316.

523 Wiederholungsfigur. Siehe Till 1996, 697.

524 Auslassungsfigur. Siehe Matuschek 1994, 1017.

525 «Umkehr der normalen Abfolge zweier unmittelbar aufeinanderfolgender Wörter» Lausberg 1990, 355: §713–715.

526 Zum Begriff Musica Poetica siehe Walther, der 1708 schreibt: «Musica Poëtica, oder musicalische Dicht-Kunst, à ποιέω, effingo, wird sie genennet deswegen, weil ein Componist nicht allein die prosodie so wohl als ein Poët verstehen muß, damit er nicht wieder die quantitaet der Sylben verstoße; sondern auch, weil er ebenfalls etwas dichtet, neml. eine Melodey, von welcher er auch genennet wird Melopoëta oder Melopoeus.» (Walther 1955. Ohne Seitenangabe zit. n. Dammann 1984, 19).

527 Dammann 1984, 129.

528 Lausberg 1990, 28: §8: «Die den Vollkommenheitsansprüchen der ars (τέχνη) entsprechende ἕξις [= Fertigkeit] heißt ἀρετή.» = lat. virtus.

529 Marti 1981, 23.

530 Marti 1981, 24.

Aussage eines Wortes oder eines Gedankens Nachdruck. Marti zählt zu den Figuren dieser Kategorie unter anderem Wiederholungsfiguren,[531] Pausenfiguren[532] und Dissonanzfiguren.[533] Figuren der *hypotyposis* erfüllen hingegen die Funktion, die Abfolge der Assoziationen, die in einem Gedanken liegen, bildhaft vor Augen zu führen. Diese Eigenschaft kommt vor allem den melodischen Figuren zu, wie der *anabasis* (Aufstieg) und der *katabasis* (Abstieg), die kein Vorbild in der sprachbezogenen Rhetorik besitzen.

Bereits mit dieser rhetorisch perspektivierten Grundfunktion musikalischer Figuren lässt sich über den Begriff der ‹Vergegenwärtigung› einer sprachlichen Aussage durch die Musik eine Brücke zur homiletisch-erbaulichen Dimension von Bach-Kantaten-Inszenierungen schlagen. Dürr sieht diese Dimension sogar in der Entwicklung des evangelischen Gottesdienstes selbst angelegt:

> «Der Grund für die konkurrenzlose Vormachtstellung der Kantate in der Kirchenmusik der Bachzeit ist in der Entwicklung des lutherischen Gottesdienstes seit der Reformation gegeben. Will man den Unterschied zwischen dem Gottesdienst der alten Kirche und dem der Reformation auf eine einfache Formel bringen, so könnte man sagen, der altkirchliche-katholische Gottesdienst sei bestrebt, die von Ort und Zeit unabhängige ewige Gültigkeit des göttlichen Heilsgeschehens aufzuzeigen, während der reformatorische bestrebt ist, dessen Gegenwärtigkeit Ereignis werden zu lassen.»[534]

5.2.2.2 Movere

Eine zweite Argumentationsebene verläuft nach klassischer Auffassung über die affektive Teilnahme der Adressaten einer öffentlichen Rede:

> «Denn ganz unterschiedlich treffen wir Entscheidungen [τὰς κρίσεις], je nachdem, ob wir traurig oder fröhlich sind, ob wir lieben oder hassen.»[535]

Der Weg der Argumentation führt in einer Rede nach Aristoteles somit auch διὰ δὲ τῶ ἀκροατῶν,[536] das heisst, über die Hörenden selbst! Das rhetorische Mittel dazu ist, die Hörerschaft durch die Rede in Leidenschaften zu versetzen

---

531 Marti 1981, 24ff.
532 Marti 1981, 29f.
533 Marti 1981, 34ff.
534 Dürr 1970, 291.
535 Aristoteles 1976, 6 und Aristoteles/Grapinger, 2007, 13: 1356a, 15.
536 Aristoteles 1976, 6 und Aristoteles/Grapinger, 2007, 12: 1356a, 14.

(εἰς πάθος ὑπὸ τοῦ λόγου προαχθῶσιν).[537] Mit der Argumentationsebene des *pathos* ist ein Gebiet menschlicher Kommunikation angesprochen, das von der Antike bis in die Neuzeit hinein immer wieder zu wissenschaftlichen Reflexionen gereizt hat, weil *passiones animae* eine den Menschen beherrschende Wirkung zugeschrieben wird, der in Entscheidungsfragen kaum mit Vernunftgründen beizukommen ist.[538]

5.2.2.2.1 Die Affektenlehre des Thomas von Aquin

Der rhetorisch gestützte Umgang von Barocklyrik und -musik mit der affektiven Teilnahme der Hörerschaft besitzt eine Logik, die, auf eine bis in die Antike zurückreichende Tradition von Affektenlehren[539] aufbauend, sich selber einer genauen Definition jedoch versperrt. Alexa Eicken folgt Hermann Kretzschmar,[540] wenn sie zum Affektbegriff dieser Zeit festhält:

> «Offensichtlich handelte es sich hierbei um einen allgemein verstandenen, genau definierten Terminus, so dass sich eine Erläuterung für die Zeitgenossen erübrigte. Fest steht, dass es sich nicht um Gefühle einer Einzelperson handelte, die ihrem subjektiven Inneren Ausdruck verlieh, sondern um einen Typus, der im Systemganzen der naturphilosophischen Anthropologie verankert war. Er erscheint als ein in deutlichen Umrissen fixierter Gegenstand, den es in stilisierter und überhöhter Pose darzustellen galt. Die Musikwirklichkeit des Barock kannte also scharf konturierte, übergangslose, nicht zerfließende, typische Grundaffekte.»[541]

In meiner Untersuchung beziehe ich mich auf Thomas von Aquins Affektsystematik, die über ihre Schlüssigkeit hinaus den Übergang von einer Affektdarstellung zur nächsten nachvollziehen hilft.[542] Das Modell der *passiones animae*,

---

537 Ebd.

538 Eicken 2000, 4ff: «Ursprung und Geschichte des Affektbegriffs».

539 Siehe Arnold 2009, 78ff: «Music pathetica – zur Bedeutung der Affekte».

540 Kretzschmar 1965.

541 Eicken 2000, 10.

542 Thomas' Affektenlehre entspricht den Aufzählungen der Musiktheoretiker des Barock, sodass ich sie in heuristischer Absicht auf den zu untersuchenden Gegenstand anzuwenden wage, ohne dabei den Anspruch zu erheben, mit ihrer Hilfe die gesamte Affektgestaltung einer Passage durch Librettist und Komponist präzis und vollständig abbilden zu können. Thomas' Affektenlehre erfreut sich ihrer Rückbindung an die Antike wegen nach Eicken sogar einer nicht geringen Rezeption durch Musiktheoretiker des 18. Jahrhunderts, sodass eine direkte oder indirekte Bezugnahme darauf durch

das Thomas von Aquin in der *Summa totius theologiae* entwickelt, rezipiert einerseits die klassische Affektenlehre des Aristoteles, versucht aber andererseits «das aristotelische Konzept mit der ‹platonischen› Theorie der Unsterblichkeit und mit der jüdisch-christlichen Vorstellung»[543] zu verbinden. Alle Leidenschaften (*passiones*) haben ihren Bezugspunkt in einem Gegenstand der Aussenwelt, der der Seele etwas zu «erleiden» (*pati*) gibt. Erst wenn die Seele auf den Eindruck eines Gegenstandes reagiert, entsteht das Phänomen der Leidenschaft.[544] Thomas unterscheidet elf Leidenschaften, die er nach einem bestimmten System einander zuordnet:[545] Die beiden Grundaffekte sind Liebe (*amor*) und Hass (*odium*). Diese markieren das Feld, auf dem sich die übrigen Affekte bewegen, denn jeder andere Affekt ist entweder auf ein Gut (*absolute bonum*) oder auf ein Übel (*absolute malum*) bezogen. Dieser Grundpolarität entsprechend besitzt jeder Affekt seinen Gegenaffekt. Bietet ein erreichtes *bonum* Anlass zu Freude (*gaudium*), löst ein eingetroffenes *malum* Trauer (*tristitia*) aus. Nun unterscheiden sich die Leidenschaften ausserdem wesentlich über die Nähe eines Gegenstandes, durch den die Seele zu einem Affekt gereizt wird. Ist ein *bonum* oder *malum* eingetroffen, entsteht Freude bzw. Trauer. Ist ein *bonum* oder *malum* noch nicht eingetroffen, bezieht sich die Seele darauf entweder mit Sehnsucht (*desiderium*) oder mit Flucht (*fuga*). Nun bezieht sich die Seele affektiv auch auf Hindernisse, die sich zwischen diese und ein *bonum* bzw. *malum* stellen. Lässt zum Beispiel ein Hindernis den Abstand der Seele zum erstrebten Gut als gross erscheinen, entsteht Verzweiflung (*desperatio*). Ist der Abstand dazu aber gering, entsteht Hoffnung (*spes*). Bleibt der Abstand zum *malum* gross, erweckt dies den Affekt der Kühnheit (*audacia*), ist der Abstand gering, entsteht Furcht (*timor*). Der letzte Affekt, der Zorn (*ira*) entsteht, wenn ein eingetroffenes Übel betrauert (*tristitia*) und zusätzlich verneint wird. Der Zorn besitzt keinen Gegenaffekt, weil eine Bejahung eines *bonum* zusätz-

---

Bach nicht völlig ausgeschlossen werden darf. Belegen lässt sich eine solche freilich nicht.

543 Forschner 2006, 60.

544 Thomas von Aquin 1955, 3: «Questio XXII, Articulus I».

545 «Weit verbreitet war eine Elfteilung der Affekte, genauso oder ähnlich wie sie bereits Aristoteles vorgenommen hatte […] So finden sich in dem Traktat ‹Theatrum affectuum humanorum› (1717) des Jesuiten Franz Lang die elf scholastisch kanonisierten Affekte: Ira (Zorn), Fuga (Flucht/ Schnelligkeit), Timor (Furcht), Odium (Hass), Tristitia (Traurigkeit), Desperatio (Verzweiflung), Desiderium (Verlangen), Audacia (Mut), Amor (Liebe), Gaudium (Freude), Spes (Hoffnung).» (Eicken 2000, 11).

lich zur Freude keinen Sinn ergibt. Zur Übersicht seien die *passiones* mit ihren Bezugspunkten aufgelistet:[546]

I. Leidenschaften des begehrenden (*concupiscilis*) Vermögens der Seele		
Grundaffekte:		
Liebe (*amor*)	–	Hass (*odium*)
Wenn das *bonum/malum* bereits eingetroffen ist:		
Freude (*gaudium*)	–	Trauer (*tristitia*)
Wenn das *bonum/malum* noch nicht eingetroffen ist:		
Sehnsucht (*desiderium*)	–	Flucht (*fuga*)

II. Leidenschaften des überwindenden (*irascibilis*) Vermögens der Seele	
Wenn der Abstand zum *bonum* gross ist:	Verzweiflung (*desperatio*)
Wenn der Abstand zum *bonum* gering ist:	Hoffnung (*spes*)
Wenn der Abstand zum *malum* gross ist:	Kühnheit (*audacia*)
Wenn der Abstand zum *malum* gering ist:	Furcht (*timor*)
Wenn das *malum* eingetroffen und verneint wird:	Zorn (*ira*)

Thomas' Modell der *passiones animae* ist von der Bachforschung bisher ihrer Rezeption im 18. Jahrhundert durch Franz Lang, Professor für Rhetorik und Poesie,[547] zum Trotz unberücksichtigt geblieben. In Ermangelung weiterer historisch eruierbarer Affektsysteme bediene ich mich des Thomas'schen Modells, um den ‹Affekthaushalt› einer Passage zu skizzieren und als Element des Überzeugungsvorgangs kenntlich zu machen.

5.2.2.3 Delectare

Das Überzeugungsmittel des *äthos* setzt den Affektbezug auf der letzten Stilebene fort:

> «Durch den Charakter [διὰ μὲν οὖν τοῦ ἤθους] geschieht [die Überzeugung], wenn die Rede so dargeboten wird, daß sie den Redner glaubwürdig [ἀξιόπιστον] erscheinen läßt. Den Anständigen [τοῖς γαρ ἐπιεικέσι] glauben wir nämlich eher und schneller grund-

546 Thomas von Aquin 1955, 15ff: «Questio XXIII. De differentia passionum ab invicem».

547 Siehe Eicken 2000, 11.

> sätzlich in allem, ganz besonders aber, wo es eine Gewißheit nicht gibt, sondern Zweifel bestehen bleiben. Doch auch das muß sich aus der Rede ergeben und nicht aus einer vorgefaßten Meinung über die Person des Redners. Nicht trifft zu, wie manche der Fachtheoretiker behaupten, daß in der Redekunst [ἐν τῇ τέχνῃ] auch die Integrität [τὴ ἐπιείκειαν] des Redners zur Überzeugungsfähigkeit [πρὸς τὸ πιθανόν] nichts beitrage, sondern fast die bedeutendste Überzeugungskraft hat sozusagen der Charakter [κυριωτάτην ἔχει πίστιν τὸ ἦθος].»[548]

Mit *äthos* ist lexikalisch zunächst in der antiken Poesie «Gewohnter Sitz, Wohnort, Standort» oder «Heimat» gemeint; im öffentlichen Leben bedeutet *äthos* «Gewohnheit, Gepflogenheit, Sitte, Brauch» aber auch «Charakter, Gesinnung, Lebensanschauung» und «sittliches Gefühl»; in der Rhetorik schliesslich bezeichnet *äthos* «Ausdruck des Seelenzustandes oder Charakters und die künstlerische Darstellung eines Charakters (besonders der ruhigeren Seelenzustände)».[549] Neben einer gewissen ruhigen Konstanz im Umgang mit den Affekten der Hörenden[550] impliziert der Begriff *äthos* die Vorstellung, dass der persönliche Anteil des Redners am behandelten Thema Relevanz besitzt und zur Entscheidung der Hörerschaft beiträgt. Alle Wortbedeutungen lassen sich rhetorikrelevant miteinander in Beziehung setzen: Ist der «Standort» (*äthos* = gewohnter Sitz) des Redners in Bezug auf den behandelten Gegenstand transparent, sodass sich darin die Norm der gesellschaftlichen Ordnung (*äthos* = *ethos*, Gewohnheit, Sitte[551]) widerspiegelt, ist seine Rede vertrauenswürdig und wirkt auf die Hörenden angenehm (*äthos* = Darstellung der ruhigen Seelenzustände). Diese letzte Bedeutung von *äthos* wird in der lateinischen Rhetorik mit dem Begriff *delectare* wiedergegeben.[552] *Delectare* bedeutet «an sich ziehen», im übertragenen Sinn «anziehen, fesseln, interessieren, amüsieren, angenehm unterhalten od. Genuß verschaffen ...»[553] Als Parallelbegriffe gelten «conciliare = verbinden, geneigt machen, gewinnen [...] werben, vermitteln»[554] und «placere = gefallen»,[555] ein Verb, das sich auf den Erfolg eines Schauspiels bezieht. Der Gegensatz dazu ist «exigi = durchfallen – sowohl vom Bühnenstück als

---

548 Aristoteles 1976, 6 und Aristoteles/Grapinger, 2007, 12: 1356a, 1ff.
549 Langenscheidt (= Menge 1979, 316).
550 Zu den drei Ciceronischen Stilhöhen siehe Hindermann 1987, 286.
551 Zur altgriechischen Ethoslehre in Bezug auf die Musik siehe Söhngen 1967, 123ff.
552 Wöhrle 1994.
553 Georges 1869 Bd. 1, 1517.
554 Georges 1869 Bd. 1, 1021f.
555 Georges 1869 Bd. 1, 901f.

vom Schauspieler»,[556] ebenso «explodi = ausklatschen, auspochen, verwerfen.»[557] Das Überzeugungsmittel διὰ ... τοῦ ἤθους einer Rede gestaltet sich entsprechend als psychosozial vielfältiger Prozess: Der Redner muss zeigen, dass er persönlich für die Gesellschaftsordnung einsteht (Charakter), die es über die Behandlung einer *stasis* oder eines *status*[558] zu verteidigen gilt, und gleichzeitig sein Publikum zu gewinnen in der Lage ist (*delectare*).

5.2.3 Von der klassischen Rhetorik zur Analyse von Bach-Kantaten

Für die Einzelanalyse der Kantaten erweist sich der Rekurs auf die beschriebenen Redeaufbauprinzipien als ausgesprochen hilfreich. Auf diese Weise lassen sich einerseits die Werke Satz für Satz systematisch den drei rhetorischen Aufbauschritten[559] *inventio*, *dispositio* und *elocutio* entlang auf ihre spezifischen Inhalten hin bequem interpretieren. Mit diesem repetitiven Vorgehen stelle ich andererseits sicher, dass sich Bachs Kompositionsprinzip auch wirklich auf rhetorische Prinzipien hin durchgängig befragen lässt. Es gilt zu überprüfen, ob mit dieser Methode jeder Satz für sich genommen ein schlüssiges Kommunikationsprofil aufweist und ob dieses sich wiederum ebenso schlüssig ins Kommunikationsprofil der Kantate insgesamt zu integrieren vermag. Im Rahmen dieser Untersuchung stellt der Quervergleich unter den drei Kantaten die letzte Überprüfungsstufe dar. Wenn sich auch auf dieser Stufe Ergebnisse zeitigen lassen, die jede der drei Kantaten als jeweils plausible Variante einer in sich schlüssigen Kommunikationsanstrengung Bachs herausstellen, erachte ich den Beweis für die Tauglichkeit der angewandten Methode als erbracht.

Um die Plausibilität dieser Methode nicht durch Rückgriffe auf allzu unterschiedliche Vergleichsgrössen zu gefährden, schränke ich das Feld der ausserhalb der Musik selbst liegenden Bezugsgrössen in einem Masse ein, dass im Kern pro Analyseschritt eine einzige davon übrig bleibt: Wie bereits in 5.2.1 festgehalten, trägt für den Vorgang der *inventio* Hutters *Compendium* als Bezugsgrösse die Hauptlast.[560] In Bezug auf die *dispositio* nimmt diese Stellung

556 Georges 1869 Bd. 1, 1887.

557 Georges 1869 Bd. 1, 1910.

558 Zur Status-Lehre siehe Lausberg 1990, 64ff: §§79–138.

559 Siehe 5.2.1.

560 In diesem Zusammenhang fällt auf, dass ich Luthers Schriften in einem weit geringeren Mass als dogmatische Bezugsgrösse heranziehe als Hutters *Compendium*. Dies hat zunächst mit der von mir soeben beschriebenen methodischen Einschränkung zu tun.

Quintilians *Institutio Oratoria* ein und in Bezug auf die *elocutio* sind es Deylings *Herrliche Dinge*.[561] Dass neben den gewählten drei Vergleichsgrössen den Betrachtenden Bachscher Kunst weit mehr Bezüge offen stehen, ist eine Selbstverständlichkeit. Es ist mir an dieser Stelle aber nicht um Vollständigkeit zu tun, sondern um die Bereitstellung einer verlässlichen Systematik, mit welcher sich die Vielfalt der von Bach gewählten Ausdrucksmittel als ebenso viele klangrednerische Varianten einer und derselben Kommunikationsanstrengung deuten und dadurch auch einander zuordnen lassen. Nun stellen Deylings «Herrliche Dinge» im Gegensatz zu den beiden anderen literarischen Bezugsgrössen in der Forschung ein Novum dar und werden im folgenden Abschnitt eingehender besprochen.

5.3 Deylings «Herrliche Dinge» als homiletisch-erbauliches Modell

In 3.2 habe ich geschildert, wie zur Zeit Bachs in Leipzig etwa gepredigt wird. Angesichts der Sachlage ist es erstaunlich, dass eine meinem Bruder Harro zur Untersuchung aufgetragene Publikation Salomon Deylings von der Forschung bis heute unberücksichtigt geblieben ist.[562] Es handelt sich um eine poetisch-erbauliche Grunddisposition der Predigtinhalte des Jahres 1734. Die Titelseite führt folgende Erläuterungen auf:

> «**Herrliche Dinge** | wurden | in der | **Stadt Gottes** | geprediget, | und in einem | **Jahr-Gange** 1734. | der Gemeine zu St. Nicolai in Leipzig | auf jeden Sonn- und Fest-Tag | I. Eine herrliche Glaubens-Lehre, | II. Eine nöthige Lebens-Pflicht, | III. Ein süsser Glaubens-Trost, | unter Gottes gnädigen Beystand vorgetragen | von | Sr. Magnificenz, | **Herrn D. Salomon Deyling**, | P. P.[563] Theologiae, des Chur- und hoch-Fürstl. Sächs. | Consistorii Assessore, des hohen Stifftes zu Zeiß Canonico, | Past. Zu St. Nicolai, und

---

Dies hat aber auch damit zu tun, dass sich Hutters Publikation als dogmatisches Standardwerk zur Zeit Bachs hat durchsetzen können, welches zu konsultieren auch für Nichttheologen «Grundlage und Orientierung» (Kirste 1985, 79) bietet.

561 Siehe 5.3.

562 Stiller 1970, 207 führt sie unter der Bezeichnung «Predigtdisposition» auf, ohne aber näher darauf einzugehen. Auch Martin Petzoldt bestätigte mir anlässlich der Zürcher Bach-Tage im Mai 2011 lediglich, dass er davon Kenntnis habe. Zu einer gründlicheren publizierten Untersuchung dieser Schrift ist es seit Harro Hoyers Seminararbeit 1976 aber allem Anschein nach nicht gekommen.

563 = Professor primarius. Siehe Stiller 1970, 23.

der Leipziger Dioeces hoch- verdienten Superintend. | Leipzig, gedruckt bey Johann Christian Langenheim.»[564]

Wohl wird mit dem Hinweis des Jahrganges die Angabe des Publikationsjahres als überflüssig betrachtet, sodass diese entfällt. Die Titelseite dieser 32 Seiten umfassenden Broschüre ist Programm. Mit Ausnahme eines Schriftzitats und der Widmung «Im Nahmen Jesu!» werden die Lesenden nicht in die Publikation eingeführt. Umfang und grafischer Aufmachung ist zu entnehmen, dass es sich um eine der zahlreichen Broschüren handelt, die Gottesdienstbesuchenden zum Kauf angeboten werden.[565] Analog zu den Angaben auf der Titelseite werden die einzelnen Andachtsmomente *Glaubens-Lehre*, *Lebens-Pflicht*, *Glaubens-Trost* zu den unterschiedlichen Sonn- und Feiertagen als Überschriften über in gebundener Rede verfasste Merksätze der in der stündigen Predigt[566] verhandelten Inhalte gesetzt. Zweck dieser Publikation ist unausgesprochen die Anregung zur privaten Andacht. Die «Gemeine» soll den im Jahre 1733/34 gehörten Predigten nachsinnen und deren Wahrheitsgehalt in kleinen gleich gestalteten, den homiletischen Paradigmen entsprechend angeordneten Portionen verinnerlichen.[567] Ein Wir kommt in der ganzen Publikation nur an den Stellen vor, wo sich der Prediger in die Rolle der Gemeinde hinein versetzt.[568] Doch insgesamt wird des Verkündigungsauftrags wegen scharf zwischen Hirt

---

564 Deyling 1734a.

565 Vgl. bis in die Ornamentik hinein Texthefte zu Kantatenaufführungen Stiller 1970, 107. Siehe auch «Texte zur Leipziger Kirchen=*Music*» bei Neumann 1974, 422, Petzoldt 1993 und Schabalina 2009, 38f. Vgl. ferner Bach 2007, erste Innenseite.

566 Stiller 1970, 110.

567 Es ist heutigen Betrachtenden nicht unmittelbar einsichtig, welches der genaue Zweck dieser Publikation ist. Dient sie etwa zur individuellen erbaulichen Vorbereitung auf den Gottesdienst im Sinne einer Einstimmung darauf – allenfalls im Gottesdienst selbst –, oder ist an eine erbauliche Festigung der gehörten Predigtinhalte nach dem Gottesdienst in der privaten Stube zu denken? Da es sich um eine Publikation handelt, deren Inhalt sämtliche Gottesdienste im Kirchenjahr überblicken hilft, neige ich zur Annahme, die Texte sollen vor bzw. nach dem Gottesdienst im Sinne einer erbaulichen Vorbereitung bzw. Vertiefung der in der jeweiligen Predigt vorgetragenen Inhalte meditiert werden, auch wenn die Predigt selber andere Akzente setzen sollte. Vgl. hierzu Pfefferkorn 2005, 151f.

568 So zum «ersten Weynachts=Feyer=Tage» in der *Glaubens-Lehre*: «GOtt wird ein wahrer Mensch, und kommt zu uns auf Erden. / Nun können wir gerecht und GOttes Kinder werden.» (Deyling 1734a, 5).

und Herde unterschieden. So allegorisiert das biblische Geleitwort die Rolle des Pastors:

> «**Malach. II. V. 7.** | Des Priesters Lippen sollen die Lehre bewahren, daß | man aus seinem Munde das Gesetz suche, denn er ist | ein Engel des Herrn Zebaoth.»[569]

Mit dem Bibelzitat Mal 2,7 suggeriert Deyling eine unmittelbare Identifizierung des lutherischen Pastors mit dem «Priester (des Herrn)» aus biblischer Zeit und setzt somit dessen Vermittlerrolle der «Gemeine (Israels)» gegenüber als eine nicht hinterfragbare Grösse voraus. Das Pronomen «man» bezieht sich auf die «Gemeine», die sich auf diese Weise gänzlich an die Autorität des Pastors verwiesen weiss. Dieses Autoritätsgefälle wird restlos durch die Überhöhung des Pfarramtes durch die Engelmetaphorik ins schier Unüberbietbare gesteigert.[570] Die erste Aufgabe der Predigt ist es, die jeweilige Schriftstelle den entsprechenden Lehrinhalten (*loci*) des lutherischen Dogmas[571] zuordnen zu können.[572] Das Attribut «Herrlich» macht deutlich, wie objektivistisch sich Salomon Deyling die lutherische Lehre als dem Willen Gottes gemäss vorstellt.[573] Die

---

569 Deyling 1734a, 3.

570 Der Wechsel vom unbestimmten Artikel auf der Titelseite zum bestimmten Artikel in der Einzelbehandlung verrät den Anspruch auf objektivierende Präzision, mit der Deyling jeweils «die» Lehre, «die» Pflicht und «den» Trost aus der jeweiligen Auslegung auf die Situation der Gemeinde zugespitzt zusammenfasst.

571 Genaueres hierzu siehe 3.2.

572 So z. B. «am ersten Advent=Sonntage» zu Mt 21,1–9 in der «Glaubens=Lehre: Lernet JEsum recht erkennen, Und ihn euren Heyland nennen» (Deyling 1734a, 3). Deyling stellt über die Akklamation des in Jerusalem einziehenden Jesus den Bezug zum *locus de Iustificatione* (Von der Rechtfertigung) her: «Fides iustificans [...] est ingens atque tale DEI donum, quo Christum redemtorem nostrum, in verbo Evangelii recte agnoscimus [...]» (Hutter 1961, 55: XII, 12). – «Der rechtfertigende Glaube ist [...] eine große und solche Gabe Gottes, durch die wir Christus, unseren Erlöser im Wort des Evangelium recht erkennen [...]» (Hutter/Schnabel 2000, 132).

573 So z. B. «am ersten Weynachts=Feyer=Tage» in der «Glaubens=Lehre: GOtt wird ein wahrer Mensch, und kommt zu uns auf Erden. / Nun können wir gerecht und Gottes Kinder werden.» Deyling legt Lk 2,1–14 aus, indem er Inhalte des *locus de unione duarum naturarum in Christo* – «Unio personalis [...] Est summa communio, qua divina et humana natura, in una persona Christi ...», (Hutter 1961, 11: III, 10) – mit Inhalten des *locus de Iustificatione* – «Iustificatio est opus DEI, quo hominem peccatorem, credentem in CHRISTUM, ex mera gratia, sive gratis a peccatis absolvit.» (Hutter 1961, 52: XII, 2.) – kombiniert. Zur Übersetzung der Zitate aus Hutters Compendium: Das erste Zitat bezieht sich auf den *Art. III Von den zwei Naturen und deren Ver-*

nöthige Lebens-Pflicht thematisiert die notwendende (*nöthige*) Bussfertigkeit eines Christenmenschen.[574] Der *süsse Glaubens-Trost* befasst sich schliesslich mit dem eschatologischen Ausblick als Kompensation für das irdisch unerfüllt Gebliebene christlicher Hoffnung.[575] *Lehre, Pflicht, Trost.* Diese drei «Dinge»[576] zeichnen für Deyling eine jeder Perikope gerecht werdende Predigtmeditation aus.

5.3.1 Brücken zur Rhetorik

Lehre, Pflicht und *Trost* sind bei Deyling nicht allein Themenkreise, die eine gute Predigt zu durchschreiten hat, es sind je für sich genommen auch unterschiedliche Redetypen mit ihrem eigenen Wortschatz und ihrer Semantik. In abgewandelter Form werden in *Lehre, Pflicht* und *Trost* die drei von Aristoteles entwickelten Grundaufgaben jeder gelungenen Rede rezipiert und in den Kontext orthodox-lutherischer Homiletik gestellt: *docere, movere, delectare.*[577]

Die Anlehnung an die klassische Rhetorik ist in der Homiletik zur Zeit Bachs noch eine Selbstverständlichkeit.[578] Die Originalität eines Predigers wie Salomon Deyling liegt darin, *docere, movere* und *delectare* möglichst knapp und präzis andachtsbezogen auf die in einer einzigen Predigt vermittelten Inhalte abzustimmen und einer Methode zuzuführen, die dem Wahrheitsanspruch der Heiligen Schrift wie den Bedürfnissen der auf ein Hirtenwort angewiesenen Gemeinde gleichermassen gerecht zu werden vermag.

---

einigung in Christus. Zitat: «[Die persönliche Vereinigung] ist die höchste Gemeinschaft, durch die die göttliche und menschliche Natur in der einen Person Christi so vereinigt sind, daß sie eine wahrhaftige Teilhabe miteinander haben.» (Hutter/Schnabel 2000, 54). Das zweite Zitat bezieht sich auf den *Art. Von der Rechtfertigung*: «Die Rechtfertigung ist Gottes Werke, durch das er den sündigen Menschen, der an Christus glaubt, aus lauter Gnade oder umsonst und ohne sein Verdienst von den Sünden losspricht;» (Hutter/Schnabel 2000, 127).

574 So z. B. «Am vierten Advent=Sonntage» in der «Lebens=Pflicht: | Dein Herz ist voller Stolz, das macht, du kennst dich | nicht. | Tritt doch zum Spiegel her, und schau dein Angesicht!» (Deyling 1734a, 5).

575 So z. B. zum «Sonntag Quasimodogeniti» im «Glaubens=Trost: | Leg deine Glaubens=Hand in JEsu Seite und Wunden, | Hier hast du Trost und Heil in allen Leidens=Stunden.» (Deyling 1734a, 17).

576 Siehe Titelblatt der Publikation.

577 Siehe 5.2.2.1, 5.2.2.2 und 5.2.2.3.

578 Siehe Achelis 1911, 103ff: «§ 146. [Predigttheorie] Seit der Reformation […]»

5.3.2 Brücken zur Musik

Für diese Studie relevant sind Deylings erbaulich motivierte Predigtquintessenzen in vielerlei Hinsicht: Sie werfen ein Licht auf die Erbauungsinhalte vieler verschollener Predigten, die Bach seit 1723 in St. Nicolai zu hören bekommt und an die er sich in Bezug auf die Auswahl theologischer Inhalte zu halten hat.[579] Sie liefern Massstäbe für die verkündigungsrelevante Kommunikation, wie sie im Leipzig dieser Zeit durch den höchsten Repräsentanten geistlicher Autorität gepflegt wird, und der sich Bach theologisch wie politisch korrekt verpflichtet weiss.[580] Entsprechend werden sie in den «Kanon» der Textgrössen aufgenommen, mit welchem ich systematisch das poetisch-musikalische Material nach seiner rhetorisch gestützten Kommunikationsanstrengung untersuche,[581] obwohl sie in gedruckter Form zeitlich den Erstaufführungen der von mir analysierten Kantaten folgen. Da sich, wie sich in der Analyse zeigen wird, sich Deylings «Herrliche Dinge» in vielerlei Hinsicht den vertonten Texten bin in den Wortlaut hinein verwandt zeigen, ist die Anregung Jochen Arnolds aufzunehmen, der als Begutachter dieser Untersuchung die Meinung vertritt, Deylings Publikation könne sogar als Frucht der vermutet intensiven Zusammenarbeit mit Bach gewertet werden und somit eine Art Echo auf die Texte darstellen, die Bach seinen Kantatenaufführungen zugrunde legt.

5.4 Die Bach-Kantaten und der Gottesdienst – Theoretische Zugänge

Renate Steigers Versuch, die Bach-Kantaten ihrer inhaltlichen Nähe zur Amtspredigt wegen als «Predigten sui generis»[582] (Predigten eigener Art) zu qualifi-

---

579 «So werden wir uns die regelmäßige Zusammenarbeit Bachs mit den Leipziger Pastoren um […] der Verkündigung des Evangeliums willen, die selbstverständlich im Einklang mit den wesentlichen Aussagen der lutherischen Theologie zu geschehen hatte, nicht eng genug vorzustellen haben.» (Stiller 1970, 208).

580 Zur strengen theologischen Prüfung, der sich Bach bei seiner Bewerbung auf das Kantorenamt in Leipzig unterzieht, siehe Petzoldt 1998.

581 Siehe 5.2.3.

582 «Kapitel I: Die Kantaten in der Tradition der Schriftauslegung und als Predigt sui generis» (Steiger 2002, 3). Lothar und Renate Steiger fassen die in der Bachforschung viel zitierte Äusserung des Pfarrers Erdmann Neumeisters: «Wenn die ordentliche Amts-Arbeit des Sonntags verrichtet, versuchte ich das Vornehmste dessen, was in der Predigt abgehandelt worden, zu meiner Privat-Andacht in eine gebundene Rede zu

zieren, lässt sich in dieser Untersuchung gottesdienstkonzeptionell nicht unmittelbar schlüssig verwerten. Zwar spricht für die Anlehnung der Kantate an die Predigt Luthers generelle Zuordnung von Musik in den Bereich der Verkündigung.[583] Die poetisch wie musikalisch aufwendige Begehung einer Kirchenkantate, die sich liturgiefunktional beispielsweise ebenso eng an die Gattung des Gebets anlehnt, ist bis heute aber kaum adäquater gefasst worden, als es Schering mit der Bestimmung «klingende[s] Seitenstück zur Predigt»[584] gelungen ist. Mit dieser Formulierung signalisiert Schering die unbestreitbare Nähe der Kantate zur Amtspredigt. Gleichzeitig lässt er die ebenso unbestreitbaren Unterschiede in Bezug auf die Ausgestaltung beider Redegattungen[585] wie in Bezug auf deren personelle Besetzung in der Bezeichnung «Seitenstück» anklingen: Die Kantate ist etwas signifikant anderes als die Predigt, und deren Ausführung obliegt bei aller Aufsicht durch den Amtsprediger des Tages[586] einem völlig anderem Berufsstand. Es gilt somit Nähe und Unterschied im Verhältnis herauszustreichen, in welchem beide liturgischen «Stücke» zueinander stehen. Auch hier verdient Scherings mit Bedacht getroffene Wortwahl gewürdigt zu werden: Die Kantate ist ein eigentümlich «klingende[s]» liturgisches «Stück», das sich seinen Weg in einem ansonsten von Theologen ‹beherrschten› Gottesdienst insbesondere an die «Seite» der Predigt zu bahnen verstanden hat.[587] Dennoch schreibt Scherings Formel mit dem Begriffsbaustein «Seiten-» auch eine liturgiefunktionale Lücke zwischen diesem Stück und dem Partnerstück Predigt fest, die Fragezeichen aufwirft. Die Kantate ist nicht einfach im Sinne eines linear vorgestellten Gottesdienstablaufes der Predigt vorgelagert oder umrahmt diese, sondern sie steht «klingend» der Predigt zur «Seite[…]». Oder sollte es schon ein bisschen tendenziös formuliert heissen, dass sie der Predigt

---

setzen …» (Geistliche Cantaten statt einer Kirchen-Music, 1704 zit. n. Lothar und Renate Steiger 1985, 25) folgendermassen zusammen: «Die Kantatentexte verstehen sich also selbst als Extrakt, als *summa* einer Predigt, Kantatentexte sind Andachtstexte oder Predigten in gebundener Rede.» (Ebd.). Siehe auch Arnold 2009, 60: «Austeilung und Aneignung des Evangeliums – Bachs Kantaten als Predigten *sui generis*.» Zur Problematik, sich auf Neumeisters ‹Reform› in Bezug auf Kirchenkantaten stützen zu wollen siehe Küster 1999, 106ff: «Kantatenreform um 1700?».

583 Siehe Abschnitt 1.

584 Schering 1926, 12.

585 Siehe 5.2 in Bezug auf die Kantate und 3.2 in Bezug auf die Predigt.

586 Siehe insbesondere 5.3.2.

587 Siehe Abschnitt 4.

auch ein wenig zur «Seite» tritt, um deren Erbauungsqualität zu erhöhen? An dieser Stelle wirkt sich Scherings mit Bedacht gewählte Formulierung für den Gegenstand dieser Untersuchung fruchtbar aus, weil sie anders als die Steigersche Formel auf einen Bestimmungsmangel hinweist, den zu beheben eben noch aussteht. Diesem Bestimmungsmangel widme ich mich insbesondere im Abschnitt 5.5, wo Scherings vorsichtige Annäherung mit der zur Zeit Bachs geläufigen liturgiekritischen Unterscheidung zwischen einem inneren und einem äusseren Gottesdienst ins Gespräch gebracht wird. Erst wenn die in Scherings Formel anklingende Lücke zwischen Predigt und Kantate liturgietheoretisch ernst genommen und bis auf mögliche Defizite im lutherischen Gottesdienst zur Zeit Bachs hin untersucht worden ist, gewinnt Steigers Formulierung wieder einen für diese Untersuchung auswertbaren Reiz. Denn mit der Scheringschen Brille gelesen, wirkt sie nicht als eine alle Fragen abschliessend beantwortende Formel. Die Spezifizierung «sui generis» weist mit Scherings Brille gelesen auf eine mit der Amtspredigt gerade nicht identischen, sich dieser vielleicht nicht einmal nur subsumierenden, aber gleichwohl einzig von dieser her verstehbaren liturgischen Grösse hin. Mit der Scheringschen Brille ist sogar der geläufigen Bestimmung der Kirchenkantaten als «Predigtmusik»[588] etwas abzugewinnen, unter der Voraussetzung freilich, dass in dieser Wortkombination die Spannung nicht unterschlagen wird, die das Vehältnis zwischen diesen beiden liturgischen Grössen bestimmt.

Im Folgenden gilt es, die Voraussetzungen zu schaffen, das Verhältnis zwischen Kantate und Gottesdienst phänomenologisch von der Feier des Gottesdienstes her näher zu beleuchten und sich nicht etwa von einer kirchenmusikalischen Innensicht allein leiten zu lassen. Denn als «Seitenstück», «Predigt sui generis» oder als «Predigtmusik» steht die Kirchenkantate in einem Zusammenhang mit dem übrigen Gottesdienst, der sich nicht aus der Entwicklung der Gattung Kantate oder einer musikgeschichtlich noch so plausiblen Näherbestimmung zum Beispiel als Klangrede allein beleuchten lässt.[589] Dem Mangel fehlender phänomenologisch ausgerichteter Untersuchungen zur Zeit Bachs selbst begegne ich damit, dass ich theoretische Zugänge aus der Gegenwart mit den historisch rekonstruierbaren liturgischen Rahmenbedingungen zur Zeit Bachs ins Gespräch bringe, wozu sich die Gottesdiensttheorien zur Zeit Bachs

---

588 Zur Bezeichnung im Hinblick auf Bachs Kirchenkantaten siehe Stiller 1970, 135 und Dienst 2000, 7, in Bezug auf Schütz' Konzertwerke siehe Blankenburg 1979c, 108.

589 Siehe 4 und 5.2.

nicht recht aufzuschwingen vermögen.[590] Das Kriterium, nach dem die Theorien aus der Gegenwartsliturgik ausgewählt werden, ist das ihrer Eignung, Gottesdienstfeiern im gleichen Zuge wie Kantatenaufführungen als Inszenierungen in den Blick zu bekommen. Dies ist die Voraussetzung dafür, beide Grössen formal auf eine Betrachtungsebene stellen zu können und somit miteinander zu vergleichen. In einem ersten Schritt erläutere ich Salomon Deylings eigenen theoretischen Zugang zum Phänomen Gottesdienstmusik (5.4.1). Dieser verdeutlicht in erster Linie den Abstand, der sich über die Jahrzehnte zwischen Reformation und Orthodoxie geistesgeschichtlich in dieser Frage gegraben zu haben scheint.[591] Da am Beispiel Deylings deutlich wird, in welchem Mass der lutherischen Orthodoxie das theoretische Instrumentarium fehlt, Kirchenmusik phänomenologisch adäquat und auf den Gottesdienst bezogen in ihrer ganzen Tragweite dezidiert positiv und produktiv zu würdigen, ziehe ich im Anschluss an diesen Abschnitt gottesdiensttheoretische Zugänge der Gegenwart zu Rate (5.4.2–5.4.10).

David Plüss stellt in seiner gegenwartsbezogenen Publikation «Gottesdienst als Textinszenierung» Theoriekonzepte vor, «welche eine inszenierungstheoretische Perspektivierung des Gottesdienstes dem Begriff oder der Sache nach vorbereitet, angedacht oder in Ansätzen entwickelt haben».[592] Plüss' Zusammenstellung macht die Vielfalt dieses Forschungszweiges anschaulich, wobei er zwischen «semiotische[n], verhaltenswissenschaftliche[n], ritualtheoretische[n], liturgiedidaktische[n]» und «medientheoretische[n]» Ansätzen[593] auf der einen Seite und solchen unterscheidet, die den Gottesdienst als «Textinszenierung»[594] begreifen, und denen er sich selbst hauptsächlich widmet. In meiner Auswahl orientiere ich mich an solche Konzepte, die die Aufführung einer Kantate als Teil des Gottesdienstes liturgiefunktional perspektivieren helfen. Obwohl ich diese Theorien für sich genommen ja an wenigen Stellen der Kantatenanalyse (6–9) selbst zum Vergleich heranziehe,[595] trage ich sie im Sinne qualitativ erbrachter Ergänzungen der Klangredetheorie an das Untersuchungsmaterial heran, um Bezüge zwischen dem jeweiligen Kantatenausschnitt und dem Got-

590 Siehe 5 und ausgeführt 5.4.1.

591 In Bezug auf das ‹Selbstverständnis› des lutherisch-orthodoxen Gottesdienstes siehe Reichert 1975, 81f.

592 Plüss 2007, 49.

593 Plüss 2007, 49ff.

594 Plüss 2007, 54ff.

595 Siehe zusammenfassend 10.3.2.

tesdienst herausarbeiten zu können. Zu diesem Vorgehen schreiben Alexander Deeg und David Plüss:

> «Qualitative Forschung ist nicht repräsentativ. Sie zielt nicht in die Breite, sondern in die Tiefe, indem sie an wenigen, überlegt gewählten Fällen typische Strukturen und Regeln zu erden versucht, von denen mit Gründen vermutet werden kann, dass sie auch für andere vergleichbare Fälle gelten. Die Zusammenhänge werden nicht wie bei statistischen Verfahren errechnet, sondern erwogen und argumentativ begründet. Sie ergeben sich nicht ‹von aussen›, sondern gleichsam ‹von innen›: durch Rekurs auf implizite Regeln, als auch auf Bedingungsfaktoren, Motivationslagen und Deutungsmuster, die sich im Datenmaterial analytisch erheben lassen. Erstrebt wird […] die Berücksichtigung möglichst vieler der für die untersuchte Lebenswelt relevanten Einflussfaktoren und Zusammenhänge».[596]

Was die von mir bemühten Theorien aus der Gegenwartsliturgik untereinander gemein haben, ist ihr Vorverständnis des Gottesdienstes als eine Inszenierung. Was den Untersuchungsgegenstand selbst anbelangt, ist die Aufführung einer Kantate als Inszenierung zu begreifen bereits aus einer rein historischen Perspektive heraus legitim, versteht sich Barockmusik doch generell und von Anbeginn aus dem Bezugsmilieu der Oper heraus als eine bewusst szenische musikalische Begehung.[597] Die sich für diese Untersuchung stellende Herausforderung besteht darin, auch den in den 1720er Jahren lutherisch-orthodox verantworteten öffentlichen Gottesdienst als Inszenierung zu fassen, zu der eine Kantatenaufführung als eine Teilinszenierung in Beziehung gebracht und somit auch verglichen werden kann: Was in der Kantate in Szene gesetzt wird, betrifft den Gottesdienst, in dem diese phänomenologisch ‹eingebettet› ist, und umgekehrt beeinflusst der die Kantatenaufführung ‹umgebende› Gottesdienst Inhalt und Form dessen, was eine Kirchenkante in dessen Rahmen zur Aufführung bringt. Die von mir vertretene musikhistorische Bestimmung der Kantaten als Klangrede wird durch die im Anschluss an Deyling besprochenen Inszenierungstheorien im Sinne einer «Fokussierung des Forschungsprozesses und der Interpretation der Daten» ergänzt und auf diese Weise auch «orientier[t]».[598] Entsprechend intendiere ich mit der ‹Einspielung› dieser theoretischen Ansätze keinerlei Vollständigkeit. Es könnten ihrer in Bezug auf meinen Forschungsgegenstand mehr oder auch weniger sein. Es kommt mir in

---

596 Deeg/Plüss 2018, Einleitung.

597 Siehe 5.2.

598 Deeg/Plüss 2018, Einleitung.

dieser Hinsicht einzig darauf an, mit ihrer Hilfe einen gewissen ‹Sättigungsgrad› zu erreichen, der es erlaubt, die von mir vertretene These einer Austauschbeziehung zwischen Gottesdienst und Musik auch in Beziehung auf die Aufführung von Bach-Kantaten im Leipziger Gottesdienst seiner Zeit zu plausibilisieren. Hierzu ein letztes Mal Deeg und Plüss:

> «Die Qualität qualitativer Verfahren ist nicht die der repräsentativen Stichprobe und des hohen Rücklaufs, sondern die der hinreichend differenzierten und überzeugenden Analysen. Es wird eine ‹Sättigung› der Interpretation angestrebt: Wenn mit der Auswertung weitere Datensätze keine neuen Deutungsmuster und Kategorien gefunden, sondern die bereits erhobenen verdichtet und differenziert werden, deutet dies darauf hin, dass der untersuchte Gegenstand hinreichend präzis rekonstruiert werden konnte.»[599]

5.4.1 Salomon Deyling: Kirchenmusik in Abgrenzung zur Welt des Theaters

Zur Beurteilung des liturgischen ‹Sitzes im Leben› einer Kantate sind wenig direkte Daten aus der Zeit zu gewinnen, in denen Bach selbst wirkt und sich mit beispielloser Intensität um ein zeitgemässes und liturgiegerechtes Kantatenrepertoire bemüht.[600] So findet sich in der Pastoraltheologie eines Salomon Deylings,[601] der über die gesamte Amtszeit Bachs hinweg dessen kirchlicher Vorgesetzter ist und vermutlich auch als Zensor[602] seiner Aufführungen fungiert, nur sehr wenig über die liturgiespezifische Aufgabe von Musik, geschweige denn über deren verkündigungsrelevantes Potenzial im Gottesdienst. Der Grund dafür ist in der Hauptsache wohl im Umstand zu suchen, dass die Thematisierung kultischer Belange ausserhalb von dogmatischen oder kirchenrechtlichen Fragen im Kontext der lutherischen Orthodoxie noch etwas Ungewohntes darstellt.[603] Erschwerend kommen die Auseinandersetzungen der Or-

---

599 Ebd.

600 Zur Chronologie der Kantatenproduktion siehe 2.

601 Deyling 1734b.

602 Günther Stiller nimmt einen Hinweis von Friedrich Rochlitz, «Thomasalumne unter Bachs zweitem Amtsnachfolger Doles» auf, «demzufolge Bach dem Superintendenten jedesmal zum Wochenbeginn mehrere auf den Tag gerichtete Texte seiner Kirchenstücke (gewöhnlich drei) […] zusandte» und Deyling dann einen auswählte.» Stiller 1970, 206.

603 Dazu Reichert 1975, 81f: «Eine erste Schwierigkeit einer Darstellung der Aussagen der Orthodoxie zur Liturgie stellt sich in der Frage nach einem sachgemäßen Einsatz,

thodoxie mit Pietismus und Aufklärung hinzu, beides Richtungen, die die herkömmliche Gottesdienstpraxis zum Teil aufs Heftigste infrage stellen und zu einer wissenschaftlichen Liturgik überhaupt erst den Anstoss geben.[604] Was sich vollends einer praktisch-theologischen Sachlichkeit in dieser Frage aus der Warte eines Hüters lutherischer Orthodoxie wie Deyling in den Weg gestellt haben mag, ist der Umstand, dass gerade in den 20er Jahren des 18. Jahrhunderts Kantaten im Gottesdienst als Import aus der Oper ins Kreuzfeuer kirchlicher Kritik geraten.[605]

An dieser Stelle soll Deylings eigener Versuch gewürdigt werden, die beispiellose kirchenmusikalische Praxis wöchentlicher Kantatenuraufführungen gerade der 1720er und 30er Jahre unter seiner persönlichen Aufsicht pastoraltheologisch einzufangen[606] und in Bezug auf ihre liturgische[607] Zuordnung zu

---

denn es gibt [...] in den orthodoxen Dogmatiken keine zusammenhängenden Ausführungen über Wesen, Wertigkeit und Bestandteile der Liturgie. Alle Äußerungen zu gottesdienstlichen Formproblemen erscheinen jeweils bei dem Lehrabschnitt der Dogmatiken, dem sie zugeordnet werden können, d. h. alle Gedanken zur Liturgie werden vom Blickwinkel des gesamten theologisch-dogmatischen Systems her gemacht und je und je diesem Ganzen eingeordnet, ohne dabei selbst zu einem Ganzen zu werden [...] Gerade diese Verstreutheit der Ausführungen ist es, die es geraten scheinen läßt, in diesem Stadium der Entwicklung protestantischer Gedanken zur Liturgie noch nicht von einer ‹Lehre des Kultus›, einer Liturgik zu sprechen, sondern von ‹liturgischen Ansichten›. Als sachgemäßer Einstieg für die Darstellung im einzelnen bietet sich der des Gesetzes an, insofern vom Gesetz her formulierte und von ihm her gedachte Aussagen zur Liturgie in den verschiedensten Facettierungen auftreten.»

604 Siehe 1.2.3 und 1.2.4. Reichert ortet in Speners Gottesdienstkritik um 1700 «stellvertretend für die erste Phase des Pietismus [...] [die] Anstöße, die mit ihrer Frage nach dem Verhältnis von innerem zu äußerem Gottesdienst die grundsätzliche Frage nach der Liturgie stellen ließen und in Bewegung setzten. Die unter dem seelsorgerlichen Aspekt der Ordnung der Liebe begriffene Stellung zu den Zeremonien stellt genauso wie der Gedanke der Gemeinde als Souverän in rebus ceremonialibus einen wesentlichen Ansatzpunkt für die weitere liturgische Entwicklung dar.» Reichert 1975, 110f.

605 Siehe Leaver 2013.

606 Zur Qualifizierung der Publikation siehe Reichert 1975, 52.

607 Zu Deylings Definition von Liturgie siehe Deyling 1734b, 578ff: «Caput IIX. De prudentia & officio pastoris circa universam liturgiam. [– Kapitel IIX. Von der Kunde und Aufgabe des Pfarrers in Bezug auf die ganze Liturgie]» Im Paragraf II. geht Deyling auf die Etymologie ein: «Sensu igitur strictiore λειτγργεῖν [leitourgein] Patribus Graecîs est quodvis circa res sacras ministerium obire, videlicet cantare, orare, Scripturas recitare, aut interpretari, & concionari, sacramenta administrare, aliasve cultus divini partes expedire. [– genauer umfasst das Verb λειτουργεῖν [leitourgein] nach den

profilieren.[608] Er siedelt dabei die Bestimmung von Musik im Gottesdienst[609] bei der Schriftstelle Eph 5,19 an, die zusammen mit der Parallelstelle Kol 3,16 den *locus classicus* theologischer Begründung von Kirchenmusik überhaupt darstellt.[610] «Cantates & psallentes in cordibus vestris domino – Singt und

---

griechischen Vätern den Dienst rund um die kultischen Angelegenheiten, nämlich singen, beten, die Schriften vortragen und deuten, predigen, die Sakramente verwalten, oder anders gesagt: die Stücke des Gottesdienstes ausführen.]» (Deyling 1734b, 580).

608 Deylings persönlicher Ansatz zur Thematik ist für die Bachforschung auch deswegen von Interesse, da immer noch nicht auszuschliessen ist, dass er als Dichter des einen oder anderen Kantatentextes infrage kommt. Dürr schreibt in Bezug auf die Choralkantaten: «[D]ie Möglichkeit, dass auch Superintendent Salomon Deyling sich als Textautor versucht habe, ist zwar seltener erwogen, aber auch nirgends widerlegt worden» (Dürr 1988e,134). Siehe auch Stiller 1970, 206f.

609 Gemeint ist der «cultus externus» (Deyling 1734b, 581, §III.), also der öffentliche Gottesdienst, den Deyling in «juris divini [– nach göttlichem Recht]» und «juris humani & ecclesiastici [– nach menschlichem und kirchlichem Recht]» (Deyling 1734b, 582) unterteilt, im Gegensatz zum «cultus domesticus [– Hausgottesdienst]» (Deyling 1734b, 583f: § V.). Im Rahmen der Ausführungen zu den «actus Liturgicos, qui juris divini sunt [– liturgischen Handlungen, die dem göttlichen Recht zugehörig sind]» (Deyling 1734b, 584) und an welchen «homines nihil mutare possunt [– nichts verändern dürfen]» (§ VI.), behandelt Deyling unter Einbezug von «instrumenta sonora [– klingenden Instrumenten]» (Deyling 1734b, 585) zunächst in §VII die Verwendung von Glocken, sodann in § VIII. «hymni & Carmine [– Hymnen und Gesängen]» (Deyling 1734b, 587), die er auf den Engelsgesang vor Gott zurückführt und als «Offizium [– Amt]» weiter in der levitischen und kirchlichen Praxis würdigt und auf eine reiche Bibliografie abstützt (Deyling 1734b, 587f.), bis er auf Hymnen Luthers zu sprechen kommt, die ein «Pastor [...] evangelicus» seinen Zuhörern «& verbis, & Diligenti usu [– sowohl im Wortlaut wie zum eifrigen Gebrauch]» empfiehlt, «quos partim ex latino idiomate germanice vertit, partim emendavit, & e papisticis malis, evangelicos fecit non malos, [...] partim etiam suo elaboratos [...] totius Scripturae nucleus inest [– die er teils aus dem Lateinischen ins Deutsche übersetzte, teils verschlankte hat – und hat er sie einmal von papistischen Übeln befreit, daraus keine schlechten evangelischen Lieder gemacht, [...] teils hat er sie auch selbst geschaffen [... in ihnen] steckt der Kern der ganzen Schrift]» (Deyling 1734b, 591f: § X). «[R]ecentioribus hymnis [– neueren Hymnen]» gegenüber zeigt sich Deyling weit reservierter, teils weil sie inhaltsleer («jejuna, levia, insulsa, & inficeta [– kraftlos, unbedeutend, abgeschmackt»], teils weil sie «manifesto falsa, & erroneas, ac fanaticas inprimis opiniones [– offensichtlich falsche, irreführende und besonders schwärmerische Meinungen]» verbreiteten (Deyling 1734b, 594: § XI.), bevor er auf die «musicam instrumentalem & vocalem» zu sprechen kommt (Deyling 1734b, 595: § XII). Vgl. Reichert 1975, 355ff.

610 Siehe Diskussion zu Kol 3,16 1.1 und Arnold 2009, 76.

preist den Herren in euren Herzen» (Eph 5,19b) interpretiert Deyling gegen Luther (!)[611] dafür aber im Anschluss an Gelehrte aus der Frühzeit der Kirche[612] restriktiv:

> «DEUS enim animo magis, quam voce celebrari vult. Nec laudari & usurpari in ecclesia musicam instrumentalem & vocalem aliter oportet, nisi ut auditorium animi ad pietatem, amorem, & laudem DEI excitentur. [– Gott will mehr mit der Seele als mit der Stimme gefeiert werden. Auch gilt es, Instrumental- wie Vokalmusik zu keinem anderen Zweck zu verwenden, als um die Seelen der Hörerschaft zu Frömmigkeit, Liebe und Gotteslob anzuregen.]»[613]

Einschränkende Formulierungen wie «animo magis, quam voce» und «Nec [...] aliter oportet, nisi» machen deutlich, dass es Deyling weniger um eine positive Darstellung dessen geht, zu welchem liturgischen Zweck Musik im Rahmen kultischer Verrichtungen eingesetzt werden kann, geschweige denn soll, als vielmehr darum, gottesdienstheologisch die Grenzen abzustecken, innerhalb derer Musik «instrumentalem & vocalem» toleriert werden darf.[614] Der Musik wird zugestanden, dass sie «ad pietatem, amorem & laudem DEI» anzuregen (excitare) vermöge. Im Vergleich zu Martin Luther aber, der ihr höchste Verkündigungsqualitäten zuschreibt,[615] nimmt sich Deylings Einschätzung ihr gegenüber mehr als verhalten aus. Im Fokus seines pastoraltheologischen Interesses steht der Auftrag an den verantwortlichen Pastor, die Wirkkraft (excitare) der Musik auf ein liturgisch erträgliches Mass einzuschränken. Zu diesem Zweck fügt er mahnend hinzu:

> «Qui finis non obtinetur, ubi illa nimis frequens, diuturna & theatralis est, quippe quae scenicas potius, profanas, & libidinosas cogitationes, quam sanctas, & DEO devotas

---

611 Siehe 1.1.1.

612 Deyling 1734b, 595f.

613 Deyling 1734b, 595.

614 Deyling 1734b, 596 erinnert an Hieronimus' noch restriktivere Interpretation der Schriftstelle, wonach «DEO non voce, sed corde cantandum [– Gott sei nicht mit der Stimme, sondern mit dem Herzen zu singen]» sei, ohne selber freilich die Folgerungen daraus zu ziehen, praxistheologisch ganz von jeglicher Form von Musik abzuraten, was ihn in die Nähe der zu dieser Zeit noch üblichen reformierten Musikabstinenz geführt hätte. Vgl. hierzu Zwinglis radikale Position, die Knellwolf folgendermassen zusammenfasst: «Der wahrhafte Verkehr zwischen Mensch und Gott ist wortlos.» (Knellwolf 1989, 55).

615 Eine recht ausführliche Darstellung darüber bietet Blankenburg 1979b. Siehe ferner 1.1.1.

meditationes, excitare solet. [– Welches Ziel nicht erreicht wird, wo jene (Musik) zu häufig, zu lang und zu theatralisch ausfällt, ja überhaupt, wenn sie mehr zu weltlichen und ausschweifenden Vorstellungen als zu heiligen und Gott ergebenen nachsinnenden Gedanken anzuregen pflegt.]»[616]

Auch an dieser Stelle steht die Gefahr von Exzessen in Bezug auf Häufigkeit (frequens), Länge (diuturna) und Stil (theatralis) musikalischer Aufführungen im Vordergrund des Interesses. Nicht präzisiert wird, ob es sich bei der Frage der «Frequenz» um Aufführungen innerhalb desselben Gottesdienstes oder um die Programmierung von Musik im Wochen- und Jahresplan[617] handelt, stellt doch die Aufführung von zwei Kantaten unter Einschluss weiterer musizierter liturgischer Stücke innerhalb eines einzigen Gottesdienstes im Leipzig dieser Zeit keine Ausnahmesituation dar.[618] Mit der Qualifizierung des zu vermeidenden Bühnenstils (theatralis) korrespondieren bei den Gottesdienstteilnehmenden hervorgerufene Vorstellungen (cogitationes), welche im Geruch des Profanen und Libidinösen stehen. Solchen Vorstellungen stehen «sanctas, & DEO devotas meditationes» gegenüber, zu der die Musik anzuregen (wieder: excitare) angewiesen werden soll. Unter «meditatio» ist ein komplexer innerer Vorgang zu verstehen, welcher im klassischen Latein bereits mit «Nachdenken», «Bedachtnahme» übersetzt werden kann, aber auch ein «Denken, Studieren auf etwas», beziehungsweise eine «Vorbereitung, Zurüstung», die «Anstalt zu etwas» und im übertragenen Sinn die «Einübung auf etwas» und somit eine «Vorübung» bis hin zum «Vorstudium» bezeichnen kann.[619] Der Begriff Meditatio umschreibt somit einen Vorgang, der in unmittelbare Nähe des deutschen

---

616 Deyling 1734b, 595f.

617 Zu Wochen- und Jahresplänen in Leipzig zur Zeit Bachs siehe Stiller 1970, 42ff. und 46ff. Aus heutiger Sicht ergibt sich ein schier unüberschaubares Geflecht von über das Jahr, die Woche, den Tag und den Gottesdienstort verteilter Gottesdienstangebote, die sich einerseits nach dem Kirchenjahr, aber auch nach lokalen Sitten und Gewohnheiten richten, sodass sie als das soziale Leben stets mitprägende Geflecht über die gesamte Zeit Bachs in Leipzig und ausserdem als stets wandelbare organische Grösse zu verstehen sind und somit auch Gegenstand permanenter Verhandlungen zwischen den kirchlichen und städtischen Autoritäten darstellen. Vgl. dazu Stiller 1970, 29–38: «Die Intensivierung des gottesdienstlichen Lebens am Anfang des (18.) Jahrhunderts».

618 Zum Gottesdienstablauf in Festzeiten, festlosen Zeiten und zu Fastenzeiten siehe Petzoldt 2006, 85f.

619 Georges 1869 Bd. 2, 254.

Wortes Andacht gestellt zu werden verdient.[620] In diesem Zusammenhang sei ebenfalls auf das Adjektiv szenisch (scenicus) hingewiesen, das auf die eben beschriebenen «cogitationes» bezogen verwendet wird: Szenisch soll die Musik gerade nicht sein, weil sie somit als Import aus der Theaterwelt die Verbindung mit Regungen herstellt, die als triebhaft und sinnlich (libidinosas) und somit als dem Gottesdienst abträglich zu beurteilen sind.

> «De reliquio pastor gregem suae curae commissum diligenter moneat, ne vitiose & corrupto verborum sensu, aut ad ostentationem, ac sine mente & devotione cantent, qualem boatum sanctissimum Numen detestatur; sed jubeat eos in DEI gloriam maxima cum attentione, & fidei ac amoris in DEUM testificatione, modulari. [– Im Übrigen ermahnt der Hirt die unter seiner Fürsorge vereinte Herde gewissenhaft, dass sie nicht so singen, dass dabei der Sinn der Wörter verfälscht wird oder moralisch verdorben herauskommt, oder dass dies zur Schau geschieht und dazu noch ohne Verstand noch Ehrerbietung vorgetragen wird, welches Brüllen dem heiligsten Wesen verhasst ist. Sie sei hingegen angewiesen, zu Ehren Gottes mit grösster Aufmerksamkeit und Aufrichtigkeit und mehr noch aus der Bezeugung ihrer Liebe zu Gott heraus (genau) nach dem Takt zu singen.]»[621]

Deyling wird in der Forschung eine eher vermittelnde Stellung zwischen Orthodoxie, Pietismus und Aufklärung eingeräumt[622] und somit auch als Vertreter der «vernünftigen Orthodoxie»[623] eingestuft. Seine pastoraltheologische Haltung der Kirchenmusik gegenüber entspricht also einer Mittelstellung innerhalb der Gelehrtenwelt.[624] Über das Prinzip dieser Publikation Deylings hinaus, dass «alle kirchlichen Handlungen actiones ad salutem» zu sein haben,[625] stösst die Frage, auf welche Weise Musik und Gottesdienst näher aufeinander bezogen gedacht werden können, geschweige denn sollen, im lutherisch-orthodoxen Umfeld beim Autor nicht auf das nötige Gehör, um aus seinen Erläuterungen zur Musik im Gottesdienst Schlüsse für eine konzeptionelle Eingliederung von Musik etwa als Teilinszenierung innerhalb einer ebenfalls als Inszenierung

620 Siehe 5.1.5.
621 Deyling 1734b, 595.
622 Reichert 1975, 355ff.
623 Reichert 1975, 173, weiter 310.
624 Deyling 1734b, 596 selbst verweist am Schluss des soeben behandelten Paragrafen unter weiterführende Literatur auf eine Publikation Caspar Calvörs, der als Theologe und Musiktheoretiker zur Kirchenmusik positiv eingestellt ist. Vermutlich handelt es sich dabei um dessen *Rituale Ecclesiasticum*, Jena 1704–1705.
625 Reichert 1975, 358. Siehe auch Deyling 1734b,1.

begriffenen Gesamtzeremonie gewinnen zu können. Gleichwohl lässt ein Salomon Deyling über die Begriffe «szenisch» und «theatralisch» durchblicken, dass er sehr wohl um die vielschichtige Beziehung der Instrumental- und Vokalmusik zur Welt des Theaters weiss.[626]

5.4.2 Gottesdienst als symbolische Kommunikation

Auf Friedrich Schleiermachers Konzeptualisierung des Gottesdienstes als «darstellendes Handeln» zurückgehend, fasst Peter Cornehl den Gottesdienst als «öffentliche symbolische Kommunikation der christlichen Erfahrung im Medium biblischer und kirchlicher Überlieferung zum Zwecke der Orientierung, Expression und Affirmation.»[627]

Der für heutige Ansätze grundlegenden Anschauung des Gottesdienstes als ein ‹Handeln› der Gemeinde gegenüber[628] erweist sich Deylings Gottesdiensttheorie als sperrig, obwohl Luther in seiner Einweihungspredigt für die Torgauer Schlosskirche[629] den Gemeindebezug für die Feier eines Gottesdienstes als von fundamentaler Tragweite voraussetzt und zum Gottesdienst liturgiefunktional festhält:

> «das nichts anders darin geschehe, denn das unser lieber Herr selbs mit uns rede durch sein heiliges Wort, und wir widerumb mit jm reden durch Gebet und Lobgesang.»[630]

Die Auffassung der Gemeinde als ein «wir» stösst bei Deyling auf wenig Gegenliebe, wird doch die Gemeinde bei ihm als «Hörende» gerade nicht in den Rang einer darstellend handelnden oder nach Luther «redenden» Grösse erhoben.[631]

---

626 Siehe zur kirchenmusikalischen Stilfrage zur Zeit Bachs Leaver 2013.

627 Cornehl (1979), 186 zit. n. Bieritz 2004, 9.

628 Vgl Meyer-Blank 2011, 234ff: «Kapitel 4: Gottesdienst in empirischer Perspektive».

629 Siehe Arnold 2009, 90 und Plüss 2007, 313, Fussnote 106.

630 Luther 1913 / WA 49, 588.

631 Deyling 1734b,1: «Theologia, vel Prudentia Pastoralis, est habitus animi practicus [...] qui docet, quo pacto Ecclesiae minister omnes suas actiones legitime ad suam & auditorum salutem promovendam, remotis impedimentis, dirigere possit, debeatque. – Die (Pastoral-)Theologie oder Pastoralkunde hat die praktische Seelenhaltung des Praktikers zum Inhalt [...] und lehrt, auf welche Art ein Diener der Kirche alle seine Handlungen rechtmässig und zu seinem wie seiner Hörerinnen und Hörer Heil förderlich zu richten vermag, wenn die Hindernisse einmal beseitigt worden sind.» Natürlich darf Deylings Haltung zur Stellung der Gemeinde im Gottesdienst weder in Bezug auf seine eigene Gottesdiensttheologie noch auf diejenige der Orthodoxie verallgemeinert

Dennoch dürfte Cornehls Erfassung des Gottesdienstes als «öffentliche symbolische Kommunikation der christlichen Erfahrung» gerade die zur Zeit Bachs amtstheologisch nicht eingehend reflektierte Funktion der Musik im Gottesdienst recht adäquat als eben die beschriebene «symbolische Kommunikation» wirksam verstärkend wiedergeben.[632] Vielleicht ist es aber der Begriff «christliche Erfahrung», der sich zur Funktionsbeschreibung der Kirchenkantaten im Gottesdienst am produktivsten erweist: Ist es denkbar, dass Musik im Gottesdienst und insbesondere die Kantaten gerade als Ausdruck verdichteter «christlicher Erfahrung» in der ansonsten vom Priesterpersonal gesteuerten «symbolischen Kommunikation» ihre ureigene Rolle finden? Cornehls Ausführung «im Medium biblischer und kirchlicher Überlieferung» dürfte sogar das kultische Selbstverständnis der lutherischen Orthodoxie[633] treffen, in welcher sich Bachs Kantaten bewegen. Cornehls erste Zweckbindung des Gottesdienstes als «Orientierung» dürfte in einer andachts-, oder – um mit Deyling zu sprechen – meditations-bezogenen Zweckbestimmung gottesdienstlicher Musik[634] recht präzis die obrigkeitlich approbierte Kompetenzübertragung an einen *director musices* umschreiben.[635]

werden. So erscheinen in den Jahren nach 1730 Publikationen, in denen «[d]ie gleichwertige Betonung der gottesdienstlich Versammelten [...] eine über das orthodoxe Verständnis des 17. Jahrhunderts hinausgehende Erweiterungen» (Reichert 1975, 196) aufweisen. Dennoch liegt der Akzent bei Deyling selbst noch auf der Unterscheidung und Gegenüberstellung von «Priester» und «Herde» (Deyling 1734a, 1), die den Gedanken einer gemeinsam verantworteten Liturgie noch nicht am Horizont aufscheinen lässt.

632 So zeigt beispielsweise der Dresdner Hof ein prononciertes Interesse daran, seinen absolutistischen Machtanspruch über ‹moderne› Musik auch und gerade im Leipziger Gottesdienst zu repräsentieren, gilt es unter anderem doch Messebesuchende über effektvolle Musik und gerade im stets gut besuchten Sonntagsgottesdienst von der Macht und Effizienz des Fürstenhauses zu überzeugen (siehe Siegele 1999, 20ff).

633 Siehe Reichert 1975, 194–203. Reichert untersucht in diesem Abschnitt Aufsätze nach 1730, in denen versucht wird, «historische Einsichten über das Verhältnis der alttestamentlichen Zeremonialvorschriften zur Haltung des Neuen Testaments» (Reichert 1975, 197) bei Rückbezug auf die Alte Kirche (siehe Reichert 1975, 200) zu rezipieren.

634 Siehe 5.4.1.

635 Bach selbst setzt unter das Schreiben, das seine Arbeitsverpflichtungen dem Stadtrat gegenüber festhält, seine Unterschrift. Dort heisst es unter siebtens, dass er «[z]u Beybehaltung guter Ordnung in denen Kirchen die *Music* dergestalt einrichten» werde, «daß sie nicht zulang währen, auch also beschaffen seyn möge, damit sie nicht *opern*hafftig herauskommen, sondern die Zuhörer vielmehr zur Andacht aufmuntere.»

Ähnliches kann von den Zweckbestimmungen der «Expression» und «Affirmation» ausgesagt werden, die sich hermeneutisch auf den Gottesdienst zur Zeit Bachs rückbeziehen lassen.

Im Folgenden werden nun weitere Zugänge aus heutiger Sicht zum Phänomen Gottesdienst auf ihr Potenzial hin ausgelotet, Bachs Kantatenmusik als Teilinszenierung desselben begreifbar zu machen. In Abschnitt 10 mit seinen Unterabschnitten wird der Ertrag der zum Vergleich gezogenen Theorien für die Gesamtuntersuchung zusammengefasst und systematisiert.

5.4.3 Semiotisch gestützter Inszenierungsbegriff

Über die Erfassung des Gottesdienstes als strukturierten und konstruierten Kommunikationsvorgang[636] lassen sich «Funktion und Bedeutung liturgischer Zeichen und Zeichenkomplexe» von ihrer «Position im jeweiligen Beziehungssystem, dem sie angehören» her definieren.[637] Mit einem solchen Ansatz lässt sich auch ein zeitlich zurückliegendes Gottesdienstereignis als Resultat einer «aktuell vollzogenen Strukturierung» und somit als «konstruktiven Prozess» würdigen, der «als liturgische Gestaltungsaufgabe» ins Blickfeld der Untersuchung gerät. Plüss deutet diesen «konstruktiven Prozess» als «dramaturgische Tätigkeit», die sich von einem als rein rituell und hermetisch normativ geregelt verstandenen Vollzug unterscheidet und sich somit inszenierungsspezifisch untersuchen lässt.[638] An einer anderen Stelle fasst Plüss die Qualitäten einer sich auf den Gottesdienst als «strukturierte Inszenierung» beziehenden Analyse zusammen. Sie erlaubt es, den Gottesdienst als «liturgische Praxis» zu fassen, die

> «aktuelle, gestaltungrelevante Bezüge schon immer einbezogen hat und einbezieht. Die konkrete liturgische Praxis wich schon immer von den Vorlagen ab und stiess in Berei-

(«Endgültiger Revers des Thomaskantors, Leipzig, 5.5.1723», in: BD I, 177) Diese Formulierung deckt sich mit der weiter oben beschriebenen Definition Deylings der Kirchenmusik *ex negativo* (siehe 5.4.1) und dessen Wahrnehmung der Gemeinde als «auditores».

636 Siehe Plüss 2007, 203ff.

637 Bieritz 1995, 77 zit. n. Plüss 2007, 287.

638 Plüss 2007, 287.

che vor, die liturgietheoretisch noch nicht bearbeitet waren und nur mit zeitlicher Verzögerung oder gar nicht als theoriewürdige liturgische Themen Beachtung fanden.»[639]

Auf diese Weise lässt sich auch zur Zeit Bachs jede Kantatenaufführung über den Begriff «strukturierte Inszenierung» funktional mit dem «Beziehungssystem» Gottesdienst verbinden und diesen als «religiösen Vollzug» verstehen, der durch die jeweilige Kantatenaufführung mit ihren jeweiligen Inhalten an der «konstruktiven Arbeit» des Gottesdienstes partizipiert und somit selbst als Teil einer «liturgischen Neukonstruierung» verstanden werden kann.[640] Diese Dimension durchzieht die gesamte vorliegende Untersuchung. Ihr widmen sich insbesondere die Abschnitte, die den lutherischen Gottesdienst zur Zeit Bachs in seiner Mehrschichtigkeit ansprechen und der darin erklingenden Musik die «Gestaltungsaufgabe» zusprechen, diese unterschiedlichen Ebenen miteinander in Beziehung zu setzen.[641]

Selber bediene ich mich nicht der Sprache der Semiotik. Der Sache nach versuche ich aber im Rahmen dieser Untersuchung «gestaltungrelevante Bezüge» dort zu kennzeichnen, wo sie zur Erfassung der Beziehung zwischen Musik und Gottesdienst erhellend eingebracht werden können.[642] Die von Andreas Marti zeichentheoretisch geforderte hohe Eigenfunktionalität von Musik im Gottesdienst, die den Hörenden über den Reichtum an geweckten Assoziationen gedankliche Freiräume ermöglicht,[643] greife ich in dieser Untersuchung insofern auf, als ich den Reichtum an Bezügen zwischen dem Gottesdienst und der darin erklingenden Musik funktional nicht reduktionistisch «denotativ[...]» auf eine ihr zugewiesene «Minimalbedeutung» im Gottesdienst einzuschränken gedenke.[644] Im Gegenteil. Im Ausblicksabschnitt 11.4 stelle ich die These auf, wonach Bachs Musik von den Gottesdienstbesuchenden bewusst einiges an kombinatorischer Denkarbeit in der Absicht abverlangt, damit deren Andacht zu stimulieren. Die zeichentheoretische Annäherung an den vorliegenden Untersuchungsgegenstand findet aber in der Spannung zwischen der Andacht und der Unverfügbarkeit ihres Gegenstandes ihren wohl fassbarsten

---

639 Plüss 2007, 302f.

640 Siehe Plüss 2007, 286.

641 Siehe grundlegend 5.5, ferner in der Einzelanalyse 8.10.3, 8.12.4, 9.10.3 und 9.11, und schliesslich zusammenfassend 10.3.2.

642 Siehe zusammenfassend Abschnitt 10.3.2.

643 Marti 1985, 89f.

644 Marti 1985, 89.

Anhaltspunkt.[645] Zum Verhältnis «Theologie und Musik» hält Marti eine ähnlich selbsttranszendierende Qualität der Musik fest, als dies für die religiöse Andacht gilt:

> «Im Zusammenhang der Selbsttranszendierung, der Ausrichtung auf ein unverfügbares Unbedingtes, erhält die Musik Verweisfunktion. Sie weist über sich hinaus auf dieses Unbedingte, ohne deshalb zum heiligen Gegenstand zu werden. Diesem Verweischarakter entspricht der Charakter der Offenheit des Kunstwerks – Offenheit vielleicht im Sinne einer offenen Form. Viel grundsätzlicher aber besteht eine Offenheit der Rezeption, der Mehrschichtigkeit kunstvoller Gestaltung, die sich nicht in einer eindeutigen und abschliessend formulierbaren Deutung gleichsam ‹übersetzen› lässt.»[646]

Wenn Andacht und Musik im Rahmen dieser Untersuchung als letztlich auf Gott hin selbsttranszendierende und verweisende Grössen gefasst werden und somit auch zeichentheoretisch miteinander verglichen werden können, lässt sich dieser Umstand als weiteren Anhaltspunkt für eine von Bach bewusst wahrgenommene kirchenmusiktheoretische Zuordnung von Andacht und Musik werten: In ihrer Eignung, über sich hinaus zu weisen,[647] ist Musik mit der christlichen Andacht verwandt und auf diese Weise gewissermassen prädestiniert, die Gemeinde darin anzuleiten. Die von Bach untersuchte biblische Verankerung der Musik im Gottesdienst[648] gewinnt auf diese Weise eine phänomenologische Dimension. Das Adjektiv «andächtig» verdeutlicht diesen selbsttranszendierenden Zusammenhang.[649]

5.4.4 Verhaltenswissenschaftliche und ritualtheoretische Ansätze

Einen zu einer Inszenierungstheorie kontrapunktisch[650] einzubeziehenden Rückbezug auf das «Alltagsverhalten», wie es «verhaltenswissenschaftlichen und

---

645 Vgl. meine Erläuterungen zur lutherischen Mystik in 1.2.2. Zum *status gratiae*, in welchem Gottes Gegenwart im Zeichen des noch Vorläufigen steht, siehe 5.1.6. Die Unverfügbarkeit der Gottesgegenwart wird explizit in folgenden Abschnitten der Einzelanalysen behandelt: 7.6.2.2, 7.7.1,7.8.3.3, 8.9.3, 9.9.2.1, ferner in der Behandlung des Ertrags in 10.2.5, 10.3.2 und 10.3.5.

646 Marti 2002, 145.

647 Siehe die Besprechung der theologischen Verhältnisbestimmungen in 1.1.

648 Siehe die Unterabschnitte von 5.1.

649 Zum Ertrag semiotischer Ansätze in den Einzelanalysen siehe 10.3.2.

650 Plüss 2007, 52.

ritualtheoretischen Ansätzen»[651] eigen ist, kann diese Untersuchung nur sehr beschränkt leisten. Selbstverständlich rekurriert die Inszenierung einer Kantate sowie des Gottesdienstes als Ganzes auf den Alltag der teilnehmenden Gottesdienstgemeinde.[652] Aus der historischen Distanz heraus geraten ins Blickfeld der Untersuchung jedoch kaum mehr als literarisch fixierte Ausdrucksformen gelebter Frömmigkeit in der Gestalt von erbaulichen Schriften.[653] Auch erweisen sich Leipziger Gottesdienstbesuchende zur Zeit Bachs zum Beispiel zu Messezeiten[654] als eine soziokulturell äusserst gemischte und unbeständige Grösse, und der Leipziger Gottesdienst dieser Zeit lässt sich als «agendarisch gesteuerte[…] Verhaltenssequenz»[655] nicht genau genug beschreiben, als dass mit Josuttis «der inneren Logik ihres Ablaufs auf die Spur zu kommen»[656] wäre. Gleichwohl dürfte die «agendarische Steuerung» des Gemeindeverhaltens[657] keinem Zweifel unterliegen. Die von Josuttis anvisierte «Annäherung an das Göttliche»[658] lässt sich über diesen Weg aber kaum mehr historisch erschliessen. Ihm wird in seiner Charakterisierung des Gottesdienstes als «im vormodernen Sinn […] dramatische Vergegenwärtigung der Heilsgeschichte» aber insgesamt in Bezug auf die Verhältnisse zur Zeit Bachs Recht zu geben sein:[659]

> «Der Ritus realisiert den Mythos. Zur heiligen Zeit werden der Ursprung oder die Mitte der Zeit wiederholt. (…) Der Gottesdienst ist dann nicht nur Gemeindeveranstaltung und auch nicht nur Erinnerungsfeier an die Taten Gottes in der Vergangenheit, sondern jene soziale Situation, in der in, mit und unter menschlichem Verhalten das Heilige Handlungsgegenwart wird.»[660]

Ich werde mich im Verlauf der Einzelanalysen aus den genannten Gründen explizit nur vereinzelt auf Josuttis Ansatz beziehen. Gerade als zur Zeit Bachs

---

651 Plüss bezieht sich in der Hauptsache auf «Arbeiten von Manfred Josuttis, Werner Jetter und Hans-Günter Heimbrock» (Plüss 2007, 52).

652 In Bezug auf den Rekurs des Gottesdienstes auf die Alltagserfahrung der Gottesdienstgemeinde ist im Rahmen dieser Untersuchung auf deren Einarbeit in der Homiletik (siehe 5.3) und in den Fürbittegebeten (siehe 6.3) aufmerksam zu machen.

653 Siehe Pfefferkorn 2005.

654 Siehe Forchert 2000, 112.

655 Josuttis 1991, 17 zit. n. Plüss 2007, 277.

656 Josuttis 1991, 11 zit. n. Plüss 2007, 276.

657 ders. zit. n. Plüss 2007, 277.

658 Ebd.

659 Siehe 3.

660 Josuttis 1991, 149 und 151 zit. n. Plüss 2007, 278.

phänomenologisch noch unerschlossener und gleichzeitig unhinterfragter Vollzug,[661] vereinigt der Gottesdienst zumindest aus der Warte der ebenfalls absolutistischen Obrigkeit zweifellos den christlichen «Mythos» und die weltlichen Machtverhältnisse.[662] Einer sich in einem kirchen- wie machtpolitisch dergestalt aufgeladenem Kontext bewegenden musikalischen Aufführung haftet in meinen Augen automatisch die Dimension unkritischer Rezeption kultisch vermittelter Inhalte an. Oder positiv ausgedrückt: Die Leugnung jeder die herrschenden Machtverhältnisse infragestellenden Distanznahme fördert eine Wahrnehmung vom offiziell zelebrierten Kult als «dramatische Vergegenwärtigung der Heilsgeschichte» – «im vormodernen Sinn». In diesem Sinn liesse sich Josuttis Ansatz auf die Kirchenmusik zur Zeit Bachs überhaupt beziehen, und nicht nur in Sachsen. Da aber der Akzent dieser Untersuchung auf inszenierungsspezifischen Theorien liegt, nehme ich auf Josuttis nur an den Stellen der Analyse Bezug, wo dieser den von mir gewählten Akzent weiter profilieren hilft.[663]

5.4.5 Gottesdienst als Lernprozess

Einen weiteren Zugang, die «agendarische Steuerung» des Gottesdienstes zu analysieren, bieten lerntheoretische und lernpsychologische Ansätze, die Plüss mit Studien von Dieter Trautwein, John Deweys und Werner Correll verbindet[664] und den Gottesdienstablauf als «Lernphasen» in Augenschein nimmt, die sich in Abfolgen wie: Eingangsphase, Problemlösungsphase, Reaktions- und Rekreationsphase, Antizipationsphase und Ausgangsphase aufteilen lassen.[665] Auf den Leipziger Gottesdienst in der ersten Hälfte des 18. Jahrhunderts bezogen, ermöglicht eine lernprozessorientierte Wahrnehmung eine Gesamtschau des Gottesdienstablaufs, auch wenn dieser von Gottesdienstgemeinde wie Kultpersonal primär als agendarisch tradiert und somit als ‹gegeben› hin- und angenommen wird.[666] Auf die Lehrhaftigkeit liturgietheoretischer Erwägungen zum

661 Siehe Reichert 1975, 81f.

662 Zu den kirchenpolitischen Verhältnissen in Sachsen zur Zeit Bachs siehe Siegele 1999.

663 Zu den in der Einzeluntersuchung vorgenommenen Bezugnahmen auf Josuttis siehe 10.2.3.

664 Plüss 2007, 288.

665 Trautwein 1972, 20–33.125 zit. n. Plüss 2007, 288.

666 Zum Gebrauch der Agenden in Leipzig zur Zeit Bachs siehe Wetzel 1985, 132, Stiller 1971, 25ff. Zur Einhaltung der Agenden im 17. Jahrhundert siehe Reichert 1975, 78.

Gottesdienst (Deyling) und zur Predigt wird in dieser Untersuchung immer wieder Bezug genommen.[667]

5.4.6 Zwischen Ritual und Theater

Mit seinem Ansatz, Alltag und Theater ritualtheoretisch miteinander in Beziehung zu setzen,[668] gelingt es Victor Turner, «die stilisierten Kommunikationsformen des Rituals, des Theaters und des Gottesdienstes» als «qualitative Steigerung der Stilisierung und Inszenierung expressiven Verhaltens» vom «Alltagsverhalten»[669] abgehoben zu beschreiben. Als «liminal» versteht Turner den Kernbereich einer rituellen Handlung, in welchem die Alltagsvielfalt für die daran Teilnehmenden für den Augenblick des Rituals als aufgehoben erscheint.[670] Für die vorliegende Untersuchung ist weiter das mit der Liminalität eines Rituals korrespondierende «Communitas»-Konzept von Bedeutung, das auf Martin Buber zurückgeht:

> «Gemeinschaft aber ist das Nichtmehr-nebeneinander, sondern Beieinander einer Vielheit von Personen, die, ob sie auch mitsammen sich auf ein Ziel zu bewege, überall ein Aufeinanderzu, ein dynamisches Gegenüber, ein Fluten von Ich und Du erfährt: Gemeinschaft ist, wo Gemeinschaft geschieht.»[671]

In Bezug auf den historischen Kontext dieser Untersuchung bietet Turners Erfassung der Gottesdienstgemeinde als eine durch die Liminalität des Rituals gekennzeichnete Communitas Schlaglichter auf den Gottesdienst dieser Zeit und die in ihm praktizierten Selbstverständlichkeiten: Das Bubersche «Beieinander» verbindet das hochkomplexe soziale Gebilde, das Deyling scheinbar unpräzis mit «Gemeine»[672] bezeichnet, zur einzig relevanten Bezugsgrösse der Verkündigung selbst. Aus dieser Perspektive betrachtet ist es folgerichtig, wenn

---

667 So z. B. in 5.3, 5.4.9, 7.3.1, 7.9, 9.11 und grundsätzlich in allen Abschnitten zur *inventio* und zum *docere*. Zum Ertrag dieses Ansatzes auf die Einzelanalyse siehe 10.3.2.

668 Siehe Plüss 2007, 104.

669 Plüss 2007, 105.

670 Ebd.

671 Buber 1984, 185 zit. n. Plüss 2007, 106.

672 Deyling 1734a im Titel. Siehe 5.3.

das einzelne Gemeindeglied in der Predigt hauptsächlich mit Du[673] und in der Kantate hauptsächlich über ein idealtypisches Ich[674] angesprochen wird. Auch die Zielgerichtetheit des Gottesdienstes duldet im Kontext lutherisch-orthodoxer Gottesdienstauffassung keinen Zweifel.[675] Bubers «Aufeinanderzu» wird in der Zielrichtung auf das sonn- und feiertägliche Angebot des Abendmahls entsprochen, und für das «Fluten von Ich und Du» zwischen Gott und Mensch legen neben dem gottesdienstlichen Liedgut auch zahlreiche Kantatentexte ein beredtes Zeugnis ab.[676] Auch ist Bubers pointierte Zuspitzung «Gemeinschaft ist, wo Gemeinschaft geschieht» für den öffentlichen Vollzug dieser übliche soziokulturelle Schranken sprengende Begehung in inszenierungsspezifischer Hinsicht mit zu bedenken. Im Konzert der Theorien, die ich für diese Untersuchung heranziehe, bleibt der hier beschriebene Ansatz von marginaler Bedeutung. Er dient wie die drei zuvor besprochenen Theorien der Wahrnehmung von Phänomenen, die von Inszenierungstheorien nicht oder in meinen Augen unzureichend thematisiert werden.[677]

5.4.7 Religiöse Erfahrungsebene

Auf eine kultbezogene Übergangserfahrung anderer Art macht William James aufmerksam, wenn er Religiosität primär auf einer subjektiven und individuellen Erfahrungsebene zu fassen versucht und somit für eine Studie wie diese den notwendigen Hinweis beisteuert, unbedingt die Privatsphäre der einzelnen Gottesdienstbesuchenden unter inszenatorischen Gesichtspunkten mit zu bedenken.[678] Plüss greift in der Beschreibung des Jamesschen Ansatzes dessen

---

673 So z. B. im Predigtkondensat zum ersten Weihnachtstag: «Dein Heyland kömmt zu dir, ist auch dein Hertze rein?» Deyling 1734a, 3.

674 So z. B. in BWV 77,3: «Mein Gott, ich liebe dich von Herzen ...»

675 Deyling fasst die Zielsetzung jeder gottesdienstbezogenen «theologia practica» (Deyling 1734b, 2) zusammen: «Finis est Dei gloria, nec non sui ipsius ac auditorum, totiusque Ecclesiae aedificatio, amplificatio atque salus, I. Tim. IV, vult [- Ziel ist die Ehre Gottes, nicht allein seiner selbst und der hörerinnen und Hörer willen, sondern ebenfalls die Erbauung der gesamten Kirche, die Vermehrung sowie das Heil].» (Dey-ling 1734b, 3).

676 Siehe 10.3.5.

677 Zum Ertrag dieses Ansatzes für die Analyse der ausgewählten Bach-Kantaten siehe 10.3.2.

678 James 1997. Siehe hierzu Plüss 2007, 124.

Plädoyer für die «privaten Wirklichkeiten»[679] auf, der gegenüber «andere Dimensionen der Religion wie die kognitiv-doktrinale, die institutionelle und die kultische [...] sekundär»[680] seien. James fokussiert auf das «Interesse des Einzelnen an seiner persönlichen Bestimmung»:

> «Allen Göttern, an die wir glauben [...] ist gemein, dass sie persönliche Ansprüche anerkennen.»[681]

Gegen eine solche auf die Individualität und ‹das Recht› bzw. das Anliegen der einen Gottesdienst Mitfeiernden zielende Betrachtung sperrt sich auch eine historisch orientierte Untersuchung des Verhältnisses zwischen Gottesdienst und Musik zur Zeit Bachs in keiner Weise! Mag auch das Ich in Predigt,[682] Kirchenlied[683] und Kantatentext[684] idealtypisch den vom Evangelium angesprochenen Menschen bezeichnen, so bezieht sich dieses Ich letztlich doch auf das individuelle Ich, dessen Privatandacht im Rahmen des öffentlich inszenierten Gottesdienstvollzugs – nach James ganz egoistisch[685] – stimuliert werden will.[686] Dem Gottesdienst und seinen Teilen kommen auch in dieser Hinsicht liminale Qualitäten zu. Sie müssen als zwischen dem subjektiven individuellen Erleben und der vorgeschriebenen rollenspezifisch inszenierten kollektiven Teilnahme der Gemeindeglieder vermittelnde Begehungen wahrgenommen werden. Im Rahmen dieser Untersuchung übt James' Fokus eine grundlegende Funktion aus, hilft er doch den Vermittlungsauftrag herauszustreichen, den die Bach-Kantaten auf der Schwelle zwischen innerem (privatem) und äusserem

---

679 James 1997, 482 zit. n. Plüss 2007, 124.

680 Plüss 2007, 124.

681 James 1997, 478 zit. n. Plüss 2007, 124.

682 So in Deylings *Glaubens-Trost* zum 15. Sonntag nach Trinitatis: «Ich bin in GOtt vergnügt. Denn weil sein Auge wacht, / So geb ich als sein Kind euch Sorgen gute Nacht.» (Deyling 1734a, 28).

683 So im Lied: «Jesu, der du meine Seele», die ersten beiden Zeilen der Strophe 3: «Ach, ich bin ein Kind der Sünden, / Ach ich irre weit und breit» (Petzoldt 2005, 404), die in Bachs Kantate BWV 78,3 Aufnahme finden.

684 Dies trifft für nahezu jede Kantate zu.

685 «Die Religion ist, kurz gesagt, ein monumentales Kapitel in der Geschichte des menschlichen Egoismus» (James 1997, 478 zit. n. Plüss 2007, 124).

686 Das idealtypisch verwendete Ich der Kantatenlibretti wird in der Analyse der einzelnen Kantatensätze immer wieder thematisiert und in seinem jeweiligen Kontext inszenierungsrelevant beleuchtet. Explizit Bezug auf James nehme ich in 8.6.4, 8.7.3 und zusammenfassend in 10.3.

(kollektiv und agendarisch gesteuertem) Gottesdienst wahrnehmen.[687] Neben einigen Bezugnahmen in der Einzelanalyse greife ich auf diese, den Alltag der Gottesdienstbesucherinnen und -besucher berücksichtigende Theorie vor allem in der Auswertung (10) zurück, um sie mit den Ergebnissen der Untersuchung andachtsrelevant in Beziehung zu setzen.[688]

5.4.8 Identität und Szene

Unter dem Gesichtspunkt der in einem Gottesdienst wahrgenommenen Rollen auch des einzelnen Gemeindeglieds als Teil des zelebrierenden Kollektivs sind Zugänge aus der szenischen Anthropologie[689] zu berücksichtigen:

> «Menschen finden sich alltäglich immer schon in bestimmten Szenen vor, in denen sie unterschiedliche Rollen spielen. Zumeist gestalten sie die Szenen mit, prägen sie um oder schreiben das Skript, nach dem gespielt wird, fort.»[690]

Es ist im Rahmen einer Kantatenaufführung die Frage aufzugreifen, in welchem Mass die Szene beschreibbar wird, in die die Gemeindeglieder durch eine Kantate versetzt werden und welche dabei ihre aktive Rolle ist. Deylings Spezifizierung der Gottesdienstteilnehmenden als «Hörende» ist an dieser Stelle weiter zu vertiefen. In dieser Hinsicht gelangt auch die Identität der hörend Mitspielenden ins Blickfeld einer szenentheoretisch vorgenommenen Perspektivierung des Gottesdienstes und der darin aufgeführten Musik:

> «Menschen vergegenwärtigen sich und präsentieren ihre Identität durch die (Re-)Konstruktion aktuell relevant erscheinender Szenen ihrer Biographie.»[691]

Natürlich vollzieht sich eine solche die Biografie der Gemeindeglieder miteinschliessende Inszenierung zur Zeit Bachs ohne eigenständige Aktivität ihrerseits. Dennoch vollziehen die eine lebensgeschichtlich relevante Passage singenden und spielenden Musiker stellvertretend für die ihnen gegenübersitzende Gemeinde eine bewusst ausgeführte Re- und Neu-Inszenierung ihrer Biogra-

---

687 Siehe 5.5.

688 Siehe 10.3, insbesondere 10.3.2 und 10.3.4 sowie 10.4.

689 Siehe Plüss 2007, 111ff.

690 Plüss 2007, 111f.

691 Plüss 2007, 115.

fie.[692] An dieser Stelle sind «biographische Schlüsselszenen» heranzuziehen, die die «jeweilige Identitätskonstruktion» steuern:

> «Die Schlüsselszenen sind als Selbsttranszendenzerfahrungen zu verstehen, die, wie der Sozialphilosoph Hans Jonas einleuchtend dargelegt hat, die menschliche Identität in ihrem vorrationalen Selbstverständnis, ihrer Emotionalität und ihren normativen Werthaltungen massgeblich bestimmen.»[693]

In diesem Sinn können Passagen aus einer Kantatenaufführung die Inszenierung einer solchen für alle Beteiligte nachvollziehbaren «Schlüsselszene» darstellen und die grundsätzliche Bereitschaft der «Hörenden» (Deyling) stimulieren, sich mit der jeweiligen existenziellen Grundfrage auseinanderzusetzen. Wie in Bezug auf das zuvor besprochene Interesse James' an der Privatsphäre der Kultteilnehmenden wird diese szenenanthropologisch orientierte Theorie vereinzelt in der Einzelanalyse aufgegriffen, vor allem aber in der Profilierung der Ergebnisse im Abschnitt 10 herangezogen.[694]

5.4.9 Gottesdienst als Weg

Als letzten Übergänge im Gottesdienst thematisierenden theoretischen Zugang greife ich die in der Liturgieforschung häufig anzutreffende Wegmetaphorik auf. Alfred Ehrensperger fasst ihre heuristische Funktion im Vorspann zu seinem Internetartikel zusammen:

> «Die Weg-Metapher, die vor allem in neuerer Zeit auf den Gottesdienst angewendet wird, verdeutlicht dessen Charakter als sequenzielle Folge von sinnvoll aufeinander bezogenen Elementen. Zugleich bildet sich in ihr der Bezug auf Erfahrungen von Veränderung, Durchgang und Übergang ab, wie sie sich auch in verschiedenen biblischen Erzählungen spiegeln.»[695]

Die Wegmetaphorik ermöglicht somit, die im Gottesdienstgeschehen vollzogene Abfolge von einzelnen liturgischen Elementen – der Metaphorik folgend kann hier von «Schritten» gesprochen werden – mit der eigenen Erfahrungswelt und so mit der eigenen «Wegerfahrung» (Ehrensperger) zu verbinden. Doch

---

692 Plüss 2007, 117: «Eine Biographie ‹haben› heisst, sowohl bewusst re-inszenierend als auch neu-inszenierend in ihr stehen.»

693 Plüss 2007, 118f.

694 Siehe insbesondere 10.3, 10.3.2, 10.3.4 und 10.4.

695 Ehrensperger 2006, 1.

bereits die heilsgeschichtlich angelegte lutherische Status-Lehre, im Rahmen derer sich die Menschheit vom ursprünglichen *status innocentiae* auf den angestrebten *status gloriae* zubewegt und dabei im christlichen Zeitalter den *status gratiae* durchläuft,[696] versteht die Gottesdienstbesuchenden grundsätzlich als Weggemeinschaft durch die Zeit. In meiner Analyse wird die Wegmetapher als solche im Rahmen der musikalischen Umsetzung der Verkündigungsvorgabe thematisiert. Ausserdem werde ich solche Übergänge wegmetaphorisch deuten, die den Wechsel vom ‹regulären› Gottesdienstablauf zur Kantate und von der Kantate wieder zurück zum ‹regulären› Gottesdienstablauf steuern helfen.[697]

5.4.10 Gottesdienst als Textinszenierung

Im Folgenden streife ich die von Plüss zusammengefassten textinszenierungsrelevanten Ansätze, die sich mit der Aufführung der Bach-Kantaten in Verbindung bringen lassen und nicht Aspekte berühren, die sich aus der zeitlichen Distanz heraus phänomenologisch nicht mehr eruieren lassen, wie zum Beispiel Plüss' eigene auf den «komplexen Prozess körperlicher Kommunikation»[698] fokussierende Forschung.

5.4.10.1 Henning Luther

Allein schon die liturgiepragmatische Einbettung einer Kantatenaufführung zwischen Schriftlesung und Bekenntnis und ihre eindeutige formale wie inhaltliche Bezogenheit auf die Predigt lässt den ihr zugrunde liegenden Bibeltext als «Skript»[699] erscheinen, auf den die jeweilige Inszenierung thematisch Bezug zu nehmen hat. Mit Henning Luthers Aufsatz «Predigt als inszenierter Text»[700] gerät das zentrale Stück des reformatorisch geprägten Gottesdienstes als «Vollzug» und «Kommunikationsprozess» ins Gesichtsfeld einer Forschung, die sich für inszenierungsspezifische Fragen interessiert.[701] Predigthörende verwandeln sich mit dieser Optik vom rein rezeptiv verstandenen Objekt der Verkündi-

---

696 Siehe 5.1.6.

697 Siehe die den Ertrag der Untersuchung zusammenfassenden Abschnitte 10.2.3 und 10.3.2.

698 Plüss 2007, 85.

699 Plüss 2007, 55.

700 Henning Luther 1983.

701 Siehe Plüss 2007, 54.

gung (Salomon Deyling) zu deren recht eigentlichem «Orientierungspunkt» (Henning Luther).[702] Wird zum Beispiel die Sonntagsperikope als «Skript» verstanden, leitet dies eine signifikante Wende in der Wahrnehmung der Predigt ein: Diese ist nun nicht mehr allein Textauslegung, sondern stellt sich gewissermassen ins Licht eines biblischen Textes und versteht sich als Teil von dessen Wirkungsprozess und somit als den Text re-interpretierende und aktualisierende Neuaufführung.[703] Hierzu Henning Luther:

> «Predigt wäre demnach nicht als Textauslegung zu begreifen, sondern als Inszenierung eines Textes, als der Versuch, den Text in die Szenen unserer Situation, unserer Gegenwart zu versetzen, damit er da neu wirken und leben kann.»[704]

Im Rahmen dieser Untersuchung dient die von Henning Luther vorgenommene Umorientierung der Verkündigung auf die Gemeinde als willkommene Analogie zu Bachs eigenem Verständnis einer «andächtig Musig», einer Musik, die ihren Bezugspunkt nicht in erster Linie am Schriftwort als solches findet, sondern in der durch dieses Wort ausgelösten und reinszenierten Andacht der Hörerinnen und Hörer.[705]

5.4.10.2 Martin Nicol

Über die Erfassung einer Perikope als «Textraum» erschliesst Martin Nicol deren homiletische Wirkungsgeschichte als «Selbsterschliessung des biblischen Wortes»:[706]

> «Damit ist der homiletische Deutungsprozess sowohl dem Belieben der Predigerin wie des Hörers entzogen und essentiell mit dem Text verbunden, ohne allerdings Predigerin und Hörer von der Aufgabe zu befreien, sich engagiert an diesem Prozess zu beteiligen, indem sie den Textraum betreten und begehen.»[707]

Unter diesem Aspekt erscheint auch eine musikalische Darbietung im Anschluss an die vorgetragene Evangeliumsperikope nicht einzig als musikalisches

---

702 Henning Luther 1983, 95 zit. n. Plüss, 2007, 55.
703 Siehe Plüss 2007, 55.
704 Henning Luther 1983, 97 zit. n. Plüss 2007, 55.
705 Zur Anwendung dieses Zugangs in der Einzelanalyse siehe 10.3.2. Doch schon die Bezeichnung «inszenierte Andacht», mit der ich jede Analyse eines Kantatensatzes abschliesse, verdankt sich Henning Luthers Ansatzes.
706 Nicol 1994, 279 zit. n. Plüss 2007, 60.
707 Ebd.

Echo auf die vorausgegangene liturgische Begehung, als Kommentar oder Auslegung allein, sondern weit elementarer als ein möglicher Ausdruck der «Selbsterschliessung des biblischen Wortes» selbst. So betrachtet teilt eine Kantate zunächst einmal mit dem Text denselben ‹Klangraum›, so wie es etwas später im Gottesdienst die offiziell akkreditierte ständige Amtspredigt aus dieser Optik heraus ebenfalls tun wird. Auf diese Weise lässt sich eine Kantatenaufführung als eine von der Predigt unterschiedene «Selbsterschliessung des biblischen Wortes» begreifen. Damit entledigt sie sich des Erwartungsdrucks, einzig als «Predigt sui generis»[708] wahrgenommen zu werden. Mit Nicols Theorie lässt sich Scherings weiter oben besprochene Definition der Kantate als «klingende[s] Seitenstück zur Predigt»[709] einerseits als eine mögliche Selbsterschliessungsform des biblischen Wortes neben anderen aus ihrer Fixierung zur Predigt als einer spezifischen Redegattung in den Blick bekommen, an die sich die Kantate in der einen oder anderen Weise anzulehnen hätte. Andererseits ermöglicht Nicols Zugang, weitere liturgischen Stücke wie die Gebete, das Credo, den Gemeindegesang usw., ja sogar die Privatandacht der Gottesdienstteilnehmenden selbst als Bestandteile der beschriebenen Selbsterschliessung des göttlichen Wortes und in diesem Sinne ebenfalls als «Seitenstücke» zur Predigt zu begreifen und konzeptionell aufeinander zu beziehen.[710] Anders formuliert lässt Nicols Ansatz, die Predigt als Dramatisierung von Inhalten zu verstehen und den mündlichen Akt des Predigens unabhängig vom Manuskript zum eigentlichen Untersuchungsgegenstand zu machen,[711] analog dazu auch die *in actu* Musizierenden und Musikhörenden als Beteiligte eines «Deutungsprozesses» in Erscheinung treten, im Rahmen dessen alle Gottesdiensthandlungen losgelöst von ihrer kirchengeschichtlich bedingten Hierarchisierung ‹partnerschaftlich› interaktiv aufeinander bezogen sind. Die dramaturgische Erschliessung der Sonntagsperikope als «Textraum» verhilft dazu, nun auch den Klang-Raum einer Kantatenaufführung als den Gottesdienst mitgestaltend zu profilieren und von jeder hergebrachten institutionellen Unterordnung zu befreien. In Bezug auf diesen in der Vergangenheit liegenden Untersuchungsgegenstand gilt

---

[708] Renate Steiger 2002, 3.

[709] Schering 1926, 12 siehe 5.4.

[710] Mit diesen Erwägungen ist bereits die Ebene des Ausblicks angesprochen, der im Abschnitt 11 und in dessen Unterabschnitten entwickelt wird. An dieser Stelle erfüllen sie die Aufgabe, die ganz spezifische Gattung Kantate von allzu präzisen liturgischen Zuschreibungen lösen zu helfen.

[711] Siehe Plüss 2007, 61.

es mit Nicols Ansatz nun nicht einfach, die gegebenen historisch gewachsenen Hierarchien in der Planung und Durchführung eines Gottesdienstes als unerheblich zu bagatellisieren, sondern diese vielmehr auf das Potenzial einer Musik hin zu relativieren, sich im Rahmen ihres Auftrags und ihrer andachtsspezifischen Kompetenzen die inszenatorischen Lizenzen zu nehmen, die einem Komponisten wie Bach zur Durchführung seines Auftrages opportun erscheinen.[712]

5.4.10.3 Michael Meyer-Blank

Mit Michael Meyer-Blank lässt sich der Inszenierungsbegriff nun vollends in seiner hermeneutischen Leistung zur Beurteilung nicht nur der sich am Predigtereignis anlehnenden Gottesdienstmusik, sondern des gesamten Gottesdienstes überhaupt als «Inszenierung des Evangeliums» würdigen.[713] Der Gottesdienst wird insgesamt in Anlehnung an Martin Luthers Torgauer Formel als «Ineinander von Gottes Werk und der entsprechenden menschlichen Kunst»[714] liturgietheoretisch im Ineinandergreifen beider Handlungsebenen begriffen. Wie in Bezug auf die Predigt wird nun der Gottesdienst selbst insgesamt unter dramaturgischen, das heisst somit auch unter ästhetischen Gesichtspunkten analysiert, was dem Gegenstand einer Kantatenaufführung und deren ‹Zusammenspiel› mit dem Gottesdienst insgesamt in hohem Masse entspricht. Bei Meyer-Blank spitzt sich die Nähe von «menschlicher Kunst» zum göttlichen Gegenüber insofern noch einmal zu, als sich aus seiner Optik im Gottesdienst «Gottes (katabatisches) Handeln» selbst «(anabatisch) als menschliche Kunst»[715] vollzieht.[716] Plüss bringt Meyer-Blanks Ansatz auf die Formel:

> «Gottes Handeln wird nicht durch das liturgische Geschehen begründet, wohl aber kommuniziert […] Gottes Handeln zeigt sich *als* menschliches Handeln und an diesem.»[717]

---

712 Zum Ertrag dieser Theorie für die vorliegende Untersuchung siehe 10.3.2.

713 Siehe Plüss 2007, 66ff.

714 Meyer-Blank 2003, 780 zit. n. Plüss 2007, 66.

715 Ebd.

716 Zur responsorialen Qualität des lutherischen Gottesdienstes siehe Arnold 2004, 150f.: «‹*Sacramentum et sacrificium laudis*› – die responsorische Struktur (Apol. XXIV)».

717 Plüss 2007, 67.

Bereits mit einer solchen liturgietheoretischen Annäherung an gottesdienstliche Vollzüge lässt sich Bachs Verständnis andächtiger Musik plausibilisieren: diese inszeniert demnach nichts anderes, als was sich im Gottesdienst ohnehin bereits «im kunstvollen Handeln der Menschen»[718] zeigt, nämlich Gott selbst. Bachs Kantaten lassen sich liturgietheoretisch somit als eine der Gesamtinszenierung Gottesdienst zugeordnete Teilinszenierung des Evangeliums perspektivieren. Weiter erweist sich der von Meyer-Blank in die liturgieinszenatorische Diskussion eingebrachte Begriff der Präsenz zumindest indirekt als erhellend für eine Zusage, die Bach dem Leipziger Rat gibt. Meyer-Blank versteht unter Präsenz, «die durch das Bewusstsein des Inszenatorischen gebrochene Authentizität.»[719] Plüss fasst diesen Ansatz folgendermassen zusammen:

> «Es geht dabei um das Ineinander und Miteinander von Rolle und Person, um das gleichzeitige Bewohnen der Welt der Rolle wie der eigenen Welt. Diese Gleichzeitigkeit zeigt sich als Spannung, die nicht auf eine Seite hin aufgelöst werden kann, sondern gerade in der Spannung ihr Potenzial entfaltet. Die Liturgin soll ganz als Person präsent und zugleich ganz in der Rolle sein.»[720]

Bachs Zusage im «Endgültigen Revers des Thomaskantors», «zu Beybehaltung guter Ordnung in den Kirchen die *Music* dergestalt ein[zu]richten, daß sie nicht zulang währen, auch also beschaffen seyn möge, damit sie nicht *opern*-hafftig herauskommen, sondern die Zuhörer vielmehr zur Andacht aufmuntere»,[721] lässt *ex negativo* das vom Rat erwünschte Rollenverständnis des Kantors im Rahmen gottesdienstlicher Musik aufscheinen: In Ermangelung positiv benennbarer Kriterien möge Bach mit seiner Person für die Einhaltung des denkbar unpräzisen und dennoch dezidiert ihm angetragenen Ratswunsches einstehen. Damit Musik «die Zuhörer[722] [...] zur Andacht aufmuntere» gilt es, sich als Kantor «zu Beybehaltung guter Ordnung in den Kirchen» seiner Rolle bewusst zu bleiben, die ihm vom Rat mit seiner Ernennung übertragen wird.

---

718 Plüss 2007, 66.

719 Meyer-Blanck 2003, 781 zit. n. Plüss 2007, 68.

720 Ebd.

721 «Endgültiger Revers des Thomaskantors, Leipzig, 5.5.1723», in: BD I, 177. Zur differenzierten Haltung der lutherischen Orthodoxie in Bezug auf die für die Kirchenmusik bestimmten Libretti und deren Vertonungen zu Bachs Zeit siehe Leaver 2013, 180f.

722 Zur musik- wie gottesdienstgeschichtlichen Zuordnung des Begriffs «Zuhörer» im Kontext kirchenmusikalischer Darbietungen siehe Leaver 2013, 189f.

Alles Weitere ist eine Frage der beruflichen Qualifikation und der Absprache mit der kirchlichen Behörde.

Insbesondere die Wahrnehmung des Gottesdienstes als «Inszenierung des Evangeliums» schlägt sich für die vorliegende Untersuchung als grundlegend zu Buche, auch wenn dies von mir explizit – wie in Bezug auf die übrigen theoretischen Ansätze ebenfalls – nur an wenigen Stellen geschieht.[723]

5.4.10.4 Yorick Spiegel

Mit Yorick Spiegel greift Plüss weiter ein sozialpsychologisch orientiertes szenentheoretisches Gottesdienstkonzept[724] auf, in welchem Liturginnen und Liturgen «eine Stellvertreterfunktion für die Gottesdienstteilnehmer» übernehmen:

> «Stellvertretend für die Teilnehmer betet der Liturg, formuliert Ängste, Not und Schuld – so wie die Hoffnung auf deren Bearbeitung und Überwindung.»[725]

Was aus einer Gegenwartsperspektive heraus auf Liturginnen und Liturgen übertragen wird, lässt sich im Rahmen einer Kantatenaufführung auf die musikalisch-poetisch in Szene gesetzten Texten anwenden, in denen über ein stilisierte Ich und über ein den Gemeindesang aufgreifenden Chor in der Tat stellvertretend ausgelegt, reflektiert, gebetet, geklagt und gelobt wird.[726]

> «Die inneren Konflikte der Gottesdienstteilnehmerinnen werden auf der äusseren Bühne artikuliert und aufgeführt – im Gebet, in der Lesung, in der Predigt.»[727]

Im Unterschied zu Spiegel ist eine Predigt zur Zeit Bachs kaum als in Stellvertretung für die Gemeinde gehalten zu interpretieren. Hierfür wird von Deyling das Gegenüber von «Priester» und «Gemeine» liturgiefunktional zu deutlich betont.[728] Im Gegensatz dazu wird eine solche Annäherung in den Kantaten so

---

723 Siehe zusammenfassend 10.2.5, 10.3.2, 10.3.4 sowie in Bezug auf den Ausblick 11.2 und 11.3.

724 Spiegel 1972 besprochen bei Plüss 2007, 69–71.

725 Plüss 2007, 70.

726 An Predigten erinnernde Passagen, in denen ermahnt, beglückwünscht oder getadelt wird, werden nicht in der Ich-Form vorgetragen. Siehe Bach und Deyling im Vergleich (10.4).

727 Plüss 2007, 70.

728 Siehe 3.2, 5.3 und 10.4.

manchen Anhaltspunkt finden können.[729] Plüss spitzt Spiegels Ansatz auf seine religiös-gottesdienstliche Dimension hin folgendermassen zu:

> «Es geht darum, Identität als durch Gottesbegegnungen ereignishaft konstituiert zu thematisieren oder, genauer, zu (re-)inszenieren.»[730]

5.4.10.5 Wilhelm Gräb

In seinem Forschungsüberblick beschreibt Plüss Wilhelm Gräbs erfahrungstheoretische Kunst und Religion aufeinander beziehende Untersuchung,[731] die auf die «vorsprachliche Gestimmtheit oder Erregung» der Gottesdienstteilnehmenden eingeht und diese als «konstitutives Element religiöser (wie ästhetischer) Erfahrung»[732] bestimmt. Mit einem solchen Zugang lässt sich die Affekthaltigkeit der Barockmusik als liturgiepraktische Kompetenz interpretieren, Gottesdienstteilnehmende zu «interpretierende[r] Aktivität»[733] anzuregen:

> «Nach *Gräb* wollen unsere Zeitgenossen ausserhalb der Kerngemeinde durch ‹ästhetische Verflüssigungen› und das ‹überraschende Spiel mit überlieferten Deutungsmustern› angesprochen werden. In Gottesdienst und Predigt ginge es demnach um durch kunstvolle Inszenierungen bewirkte affektive Erregung, die zu plausiblen Selbstdeutungen der beteiligten Individuen mittels der angebotenen Medien (sprachliche und gestische Zeichen) anregen. Die *inhaltliche* Bedeutung der liturgischen Inszenierung liegt also *nicht in dieser Inszenierung selbst*, sondern wird *individuell* als situativer Deutungsprozess *realisiert.*»[734]

Was hier mit Bezugnahme auf die «Zeitgenossen ausserhalb der Kerngemeinde» vermutet wird, lässt sich ziemlich genau auf die Sonderleistung der Kantateninszenierungen innerhalb des Leipziger Gottesdienstes des 18. Jahrhunderts für die Kern- wie Messegemeinde übertragen. Stichworte wie die «ästhetischen Verflüssigungen» und das «überraschende Spiel mit überlieferten Deutungsmustern» lassen sich wie bei keinem anderen gottesdiensttheoretischen Ansatz der Gegenwart auf die liturgieästhetische Besonderheit einer Hauptmusik zur Zeit Bachs und deren Aufgabe übertragen, zu «plausiblen Selbstdeutungen der

---

729 Siehe die den Ertrag der Untersuchung zusammenfassenden Abschnitte 10.2.3, 10.3.2 und 10.3.5.

730 Plüss 2007, 71.

731 Gräb 1997, 225 zitiert nach und besprochen von Plüss 2007, 76.

732 Ebd.

733 Plüss 2007, 77.

734 Ebd.

beteiligten Individuen mittels der angebotenen Medien» anzuregen.[735] Unter diesem Gesichtspunkt betrachtet, ‹gehört› auch eine Kantate zur Zeit Bachs mit all ihren inhaltlichen Anspielungen und Gedankenkombinationen niemand anderem als dem einzelnen Gottesdienstbesuchenden und *dessen* individueller und privater Andacht:[736] «*inhaltliche Bedeutung* [...] wird *individuell* als situativer Deutungsprozess *realisiert*».

5.5 Innerer und äusserer Gottesdienst – eine erbauungsrelevante Unterscheidung

Als letzten theoretischen Zugang zum Untersuchungsgegenstand bringe ich eine Theorie in Anschlag, die in Bezug auf den öffentlich zelebrierten Gottesdienst zur Zeit Bachs zwischen einem *inneren* und einem *äusseren* Vorgang unterscheidet. Eine solche klare Differenzierung drängt sich unter den historischen Voraussetzungen formalliturgisch nicht auf, auch wenn Abschnitt 4 gezeigt hat, dass bei der Entstehung von Kirchenkantaten ganz andere als nur liturgische Bezüge eine Rolle spielen, und dass über den Reichtum an poetischen wie musikalischen Formen die Erfahrungswelt der Gottesdienstbesucherinnen und -besucher in den agendarisch vorbestimmten Kult in einem Mass Einzug halten, wie es bei keinem weiteren musikalischem Stück der Fall ist.[737] Erst recht kann sich die Unterscheidung zwischen einem inneren und einem äusseren Gottesdienst nicht auf die lutherische Gottesdienstlehre abstützen,[738] auch wenn Luther die Verkündigung ins Zentrum der Liturgie stellt und damit selbst bereits den Rahmen des über die Jahrhunderte gewachsenen

---

735 Diese Zielsetzung lässt sich auf jeden der analysierten Kantatensätze übertragen, ist sie doch im rhetorischen Prinzip des *bene dicere* (5.2) bereits angelegt. Der Umstand, dass sich Bach in der Umsetzung dieses Prinzips eines reichen Instrumentariums an Ausdrucksmitteln und -formen bedient, weist in dieselbe Richtung, die Richtung einer Kommunikation nämlich, die auf die Plausibilisierung und Aktualisierung der biblischen und kirchlichen Botschaft ausgerichtet ist (siehe die Abschnitte, die die Ergebnisse der Analysen jeweils einer Kantate zusammentragen: 7.9, 8.13 und 9.11 sowie abschliessend 10.3.2).

736 Siehe insbesondere die Abschnitte 10.3.1–10.3.3 und abschliessend 10.3.4.

737 Der Erfahrungsbezug spielt im Verlauf der ganzen Untersuchung eine grosse Rolle. Ich verweise an dieser Stelle auf den systematisierenden und zusammenfassenden Abschnitt 10.

738 Siehe Abschnitt 3.

gottesdienstlichen Verweissystems sprengt.[739] Die von mir in Anschlag gebrachte Unterscheidung nimmt ihren Ausgangspunkt vielmehr im persönlichen Nachvollzug der Gottesdienstgemeinde selber bzw. in deren Schwierigkeit, den obrigkeitlich verordneten Gottesdienst zur eigenen Erbauung nutzbringend nachzuvollziehen.[740] Dieser frömmigkeitsgeschichtlich bedeutsamen Problematik versucht bereits Johann Arndt mit der Unterscheidung zwischen einem inneren und einem äusseren Gottesdienst zu begegnen.[741] Die in 5.4 vorgestellte Formel Scherings, wonach die Kantaten das «klingende Seitenstück zur Predigt»[742] darstellen, habe ich unter anderem auch auf die Möglichkeit hin besprochen, dass der lutherische Gottesdienst zur Zeit Bachs in seiner Akzeptanz in der Bevölkerung signifikante Defizite aufweist, und dass ein impliziter Auftrag an die Kirchenmusik darin bestehen könnte, der Predigt in einer noch zu bestimmenden Weise erbauungsförderlich ‹zur Seite› zu stehen. Nun müsste eine solche verdachtshermeneutisch geführte Annäherung an den Gegenstand sozialgeschichtlich gründlicher gestützt werden können, als es der Rahmen dieser Untersuchung zulässt. Gleichwohl gaben die vorausgehenden Abschnitte dieser Untersuchung immer wieder Anlass, die Zeit der Orthodoxie frömmigkeitsgeschichtlich auch als eine Krisenzeit einzustufen.[743] Die weiter oben etwas ausführlicher besprochene Auseinandersetzung der Orthodoxie mit Pietismus und Aufklärung[744] möge als Beleg hierfür genügen, die lutherische Kirche orthodoxer Prägung mit dem ihr eigentümlich grossen Aufwand, die Feier des öffentlichen Gottesdienstes zu gestalten und zu verantworten, in der Frage ihres Vermögens, zur geistlichen Erbauung der Gemeinde wirksam beizutragen, als eine zumindest nicht unangefochtene Grösse darzustellen. Wie die Feier des

---

739 Siehe 1.1.1.

740 Zur Krisensituation im lutherischen Gottesdienst siehe 3, 5.1.4 und 5.1.5.

741 Mit dieser Theorie gerät nun eine Dimension ins Blickfeld, die sich im Rahmen dieser historisch orientierten Untersuchung erstmals mit der Erfahrungswelt der Menschen verbindet, die zur Zeit Bachs als Gemeinde den Sonn- und Festtagsgottesdienst besuchen. Dieser Umstand ist umso bemerkenswerter, als ich eingangs dieser Untersuchung die Schwierigkeit erläutert habe, das Verhältnis zwischen Musik und Gottesdienst über die Rezeption durch die Gemeinde zur Zeit Bachs dokumentieren zu können (1.1.2).

742 Schering 1926, 12.

743 Siehe 3, 5.1.4 und ausführlicher 5.1.5 sowie im Zusammenhang mit dem Kirchenlied die eindrückliche Studie Hans-Georg Kempers (Kemper 1986).

744 Siehe 1.2 mit Unterabschnitten.

Gottesdienstes bereits um die Wende zum 17. Jahrhundert in der Bevölkerung frömmigkeitsgeschichtlich rezipiert wird, darüber lassen sich aus heutiger Sicht kaum mehr gesicherte Daten erheben.[745] Es ist aber zu vermuten, dass Johann Arndts Gottesdiensttheorie auch als Antwort auf ein gewisses Unbehagen vonseiten der Gottesdienstbesucherinnen und -besucher zu werten ist, den öffentlich gefeierten Gottesdienst mit deren geistlichen Bedürfnissen in Einklang zu bringen. Seine Unterscheidung zwischen einem äusseren und einem inneren Gottesdienst begründet Arndt daher nicht nur dezidiert biblisch-theologisch. Vielmehr scheinen in Arndts Argumentation auch bedürfnis- und praxisorientierte Bezüge durch:

> «Das XXI. Capitel. Vom rechten wahren Gottesdienst.[746][…]
> Wann wir aber nun verstehen wöllen / welches der rechte GottesDienst sey/ müssen wir Alt und Newe Testament gegen einander halten/ so wirdt sichs auß der Collation [= Zusammenstellung] vnnd Vergleichung finden: jener GottesDienst war eusserlich im Buchstaben deß Gesetzes/ nach dem sie sich richten musten/ wollten sie jhren GottesDienst recht verrichten/ nemblich/ nach dem klaren Buchstaben: Vnser GottesDienst im Newen Testament ist nicht mehr eusserlich im Buchstaben/ sondern jnnerlich im Geist vnd in der Wahrheit […]. Jener GottesDienst gieng all auß Gebotten vnnd Satzungen: Vnser GottesDienst soll auß dem Glauben vnd freywilligem Geist gethan seyn.»[747]

Aus der Gegenüberstellung Altes und Neues Testament heraus ist nach Arndt der christliche Gottesdienst fundamental als eine von innen heraus vollzogene Begehung zu begreifen: Er wird «auß dem Glauben vnd freywilligem Geist gethan». Auf dieser Ebene gerät die Frömmigkeit der Gottesdienstgemeinde als unabdingbare Voraussetzung jedes christlichen Gottesdienstes in den Gesichtskreis gottesdiensttheoretischer Überlegungen. Auch die Freiwilligkeit zum Gottesdienst wird an dieser Stelle herausgestrichen. Sie ist zusammen mit dem Glauben die ‹Sollvorgabe› der christlichen Gottesdienstpraxis überhaupt. Die Arndtsche zum Dualismus neigende Unterscheidung zwischen alt und neu, wahr und falsch, Leben und Tod usw. wurde in 5.1.5 bereits erläutert. Insbesondere aber die Unterscheidung zwischen einem *inneren* und einem *äusseren* Gottesdienst wird im Anschluss an Arndt in die liturgietheoretische Diskussion des 17. und 18. Jahrhunderts Einzug halten und die Entwicklung des lutheri-

---

745 Siehe Pfefferkorn 2005, 91–98.
746 Arndt 2005, 171.
747 Arndt 2005, 172.

schen Gottesdienstes beeinflussen.[748] Statt auf radikal pietistische Positionen einzugehen, die eine völlige Abschaffung des offiziellen Kultes verlangen,[749] greife ich die für den Dialog mit der lutherischen Orthodoxie weit fruchtbarere Haltung Speners auf, der seine «Kritik grundsätzlich im Gegenüber zu den kirchenamtlichen Liturgien betreibt» aber «nicht unter Absehung von ihnen.»[750] Reichert fasst Speners Unterscheidung zwischen beiden Gottesdienstformen wie folgt zusammen:

> «Der Gottesdienst ist erstens […] in Bezug auf das ganze Leben verstanden; d. h. aber für ihn, daß der innerliche Gottesdienst der wesentlich rechte ist. Er ist als solcher nicht an Zeit und Raum gebunden, er allein kann Grund des Vertrauens sein. Von diesem Wesen und der Bedeutung des inneren Gottesdienstes her ist der äußere allein als Mittel zur Weckung des inneren zu bestimmen […] Der äußerliche Gottesdienst dient zur Ehre Gottes durch Wort und Sakrament und bezieht sich, wie schon das Neue Testament zeigt, auf Reinigkeit, Sauberkeit und gute Ordnung […] Äusserer Gottesdienst ohne inneren ist ein Greuel und gegen Gottes Willen, da dort Geist und Wahrheit fehlen.»[751]

Die Vertreter der Orthodoxie zeigen sich analog zu Deyling kaum gewillt, die Diskussion um den «inneren» und «äusseren» Gottesdienst anders als aus der Position der Verteidigung des äusseren Gottesdienstes als dogmatisch abgeleite-

---

748 Siehe Reichert 1975, 72ff: «Kirchliche und gottesdienstliche Situation». In Bezug auf die Unterscheidung innerer und äusserer Gottesdienst siehe insbesondere die Seiten 96ff. Ganz anders verhält es sich in der Wahrnehmung von innen und aussen im Kontext der zwinglischen Theologie. Die Anbetung Gottes «in Geist und Wahrheit» nach Joh 4,24 (Schlussrede, Art. 44) erfolgt als «innerliche Anbetung». «Es ist deutlich, daß Zwingli unter geistiger Anbetung wortlose Anbetung versteht. […] Wer […] andächtig ist, ist allein in seinem Kämmerlein, bei geschlossener Türe. Denn die Andacht wird durch die Menge gefälscht. […] Es soll jeglicher Anschein von Werkgerechtigkeit vermieden werden. Ort des menschlichen Werkes aber ist alles Äußere. Dieses mag zwar irdischen Lohn haben, aber es hat mit Gott zunächst nichts zu tun, im Gegensatz zum Geistigen, das der Bereich Gottes ist. Das Innere, Geistige, ist der Ort des Glaubens; das Äußere der Ort des Lohnes aus den Werken. […] Und diese Gefahr zu bannen, soll der Gottesdienst so innerlich wie möglich sein.» (Knellwolf 1989, 50–52). Diese radikale Auffassung wird von der reformierten Orthodoxie in Zürich freilich nicht aufrechterhalten (siehe Knellwolf 1989, 46ff).

749 Siehe Wallmann 2010b, 124ff. Zum Pietismus und dem Gottesdienst allgemein siehe 1.2.3.

750 Reichert 1975, 93.

751 Reichert 1975, 99f.

te und somit unabänderlich gegebene Grösse heraus zu führen.[752] Dies liegt zu einem grossen Teil an der staatskirchenrechtlichen Verankerung der Liturgie selbst.[753] Dennoch scheint Deylings Forderung, die Musik solle zur Andacht aufmuntern,[754] in dieser Frage auf einen möglichen Kompromiss zuzusteuern und der Unterscheidung zwischen innerem und äusserem Gottesdienst eine gewisse Berechtigung nicht absprechen zu wollen. In welchem Mass der äussere Gottesdienst aus sich heraus etwa die Kraft besitzt, Andacht hervorzurufen, darüber lässt Deyling nichts verlauten. Dass die Musik in seinen Augen einen gottesdiensttheoretischen Auftrag erfüllt, sofern sie zur Andacht anregt, steht für ihn aber fest. Wie sich auch immer Bach selbst zu dieser die Gemüter seiner Zeit offenbar bewegenden Auseinandersetzung stellen mag, lässt sich sein Notabene zu 2Chr 5,13 liturgiepragmatisch mit dem moderat pietistischen Differenzierungsversuch Speners in Beziehung setzen, der eine praxis- und gemeindenahe Auseinandersetzung mit dem zu seiner Zeit effektiv gefeierten Gottesdienst anstrebt. Denn unter den von Spener beschriebenen rezeptionsorientierten Voraussetzungen lassen sich die Kirchenkantaten Bachs im Anschluss an die in 5.1ff. gewonnenen Ergebnisse mit ihrem Formenreichtum recht leicht als Vermittlerinnen zwischen den beiden Gottesdienstebenen begreifen, die es in dieser Untersuchung von nun an erbauungsrelevant zu unterscheiden gilt. Unter diesem Gesichtspunkt betrachtet, erhält Scherings schillernde Bestimmung der Kirchenkantate als «klingende[s] Seitenstück zur Predigt»[755] eine regelrecht gottesdiensthermeneutische Dynamik: Die zum *inneren Gottesdienst* der Gemeinde anregende Musik tritt über ihre vielfältigen Bezüge zu Liturgie und Predigt in der Weise mit dem *äusseren Gottesdienst* in Beziehung, wie sie den *äusseren Gottesdienst* als öffentlich zelebrierte «Antwort» auf das im *inneren Gottesdienst* wahrgenommene «Hören» auf Gottes Wort (Meyer)

---

752 Siehe Reichert 1975, 164ff: «Die Stellung zu Liturgie und Liturgik in den theologischen Zeitschriften bis 1770».

753 Den Theologen ist dabei allein schon wegen der generell engen Einbindung der Liturgie in das Staatskirchenrecht kaum Argumentationsspielraum gegeben. Siehe Reichert 1975, 132–163, Kapitel 5.2: «Bedeutung und Auswirkung der staatskirchenrechtlichen Theorien für die Liturgie».

754 «Endgültiger Revers des Thomaskantors Leipzig, 5.5.1723» (BD I, 177). Zur Besprechung des «Revers» siehe 5.4.2, 5.4.10.3, 7.7.4 und 11.4.

755 Siehe 5.4.

zu inszenieren trachtet.[756] Die Beziehung zwischen beiden erbauungsrelevant vorgenommenen Gottesdienstebenen führt aber auch in die entgegengesetzte Richtung: Die im *äusseren* Gottesdienst öffentlich und agendarisch geregelte Rezeption («Hören») des göttlichen Wortes über Lesung und Predigt wird mit der Aufführung einer Kantate poetisch-musikalisch für den *inneren* Gottesdienst der Gemeinde andachtsrelevant so ‹zubereitet›, dass diese in die Lage versetzt wird, ihre individuell vollzogene Antwort darauf zu finden. «Predigt» und «klingendes Seitenstück» gehören somit zusammen, fallen aber nicht in eins. Unter diesem ‹liturgiedialogischen› Gesichtspunkt betrachtet, erscheint Bachs eigenes Verständnis einer «andächtig Musig» als eine beide erbauungsspezifisch unterteilten Gottesdienstebenen miteinander ins Gespräch bringende Grösse, die dabei im Gegensatz zu Arndt und Spener weder den inneren Gottesdienst auf-, noch den äusseren Gottesdienst abwertet. Analog zu den besprochenen die heutigen Gottesdienstverhältnisse reflektierende Theorien verhilft diese letzte heuristisch eingebrachte Theorie dazu, die Teilinszenierung Kantate auf die Gesamtinszenierung Gottesdienst[757] hin von Satz zu Satz zu profilieren. Im Unterschied zu den Theorien der Gegenwart fusst diese Theorie auf einer historischen Eigentümlichkeit im Gottesdienstverständnis, die aus der heutigen Perspektive nur schwer nachvollziehbar ist.[758]

---

756 Inwiefern sich der Rekurs auf den inneren Gottesdienstes der Gläubigen in Bezug auf die Kirchenmusik auf Luthers eigene Haltung beziehen kann, lässt Krummacher erahnen, wenn er schreibt: «Wie der Gottesdienst als aktuelles Verkündigungsgeschehen seine eigenen Mauern sprengt und auf den Horizont des gelebten Glaubens im Alltag ausgerichtet ist, also kein kultischer Wert an sich ist, sondern einen ersten Schritt einer Praxis pietatis darstellt, so greift auch die Kirchenmusik in ihren verschiedenen Gestalten über diesen hinaus. In diesem ‹Fließgleichgewicht› zwischen Gemeindeversammlung und Lebensgottesdienst haben Verkündigung und Kirchenmusik eine Gemeinsamkeit.» (Krummacher 1994, 38).

757 Zur Auffassung der Kantate als Teilinszenierung im Rahmen einer Gesamtinszenierung Gottesdienst siehe 5.4.10.3.

758 In der Einzeluntersuchung wird wiederholt auf die Unterscheidung innerer und äusserer Gottesdienst zurückgegriffen. Siehe die Abschnitte 10.2.4 und alle Abschnitte zu 10.3 und 10.3.4.

6 Analyse der Kantaten zum 14. Sonntag nach Trinitatis

In diesem Kapitel wird Bachs Begriff andächtiger Musik konzeptionell und liturgiespezifisch auf die Inszenierung der gottesdienstlichen «Haupt*music*»[759] in der Gestalt von drei Kirchenkantaten untersucht. Die Analyse erfolgt aufgrund der im theoretischen Teil unter dem Gesamtabschnitt 5 vorgestellten Zugänge. Beobachtungen zur Andachtsinszenierung der jeweiligen Sätze werden in einem eigenen Abschnitt zusammengefasst. Querverbindungen zwischen den Kantaten werden den Analyseprozess begleitend aufgezeigt und die drei Schwesterkantaten somit als dem jeweiligem Werk übergeordnete Gattung gottesdienstlicher Propriumsmusik Leipziger Prägung fassbar. Vorgängig erläutere ich meine Auswahlkriterien und schildere die gottesdienstlichen Rahmenbedingungen, die sich mit der Wahl des 14. Sonntags nach Trinitatis ergeben.

6.1 Auswahlkriterien

Der Grund für die Analyse der drei zum 14. Sonntag nach Trinitatis überlieferten Kantaten ist zunächst ein rein persönlicher: Im Rahmen einer Seminararbeit untersucht 1976 mein Bruder Harro genau diese drei Kantaten. Darauf aufbauend richte ich 1986 meine Akzessarbeit ebenfalls nach diesen drei Kantaten aus.[760] Der Grund, warum nun ein weiteres Mal genau diese Auswahl untersucht werden soll, ist zunächst familienbiografisch bedingt: Ich möchte bereits zu diesen Kantaten aus theologischer Perspektive von meinem Bruder und mir Angedachtes zur Reife einer wissenschaftlich fundierten Untersuchung führen. Von dieser rein persönlichen Motivation abgesehen, eignen sich diese drei Werke als Querschnittsuntersuchung im Rahmen einer Dissertation: Sie entsprechen einer Mindestanzahl an unter annähernd identischen liturgischen

---

759 Siehe Stiller 1970, 69: «Bach hat bei seiner Aufzeichnung der Hauptgottesdienstliturgie des 1. Sonntages im Advent die Kantatenaufführung selbst als die ‹Hauptmusic› des Sonntags bezeichnet.»

760 Siehe 1.

Bedingungen entstandenen Werken.[761] Eine grösser angelegte Studie könnte in dieser Beziehung bis zu sechs[762] oder sieben[763] Kantaten miteinander in Beziehung setzen.[764] Eine solche Untersuchung würde aber weitere Einzeluntersuchungen zu jeweiligen Entstehungsbedingungen erfordern und zwangsläufig den Rahmen einer Dissertation sprengen.[765] Die hier vorgenommene Auswahl entspricht dem Durchschnitt an für denselben liturgischen Verwendungszweck erhaltenen Bach-Kantaten.[766] In Bezug auf die Stellung des 14. Sonntags nach Trinitatis innerhalb des Kirchenjahrs gelangt mit der getroffenen Kantatenauswahl der Leipziger ‹Normalgottesdienst› ins Blickfeld, was die Repräsentativität dieser Untersuchung erhöht.

6.2 Quellenlage

Was die musikwissenschaftliche Bearbeitung des Quellenmaterials anbelangt, ist in der Bachforschung des 20. Jahrhunderts mit der Herausgabe der Neuen Bach-Ausgabe (NBA) und dem zu jedem Einzelband beigefügten «Kritischen Bericht» die Grundlagenforschung zwar nicht abgeschlossen, jedoch wissenschaftlich in einem Masse abgesichert, dass sich die Forschung bis heute darauf abzustützen vermag.

---

761 Es handelt sich um die letzte, längste und am besten erforschte Schaffensperiode des Komponisten überhaupt. Siehe Hinrichsen 2000a.

762 Die Kantaten zum 1. Weihnachtstag und zum Neujahrstag. Siehe Neumann 1984, 269.

763 Zu Mariae Reinigung. Siehe Neumann 1984, 270.

764 Ich denke insbesondere an die Kantaten zum Neujahrstag, worunter BWV 143 1708 und BWV 248^{IV} 1735 zur Uraufführung gelangen.

765 Im Fall der Kantaten zum 1. Weihnachtstag und zum Neujahrstag ist ausserdem noch dem Umstand Rechnung zu tragen, dass BWV 248^{I} und BWV 248^{IV} als Teile des Weihnachtsoratoriums einer nochmals anderen Werkentstehungslogik gehorchen als die Kantaten, die jeweils für einen Sonn- oder Feiertag komponiert werden und nicht über eine gemeinsame «Historie» miteinander verbunden sind. Siehe Blankenburg 1982, 29.

766 Jeweils drei Kantaten sind erhalten zum 1. Advent, zum Sonntag nach Weihnachten, Sonntag nach Neujahr, zu Epiphanias, zum 1. und 2. Sonntag nach Epiphanias usw. Zur vollständigen Liste siehe Neumann1984, 269f.

6.3 Der Gottesdienstablauf

Mit dem Sonntag zum 14. Sonntag nach Trinitatis ist kein besonderer Festanlass verbunden. Das Proprium wird mit folgenden Lesungen umrissen:

Eingangspsalm:	Ps 117 («I. Ist einer Erinnerung zum Lobe des Meßiae /v. I / II. Die Ursach des Lobes/v.2.»)[767]
Epistel:	Gal 5,16–24 («Abmahnung von den fleischlichen Lüsten / und wie man hingegen die Früchte des Geistes soll sehen lassen»)[768]
Evangelium:	Luk 17,11–19 («Die Geschicht von zehen Aussätzigen»)[769]

In folgender Aufstellung folge ich dem Gerüst, das Martin Petzoldt für die festlosen Zeiten zusammenstellt und ergänze es mit liturgiepraktischen Angaben, die Charakter und Eigenart des 14. Sonntag nach Trinitatis bestimmen helfen.

Ordnung festlose Zeiten[770]	zum 14. Sonntag nach Trinitatis
EINGANG[771]	
Präludium der Orgel	
Introitus-Motette[772] des Chores	Ps 117
Kurzes Orgelspiel	
Kyrie gesungen und musiziert durch den Chor	Kyrie, Christe, Kyrie, / eleison![773]
(oder Deutsch von der Gemeinde gesungen	Kyrie, Gott Vater in Ewigkeit)[774]

767 Biblia 1712, Überschrift zu Ps 117.

768 Biblia 1712, Überschrift zu Gal 5.

769 Biblia 1712, Überschrift zu Lk 17.

770 Diese Aufstellung folgt im Wesentlichen derjenigen von Petzoldt 2006, 85f. Ich ergänze sie mit Angaben aus Stiller 1970.

771 Bei den Überschriften verwende ich eine an Stiller 1970, 102ff. angelehnte Terminologie.

772 «Dieser Introitus wurde meistens ‹figuraliter›, also in Form einer mehrstimmigen Motette, ausgeführt. Wir wissen, daß diese Motetten ‹mehrentheils aus dem Bodenschatzens Florilegio genommen› waren (LKA,9), wobei es sich um die bis weit ins 18. Jahrhundert hinein vor allem in Nord- und Mitteldeutschland verwendete Motettensammlung ‹Florilegium Portense› des Schulpfortaer Kantors Erhard Bodenschatz handelt.[...] Daß Bach noch 1729 ein neues Exemplar anschaffen ließ, bestätigt die Verwendung dieser Motettensammlung in den Leipziger Gottesdienst bis weit ins 18. Jahrhundert hinein.» (Stiller 1970, 75).

773 LKS 1710, 299.

774 «Auf ein weiteres kurzes Orgelspiel folgt das ‹Kyrie eleison›, dessen Ausführung in beiden Hauptkirchen stets verschieden war, und zwar je nachdem, in welcher der bei-

Einzug der Liturgen[775]	
Gloria[776] vom Liturg 2 intoniert[777]	Gloria in Excelsis Deo
Glorialied von der Gemeinde gesungen	Allein Gott in der Höh sey Ehr[778]
Salutation/Gruss von Liturg 2 vorgetragen	Dominus vobiscum
Antwort[779] durch den Chor vorgetragen	Et cum spiritu tuo

---

den Kirchen die erste beziehungsweise die zweite Kantorei ihren Dienst tat. Von der ersten Kantorei, der ja immer die schwierigeren Aufgaben zufielen, wurde das Kyrie regelmäßig lateinisch ‹gesungen› oder ‹musiciret›, während ‹in der Kirchen aber / wo der andere Chor ist / wie auch in andern Städten / das Kyrie deutsch gesungen› wurde, und zwar die liedmäßige Form ‹Kyrie, Gott Vater in Ewigkeit› (LKA, 11).» (Stiller 1970, 103). Zum Zusammenwirken von Chor und Gemeinde im Gottesdienst schreibt Stiller: «Der Chor pflegte diese Lieder nur anzustimmen und den Gemeindegesang zu führen, was denn auch der eigentliche Grund dafür ist, daß bei der Darstellung des Gottesdienstverlaufs in den Quellen kaum vom Gemeindegesang, der als selbstverständlich galt, gesprochen wird.» (Stiller 1970, 104).

775 Stiller nimmt einen Regelbestand von drei Liturgen, Priester genannt, an (Stiller 1970, 107). Ich mache die Hierarchie unter den Liturgen durch Nummerierung kenntlich: Archidiakon = Liturg 1, oberster Diakon = Liturg 2 und Subdiakon = Liturg 3. Zur Rolle des «Archidiaconus» siehe Stiller 1970, 59f. Siehe auch die Tabelle in Petzoldt 1985b, 110. Auch wenn die kirchliche Hierarchie unter den Geistlichen feststeht, sie können einander in ihrem Dienst vertreten und die Rollen tauschen (siehe Stiller 1970, 59). Die von mir gewählte Zuordnung (Archidiakon = Liturg 1 usw.) entspricht nur einer der möglichen Dienstabfolgen am jeweiligen Sonn- bzw. Feiertag. Grundsätzlich wird Predigt und Altardienst von verschiedenen Liturgen wahrgenommen (siehe Stiller 1970, 60). In der von mir angenommenen Reihenfolge versieht Liturg 2 seinen Dienst als «Administrator», das heisst als Verwalter des Altarsakraments, Liturg 3 assistiert diesem und «reicht bei der Kommunion den Kelch» (Stiller 1970, 59).

776 «Am Anfang des 18. Jahrhunderts trat […] immer mehr die deutsche Gloria-Gestaltung in den Vordergrund. […] Zur Zeit Bachs ist das Gloria wohl in der Regel nur noch an den Festtagen ‹musiciret› worden […]. Es wurden jeweils alle Strophen des Gloria-Liedes gesungen; beim letzten Vers trat der Priester erneut an den Altar (Ro[st 1716], 10), um die stets lateinisch gehaltene Salutatio ‹Dominus vobiscum› zu singen […]» (Stiller 1970, 104).

777 Erstes Hervortreten eines der Liturgen im Gottesdienst (Stiller 1970, 104). Von den Liturgen heisst es, dass sie «nach der Introitus-Motette beim letzten Vers des Kyrieeleison aus der Sakristei zu kommen und zum Gebet an den Altar zu treten pflegten (Ro[st 1716], 36).» (Stiller 1970, 59).

778 Stiller ebd.

779 Im Anschluss an die Salutatio des Priesters heisst es: «[…] worauf der Chor substitutiv für die Gemeinde mit ‹Et cum spiritu tuo› respondierte, und den Eingangsteil des Gottesdienstes mit dem Kollektengebet zu beschließen.» (Stiller 1970, 104).

Kollektengebet[780]durch Liturg 2 vorgetrage

WORTTEIL

Epistel[781] von Liturg 3[782] deutsch gesungen	Gal 5,16–24
De-tempore-Lied der Gemeinde[783]	z. B. Nun lob, mein Seel, den Herren[784]
Evangelium von Liturg 2[785] deutsch gesungen	Lk 17,11–19
Credo in unum Deum Intonation choraliter[786]	
Präludium der Orgel «auf die Haupt-music»[787]	
Kantate: 1. Teil	BWV 25 bzw. 78 und 17,1–3[788]

---

780 «Alle Quellen betonen übereinstimmend, daß die Salutatio und das Kollektengebet bis weit in die zweite Hälfte des 18. Jahrhunderts hinein nur lateinisch gehalten worden sind […].» (Stiller 1970, 104). Es gibt aber auch Ausnahmen. Die LKA, 12 halten fest: «An Statt solcher kann ein Leye / (so das Latein nicht verstehet) eine teutsche Collecte lesen» (zit. n. Stiller 1970, 105). Das Kollektengebet fasst den ersten Gebetsteil des Gottesdienstes abschliessend prägnant und konzis zusammen und schlägt eine gedankliche Brücke zum Tagesevangelium. Von alters her an die erste Person der Trinität gerichtet (Anaklese), thematisiert es den Dank für Gottes Hilfe in der Vergangenheit (Anamnese). Dieser mündet in eine Gewährungsbitte (Supplikation), diese Hilfe zu erneuern oder fortzuführen. In der Konklusion wird Christus als Mittler angerufen. Das *Amen* der Gemeinde bildet die Akklamation. (siehe Christoph Albrecht 1995, 68 und Bieritz 2004, 386).

781 So heisst es im LKS, 6 «Nach Absingung der Collekte gehet ein anderer Priester vor das Pult und singet die Epistel.» (zit. n. Stiller 1970, 59). Die Epistel wird wie das Evangelium nach der Leipziger Agende von 1712 in verschiedenen Lektionstönen vorgetragen (Stiller 1970, 107, Fussnote 52).

782 Zur Rolle des «Subdiaconus» siehe Stiller 1970, 59f.

783 «Mit dem treuen Festhalten an beiden Lesungen hatte auch das von der Reformation geschaffene Gemeindelied zwischen beiden Lesungen, das dann als sogenanntes Hauptlied zum Lied des jeweiligen Sonn- und Festtages schlechthin wurde, noch immer seinen festen Platz und hat sich an dieser Stelle der Liturgie fast unangefochten im ganzen 18. Jahrhundert behauptet.» (Stiller 1970, 107).

784 Vgl. BWV 17,7. Dieses Lied lässt sich aber als Kommunionslied singen. Siehe weiter unten.

785 Zur Rolle des «‹obersten› Diaconus» siehe Stiller 1970, 59f.

786 Siller 1970, 108f. bespricht den bis ins 18. Jahrhundert geübten Brauch, vor der Aufführung einer Kantate das Credo von einem Liturgen intonieren zu lassen, und somit zwischen Intonation und Aussingen des Credos durch den Chor die Aufführung einer Kantate treten zu lassen. Im Gegensatz zu Petzoldt 2006, 85f. ist Stiller 1970, 109 der Ansicht, dass «unter der Amtszeit des Thomasküsters Rost […] dieser unsinnige Brauch endlich fallengelassen» wurde.

787 Stiller 1970, 69.

Credo deutsch gesungen von der Gemeinde:	Wir glauben all an einen Gott[789]
Predigtankündigung[790]	
Lied der Gemeinde	HErr JEsu CHrist dich zu uns wend[791]
Predigttext und die weiteren Stücke werden von Liturg 1 wahrgenommen[792]	Evangelium (Lk 17,11–19)
Vaterunser (still)	
Predigt[793]	
Beichte[794] **und Absolution**	

---

788 Zur Aufteilung dieser Kantate in zwei Teile siehe 9.7.1.

789 «Die Gemeinde pflegte, entsprechend Luthers Vorschlag in der ‹Deutschen Messe› (1526), das Credo regelmäßig in der Liedmäßigen Form von Luthers deutschem Glaubenslied «Wir glauben all an einen Gott» zu singen» (Stiller 1970, 108). Zum Wortlaut siehe LKS 1710, 139–141. «Aber auch der in der ‹Formulae missae et communionis› (1523) gemachte Vorschlag Luthers, als Credo das Nicaenum singen zu lassen […], ist noch weit bi ins 18. Jahrhundert hinein in Leipzig beachtet worden:» (Stiller ebd.)

790 «Nachdem beim letzten Vers des Glaubensliedes der Pfarrer auf die Kanzel gegangen war, begann der Kanzeldienst des Predigers» (= Liturg 1) «immer mit dem ‹Präambulum›, auch ‹Praeloquium oder antritt› genannt (LKS, 7 und 18), worunter der Kanzelgruß und die daran anschließende Gebetsvermahnung zu verstehen ist, die von der Gemeinde durch ein kurzes Gebetslied um rechtes Hörern des Wortes […] beantwortet wurde.» (Stiller 1970, 110).

791 Stiller 1970, 242.

792 Stiller 1970, 110.

793 Von ca. 08.00 bis 09.00 Uhr: «‹Die ordentliche Zeit der Predigt ist eine Stunde›» (LKS 1710, 7 zit. n. Stiller 1970, 110). Zu inhaltlichen wie formalen Aspekten der Predigten zur Zeit Bachs siehe 3.2. «Über den regelmäßigen Schluß des Kanzeldienstes hören wir: ‹Letztlich wird die Gemeinde zur Freygebigkeit gegen das Armuth ermahnet / denn darzu stehen die Armen-Büchsen bey jeder Kirch-Thüre. Darauff wird der Schluß mit einen stillen Vater Unser gemacht / und nimmt der Priester den Abtritt mit den Paulinischen Worten: Der Friede GOttes / welcher höher ist denn alle Vernunfft usw.› (LKS 1710, 9f.).» (Stiller 1970, 110).

794 Zur Frage, in welchem Masse zur Zeit Bachs die Teilnahme am Abendmahl vom Besuch der privaten Beichtgelegenheit während des Gottesdienstes abhängt, schreibt Stiller: «Eine nicht zu beantwortende Frage ist, ob bestimmte Gemeindeglieder auch ohne Beichte und Absolution zum heiligen Abendmahl zu gehen pflegten. […] Die Leipziger Kommunikantenregister enthalten jeweils die Namen der ‹Konfitenten› und die Gesamtzahl der Konmmunikanten für die einzelnen Gottesdienste, wobei zu bemerken ist, daß die Zahl der Kommunikanten stets erheblich, oft um das Fünf- bis Zehnfache höher ist als die Zahl der ‹Konfitenten›. Wenn man dazu bedenkt, daß in

Aufgebote[795]
Kirchengebet[796]
Fürbitten[797]
Danksagungen[798]
Ankündigungen[799]

Leipzig neben der Privatbeichte noch in jedem Hauptgottesdienst zu Beginn des Abkündigungesteiles die ‹allgemeine Kirchen-Beichte› gehalten wurde und daß es verschiebene Bestrebungen gegeben hat, wonach für solche, die als geförderte Christen gelten, die ‹offene Schuld› genüge, dürfte der Abendmahlsgang ohne vorhergegangene Privatbeichte in Leipzig durchaus nicht unmöglich gewesen sein, zumal man auch im Zeitalter der Orthodoxie von solchen Menschen weiß, die sehr häufig, sogar täglich, die Kommunion begehrten, der dann kaum jedesmal die Privatbeichte voraufgegengen sein dürfte.» (Stiller 1970, 124).

795 «‹Nach dem Schluss› (= Abschluss der Predigt) ‹geschehen die Auffgebothe dererjenigen Persohnen / so sich in den Stand der Heil. Ehe begeben wollen›» (LKS 1710, 7ff. zit. n. Stiller 1970, 243).

796 «‹darauff werden die Kirchen-Gebethe in folgender Ordnung gelesen I. Die allgemeine Kirchen-Beichte. 2. Das allgemeine Kirchen-Gebeth: Allmächtiger ewiger GOtt und Vater … 3. Noch ein ander Gebeth: Allmächtiger gerechter GOtt …›» (Ebd.).

797 «‹Wenn die Gebethe geendiget / so geschehen nach der Ordnung / welche auf einer sonderlichen Tafel in der Sacristey zu befinden, A. Fürbitten vor [= für] die Krancken / Kinder / Knaben / Mäglein / Jungfrauen / Junggesellen / Matronen / Weiber / (Weiber in GOttes Gewalt) Männer / (Männer in GOttes Gewalt) 2. Vor betrübte / Eheleute mit gefährlichen Haus-Creutze / Personen mit Anfechtung. 3. Vor schwangere Weiber und Erbaren schwangere Weiber / vor Weiber in Kindesnöthen (in schweren gefährlichen Kindesnöthen) 4. Vor Ehesachen und Verlöbniße. 5. Vor Sachen / so GOtt bewust. 6. Vor Handlung im Rechten. 7. Vor hochgelahrte und andere Verreisete Persohnen. 8. Vor diejenigen / die um GOttes willen bitten lassen. 9. Vor bequem Wetter zu Erndte / um Regen und Sonnenschein. Dabey kann man lesen das Gebeth / wenn der Priester die Vorbitten ablieset …›» (Ebd.).

798 «‹B. Dancksagungen. 1. Vor diejenigen / denen GOtt zu voriger Gesundheit geholffen. 2. Vor Weiber / welche GOtt in Gnaden entbunden. 3. Nach vollbrachter Erndten-Zeit / desgleichen vor Regen und Sonnenschein. 4. Wenn GOtt der HErr gefährliche Gewitter / Feuersbrünste usw. in Gnaden abgewendet. 5. Vor diejenigen / so GOTT aus grossen Unglück / Wasser- und Feuers-Noth / gefährlichen Fällen usw. usw. errettet hat. Da kann man lesen: Gebeth wenn der Priester allerhand Dancksagung abliest …›» (Ebd.).

799 «‹Die Abkündigungen. […] 2. Der Leichen und Verstorbenen / wenn [= wann] sie sollen begraben werden. 3. Der Fest- und Apostel-Täge. 4. Der Quartals- und Universitäts-Opfer. 5. Der Passion- und Catechismus-Predigten. 6. Der Collecten von allerhand Sachen. 7. Der Spenden. 8. Derer / die aus dem Pabstthum oder Judenthum zu unserer Kirchen sich wenden. 9. Der armen Sünder / nebst Fürbitte. 10. Der Entleib-

Ermahnungen (Armenkollekte)[800]
Vaterunser (still)
Kanzelsegen Phil 4,7[801]
Lied nach der Predigt[802] oder «**Cantzellied**»[803]

ABENDMAHL[804]
«Absingung des **Vater Unsers**
und der **Verba Institutionis**»[805] durch Liturg 2[806]

---

ten / und jähren Todes-Fälle. Bey Ablesung der Verstorbenen kann man lesen: Seuffzer / wenn der Priester die Verstorbenen abkündiget …›» (Ebd.).

800 «Über den regelmäßigen Schluß des Kanzeldienstes hören wir: ‹Letztlich wird die Gemeinde zur Freygebigkeit gegen das Armuth ermahnet / denn darzu stehen die Armen-Büchsen bey jeder Kirch-Thüre. Darauff wird der Schluß mit einen stillen Vater Unser gemacht / und nimmt der Priester den Abtritt mit den Paulinischen Worten: Der Friede GOttes / welcher höher ist denn alle Vernunfft usw.› (LKS 1710, 9f.).» (Stiller 1970, 110).

801 Siehe unter «Ermahnungen».

802 «Erst jetzt wurde von der Gemeinde das Lied ‹nach der Predigt oder etliche Verse aus einem Liebe / so sich auf das Evangelium schicken / gesungen›» (LKS 1710, 10 zit. n. Stiller 1970, 110f.). Die noch von Stiller vertretene Auffassung, dass an dieser Stelle statt des Liedes nach der Predigt auch der zweite Teil der Kantate zu stehen kommen könne – er bezieht sich dabei auf Mahrenholz 1951, 58 (siehe Stiller 1970, 11) – wird von heutigen Forschern nicht mehr vertreten (siehe Petzoldt 2006, 86 und Arnold 2009, 70).

803 Nach Rost 1716, 18 zit. n. Stiller 1970, 111.

804 Zur Veranschaulichung der Anzahl von Personen, die am Abendmahl teilnehmen, listet Stiller die Kommunikantenziffern der Jahre 1728/29 und 1742/43 für beide Hauptkirchen auf. Für den 14. Sonntag nach Trinitatis liegt die durchschnittliche Beteiligung bei 195 (1729) und 160 (1743). Bei Stillers Aufstellung fällt auf, dass die höchsten Beteiligungszahlen nicht an den Festtagen selbst zu verzeichnen sind (obwohl auch dort viel kommuniziert wird), sondern eher kurz davor, wie am 4. Advent 240 (1728), während am 1. Christfest desselben Jahres nur durchschnittlich 95 Personen am Abendmahl teilnehmen. Palmarum verzeichnet 1729 durchschnittlich 335 Teilnehmende, während am Karfreitag in St. Nikolai 226 und in St. Thomae 147 Personen zum Abendmahl kommen. Ein weiterer Spitzenbesuch ist im Jahr 1729 für den 5. und 6. Sonntag nach Trinitatis mit 313 respektive 319 Kommunikanten in St. Nikolai zu verzeichnen. Bei den Sonntagen nach Trinitatis sind die Abendmahlfeiern unter der Woche (mittwochs und donnerstags) nicht zu unterschätzen, so dass 1729 in der Woche vor dem 14. Sonntag nach Trinitatis und am Sonntag selbst insgesamt 600 Personen am Abendmahl teilnehmen. Siehe Stiller 1970, 244–246.

805 Rost 1716, 18 zit. n. Stiller 1970, 111.

Zur **Ausspendung:**[807] **Kantate 2. Teil**[808]	z. B. BWV 17,4–7
Kommunionslieder von der Gemeinde gesungen	z. B. Es wolle Gott uns gnädig sein[809]
Versikel (zweizeiliger Wechselruf zw. Liturg und Gemeinde)[810]	
Schlußkollekte von Liturg 2 im Sprechgesang vorgetragen[811]	
Segen von Liturg 2 gesprochen	
Gemeindelied nach Ps 67	z. B. Gott sei uns gnädig und barmherzig[812]

6.4 Deylings «Herrliche Dinge» zum Tag

Die «Herrliche[n] Dinge»[813] zum Sonntag fasst Deyling folgendermassen zusammen:

---

806 Es fehlen die für die Festtage aufgesparten Stücke wie: ««die Lateinische Praefation, oder Antiphona, Dominus vobiscum: Welche denn Wechselsweise von ihm und dem Chor continuieret wird» (LKS 1710, 17f. zit. n. Stiller 1970, 111). Diese Stücke werden dann von Liturg 2 oder 3 gesungen. Weiter folgt an Festzeiten das «SANCTUS als Figuralmusik (ohne Osanna, Benedictus, Agnus Dei)» Petzoldt 2006, 86.

807 Liturg 3 assistiert dabei Liturg 2. Siehe 6.3: «Einzug der Liturgen».

808 Eine Anschauung der Abläufe liefern Bachs Aufzeichnungen zur Liturgie des 1. Advents: «*Praelud.* auf die *Music.* Und nach selbiger wechselweise *praelud.* v [= und] *Choräle* gesungen, biß die *Communion* zu Ende *& sic porrò.*[= usw.]» (BD I, 248: «Anordnung des GottesDienstes in Leipzig am 1 *Advents*-Sontage frühe»).
Zur liturgiepraktischen Platzierung des zweiten Teils der Kantate in der Leipziger Kirchenpraxis des ausgehenden 17. Jahrhunderts bis zur Zeit Bachs siehe Stiller 1970, 111.

809 Stiller 1970, 73 zählt weitere mögliche Lieder auf wie: «Nun lob, mein Seel, den Herren», «Der Herr ist mein getreuer Hirt» oder «Jesus Christus, unser Heiland», «Gott sei gelobet und gebenedeiet», «Nun freut euch, lieben Christengmein», «Wo soll ich fliehen hin» (Stiller 1970, 114).

810 An dieser Stelle leitet das Versikel die Schlusskollekte ein. Siehe Prassl 2001, 718f. (LThK). Vgl. Stiller 1970, 114.

811 Siehe die Angaben zum Kollektengebet in 6.3. Zum Sprechgesang in Bezug auf die Schlusskollekte siehe Stiller 1970, 114.

812 Siehe Stiller 1970, 114.

813 Zur Besprechung der Gesamtpublikation (Deyling 1734a) siehe 5.3.

> «**I. Die Glaubens=Lehre:**
> Der Sünden Greuel richt den grösten Schaden an,
> Laßt uns zu JEsu fliehen, er ists, der helffen kann.
> **2. Die Lebens=Pflicht:**
> Es macht dich JEsu Blut von allen Sünden rein,
> Die Wohlthat ist sehr groß! Willst du nicht danckbar seyn?
> **3. Der Glaubens=Trost:**
> Der Sünden Aussatz schleußt die Thür des Himmels zu,
> Doch JEsus öffnet sie, und bringt dich ein zur Ruh.»[814]

Deylings Merksätze stehen ihres Publikationsdatums wegen naturgemäss in keinem unmittelbaren Verhältnis zum Wortlaut der Predigt, die am jeweiligen Uraufführungstag der drei Kantaten gehalten wird. Ähnlich steht es aber auch mit den Kantaten selbst, die auf Wiederaufführung hin konzipiert sind.[815] Das eigentliche predigtrelevante Vergleichsmoment zwischen beiden Kunstgattungen liegt aber auf einer ganz anderen Ebene: beide sind sie auf Andacht hin konzipiert. Sie greifen predigtspezifische Inhalte auf und arbeiten diese andachtsrelevant um.[816] Aus dieser formalen Zugehörigkeit beider Textsorten zu einer predigtbezogenen Erbauungsliteratur heraus sind die zum Teil frappierenden Ähnlichkeiten zwischen beiden Textsorten[817] bis in den Wortlaut hinein nicht verwunderlich, obwohl zeitlich mehr als eine Dekade die älteste der drei Kantaten von Deylings Publikation trennt.

---

814 Deyling 1734a, 28.

815 Zur «Wiederverwendung früher komponierter Musik» siehe Dürr 1989, 16.

816 Es ist daher anzunehmen, dass auch Deylings «Herrliche Dinge» die jeweils durch sie «kommentierte» Predigt zwar inhaltlich aufgreift, diesen Inhalt aber so stark erbauungsspezifisch transformiert, dass dieser mit dem Eindruck der effektiv gehaltenen Predigt nicht unbedingt übereinstimmt.

817 Näheres hierzu in 10.4.

7 «Es ist nichts Gesundes an meinem Leibe» (BWV 25)

Mit diesem Abschnitt betritt die Untersuchung das Feld der Einzelanalysen. Diese beginnt sinnvollerweise mit der ältesten der drei Schwesterkantaten, die auf ihre Rahmenbedingungen hin befragt wird, bevor mit 7.3 die eigentliche Analyse beginnt.

7.1 Libretto und Musik: Quellenlage

Die NBA speist sich aus 3 handschriftlich überlieferten Quellen, von denen die erste (Hs. A) von Neumann als die «weitaus wertvollste» eingestuft wird. Text- und Notenbestand gelten somit in der Forschung dem Verlust der Originalpartitur zum Trotz als ‹textkritisch› gesichert.[818]

> «Von unserem Kantatentext ist weder ein besonderer Textdruck noch der Name des Verfassers überliefert.»[819]

Diese Feststellung Neumanns muss um den Hinweis ergänzt werden, dass das Libretto auf eine «achtsätzige Vorlage von Johann Jacob Rambach (1693–1735)» zurückgreift, «die in dessen «Geistliche[n] Poesien in zwei Theilen» (Halle 1720) für den gleichen Sonntag abgedruckt ist.»[820]

7.2 Aufführungskontext

Die Kantate BWV 25 gehört zum ersten Leipziger Kantatenjahrgang und wird am 29. August 1723[821] ein erstes Mal in der «Früh-Predigt» der Thomaskirche aufgeführt. Die Predigt des «Amts-Predigers»[822] Lic. Christian Weise (1671–

818 Genaueres zum Stand der Quellenforschung siehe Wolf 2007, 38ff: Kritischer Bericht.

819 Neumann 1959b, 95.

820 Petzoldt 2005, 392.

821 Petzoldt 2005, 392 mit Wolff 2009, 293 gegen Neumann 1959a, 95, der den 22. August 1723 als Aufführungstermin angibt.

822 Zur Bezeichnung siehe Stiller 1970, 56.

1736) ist – wie alle anderen Leipziger Predigten dieser Jahrzehnte – nicht erhalten.[823]

Die Satzgliederung dieser Kantate entspricht einer der drei bevorzugten Kantatenformen, die Bach unter anderem für seinen ersten Leipziger Jahrgang verwendet.[824] Im Fall von BWV 25 handelt es sich um das Schema:

> Chor (Bibelwort) – Rezitativ – Arie – Rezitativ – Arie – Choral.[825]

Hierzu hält Wolff fest:

> «[K]onstant bleibt die insgesamt für Bachs Leipziger Kantaten gültige Rahmenfunktion von einleitendem Chorsatz und abschließendem Choral.»[826]

Die Kantatenforschung misst nach meiner Beobachtung der Satzordnung erst dann Bedeutung zu, wenn sich darin Symmetrien aufzeigen lassen wie zum Beispiel in BWV 78.[827] Petzoldt versucht auch in BWV 25 ein Schema zu erblicken, bei der er die beiden Arien (Satz 3 und 5) als deren zwei Gipfel versteht.[828] Es darf aber dabei nicht vergessen werden, dass der Typus Kantate in der Hauptsache eine flexible Gattung schnell angefertigter Gebrauchsmusik darstellt.[829] Persönlich halte ich die Parallelität in der Satzfolge: Rezitativ – Arie / Rezitativ – Arie für den rhetorikspezifischen Duktus der Kantate für bedeutsamer als allfällige Symmetrien. Der Zusammenhang mit der Oper verleitet mich dazu, an die ‹Urfunktion› dieser beiden Satztypen Rezitativ und Arie zu denken:

---

823 Siehe Petzoldt 2005, 392. Zur Frage der nicht erhaltenen Predigten aus dieser Zeit siehe 3.2.

824 Wolff 2006, 25.

825 Vergleiche BWV 46, 105, 136 usw. siehe Wolff 2006, 25.

826 Ebd.

827 Petzoldt 2005, 409.

828 Petzoldt geht jedoch nicht näher auf dieses Schema ein (siehe Petzoldt 2005, 402).

829 Im Fall des ersten Leipziger Jahrgangs müsste sich ein solches Strukturprinzip ausserdem über die zu analysierende Kantate hinaus auf ein weiteres Werk nach der Predigt erstrecken. Die Forschung geht von der Existenz eines «Doppeljahrgangs» aus, obwohl zu dieser Hypothese die Quellenlage etwas dürftig ist (siehe Wolff 2006, 24f.). Für den ersten Aufführungstermin der Kantate BWV 25 ist die Anordnung für eine weitere Kantate im selben Gottesdienst jedenfalls nicht bezeugt, sodass ich im Folgenden von einer geschlossenen Evangeliumsmusik vor der Predigt ausgehe.

> «Das Rezitativ bringt die Handlung voran und führt, jedenfalls in der barocken Nummernoper, auf die nächste Arie hin.»[830]

Aus dieser Überlegung heraus lässt sich für BWV 25 das Bild eines Weges mit insgesamt 3 Etappen denken: Mit dem Chorsatz 1 ist der Ausgangspunkt markiert, Satz 2 (Rezitativ) führt zu Satz 3 (Arie) und Satz 4 (Rezitativ) wiederum zu Satz 5 (Arie). Der Choral, Satz 6, bildet rekapitulativ den Abschluss dieser Bewegung. Unter gottesdienstinszenatorischen Gesichtspunkten lässt das Bild des Weges den Gedanken einer gewollten Analogie zum Ablauf des Gottesdienstes selbst aufkommen, im Rahmen dessen die Kantate als Teilinszenierung erscheint.[831] Im Hinblick auf die für den gesamten ersten Jahrgang zu beobachtende Formvariabilität ist an Wolffs Einschätzung zu erinnern, dass Bachs Kantatenformen «frei von jeglichem Schematismus» seien.[832] Es ist daher ratsam, die jeweilige Form einer Kantate nicht vorschnell auf ihre Aussage hin festzulegen. Ausserdem ist uns nichts Näheres über den Autor des Librettos und dessen Zusammenarbeit mit Bach bekannt. Daher ist es auch nicht möglich genauer zu bestimmen, ob sich die Satzordnung auf Bachs musikalische Bearbeitung zurückführen lässt, oder ob im Gegenteil das Libretto selbst schon die Satzfolge gattungsspezifisch prägt und Bach diese lediglich übernimmt.

7.3 BWV 25,1 (Coro)

1.

Flauto I–III, Cornetto, Trombone I–III, Oboe I/II, Violino I/II, Viola, Continuo (einschliesslich Orgel)[833]

Es ist nichts Gesundes an meinem Leibe vor deinem Dräuen /
und ist kein Friede in meinen Gebeinen vor meiner Sünde.[834]

830 Lothar und Renate Steiger 1985, 35.
831 Zur Wegmetaphorik in der Liturgieforschung siehe 5.4.9.
832 Wolff 2006, 25.
833 Petzoldt 2005, 385.
834 Ps 38,4.

7.3.1 Inventio

Noch bevor der Chor die Worte aus Ps 38,4 motettisch und vorwiegend «in fugiertem Satz»[835] vorträgt, führt die Continuostimme die ersten Noten eines Choralzitats aus.

Continuo, Takt 1ff.

Zu diesem cantus firmus wird kontrapunktisch eine «seufzerhafte Bewegung»[836] durch die Oboen und Streicher ausgeführt, die bis zu Takt 41 reicht.[837]

Oboe I, Violino I, Takt 1

Als weitere musikalische Schicht tritt ab Takt 15 ein Bläserchor auf,[838] der die Choralmelodie des *Cantus firmus* übernimmt und über den verbleibenden Satz verteilt eine ganze Strophe daraus, Zeile für Zeile und durch lange Pausen unterbrochen, vorträgt. Mit dieser an musikalischen Phänomenen entlang skizzierten Beschreibung des ersten Satzes sind die wesentlichen musikalischen Merkmale zusammengefasst, die in den Kommentaren behandelt werden.

Der Satz präsentiert sich seiner musikalischen Gattung nach folglich als Choralbearbeitung.[839] Auf der Suche nach der Topik (Fundstättenlehre)[840] fragt sich zunächst, auf welchen Choral Bach dabei zurückgreift. Petzoldt[841] vermutet mit Schulze[842] den Choral «Herzlich tut mich verlangen»,[843] Dürr wiederum

---

835 Schulze 2006a, 403.

836 Ebd.

837 Ab Takt 50 nehmen die gleichen Instrumentalstimmen das Fugenthema der Singstimmen auf und begleiten diese *colla parte* bis zum Schluss.

838 Cornetto, 3 Trombonen, 3 Blockflöten: Petzoldt 2005, 395.

839 Dürr 2010, 581.

840 Niefanger 2006, 75.

841 Petzoldt 2005, 395.

842 Schulze 2006a, 403.

843 Zum Liedtext siehe Georg Clemens Joseph Müller (undatiert).

den Choral: «Ach Herr, mich armen Sünder».[844] Beide Optionen sind natürlich möglich.[845]

Auf der Suche nach der *inventio* dieses Satzes drängt sich jedenfalls die Frage nach dem System auf, das dieser offensichtlich komplex verschachtelten Zusammenstellung von Inhalten zugrunde liegt. Aus der Sicht von zur Zeit Bachs rezipierten Homiletikern bieten sich zahlreiche *Methodi concionandi* (Predigtmethoden)[846] an, die ein solches Dispositiv mehrerer miteinander verwobener theologischer Aussageebenen plausibilisieren helfen.[847] Harro Hoyer verweist in diesem Zusammenhang auf die «methodus mixta», mit welcher Johannes Förster in seinem 1648 in Wittenberg posthum erschienenen «Methodi concionandi viginti sex»[848] (Sechsundzwanzig Predigtmethoden) den Evangeliumstext in Anlehnung an die vorreformatorische Praxis des vierfachen Schriftsinns[849] nach drei Gesichtspunkten hin auslegt: Dem *sensus litteralis* (buchstäblicher Sinn), dem *sensus anagogicus* (aufsteigender Sinn, sich auf Höheres beziehend) und dem *sensus allegoricus*[850] (allegorischer Sinn). Ferner liessen sich von den 25 übrigen Methoden weitere mit BWV 25,1 in Beziehung bringen: topica,[851] gnomica,[852] catechetica,[853] terminorum,[854] parallelica[855] und insbesondere «paradigmatica,[856] nach der im Eingange ein dictum vorgenom-

---

844 Dürr 2010, 581.

845 Ferner liegt unter anderem grundsätzlich auch der Choral «O Haupt voll Blut und Wunden» nahe, den Bach in der Matthäus-Passion (BWV 244) und in der Kantate BWV 159 verwendet. In Bezug auf die Plausibilität für die eine oder andere Option versuche ich in meiner Analyse die Systematik nachzuzeichnen, mit der Bach im Rahmen des Proömiums seiner Rede (siehe 7.3.2) eher auf diesen als auf jenen Choral anspielen lässt. In dieser Hinsicht liegt der Choral «O Haupt voll Blut und Wunden» seines expliziten Passionsbezugs wegen ähnlich weit von der in der Kantate zentral entfalteten Sündenproblematik entfernt wie der Choral «Herzlich tut mich verlangen».

846 Siehe 3.2.

847 Siehe Achelis 1911, 107ff.

848 Hoyer 1976, 11. Hoyer bezieht sich dabei auf Achelis 1911, 109f. Näheres hierzu 3.2.

849 Siehe Matthias Jung 2007, 38.

850 Achelis 1911, 110.

851 «M. topica, in welcher ein Locus communis erläutert wird;» (Achelis 1911, 109).

852 «M. gnomika, die ein besonders wichtiges Dictum behandelt,» (Ebd.).

853 «M. catechetica, nach welcher der Text auf einen Katechismussatz angewendet wird;» (Ebd.).

854 «M. terminorum, die sich an einzelne Ausdrücke des Textes hält;» (Ebd.).

855 «M. parallelica, in welcher Parallelstellen aufgesucht und behandelt sind;» (Ebd.).

856 Übers.: eine an Musterbeispielen orientierte Methode.

men und in der Abhandlung der Predigt immer wieder angezogen und angewendet wird.»[857]

Wie auch immer dieser erste Satz der Kantate nach seiner *inventio* befragt wird, die zahlreichen Auslegungsmethoden dieser Zeit sind einem «Kirchen-*Composit[eur]*»[858] dieser Zeit im Grundsatz vertraut.[859] Unter homiletischen Gesichtspunkten ermöglicht Försters *methodus mixta*, Ps 38,4 in Verbindung mit der Lehre der Kirche (*sensus allegoricus*) in seiner den reinen Wortsinn (*sensus litteralis*) übersteigenden Bedeutung im Sinne des *sensus anagogicus* aktualisierend in «Szene» zu setzen.

Eine genaue Bestimmung der Topik dieses Satzes versuche ich über Bachs musikalische Argumentation (*elocutio*) zu rekonstruieren. Ihr dogmatischer Schwerpunkt lässt sich jedoch bereits über Psalmwort und Seufzermotivik mit dem *locus de peccato in genere et in specie* (Von der Sünde im Allgemeinen und im Besonderen) in Zusammenhang bringen:

> «Definitio brevis extat in Epistola Iohannis: *peccatus est, quidquid est contra legem DEI* [...] vel, ut Philippus definit: peccatum est defectus, vel inclinatio, vel actio pugnans cum lege DEI, offendens DEUM, damnata a DEO, et faciens reos aeternae irae, et aeternarum poenarum, nisi sit facta remissio.[860]» – «Eine kurze Definition befinde sich in 1 Joh 3,4: *Die Sünde ist das Unrecht gegen das Gesetz Gottes.* Oder, wie Philipp Melanchthon definiert: *Die Sünde ist ein Mangel der ursprünglichen Gerechtigkeit im Paradies, oder eine Zuneigung oder eine Handlung, die dem Gesetz Gottes widerspricht, die Gott verletzt, von Gott verdammt wird, die ewigen Zorn und ewige Strafe verdient, wenn nicht die Vergebung der Sünde erfolgt.*»[861]

---

857 Ebd. Achelis macht darauf aufmerksam, dass sich nach dieser Methode Ps 50,14f. für die Auslegung von Lk 17,11–19 heranziehen liesse.

858 BD II, Nr. 388. Zum Begriff siehe Wolff 2006, 99.

859 Die theologische Prüfung, der sich Bach bei seiner Anstellung unterzieht, ist unter diesem Gesichtspunkt gerade liturgiefunktional auf die sachgerechte Handhabung der *inventio* seiner Kirchenmusik zu beziehen (siehe Schulze 2006a, 403). Die Lehrkonformität ist in dieser Frage das entscheidende Anstellungskriterium vonseiten der geistlichen Obrigkeit, die zur musikalischen Ausführung eher vage Anweisungen – weil darin nicht kompetent – zu erteilen vermag. Siehe die Besprechung des Revers, das Bach bei Amtsantritt in Leipzig unterschreibt in 5.4.10.3.

860 Hutter 1960, 29: VIII, 1.

861 Hutter/Schnabel 2000, 86.

Über das Erklingen eines Chorals – gleich um welchen es sich handeln mag – liegt noch eine weitere Topik vor, die sich im Themenkreis des *locus de invocatione* (von der Anrufung Gottes) bewegt:

> «Quid est precatio sive invocatio DEI? Est [...] a DEO facta petitio: coniuncta cum debita Gratiarum actione, pro acceptis beneficiis.»[862] – «Was ist das Gebet oder die Anrufung Gottes? Es ist [...] eine [...] Bitte zu Gott [...], verbunden mit der schuldigen Danksagung für die empfangenen Wohltaten.»[863]

In der Behandlung der *elocutio* wird diese ‹Doppeltopik› des Kantatenkopfes präziser zu fassen sein. Zunächst gilt es, mit der *dispositio* des Satzes zu klären, auf welche Weise die Komplexität dieses Satzes mit seiner rhetorisch profilierten Stellung als Redekopf zusammenhängt.

7.3.2 Dispositio

Der Redeanordnung nach stellt das vertonte Psalmwort ein Exordium oder Proömium[864] dar, in welchem der Sachverhalt der Rede anhand eines Zitats auf unterschiedliche, die Aufmerksamkeit der Hörenden weckende Art, eingeführt wird.[865] Es handelt sich dabei noch nicht um die *narratio* (Erzählung)[866] der Rede selbst, in welcher der Sachverhalt entfaltet werden soll. Analog zu Hindermanns Analyse des Kopfsatzes der Kantate BWV 140 lässt sich die Aufgabe auch dieses Satzes Quintilian entsprechend mit der «Tugend des Kostens, nicht aber des Verzehrs» umschreiben:

---

862 Hutter 1960, 116: XXV, 2.

863 Hutter/Schnabel 2000, 233.

864 Quintilianus 1971 Bd. 1, 185: 4,1,1ff. Beide Begriffe umschreiben denselben Sachverhalt eines Redeeingangs, in welcher Gestalt diese «Einleitung» (Greza 2012) sich auch präsentieren mag.

865 Greza 2012.

866 Quintilianus 1971 Bd. 1,205: «narratio est rei factae au ut factae utilis ad persuadendum expositio. [– Die Erzählung ist eine auf Überzeugung ausgerichtete Darstellung von Tatsachen oder noch zu erfüllender Tatsachen]» Die narratio soll «esse lucidam, brevem, veri similem – [klar, kurz und einleuchtend sein].» (IV. 2, 31) Vgl. Hindermann 1987, 290 besprochen in 7.4.3.1. Siehe ferner 7.4.2.

> «[D]egustanda tamen haec prooemio, non consumenda ([Quintilianus: Institutio Oratoria] 4,1,14). [– Doch nur als Kostproben sollen diese Dinge im Proömium behandelt werden, nicht in aller Ausführlichkeit.]»[867]

In einer solchen Perspektive erscheint die Komplexität der im Satz verhandelten Topik als Einführung in eine komplexe Materie:

> «Causa principii nulla alia est, quam ut auditorem, quo sit nobis in ceteris partibus accomodatior, praeparemus. [– Es gibt keine andere Ursache für ein Proömium, als den Hörer darauf vorzubereiten, uns gegenüber in Bezug auf die übrigen Teile (der Rede) geneigter zu stimmen.]»[868]

Aufgabe einer rhetorischen Einführung ist es, den erwähnten «auditor(em)» «benevolum, attentum, docilem» zu machen (facere).[869] Der Halbschluss[870] am Ende des Satzes unterstreicht dessen Funktion als Redeeinstieg mit Überleitung zum ersten Rezitativ, welches die Sündenerkrankung der Menschheit ‹narrativ› entfalten wird.

7.3.3 Elocutio

Auf der Stilebene des Satzes geraten die ‹Sprechhöhen› der klassischen Rhetorik *docere*, *movere* und *delectare* ins Blickfeld. Von der Stoffbearbeitungsstufe der *elocutio* aus betrachtet gilt es, die bereits in Psalmzitat und Choral festgelegte dogmatisch angelegte Themenwahl der Hörerschaft gegenüber zu plausibilisieren.

7.3.3.1 Docere

Bereits die «breit ausgeführte» und mehrschichtige «Bearbeitung des Choraltextes» (Schulze)[871] weist darauf hin, wie sehr dieser Kopfteil auf die Vermittlung von Lehrinhalten ausgerichtet ist.[872] Auslegungsmethodisch geschieht dies im

---

867 Hindermann 1987, 290.

868 Quintilianus 1971 Bd. 1, 186: 4,1,5.

869 Ebd.

870 Beobachtung Monika Henkings in einem Gespräch vom 28.10.2011.

871 Schulze 2010, 403.

872 Arnold sieht in den Kantaten analog zur Predigt das homiletische Schema von *explicatio* und *applicatio* angewendet. An dieser Stelle ist das Prinzip der *explicatio* verwirklicht vorzustellen (Arnold 2009, 63ff).

Libretto über die Einführung einer biblischen Parallelstelle, mit der ein Sachverhalt eingeführt wird, der in der Perikope selbst nicht thematisiert wird. Deyling schreibt dazu in Bezug auf den predigenden «minister»:

> «Omnia confirmet selectis & maxime congruentibus S. Scripturae testimoniis [...]. [– Alle Aussagen bestätigt er mit ausgewählten und höchst übereinstimmenden Zeugnissen aus der Heil. Schrift.]»[873]

Wie der Librettist richtet auch Deyling in der ersten Zeile seiner *Glaubens-Lehre* den Fokus auf den Sündenfall: «Der Sünden Greuel richt den grösten Schaden an ...»[874] Deyling setzt mit dieser Aussage das *officium didascalicum* (Vermittlungsfunktion) einer Predigt um:

> «Mit dem ‹genus didascalicum› ist die Vorstellung verbunden, daß der Hörer eine klare, der Lehre der Kirche konforme Darlegung des Lehrinhaltes eines [biblischen] Textes zu hören bekommt.»[875]

Löscher unterscheidet im Rahmen dieser Predigtaufgabe folgende *species*:

> «Narratio historica, Doctrina, Descriptio, Vaticinium, Colloquium in quo credenda tractantur [– historische Erzählung, Lehrinhalt, Beschreibung, Prophezeiung, Gespräch, in welchem die zu glaubenden Inhalte behandelt werden].»[876]

Im Rahmen einer *Glaubens-Lehre* böte sich noch ein weitere Genus an, das *genus elencticum*, das als «species» unter anderem die «Accusatio vel exprobratio erroris» enthält und somit vor falscher Lehre warnt, die etwa darin bestehen könnte, die Ursünde der Menschheit zu verharmlosen. Doch eine solche Aus-

---

873 Deyling, Institutiones, §. XV., 296. Vgl. Hutter 1961, 126: XII: «de Iustificatione», 1 bzw. Hutter/Schnabel 2000, 126: 12: «Von der Rechtfertigung», 1), wo der Terminus *abominatio* (Greuel) aus Spr 17,15 zitiert wird.

874 Vgl. Hutter 1962, 29: VIII (de peccato), 4: «Peccatum originis est morbus naturalis et omnibus hominibus innatum contagium atque vitium, quod nos non modo sine metu et fiducia DEI, et per concupiscentiam totos depravatos effecit: sed et aeternae damnationis, nisi regeneratio interveniat, reos constituit.» – «(Von der Sünde) Die Erbsünde ist eine natürliche Krankheit und eine alle Menschen angeborene Seuche sowie ein Gebrechen, das nicht nur bewirkt, daß wir alle vom Mutterleib an ohne Furcht und Vertrauen Gott gegenüber und durch die Begierde vollständig verdorben sind, sondern das uns auch zu Menschen bestimmt, die der ewigen Verdammnis schuldig sind, wenn nicht [...] die Wiedergeburt dazwischentritt.» (Hutter/Schnabel 2000, 88).

875 Arend Hoyer 1986, 24.

876 Löscher 1720, 72.

einandersetzung mit einer fremden, sprich: falschen Lehrmeinung fügt sich nicht in den Gesamtzusammenhang weder der Deylingschen Predigtkondensate noch des Kantatenlibrettos ein und kann an dieser Stelle unberücksichtigt bleiben.[877] Im Hinblick auf Deylings *Glaubens-Lehre* zum Tag kommt unter den *species* des *genus didascalicum* diejenige der *doctrina* und der *descriptio* zum Tragen. Im Hinblick auf die Behandlung der Perikope durch Libretto und Komponisten liesse sich über *doctrina* und *descriptio* hinaus noch das *Colloquium* ins Spiel bringen, stellen doch Psalmwort, Kirchenlied, Motette, Fuge und weitere Motive unterschiedliche stilistische Bezugsgrössen dar, die miteinander konzertierend «die zu glaubenden Inhalte» ins Gespräch zu bringen verstehen. Davon wird im Rahmen der *elocutio* dieses Satzes weiter unten sowie zusammenfassend in der ersten Synthese in 7.3.4 noch zu sprechen sein.

In Bezug auf die Wahl des diesem ersten Satz zugrunde liegenden Kirchenlieds vermuten Petzoldt und Schulze, dass das Kirchenlied «Herzlich tut mich verlangen»[878] der gläubigen Seele verhilft, ihrer Sehnsucht Ausdruck zu verleihen, «abzuscheiden von dieser argen Welt.»[879] Besser zum hamartiologischen Duktus der Komposition insgesamt passt aber das Lied: «Ach Herr, mich armen Sünder».[880] Die erste Strophe dieses Lieds nimmt ihrerseits Bezug auf den *locus de peccato* (Von der Sünde):

> «Ach Herr, mich armen Sünder / Straf nicht in deinem Zorn, / Dein' ernsten Grimm doch linder, / Sonst ist's mit mir verlorn. / Ach Herr, wollst mir vergeben / Mein Sünd und gnädig sein, / Dass ich mag ewig leben, / Entfliehn der Höllenpein.»[881]

Vollends kongruent mit Ps 38,4 ist der Wortlaut der zweiten Strophe:

> «Heil du mich, lieber Herre, / denn ich bin krank und schwach, / mein Herz, verwundet sehre, leidet groß Ungemach, / mein Gbeine sind erschrocken, / mir ist sehr angst und bang, / mein Seel ist auch erschrocken. / Ach du Herr, wie so lang!»[882]

Hierzu als Vergleichspunkt die zweite Hälfte der Deylingschen *Glaubens-Lehre*: «… Laßt uns zu JEsu fliehen, er ists, der helffen kann.»[883] Wie diese zweite

---

877 Zum *genus elencticum* siehe 8.7.2.1.

878 Siehe *inventio* zu diesem Satz (7.3.1). T

879 Georg C. J. Müller 2013.

880 Siehe Oron 2017. Vgl. Kantate BWV 135 «Ach Herr, mich armer Sünder» (EZ: 25.6.1724).

881 Oron 2017.

882 Ebd.

Vershälfte den Inhalt der ersten fortsetzt, so verhält es sich mit dem Kirchenlied in Bezug auf das Psalmwort: Die im Lied vorgetragene Klage setzt die Aussage aus Ps 38,4 mit dem Hinweis auf den einzig Hilfe versprechenden Adressaten fort.[884] BWV 25 und Deylings Predigtquintessenzen scheinen sich somit in ähnlichen Bahnen lutherisch-orthodoxer Auslegungstradition zu bewegen. Hutter fasst den *locus de iustificatione* (Von der Rechtfertigung) in seinem Kerngedanken wie folgt zusammen:

> «Iustificatio est opus DEI, quo hominem peccatorum, credentem in CHRISTUM, ex mera gratia, sive gratis a peccatis absolvit […]»[885] – «Die Rechtfertigung ist Gottes Werk, durch das er den sündigen Menschen, der an Christus glaubt, aus lauter Gnade von den Sünden losspricht […]»[886]

Die Überzeugungskraft der Bachschen Vertonung liegt in der Kunst, Psalm- und Choralwort in der *elocutio* analog zu Deyling suggestiv so miteinander in Beziehung zu setzen, dass der Hörerschaft der Sinngehalt dieses ersten Satzes in Bezug auf den Perikopentext des Sonntags im Sinne des *officium didascalicum* ‹aufgeht›.[887] In diesen Zusammenhang ist auch das Motiv der Fuge zu stellen, worauf Schulze in Bezug auf die Chorstimmen aufmerksam macht und worüber er in einem anderen Zusammenhang festhält:

> «Nach meiner Auffassung […] bedeutet für Johann Sebastian Bach Fuge nicht ein Formprinzip wie andere, sondern ‹augenscheinlich die höchste, unantastbare, vollkom-

---

883 Deyling 1734a, 28.

884 Ob es sich dabei um die erste oder zweite Strophe des Liedes handelt, spielt in diesem Zusammenhang keine Rolle, da mit «Herr» der Adressat der Bitte feststeht.

885 Hutter 1961, 52: XII, 2.

886 Hutter/Schnabel 2000, 127.

887 Mit Schulze und Petzoldt zu vermuten, Bach spiele auf den Choral «Herzlich tut mich verlangen» an (siehe dazu 7.3.1), führt unter rhetorischen und homiletischen Gesichtspunkten aus dem Grund nicht weiter, dass die Thematik dieses Kirchenlieds im weiteren Verlauf der Kantate nicht mehr aufgegriffen wird, was dem Sinn eines Proömiums widerspricht. Wie Petzoldt präzisiert, handelt es sich um ein Sterbe- und Begräbnislied Christoph Knolls, dass die «Sehnsucht, Verlangen und das Begehren» zum Ausdruck bringt, «die Lasten und Beschwerlichkeiten der Welt hinter sich lassen zu können.» (Petzoldt 2005, 395).

mene Form.›[888] Darum wird sie von ihm üblicherweise auch für den oder die wichtigsten Textgedanken reserviert, um diesen Kraft, Glanz und Nachdruck zu verleihen.»[889]

Übertragen auf die Aussage von BWV 25,1 liest sich die Verwendung dieser auf Vollkommenheit verweisende Fugenform[890] zunächst als Ausdruck eines stimmigen, den Sachverhalt der unentrinnbaren Verstrickung aller menschlichen Existenz in der sich aus ihrer Schuld gesetzmässig ergebenden Unruhe und Angst vollkommen widerspiegelnden Sündenbekenntnisses der Gemeinde.[891] Unterstrichen wird dieser Zusammenhang einerseits durch die musikalische Anspielung auf die erste Choralzeile der ersten Strophe «Ach Herr, mich armen Sünder» und durch den Halbtonschritt bei «(Ge-)bei-(ne), der im zweiten Fugenthema eine zusätzliche Trübung, ja Erniedrigung hörbar macht.[892] Andererseits aber wird der Gedanke der unentrinnbaren Verstrickung in Sünde und Leid im von Unruhe geprägten und über mehr als drei Takte lang dauernden Aussingen der Silbe «Dräu-(en)» durch alle vier Stimmen hindurch zum Ausdruck gebracht. Vollends gestützt wird der Ausdruck des Leids durch die unruhige und gleichsam nirgends hinführende und in sich kreisende Begleitung des Continuos, welche sich von Takt 41 mit Auftakt bis 53, also über 14 lange Takte erstreckt![893]

Der sich gleichzeitig über die fugale Struktur legende und diese bis zum Schluss begleitende Choral (Bläser) verleiht der Fuge entsprechend auch die Not wendende Dimension der Anrufung, die im Libretto ihren genauen Adressaten «Herr Jesu,...» aber erst in Satz 3 finden wird. Vorerst – das heisst auf der

---

888 An dieser Stelle zitiert Schulze aus einem eigenen Referat.

889 Schulze 2004, 248.

890 Monika Henking weist mich im Gespräch vom 28.10.2011 darauf hin, dass es sich um eine untypische Fuge handelt. Diesen Hinweis kann ich als Nichtmusikwissenschaftlicher nicht einarbeiten. Vielleicht stützt aber Henkings Bemerkung die Folgerungen, die ich aus der Verwendung der Fuge ziehe.

891 Im diesem Sinn lässt sich der Chor als Repräsentant der christlichen Gemeinde (= Kirche) lesen. Siehe Arnold 2009, 52 in Bezug auf die Leipziger Kirchenkantaten: «Die spezifisch hermeneutische Funktion des *Chorals* ist [...] das Moment der vergegenwärtigenden *Aneignung*, entweder im Sinne einer ‹kollektiven› Akklamation des Verkündigten in Form von Bekenntnis, Bitte oder Lob (eher in Wir-Form), im Sinne einer persönlichen Zustimmung (Ich-Form) oder aber als Zusammenfassung alles bis dahin Gesagten.»

892 Monika Henking aus einem Gespräch zu BWV 25,1 am 28.10.2011.

893 Monika Henking weist auf die Zahlensymbolik in diesem Takt: b+a+c+h und deutet dies als Unterschrift des Autors. Siehe ferner Weiss 2000.

Ebene des Proömiums – steht aber diese Anrufungsqualität der Fuge noch nicht im Vordergrund. Bach zieht es vielmehr auch in der Gestaltung des zweiten Fugenthemas[894] («Und ist kein Friede in meinen Gebeinen vor meiner Sünde») vor, die Gottverlassenheit der Menschheit herauszustreichen. Denn, von der Continuo-Begleitung abgesehen, die in diesem Fall symbolisch ja gerade keine Stütze darstellt, fehlt in den ersten 9 Takten jegliche instrumentale Begleitung überhaupt. Die klagende Menschheit bleibt (vorerst) mit ihrer Klage allein.

7.3.3.2 Movere

Der Komplexität dieses Satzes wegen, der den Hörenden an intellektueller Arbeit einiges abverlangt, wird Bachs Augenmerk nicht in erster Linie auf dessen Emotionsgehalt liegen. Es ist jedoch anzunehmen, dass emotionsauslösende Figuren, wie die «in sich kreisende Begleitung des Continuos, (Takt 40–53)» die Aufgabe erfüllen, den Sachverhalt auswegloser Verstrickung in Sünde und Tod sinnfällig zu unterstreichen: es soll einem beim Nachvollzug der in sich bereits ständig wiederholten Äusserung: «Es ist nichts Gesundes ...» zusätzlich mulmig zu Mute werden. Nach Cicero übt das *movere* auf die Hörerschaft einen gewissen Zwang aus.[895] In der Perspektivierung durch Thomas von Aquin dürften das Seufzermotiv der Streicher wie die kreisenden Bewegungen des Continuo die Affektlage der *ira*[896] (Zorn) bedienen: Der «Kranke» vernimmt, in welchem Mass das abzulehnende *malum* bereits Fakt ist. Sowohl aus göttlicher Warte[897] wie aus menschlicher Sicht kann es der Faktizität der Sünde gegenüber nur einen Grundaffekt geben: *odium* = Hass. Auf diesen Grundaffekt können sich in der *executio* schichtweise die Affektwiedergabe der *tristitia* (Seufzermotiv) und der *ira* (kreisende Bewegung des *continuo*) legen.[898] Wird

---

894 Marie-Louise Hoyer weist mich bei der Durchsicht dieser Untersuchung darauf hin, dass es sich um eine Doppelfuge handelt, also um eine Fuge mit zwei Themen: «Es ist nichts Gesundes» Nr. 1 und «und ist kein Friede» Nr. 2.

895 Dyck 1991, 79.

896 Zur Affektsystematik siehe 5.2.2.2.1.

897 Hutter 1961, 29: VIII, 1.: «Peccatum est [...] actio [...] offendens DEUM, damnata a DEO, et faciens reos aeternae irae, et aeternarum poenarum [...]» – «Die Sünde ist [...] eine Handlung, [...] die Gott verletzt, von Gott verdammt wird, die ewigen Zorn und ewige Strafe verdient [...]» (Hutter/Schnabel 2000, 86f.).

898 Die Affektlage könnte ferner in Richtung *desperatio* (Verzweiflung) und *timor* (Furcht) aufgefächert werden. Beide Affekte legen aber in Bezug auf Thomas von Aquins Af-

die Figur der Chorfuge zusätzlich zu ihrem lehrhaften Inhalt als Abbildung einer Fluchtbewegung *(fuga)* gelesen, tritt ein weiteres affektspezifisches Motiv hinzu, das ganz im Deylingschen Sinn als Flucht zum *bonum* «JEsus» begriffen werden kann. Auf diese Weise erscheint es als denkbar, dass Bach neben der Affektlage um das *summum malum* der *aeterna damnatio*[899] über die *fuga* eine weitere Affektlage musikalisch darzustellen beabsichtigt, welche bereits auf ein *summum bonum*, nämlich die *regeneratio*[900] Bezug nimmt. Auf dieses *summum bonum* spielt ausserdem das Choralzitat an, welches in der Möglichkeit der *invocatio* für den Menschen nach lutherischer Theologie bereits seine *regeneratio* voraussetzt.[901]

---

fektsystematik einen Abstand zum befürchteten *malum* bzw. erhofften *bonum* nahe. In diesem Satz wird aber das *absolute malum* als eingetroffen musikalisiert, was in Bezug auf dessen Verneinung den Affekt der *ira* (Zorn) nahelegt. Auch in dieser Frage gibt es keine absolute Sicherheit, sondern lediglich mehr oder weniger plausible Lösungsansätze.

899 Hutter 1960, 29: VIII, 4: «Quid est peccatum originis? Peccatum originis est morbus naturalis et omnibus hominibus innatum contagium atque vitium, quod nos [...] aeternae damnationis [...] reos constituit.» – «(Von der Sünde) Die Erbsünde ist eine natürliche Krankheit und eine alle Menschen angeborene Seuche sowie ein Gebrechen, [...] das uns [...] zu Menschen bestimmt, die der ewigen Verdamnis schuldig sind.» (Hutter/Schnabel 2000, 88). Ausführliches Zitat siehe 8.7.1.

900 Die Aussicht auf die «regeneratio» («Wiedergeburt») des sündigen Menschen erfolgt bei Hutter in der Form eines Wendepunktes in der göttlichen Behandlung des «peccatum originis» («Erbsünde») als «morbus [...], contagium atque vitium» («Krankheit, Seuche und Gebrechen»), «quod nos [...] aeternae damnationis, nisi regeneratio interveniat, reos constituit.» (Hutter 1960, 29) – «das uns auch zu Menschen bestimmt, die der ewigen Verdammnis schuldig sind, wenn nicht [...] die Wiedergeburt dazwischentritt.» (Hutter/Schnabel 2000, 88).

901 Siehe Näheres hierzu in 7.8.1. In homiletisch-erbaulicher Hinsicht schwingt sich die Affektgestaltung dieses Satzes jedoch nicht zu einer regelrechten *movere*-gestützten Argumentation hinauf. Dazu fehlt ihr der eigene argumentative Schwerpunkt. Bei Deyling zum Beispiel wird dieser in der Darstellung der *Lebens-Pflicht* zu diesem Sonntag über den Ausdruck der Dankbarkeit erreicht: «Es macht dich JEsu Blut von allen Sünden rein, / Die Wohlthat ist sehr groß! Willst du nicht danckbar seyn?» Ein solcher selbstständiger etwa auf Christi Wohltat bzw. auf die vom gerechtgesprochenen Sünder geforderte Dankbarkeit fokussierender Schwerpunkt der *movere*-Argumentation ist in diesem Satz nicht zu erkennen. Die Affektgestaltung folgt demnach vielmehr der *docere*-Argumentation und vertieft diese, spricht aber, stilistisch gesehen, keine eigene Sprache.

7.3.3.3 Delectare

So bedeutsam die *logos*-Dimension in diesem Satz zu sein scheint, stellt sich dennoch die Frage, ob nicht die *äthos*-gestützte Argumentation stilistisch letztlich den Ton angibt. Wenn es die Aufgabe jeder Redeeinleitung ist, den Hörer «benevolum, attentum, docilem – wohlwollend, aufmerksam, aufnahmefähig» zu stimmen,[902] lassen sich die zahl- und kunstreichen Anspielungen auf den Choral «Ach Herr, mich armen Sünder»[903] als *benevolum, attentum,* ja als *docilem facere*[904] lesen:

> «auditorem [...] docilem summa celeriter comprehensa facit – (der Autor) macht den Hörer aufnahmefähig, indem er ihm die Hauptsache als schnell verständlich (darlegt)».[905]

Es ist anzunehmen, dass Bach wie in einer gelungenen Predigt alle drei Argumentationsstränge *docere, movere* und *delectare* sogar gleichzeitig bedient. Die stilgebende Führung dürfte dabei aber jeweils nur eine der drei Stilhöhen übernehmen. Im Vergleich zu Deylings *Lehre* wirkt BWV 25,1 aller Lehre und ‹Betroffenheit› zum Trotz vor allem auch tröstend, und dies über die Wohlproportioniertheit des ganzen Satzes vom ersten Takt an. Die *äthos*-Argumentation ist ein vielschichtiges Phänomen. Mit der Wahl eines Psalmtextes als Eingangswort zur Kantate wird eine Tradition aufgegriffen, deren Wurzeln nicht allein in die Liturgiegeschichte zurückreichen,[906] sondern eine Verinnerlichung von ‹Kirche-Sein› schlechthin zum Ausdruck bringt. In dieser Hinsicht ist auf Luthers Hochschätzung des Psalters als «kurtze Bibel vnd Exempelbuch von der gantzen Christenheit»[907] hinzuweisen, mit dem er die vorreformatorischen Passionalen in der Form von «Exempel-Büchern und Historien» abzulösen hofft:

> «SVmma / Wiltu die heiligen Christlichen Kirchen gemalet sehen mit lebendiger Farbe vnd gestalt / in einem kleinen Bilde gefasset / So nim den Psalter fur dich / so hastu einen feinen / hellen / reinen / Spiegel / der dir zeigen wird / was die Christenheit sey. Ja

902 Quintilianus 1971 Bd. 1, 186: 4,1,5.
903 Siehe Hindermann 1987, 289 zum ersten Satz der Kantaten BWV 140.
904 Ebd.
905 Quintilianus 1971 Bd. 2, 243: 10,1,48 zit. n. Hindermann 1987, 289.
906 Wetzel 1985, 131.
907 Luther 1974, 964.

du wirst auch dich selbs drinnen / vnd das rechte Gnotiseauton finden / Da zu Gott selbs vnd alle Creaturn.»[908]

Wenn Bach ein Psalmwort in der liturgischen Tradition stets als Chorsatz komponiert,[909] schwingt neben der Propriumsfunktion eines solchen Textes, auf das Evangelium des Sonn- oder Feiertages hinzuweisen, eine weitere, verinnerlichte Dimension mit: Bach selbst stellt sich und die Gemeinde in die Tradition derer, die den Psalter als «aller Heilgen Büchlin» schätzen:

> «WElchs denn auch dazu gut ist / das / wenn einem solche wort gefallen vnd sich mit jm reimen / Das er gewis wird / er sey in der Gemeinschafft der Heilgen / vnd hab allen Heiligen gegangen / wie es jm gehet / weil sie ein Liedlin alle mit jm singen. Sonderlich / so er sie auch also kann gegen gott reden /wie sie gethan haben / Welchs im glauben geschehen mus / Denn einem gottlosen Menschen schmekken sie nichts.»[910]

Im Rahmen dieser *äthos*-bezogenen Gestaltung erweist sich somit Bachs Verwendung des Psalters, des «Buches der Kirche»,[911] als musikalische Inszenierung eines auf den inneren Gottesdienst der Gemeinde gerichteten Abschnittes der Liturgie. Die dabei verwendete auf Vollkommenheit bezogene Form der fugierten Stimmführung bestätigt diesen Eindruck. Mit der Wahl einer solchen Argumentationsebene ruft Bach der Gemeinde einerseits ihren eigenen inneren Gottesdienst in Erinnerung und reiht sich andererseits gleich selbst darin ein. Somit schliesst sich der Kreis *äthos*-bezogener Argumentation: indem es Bach gelingt, als Redner seine Glaubwürdigkeit unter Beweis zu stellen, erfüllt er die Anforderungen, die Aristoteles an einen Redner stellt, über seine persönliche Haltung (*äthos*) am meisten überzeugen zu können.[912] In diesem Licht betrachtet, erscheint die Klage aus Ps 38,4, die antiphonisch mit dem instrumentalen Choralzitat korrespondiert, als Ausdruck der eigenen persönlichen Not, in welcher sich die Gemeinde und somit auch Bach[913] stellvertretend als ‹Tonredner› befinden:

---

908 Luther 1974, 967.

909 Wetzel 1985, 14.

910 Luther 1974, 967.

911 Wetzel 1985, 148.

912 Siehe 5.2.2.3.

913 Im Rahmen der *logos*-Argumentation wurde bereits auf Bachs Unterschrift (B-a-c-h) hingewiesen (7.3.3.1), die erst recht im Rahmen der *äthos*-Argumentation ihren Platz hat.

> «Wo findet man feiner wort von freuden / denn die Lobpsalmen oder Danckpsalmen [...] Wjderumb / wo findestu tieffer / kleglicher / jemerlicher wort / von Trauwrigkeit / denn die Klagepsalmen haben? Da sihestu aber mal allen Heilgen ins herzte / wie in den tod / ja wie in die Helle [= Hölle].»[914]

Ps 38,4 wird von Bach in rhetorischer Hinsicht als Gemeinplatz verwendet, der über den dogmatisch-lehrhaften Charakter des Satzes hinaus, in der Anspielung auf die antiphonale Praxis der Kirche, die Hörerschaft dazu einlädt, sich vertrauensvoll in die Klage der Kirche gedanklich einzustimmen, «als weren [die Psalmen] allein vmb seinen willen also gesetzt / das er sie auch selb nicht besser setzen noch finden kann noch wündschen mag»,[915] um sich somit persönlich getragen zu wissen. Auf diese Weise erhält die Systematik, mit welcher der gesamte Satz komponiert wird, nicht allein den strengen Beigeschmack eines Urteilspruchs (*logos*-Argumentation), sondern die heilsgeschichtliche Note, dass in der doppelten Klage der Gemeinde zugleich Glaube und Hoffnung der Kirche zum Ausdruck kommen. Auf diese Argumentationsebene bezogen klingt bereits vom ersten Satz der Kantate Deylings *Glaubens-Trost* mit an:

> «Der Sünden Aussatz schleußt die Thür des Himmels zu,
> Doch JEsus öffnet sie, und bringt dich ein zur Ruh.»[916]

Im Sinne der *methodus mixta* Johannes Försters[917] liessen sich im Dialog zwischen Chorpartie und instrumentalem Choralzitat die Ebenen des *sensus litteralis* und *anagogicus* miteinander in Beziehung setzen: Urteil und Freispruch schwingen in der Spannung zwischen dem Wortlaut beider Texte sowie deren kirchlich-liturgischer Verwendung gleichermassen mit.

7.3.4 Inszenierte Andacht – eine erste Synthese

Werden die Ergebnisse der vorausgehenden nach rhetorischen, dogmatischen, homiletisch-erbaulichen und liturgietheoretischen Gesichtspunkten geführten Analyse mit Bachs Begriff andächtiger Musik in Beziehung gebracht, stellt sich als erstes das reichhaltige und vielschichtige Argumentarium von Text und Musik als ein Unterfangen dar, die Aufmerksamkeit der Hörerschaft vermittels

---

914 Luther 1974, 966.
915 Luther 1974, 967.
916 Deyling 1734a, 28.
917 Siehe 7.3.1.

vertrauter Assoziationen kultischer (Psalm- und Choralzitat) wie ausserkultischer (Seufzermotivik, Geschlossenheit evozierende fugale Stimmführung usw.) Natur auf die thematisierten Inhalte zu lenken. Die gewonnenen Ergebnisse lassen sich – wie in folgendem Absatz zu zeigen sein wird – über Gottesdiensttheorien der Gegenwart als ebenso kongruente Hinweise auf eine homiletisch-erbaulich reflektierte Bibeltextinszenierung im Rahmen der Gesamtinszenierung des öffentlichen Gottesdienstes hin perspektivieren.[918] Die daraus resultierende Selbsterschliessung Gottes (Plüss) «durch die Bibeltexte hindurch»[919] führt unmittelbar zur gottesdiensttheologischen Füllung dessen, was Bach unter «andächtig Musig» versteht, weil diese sich selber als gottesdienstliche Begehung[920] auf das Bibelwort als deren Grundlage und «Skript»[921] gewiesen weiss. Analog zu liturgieinszenatorischen Überlegungen zum Gottesdienst insgesamt lässt sich BWV 25,1 als einen gezielten Transformationsvorgang charakterisieren, mit welchem ein Bibelwort «in das Medium der Darstellung, der Inszenierung»[922] gehoben wird. Vordergründig handelt es sich dabei um die musikalische Bearbeitung des Psalmwortes. Die vorausgehenden Analyseschritte zeigen jedoch, dass sich über die Choraleinspielung im Hintergrund die Sonntagsperikope Lk 17,11–19 mit der Anrufung der 10 Aussätzigen selbst als Skript der Inszenierung profiliert:

> «Und als er in einen Marckt kam / begegnete ihm zehen aussätzige Männer / die stunden von ferne / und erhuben ihre Stimme / und sprachen: JEsu / lieber Meister / erbarme dich unser.»[923]

Was Plüss über den inszenatorischen Umgang mit Bibeltexten im Rahmen eines evangelischen Gottesdienstes der Gegenwart aussagt, lässt sich auf die

---

918 Siehe Abschnitt zu Martin Nicol 5.4.10.2.

919 Plüss 2007, 227.

920 Siehe 5.1.7.

921 Siehe zum Beispielbei Plüss 2007, 112.

922 Plüss 2007, 230. Plüss bemerkt in einer Fussnote dazu: «Damit» – gemeint ist der Vorgang der Inszenierung – «ist zugleich eine *Umkehrung der Bewegungsrichtung* verbunden. Es soll nicht der Text der Vergangenheit in die Gegenwart transportiert werden, sondern die aktuellen Szenen sollen im Medium der Inszenierung in den Text (der Vergangenheit) eingetragen werden können.» Exakt in diese Richtung: von Gegenwartsbezügen zur biblischen Textgrundlage, verfährt Bach andachtsinszenatorisch.

923 Lk 17,12f. (Biblia 1712).

Bach-Kantaten in Bezug auf deren inszenatorische Behandlung von Bibeltexten – insbesondere der Perikopentexte – übertragen:

> «In den Texten der Bibel haben sich die vielfältigen Glaubenserfahrungen Israels und der jungen Christengemeinden eingelagert und zu narrativen, doxologischen und diskursiven Formen verdichtet. Damit diese Glaubenserfahrungen wieder zugänglich werden und neue Glaubenserfahrungen anzuregen und zu strukturieren vermögen, ist es notwendig, dass sie aus ihrer verdichteten Textgestalt herausgelöst und in szenische Gestaltungen hinein verflüssigt werden.»[924]

Unter diesem Gesichtspunkt betrachtet, erscheint auch Bachs Vertonung in BWV 25,1 als «Herauslösung» und «Verflüssigung» von Glaubenserfahrungen, die sich in Psalmwort und Evangeliumstext eingelagert haben. Die soeben erfolgte Analyse beschreibt heuristisch rekonstruierend, auf welche Weise Bach «diese Glaubenserfahrungen wieder zugänglich» zu machen versucht und auf welche konzeptionellen Modelle er sich dabei abstützt. Andacht lässt sich in diesem Zusammenhang als Zusammenfassung dessen auffassen, was Plüss unter Anregung zu und Strukturierung von «neue[n] Glaubenserfahrungen» bezeichnet. Gleichzeitig versteht sich Andacht aber nicht nur als das erwünschte Produkt der musikalischen Textinszenierung, sondern auch als deren Ausgangspunkt: «[Dass] sich Gott durch die Bibeltexte hindurch erschliesst»,[925] gilt für Plüss als Axiom «reformierte[r] Bibelfrömmigkeit».[926] Analog dazu ist Andacht für Bach Voraussetzung einer musikalischen Textinszenierung, die mit Gottes *Gnaden-Gegenwart*[927] rechnet. Der Schlüsselbegriff, mit dem Plüss Bibelfrömmigkeit und Gottes Selbsterschliessung durch die Bibeltexte hindurch verbindet, lautet «Vertrauen». In der Zwiesprache zwischen dem Psalmwort und dem instrumental ausgeführten Kirchenlied spricht sich Bachs eigenes Vertrauen aus, die Klage über die Unentrinnbarkeit des göttlichen Gerichts (*locus de peccato* – Art. von der Sünde) in der Anrufung der Gemeinde (*locus de invocatione* – Art. Von der Anrufung) als bereits gewendet und aufgehoben zu wissen.

---

924 Plüss 2007, 230.

925 Zur Kritik des Schriftprinzips in der lutherischen Orthodoxie siehe Bernhardt 2017, 24–27.

926 Plüss 2007, 227.

927 Zur Entschlüsselung dieses Begriffs siehe 5.1.6.

7.4 BWV 25,2: Recitativo T

2. Recitativo

Tenore, Continuo, Organo

1[928] Die ganze Welt ist nur ein Hospital, / Wo Menschen von unzählbar großer Zahl / Und auch die Kinder in der Wiegen / An Krankheit hart darniederliegen.

2 Den einen quälet in der Brust / Ein hitzges Fieber böser Lust; / Der andre lieget krank / An eigner Ehre hässlichem Gestank; / Den dritten zehrt die Geldsucht ab / Und stürzt ihn vor der Zeit ins Grab.

3 Der erste Fall hat jedermann beflecket / Und mit dem Sündenaussatz angestecket.

4 Ach! dieses Gift durchwühlt auch meine Glieder. / Wo find ich Armer Arzenei? / Wer stehet mir in meinem Elend bei? / Wer ist mein Arzt, wer hilft mir wieder?

7.4.1 Inventio

BWV 25,2 führt die Sündentopik des Eingangssatzes aus. Petzoldt weist dabei auf die Qualitätssteigerung hin, die mit der Überarbeitung der Vorlage verbunden ist:[929] Einerseits wird im Libretto die grosszügige Schilderung sündigen Verhaltens auf drei griffige Bilder reduziert, andererseits wird das Konzept der Erbsünde von seiner augustinischen biologischen Herleitung befreit und auf die adamische Ursünde hin zugespitzt[930] und in Röm 5,12 (Teil 3) biblisch verankert. Auch wird implizit auf den Lasterkatalog in der Epistellesung[931] Bezug genommen, und es werden drei dafür repräsentative Verhaltensweisen aufgeführt.[932]

---

928 Nach der Unterteilung von Petzoldt 2005, 399.

929 «Wie sind wir doch / Durch Adams Fall so jämmerlich verderbet! / Der Aussatz wird uns angeerbet, / Wenn unsere Glieder noch / Die erste Finsterniß umschliesset. / Selbst die Empfängnis ist befleckt, / Indem das Gifft, damit wir angesteckt, / Schon durch die rohen Adern Fließet. / Die gantze Welt ist ein Spital / Wo eine Schaar von unzählbarer Zahl / An tausend Seuchen lieget (usw.)» (Petzoldt 2005, 388).

930 Petzoldt 2005, 398.

931 Gal 5,16–24 (Die Werke des Fleisches und die Frucht des Geistes). Siehe 6.3 und 10.2.1.1.

932 Zur dogmatischen Aufschlüsselung des Satzes bei Hutter siehe 7.4.3.3.

7.4.2 Dispositio

Dieser Satz initiiert als *propositio* (Darlegung des Themas)[933] die eigentliche *narratio* (Erzählung)[934] der Kantate:

> «Die *Narratio* ist gleichsam ein Bericht, eine Erzählung, wodurch die Meinung und Beschaffenheit des instehenden Vortrags angedeutet wird.»[935]

Was im Satz 1 lediglich durch Andeutungen thematisch eingeführt wird, entfaltet sich nun in der *propositio*, im «gedankliche[n] Kernbestand des Inhalts der Narratio».[936] Der Sachverhalt des Sündenaussatzes wird wie in einer Anklageschrift aktualisiert und pauschalisiert: «Die ganze Welt ...». Zur Pauschalisierungstendenz einer *propositio* gehört auch die praktizierte Auffächerung eines Sachverhalts, die gleichwohl keinen Zweifel über die Globalität des dargelegten Anliegens zulässt. Quintilian schreibt dazu:

> «Sunt autem propositiones et simplices et duplices vel multiplices, quod accidit non uno modo, nam et plura crimina iunguntur, ut cum Socrates accusatus est, quod corrumperet iuventute, et novas superstitiones introduceret. [– Es mögen ein-, zwei- oder mehrmalige Darlegungen des Themas vorkommen, was nicht nur auf eine Weise geschieht; denn mehrere Anklagepunkte können miteinander kombiniert werden, so zum Beispiel als Sokrates beschuldigt wurde, die Jugend zu verderben und neue Sorten des Aberglaubens einzuführen.]»[937]

7.4.3 Elocutio

Zur Darstellung der *propositio* wenden Librettist wie Komponist die rhetorischen Tugenden einer *narratio* an: Kürze (brevitas), Klarheit (perspicuitas), Deutlichkeit und Glaubwürdigkeit.[938] Diese werden auf den drei klassischen Stilhöhen und den exegetisch-homiletischen Vorgaben gemäss ausdifferenziert behandelt.

---

933 Greza 2012. Georges schreibt zur *propositio*: «Darstellung, Angabe einer Tatsache, kürzer als narratio» und bezieht sich dabei auf Quintiliians Institutio Oratoria: 4,2,4. (Georges 1869 Bd. 2, 1116).

934 Greza 2012.

935 Mattheson 1739 ohne Seitenangaben zit. n. Hindermann 1987, 286.

936 Hindermann 1987, 286. Zur *propositio* siehe Quintilianus 1971 Bd. 1, 226: 4,2,4 und 4,4,1.

937 Quintilianus 1971 Bd. 1, 227: 4,4,5.

938 Siehe Greza 2012 unter «Tugenden der Erzählung».

7.4.3.1 Docere

Der Librettist scheint seine Vorlage adäquat auf ihre homiletisch-erbaulichen Hauptaussagen hin verdichten zu wollen. Der lehrhafte Charakter dieses Satzes wird kohärent durch eine einfache Vertonung als Secco-Rezitativ[939] unterstrichen. Trotz Heftigkeit der Anklage kommt in Text und Musik von Takt 1 bis 15 (Teil 1–3) analog zur Deylingschen *Glaubens-Lehre* nicht etwa das *officium elencticum*,[940] sondern das *officium didascalicum* zum Zuge.[941] Diesmal gilt es, die Hörerschaft auf ihre eigene Heilsbedürftigkeit zu verweisen. Die stilistisch wohl kühnste Überführung des dogmatischen Sachverhalts in die Lebenswelt der Zuhörenden steckt im beherrschenden Bild des Hospitals, womit sich Hutters Aufzählungen[942] sinnfällig zusammenfassen lassen. Zum Teil 3 schreibt Petzoldt:

> «Die theologische Leistung dieser zwei Zeilen für den Kantatentext ist von prinzipieller Art. Harmonisch führt Bach nur mit diesen zwei Zeilen in hohe Kreuztonarten, die sich aber auch noch bei der Begleitung des vierten unmittelbar anschließenden Abschnittes ([…] T.16–20) fortsetzen.»[943]

Mit Teil 4 wird der stilistische Vorgang der Aktualisierung und Personalisierung des Topos Sünde auf konkrete Sachverhalte (Begierde, Ehr- und Geldsucht) bezogen, mit welcher die Sündenproblematik individualisiert, subjektiviert, emotionalisiert und verinnerlicht wird.[944] Das Rezitativ liest sich als poetisch-musikalische ‹Ausdeutschung› der Deylingschen *Glaubens-Lehre*, deren zweite Zeilenhälfte ihre Entsprechung im Takt 16 findet, welches besonders expressiv mit der zweithöchsten Note des Satzes Gis' auf «Ach!» ansetzt und sich noch bis zur höchsten Note A' auf «mei-(nem Elend)» (Takt 19) steigert.

Hindermanns Beurteilung von BWV 140,2 lässt sich auch auf diesen Satz übertragen:

---

939 Dürr schreibt dazu: «Ein rhythmisch zwar korrekt notierter, aber frei vorgetragener Sprechgesang, harmonisch gestützt durch eine Continuobegleitung einfachster Art.» (Dürr 2010, 34).

940 Zu diesem *genus* siehe die Besprechung in 8.7.2.1.

941 Zu diesem *genus* siehe die Besprechung in 7.3.3.1.

942 Siehe 7.4.3.3.

943 Petzoldt 2005, 399.

944 Zu dieser Begriffsreihe siehe 5.1.5.

«So sei denn der Bericht, wie von den meisten Autoren gefordert, klar, kurz und plausibel: *eam plerique scriptores … volunt esse lucidam, brevem, verisimilem* ([Quintilianus: Institutio Oratoria] 4,2,31). Diese Qualitäten bilden notwendige Tugenden der Darlegung […]»[945]

7.4.3.2 Movere

Die gesamte Anlage dieses Satzes ist auf eine zwar teilweise dramatische, aber doch stets auf den lehrenden Inhalt gestaltete Diktion hin ausgerichtet. In der Wahl der Tenorstimme legt sich Bach auf die emotional neutralste aller vier Stimmlagen fest.[946] Die Begleitung ist unspektakulär, schmucklos, sachlich, minimal, die Harmonik stützend. Der an verschiedenen Stellen wahrnehmbare Wechsel der emotionalen Klangfarbe, die der Aufzählung der unterschiedlichen ‹Krankheitsbilder›[947] wegen musikalisch anspruchsvoll gestaltet ist, lässt das *pathos* ganz im Dienst der *Lehre* stehen. Die Spitze der Lehrhaftigkeit wird in Takt 13 mit der Äusserung erreicht: «Der erste Fall hat jedermann beflecket …» Musikalisch wird besonders deutlich der rekapitulierende Charakter dieser Aussage hervorgehoben. Die Leistung der Vertonung liegt vor allem darin, die Hörerschaft in die Logik des Vortrags zu «zwingen» (*flectere*).[948] Allein, das *pathos* erschliesst sich an dieser Stelle seinen eigenen Klangraum noch nicht. Einzig im letzten Abschnitt von Takt 16 an,

Tenore, Takt16

wird der Text nicht nur emphatisch gestützt, sondern erfährt eine ‹pathetische› Ergänzung. Dieser Textabschnitt lässt sich über Thomas von Aquins Affektenlehre rhetorisch aufschlüsseln: im «Ach! Dieses Gift …» wird das *absolute malum*, in diesem Fall das (Sünden-)Gift als eingetroffen geschildert: «… durchwühlt auch meine Glieder.» Der diesem Sachverhalt zugehörige Af-

---

945 Hindermann 1987, 290.

946 Siehe Blankenburg 1979b, 28f. und Dammann 1984, 12 und 181f.

947 Takt 6: «Den einen quälet …», Takt 7: «Der andre lieget krank …», Takt 10: «den dritten zehrt …»

948 Siehe Dyck 1991, 79.

fekt entspricht der *ira* (Zorn), das Intervall zwischen «meine» und «Glie-(der)» (Gis – Ais) wirkt hart. Mit der Aussage «Wo find ich Armer Arzenei» vollzieht das Rezitativ eine Kehrtwende und streckt sich in einer sanft ansteigenden Tonreihe: «Wo find ich Ar-[949] mer …?» einem *absolute bonum* entgegen, der «Arzenei». Der dazu gehörige Grundaffekt ist das *desiderium* (Sehnsucht). Gleichwohl ist dieser Wunsch noch stark vom Ich-Bezug: «ich Ar-mer» geprägt. Das Adjektiv «arm» lässt den Abstand zum *bonum* als noch zu gross erscheinen, was den Affekt *desperatio* (Verzweiflung) nahelegt. Im Textabschnitt: «Wer stehet mir in meinem Elend bei?»[950] wird der Abstand zum *malum* noch als sehr gering empfunden. Diese Nähe lässt sich über den Affektgehalt *timor* wiedergeben. In den letzten beiden Aussagen verringert sich der Abstand zum *bonum* zwar, bleibt aber in der Unbestimmtheit der Suchbewegung immer noch zu gross, als dass die Affekte *spes* (Hoffnung) und *audacia* (Kühnheit) zum Ausdruck zu bringen wären. Es bleibt letztlich bei der *desperatio*, denn der Gegenstand des *desiderium* bleibt in noch unerreichbarer Ferne, was für die *executio* der Passage von Takt 17 an den Grundaffekt der *tristitia* (Trauer) nahelegt.[951] Auf diese Weise bahnt sich dieser Satz stilistisch einen Weg zur Deylingschen Aussage der zweiten Vershälfte der *Glaubens-Lehre*:

> «Laßt uns zu JEsu fliehen, er ists, der helffen kann».[952]

Die Zielrichtung der Aussage ist dieselbe. Im Ausdruck bleibt BWV 25,2 aber noch hinter Deylings *Pflicht* zurück.

7.4.3.3 Delectare

Die *äthos*-Argumentation lässt sich an der Differenz festmachen, die zwischen der sprachlichen und musikalischen Gestaltung (*bene dicere*) des Satzes und dessen dogmatischer Grundlegung im *locus de peccato* (*recte loqui*) besteht.[953]

---

949 Der Höhepunkt der Tonreihe kommt auf die Silbe «Ar-(mer)» zu stehen.

950 Betonung und Höhepunkt der Aussage liegen auf den Silben «mei-» und «bei».

951 Die Aufschlüsselung in einzelne Affektlagen soll nicht den Eindruck erwecken, als hätte Bach bewusst diese (und keine weiteren) Affekte bei der Hörerschaft auslösen wollen. Der Rückbezug einer solchen Passage auf eine auf Thomas von Aquin zurückreichende Affektenlehre dient aber dem Hinweis, dass wir es an dieser Stelle mit einer emotionsspezifischen Vielschichtigkeit zu tun haben, also mit einem Redestil, der auf die emotionale Beteiligung der Hörerschaft abzielt: *movere.*

952 Deyling 1734a, 28.

953 Zum Unterschied zwischen *recte loqui* und *bene dicere* siehe 5.2.

Die «chromatische und leicht ariose Heraushebung der ‹Krankheit›»[954] in Takt 5 (Abschnitt 1) bezeichnet den argumentativen Schwerpunkt des Satzes, womit der Gedankengang des ersten Satzes homiletisch-erbaulich zugespitzt werden soll. Folgende Gegenüberstellung hilft, die rhetorische Qualität des Librettos in Beziehung mit Hutters Antwort auf die Frage «Quid est peccatum?» zu setzen:

BWV 25,2	**Hutter, Loc. VIII. De peccato, 4.**[955]
Die ganze Welt ist nur ein *Hospital,*	Peccatum originis est *morbus naturalis* et[956]
Wo Menschen von unzählbar großer Zahl /	omnibus hominibus[957]
Und auch die *Kinder* in der Wiegen/	*innatum*[958]
An *Krankheit* hart darniederliegen.	*contagium* atque vitium[959]

Bereits an diesem Ausschnitt lässt sich die Bildhaftigkeit des Librettos seiner dogmatischen Vorlage gegenüber hervorheben. Die numerische Minderung von «omnes homines» (alle Menschen) (Hutter) zu «Menschen von unzählbar grosser Zahl» (BWV 25,2) ist in poetisch-rhetorischer Hinsicht einer Steigerung der flachen Aussage «omnes» (Hutter) gegenüber einzustufen. Auch mit der Schilderung: «Kinder in der Wiegen» (BWV 25,2) gewinnt die dogmatische Aussage «innatum» (Hutter) an lebensweltlicher Plastizität. Dies gilt natürlich auch für folgende Schilderung der «corruptio totius naturae»,[960] die Hutter detailliert als «intima, pessima, profundissima, (instar cuiusdam abyssi) inscrutabilis et ineffabilis»[961] beschreibt, womit die Fähigkeiten der Seele (animae facultat[es]) «in mente, intellectu, corde et voluntatae»[962] in Mitleidenschaft gezogen werden. Der Librettist löst diesen Tatbestand aus seiner Systematik

---

954 Petzoldt 2005, 399.

955 Hutter/Schnabel 2000, 86: «Von der Sünde im allgemeinen und im besonderen».

956 Übers.: «Die Erbsünde ist eine natürlich Krankheit und …» (Hutter/Schnabel 2000, 88)

957 Übers.: «alle[n] Menschen» (Ebd).

958 Übers.: «angeborene» (Ebd.).

959 Übers.: «Seuche sowie ein Gebrechen» (Ebd.)

960 Übers.: «Verderbnis der ganzen Natur» (Ebd.)

961 Übers.: «eine innerste, schlimmste, tiefste (gleichwie von irgendeiner Hölle) unerforschliche und unaussprechliche [Verderbnis der ganzen Natur]» (Ebd.)

962 Übers.: «in Geist, Verstand, Herzen und Willen.» (Ebd.)

heraus und lässt ihn anhand von Beispielen lebendig werden. Wie in Bezug auf das *movere* zu diesem Satz ist zum *delectare* festzuhalten, dass dessen argumentative Stärke darin liegt, sich mit ihren expressiven Gemeinplätzen (κοινά)[963] in den Dienst der im *docere* verhandelten Thematik zu stellen. Es bleibt in der Sparsamkeit der gewählten Ausdrucksmittel bei einer dem *docere* verpflichteten *brevitas*.[964]

7.4.4 Inszenierte Andacht

Bach und sein Librettist führen die Hörerschaft unmittelbar in die persönlich aufzufassende Konfrontation mit der Hilflosigkeit, in der die «ganze Welt» angesichts der Ursünde gefangen ist und nicht einmal «die Kinder in der Wiegen» verschont. Die lehrhafte Drastik des Satzes erinnert an erbauungsliterarische Produktionen wie diejenige Johann Arndts.[965] Insbesondere gilt dies für die affektgeladene Passage ab Takt 16:

> «Ach, dieses Gift durchwühlt auch meine Glieder, Wo find ich Armer Arzenei? ...»

Diese Szene bezieht sich auf die Klage der Aussätzigen:

> «JEsu / lieber Meister / erbarme dich unser ...»,[966]

und lässt sich als eine «Verflüssigung» von im Bibeltext «eingelagerten Glaubenserfahrungen» (Plüss)[967] deuten. Weder Lk 17,11–19 (Sonntagsperikope) noch Ps 38,4 (BWV 25,1) wissen von «Gift», «Arzenei» und «Arzt», geschweige denn von «Hospital», ‹Kinderkrankheiten›, «hitzgem Fieber» und dergleichen zu berichten. Mit diesen stilistischen Zuspitzungen vom Librettisten und dessen Vorlage sollen mit Plüss' Worten «aktuelle Szenen [...] im Medium der Inszenierung in den Text (der Vergangenheit) eingetragen werden können.»[968] Im Sinne einer «Re-inszenierung» und «Transformation» einer biblischen «Szene in

---

963 Zur Definition bei Aristoteles siehe 5.2.2.3.

964 Siehe Greza 2012 unter «Tugenden der Erzählung».

965 Näheres zu Arndt siehe 5.5.

966 Lk 17,13 (Biblia 1712).

967 Plüss 2007, 230. Der genaue Wortlaut bei Plüss ist: «In den Texten der Bibel haben sich die vielfältigen Glaubenserfahrungen Israels und der jungen Christengemeinden eingelagert und zu narrativen, doxologischen und diskursiven Formen verdichtet.»

968 Plüss 2007, 230, Fussnote 20.

ein anderes Medium»[969] gelingt diesem Satz, Kunst und Religion (Gräb)[970] miteinander in Beziehung setzend, das «überraschende Spiel mit überlieferten Deutungsmustern».[971]

7.5 BWV 25,3: Aria B

3. Aria[972]

Basso, Continuo, (Organo)

Libretto	**Bibelstellen**[973]
Ach, wo hol ich Armer Rat?	Jer 8,22: Ist denn keine Salbe in Gilead? Oder ist kein Artzt nicht da? Warum ist denn die Tochter meines Volcks nicht geheilet?
Meinen Aussatz, meine Beulen	Lev 14,54–57: Das ist das Gesetz über allerley Maal des Aussatzes und Grindes / … über die Beulen / Gnätz und Eiterweiß / Auf daß man wisse / wenn etwas unrein oder rein ist …
Kann kein Kraut noch Pflaster heilen	Weish 16,12: Denn es heilet sie weder Kraut noch Pflaster / sondern dein Wort / HERR / welches alles heilet.
Als die Salb aus Gilead.	Jer 8,22
Du, mein Arzt, Herr Jesu, nur	Ex 15,26d: … wirst du der Stimm des HErrn deines GOttes gehorchen / und thun / was recht ist für ihm / und zu Ohren fassen seine Gebot / und halten alle seine Gesetz / so will ich der Krankheit keine auf dich legen / die ich auf Egypten gelegt habe / denn ich bin der HErr dein Artzt. Mk 2,17: … Jesus … sprach zu ihnen: Die Starcken bedürffen keines Artztes / sondern die Krancken. Ich bin kommen / zu ruffen

969 Plüss 2007, 231.
970 Siehe 5.4.10.5.
971 Gräb 1997, 225 zit. n. Plüss 2007, 77.
972 Textgestaltung mit Bibelverweisen von Petzoldt 2005, 391.
973 Biblia 1712.

	den Sündern zur Busse / und nicht den Gerechten.
Weißt die beste Seelenkur.	vgl. Gal 5,24: Welche aber Christum angehören / die creutzigen ihr Fleisch samt den Lüsten und Begierden.

7.5.1 Inventio

Jeder Zeile dieses Satzes weist Petzoldt – wie übrigens bei allen anderen Sätzen der Kantate – mindestens eine biblische Referenz zu. Die formkritische Bestimmung der Textsorte als «versifizierter Bibeltext»[974] bietet sich bei der Betrachtung dieses Satzes aber besonders an und wird daher an dieser Stelle ausführlich dargestellt. Der Fokus liegt wie in Satz 1 und 2 auf dem *locus de peccato* (Von der Sünde). Im Unterschied aber zu Satz 2 greift dieser Satz ebenfalls den *locus de invocatione* (Von der Anrufung Gottes) auf, auf den im Kopfsatz bereits angespielt wurde.

7.5.2 Dispositio

Analog zu BWV 140 lässt sich dieser Satz 3 in der Abfolge der Redeschritte rhetorisch als *narratio probabilis* identifizieren, die auf die *narratio brevis* (Satz 2) folgt und Hindermann mit dem Begriff «Glaubhaftigkeitserzählung»[975] zu übersetzen versucht. Rhetorisch lässt sich dieser Satz über die Einführung eines Ich-Berichts zunächst als Abschweifung[976] qualifizieren. Hindermann schreibt zu diesem speziellen «excolendae orationis mod[us]» (Modus der ausschmückenden Rede):[977]

> «[die Abschweifung] steht als solche eigentlich außerhalb der Redeordnung und ist äußerst pathos- und bildhaltig. Der Redner entwickelt zuerst seine Vorstellungskraft zur Idee: *‹phantasia› in concipiendis visionibus* ([Quintilianus: Institutio Oratoria] 8,3,88) und setzt dann sein Publikum durch ein glaubhaftes Bild in die Lage des Augenzeugen: *multum confert adiecta veris credibilis rerum imago, quae velut in rem praesentem perducere*

---

974 Schulze 1999, 14.

975 Hindermann 1987, 291.

976 Der übliche lateinische Terminus für die rhetorische Ausschweifung ist *egressus* (Quintilianus 1971 Bd. 1, 225: 4,3,12). Siehe hierzu ferner 7.5.3, 7.6.2, 7.7.2 und vor allem 9.6.3.1.

977 Quintilianus 1971 Bd. 2, 98: 8,3,87.

audientes videtur (4, 2,123). Damit weitet sich die informative Erzählung zu einleuchtender Handlung; zu berichtendes wird gegenwärtig, die erscheinenden Personen aktiv und gesprächig.»[978]

Mit der Darstellung des verzweifelten Ich stellt das Libretto ein «glaubhaftes Bild» vor Augen und integriert die Hörerschaft als quasi-Augenzeugen in die Handlung. Dieser Redeschritt dient somit der Vergegenwärtigung des Themas, wozu gehört, dass Personen auftauchen und «aktiv und gesprächig» (Hindermann) werden. In dieser «Gesprächigkeit» liegt formal die Möglichkeit, inhaltliche Wechsel auf ganz ‹natürliche› Art zu inszenieren. In diesem Fall geschieht dies in der Form eines jähen und dennoch spontan wirkenden Übergangs vom Selbstgespräch (Ach, wo hol ich ... Rat?) zur direkten Anrede: «Du, mein Arzt, Herr Jesu ...» So verhilft die Abschweifung, die *phantasia* der Gemeinde anregend, der Rede zu einer neuen Thematik und setzt auf diese Art die *narratio* aus Satz 2 fort.

7.5.3 Elocutio

Die Kunst, den beschriebenen Übergang spielerisch über einen Monolog darzustellen, der sich im Vollzug plausibel zu einem Gebet wandelt, führt in den Kompetenzbereich der *elocutio*. Bei näherer Betrachtung entpuppt sich der als *egressus* beschriebene Redeschritt als die eigentliche *argumentatio* (Beweisführung) der Kantate, durch welche die *persuasio* (Herstelllung von Überzeugung) erzielt werden soll:[979] In der Angleichung der Szene an diejenige der Perikope vollzieht das Libretto in homiletisch-erbaulicher Hinsicht die eigentliche Beweisführung (*probatio*).[980] Die über biblische Parallelstellen «von außen geholte *probatio*» fungiert,

> «*quae extrinsecus adduncuntur in causam* ([Quintilianus: Institutio Oratoria] 5,11,1). [– Ein (Beweis), der von aussen in einen Fall eingeführt wird.]»[981]

Je schriftkonformer eine Aussage wahrgenommen wird, desto stärker die Beweiskraft innerhalb des Redeflusses. Im Detail gilt es dabei zu beachten:

---

978 Hindermann 1987, 291.

979 Hindermann 1987, 290.

980 Siehe Georges 1869 Bd. 2, 1058, wo die *probatio* mit einem Hinweis auf Quintiliians Institutio Oratoria: 3,9,1 als dritter Teil der Rede bezeichnet wird.

981 Hindermann 1987, 292.

> «Der stärkste Beweis soll einzeln und beharrlich, die schwächeren aber zusammengefaßt vorgebracht werden: *firmissis argumentorium singulis instandum, infirmiora congreganda sunt* ([Quintilianus: Institutio Oratoria] 5,12,4).»[982]

So erweist sich auch musikalisch die Beweisführung über die Heranziehung der «Salb aus Gilead» (Jer 8,22) auf Christi Heilstat als *inferiora argumenta* in der Gestalt einer sparsamen Vertonung, während die Arztmetaphorik aus Ex 15,26d und Mk 2,17 als *firmissa argumenta* musikalisch den weit grösseren Raum beansprucht, wie die melismatische Bearbeitung auf «A-(rzt)» deutlich macht, die sich von Takt 33 bis 35 erstreckt. Die Angleichung der *probatio* an die Form der Anaklese, das heisst in der «Anrufung und Anrede des Gebetsadressaten»[983] Gott, verknüpft die Marktszene in der Perikope mit der kultischen Erfahrungswelt der Hörerschaft und spricht sie als Gottesdienstgemeinde an.

7.5.3.1 Docere

Ähnlich wie in Satz 2 ist das Libretto inhaltlich wie stilistisch seiner Vorlage überlegen. Es sei als Vergleich auf die Finesse hingewiesen, wie die moralische Aufforderung der Vorlage Rambachs:

> «So gebt euch denn, o krancke Seelen, / In dieses Artztes Cur»[984]

im Libretto zu einem Bekenntnisakt verwandelt wird:

> «Du, mein Arzt, Herr Jesu, nur / Weißt die beste Seelenkur.»[985]

Der Librettist macht somit deutlich, dass Glaube keinesfalls paränetisch gefordert werden kann, sondern als «DEI donum»[986] (Gabe Gottes) zu empfangen ist. Wie nahe beieinander unterschiedliche Behandlungen desselben Stoffs liegen können, macht die Nähe von Satz 3 zur Deylingschen *Glaubens-Lehre*

---

982 Hindermann 1987, 293.

983 Bieritz 2004, 266.

984 Petzoldt 2005, 400.

985 Ebd.

986 Hutter 1961, 55: XII (de iustificatione), 12: «Fides iustificans […] est ingens atque tale DEI donum, quo Christum redemtorem nostrum, in verbo Evangelii recte agnoscimus …» – «(Von der Rechtfertigung) Der rechtfertigende Glaube ist […] eine große und solche Gabe Gottes, durch die wir Christus, unseren Erlöser im Wort des Evangelium recht erkennen […]» (Hutter/Schnabel 2000, 132).

deutlich. Beide Texte lassen sich wie ineinander verschränkt und einander ergänzend lesen, obwohl sie entstehungsgeschichtlich in keinem unmittelbaren Zusammenhang miteinander stehen:

BWV 25,3	Deylings *Glaubens-Lehre*[987]
Meinen Aussatz, meine Beulen	Der Sünden Greuel richt den grösten Schaden an.
Kann kein Kraut noch Pflaster heilen …	
Du, mein Arzt, Herr Jesu, nur Weißt die beste Seelenkur.	Laßt uns zu JEsu fliehen, er ists, der helffen kann.

Diese Gegenüberstellung macht deutlich, an welcher Stelle genau im Libretto der Übergang vom *locus de peccato* (Von der Sünde) zur Behandlung *de iustificatione hominis peccatoris coram Deo*[988] (Von der Rechtfertigung des sündigen Menschen vor Gott) in perfekter Analogie mit Deylings *Glaubens-Lehre* erfolgt. Wenn bereits in Satz 1 die ‹Lösung› des Konflikts induziert wird, setzt Satz 2 mit der damit verbundenen Fragestellung explizit an. In Satz 3 wird diese nun ausführlich in Gestalt einer ‹Suchbewegung› behandelt: Wo ist denn nun diese mythische, schlimmste Krankheiten heilende «Salb aus Gilead»?[989] Die Gotteserkenntnis liegt der menschlichen Wahrnehmung ja nicht einfach offen:

> «Prudentia carnis inimicitia est adversus DEUM.»[990] – «Fleischlich gesinnt sein ist eine Feindschaft gegen Gott.»[991]

Entsprechend unbestimmt wird in den ersten 4 Zeilen nach einer Lösung gesucht. Erst im anakletischen «Du, mein Arzt» erfährt die Suchbewegung ihre Rettung versprechende Ausrichtung, die in Form eines Bekenntnisses zunächst rational verortet wird.

---

987 Deyling 1734a, 28.

988 Der *locus de iustificatione* wird in 8.5.1 poetisch-musikalisch umgesetzt.

989 Jer 8,22 Siehe Detailuntersuchung bei Petzoldt 2005, 401.

990 Röm 8,7 zit. n. Hutter 1961, 30: VIII (de peccato), 5.

991 Hutter/Schnabel 2000, 89 (Von der Sünde) 5.

> «Mit diesem Bekenntnis ist die gedankliche Wende der Kantate erreicht, denn nun ist Christus als das Gegenstück zum ersten Menschen und seine Folgen für die Menschheit erkannt.»[992]

Einem auf alle Seiten hin suchenden Ich unvermittelt und dennoch in Bezug auf die Gesamthandlung plausibel ein Christusbekenntnis in den Mund zu legen, stellt eine Leistung der *elocutio* dar, deren musikalische Gestaltung sich mutmasslich zwischen der *logos*- und *pathos*-Ebene bewegt. Denn diesem überraschenden Richtungswechsel des Rededuktus kommt zusätzlich zu ihrem lehrhaften Charakter auch etwas Bezwingendes (flectere)[993] zu. Anders als Rambach betonen Bach und sein Librettist, dass es nach lutherischer Lehre aus eigener Anstrengung heraus nun wirklich nicht geht.[994] Aus diesem für den menschlichen Verstand unbefriedigenden Umstand heraus erklärt sich die Suchbewegung, die über die Erkenntnis der mit der Ursünde (Satz 1) verbundenen Ausweglosigkeit des Menschen (Satz 2) zur einzig *ex mera gratia*[995] rettenden und einzig im Glauben zu findenden Adresse (Satz 3) führt.

7.5.3.2 Movere

Arien dienen der Hervorhebung von Emotionen. Dennoch werden diese in Satz 3 nicht im Übermass bedient. Diesen Umstand ‹verdankt› der Satz wohl seiner dogmatischen Fixierung. Die *pathos*-Argumentation bewegt sich in diesem Satz entsprechend auf einer Vorstufe der *Lebens-Pflicht*, die in Satz 4 ausführlicher behandelt wird. An dieser Stelle unterstützt sie die beschriebene Suchbewegung der hilflos an der eigenen Sündhaftigkeit leidenden Menschheit. Homiletisch gesprochen gibt es an dieser Stelle ja noch nichts zu ‹bewegen›. Denn aus eigener Kraft heraus lässt sich zu keiner gottgefälligen Busse motivieren. Sie unterstützt den Impetus, den Deyling in der zweiten Lehrzeile formuliert:

> «Laßt uns zu JEsu fliehen, er ists, der helffen kann.»[996]

---

992 Hoyer 1976, 13.

993 Siehe Dyck 1991, 79.

994 Hutter führt die Auseinandersetzung der Orthodoxie mit Irrlehren zu dieser Frage aus. Siehe Hutter 1961, 31ff: VIII (de peccato in genere et in specie), 8–14.

995 Hutter 1961, 52: XII (de iustificatione), 3 bzw. Hutter/Schnabel 2000, 127 (Von der Rechtfertigung).

996 Deyling 1734a, 28.

Über die *exclamationes* «Ach – wo …?» und «Wo …?» in Takt 5, 6, 7, 9 und 11 lässt sich die *pathos*-Dimension dieser Arie als expressive Ausschmückung der *logos*-Argumentation bestimmen. Durch die fünffach wiederholte Frage will es den Anschein machen, als ob Text und Musik dazu dienen, der Hörerschaft Zeit zu lassen, sich in die Dramatik des Lehrinhaltes persönlich einzufinden. Auch das ab Takt 26 formulierte Bekenntnis «Du, mein Arzt, Herr Jesu …», das im Basso Continuo durch eine ruhige, sich über zwei Takte erstreckende aufsteigende Linie begleitet wird (Takt 25–27), unterstützt den Affekt des *desiderium* (Sehnsucht).

7.5.3.3 Delectare

Die Ausführungen zu den Überzeugungsmitteln des *docere* und *movere* wollen sich weder in die eine noch in die andere Stilrichtung fügen. Die instrumentale Begleitung legt einen ganz anderen Redestil nahe. Es wird weder doziert noch ermahnt, sondern viel eher getröstet. Olearius schreibt im Zusammenhang mit dem Ps 38 vom «Haupt=Trost / daß uns das Blut JEsu Christi von allem Sünden=Aussatz reiniget.»[997] Erlösungstheologie im Anschluss an Luther versteht Christi Passion als «Ertzney wider den tod. Denn wer das glaubt, das der Sone Gottes für seine sünd gestorben und mit dem todt dafür bezalet hab, Der kann ein friedliches hertz auff Gottes güte fassen und sich wider sünde und den ewigen tod trösten.»[998]

Elke Axmacher fasst Luthers Gedanken zusammen:

> «Schon die Struktur dieses Satzes ist aufschlußreich. Sein Zentrum bildet eine formelhaft verkürzte Darstellung des Versöhnungsgeschehens, eingerahmt vom Hinweis auf den Glauben als die Voraussetzung seines Wirksamwerdens und auf Zuversicht und Trost als die Folgen der geglaubten Versöhnung. Diese Verklammerung von Glauben, ‹objektivem› Versöhnungsgeschehen und Trost ist die Grundfigur von Luthers Passionsbetrachtung.»[999]

Während das Libretto mit einer – in der Bachschen Vertonung mit siebenmaligem «wo» unruhig wiederholten – Frage beginnt und in den übrigen Zeilen die Zuwendung des Ichs in einem Glaubensbekenntnis zu Heilslehre und Heiland

---

997 Olearius 1678 I, 592 zi. n. Petzoldt 2005, 399. Olearius scheint ähnlich wie später Deyling die Dreiteilung «Lehre, Ermahnung und Trost» zu kennen.

998 Luther 1915 / WA 52, 232 zit. n. Axmacher 1984, 20.

999 Ebd.

entfaltet, führt die instrumentale Begleitung des Satzes dem Prinzip des *quasi ostinato*[1000] folgend in zahlreichen Wiederholungen die gleiche zum Teil identische, zum Teil leicht abgewandelte Musik durch.[1001] Nun können Wiederholungen unterschiedlichen rhetorischen Aufgaben dienen. Die gewählte Form erinnert an ein beschwingtes Rondo, an einen aus vielen Wiederholungen bestehenden Tanz.[1002] Da, wie Küster bemerkt, Singstimme und instrumentale Begleitung nicht dem gleichen Prinzip folgen, lässt sich ebenfalls von einem *concerto* im Sinne eines friedfertigen Scharmützels[1003] zwischen ihnen sprechen: Während die Singstimme vor allem am Anfang aufgeregt nach Rat Ausschau hält und diesen im Verlauf des Suchprozesses auch findet, drückt die Continuobegleitung von vornherein die Gewissheit aus, dass dieser Prozess in einem grösseren bergenden Zusammenhang steht. Mit Deyling gesprochen drückt sich an dieser Stelle bereits im Sinne des «humilia subtiliter dicere [Einfache Dinge schmucklos einfach sagen]»[1004] der Inhalt des *Glaubens-Trostes* dieses Sonntags aus:

BWV 25	**Deylings *Glaubens-Trost*[1005]**
Ach, wo hol ich Armer Rat?/	Der Sünden
Meinen Aussatz, meine Beulen /	Aussatz
Kann kein Kraut noch Pflaster heilen	schleußt die Thür des Himmels zu,
Als die Salb aus Gilead. /	Doch
Du, mein Arzt, Herr Jesu, nur. /	JEsus öffnet sie,
Weißt die beste Seelenkur.	und bringt dich ein zur Ruh.

1000 Küster 1999, 210.

1001 «Nach dem Arienvorspiel wird dessen Musik im Continuo noch zweimal unmittelbar nacheinander wörtlich wiederholt; dann wird der Part variiert, die Ausgangsthematik auch transponiert. Erst unmittelbar vor Schluss kommt Bach auf sie zurück; wiederum erklingt sie in der Begleitung zweimal, ehe noch ein dritter Durchgang als Nachspiel folgt. Somit hat Bach im Continuo ein Da capo angelegt, ohne dass sich die Singstimme diesem Prinzip anschlösse. Die Arie wirkt vielmehr zweiteilig und durchkomponiert.» (Küster 1999, 210)

1002 Zum Rondo im Rahmen dieser Untersuchung siehe ferner 8.11.2.

1003 Praetorius 1916, 204 zit. n. Dammann 1984, 203, ausführlich behandelt in 8.5.4.

1004 Cicero 2004, 86: Orator 29, 100 zit. n. Dyck 1991, 91.

1005 Deyling 1734a, 28.

7.5.4 Inszenierte Andacht

Die Inszenierung dieses Satzes wird einerseits stark durch die wohl vom Librettisten bereits gewählte musikalische Gattung Arie und andererseits durch seinen ‹elocutiv› induzierten Charakter als anakletisches Bekenntnis[1006] geprägt. Kirchenmusikgeschichtlich fasst Blankenburg die Arie in den deutschen lutherischen Gebieten des 17. Jahrhunderts als «Andachtslied für die persönliche Erbauung». Seinen «Sitz im Leben»[1007] findet es in der «Hauskirche»,[1008] also in der Welt privatgottesdienstlicher Bezüge:[1009]

> «Die innige, wenn auch oft übertrieben anmutende und den Bereich der Erotik berührende Gefühlssprache und der persönliche, warme Ton jenes neuen Liedbereichs und die damit verbundene Ausrichtung auf eine individuelle Frömmigkeitspraxis führte zwangsläufig auch zu einem neuen Melodiestil und einer neuen musikalischen Liedgattung, dem begleiteten Sololied.»[1010]

Ich möchte die formale Anbindung dieses Satzes an den Typus der italienischen dreiteiligen Opernarie[1011] als in keinem grundsätzlichem Widerspruch zum soeben charakterisierten ‹deutschen› Andachtslied stehen sehen, sondern beide Typen über den Einsatz gefühlsbetonter Ausdrucksmittel andachtsperspektivisch[1012] aufeinander zu beziehen versuchen.[1013] Entsprechend lässt sich das auch in dieser Arie gesungene Bekenntnis (Harro Hoyer)[1014] als Frucht einer individuell gereiften Erkenntnis verstehen, der eine intensive innere Auseinandersetzung mit der äusseren Verkündigung vorausgegangen ist, und deren

---

1006 Siehe unter *docere* (7.5.3.1) die Gestaltung des Übergangs vom *locus de peccato* (Von der Sünde) zu demjenigen des *locus de iustificatione* (Von der Rechtfertigung).

1007 Zur Besprechung dieses aus der Psalmforschung stammenden Begriffs siehe Krause 1989, 36ff.

1008 Blankenburg 1986, 75.

1009 Siehe dazu den Bestimmungszweck des «Newen vollkömmlichen Gesangbuchs» (Berlin 1640) «zu Beforderung des so wol Kirchen- als Privat-Gottesdienstes». Zit. n. Blankenburg 1986, 76.

1010 Blankenburg 1986, 77.

1011 Siehe Lühning 1994, 816ff. und Dinglinger 2000, 47f.

1012 Siehe ebenfalls die frömmigkeitstheologische Füllung in Blankenburgs Ausführung zur evangelischen geistlichen Lieddichtung im 17. Jahrhundert in 7.6.3.

1013 Zum Formreichtum und zur Formflexibilität der Kantatensätze siehe 4. Kritisch äussert sich Siegele zum Sololied pietistischen Ursprungs, das er mit der «instrumentalen Ensemblemusik italienischer Herkunft» für unvereinbar hält. (Siegele 1981, 13).

1014 Zum Bekenntnischarakter eines Satzes siehe weiter 7.5.3.1.

‹Produkt› Glaube lehrkonform als *Dei donum*[1015] (Gabe Gottes) versteht. Form (Arie) und Inhalt (persönliches Bekenntnis) stimmen somit überein. Blankenburgs Unterscheidung der «Aria» als «besonderen musikalischen Typus neben der Gemeindeliedweise»[1016] unterstreicht diesen Sachverhalt einer auf individueller und subjektiver Basis vorgenommenen menschlichen Begehung, die im inneren Gottesdienst in Ergänzung zum und in Abgrenzung vom äusseren Gottesdienst beheimatet ist.[1017]

7.6 BWV 25,4: Recitativo S

4. Recitativo

Soprano, Continuo, Organo

O Jesu, lieber Meister / Zu dir flieh ich: / Ach, stärke die geschwächten Lebensgeister! / Erbarme dich, / Du Arzt und Helfer aller Kranken, / Verstoß mich nicht / Von deinem Angesicht! / Mein Heiland, mache mich vom Sündenaussatz rein, / So will ich dir / Mein ganzes Herz dafür / Zum steten Opfer weihn / Und lebenslang vor (für) deine Hülfe danken.

7.6.1 Inventio

Bachs Librettist vollzieht in diesem Satz mit dem Sprung zu Lk 17,13 den definitiven Übergang von der Behandlung des *locus de peccato* (Von der Sünde) (Psalm 38,4) zum *locus de iustificatione* (Von der Rechtfertigung), der über die Anspielung auf die *invocatio* der zehn Aussätzigen indiziert wird:

> «... und [die Aussätzigen Männer] erhuben ihre Stime / und sprachen: JEsu / lieber Meister /erbarm dich unser.»[1018]

Somit wird dieser Satz auch dem *locus de invocatione* (Von der Anrufung) gerecht, der nun im stilisierten «a facie ad faciem»[1019] zwischen dem idealtypi-

---

1015 Siehe die *inventio* zu diesem Satz.

1016 Blankenburg 1986, 77.

1017 Zu Arndt in Bezug auf den inneren und äusseren Gottesdienst siehe 5.5.

1018 Biblia 1712.

1019 Siehe Hutter 1961, 140: XXXIV (de vita aeterna), 3 bzw. Hutter/Schnabel 2000, 271 (Vom ewigen Leben).

schen Ich und Jesus entfaltet wird.[1020] Theologisch wird die Anrufung Gottes als Frucht des Rechtfertigungsgeschehens und nicht etwa vorreformatorisch als Voraussetzung dafür gewertet.[1021] Hutter gibt als eine von vier *causae* der den Menschen befallenden Drangsale *(afflictiones)* an:

> «[Deus] vult, pios edere testimonium fidei et confessionis suae, quod non hypocritice, sed vere sic credant et sentiant [...]»[1022] – «[Gott] will, daß die Frommen dadurch ein Zeugnis ihres Glaubens und ihres Bekenntnisses geben, und nicht heuchlerisch, sondern wahrhaftig glauben und fühlen [...]»[1023]

Er behandelt die *invocatio* entsprechend unter den «Sacrificia Eucharistica» (= geistliche Dankopfer)[1024]:

> «... qualia sunt sacrificia laudis, ut praedicatio Evangelii, fides,[1025] invocatio, gratiarum actio, confessio, afflictiones Sanctorum ...»[1026] – «Es sind geistliche Lob- und Dankopfer unserer Lippen, wie die Verkündigung des Evangeliums, der Glaube, das Gebet, die Danksagung, das Bekenntnis der Sünden, alle Drangsale und guten Werke der Heiligen [...]»[1027]

Diese Heilslogik wird in BWV 25 im Unterschied zur Textvorlage skrupulös befolgt. Das «Ich» des Textes fügt sich ganz in die Situation der christlichen Gemeinde ein, für die die *invocatio* der zehn Aussätzigen mit der *gratiarum actio* des einen geheilten Samariters zusammenfallen kann, weil der Skopus dieser Perikope in offensichtlicher Übereinstimmung der Gelehrten nicht auf die Differenzierung zwischen den «zehen» und dem «eine[n]» gerichtet ist.[1028] Somit erfährt die auf Lehrinhalte fokussierende Bearbeitung der Perikope mit

---

1020 Die inhaltsbezogene Aufsparung dieser Thematik verdankt die Kantate dem Librettisten, der sich nicht an die Vorlage Rambachs hält. Dieser lässt die Kantate bereits im ersten Satz mit der Anrufung «JEsu, lieber Meister, Erbarm dich!» beginnen. Siehe Petzoldt 2005, 388.

1021 Siehe Axmacher 1984, 18ff.

1022 Hutter 1961, 114: XXIV (de cruce, et consolationibus), 1, 4.

1023 Hutter/Schnabel 2000, 229 (Vom Kreuz und von den Tröstungen).

1024 Hutter/Schnabel 2000, 224: 22 (Von den Opfern und von der papistischen Messe), Frage 6: «Sind denn die Dankopfer alle gleich?»

1025 Damit ist das Glaubensbekenntnis als liturgischer Akt gemeint.

1026 Hutter 1961, 110: XXII (de Sacrificiis), 6.

1027 Hutter/Schnabel 2000, 225 (Von den Opfern und von der papistischen Messe).

1028 Einzig BWV 17,4 stellt einen Zusammenhang zwischen dem «ich» und dem einen Samariter explizit her.

der liturgieinszenatorischen Kontraktion von Anrufung und Dankopfer eine stark ‹verchristlichte› Aktualisierung: Mit dem Akt der Anrufung durch die zehn Aussätzigen wird heilstheologisch impliziert, dass diese proleptisch aus dem Dank für das kreuzestheologisch begründete Heilshandeln Gottes heraus erfolgt. Die einem idealtypischen Ich in den Mund gelegte Bitte verrät den um die Ursache seines Heils wissenden gläubigen und darin bereits erlösten Sünder. Dem in der lutherischen Lehre aufgewachsenen Gemeindeglied begegnet in diesem Rezitativ eine personifizierte Kurzform seines eigenen Gottesdienstes von der *invocatio* («O Jesu …») über das *Kyrie* («… Erbarm dich …») und die in *Credo* und Predigt übermittelte Heilslehre («Du Arzt und Helfer aller Kranken …») wie über die in der Beichte vermittelte Bitte um Sündenvergebung («Verstoß mich nicht … mache mich von Sündenaussatz rein …») bis hin zur *gratiarum actio* («So will ich dir Mein ganzes Herz dafür zum steten Opfer weihn …»).[1029]

7.6.2 Dispositio & elocutio

Die Parallelität in der Satzfolge Rezitativ – Arie – Rezitativ – Arie[1030] lässt sich nun unter rhetorischen Gesichtspunkten beurteilen: Auf die die Argumentation vorantreibende *narratio brevis* (Satz 2 und 4) folgt in 3 wie in 5 eine *narratio probabilis* mit der Aufgabe, das zuvor Ausgeführte als glaubhaft darzulegen. Wird Deylings *Glaubens-Lehre* auch unter dem Aspekt der *dispositio* zum Vergleich genommen, entsprechen die beiden Zeilen exakt den Schilderungen der beiden Rezitative, also der *narratio brevis*

BWV 25	**Deylings *Glaubens-Lehre*[1031]**
(2) Die ganze Welt ist nur ein Hospital …	Der Sünden Greuel richt den grösten Schaden an.
(4) O Jesu,… zu dir flieh ich …	Laßt uns zu JEsu fliehen …

1029 Vgl. den Ablauf des Sonn- und Feiertagsgottesdienstes in Leipzig zur Zeit Bachs in Petzold 1999, 85f.

1030 Siehe Überlegungen zum Satzgefüge innerhalb der Kantate in 7.2.

1031 Deyling 1734a, 28.

Was den ‹dispositiven› Charakter von Satz 4 angeht, so zieht der Librettist den mit Satz 3 begonnenen *egressus* als eigentliche und schriftkonforme *argumentatio* fort und lässt diese in den Satz 5 als deren Höhepunkt münden. Somit geht der Redeschritt der Beweisführung (*argumentatio*) mit der üblichen Unterteilung in *divisio* (Einteilung),[1032]*partitio* (Gliederung),[1033] *probatio* (Beweis)[1034] und refutatio (Widerlegung)[1035] ganz in der gewählten Form der Perikopenparaphrasierung auf, welche an dieser Stelle auf die *probatio* fokussiert ist. Der Librettist lässt nahtlos die ‹Anklageschrift› in Satz 2 im *egressus* der darauf folgenden Sätze aufgehen und schliesst sich somit narrativ dem Duktus des Evangelienberichts Lk 17 an, in welchem die zehn Aussätzigen und Jesus einander gegenüberstehen und dialogisch begegnen. Satz 4 verdankt seine *narratio* (*brevis*) ganz der glücklichen Kehrtwende, die in 3 vollzogen und deren Zielrichtung nun in der Gestalt einer weiterführenden narratio der Sätze 5 und 6 weiter verfolgt wird.

7.6.2.1 Docere

Auf der Ebene der *logos*-Argumentation befindet sich dieser Satz an einer Scharnierstelle. So sehr das Motiv der Flucht zu Beginn des Rezitativs ganz im Sinn des Deylingschen *officium didascalicum* der *Glaubens-Lehre* gedichtet und komponiert ist,[1036] so sehr führt Satz 4 gleichzeitig darüber hinaus und handelt bereits von der Antwort des Subjekts, die ihm von der *Lebens-Pflicht* auferlegt wird: «… Willst du nicht danckbar seyn?»[1037] Arnold würde an dieser Stelle wohl vom Übergang von der *explicatio* zur *applicatio* sprechen.[1038] Das Geschick der hier gewählten *logos*-Argumentation liegt darin, biblische und dog-

---

1032 Georges 1869 Bd. 1, 1683 mit Hinweis auf Quintiliians Institutio Oratoria: 8,3,46.

1033 Georges 1869 Bd. 2, 724 mit Hinweis auf Quintiliians Institutio Oratoria: 4,5,1ff.

1034 Georges 1869 Bd. 2, 1058 mit Hinweis auf Quintiliians Institutio Oratoria: 3,9,1.

1035 Greza 2012.

1036 Dem Wortlaut dieses Satzes nach erfüllt sich Deylings officium der *Glaubens-Lehre* beinahe wörtlich: Deyling «Laßt uns zu JEsu fliehen, / er ists, der helffen kann.» (Deyling 1734a, 28). Im Vergleich dazu BWV 25,4: O Jesu,… zu dir flieh ich; … Du Arzt …»

1037 Bach und sein Librettist brechen an dieser Stelle ab. Die Auseinandersetzung Jesu etwa mit dem Undank der um Heilung bittenden: «Sind nicht zehen rein worden? Wo sind aber die neune?», die er gewissermassen über den Kopf des selber unzweideutig dankbaren einen geheilten Samariters hinweg führt, wird – weil den offiziell festgelegten Skopus übersteigend – in keiner der drei Kantaten thematisiert.

1038 Arnold 2009, 60f. Siehe auch Pfefferkorn 2005, 332.

matisch komplexe Zusammenhänge stilistisch zu plausibilisieren. Die in der Form eines Monologs kommentierte Flucht des gläubigen Ich zu Jesus kontrahiert den biblischen Bericht der Anrufung der zehn Aussätzigen mit der Umkehr des einen dankbaren Samariters. Damit folgt sie der Logik einer dem *status gratiae* angemessenen einzig die Seele betreffenden Heilungsszene.[1039] Nun gehören Kontraktionen zum Vorgang des ‹Ver-dichtens›, wodurch komplexe Zusammenhänge mit gedanklichen Überspitzungen sinnfällig gemacht werden sollen. So stellt die Abschwächung der im *locus de peccato* beschriebenen Verhältnisse in der Beschreibung «geschwächte Lebensgeister» eher eine dogmatische Verharmlosung dar. Es spricht sich darin eine poetisch-rhetorische Lizenz aus, ein *bene dicere* im Unterschied zum dogmatisch *recte loqui*.[1040] Musikalisch folgt Bach der Textargumentation dabei auf Schritt und Tritt. Die Pausen vor und nach «O Jesu» und «lieber Meister» bereiten retardierend die schwungvolle *anabasis* «zur dir flieh— ich», (Takt 1 und 2) vor. Die Schwächung der «ge-schwäch-ten» Lebensgeister wird mit einem *b* auf der Silbe «schwäch» sinnfällig gemacht, welches seine soteriologische Entsprechung im *b* auf «(er-bar-) me (dich)» findet (Takt 4 und 5), während alle positiven Konnotationen wie «(zu) dir» in Takt 2 und du «Arzt» mit einem # rhetorisch aufgewertet sind.

7.6.2.2 Movere

Die Affektlage erfährt mit dem Wechsel der Singstimme zum *soprano* bereits eine vernehmbare Steigerung. Auch ist die *exclamatio* im Vergleich zum dritten Satz erheblich affekthaltiger. Bereits der Text «O Jesu, lieber Meister» enthält eine Doppelung, eigentlich eine Verdreifachung der Anrufung der durch den Sopran symbolisierten Seele:[1041] «O (Ehrfurcht bezeugende *exclamatio* 1) Jesu (identifizierende *exclamatio* 2), lieber Meister (*exclamatio* 3). Diese dreifache Anrufung wird in der Musik einerseits durch die Achtelpause zwischen «O Jesu» und «lieber Meister» deutlich voneinander getrennt. Sie wird aber bereits zuvor durch die Verwendung des «O» als Auftakt zu «Je-(su)» ein erstes Mal erwirkt. Ihren Abschluss findet diese Anrufung in der Pause vor der Passage «zu dir flieh ich». Auch weiterhin gestalten sich Text und Musik ‹exklamativ›: «du

---

1039 Zum *status gratiae* siehe 5.1.6.

1040 Zur Unterscheidung beider Begriffe siehe 5.2.

1041 Zur theologischen Füllung des Begriffs Seele siehe 5.1.5, letzter Absatz.

Arzt» (Takt 6 mit Auftakt), und «Mein Hei-(land)» (Takt 9 mit Auftakt). Die Aufwärtsbewegung des gesungenen «zu dir flieh— ich;» (Takt 2) deutet das *desiderium* (Sehnsucht) an, sich nach dem in Satz 2 und 3 auf der *logos*-Ebene ermittelten *summum bonum* (= Jesus) nun auch affektiv auszurichten. Dieses *desiderium* wird über die musikalische Figur der *fuga* (Flucht) als Fluchtbewegung von etwas weg und auf etwas hin argumentativ unterstützt. Im Vordergrund stehen Affekte des überwindenden Vermögens, die über die Formulierung: «stärke die geschwächten Lebensgeister» (Takt 3f.) den Affekt des *timor* nahelegen und über die *exclamatio*: «Erbarme dich» (Takt 4 mit Auftakt, die Betonung liegt auf der Silbe «bar») dem Affekt der *desperatio* (Verzweiflung) zum Ausdruck verhelfen: Der Abstand zum *bonum* wird entsprechend subjektiv als noch sehr gross eingestuft. Im Gegensatz aber zum Satz 1 wird die Überwindung des *malum* als immerhin möglich suggeriert: «mache mich vom Sündenaussatz rein» (Takt 7f.) und die Hinwendung zum *bonum* mehr als nur in weiter Ferne liegend für möglich gehalten. Mit *spes* bewegt sich folgerichtig und in der Argumentation fortschreitend die gläubige Seele auf das nun als näher kommend wahrgenommene Ziel hin: «Mein Heiland» (Takt 8 mit Auftakt und entsprechender Betonung auf der Silbe «Hei»). Insgesamt wird der *fuga* in zahlreichen *anabasis*-Bewegungen musikalisch entsprochen. Dies gilt in Bezug auf die Aussagen: «zu dir flieh— ich» (Takt 2), «stärke die geschwächten Lebensgeister!» (Takt 3f.), «verstoß mich nicht von deinem Angesicht!», «mache mich vom Sündenaussatz rein» (Takt 9f.), «so will ich dir mein ganzes Herz dafür …» (Takt 10f.) und «vor (= für) deine Hülfe (danken)». Dieser Gedankengang findet sich beinahe wörtlich in Deylings *Lebens-Pflicht* wieder. Bach und sein Librettist wenden die Deylingsche Feststellung der ersten Vershälfte «Es macht dich JEsu Blut von allen Sünden rein,»[1042] in die Gestalt einer Bitte, was den Affektgehalt der Aussage erst szenisch sinnfällig macht. Das nach Deyling definierte Desiderat von Seiten des Menschen ist nicht etwa die Überwindung der Sünde,[1043] sondern den Mangel an Dankbarkeit, den Jesus in Lk 17 an den neun Geretteten moniert:

1042 Deyling 1734a, 28.

1043 Diese ist nach lutherischer Lehre im *locus De iusficatione hominis peccatoris coram DEO* (Hutter 1961, 52ff: XII) bzw. im *Art. Von der Rechtfertigung des sündigen Menschen vor Gott* (Hutter/Schnabel 2000, 126: 12) obsolet geworden.

«Sind nicht zehen rein worden? Wo sind aber die neune?»[1044]

Deyling formuliert dieses Desiderat im Sinne des *movere* (Cicero) oder *pathos* (Aristoteles) rhetorisch positiv um: «Die Wohlthat ist sehr groß! Willst du nicht danckbar seyn?»[1045]

In der *executio* lässt sich Deylings Ermahnung mit *audacia* (Kühnheit) wiedergeben: Der Abstand zum *malum* gilt als fast überwunden. Dieser Bezug auf das immer näher rückende *bonum* wird wieder «fugal» anabatisch vorgestellt: «so will ich dir mein ganzes Herz dafür ...». Zum Ausdruck der vollen Dankbarkeit ist es aber in diesem Stadium noch zu früh: ungetrübtes *gaudium* (Freude) stellt sich lehrkonform erst im Himmel ein.[1046] Es bleibt in Text und Musik der Vorbehalt des *status gratiae* erhalten, der Aussicht auf definitive Erlösung erst im Jenseits ortet. Die hier zum Ausdruck gebrachte Gefühlslage mündet vielmehr in die *audacia*: Die gläubige Seele stellt erleichtert fest, dass der Abstand zum *summum bonum* schwindet. Es heisst nicht, dass die Seele bereits in das Lob der Engel einstimmt, sondern lediglich, dass sie sich infolge der Errettung («so» Takt 10), Christus «lebenslang» (Takt 13) «zum steten Opfer weihn» (Takt 12) und ihm «danken» (Takt 14) «will» (Takt 11). Auf dieses ‹Wollen› konzentriert sich die aktive Andacht, bzw. die «sammlung der gedanken» (Grimm) der Einzelnen. Mehr lässt sich weder fordern (Deyling) noch erreichen (Bach).[1047]

7.6.2.3 Delectare

Darin erschöpft sich aber die Affektdarstellung noch nicht. Die *äthos*-Argumentation kann den Dank einer dermaleinst gänzlich erlösten Seele proleptisch in Szene setzen und die Hörenden auf diese Weise dem Lehrinhalt gegenüber «gewogen» machen (*delectare*). Die gewählten ‹Fluchtfiguren› und ‹Anabasen› sind entsprechend auch als Hörgenuss zu würdigen: Die *elocutio* dieses Satzes ist in der Singstimme ausgesprochen vielfältig und erhält dadurch einen hohen Unterhaltungswert. Die Stimmungslage wandelt sich von Abschnitt zu Ab-

---

[1044] Lk 17,17 (Biblia 1712).

[1045] Deyling 1734a, 28.

[1046] Zur lutherischen Statuslehre siehe 5.1.6.

[1047] Es ist mir kein von Bach vertonter Text bekannt, der die Vereinigung der Seele mit Gott im Diesseits vorstellt. Zum lutherisch-orthodoxen Kontext siehe Lothar und Renate Steiger 1985, 26ff.

schnitt. Die Spannung wird vom Takt 9 (mit Auftakt): «Mein Hei-(land)» an auf die Aussage «und le-(bens-) lang» (Takt 13 mit Auftakt) hin sukzessive anabatisch aufgebaut. Mit einer schlichten, aber effektiven Verzierung legt Bach den Akzent der Gesamtaussage auf «lebenslang» statt auf «vor deine Hülfe danken». Es geht zwar insgesamt im Libretto um den Dank der *Lebens-Pflicht*. Bach zieht es aber vor, in dieser musikalischen Akzentverschiebung von «Dank» auf «Leben» dem Auditorium die Kontraktion von hier (Erdenleben) und dort (ewiges Leben) als am eigenen Leibe bereits erfahrbar zu suggerieren. Auf diese Weise schwingt Deylings *Glaubens-Trost* mit, mit welchem «die Thür des Himmels» als offen in Aussicht gestellt wird.[1048]

7.6.3 Inszenierte Andacht

Meyer fasst unter dem Begriff Andacht[1049] auch das Moment der persönlichen Antwort des Individuums. Diese Andachtsstufe ist in diesem Satz erreicht. Unter dem Gesichtspunkt lernprozessorientierter Bezüge gelangt die seit Satz 2 andauernde «Problemlösungsphase» der Aufführung mit diesem Satz an ihr Ziel.[1050] Es lässt sich auch Turners Auffassung der Gottesdienstgemeinde als eine durch die Liminalität des Rituals gekennzeichnete *Communitas*[1051] mit diesem Satz in Verbindung bringen: in Wort und Musik verwirklicht sich idealtypisch das Andachtsideal an diesem einen singenden Ich. Buber extrapolierend lässt sich von einer Inszenierung «ein[es] Fluten[s] von Ich und Du»[1052] zwischen Jesus und dem Sopran-Ich sprechen, welches gleichzeitig mit der *Communitas*-Charakterisierung der sich im Gottesdienst treffendenden «Vielheit von Personen» (Buber) korreliert. Doch tangiert diese Art von Andachts-Inszenierung auch die Alltagswelt[1053] der Hörerschaft. Dies geschieht über die eigene Frömmigkeitspraxis, die sich unter anderem am hohen Konsum von Erbauungsliteratur zu dieser Zeit belegen lässt.[1054] Blankenburg macht auf den

---

1048 Deyling 1734a, 28.

1049 Meyer 1977, 116f. Siehe 5.1.5.

1050 Siehe 5.4.5.

1051 Siehe 5.4.6.

1052 Buber 1984, 185 zit. n. Plüss 2007, 106.

1053 Siehe 5.4.7.

1054 Die «protestantische Erbauungsliteratur [...] gehört zu dem am häufigsten gedruckten und am weitesten verbreiteten Schrifttum überhaupt, wie Auswertungen von zeitgeformgeschichtlichen Zusammenhang zwischen der spezifisch lutherisch geprägten Frömmigkeit und der geistlichen Lieddichtung aufmerksam, die sich im 17. Jahrhundert entwickelt hat:

> «Es ist z. B. zu bedenken, daß die Kirchenlieddichtung,[1055] die aus der Frömmigkeitsbewegung des 17. Jahrhunderts hervorgegangen ist, zu einem wesentlichen Teil vertrauensvolle Anrede an Jesus, gleichsam ein einseitiges Gespräch mit dem am Kreuz Verstummenden darstellt.»[1056]

Blankenburgs gattungsgeschichtliche Einschätzung hilft nachzuvollziehen, auf welche Weise die Inszenierung der Perikope in Vorlage und Libretto dieser Kantate kreuzestheologisch nach Massgabe der «lutherischen Mystik» (Blankenburg)[1057] völlig an der Gestalt der zehn Aussätzigen vorbei einzig auf die Gestalt des gläubigen Ich hin perspektiviert wird, welches sich nun definitiv von der biblischen Vorlage lösend in keiner Weise mehr an den vorösterlichen Jesus wendet, sondern sich einzig an den bereits gekreuzigten und daher seine Rechtfertigung erwirkenden Heiland gewiesen weiss. Das Phänomen poetischer Kontraktion[1058] kulminiert mit dieser, jeglichen Abstand zwischen ‹heute› und biblischem ‹damals› überwindenden Andachtsinszenierung.

Diese Kontraktion liesse sich ausserdem auf die Einbeziehung der Sonntagsepistel (Gal 5,16–24) zurückführen, die ethisch-paränetisch ausgerichtet ist; eine liturgieaffine Querverbindung, auf die ich mangels Forschungsergebnisse

---

nössischen Messkatalogen, Bücher- und Bibliotheksverzeichnissen, Inventurlisten und Nachlassinventaren demonstrieren.» (Pfefferkorn 2005, 11).

1055 In einem anderen Aufsatz macht Blankenburg deutlich, wie die Grenzen zwischen der eigentlichen «Kirchenlieddichtung» und dem ausserhalb des Gesangbuchs stehenden «geistlichen Liedgut», zu dem Rambachs Textvorlage dieser Kantate zählt (Rambach 1720), als fliessend zu bezeichnen sind. So kann Blankenburg zur Entstehung des eigentlichen Kirchenlieds im 17. Jahrhundert schreiben: «Man kann sagen, daß das neue geistliche Liedgut des 17. Jahrhunderts weithin auf dem ‹Umweg› über die Hausandacht und auf indirekte Weise über die Erbauungsliteratur in das Gemeindegesangbuch gelangt ist und daß daher die Melodien mancher Lieder, so weit sie Eingang in den Gemeindegesang finden sollten, erst deren Möglichkeiten angepaßt werden mußten.» (Blankenburg 1986, 78).

1056 Blankenburg 1987, 60.

1057 Ebd. Zur lutherischen Mystik siehe ferner 1.2.2.

1058 Siehe 7.6.1.

zu diesem Thema im Rahmen dieser Untersuchung – ausser in der Gestalt eines Exkurses[1059] – nicht näher einzugehen vermag.

7.7 BWV 25,5: Aria S

5. Arie

Soprano, Flauto I–III, Oboe I/II, Violino I/II, Viola, Continuo

«Öffne meinen schlechten Liedern, / Jesu, dein Genadenohr! / Wenn ich dort im höhern Chor / Werde mit den Engeln singen, / Soll mein Danklied besser klingen.»

7.7.1 Inventio

Dürr spricht in Bezug auf diesen Satz von einer «tänzerische[n], menuetthafte[n] Melodik», die eine nach «aller quälenden Ratlosigkeit» in den vorausgehenden Sätzen nun «neue Perspektive» eröffne:

> «Die Musik klingt zart, liedhaft, ätherisch; man wird an barocke Darstellungen musizierender Engel erinnert – nicht zuletzt natürlich durch deren Erwähnung im Text.»[1060]

Auch musikalisch streicht er die Bedeutung heraus, die Bach diesem Satz beimisst:

> «Erst die[se] zweite Arie [...] vereinigt wieder Holzbläser und Streicher, wobei der Chor der 3 Blockflöten dem oboenverstärkten Streicherchor wechselchörig, gleichsam als Echo, gegenübertritt.»[1061]

Es wird Petzoldt recht zu geben sein, wenn er in Bezug auf Bachs Vertonung an ein «Zusammenspiel der irdischen mit der himmlischen Kantorei»[1062] denkt. Dieses Zusammenspiel gestaltet sich am wahrnehmbarsten in der Nachahmungsmotivik, die über eine klanglich suggerierte Räumlichkeit die «schlechten (= schlichten) Lieder» mit dem «höhern Chor» in eine bereits jetzt erahnbare wechselseitige Übereinstimmung zu bringen versteht. Bach strukturiert dabei seinen Satz mehrschichtig, sodass sich der Eindruck räumlicher Weite mit einer

1059 Siehe 10.2.1.1.
1060 Dürr 2010, 582.
1061 Ebd.
1062 Petzoldt 2005, 403.

Dies- wie Jenseits umspannenden Harmonie verbindet. Die dogmatische Topik des Satzes ist somit im *locus de vita aeterna* (vom ewigen Leben) zu suchen:

> «Sufficit nos credere, quod vita aeterna futura sit ineffabilis Beatitudo, qua fideles suos DEUS aeternum beabit et glorificabit, ut in ipso, cum omnibus Angelis aeternum vivant [...]»[1063] – «Es genügt, wenn wir glauben, daß das ewige Leben eine unaussprechliche Glückseligkeit sein wird, mit der Gott seine Gläubigen ewig selig und herrlich machen wird, damit sie in ihm selbst mit allen Engeln in Ewigkeit leben [...]»[1064]

7.7.2 Dispositio

Inhaltlich wie formal kommt der *egressus* der Kantate, die gleichfalls deren argumentativen Hauptteil darstellt, mit diesem Satz zum Abschluss. Hier wird die Haltung des Ichs als Frömmigkeitsmodell idealtypisch dargestellt. Wie die vom Libretto gewählte *argumentatio* über den Rekurs auf die Rechtfertigungslehre zu ihrer *probatio* findet (Satz 3), so gelangt die Kantate mit diesem Satz in der «Schau ewigen Lebens»[1065] zu ihrer *deliberatio*,[1066] in welcher der Redner durch «empfehlende [...] Erwägungen und Überlegungen» die Zukunft ins Blickfeld seines Redeschlusses rückt:

> «Etiam futuri temporis imagine iudices movet ([Quintilianus: Institutio Oratoria] 6,1,19).» – «Er mag die Richter auch über eine Vorstellung künftiger Zeiten berühren.»[1067]

Die Schwelle zu einem zukunftsbezogenen Verhalten wird überschritten. Die Ebene der *peroratio in adfectibus*,[1068] der abschliessenden Rekapitulation, wird in diesem Satz eingeleitet und im folgenden abgeschlossen. Im Rahmen der *peroratio* stellt der Ausdruck steter Dankbarkeit die im *status gratiae* einzig angemessene Haltung eines Christenmenschen dar, welcher des Heils zwar ansichtig wird, aber noch nicht habhaft ist.

1063 Hutter 1961, 140: XXXIV, 2.

1064 Hutter/Schnabel 2000, 270f.

1065 So betitelt Hindermann 1987, 294 die Schlussrede der Kantate BWV 140, die Sätze 6 und 7.

1066 «[E]ine Art ‹Beratende Rede›» (Hindermann 1987, 294).

1067 Zit. n. Hindermann 1987, 294.

1068 Siehe Hindermann 1987, 294.

«Wenn irgendwo, sollen [in der peroratio in adfectibus] alle Quellen der Beredsamkeit sprudeln: *ad hic, si usquam, totos eloquentiae aperire fontes licet* ([Institutio Oratoria] 6,1,51), ja, der Redner möge gar die Charaktere der Personen mit fiktiven Reden kleiden und die Toten sich erheben lassen: *et fictam orationem induere personis et defunctos excitare* ([Quintilianus: Institutio Oratoria] 4,1,28).»[1069]

Wenn frömmigkeits- und poesiegeschichtlich in den ersten nachreformatorischen Jahrhunderten die Inszenierung eines Gesprächs zwischen der gläubigen Seele mit dem am Kreuz verstorbenen Jesus zu den Kulminationspunkten erbaulicher Rede von Gott gehört,[1070] berührt diese sich in rhetorikgeschichtlicher Hinsicht mit einer weit älteren Schicht abschliessenden und in die Zukunft weisenden Redens, im Rahmen dessen ebenfalls ‹Tote auferstehen› und mit Personen der Gegenwart in ein fiktives Gespräch verwickelt werden.

7.7.3 Elocutio

Auf der Stufe der *peroratio* geht es um eine stark affektive Darstellung künftigen Verhaltens. Es wird nicht mehr argumentiert, sondern ermutigt. In stilistischer Hinsicht sticht dabei zunächst der Wandel innerhalb der von Satz 3 an gewählten Form direkter Ansprache Gottes bzw. «Jesu» zu einer Gebetsform, die liturgiegeschichtlich in der Todah als einem «im umfassenden Sinne [...] ein Dank- und Gemeinschaftsopfermahl»[1071] beheimatet ist,

«‹in dem ein einzelner oder mehrere für die Errettung aus einer Notlage Dank sagen› und in dessen Mittelpunkt ein Danklied steht, ‹das sich zurückbezieht auf die Not und der Errettung gedenkt.›»[1072]

In den ersten beiden Zeilen der Arie wird über die Anspielung «schlechte (= schlichte) Lieder» auf die Notlage aussichtsloser Sündenverstrickung (Satz 1 und 2) angespielt.

Die übrigen Zeilen nehmen die Gestalt eines Gelübdes an:[1073] «Wenn ich dort [...] Werde [...] singen, Soll mein Danklied besser klingen.»

1069 Ebd.

1070 Siehe Blankenburgs Erläuterungen des geistlichen Liedes im 17. Jahrhundert in 7.6.3.

1071 Bieritz 2004, 267.

1072 Ebd. mit einem Zitat aus Merz 1990, 115ff.

1073 Vgl. Gese 1984a, 190. Gese spricht vom «Errettete[n], der in seiner Not sich zur *tôdâ* mit einem Gelübde verpflichtet hat.»

Insgesamt erfüllt der Arientext die Funktion der Danksagung, die sich formal jedoch ganz dem Duktus der Perikope folgend in die liturgische Gestalt der durch die «zehen aussätzige Männer»[1074] gesprochenen Anrufung kleidet.

7.7.3.1 Docere

Als erstes gilt es, den Ausblick auf die *vita aeterna* in der Gestalt eines Dankgebets (Todah) liturgietheologisch einzuordnen. Petzoldt greift dabei Luthers Theologie des Dankopfers auf, «der keine Gott geziemende Reaktion des Menschen kannte als den Lobpreis, der als Kehrseite des Sündenbekenntnisses zum einzigen Opfer des Gottesdienstes wird.»[1075] Die Arie erfüllt mit der Gattung Gebet die homiletischen Vorgaben Salomon Deylings auf der Ebene der *Glaubens-Lehre*:

> «Lasst uns zu JEsu fliehen, er ists, der helffen kann.»[1076]

Die bildhaft-paränetisch durch Deyling verwendete *figura* der Flucht zu Jesus wird zunächst auch vom Libretto in der Gestalt des liturgisch konformen Sprechakts des (Dank-)Gebets poetisch umgesetzt und von Bach musikalisch mit tänzerischer Gebärde aufgegriffen.

7.7.3.2 Movere & delectare

Die sanfte, leichte und fröhliche Stimmungslage lässt die Argumentationseben des *delectare* vermuten. Doch ist ebenfalls nach dem Einsatz einer *pathos*-Argumentation zu fragen. Auffällig ist die Häufung der Figur «Öff-(ne)» (Takt 25) und ihrer Varianten. So taucht sie zum Beispiel von Takt 33 bis 40 in der Paarung «öffne, - Jesu» allein in der Singstimme viermal auf und wird instrumental zweimal durch das Oboen-Streicherensemble und zwei weitere Male vom Flötenensemble übernommen, sodass sie insgesamt achtmal musiziert wird. In dieser Eindringlichkeit wird Bach durch allen inszenierten *Trost* hindurch zunächst auch der Argumentationslinie der *Lebens-Pflicht* gerecht, die auf den vom Menschen geschuldeten Dank für die erhaltene Wohltat ausgerichtet ist. Es wird der Affekt des *desiderium* (Sehnsucht) bedient, der gestützt durch die instrumental wie vokal ausgeführte anabatische Figur auf «öff-(ne)»

1074 Lk 17, 12 (Biblia 1712).

1075 Petzoldt 2005, 403.

1076 Deyling 1734a, 28.

das *summum bonum* als noch nicht erreicht sinnfällig macht. Als Bitte formuliert, erfüllt diese Arie einerseits den Auftrag, die *Lebens-Pflicht* abzuschliessen und auf die Aufforderung: «Willst du nicht danckbar seyn?» einen positiven Bescheid zu geben. Andererseits ist sich die fromme Seele in diesem Satz bereits der Aufhebung aller Vorbehalte endgültiger Erlösung bewusst und weiss sich dem *Glaubens-Trost* gemäss im prinzipiellen Einklang mit dem «höhern Chor»:

> «JEsus öffnet [die Thür des Himmels] und bringt dich ein zur Ruh».[1077]

In der Spannung zwischen *pathos-* und *äthos-*gesteuerter Argumentation realisiert sich das herrschende Stilprinzip des Barock, das *concerto*,[1078] in welchem miteinander konkurrierende Gedanken – an dieser Stelle durch die Formen Gebet und Tanz repräsentiert – im Rahmen einer wohlproportionierten Stimmführung dem Satz Spannkraft verleihen.

7.7.4 Inszenierte Andacht

Über seine Eigenschaft als vergegenwärtigende Textinszenierung hinaus (Henning Luther),[1079] erweist sich Satz 5 ebenfalls als inszenierte «Selbsterschliessung des biblischen Wortes» (Martin Nicol):[1080] Äusserlich die Form der Anrufung der «zehen aussätzigen Männer» wahrend, entpuppt sich der biblische Text als eine aus der Perspektive der lutherischen Reformationsbewegung heraus interpretierte Todah. Im Zusammenhang mit Psalm 22,23ff[1081] erläutert Harmut Gese:

> «Der Errettete, der in seiner Not sich zur *tôdā* mit einem Gelübde verpflichtet hat [...], stiftet das Opfertier und Brot (ein konstitutives Element der *tôdā*) für die Gemeinschaft, in der allein die *tôdā* vollzogen werden kann.»[1082]

Da sich lutherisch die Opfergabe eines Menschen stets nur als Dankopfer versteht, die auf die Opfergabe Christi am Kreuz antwortet, enthält die Arie über die Todah des Ichs auch einen indirekten Bezug zum Abendmahl, und insze-

---

1077 Ebd.

1078 Dammann 1984, 192. Siehe ausführlich in 8.5.4.

1079 Siehe 5.4.10.1.

1080 Siehe 5.4.10.2.

1081 «Ich will deinen Namen meinen Brüdern verkünden, inmitten der Gemeinde will ich dich preisen ...» nach Geses Übersetzung (Gese 1984a, 182).

1082 Gese 1984a, 190.

niert somit die Andacht der sich zum Herrenmahl Begebenden in der Gestalt einer nunmehr ‹verchristlichten› Todah, in welcher Christus als der eigentliche Spender der «Opfermahlzeit» «in eine erneuerte Existenz unter den Seinen, der Gemeinschaft der zum Opfer Geladenen»[1083] eintritt. In Satz 5 wird Gottes eigenes Heilshandeln somit als am menschlichen Handeln ablesbar inszeniert.[1084] Die «Inszenierung des Evangeliums» (Meyer-Blank) ereignet sich auf der Bühne des inneren Gottesdienstes der Gemeinde, die sich auf diese Weise für den Empfang der amtlichen Verkündigung wie der anschliessenden «Opfermahlzeit» rüstet. Innere und äussere Gottesdienstverrichtung[1085] werden durch die Teilinszenierung der Kantate aufeinander bezogen. Die Ebene ist erreicht, auf der eine Kantate im Sinne eines semiotischen Ansatzes eine regelrechte «liturgische Gestaltungsaufgabe» (Plüss) übernimmt.[1086] So verstanden werden die Musizierenden ihrer Verpflichtung gerecht, «zu Beybehaltung guter Ordnung in den Kirchen die *Music* dergestalt ein[zu]richten, daß sie […] die Zuhörer […] zur Andacht aufmuntere.»[1087]

Bach richtet seine Musik dergestalt ein, dass der Fokus der Gemeinde permanent auf heilstheologische Bezüge gerichtet bleibt. Die für den Überzeugungsprozess benötigten Stilmittel sind auf die dogmatischen und agendarischen Vorgaben einer Gottesdienstdurchführung abgestimmt.

7.8 BWV 25,6: Choral

6. Choral

Flauto I–III e Cornetto e Oboe I e Violino I col Soprano,
Trombone I e Oboe II e Violino II coll' Alto,
Trombone II e Viola col Tenore, Trombone III col Basso, Continuo

Ich will alle meine Tage / Rühmen deine starke Hand, / Daß du meine Plag und Klage / Hast so herzlich abgewandt. / Nicht nur in der Sterblichkeit / Soll dein Ruhm sein ausgebreit›: / Ich wills auch hernach erweisen / Und dort ewiglich dich preisen.

1083 Ebd.

1084 Siehe 5.4.10ff.

1085 Zur Theorie des inneren und äusseren Gottesdienstes siehe 5.5.

1086 Siehe 5.4.3.

1087 «Endgültiger Revers des Thomaskantors Leipzig, 5.5.1723», in: BD I, 177.

7.8.1 Inventio

Alfred Dürrs Kommentar zu diesem Schlusssatz lautet lakonisch:

> «Auch der schlichte Choralsatz auf die Melodie ‹Freu dich sehr, o meine Seele› klingt nach dem grüblerischen Beginn des Werkes versöhnlich aus.»[1088]

Mit «auch» bezieht Dürr die von ihm wahrgenommene «Versöhnlichkeit» des Satzes auf die vorausgehende Arie. In der Tat sind beide Sätze in *inventio* und *dispositio* als eng miteinander verwandt zu betrachten, obwohl sie sich auf der Ebene der *elocutio* erheblich voneinander unterscheiden. Auf welche Weise sich der «schlichte Choralsatz» inhaltlich wie formal der Sopranarie anzuschliessen und somit zugleich die Gesamtinszenierung der Kantate abzuschliessen vermag, wird von der Forschung nicht näher erläutert.[1089]

> «Der Text des Schlußchorals, Satz 6, ist die abschließende Strophe 12 des Liedes ‹Treuer Gott, ich muß dir klagen› von Johann Heermann (1585–1647) aus dem Jahre 1630; im Dresdener G[esang]b[uch] 1725/36 (Nr. 525, S. 401–402) überschrieben: ‹Gesang eines wehmütigen Hertzens, um Vermehrung des Glaubens. Marc. 9,24. Luc, 17,5.6.›.»[1090]

Wie die übrigen Sätze enthält der Choraltext Zeile für Zeile Anklänge an biblische Aussagen und Formulierungen.[1091] Mit Wendungen wie «Ich will … rühmen» und «dein Ruhm sein ausgebreit'» wird gegenüber dem vorhergehenden Satz das Dankopfer des typisierten Ichs explizit gemacht. Somit bewegt

---

1088 Dürr 2010, 582.

1089 So geht z. B. auch Schulze nicht auf die Besonderheit des Chorals ein: «Auch der Schlußchoral über die Weise ‹Freu dich sehr, o meine Seele› verzichtet wohlweislich auf jeglichen Konnex zur Düsternis des Anfangs.» (Schulze 2006a,404). Marie-Louise Hoyer gibt zu bedenken, dass die erste Strophe des Chorals mit den Worten «Treuer Gott, ich muß dir klagen» beginnnt und analog zu BWV 25,1 die Schwere der Sündennot thematisiert. Dass der Choral in seiner letzten Strophe «versöhnlich» (Dürr) endet, weist auf eine analog zur Kantate geführte Stoffbehandlung (*inventio*) des Chorals. Es ist daher nicht verwunderlich, dass sich Bach bei der Gestaltung des Schlusssatzes seiner Kantate auf genau diesen Choral stützt.

1090 Petzoldt 2005, 394.

1091 Siehe Petzoldt 2005, 393 und 403. Die einzige Ausnahme bildet dabei die vorletzte Zeile: «Ich wills auch hernach erweisen». Sie lässt sich nicht «bibeltheologisch» (Petzoldt) nachzeichnen.

sich der Satz bereits[1092] auf der Ebene der *inventio* einerseits im Themenbereich des *locus de invocatione* (Von der Anrufung):

> «Quid est precatio sive invocatio DEI? Est bonorum necessariorum, non externa tantum voce, sed interno cordis affectu propter CHRISTUM mediatorum, vera fide apprehensum, a DEO facta petitio: coniuncta cum debita Gratiarum actione, pro acceptis beneficiis.»[1093] – «Was ist das Gebet oder die Anrufung Gottes? Es ist nicht nur eine äußerliche, mündliche, sondern auch eine innerliche Bitte zu Gott durch Christus den Mittler, im wahren Glauben ergriffen, um die notwendigen Güter des Lebens, verbunden mit der schuldigen Danksagung für die empfangenen Wohltaten.»[1094]

Im Rahmen der Thematik dieses theologischen *locus* wird das Gebet, insbesondere das explizite Dankgebet, unter dem Aspekt des *cultus necessarius* (schuldige Verehrung) weil «propter mandatum divinum» behandelt.[1095] Andererseits speist sich die Topik dieses Themenbereichs auch aus dem *locus de bonis operibus* (Von den guten Werken):

> «Bona opera sunt internae et externae actiones divinatus mandatae, et decalogo comprehensae: ac fiunt a Renatis, fide per Spiritum Sanctum, ad gloriam DEI, et ad nostram DEO declarandam tum obedientiam, tum gratitudinem.»[1096] – «Gute Werke sind innerliche und äußerliche Verrichtungen, die durch göttliche Eingebung befohlen und von Gott in den zehn Geboten zusammengefaßt sind; und sie geschehen von den Wiedergebornen aus Glauben durch den Hl. Geist zur Ehre Gottes und zum Erweis unseres Gehorsams sowie unserer Dankbarkeit gegen Gott.»[1097]

Beide dogmatischen Zugänge spielen auf eine innere wie äussere Darbringung der Gott gegenüber geschuldeten Dankbarkeit des Menschen an: «non externa tantum voce, sed interno cordis affectu» – (*de invocatione* – von der Anrufung)

1092 Siehe die Besprechung des vorausgehenden Kantatensatzes, bei dem ich die Todah unter dem Aspekt der *elocutio* behandle, weil es sich an dieser Stelle um eine stilistische Frage handelt (siehe 7.7.3).

1093 Hutter 1961, 116: XXV, 2.

1094 Hutter/Schnabel 2000, 233.

1095 Hutter 1961, 116: XXV (de invocatione), 1: «Estne invocationis cultus necessarius, an vero indifferens, et in nostro arbitrio positus? Est maxime necessarius, idque propter mandatum divinum.» – «(Von der Anrufung Gottes) Ist die Verehrung Gottes durch Gebet notwendig oder gleichgültig und steht in unserem Willen? Der Mensch ist es durchaus Gott schuldig, ihn anzurufen und anzubeten, und zwar wegen des Gebotes Gottes.» (Hutter/Schnabel 2000, 232).

1096 Hutter 1961, 67: XIV (de bonis operibus), 2.

1097 Hutter/Schnabel 2000, 152.

und «internae et externae actiones» (*de bonis operibus* – von den guten Werken). Beide *loci* beziehen sich auf die jeglichem Ausdruck von Dankbarkeit «pro acceptis beneficiis» vorausgehende und christologisch begründete Sündenvergebung.[1098] Wie im *locus de invocatione* wird im *locus de bonis operibus* der Ausdruck der Dankbarkeit zusammen mit allen «Verrichtungen» als von Gott «befohlen»[1099] verstanden. Für den Zusammenhang der *inventio* des Schlusssatzes der Kantate ist aber der Hinweis aus dem *locus de bonis operibus* richtungweisend, da es sich dabei um Verrichtungen «fiunt a Renatis» handelt. Auf diese Weise wird die Andacht der einzelnen Gottesdienstbesuchenden auf eine Ebene gelenkt, von der aus die blosse Beteiligung am gemeinsam gesungenen Kirchenlied[1100] als unter dem Zeichen der Versöhnung mit Gott stehend betrachtet werden darf:

> «Opera vere bona non propriis naturalibus viribus, sed tum demum fiunt, cum persona per fidem cum DEO est reconciliata, et per Spiritum Sanctum renovata, et in Christo Iesu denuo ad bona opera creata. Eph. 2,10.»[1101] – «Wirklich gute Werke geschehen nicht aus eigenen natürlichen Kräften, sondern nur dann, wenn die Person durch den glauben mit Gott versöhnt und durch den Hl. Geist erneuert und in Christus Jesus neu geschaffen wird zu guten Werken (Eph 2,10).»[1102]

Von dieser Warte aus gesehen trifft Dürrs Qualifizierung des Satzes als «versöhnlich» den Kern der dogmatisch begründeten *inventio*. Die perikopenbezogene Inszenierung geglückter Anrufung und Danksagung bildet somit auch die

---

1098 In Bezug auf den *locus de invocatione*: «propter CHRISTUM mediatorum» (siehe zitierte Passage) und in Bezug auf den *locus de bonis operibus* (Von den guten Werken): «Anne recte definiuntur praemia haec bonorum operum per ipsam DEI gratiam, qua iustificamur? Non: Gratiam enim DEI, remissionem peccatorum, Iustificationem et vitam aeternam …» (Hutter 1961, 68: XIV, 8). – «Ist denn diese Belohnung der guten Werke eben die Gnade Gottes, durch die wir gerechtfertigt werden? Nein. Denn die Gnade Gottes, Vergebung der Sünden, Rechtfertigung und ewiges Leben erlangen wir nur durch den Glauben, nicht durch unsere Verdienste […]» (Hutter/Schnabel 2000, 154).

1099 Art. 14,2 in der Übersetzung von Wolfgang Schnabel (Hutter/Schnabel 2000, 152).

1100 Siehe Kemper 1986, 87, der im Anschluss an Scheitler 1982 das Kirchenlied folgendermassen definiert: «liturgische, tatsächlich im Gottesdienst gesungene Lieder meist anonymer Herkunft mit verkündigendem und belehrenden Charakter».

1101 Hutter 1961, 68: XIV (de bonis operibus), 4.: «Quomodo fiunt vere bona opera?»

1102 Hutter/Schnabel 2000, 153: XIV (Von den guten Werken), 4.: «Wie geschehen denn wirklich gute Werke?»

Grund-*inventio* der gesamten Kantate, auf die Sünden- und Rechtfertigungslehre gewissermassen hinsteuern.[1103]

7.8.2 Dispositio

Auf der Textebene stellt dieser Satz eine Fortsetzung der *peroratio* aus Satz 5 dar, die über die Begriffe «Plag und Klage» wieder beim *locus de peccato* (Von der Sünde) anknüpft,[1104] um mit den *loci de invocatione* (Von der Anrufung) und *de bonis operibus* (Von den guten Werken) erbauungsrelevant auf den *Glaubens-Trost* hinzusteuern. Ihres thematisch grösseren Umfangs wegen lässt sich der Schlusssatz als *peroratio in rebus* bezeichnen. Hierzu fasst Hindermann zusammen:

> «Die Wiederholung und Gruppierung der Fakten (*rerum*) dient sowohl der Gedächtnisauffrischung des Richters, als sie diesem die ganze Angelegenheit zugleich ‹vor Augen stellt›: *memoriam iudicis reficit et totam simul causam ponit ante oculos* ([Institutio Oratoria] 6,1,1).»[1105]

Stärker noch als Satz 5 erfüllt Satz 6 die grundsätzlichen Aufgaben einer *peroratio*:

> «Die peroratio hat zwei Aufgaben zu erfüllen, sie soll das in den Hauptteilen narratio und argumentatio Gesagte zusammenfassen und – wenn dies vom Redner beabsichtigt ist – die Affekte der Zuhörer, die Emotionen wecken. Zusammenfassung (recapitulatio), Wiederholung (repetitio) oder Aufzählung (enumeratio) dienen dazu, die inhaltlichen Hauptpunkte und -aussagen im Gedächtnis der Zuhörer zu vertiefen.»[1106]

1103 Dürr schreibt zur Verwendung der Schlusschoräle: «Wenige Behauptungen sind so haltlos wie die, Bach habe sich in seinen Kantatenchorälen an das Lied des jeweiligen Sonntags gehalten; das mag zuweilen zutreffen; in der Regel aber fällt dieses Lied der Gemeinde zu, und es bestand kein Anlaß, es in der Kantate zu wiederholen. Die wirkliche Liedauswahl der Kantaten vollzieht sich weniger unter dem Gesichtspunkt der kirchenjahreszeitlichen Zuordnung des Liedes, sondern vielmehr der Verwendbarkeit der einzelnen Strophe. So konnte zum Beispiel die Strophe eines Sterbeliedes wie ‹Wenn mein Stündlein vorhanden ist› in einer Osterkantate erklingen wegen ihres Textes ‹Weil du vom Tod erstanden bist …›.» Dürr 1970, 293.

1104 Siehe Petzoldt 2005, 403.

1105 Hindermann 1987, 296.

1106 Ottmers 1996, 7f.

In welchem Mass nun die musikalische Gattung Kirchenlied die Aufgabe des Schlusssatzes, vermittels *recapitulatio, repetitio* und *enumeratio* «die inhaltlichen Hauptpunkte und -aussagen im Gedächtnis der Zuhörer zu vertiefen» stilistisch unterstützt, beleuchte ich unter dem Aspekt der *elocutio.* In meinen Augen rührt das von Dürr als «ausgesprochene[r] Anachronismus» bezeichnete «Interesse Bachs für den Choral»[1107] von dieser rhetorisch-erbaulichen Qualität zusammenfassenden Argumentierens her.

7.8.3 Elocutio

Diese «in verhältnismäßig einfacher Homophonie geführt[e]»[1108] Kirchenliedstrophe wird in ihrer musikalischen Gestalt von der Forschung nicht näher kommentiert. Möglicherweise gehört sie den «Choralsätzen» an, von denen Wolfgang Dinglinger schreibt, dass sie «keine grundsätzlichen Neuschöpfungen» Bachs darstellen,

> «sondern Umgestaltungen vorhandener Sätze, wie er sie in den in Leipzig gebräuchlichen Sammlungen vorfand; entsprechend lassen sich im Choralsatz Bachs traditionelle Satz-Modelle nachweisen.»[1109]

Schlichtheit und Anbindung an die Tradition gehen gleichwohl mit einer ausgesprochenen Originalität in der Formgebung einher.

> «Das äußere Erscheinungsbild – vorwiegende Notation in gleichmäßig voranschreitender Viertelbewegung – hat [...] kaum eine Parallele zu den Choralsätzen zeitgenössischer Komponisten (z. B. Georg Philipp Telemann) wie die avancierte Harmonik, die ihren Niederschlag findet in einer reichhaltigen und differenzierten Akkordbildung, und damit zusammenhängend in einer gesteigerten Linearität der Stimmführung (stufenweises Voranschreiten, Vorhalte, Durchgänge) insbesondere auch des Basses unter strenger Beachtung des kontrapunktischen Reglements.»[1110]

Auch der Umstand, dass sich an der Ausführung des Kirchenlieds alle Sing- und Instrumentalstimmen beteiligen, hebt den Schlusschoral einer Kantate stilistisch analog zum ersten Satz heraus und unterstreicht dessen Bedeutung in Bachs klangsprachlicher Rhetorik. Dies hängt mit der Bedeutung zusammen,

---

1107 Dürr 2010, 25.
1108 Dinglinger 2000, 141.
1109 Ebd.
1110 Ebd.

die Bach dem evangelischen Kirchenlied «als wichtigste Glaubensäußerung der Gemeinde»[1111] beimisst. Dinglinger ergänzt seine Charakterisierung des Chorals mit der bedeutsamen Präzisierung, dass es sich beim Choral ebenso um «eine spezifisch musikalische Glaubensäußerung»[1112] handelt. Auf dieser Ebene liturgierelevanter Querverbindungen zwischen dem Kantatenschlusssatz und dem von der Gemeinde gesungenen Kirchenlied angelangt, wird die rhetorische Funktion eines Chorals in Bachs Kantaten zuallererst greif- und beschreibbar. Erst unter dem Blickwinkel der *elocutio* gelangt die musikalische Gestaltung des Chorals mit ihrer gemeindetheologischen Verankerung im evangelisch-lutherischen Gottesdienst in den Bereich rhetorikrelevanter Erörterungen: Der Choral ist gewissermassen in sich bereits – jenseits jeder konkreten musikalischen Gestaltung[1113] – ein eigenes klangrednerisches Argumentarium, das es nun bezogen auf den an dieser Stelle analysierten Kantatensatz näher zu beschreiben gilt.

7.8.3.1 Docere

Der Rückgriff auf ein der Tradition entnommenes Stilmittel verankert die in den vorausgegangenen Sätzen geführte Auseinandersetzung im Kontext kirchlich-dogmatischer Vergewisserungen, wozu nicht allein der Text, sondern vielmehr die Musik selbst Anlass gibt: volles Instrumentarium im Dienste einer denkbar schlichten und strengen Satzform. Im Hinblick auf den Schlusschoral als Überzeugungsmittel handelt es sich um die Evokation der ureigenen «Glaubensäußerung der Gemeinde» (Dinglinger) selbst. Die Hörerschaft wird wie an keiner weiteren Stelle der Kantate deutlicher als Gottesdienstgemeinde angesprochen und in den Zeugenstand gerufen als über ein Kirchenlied. In Analogie zu Hindermanns Analyse des Schlusschorals der Kantate BWV 140 haftet auch BWV 25,6 von seiner Anlage als Kirchenlied her der «Kirchenstil», bzw. etwas den unmittelbaren Zeitgeschmack Überragendes an, obwohl dieser sich nicht wie BWV 140,7 «dem ‹stile antico›» annähert.[1114]

[1111] Ebd.

[1112] Ebd.

[1113] Zu den vielfältigen Möglichkeiten der Kirchenliedgestaltung und -einarbeitung in anderen musikalischen Kontexten bei Bach siehe Hochreither 1983, 150–169 und Platen 1959, auf den sich Hochreither bezieht.

[1114] Hindermann 1987, 296.

> «Denn es ist das Alter, das schlichten, unverbildeten Worten ihre Würde gibt, und die Rede selbst dadurch weihevoller und bewunderungswerter macht: *propriis (= verbis) dignitatem dat antiquitas, namque et sanctiorem et magis admirabilem faciunt orationem* ([Quintilianus: Institutio Oratoria] 8,3,24).»[1115]

Petzoldts Beschreibung der «hymnischen Wirkung», die von diesem Kantatensatz ausgehe,[1116] lässt sich auf diese Weise rhetorisch präzis zuordnen. Die Gewohnheit Bachs, eine Kantate mit einem Choral abzuschliessen,[1117] erfüllt eine klangrednerische Funktion, die sich bis in die Antike zurückverfolgen lässt. Auch lässt sich der Umstand, dass im Choralzitat auf die Gemeindepraxis des Kirchenlieds rekurriert wird, rhetorikanalytisch verwerten:

> «Zweifelsohne wirken unverhüllte Fakten durch sich selbst; wenn wir aber vorgeben, daß die Personen, die es betrifft, selber sprechen, tragen wir bedeutsam bei zum emotionalen Effekt: *nudae tantum res movent, at cum ipsos loqui fingimus, ex personis quoque trahitur adfectus* ([Quintilianus: Institutio Oratoria] 6,1,25).»[1118]

Der Rückbezug auf den Gottesdienst und seine dialogischen Struktur[1119] ist an dieser Stelle evident: Im Choral wird die Gemeinde, vertreten durch den Chor, gewissermassen sich selbst als dem zuvor Gesagten und Gelehrten (*Glaubens-Lehre*) zustimmend ‹vorgeführt›.

1115 Ebd.

1116 Petzoldt 2005, 403.

1117 Veit 2000, 304 schreibt über den Choral in Bachs Vokalwerk: «Allein in seinem Kantatenœuvre sind rund 370 Liedstrophen enthalten, und die Kantaten, in denen an irgendeiner Stelle nicht wenigstens eine Strophe Verwendung findet, gehören zu den Ausnahmen. Der Choral als schlichter Schlußsatz, mit dem die Kantate wieder in den Gottesdienst einmündet, stellt bei weitem die häufigste Verwendung der Liedstrophen in Bachs Vokalmusik dar.» Dürr beurteilt diese Verwendung des Chorals als Anachronismus (Dürr 2010, 25).

1118 Hindermann 1987, 296.

1119 «Treffend hat Hans Joachim Kreutzer darauf aufmerksam gemacht, daß die Kantate als funktionaler Bestandteil eines Vorgangs (sc. des Gottesdienstes) selbst einen *dialogischen Prozeß* darstellt [(Siehe Kreutzer 1991, 14f.)] In seinem Grundzug bildet dieser Prozeß das dialogische Geschehen zwischen Prediger und Gemeinde ab, zwischen Verkündigung und Hören des Wortes. Die Kantate selbst ist so etwas wie ein Abbild der Gottesdienstform, deren Bestandteil die Aufführung des Werkes war.» (Steiger 2002, XX).

7.8.3.2 Movere

Gleichwohl wird die Thematik der *Lebens-Pflicht* auf der Textebene mit grosser Stringenz weitergeführt und in ihrer Gültigkeit bestätigt. In seiner rhetorischen Schematisierung entspricht der Text auch dieses Satzes der Deylingschen *Glaubens-Pflicht* im Sinne der geforderten Danksagung.

BWV 25,6	**Deylings *Lebens-Pflicht*[1120]**
Z. 3 Daß du meine Plag und Klage	Es macht dich JEsu Blut von allen Sünden rein,
Z. 4 Hast so herzlich abgewandt.	Die Wohlthat ist sehr groß!
Z. 1–2 Ich will … rühmen Z. 6… soll dein Ruhm sein ausgebreit Z. 7 und … dich preisen.	Willst du nicht danckbar seyn?

Eigentümlicherweise lässt sich der *stilus humilis*, der dem *docere* einer Rede eignet, im Gewand eines Chorals durchaus auch pathetisch als *stilus gravis*[1121] lesen: Jede Silbe erhält ihre Betonung und kann somit auch eindringlich, das heisst mit pathetischem Nachdruck musikalisiert werden. Der Tabelle Thomas von Aquins gemäss entspricht dies wohl der Affektdarstellung des *amor* (Liebe): Im Kirchenlied ist das Gemeindeglied bereits in jenem grösseren Beziehungsgeflecht aufgehoben, welchem zuzugehören es sich während seiner irdischen Existenz vorbereitet. Der Unterschied zwischen hier und dort ist ein relativer. Wird es sich dermaleinst Mitglied der *Ecclesia triumphans* (triumphierenden Kirche) nennen dürfen, so ist es jetzt bereits Mitglied der *Ecclesia militans* (streitende Kirche). Mit dem Begriff *Ecclesia* ist die Brücke zwischen beiden Phasen geschlagen:[1122] In der über das Kirchenlied adäquaten Gestalt unmittelbarer Zu-

---

1120 Deyling 1734a, 28.

1121 Zum *stilus gravis* siehe Dyck 1991, 99.

1122 Hutter 1961, 81f: XVII (de ecclesia), 9: «Accidit [dinstinctio], quae Ecclesiam veram considerat secundum loca et status. Hoc enim respectu ecclesia vera dividitur in *Triumphantem*, quae complectitur Electos DEI iam in coelesti vita degentes: et in *Militantem*, quae complectitur Electos adhuc in his terris, sub vexillo Christi, adversus Diabolum, mundum et carnem militantes.» – «(Von der Kirche) Die […] Unterteilung beruht darauf, die wahre Kirche nach ihren verschiedenen Standorten zu betrachten. Denn im Hinblick auf Ort und Stand wird die wahre Kirche unterteilt in die triumphierende Kirche, die die Auserwählten Gottes umfaßt, die in der ewigen Seligwendung der Gemeinde zu Gott kommen *amor*, *desiderium* (Sehnsucht) und *spes* (Hoffnung) im Gewand gravitätisch-feierlicher Musik zum Ausdruck.

7.8.3.3 Delectare

Dem *Glaubens-Trost*: «JEsus öffnet [die Thür des Himmels], und bringt dich ein zur Ruh»[1123] entspricht das Libretto mit der klaren Gegenüberstellung von dies- und jenseitiger Pflichterfüllung: «Nicht nur in der Sterblichkeit (Zeile 5)... auch hernach (Zeile 7)... und dort ewiglich ...(Zeile 8)». Die äthos-Argumentationslinie verläuft an dieser Stelle über die Suggestion breiter Approbation durch die Gemeinde selbst. Die Gottesdienstteilnehmenden erfahren sich auf dieser Ebene als gewissermassen sich selbst singend hörende Gemeinde.

7.8.4 Inszenierte Andacht

Gattungsgeschichtlich handelt es sich beim Kirchenlied um die deutlichste Anspielung aller Kantatensatztypen an die Tradition lutherisch geprägter Gottesdienstpraxis. Als Abschluss der Kantate gliedert es diese wiederum als erbauungsrelevanten Teilvollzug in den Gesamtvollzug Gottesdienst ein.[1124] Somit ist anzunehmen, dass Bach seine Kantaten bewusst als liturgisch «liminalen» Akt konzipiert.[1125] Hierzu bieten sich weiter wegmetaphorische Überlegungen an, diesen letzten Satz mit dem unmittelbar nächsten liturgischen Stück des äusseren Gottesdienstes, dem Glaubenslied «Wir glauben all an einen Gott»[1126] in Beziehung zu setzen.[1127] Aus dieser Perspektive heraus leitet das von allen Musikern gemeinsam inszenierte Kirchenlied bereits eine «Glaubensäusserung der Gemeinde»[1128] (Dinglinger) zum Credo des äusseren Gottesdienstes hinüber, welches selber die liturgierelevante «Glaubensäusserung der Gemeinde» *par excellence* darstellt. Weiter schliesst Bach mit dem Schlusschoral den Proprium-

---

keit leben; und in die streitende Kirche, die die Erwählten in diesem Leben umfaßt, die hier auf der Erde unter dem Fähnlein gegen Teufel, Welt und Fleisch kämpfen müssen.» (Hutter/Schnabel 2000, 117).

1123 Siehe 6.4.

1124 Vgl. Veit 2000, 304.

1125 Siehe 5.4.6.

1126 Siehe 6.3.

1127 Siehe 5.4.9.

1128 Siehe 7.8.3.1.

scharakter der mit der Evangeliumslesung eingeleiteten liturgischen Sequenz ab. Die von Ehrensperger in wegmetaphorischer Perspektive geforderte Abfolge «sinnvoll aufeinander bezogene[r] Elemente»[1129] erfüllt die von Bach gewählte Satzform somit auf vielfältige Weise.[1130]

7.9 Ergebnis der ersten Kantatenanalyse

Die Kantate BWV 25 lässt sich den Regeln der klassischen Rhetoriklehre entlang analysieren[1131] und im Detail andachtsinszenatorisch perspektivieren.[1132] Erste Ergebnisse hierzu erweisen sich als geeignet, das mehrschichtige Klangereignis einer Kantate auf seine kultrelevanten[1133] Inhalte hin zu beschreiben und diese miteinander in Beziehung zu setzen.[1134] Einschränkend muss freilich daran erinnert werden, dass es sich bei diesem analytischen Verfahren um ein heuristisch reproduktives handelt. Bach wird kaum seine Musik nach einem schematisch vorgefassten Muster entworfen haben, auch wenn Rhetorik[1135] und

1129 Ehrensperger 2006, 1.

1130 Zur Wegmetaphorik siehe 5.4.9.

1131 Den einzelnen Aufbaukriterien einer überzeugenden Rede wird über die gesamte Kantate hinweg in Wort und Musik entsprochen. Die Logik der Übergänge von Satz zu Satz, das Verhältnis einzelner Satzgruppen zueinander (siehe die Abschnitte zur *dispositio*), sowie inhaltliche wie stilistische Akzentverschiebungen innerhalb der Kantate sind beschreibbar und in der Abfolge inhaltlich schlüssig (siehe die Abschnitte zur *inventio* und zur *elocutio*). Als Beispiele hierfür sei auf die homiletisch-erbaulich motivierte stilistische Verlagerung vom *docere* zum *movere* in Satz 4 (siehe 7.6.2.1 und 7.6.2.2) und vom *movere* zum *delectare* in Satz 5 (siehe 7.7.3.2) hingewiesen.

1132 Siehe jeweils die Abschnitte «Inszenierte Andacht», aber auch Arnolds Verständnis der Bach-Kantaten als «Sprach- und Lebensformen des Glaubens als spirituelle Muster für religiöse Erfahrungen» (Arnold 2009, 11).

1133 Siehe vor allem die Abschnitte, die sich mit der liturgischen Rolle des Psalters (insbesondere 7.3.3.3 und 7.5.3.3) oder des Kirchenlieds (insbesondere 7.6.3 und 7.8.3) befassen.

1134 So hat sich gezeigt, dass auf der Ebene der *inventio* die 6 Kantatensätze auf je unterschiedliche theologische Lehrinhalte Bezug nehmen und auf diese Art die poetisch-musikalisch gestaltete Perikopenauslegung vom *locus de peccato* (Von der Sünde) als Ausgangspunkt analog zur Deylingschen «Herrliche Dinge» zum *locus de vita aeterna* (Vom ewigen Leben) als tröstlichem Schlusspunkt zu führen vermögen. Diese Entwicklung lässt sich im Verlauf der *inventio* durch die Kantatensätze verfolgen.

1135 Zur Musiktheorie des Barock siehe 5.2.

Homiletik[1136] zum Rüstzeug jedes Kirchenmusikers[1137] dieser Zeit gehört und Bach ‹seinen› Hutter zusammen mit allen anderen Lateinschülern seiner Zeit auswendig konnte.[1138] Wie Bach nun ‹wirklich› komponiert hat, bleibt nachträglichem Nachvollzog wohl für immer verschlossen.[1139] Folgende Beobachtungen sollen gleichwohl die rhetorisch gesteuerte Interaktion zwischen Kantor und Gemeinde anhand der Kantate BWV 25 zusammenfassen helfen:

1. Bach konzipiert seine Kantatenmusik als Klangrede entlang homiletisch approbierter Methoden der Bibelauslegung.[1140]
2. Somit stellt er die Kantate als «klingende[s] Seitenstück zur Predigt»[1141] (Schering) in einen unmittelbaren Bezug zur kultisch vermittelten Verkündigung.
3. Die Kantate ist ein kommunikativer Prozess, in welchem sich das Auditorium selbst liturgieinszenatorisch als christliche Gemeinde lutherischer Konfession erfährt.[1142]
4. Gleichzeitig erfährt sich das einzelne Gemeindeglied über das Erklingen einer Musik mit Affinität zur Klangwelt der Oper als an einer auf Unterhaltung ausgerichteten Kunstveranstaltung teilhabend, im Rahmen derer es sich auf seine Individualität und Affektivität hin ansprechen lässt.[1143]
5. In liturgietheoretischer Perspektive ist somit zu vermuten, dass einer Kantate implizit der Auftrag übertragen wird, den inneren Gottesdienst des einzelnen Gemeindeglieds im Rahmen des äusseren Kultvollzugs zu unterstützen und auf diese Weise mit diesem zu verknüpfen.[1144]

1136 Zur konzeptionellen Bezogenheit von Kantatenaufführungen auf Predigtinhalte siehe 5.4.

1137 Siehe das von Bach unterschriebene *Revers*, das ich in 5.4.10.3 unter rollenspezifischen Gesichtspunkten erläutere.

1138 Siehe 5.2.1 und insbesondere im Hinblick auf den Zusammenhang Kirchenlied und Predigt 8.4.

1139 Vgl. Dürr 1989, 9ff.

1140 In allen Analyseschritten erscheinen Rhetorik und Homiletik als aufeinander bezogen und einander bedingend.

1141 Siehe Schering 1926, 12. Zur Diskussion dieser Formel siehe 5.4.

1142 Siehe insbesondere die Abschnitte «Inszenierte Andacht».

1143 Siehe die Unterabschnitte zur *elocutio*: *docere, movere, delectare*.

1144 Siehe insbesondere 7.3.3.3, 7.5.4, 7.7.4. Zu diesem Zweck stehen allerlei Andachtsbroschüren zur Verfügung, worunter auch Salomon Deylings «Herrliche Dinge ...» (Deyling 1734a) und die «Texte zur Leipziger Kirchen=Musik» (Petzoldt 1993 und

6. Der auf Hören und Antworten fokussierende lutherische Andachtsbegriff[1145] lässt sich erbauungspragmatisch auf die drei Aufgaben einer Predigt(meditation)[1146] beziehen: im Hören der Gemeinde auf den rational vermittelten *herrlichen* Lehrinhalt der Perikope (*docere*) und im darauf Antworten mit *nöthiger* Dankes-*Pflicht* (*movere*) sowie in der Annahme des *süssen Trostes* einer in Aussicht gestellten Vereinigung mit ihrem Erlöser (*delectare*).[1147]
7. Somit gerät Gottes Gegenwart mit der von Bach selbst definierten Zweckbindung andächtiger Musik in den Bereich des menschlichen Erfahrungshorizontes.[1148] Diese besondere *virtus* (Kompetenz) zeichnet Musik in ihrer ganzen klanglichen Ausdrucksvielfalt als eine von Gott selbst eingerichtete gottesdienstliche Institution[1149] an der Seite des verkündigenden gesprochenen Wortes aus.[1150]

In der Analyse der Kantaten BWV 78 und 17 wird das im Zusammenhang mit BWV 25 angewandte Interpretationsmodell andachtsrelevanter Klangrede wieter erprobt. An den zu erwartenden thematischen und stilistischen Abweichungen in der Stoffbehandlung durch Libretto und Vertonung lässt sich die Tauglichkeit des von mir vorgestellten Interpretationsmodells überprüfen, über

---

Schabalina 200) zu zählen sind. Doch sind auch die Gebete «zu den einzelnen liturgischen Stücken» zu erwähnen, die in zahlreichen Gesangbüchern dieser Zeit zur Gestaltung des inneren Gottesdienstes zur Verfügung stehen, und «deren sich die Gemeinde fortwährend, besonders während des Chorgesanges bedienen sollte.» (Stiller 1970, 106). An dieser Stelle ist zu vermerken, dass die Gesangbücher auch Gebete enthalten, die auch während einer Kantatenaufführung zum Gebrauch vorgeschlagen werden: «Ist Musik, und man will bey derselben seine Andacht auff andere Art unterhalten / so können darzu folgende Gebethe dienen / I. Wenn musiciret wird … 2. Die Gebethe vor der Predigt … 3. Um fruchtbare Anhörung des Göttlichen Worts … 4. Das Gebeth / ehe der Glaube gesungen wird …» (LKS 1710, 6 zit. n. Stiller 1970, 108).

1145 Siehe 5.1.5.

1146 Deylings «Herrliche Dinge» spiegeln in ihrem Aufbau nicht die Predigtsituation eins zu eins wieder, wie sie in Leipzig tatsächlich gehalten werden, sondern stellen ein neues auf die private Erbauung fokussierendes homiletisches Genre dar. Daher kombiniere ich an dieser Stelle Predigt und Meditation.

1147 Die Vorwegnahme himmlischer Vereinigung mit Christus kulminiert in BWV 25,5 und 6.

1148 Siehe insbesondere 7.3.4, 7.4.4 und 7.8.4.

1149 Siehe 5.1.7.

1150 Dies gilt insbesondere für die Predigtpraxis zur Zeit Bachs, die allgemein wohl mit Recht als Lehrveranstaltungen wahrgenommen werden. Siehe 3.2.

die Analyse einer einzigen Kantate hinaus verlässliche Daten zur Bestimmung dessen zu gewinnen, was Bach alles unter «andächtig Musig» im Rahmen unterschiedlicher Kantatenaufführungen zum gleichen Sonntag im Kirchenjahr versteht.

8 «Jesu, der du meine Seele» (BWV 78)

Nach Christoph Wolff liegt die Besonderheit des zweiten Kantatenjahrgangs gegenüber dem ersten «vor allem darin, daß der Komponist ihm eine einheitliche textlich-musikalische Idee zugrunde legt und darin ein bewußtes künstlerisches Konzept verfolgt.»[1151]

Dominik Sackmann vermutet im Rahmen dieses Choralkantatenjahrgangs eine zielgerichtete Zusammenarbeit zwischen Bach und den unbekannt gebliebenen Dichterinnen und Dichtern, sodass eine genaue Unterscheidung zwischen Text hier und Musik dort schon bereits auf der Ebene des Librettos die Sicht auf die Redaktionsgeschichte zu verzerren droht.[1152]

8.1 Quellenlage

Bach-Archiv: Originalstimmen der Thomasschule Leipzig.[1153] Die 14 Einzelstimmen liegen in einem Umschlag mit der Aufschrift:

> «Dominica 14. Post Trinit. | Jesu, der du meine Seele. | à | 4. Voc. | 1. Traversa. | 2. Hautbois. | 2. Violini. | e |Continuo | di sig. | J. S. Bach»

Zur Quellenlage fasst Neumann zusammen:

> «Da die Originalpartitur [...] verlorengegangen ist, gebührt dem von Bach ergänzten und revidierten Originalstimmensatz der Ehrenplatz in der Quellenrangordnung.»[1154]

Weiter hält Neumann fest:

> «Über den Textdichter unserer Kantate ist nichts Näheres bekannt. Zugrunde gelegt hat er seiner Dichtung Johann Rists gleichnamiges Lied (1641), das in fast alle Gesangsbücher der Zeit Eingang gefunden hat.»[1155]

1151 Wolff 2006, 25.

1152 Aus einem Gespräch mit Dominik Sackmann am 09.03.2011

1153 Alle Angaben aus Neumann 1959b, 113. Siehe ferner Leisingers Vorwort zur Kantate (Kubik 1999, 3).

1154 Neumann 1959b, 133.

1155 Neumann 1959b, 137.

Dieses dem Libretto zugrunde liegende Lied[1156] besteht aus 12 Strophen, woraus die erste und letzte wörtlich übernommen und die übrigen Sätze madrigal umgedichtet werden.[1157] Petzoldt weist auf die direkte Bezugnahme der Dichtung auf das Sonntagsevangelium und auf den Umstand hin, dass das Lied selbst im Dresdner Gesangbuch 1725 und 1736 in den *de-tempore*-Registern zwar verschiedentlich aufgeführt wird, nicht aber mit Bezug auf den 14. Sonntag nach Trinitatis.[1158] In neuester Zeit ist in Sankt Petersburg eine Textsammlung geborgen worden, in welcher auch BWV 78 aufgeführt ist.[1159] In der Übertragung des Textes schliesse ich mich der Orthografie dieser Sammlung an.[1160]

8.2 Aufführungskontext

Die Uraufführung ist autografisch mit dem Frühgottesdienst am 10. September 1724 bezeugt. Superintendent Deylings Predigt in der Nicolaikirche ist nicht überliefert.[1161] Bei einer Wiederaufführung nach 1735 wird in den Sätzen 1 und 7 eine Traversflötenstimme zugefügt und in Satz 2 der *basso continuo* modifiziert.[1162]

1156 Text siehe bei Petzoldt 2005, 402–408.

1157 Dürr 2010, 548.

1158 Im Dresdner Gesangbuch befindet es sich unter der Rubrik: «Hertzliches Buß= und Trost=Lied an seinen allerliebsten HErrn JEsum um Verzeihung seiner viel= und mannigfaltigen Sünden» und wird für verschiedene Sonn- und Feiertage im Kirchenjahr vorgeschlagen mit Ausnahme freilich des 14. Sonntags nach Trinitatis. Angaben: Petzoldt 2005, 408f.

1159 Texte | zur Leipziger | Kirchen=Music, | auf den XIII. XIV. XV. XVI. Sonntag | nach Trinitatis, | Ingleichen| auf das Fest St. Michaelis | 1724 | Leipzig, | Gedruckt bey Immanuel Tietzen. Als Faksimile, in: Schabalina 2009, 38f.

1160 Mit diesem Verfahren stelle ich nicht die Behauptung auf, die «Leipziger Kirchen=Music» biete mit Sicherheit gegenüber der von der NBA recherchierten Textversion ursprünglicheren Wortlaut. Die in den letzten Jahren gemachten Funde öffnen aber das Feld für alternativer Lesarten und ermöglichen somit auch auf der Ebene der Textgestaltung eine vertieftere Sicht auf den Entstehungsprozess eines Werkes. Siehe hierzu Blanken 2015, 35–56.

1161 Siehe Petzoldt 2005, 408. Zur Frage der nicht erhaltenen Predigten aus dieser Zeit siehe 3.2.

1162 Petzoldt 2005, 408 und Leisinger 1999, 3.

8.3 Literarischer und musikalischer Kontext

Dem Zyklus der «Choralkantaten» zugehörig, bewegt sich die Kantate im Rahmen des vom Kirchenlied vorgegebenen Duktus. Der Dichter und Theologe Johann Rist zeichnet sich unter anderem mit der Gründung einer Dichterakademie (1660) aus, die sich bestrebt zeigt, «die Überladenheit der Lyrik seiner Zeit zu überwinden und zur Einfachheit zurückzufinden.»[1163]

Die Frage nach dem Ursprung der Kirchenliedmelodie muss an dieser Stelle offen bleiben.[1164] In der Forschung wird vor allem Rists «gehaltvolle Textvorlage»[1165] gerühmt.

8.4 Aufbau und *inventio* der Kantate

Petzoldt erblickt im Gesamtaufbau eine axialsymmetrische Struktur: Um den Mittelsatz 4 sind zwei Rezitative (Satz 3 und 5), zwei Arien (Satz 2 und 6) und schliesslich zwei Chorsätze (Satz 1 und 7) angeordnet.[1166] Inhaltlich unterscheidet sich das Libretto von demjenigen in BWV 25 durch markante Akzentverschiebungen: Die Krankenheilung wird thematisch kaum und wenn, nur symbolisch aufgegriffen. Damit verlagert sich auch der Schwerpunkt des Interesses von der Aufzählung der Sünden in BWV 25,2 auf den in Jesu Passion geheilten Glauben und das gestillte Gewissen.[1167] In seiner Überarbeitung im Libretto erfährt das Lied dennoch eine stärkere Anbindung an das Sonntagsevangelium. Dürr schreibt vorsichtig: «Die Nähe zur Predigt ist […] fühlbar.»[1168] Der Vorgang der *inventio* ist der nur sehr unvollständig beschreibbaren Entstehungsgeschichte entsprechend mit vielen Unbekannten versehen. Einige

---

1163 Schulze 2006a, 404.

1164 Genaueres hierzu bei Kube 1992, 140. Schulze hält Georg Philipp Harsdörffer für den Komponisten (Schulze 2006, 404).

1165 Ebd.

1166 Petzoldt 2005a, 409.

1167 «Ganz im Gegensatz zum Text des Vorjahres (BWV 25) wird die Krankenheilung kaum erwähnt und ausschließlich symbolisch verstanden. Den Mittelpunkt des Liedes und so auch unserer Kantate bildet der Gedanke an Jesu Passion, die den Glaubenden geheilt und das Gewissen gestillt hat.» Dürr 2010, 585.

1168 Dürr 2010, 585. Inwiefern eine direkte Bezugnahme auf die effektiv gehaltene Predigt als wahrscheinlich angenommen werden kann, entzieht sich aber den Möglichkeiten historischer Nachforschung.

Fragen mögen dies verdeutlichen: Nach welchen Kriterien verknüpft der Librettist seine Vorlage mit dem Sonntagsevangelium? Welche homiletischen Modelle stehen für die *inventio* des Liedes Pate? Welchen Einfluss mag Bach selbst auf die Ausarbeitung des Librettos und somit auf dessen theologische Ausrichtung ausüben? Welche Rolle spielt die Wahl der Choralmelodie, wenn Bach auch andere Melodien zur Auswahl stehen?[1169] Während sich die letzte Frage mangels Anhaltspunkten wohl nicht zufriedenstellend beantworten lässt, geht Schulze der vorletzten Frage in seinem Beitrag «Texte und Textdichter» nach und versucht für den zweiten Kantatenjahrgang ein mögliches Bild der Textentstehung zu zeichnen. Er greift dabei Ulrich Leisinger auf, der sich gegen die herkömmliche These stellt, Bach habe mit mehreren einander abwechselnden Textdichtern gearbeitet:

> «Nach seiner Auffassung hat der offenbar von Bach beauftragte – also Leipziger – Dichter sich zunächst besonders eng an seine Choraltexte gehalten, dort zwar die Binnenstrophen in Richtung auf Rezitativ und Arie verändert, aber auf musikalische Erfordernisse zu wenig Rücksicht genommen. Dies muß Kritik – doch wohl vonseiten Bachs – nach sich gezogen haben, und nun bemühte der Dichter sich mit – allerdings unverhältnismäßigem – Erfolg, den Anforderungen der Affektenlehre Rechnung zu tragen. Erneut dürfte es Einwände gegeben haben, diesmal wohl eher von kirchlicher Seite, und das Ergebnis war dann eine ‹mittlere› Linie, auf der der unbekannte Verfasser seine Arbeit zu Ende brachte.»[1170]

Auf die erste Frage mag wieder Deylings Predigtextrakt als Beleg dafür gewertet werden, in welchem Umfang im 17. Jahrhundert bereits das homiletische Schema *Lehre*, *Pflicht* und *Trost* verbreitet ist. Im Dresdner Gesangbuch wird das Lied dem 3. Sonntag nach Trinitatis[1171] zugeordnet. Deylings Disposition zu diesem Tag sei zum Vergleich angeführt.

1169 Schulze 2006a, 404 weist darauf hin, dass Rists Text ebenfalls mit der Melodie «Alle Menschen müssen sterben» zu finden ist.

1170 Schulze 2006b, 115. Zusammenfassung eines unveröffentlichten Vortrags Ulrich Leisingers aus dem Jahr 1997.

1171 Evangelium: Lk 15,1–10 «drey Gleichniße / darinnen Christus seine Barmherzigkeit gegen die arme Buß=fertige Sünder zu erkennen gibt.» (Biblia 1712).

	Johann Rist (1641)[1172]	**Deyling: «am dritten Tage nach Trinitatis»**[1173]
		I. Die Glaubens=Lehre:
1	= BWV 78/I	
6	JEsu, du hast weggenommen	Vor (= für) Sünder ist noch Rath in
	Meine Schulden durch dein Blut	JEsu Blut
	Hast die Sünd am Creutz zerschlagen …	und Wunden, /
7	Ach! So hilff, Herr JEsu! Siegen …	Wer wahre Buße thut,
8	Dein rothgefärbten Wunden,	
	Deine Nägel, Cron und Grab …	
	Wenden alle Plagen ab,…	
	O Herr JEsu! Trösten mich	hat seine Freundschaft funden
		2. Die Lebens=Pflicht:
9	Wenn ich für Gericht soll treten,	Wo denckst du Sünder hin? /
	Da man nicht entfliehen kann.	
	wie bist du so verstockt?	
10	… Diß mein Herz mit Leid vermenget,…	Hörst du nicht JEsu Stimm? /
	Geb ich dir, Herr JEsu Christ.	der dich zur Buße lockt!
		3. Der Glaubens=Trost:
11	Nun ich weiß, du wirst mir stillen	Sprich nicht in deiner Angst?
	Mein Gewissen, das mich plagt	wie übel bin ich dran? /
	Es wird deine Treu erfüllen,	
	Was du selbst hast gesagt,	Merck hier ein Freu-den=Wort:
	Daß auf dieser weiten Erden	
	Keiner soll verloren werden;	GOtt nimmt die Sünder an.
	Wenn er nur ist Glaubens voll.	
12	= BWV 78,7	

Diese Gegenüberstellung muss genügen, um die Ausrichtung des Liedtextes auf homiletische Kriterien hin transparent zu machen. Die Übereinstimmungen

[1172] Zit. n. Petzoldt 2005, 406.
[1173] Deyling 1734a, 23.

zwischen Deyling und Rist entspringen keinem Zufall, sondern einem über Themen und Zeiten hinweg fortbestehenden Konsens, der sich schon bei der Analyse von BWV 25 nachweisen lässt.[1174] In der folgenden Einzelanalyse befasse ich mich mit der Kantate als einem aus einem Guss bestehenden Werk, dessen homiletisch-erbauliche Struktur nun auf die Vorgaben zum 14. Sonntag nach Trinitatis konzeptionell abgestimmt ist.

8.5 BWV 78,1: (Coro)

1. (Coro)

Flauto traverso, Oboe I/II, Violino I/II, Viola, Corno col Soprano, Continuo

Struktur	Zeile	Text
Stollen 1:	1	**JEsu, der du meine Seele**
	2	**Hast durch deinen bittern Tod**
Stollen 2:	3	**Aus des Teuffels finstern Höle**
	4	**Und der schweren Sünden=Not**[1175]
Abgesang:	5	**Kräfftiglich herausgerissen**
	6	**Und mich solches lassen wissen**
	7	**Durch dein angenehmes Wort,**
	8	**Sey doch ietzt,**[1176] **o Gott, mein Hort!**

8.5.1 Inventio

Als eindrückliches Hauptmotiv des Satzes sticht die Tanzfigur heraus, die von den meisten Forschern als Passacaglia,[1177] von Kube aber als Chaconne[1178] identifiziert wird.[1179]

1174 Siehe 7.9.

1175 Dieser Ausdruck aus der Sammlung «Texte zur Music» wird in der NBA mit «Seelennot» wiedergegeben. Siehe Neumann 1974, 127.

1176 In der NBA mit «itzt» wiedergegeben. Siehe Neumann 1974, 127.

1177 Dürr 2010, Petzoldt 2005, Schulze 2006a, Hartinger 2012, Finscher 2008.

1178 Kube 1992, 143. Da sich Kube lediglich an der «Kombination gegensätzlicher Ordnungsprinzipien» (Kube 1992, 152) interessiert zeigt und den «funktionale[n] Aspekt der Musik» als «ein[en] höchst periphere[n]» (ebd.) einstuft, lässt sich seine Einschätzung in diesem Kontext nicht weiter verwerten.

1179 Küster 1999 und Bennett 2008 legen sich in dieser Frage nicht fest.

Continuo, Takt 1ff.

Dieses Motiv wird von einigen Forschern als Grundlage der musikalischen Gestaltung des Satzes eingeschätzt (Dürr,[1180] Petzoldt[1181]).[1182] Hartinger spricht differenzierter von der Verbindung von «drei konträre[n] Satztypen und Gattungstraditionen», worunter er die «Wiederholungsstruktur einer Passacaglia» als «eine der Liedsubstanz gegenüber zunächst einmal autonome Form» auffasst.[1183] Der Passacaglia stellt er die «Choralmotette für Singstimmen»[1184] sowie die «Konzertform als dritte Determinante der Komposition»[1185] gegenüber. Dürr schreibt grundsätzlich über die Passacaglia, (spanisch: pasar una calle = eine Strasse entlang gehen):

> «Das Passacagliathema ist eines der lapidaren Themen der Musikgeschichte und lange Zeit vor Bach nachweisbar. Es füllt den Raum einer Quarte chromatisch absteigend aus; der Ausgangston wird in der Regel als Tonika verstanden, der Endton als Dominante, die zur Tonika (dem Ausgangspunkt der Themenwiederholung) zurückleitet.»[1186]

Weiter schreibt Dürr:

> «Das Thema tritt insgesamt 27 mal auf, davon zweimal in der Umkehrung und mehrfach in der Oberstimme oder in andere Tonarten (Subdominante, Dominante, Dominant- und Tonikaparallele) versetzt. Aber selbst in den bisweilen eingeschobenen, scheinbar themenfreien Takten ist der Zusammenhang mit dem Thema gewahrt.»[1187]

1180 Dürr 2010, 585 charakterisiert den Eingangschor als «in die Form einer Passacaglia gekleidet».

1181 Petzoldt 2005, 410.

1182 Marie-Louise Hoyer macht auf den «Sarabandenrhythmus der Oberstimmen» aufmerksam, der in der Forschung bisher unerwähnt bleibt. In meinen Augen unterstreicht dieses Motiv die Charakterisierung des Bassthemas als Tanzfigur.

1183 Hartinger 2012, 367.

1184 Ebd.

1185 Hartinger 2012, 368.

1186 Dürr 2010, 585f.

1187 Dürr 2010, 585.

Diese dominierende Stellung behält das Motiv seiner Einschätzung nach sogar der im vollen Wortlaut gesungenen ersten Strophe des Kirchenliedes gegenüber bei.[1188] Zuspitzend formuliert Küster im Anschluss an Kube:

> «Grundlage der Satzentwicklung ist […] der absteigende chromatische Quartgang, der nach Art eines Ostinatos in den ersten Takten des Satzes zweimal hintereinander vom Continuo gespielt wird; jede der Choralzeilen lässt sich mit ihm begleiten, und damit ist der Ostinato-Charakter auch auf den Choral ausgerichtet.»[1189]

In Bezug auf die Choralmotette präzisiert Petzoldt:

> «Bach gliedert bei der Vertonung den Text der Liedstrophe so, daß er die Zeilen beider Stollen jeweils nahe zueinander rückt, während er den vier Zeilen des Abgesangs je eine eigene und charakterlich unterschiedene Musikalisierung zuteil werden läßt.»[1190]

Als dritten Satztypus nennt Hartinger die «Konzertform», die nach seiner Darstellung zwischen Motette und Passacagliamotivik zu vermitteln scheint:

> «Wie es Bach dabei gelingt, die Motive und Bestandteile zwischen den verschiedenen Orchestergruppen (Streicher, Oboen) immer wieder zu vertauschen und einschliesslich des chromatischen Ostinatos sogar umzukehren, wie er in das Korsett der bassgebundenen Instrumentalperioden einen stets abwechslungsreichen und dabei wunderbar sprachbezogenen Vokalsatz einzufügen weiss, ist von grösster Kunsthaftigkeit».[1191]

Die *inventio* dieses Satzes lässt sich erst näher beschreiben, wenn die soeben skizzierte musikalische Gestaltung des Satzes auf den Perikopentext bezogen wird, der dem Libretto als Redeanlass[1192] zugrunde liegt. Dabei scheint das

---

1188 «Statt daß die drei Unterstimmen [des Chors] die Choralweise des Soprans in schlichtem oder nur leicht aufgelockertem Satz begleiten (wie dies häufig geschieht), bereiten sie jeden Zeileneinsatz vor und kontrapunktieren die einzelnen Liedzeilen in ausdruckvoller Polyphonie. Ihre Funktion ist die der Vermittlung zwischen Passacaglia und Choral: Bei aller Polyphonie ist der Unterstimmensatz Teil des Variationengerüstes und diesem thematisch verbunden; andererseits obliegt ihm jedoch auch die Ausdeutung des gesungenen Choraltextes, so daß Bach für jede Zeile ein charakteristisches, den Text ausdeutendes Imitationsthema zu erfinden bestrebt ist.» (Dürr ebd).

1189 Küster 1999, 264.

1190 Petzoldt 2005, 410.

1191 Hartinger 2012, 368.

1192 Da Kube die Kirchenkantaten als reine «Pflichtwerke» betrachtet, erblickt er in BWV 78,1 ausschliesslich «die kompositorische Lösung eines strukturellen Problems […], nämlich die Kombination gegensätzlicher Ordnungsprinzipien.» (Kube 1992, 152). Libretto und Aufführungsanlass fallen somit aus dem Blickfeld dises Forschers.

Passacagliamotiv[1193] die Rahmenerzählung des Evangeliums plausibilisieren zu wollen:

> «Und es begab sich / da er reisete gen Jerusalem / zog er mitten durch Samariam und Galileam. Und als er in einen Marckt kam / begegneten ihm ...».[1194]

Mit den Verben «reisete», «zog» und «kam» schildert die Lutherübersetzung[1195] die «Begegn[ung]» zwischen Jesus und den Aussätzigen als eine plastisch ausgeführte ‹Gehbewegung›, in welcher Jesus als Subjekt die gesamte Aktivität der Hin- und Zuwendung übernimmt, während sich die Aktivität der «zehen Aussätzigen»[1196] darauf beschränkt, sich ihm «in einen Marckt» in den Weg zu stellen. Theologisch lässt sich dieser rhetorische Akzent als Hinweis auf Christi Passion und Gang «gen Jerusalem» und somit zum Kreuz auf Golgatha deuten, mit welchem Jesus die Rechtfertigung der Menschheit vollbringt:

> «Intelligo obedientiam Christi: Non eam tantum, qua patri obedivit, per totam passionem et mortem: sed et qua, nostra causa, sponte sese legi DEI subiecit, eamque obedientia illa sui implevit: ita ut DEUS, propter totam Christi obedientiam, quam agendo et patiendo pro nobis praestitit, peccata nobis remittat, pro bonis et iustis nos reputet, et salute aeterna donet.»[1197] – «Ich verstehe darunter den Gehorsam Christi; nicht allein im ganzen Leiden und Sterben, wodurch er dem Vater gehorcht hat, sondern auch daß er freiwillig an unserer Stelle sich dem Gesetzt unterworfen hat und es mit solchem Gehorsam erfüllt hat, daß uns Gott um des ganzen Gehorsams Christi willen, die er im Tun und im Leiden, im Leben und im Sterben für uns seinem himmlischen Vater geleistet hat, uns die Sünden vergibt und uns für gut und gerecht hält und ewige Seligkeit gibt.»[1198]

1193 In der Einschätzung des Motivs als Passacaglia schliesse ich mich der Mehrheitsmeinung an, weil diese sich in rhetorischer und auslegungsspezifischer Hinsicht verwerten lässt. Es ist aber anzunehmen, dass die Deutung des Motivs als eine der Passacaglia offenbar zum Verwechseln nahe stehenden Chaconne, die Untersuchung nicht in eine völlig andere Richtung führt. Marie-Louise Hoyer spricht in diesem Zusammenhang sogar von Synonymität.

1194 Lk 17, 11f. (Biblia 1712).

1195 Im griechischen Urtext begegnet die ‹Reisetätigkeit› Jesu in einer nominalisierten Form, während Luther diese als Gehbewegung verbal verflüssigt und somit bildlich prägnanter als der Urtext veranschaulicht.

1196 Perikopenüberschrift (Biblia 1712).

1197 Hutter 1961, 54: XII (de iustificatione), 8: «Quid per Meritum Christi intellegis?»

1198 Hutter/Schnabel 2000, 130: XII (Von der Rechtfertigung des sündigen Menschen vor Gott), 8: «Was verstehst du unter dem Verdienst Christi?»

Mit der dogmatischen Brille betrachtet, verbirgt sich hinter Jesu ‹Reisetätigkeit› dessen Unterwerfung unter Gottes Gesetz (sese legi DEI subiecit) und die Erfüllung (implevit) all dessen, was der Menschheit ewiges Heil verspricht (salute aeterna donet). Hutters Erläuterungen zur Frage: «Quid per meritum Christi intellegis?» (Was verstehst du unter dem Verdienst Christi?) sind angefüllt mit Tätigkeitswörtern: «obedivit» (gehorchen), «subiecit» (sich unterwerfen), «implevit» (erfüllen), «agendo» (tun), «patiendo» (leiden), «praestitit» (leisten), «remittat» (vergeben), «reputet» (für etwas halten) und «donet» (geben). Verbindungswörter und -Formulierungen, die das Wozu dieser Aktivität qualifizieren: «qua» (wodurch), «et qua», «nostra causa» (an unserer Stelle), «ut» (damit), «propter» (um … willen) und «pro nobis» (für uns), «nobis» und «pro», machen die Bezogenheit der göttlichen Heilsdynamik einzig auf das Wohl und Wehe der sonst verlorenen Menschheit explizit. Mit einer solchen Grundierung erscheint Bachs Vertonung des lukanischen Rahmenberichts als eine eindrücklich sinnfällige einleitende Darstellung der Gesamttopik der Kantate: Die Begegnung zwischen Jesus und den Aussätzigen findet im Rahmen der Passionsreise statt, die Jesus «gen Jerusalem … mitten durch Samariam und Galileam» führt. Im «mitten durch» ist vielleicht die stärkste Anlehnung der Vertonung (*pasar una calle*) an das Evangelium gegeben: Ist diese Figur grundsätzlich chromatisch absteigend katabatisch angelegt, so fallen in BWV 78,1 ebenfalls stark chromatisch aufsteigend anabatische Momente auf, die auf Vertauschungen und Umkehrungen (Hartinger) der katabatisch angelegten Ursprungsmotivik zurückzuführen sind. Die von Hartinger als «abwechslungsreich» beschriebene Stimmführung lässt sich als Darstellung der Bewegung verstehen, mit welcher Christi zum Tode führender Passionsgang (*katabasis*) eine konträr (Hartinger) zu dieser stehenden Aufwärtsbewegung (*anabasis*) auszulösen vermag:

> «Intelligo obedientiam Christi […] qua […] peccata nobis remittat […] nos reputet, et salute aeterna donet.»[1199] – «Ich verstehe (unter dem Verdienst Christi) den Gehorsam Christi, [… wodurch er] uns die Sünden vergibt und uns für gut und gerecht hält und ewige Seligkeit gibt.»[1200]

In Bezug auf die Textausdeutung der Musik ist an dieser Stelle festzuhalten, dass insgesamt die zweiten Stollenzeilen sowie die Abgesangszeilen aufstrebend vertont werden.

1199 Hutter 1961, 54.
1200 Hutter/Schnabel 2000, 130.

> «Bemerkenswert ist die vokale Baßführung auf das Wort ‹herausgerissen› (T. 78–80), die dortige ‹aufwärtsstrebende Imitationsthematik [...]›[1201] [...], die Continuoführung auf ‹und mich solches lassen wissen› (T. 89–94), die bereits als Kontrapunkt auf die Vorimitation der ersten und dritten Liedzeile eingeführt worden war (T. 17–20 und 49–52) und später als Motiv in den Streichern und Bläsern wieder aufgenommen wird (T. 103–135) [...]»[1202]

Die Parallelität zwischen «Seele» und «Höhle», «Tod» und «Sünden=not» bereits in der Textvorlage bilden das dogmatische Verweissystem ab, welches zwischen dem persönlichen Heil des Menschen und der Erlösungstat Christi besteht.

8.5.2 Dispositio

Analog zur Besprechung von BWV 25,1 erfüllt der erste Satz die Aufgabe eines Redeeinstiegs, eines Exordiums mit dessen Aufgaben: *attentum parare, docilem parare* und der *captatio benevolentiae.*[1203] Mit der Figur der Passacaglia lässt sich eine *insinuatio*[1204] auf die nachfolgend «narrativ» behandelte Thematik ausmachen.

8.5.3 Elocutio

Auf dieser grundsätzlich noch auf eine breite Anzahl möglicher rhetorischer Ziele hin offen gestalteten Ebene des Exordiums ist entsprechend mit einer Vielzahl an möglichen Argumentationswegen zu rechnen.

8.5.3.1 Docere

In der Figur einer Passacaglia vereinigt Bach mehrere auf den *logos* der Liedvorlage und der Kantate insgesamt bezogene Stilmittel: Die zielgerichtete Stimmenführung des Satzes steht für die Heilslogik, mit welcher Gott die Erlösung der Menschheit über Christi Erfüllung des Gesetzes vorantreibt. Die chromatisch abwärtsführende Gestalt des Passacagliamotivs weist auf den schmerzhaften Prozess («bittern Tod») der Erlösungstat hin. Im schreitend (*pasar*) gestalte-

---

1201 Petzoldt zitiert an dieser Stelle Dürr 2010, 586.

1202 Petzoldt 2005, 410.

1203 Greza 2012 unter «Redeanfang». Zur *dispositio* in BWV 25,1 vgl. 7.3.2.

1204 Greza 2012 unter «Indirekte Einleitung».

ten Gemeindelied werden die Hörenden «des Teufels finstern Höhle» und der eigenen «schwere[n] Sünden=not» ansichtig. Die aufstrebenden Passagen unterstreichen das für die Menschen notwendende Herausreissen «aus des Teufels finstern Höhle». In der unterschiedlichen musikalischen Behandlung der Abgesangszeilen (Dürr) wird deren Bezug zum Sonntagsevangelium einzeln herausgehoben. So streicht zum Beispiel Zeile 5 Jesu Heilen heraus.[1205] Zeile 6 fasst das Evangelium als *«doctrina divinitus revelata»*[1206] (eine von Gott geoffenbarte Lehre)[1207] zusammen.[1208] Zeile 7 passt den Charakter dem «tragenden Textwort» an.[1209]

Mit der Aufführung der Passacaglia stellt Bach die hörende Gemeinde gedanklich an die Stelle der «zehen aussätzige[n] Männer», die Jesus «begegneten». Rists Text bietet einer solchen Inszenierung die ideale Vorlage, in dem er die Beschreibung eines lehrhaften Sachverhalts in ein Gebet kleidet und von der ersten Person Singular aus formuliert. Die Gleichung: «Aussätzige Männer» und «Gemeinde» wird so auf eine kaum zu überbietenden Weise suggeriert.

8.5.3.2 Movere

Die der Passacaglia-Figur angemessene *gravitas* leitet in eine Argumentationsebene über, die die Gemeinde in die Pflicht nimmt, Christi *pasar una calle* auf ihren persönlichen Heilsweg zu beziehen. Die *gravitas* wird unter anderem über die *repetitio* erreicht. Der Eindruck der Schwere stellt sich bei 27maliger Wie-

---

1205 Siehe Lk 17, 14: «Und es geschach / da sie hingiengen, wurden sie rein.» (Biblia 1712) und Deylings *Glaubens-Lehre*: «… er ists, der helffen kann.» (Deyling 1734a, 28).

1206 Hutter 1961, 48: XI (de evangelio), 1: «Quid es Evangelium?»

1207 Hutter/Schnabel 2000, 120: 11 (Vom Evangelium), 1: «Was ist das Evangelium?».

1208 Auffällig ist die wieder einsetzende Continuoführung (Vgl. Takt 89–94), die den Sprechgesang: «und mich solches lassen wissen …» anführt. Steiger weist darauf hin, dass der Ostinato an dieser Stelle nirgends erklingt und somit «die einzelnen Ich, die singen, aus dem Bereich von Tod und Seelennot herausgenommen» scheinen. (Steiger 2002, 33). «Der Rezitationston des Sprechmotivs steigt in Quinten auf, was eine Steigerung auf den Choraleinsatz hin aufbaut. In der 6. Liedzeile (T. 95–99) findet sich der höchste Ton des Cantus, *es* auf ‹*la*ssen wissen› (T. 97); dieser Ton wird von Bach entsprechend zur vorhergehenden Zeile wiederum durch Dehnung hervorgehoben; die Harmonisierung auf Schlag I mit dem Dur-Sextakkord gibt dem Wort einen hellen, tröstlichen Klang. Wir befinden uns in B-Dur, der Dur-Parallel der Grundtonart.» (Petzoldt 2005, 410).

1209 Zur Zeile 8 siehe 8.5.4.

derkehr dieses chromatisch absteigenden Grundmotivs beinahe unwillkürlich ein. In Bezug auf das *malum*, Christi Leidensweg und Tod, stellt sich bei den Hörenden der Affekt der *tristitia* (Trauer) ein: Der nahende Tod wird in der unablässigen Wiederholung seiner Ankündigung als bereits eingetroffen erlebt. Gleichzeitig lässt sich auf das *bonum* (die Erlösung aus der *Sünden-Not*) bezogen auch der Affekt *amor* (Liebe) denken: Christi Leidensweg ist Ausdruck seiner bedingungslosen Liebe zur Menschheit. *Tristitia* und *amor* mögen ausreichen, um die heilsame Wechselbeziehung zu veranschaulichen, die Gottheit (*amor*) und Menschheit (*tristitia*) auch affektiv miteinander verbindet. Es lässt sich eine Evolution innerhalb der Affektlage vorstellen: Die Verwandlung der menschlichen *tristitia* in *amor* als Entsprechung zur Liebe Christi. Der Königsweg zu dieser Hypothese führt auch hier über Deylings *Lebens-Pflicht* als Anhaltspunkt für die Zielrichtung dieser *pathos*-gestützten Überzeugungsarbeit: «Die Wohlthat [= Christi Kreuzgang] ist sehr groß! Willst du nicht [diesem gegenüber] danckbar seyn?»[1210]

8.5.3.3 Delectare – Bachs rhetorischer Formbegriff

Auf dieser Argumentationsebene gerät der ästhetische Genuss ins Blickfeld, der von der tänzerisch anmutenden Bewegung selbst ausgeht. Die Gottesdienstteilnehmenden geraten unwillkürlich in den beherrschenden Rhythmus einer Sarabande.[1211]

Smend beurteilt diesen Satz als «schlechthin überwältigend»[1212]:

> «Der Eingangschor [...] gehört zu den gewaltigsten Chorsätzen, die Bach geschaffen hat, ja, die überhaupt geschrieben wurden.»[1213]

1210 Siehe 6.4.

1211 Anmerkung von Marie-Louise Hoyer.

1212 Smend 1966, 35.

1213 Smend 1966, 34. Weiter schreibt Smend: «In kühner Weise verbindet er das figuriert behandelte Kirchenlied mit der Form der Passacaglia; wir hören dasselbe ostinate Thema, das Bach schon 1712 aufgriff, als er in der Kantate «Nach dir, Herr, verlanget mich» (Nr. 150) eine Fuge darauf aufbaute. In der Kantate «Weinen, Klagen, Sorgen, Zagen» (Nr. 12 [...]) legte er es im Hauptteil des Eingangschores einer Passacaglia zugrunde, die er später zum «Crucifixus» im Symbolum Nicenum der h-Moll-Messe ausgestaltete. Aber unbestreitbar überbietet Bach die doch gewißlich tief eindrucksvollen Formen jener Sätze in unserem Werk ganz bedeutend. Im monumentalen ersten Abschnitt des Choralsatzes erklingt die chromatische Tonfolge 22mal in geschlossener

Ich zitiere Smends überschwängliche Beurteilung dieses Satzes, um deutlich zu machen, wie ihm im Grunde die Begriffe fehlen, die Sachlage angemessen zu beschreiben.

Auch Dürr drückt sich wenig nüchtern aus und teilt vielleicht Smends Unsicherheit in der Beurteilung der beschriebenen Phänomene:

> «Bewundernswert ist es, wie Bach die Formen der Passacaglia und des Chorals zu vereinen weiß […]»[1214]

Ein ähnlicher Überschwang ist auch bei Hartinger festzustellen, wenn dieser von «grösster Kunsthaftigkeit»[1215] spricht.[1216] Allen Versuchen, die musikalischen Phänomene im Detail zu beschreiben, und der von ihnen ausgehenden Faszination ist wohl am ehesten mit dem Formbegriff selbst beizukommen, der Bachs Musik zugrunde liegt. Die soeben zitierten Beobachtungen Smends, Dürrs und Hartingers lassen sich mit Siegeles Definition des Bachschen Formbegriffs in einen Zusammenhang stellen, der Ästhetik, Gott und Universum perspektivisch miteinander in Beziehung setzt:

> «Gott gebietet den Zahlen, […] Er hat die ganze Schöpfung, alles geordnet mit Maß, Zahl und Gewicht (Weisheit 11,21). Jedes steht mit jedem in bestimmten Proportionen, die alle

Reihe. Jedoch wandelt Bach ihre Gestalt mehrfach ab, sowohl durch Versetzung in verschiedene Tonarten, wie auch durch Umkehrung der Bewegungsrichtung und Verlagerung in verschiedene Stimmen.»

1214 Dürr 2010, 586.

1215 Hartinger 2012, 368 (siehe 8.5.1).

1216 Eine in Begriffe schwer fassbare Begeisterung Bachs Musik gegenüber ist in der Literatur immer wieder anzutreffen wie zum Beispiel in Bättig 2016: «Ein Organistenfreund hat über die Musik Bachs einmal treffend gesagt: ‹Wenn du an der Orgel sitzt, das wundervolle Es-Dur-Präludium oder die Kunst der Fuge gespielt hast, dabei die letzten Töne durch die Kirche hallen, wird der Raum ganz still. Inmitten dieser Stille könnte die Welt untergehen. Dieser Augenblick ist so unglaublich schön, so umfassend und vollkommen, dass ich immer wieder das Gefühlt habe, es wäre okay, wenn der Tod jetzt kommt. Doch dann geht der Alltag einfach weiter.› Ich kann sehr gut verstehen, was der damit gemeint hat. Es gibt Musik, und wenn die verklungen ist, ist eigentlich alles gesagt.» Diese Aussage eines jungen Berner Organisten sprechen aus, was viele Menschen beim Erklingen Bachscher Musik noch heute empfinden und in Worte zu fassen vermögen. Im Rahmen dieser Untersuchung versuche ich über Bachs Formbegriff (Siegele 1978) die Richtung anzugeben, in die in der Übernahme der klassischen *artes liberales* durch den Komponisten gesucht werden kann, um solcherlei Schilderungen gleichwohl im Sinne einer rational nachvollziehbaren Kommunikationsanstrengung (vgl. 5.2.3) einzuordnen und zu systematisieren.

> Teilung, als der Schöpfung vorgängig, daher gänzlich immateriell zu denken sind. Diese Proportionen begründen Ordnung, Bestand und Schönheit einer Welt, die dann zu Recht den Namen Kosmos trägt. Folgt ein Menschenwerk diesen Proportionen, gibt es Gott die Ehre, hat, wenn auch stets unvollkommen, teil am Grund der Schöpfung.»[1217]

Auf die Gestaltung von BWV 78,1 angewendet, fasziniert Bachs Fähigkeit, komplexe Zusammenhänge in einer in sich schlüssigen kompositorischen Einheit wiederzugeben. So kombiniert er an dieser Stelle Choral und Tanzmotivik so, dass die Textintention im Rahmen dieser musikalischen Synthese von Zeile zu Zeile, von Aussage zu Aussage aufs präziseste wiedergegeben wird. An dieser Stelle gilt es, den zweiten ‹Flügel› des Bachschen Formbegriffs ins Spiel zu bringen, den Siegele wie folgt beschreibt:

> «Gottes Wort gebietet ebenso der Lehre der Kirche. Gottes Wort ist in Jesus Christus Mensch geworden. Sein Leiden und Sterben hat uns von der Sünde erlöst und vor Gott gerecht gemacht. Das verkündigt die Kirche. Das ist das Zentrum ihrer Lehre. Folgt ein Werk dieser Lehre, stellt es sich in den Dienst der Kirche Jesu Christi. Der Komponist gleicht einem Redner, der das, was er sagt, in den Schmuck der Rede, den Schmuck der Wortfügungen und der einzelnen Wörter kleidet. In diesem Sinn hat Bach einen rhetorischen Formbegriff. Er sieht die Schaffung eines Musikstücks in Analogie zur Schaffung einer Rede, in Analogie zur Schaffung der entscheidenden und allein gültigen Rede, die es gibt, zur Predigt von unserer Erlösung in Jesus Christus.»[1218]

Bach gelingt es, vermittels einer tänzerischen Bewegung, die Erlösungslehre in ihrer ganzen Bedeutungstiefe (*docere*) und Bedeutungsschwere (*movere*) als gleichwohl leicht nachvollziehbares *pasar una calle* unterhaltsam plausibel vor Augen zu führen und die Hörerschaft als daran teilhabende Gemeinde in die gesamte Bewegung mit einzubeziehen (*delectare*). Das Argument ist auf dieser Ebene der Gemeinplatz (*äthos*) einer Tanzfigur. Die tänzerische Leichtigkeit des Stücks eröffnet mehr als alles lehrhaft Vorgetragene den Ausblick auf den *Glaubens-Trost*:

> «Der Sünden Aussatz schleußt die Thür des Himmels zu,
> Doch JEsus öffnet sie, und bringt dich ein zur Ruh.»[1219]

Marie-Louise Hoyer weist darauf hin, dass die «in g-moll gehaltene Passacaglia mit einem G-Dur-Akkord» und somit «versöhnlich schliesst».

1217 Siegele 1978, 8f.
1218 Siegele 1978, 9.
1219 Siehe 6.4.

8.5.4 Inszenierte Andacht

Wird BWV 78,1 auf seine Eignung hin befragt, den inneren Gottesdienst seiner Hörerschaft zu gestalten, fällt die Dichte auf, mit welcher Bach analog zu BWV 25,1 unterschiedliche Sachverhalte in Szene zu setzen vermag.[1220] Bach bedient sich dazu der Wegmetaphorik, mit welcher er Jesu Gang nach Jerusalem mit der Heilung der «zehen» Männer in einen heilsgeschichtlichen Zusammenhang stellt. *Docere, movere* und *delectare* beteiligen sich an einer einzigen Bewegung, Evangelium und gläubige Gemeinde über das stereotypisierte Ich erbauungsperspektivisch miteinander in Beziehung zu setzen. Erst auf dieser inszenierungsrelevanten Ebene erschliesst sich die von Hartinger als «dritte Determinante» gekennzeichnete «Konzertform» des Satzes in ihrer vollen hermeneutischen Qualität: Während im Barock die Monodie die Voraussetzung für eine gezielte Anregung der menschlichen Leidenschaften durch Musik schafft, führt das «herrschende Stilprinzip» dieses Musikzeitalters, das «Concerto»[1221] die Logik an, nach der mehrere Schichten affektiver Teilnahme miteinander in Beziehung gebracht werden. Dazu Praetorius 1619:

> «Wenn man vnter einer gantzen gesellschafft der Musicorum etzliche, vnd beuorab die besten vnd fürnembsten Gesellen heraus sucht, daß sie voce humana, vnd mit allerley Instrumenten, als Zincken, Posaunen, Block- und Querflöiten, Krumbhörnern, Fagotten oder Dolcianen, Racketten, Violen de Gamba, groß vnd kleine Geygen, Lautten, Clavicymbeln, Regal, Positiffen, oder Orgeln, etc. vnd wie die Namen haben oder erfunden werden mögen [...] einer nach dem andren Chorweise umbwechseln, vnd gleich gegen einander streitten, also, daß es immer einer dem anden zuuor thun, vnd sich besser hören lassen will [...] Daher auch das Wort ‹Concerti› sich ansehen lest, als wann es vom Lateinischen verbo ‹Concertare›, welches mit einander scharmützeln heist, seinen Vrsprung habe ...»[1222]

Die Vorstellung, die sich hinter diesem Konzertbegriff verbirgt, ist die mehrerer musikalischen Ebenen, die je für sich eine gewisse Unabhängigkeit beanspruchen, je einen besonderen Aspekt der musikalischen Struktur einer Komposition verwirklichen und gleichzeitig zueinander in einem harmonischen Verhältnis stehen. Mit diesem Stilprinzip lässt sich Bachs Andachtsintention zusammenfassen: Gemeinde und Evangelium werden über das Konzert als

---

1220 Siehe zu BWV 25,1 vor allem 7.3.4.

1221 Dammann 1984, 192.

1222 Praetorius 1916, 18f. zit. n. Dammann 1984, 203.

«dritte Determinante» (Hartinger) des Satzes miteinander in Beziehung gesetzt. Die Ebene der Evangeliumsinszenierung nach Meyer-Blank[1223] ist erreicht. Auf der Ebene erbaulicher Bezüge versetzt Bach musikinszenatorisch die Gottesdienstgemeinde aus der Rolle einer rein rezeptiv verstandenen Empfängerin der Verkündigung (Salomon Deyling)[1224] zum eigentlichen «Orientierungspunkt» (Henning Luther)[1225] der Klangrede selbst. Auf der Ebene liturgischer Bezüge vermag BWV 78,1 Meyer-Blanks Ansatz *avant la lettre* umzusetzen, nach welcher sich «Gottes Handeln» als «menschliche Kunst» vollzieht:

«Gottes Handeln wird nicht durch das liturgische Geschehen begründet, wohl aber kommuniziert [...] Gottes Handeln zeigt sich *als* menschliches Handeln und an diesem.»[1226]

An dieser Stelle gilt es nun, Petzoldts Beitrag im Anschluss an Renate Steiger in Bezug auf die Vertonung des in der 8. und letzten Zeile auftauchende «mein» zu würdigen. Petzoldt hebt die «Motivik der Vorimitation der letzten Liedzeile» hervor, «die gegen den Takt das Wort ‹mein› heraushebt.»[1227] Es ist die inhaltliche Bezogenheit aller poetisch-musikalischen Mittel zusammengerechnet, die aus einer Kantate ein «geistliches Concert» oder «Kirchenstück» werden lässt. In den Kantaten der Leipziger Jahre geschieht dies sehr explizit in der Gestalt der Zuspitzung der Inszenierung auf das seine Andacht suchende Individuum.

8.6 BWV 78,2: Aria (Duetto) S A

2. Aria (duetto) soprano, alto

Violoncello, Organo, Violone

A Wir eilen mit schwachen, doch emsigen Schritten,
O JEsu, o Meister zu helffen,[1228] zu dir.

1223 Meyer-Blanck (1997) siehe Plüss 2007, 225.

1224 Siehe 5.3.

1225 Siehe Plüss, 2007, 55.

1226 Siehe Plüss, 2007, 67.

1227 Petzoldt 2005, 410. Siehe ebenfalls Steiger 2002, 36.

1228 Petzoldt 2005, 411 kritisiert die übliche Kommasetzung nach «Meister» und versteht die Formulierung als «Quasi-Titel», der sich aus Jes 63,1 herleitet: «Ich bins / der Gerechtigkeit lehret / und ein Meister bin zu helffen» (Biblia 1712). Petzoldts These wird durch «Texte zur Music» bestätigt (Schabalina 2009, 38).

B Du suchest die Krancken und Irrenden treulich;
Ach![1229] höre, wie wir
Die Stimmen erheben, um Hülffe zu bitten!
Es sey uns dein gnädiges Antlitz erfreulich!

8.6.1 Inventio

Mit der Anspielung auf die ‹Aufsuchbewegung› Jesu[1230] sucht das Libretto den inhaltlichen Anschluss der Kantate an das Sonntagsevangelium herauszustreichen: Jesus sucht «treulich» (= obedientia Christi – Christi Gehorsam)[1231] die «Kranken» (= homo peccator – sündiger Mensch)[1232] auf. Dieser lyrisch von aller dogmatischen Schwere befreite Inhalt wird vom Libretto szenisch in der Gestalt der durch ein Wir repräsentierten «von ferne» stehenden «zehen aussätzige[n] Männer» (Lk 17,12) dargestellt. Mit dieser Kontraktion der im Evangeliumstext in ihrem Folgeverhalten einander widersprechenden und doch im gemeinsamen Bittruf übereinstimmenden «Krancken» bezweckt das Libretto eine szenische Ausweitung und Aktualisierung der biblischen Vorlage auf die Gottesdienstgemeinde hin. Die Brücke vom «ich» des Kantatenkopfes zum «wir» der biblischen Vorlage[1233] ist somit im tänzerisch ausgeführten und auf den Tanz Jesu in Satz 1 antwortenden Wir mit minimalen szenischen Mitteln geschlagen: es geht um die in der ersten Person (Singular oder Plural) sprechende Gemeinde selbst, die sich in den Jesus gegenübertretenden Gestalten der Perikope wiederfindet. Auf Jesu in absinkender Chromatik vollführte Bewegung auf die sündige Menschheit zu (Satz 1) antwortet diese in einem Gebet mit einer «diatonisch aufsteigenden Figur»,[1234] die ebenfalls tänzerisch in

1229 Das Ausrufezeichen (Schabalina 2009, 38, Abb. 3) findet sich in den übrigen Übertragungen nicht.

1230 Vgl. die zur ‹Reisetätigkeit› Jesu gemachten Überlegungen in 8.5.1

1231 Hutter 1961, 54: XII (de iustificatione/Von der Rechtfertigung), 8: «Quid per Meritum Christi intellegis?» – «Was verstehst du unter dem Verdienst Christi» (Hutter/Schnabel 2000, 130). Siehe 8.5.1.

1232 Hutter 1961, 52: XII., 2: «Quomodo definis Iustificationem Hominis coram Deo?» – «Wie bestimmst du die Rechtfertigung des Menschen vor Gott?» (Hutter/Schnabel 2000, 127).

1233 «[…] und sprachen: JEsu / lieber Meister / erbarm dich unser.» Lk 17, 13 (Biblia 1712).

1234 Dazu Dürr 2010, 586: «Die Continuoinstrumente malen teils in flinker Bewegung (Violoncelli), teils durch Markierung der Stütztöne (Kontrabaß) die ‹schwachen, doch schlüssiger Handlungsabfolge ausgeführt wird. Das Libretto beschreibt in der Gestalt eines Gebets («Ach höre ...») die dem «Meister zu helffen» gegenüber einzig adäquate Haltung der Gottesdienstgemeinde, die sich mit «danckbarer» (Deyling)[1235] Zuversicht (als Antwort auf Jesu «treulich[es]» Verhalten) und gleichwohl in steter Bedürftigkeit («schwach ...») ihrem Gott zu nähern («wir eilen ... zu dir») getraut («emsig ...»). Ab- und Aufwärtsbewegung entsprechen einander und schaffen den akustischen Raum für die Begegnung zwischen Gott und seiner Gemeinde.

8.6.2 Dispositio

Wie in BWV 25,2 ist in diesem Satz der Sachverhalt einer *propositio* (Themensetzung) gegeben, die szenisch geschickt einen der im Exordium angelegten narrativen Stränge aufgreift und diesen in die *narratio*[1236] der Kantate überführt.[1237]

> «Mihi autem propositio videtur omnis confirmationis initium. [– Mir scheint andererseits die Setzung des Themas den Einstieg zu jeder Begründung zu bilden.]»[1238]

Die *narratio* wird eingeleitet und gleichzeitig in ihrem Kern zusammenfasst: Jesus wird als «Meister zu helffen» und «treulich» die Kranken (= «wir») Aufsuchenden identifiziert. Auch wird über die Erwähnung dessen «gnädigen Antlitz[es]» die heilstheologisch adäquate Kontaktaufnahme (liturgisch in der Gestalt des Kyrie) bereits vorskizziert. Die folgenden Sätze führen nur noch aus, was hier bereits zusammengefasst vorgetragen wird.

8.6.3 Elocutio

Bachs reichhaltige Argumentation hilft, die Themen der *inventio* zu plausibilisieren. Steiger[1239] führt insgesamt 13 Figuren auf, worunter die «Bewegung des

---

emsigen Schritte›, mit denen die Gläubigen zu ihrem Meister eilen, recht sinnfällig aus.» Auch der kanonische Beginn der beiden Singstimmen als Symbol der Nachfolge Christi hat seine Begründung im Text, desgleichen die vielfachen Wiederholungen gerade der Worte «o Jesu», «zu dir» und die Koloraturen auf «erfreulich».

1235 Siehe Deylings *Lebens-Pflicht* zum 14. Sonntag nach Trinitatis in 6.4.

1236 Zum Begriff siehe 7.4.2.

1237 Vgl. dazu die *dispositio* zu BWV 25,2.

1238 Quintilianus 1971 Bd. 1, 226: Institutio Oratoria 4,4,1.

Eilens» im Continuo, der «imitatorische Themenansatz der Singstimmen […] im Sinne der *fuga*», die Aufwärtsbewegung des Themas, verschiedene harte Intervalle, die auf «die Kranken und Irrenden» anspielen, zu finden sind. Ihre Schlussfolgerung greift aber in Hinsicht auf die erwünschte Wirkung der angewandten Mittel insofern zu kurz, als sie sich auf eine der drei möglichen Argumentationsebenen beschränkt:

> «[D]er ganze Satz stellt in der Aufwärtsrichtung der Singstimmen denselben Vorgang dar: Das Erheben der Stimmen im Gebet. Der Inhalt des Gebets ist mit derselben musikalischen Formel bezeichnet.»[1240]

Auch Petzoldts Deutung der «kanonisch-imitatorisch» ansetzenden Singstimmen als Ausdruck eines dankgeschuldeten «euphorischen Verhaltens»[1241] zielt in dieselbe Richtung. In der Detailanalyse gilt es, diese und andere Deutungsansätze den einzelnen Argumentationsstufen zuzuordnen.

8.6.3.1 Docere

Es ist in der Tat nicht einfach, auf den ersten Blick ausfindig zu machen, worauf Bachs *logos*-Argumentation Bezug nimmt. Erst wenn Deylings *Glaubens-Lehre* zur Sonntagsperikope als homiletisch gesteuerte Argumentation zum Vergleich herangezogen wird: «Laßt uns zu JEsu fliehen, er ists, der helffen kann,»[1242] lässt sich bereits auf der Ebene des Librettos der Zielpunkt der Argumentation fixieren: die Zufluchtnahme der gläubigen Seele beim Sohn Gottes in Analogie zum Bittruf der Aussätzigen aus dem Evangeliumstext. Deylings Argumentation scheint mit grosser Präzision dasselbe Überzeugungsziel zu verfolgen wie Bach und sein Librettist. Den Perikopentext bringt dieser nun über die Andeutung einer Körperbewegung in einen dogmatisch plausiblen Zusammenhang: «Wir eilen … o Meister zu helffen, zu dir.»

Steiger beschreibt nun Bachs Vertonung des Textes als «*fuga alio nempe sensu*»:[1243]

1239 Steiger 2002, 38.

1240 Ebd.

1241 Petzoldt 2005, 410.

1242 Deyling 1734a, 28.

1243 Hierzu Weller 2010 mit Rückgriff auf Janowka 1701:«Fuga in anderem Sinne». «Eine Figur, die durch schnelle, flüchtige Bewegung einer oder mehrerer Stimmen gebildet

Soprano, Takt 8ff.

Dürr spricht im Zusammenhang mit der «diatonisch aufsteigende[n] Figur» bereits von einem «Symbol des Hineilens»[1244] und untermauert die mögliche Deutung der *fuga* als Fluchtbewegung. Auf dieser Argumentationslinie wird aber in meinen Augen nicht in erster Linie die Darstellung des Gebets (Steiger) an sich angestrebt, auch nicht einer dabei empfundenen Euphorie (Petzoldt), sondern, dem Teil A der Arie folgend, die heilstheologisch motivierte (Flucht-)Begegnung der gläubigen Seele selbst zu Jesus als dem «Meister», der einzig von der Sündhaftigkeit fort «zu helffen» weiss. Bach führt in absoluter Kongruenz mit ‹seinem› Librettisten diese Argumentationslinie musikalisch aus. Dieser Sachverhalt wird nun konsequent auf der Ebene des *movere* wie des *delectare* ausgestaltet.

8.6.3.2 Movere

Das für Steiger so zentrale Motiv des Gebets wird mit der «Symbolik des Hineilens» (Dürr) vertont und somit inhaltlich mit der Flucht zu Jesus verbunden. Die Handlung des Betens selbst mitsamt Gebetsinhalt stellt die adäquate Antwort auf Jesu Gnadenhandeln dar und ist somit Gegenstand der *Lebens-Pflicht*:

> «Es macht dich JEsu Blut von allen Sünden rein,
> Die Wohlthat ist sehr groß! Willst du nicht danckbar seyn?»[1245]

Die «Aufwärtsrichtung der Singstimmen» stellt, mit Steiger gesprochen, durchaus «Das Erheben der Stimmen im Gebet» dar,[1246] doch erst auf der Ebene der *pathos*-Argumentation, die ergänzend zur *logos*-Argumentation hinzutritt: Zu Christus eilen heisst im Alltag der Kirche, sich ihm im Gebet zuwenden!

---

wird. Verwendet bei Wörtern, die ein Fliehen ausdrücken. Diese Fuga steht in keinem Zusammenhang mit der klassischen musikalischen Fugenform».

1244 Dürr 2010, 586.

1245 Deyling 1734a, 28.

1246 Steiger 2002, 38 (siehe unter BWV 78,2: *elocutio*).

«Quid est precatio sive invocatio DEI? Est bonorum necessariorum, non externa tantum voce, sed interno cordis affectu propter CHRISTUM mediatorum, vera fide apprehensum, a DEO facta petitio: coniuncta cum debita Gratiarum actione, pro acceptis beneficiis.»[1247] – «Was ist das Gebet oder die Anrufung Gottes? Es ist nicht nur eine äußerliche, mündliche, sondern auch eine innerliche Bitte zu Gott durch Christus den Mittler, im wahren Glauben ergriffen, um die notwendigen Güter des Lebens, verbunden mit der schuldigen Danksagung für die empfangenen Wohltaten.»[1248]

In dieser Kurzformel fasst Hutter die Gedanken zusammen, die auch Bach, sein Librettist und Deyling zur Thematisierung der *Lebens-Pflicht* argumentativ umsetzen:

- Christus, der jedem Bittgang vorausgehend wirksame Mediator, der «Meister zu helffen» (oder in der Deylingschen Kontraktion «JEsu Blut») ist klar definierter Adressat der Anrufung: Christinnen und Christen wissen, woran sie sind, wenn sie sich an Gott wenden: Die *fuga* (Flucht) kennt ihr Ziel.
- Das Gebet wird «im wahren Glauben ergriffen»,[1249] und stellt somit die dem Menschen einzig als Antwort zugestandene Möglichkeit dar, sich an Christi Heilstat aktiv, bzw. reaktiv, zu beteiligen. Die «schwachen, doch emsigen Schritte …» sind durch die Erkenntnis gestützt, dass Christus «die Krancken und Irrenden treulich» aufsucht. Erst dann ertönt das «Ach höre …» der Gemeinde. Bei Deyling erfolgt die Aufforderung «Willst du nicht …?» erst nach der vorausgehenden göttlichen Zusage an seine Gemeinde. Das Gebet wird mit derselben Figur der *fuga* vertont wie die Fluchtbewegung selbst: Das Gebet *ist* der Weg zu Christus![1250]
- Beten ist immer auch – bei aller Bitte um die «notwendigen Güter des Lebens»[1251] – «schuldige Danksagung». Deyling kleidet geschickt diesen *locus classicus* lutherscher Gottesdienstlehre[1252] suggestiv in die Formel: «Willst du nicht danckbar seyn?»

1247 Hutter 1961, 116: XXV (de invocatione), 2.
1248 Hutter/Schnabel 2000, 233.
1249 Deutsche Übersetzung von «vera fide apprehensum», in: Hutter/Schnabel 2000, 233.
1250 Vgl. 9.4.1.
1251 Deutsche Übersetzung der *bona necessaria, in:* Hutter/Schnabel 2000, 233.
1252 Zur lutherischen Opfertheologie siehe ausführlich 9.4.1.

An dieser Stelle der Untersuchung ist die Eindeutigkeit herauszustreichen, mit der Bach sein Libretto vertont: Die dem Bittgang anhaftende Zögerlichkeit: «Es sei uns dein gnädiges Antlitz erfreulich!» wird musikalisch durch einen «so positiven Affekt»[1253] wettgemacht, dass die Zielrichtung: «*gratiarum actio*»[1254] gewahrt bleibt. Wie in BWV 25,4 stellen Bach und sein Librettist dar, was Deyling fordert.

8.6.3.3 Delectare

Die freudige Antwort (*Pflicht*) im Gebet auf Jesu heilwirkende Ankunft nährt sich nun aber noch aus der Zuversicht, den Fluchtpunkt ihres Bestrebens (*Lehre*) auch tatsächlich zu erreichen! An dieser Stelle ist auf Dürr hinzuweisen, der den «kanonischen Beginn» als «Symbol der Nachfolge Christi»[1255] charakterisiert, worin ihm freilich Petzoldt nicht uneingeschränkt[1256] und Steiger überhaupt nicht zu folgen vermögen.[1257] Den Streit der Gelehrten führe ich an, um die Unsicherheit herauszustreichen, mit welcher in dieser komplexen Materie nach ‹Inhalten› gesucht wird. Werden Lehre und Homiletik der nachreformatorischen Zeit als Deutungshintergrund beigezogen, ergibt sich folgendes Bild des hier gewählten Überzeugungsweges: Eine sich von der Sünde abwendende und auf Jesus hin gerichtete Gottesbegegnung: «Laßt uns zu JEsu fliehen ...» (Deyling) ist unter der Bedingung des *status gratiae* einzig in der Gestalt des Tragens des eigenen Kreuzes zu suchen. Das Eilen auf Jesus hin stellt aber kein selbstständiges Handeln des Menschen dar, sondern wird als ein sich Fügen in das von Gott auferlegte Geschick verstanden. Hutter behandelt das, was Dürr unter Nachfolge versteht, unter der Rubrik: «De cruce et consolationibus»[1258] (Vom Kreuz und von den Tröstungen)[1259] und knüpft dabei an eine Urfrage der Menschheit an:

1253 Steiger 2002, 41.

1254 Hutter 1961, 116: XXV, 2.

1255 Dürr 2010, 586.

1256 Petzoldt 2005, 410.

1257 Steiger legt sich in der Deutung der Bachschen Musikalisierung fest: «*Was hier musikalisch Gestalt gewonnen hat, ist vielmehr die Gewißheit der Erhörung.*» (Steiger 2002, 41).

1258 Hutter 1961, 113ff: XXIV.

1259 Hutter/Schnabel 2000, 229ff.

«Propter quas causas DEUS permittit, ut pii subinde variis afflictionibus exerceantur?»[1260] – «Warum läßt Gott zu, daß die Frommen von den verschiedenen Drangsalen geplagt werden?»[1261]

In seiner ersten Antwort führt Hutter ein ‹pädagogisches› Motiv an:

«per crucem [pios] Deus subinde excitat ad poenitentiam, fidem, preces, novitatem vitae, et id genus alia pietatis exercitia.»[1262] – «Gott [treibt die Frommen] durch das Kreuz zur Buße, Glauben, Gebet, neuem Leben und zu anderen derartigen Frömmigkeitsübungen.»[1263]

Die Nähe zur *Lebens-Pflicht* mit ihrem Bezug zur Glaubenspraxis ist unverkennbar. Diese Deutung wird durch Hutters vierte Antwort weiter vertieft:

«4. Quia [DEUS] vult pios edere testimonium fidei et confessionis suae, quod non hypocritice, sed vere sic credant et sentiant, nec sui commodi causa circumferant doctrinam fictam.»[1264] –
«IV. Weil Gott auch will, daß die Frommen dadurch ein Zeugnis ihres Glaubens und ihres Bekenntnisses geben, und nicht heuchlerisch, sondern wahrhaftig glauben und fühlen, und nicht um ihres Vorteils willen einem erdichteten Glauben anhangen.»[1265]

Lebens-Pflicht zielt auf ein ehrlich empfundenes, unverstelltes und nicht auf den eigenen Vorteil ausgerichtetes Glaubenszeugnis des einzelnen Christen, der einzelnen Christin.

In eine noch andere Richtung weisen die zweite und dritte Antwort Hutters:

«2. Quia DEUS vult, ut pii hac etiam in vita, conformes fiant imagini Filii DEI. [...]
3. Quia hoc pacto DEUS praesentiam, dilectionem, omnipotentiam suam, erga pios evidentius testatur.»[1266] – «II. Weil Gott will, daß die Frommen auch in diesem Leben durch Leiden und Trübsal dem Ebenbild des Sohnes Gottes gleichförmig werden [...].

1260 Hutter 1961, 113: XXIV, 1: «Propter quas causas DEUS permittit, ut pii subinde variis afflictionibus exerceantur?»

1261 Hutter/Schnabel 2000, 229

1262 Hutter 1961, 113.

1263 Hutter/Schnabel 2000, 229.

1264 Hutter 1961, 114.

1265 Hutter/Schnabel 2000, 229.

1266 Hutter 1961, 113.

III. Weil auf diese Art und Weise Gott den Frommen deutlicher seine Gegenwart, Liebe und Allmacht bezeugt.»[1267]

Während in der dritten Antwort den Frommen vermittels der Analogie zwischen dem Leiden und Sterben Christi und ihrem eigenen Leiden und Sterben Gottes Nähe (praesentia, dilectio, omnipotentia) in Aussicht gestellt wird, zielt die zweite Antwort unmittelbar auf die Wiederherstellung der durch die Ursünde gestörten Gottesebenbildlichkeit und eröffnet somit die Perspektive, die auch Deyling in seinem *Glaubens-Trost* mit dem Zweizeiler zusammenfasst:

«Der Sünden Aussatz schleußt die Thür des Himmels zu,
Doch JEsus öffnet sie, und bringt dich ein zur Ruh.»[1268]

Die angesprochene «Ruh» fasst zusammen, was durch die wiedererlangte Gottesebenbildlichkeit an unmittelbarer Begegnung zwischen Gott und Geschöpf dermaleinst Wirklichkeit sein wird. Dies ist letztlich der Fluchtpunkt, auf den die gesamte Argumentation Bachs und seines Librettisten lehrkonform zuläuft. Somit findet auch in Bachs Vertonung die in der *logos*-Argumentation angetriebene *fuga* (Flucht) im von beiden Singstimmen simultan gesungenen Jubel über Gottes «gnädiges Antlitz» (Takt 82–98) ihre tröstliche Erfüllung, wenngleich mit dem Vorbehalt, dass im *status gratiae* auch dem Gebet nicht gegeben ist, das Antlitz Jesu bereits zu schauen. Dieser Vorbehalt wird lehrkonform im Libretto zum Ausdruck gebracht: «Es sei uns dein gnädiges Antlitz erfreulich!»

8.6.4 Inszenierte Andacht

Es darf in der musikalischen Gestaltung dieses Satzes von einer – im Sinne der barocken Dichtkunst – scharfsinnigen[1269] Gebetsinszenierung gesprochen werden. Die Leichtigkeit des poetisch-musikalischen Gewands versperrt gerade nicht den Zugang zu den von der kirchlichen Lehre gehüteten theologischen Inhalten, sondern plausibilisiert diese, indem sie sie als unmittelbar individuell nachvollziehbar zu inszenieren versteht. Andacht resultiert an diesem Beispiel im besonderen Masse aus der Kunst, die Kluft zwischen ‹damals› und ‹heute› dergestalt zu relativieren, dass diese von Gottesdienstteilnehmenden als über-

1267 Hutter/Schnabel 2000, 229.
1268 Deyling 1734a, 28.
1269 Zum Begriff der *acutezza* siehe Meid 2008, 53.

wunden erfahren wird.[1270] Das von der einen gläubigen Seele gesungene *Kyrie* verbindet Perikope und Gegenwart, indem es die auf physische Heilung bezogene Bedürftigkeit der zehn Aussätzigen in die Bezugswelt der lutherisch geprägten Gottesdienstgemeinde zur Zeit Bachs zu übertragen versteht. In seiner Vertonung unterstreicht dieser die im Libretto beschriebene Handlung als fröhlich, das heisst als die Begehung eines sich seiner Sache sicheren gläubigen Menschen. In der Affektgestaltung der *executio* gilt es entsprechend, den Affekt des *gaudium* oder zumindest der *audacia* (Kühnheit) wiederzugeben, soll dem eschatologischen Vorbehalt Rechnung getragen werden.

8.7 BWV 78,3: Recitativo B

3. Recitativo

Tenore, Continuo

I[1271]

1.	**Ach[1272] ich bin ein Kind der Sünden,**
2.	**Ach[1273] ich irre weit und breit.**
3.	Der Sünden Aussatz, so an mir zu finden,
4.	Verläßt mich nicht
5.	In dieser Sterblichkeit.
6.	Mein Wille trachtet nur nach bösen,[1274]
7.	Der Geist zwar spricht:
8.	Ach! wer wird mich erlösen?[1275]

II

9.	**Aber Fleisch und Blut zu zwingen,[1276]**
10.	**Und das Gute zu vollbringen,**
11.	Ist über alle meine Krafft.

1270 Zu erfahrungsbezogenen Gottesdienstinszenierungstheorien wie bei James 1997 siehe 5.4.7 und weiter lernphasenorientierte Zugänge in 5.4.5.

1271 Einteilung in 5 Abschnitte nach Petzoldt 2005, 411f.

1272 In Schabalina 2009, 38 Abb. 4 ohne Ausrufezeichen.

1273 Ebd.

1274 «bösen» in Schabalina 2009, 38 Abb. 4 klein geschrieben. Danach ein Komma anstelle eines Punktes.

1275 Biblisches Zitat: Röm 7,14.

1276 Nach Schabalina 2009, 38 Abb. 4 mit Kommasetzung.

III

12. Will ich den Schaden nicht verhehlen,
13. So kan ich nicht, wie offt ich fehle, zehlen.

IV

14. Drum nehm ich nun der Sünden Schmerz und Pein,[1277]
15. Und meiner Sorgen Bürde,
16. So mir sonst unerträglich würde,
17. Und lieffre sie dir, JEsu, seufzend ein,[1278]

V

18. **Rechne nicht die Missethat,**
19. **Die dich HErr erzürnet hat!**

8.7.1 Inventio & dispositio

An dieser Stelle dient die Kennzeichnung der *dispositio* zur Bestimmung der *inventio*. Mit diesem Satz dringt die Kantate mit einer *refutatio* (Widerlegung) in den Kern der Auseinandersetzung. Die in die eigentliche *causa* der Rede einführende *narratio* aus Satz 2 findet hier in der Gestalt einer *argumentatio* (Beweisführung) ihre Fortsetzung. In Bezug auf die *inventio* findet – anders als in BWV 25,2 – ein Wechsel in der Themenbehandlung statt: In den Abschnitten I und II leiten die Satzbausteine «Ach» und «Aber», prägnant vorgetragen und mit Pausen deutlich von den darauf folgenden Ausführungen getrennt, in die Sündenproblematik christlicher Existenz ein, die nun von Abschnitt zu Abschnitt den Fragestellungen des *locus de peccato* (Von der Sünde) entlang behandelt wird.

> «Peccatum originis est morbus naturalis et omnibus hominibus innatum contagium atque vitium, quod nos non modo sine metu et fiducia DEI, et per concupiscentiam totos depravatos effecit: sed et aeternae damnationis, nisi regenerationis interveniat, reos constituit.»[1279] – «Die Erbsünde ist eine natürliche Krankheit und eine allen Menschen angeborene Seuche sowie ein Gebrechen, das nicht nur bewirkt, daß wir alle […] ohne Furcht und Vertrauen Gott gegenüber und durch die Begierde vollständig verdorben

[1277] Ebd.
[1278] In Schabalina 2009, 38 Abb. 4 Komma statt Punkt.
[1279] Hutter 1962, 29: VIII (de peccato), 4: «Quid est peccatum originis?» vgl. 7.4.3.3.

sind, sondern das uns auch zu Menschen bestimmt, die der ewigen Verdammnis schuldig sind, wenn nicht […] die Wiedergeburt dazwischen tritt.»[1280]

Die *dispositio* dieses Satzes ist besonders eng auf die in der *inventio* angelegte Logik ausgerichtet. Während in Abschnitt I analog zu BWV 25,2 schonungslos die Problematik der menschlichen Existenz in ihrem ganzen Ausmass geschildert wird, entfaltet Abschnitt II die Ausweglosigkeit des Unterfangens, sich etwa aus «eigene[r] Krafft» daraus zu befreien. Die von Hutter indirekt behandelte Frage der Erlösung in der Formulierung: «nisi regeneratio interveniat» wird in der abschliessenden Frage des ersten Abschnitts: «Ach! wer wird mich erlösen?» aufgegriffen und prägt somit den Charakter des gesamten Satzes als *refutatio*. Es geht darum, jedem Ausweichen der mit der Sündenlehre gestellten Problematik im Sinne einer Anklage zu wehren. Abschnitt II dient somit wie im Rahmen einer Gerichtsverhandlung zur «Widerlegung der gegnerischen Argumente» (*refutatio*),[1281] der sich in der pelagianisch anmutenden Auffassung orten liesse, dass «Fleisch und Blut … das Gute zu vollbringen» (Zeile 9f.) durchaus (in einem beschränkten Masse) in der Lage sein könnten.[1282] Diese heilsjuristisch als falsch entlarvte Lehrmeinung wird in Abschnitt III noch einmal in der Gestalt einer vom idealtypischen Ich verinnerlichten Selbstanklage widerlegt.

Abschnitt IV ist in der Gestalt einer Schlussfolgerung: «Drum …» (Zeile 14) formuliert. Das restlos überführte «ich» «n[i]m[mt]» seine «Bürde» und

---

1280 Hutter/Schnabel 2000, 88. Schnabel schmückt an dieser Stelle seine Übersetzung aus. Diese Ausschmückungen werden von mir ausgelassen.

1281 Greza 2012 unter Teile der «Beweisführung».

1282 Siehe Hutter 1961, 31: VIII (de peccato …), 9. In dieser Frage werden die Irrlehren der Pelagianer aufgelistet. An dieser Stelle wird die siebte davon zitiert: «Enumera quaeso Pelagianorum errores? […] *Septimo,* quod Natura ex lapsu generis humani, valde quidem debilitata atque corrupta sit: non tamen prorsus omnem bonitatem amiserit: sed homo ex naturali nativitate adhuc aliquid boni, quantulumcunque etiam, et quam minutulum, exiguum atque tenue id sit, reliquum habeat: capacitatem videlicet, aptitudinem, habilitatem, potentiam et vires aliquas in rebus spiritualibus aliquid inchoandi, operandi, aut cooperandi.» – «(Von der Sünde) Zähle bitte die Irrtümer der Palagianer auf! […] *Siebtens,* daß die Natur durch den fall des menschlichen Geschlechts zwar sehr geschwächt und verdorben sei, aber dennoch nicht ganz und gar alles Gute, das zu den göttlichen, geistlichen Dingen gehört, verloren habe. Vielmehr habe der Mensch noch aus der natürlichen Geburt – wie klein, wenig und gering es auch sei – etwas Gutes zurückbehalten, nämlich die Fähigkeit, Geschicklichkeit, Tüchtigkeit, das Vermögen und andere Kräfte, in geistlichen Dingen etwas anzufangen, zu wirken oder mitzuwirken.» (Hutter/Schnabel 91).

«lieffer[t]» diese kapitulierend «ein» (Zeile 14–17). Die Bitte «Rechne nicht die Missetat» (Abschnitt V) schliesst als Gnadengesuch die aus der Perspektive der Librettoüberarbeitung der Liedvorlage[1283] als Selbstgespräch spannungsreich inszenierte *refutatio* ab. Dieser Satz erfüllt die Bedingungen einer *narratio*,[1284] die sich im Fall dieser Kantate der *propositio* aus Satz 2 anschliesst und den Duktus nun im Sinne einer *applicatio* (Arnold)[1285] fortsetzt.

8.7.2 Elocutio

Von der Textstruktur her handelt es sich mit Satz 3 um eine Interpolation:

> «[W]örtlich beibehaltene Zeilen des Choraltextes[1286] werden mit freier Dichtung verflochten, wobei übergreifende Reimbeziehungen und grammatikalische Korrespondenzen beide Textelemente untrennbar verschmelzen lassen.»[1287]

Steiger bemerkt zur Gesamtstruktur des Satzes:

> «Der Wechsel von freier Dichtung zum geprägten Text ist ein Stilmittel, das eine besondere Intensität der Aussage bewirkt. Bach erreicht hier diese Wirkung ohne Rückgriff auf die Choralmelodie durch Übergang ins Arioso. Inständigkeit der *a tempo* pochenden Achtel im Continuo, expressive Deklamation, weiche – man könnte in diesem Zusammenhang sagen: einschmeichelnde – Harmonik (Sext- und Dominantseptakkorde).»[1288]

Auf welche Ziele hin die von Schulze festgehaltene Verschmelzung der «Textelemente» Kirchenlied und freie Dichtung hinführen, soll nun näher erläutert werden.

8.7.2.1 Docere

Die Inhalte des Satzes sind so angeordnet, dass die neugedichteten Passagen die Zitate aus der Vorlage lehrkonform auf die Sonntagsperikope hin kommentie-

---

1283 Zum Gnadengesuch dieses Liedes siehe bereits dessen Titel: «Hertzliches Buß= und Trost=Lied an seinen allerliebsten HErrn JEsum um Verzeihung seiner viel= und mannigfaltigen Sünden» zit. n. Petzoldt 2005, 408.

1284 Siehe Mattheson 1739 in 7.4.2.

1285 Siehe dazu 7.6.2.1.

1286 In diesem Fall aus drei verschiedenen Strophen (Schulze 2006a, 406).

1287 Schulze 2006a, 405.

1288 Steiger 2002, 44.

ren. Diese Kommentierung lässt sich parallel zur Deylingschen *Glaubens-Lehre* gliedern:

BWV 78,3		**Deylings *Glaubens-Lehre*[1289]**
3.	Der Sünden Aussatz …	Der Sünden …
6.	Mein Wille trachtet nur nach bösen …	… Greuel …
12.	Will ich den Schaden nicht verhehlen …	… richt den grösten Schaden an,
14f.	Drum …	Lasst uns
16.	So mir sonst unerträglich würde,	er ists, der helffen kann.
17.	Ich lieffre (meine … Bürde) dir, Jesu, ein	zu Jesus fliehen,

Dieser Anordnung entsprechend ist der Satz grundsätzlich auf eine lehrhafte Auseinandersetzung hin angelegt. In der Tat handelt es sich um ein *secco*-Rezitativ, das einerseits den lehrbezogenen *stilus humilis* (Cicero)[1290] nahelegt, andererseits aber der bedeutungsschweren Abhandlung der Sünde in 7.6.2 der Sünde wegen sehr expressiv mit zahlreichen Pausen und *exclamationes* ausgestattet ist. Im Sinne einer *refutatio* besticht der Satz durch seine «expressive Deklamation».[1291] Der Redefluss ist durch «große Intervallsprünge»[1292] und dramatische Übergänge gekennzeichnet.

> «Die musikalischen Sprachelemente für diese Schilderung sind Tritonus, Chromatik, Septakkord-Rückungen.»[1293]

Diese Angaben müssen genügen, um die Dramaturgie des Monologs zu skizzieren: Der Widerstreit zwischen Wollen und Vollbringen, der im Abschnitt I, 6 bis II, 9 (Takt 7–11) in Anlehnung an Röm 7,18 in Text und Musik ausgefochten wird, ist nur ein Beispiel daraus. Während sich bei BWV 25,2 an eine dem *officium didascalicum* verpflichtete Abhandlung über die Verbreitung der Sünde denken lässt, wird die Hörerschaft mit diesem Satz zur Zeugin einer

---

1289 Deyling 1734a, 28.
1290 Cicero 2004, 71: Orator 23, 76.
1291 Steiger 2002, 44.
1292 Dürr 2010, 586.
1293 Ebd.

peinvollen Gerichtsverhandlung, im Verlauf derer die Beweislast durch Bibelzitate wie Röm 7,24 («Ach! Wer wird mich erlösen?») immer drückender wird, sodass dem in die Enge getriebenen Ich einzig noch ein vollständiges Geständnis («so kann ich nicht, wie oft ich fehle, zehlen»)[1294] mit Gnadengesuch («Rechne nicht die Missetat»)[1295] Ausblick auf Erlösung verspricht. Zusätzlich zum offenlegenden *officium didascalicum* ist das *officium elencticum* in Ansatz zu bringen, da die in diesem Satz ausgeführte Auseinandersetzung etwas von einer Widerlegung vorreformatorischer (Irr-)lehre mitschwingen lässt, nach welcher die Ursünde den Menschen nicht restlos in ihren Bann geschlagen habe.[1296]

> «Mit dem ‹genus elencticum› ist die Vorstellung der ‹Abrechnung› mit den Lehren verbunden, die mit den, im ‹genus didascalicum› sichergestellten biblischen [Inhalten] in Konflikt geraden und – natürlich – falsch sind.»[1297]

Löscher unterscheidet im Rahmen dieser Predigtaufgabe folgende *species*:

> «Disputatio cum adversariis, refutatio, Defensio, Accusatio vel exprobratio erroris, Damnatio vel maledictio ejusdem. [– Die gründliche Auseinandersetzung mit den Gegnern, Widerlegung, Verteidigung (des eigenen Standpunktes), Anklage oder Darlegung der Irrtümer, Verurteilung oder Schmähung derselben.]»[1298]

In dieser Perspektive lassen sich Aussagen wie: «Der Sünden Aussatz … verläßt mich nicht in dieser Sterblichkeit» als Argumentationsglieder einer *refutatio* veranschlagen, die es biblisch wie poetisch-musikalisch argumentativ zu stützen gilt. Über die schlanke und zielführende, allein durch ein sparsam eingesetztes *continuo* gestützte Deklamation wird der auf eine bedingungslose Kapitulation des Menschen zielende Gedankengang auch musikalisch im *stilus humilis* gehalten: in der Abfolge von Rede (Der Geist zwar spricht: ach!) und Gegenrede (Aber Fleisch und Blut zu zwingen […] ist über […] meine Kraft) wird rational argumentativ die Anklageschrift Stück um Stück bis zur Ausweglosigkeit angereichert.

1294 Ps 19,13.

1295 Ps 32,2.

1296 Hoyer zitiert aus Luther 1926 / WA 39 I, 175f: «26. Darum philosophieren gottlos und gegen die Theologie, welche sagen, dass das Natürliche (naturalia) nach dem Fall unversehrt (integra) geblieben sei.» (Harro Hoyer 1976, 19).

1297 Arend Hoyer 1986, 24.

1298 Löscher 1720, 72.

8.7.2.2 Movere

Als Indikatoren für eine *pathos* gestützte Argumentation mögen die drei «Ach» in Takt 1, 2 und 7 dienen, die allesamt durch ein Pausenzeichen vom darauf folgenden Text getrennt werden. Wie in BWV 25,2 ist das *malum*, mit Deyling gesprochen: «Der Sünden Greuel» bereits eingetroffen. Der Grundaffekt bewegt sich folglich bereits auf der Ebene der *ira* (Zorn). Die Affektbehandlung des Satzes liesse sich demnach folgendermassen skizzieren:

	BWV 78,3	**Thomas von Aquin**[1299]
1	«Ach! (Pause)	*timor* (Furcht)[1300]
	ich bin ein Kind der Sünden,	*odium* (Hass)[1301]
2	ach! (Pause)	*tristitia* (Trauer)[1302]
	ich irre weit und brei-t»	*desperatio* (Verzweiflung)[1303]

Die letzte Silbe («ich irre weit und brei-t») wird durch einen Vorhalt noch «erweitert». Dies gibt dem Sänger Raum, in der *executio* Trauer und/oder *desperatio* zum Ausdruck zu bringen. Letztere legt die Auseinandersetzung zwischen Wille und Geist ab Takt 6 nah: Der Abstand zum *bonum*, «Fleisch und Blut zu zwingen / Und das Gute zu vollbringen» ist dermassen gross, dass Bach das Zitat aus Röm 7,24[1304] (Zeile 8) mit einer phrygischen Kadenz[1305] auf Takt 8 enden lässt und ihm dadurch den Ausdruck des Fremden und Abgehobenen verleiht: Die Rettung liegt in weiter Ferne. Für Dürr scheint der Affekt der *desperatio* sogar der Grundaffekt des ganzen Satzes zu sein:

> «Im […] Rezitativ (Satz 3) fallen die großen Intervallsprünge auf, die alle Verzweiflung des Sünders malen.»[1306]

1299 Thomas von Aquin 1955, 15ff: «Questio XXIII De differentia passionum ab invicem».

1300 Die *exclamatio* bezieht sich auf das «ich» im folgenden Satz, das mit Schrecken mit der hassenswerten Sünde in Verbindung gebracht wird.

1301 Der Schreck bewahrheitet sich: der der Sünde adäquate Grundaffekt ist der Hass.

1302 Das *malum* ist eingetroffen, das «ich» wird ‹betrauert›.

1303 Der Abstand zum *bonum* – in Bezug auf sich selbst als Geschöpf Gottes – ist unüberwindlich gross.

1304 «Ich elender Mensch / wer wird mich erlösen von dem Leibe dieses Todes?» (Biblia 1712).

1305 Siehe Petzoldt 2005, 399.

1306 Dürr 2010, 586.

In folgender Gegenüberstellung versuche ich eine plausible Affektentwicklung innerhalb des Satzes auszumachen:

		BWV 78,3	**Thomas von Aquin**[1307]
	3	Der Sünden Aussatz, (Pause)	*odium* (Hass)[1308]
		so an mir zu finden,	*desperatio* (Verzweiflung)[1309]
	4f	Verläßt mich nicht in dieser Sterblichkeit.	*tristitia* (Trauer)[1310]
	6	Mein Wille trachtet nur nach bösen,	*ira* (Zorn)[1311]
	7f	Der Geist zwar spricht: ach!	*desiderium* (Sehnsucht)[1312]
		wer wird mich erlösen?	*desperatio* (Verzweiflung)[1313]
II	**9**	**Aber** (Pause)	*timor* (Furcht)[1314]
		Fleisch und Blut zu zwingen,	*audacia* (Kühnheit)[1315]
	10	**Und das Gute zu vollbringen,**	*spes* (Hoffnung)[1316]
	11	Ist über alle meine Krafft.	*desperatio* (Verzweiflung)[1317]

Das Wechselbad der Gefühle zwischen *spes* und *desperatio*, das sich ausserdem einer geschickten Integration der Choralvorlage verdankt, dient dem Zweck, die Unentrinnbarkeit sinnfällig zu machen, in welcher sich der Mensch befin-

1307 Thomas von Aquin 1955, 15ff: Questio XXIII.

1308 Dogmatisch einzig der Thematik «Sünde» angemessener Grundaffekt.

1309 Der Rückbezug auf den Sünder selbst, löst bei diesem Schrecken und somit Verzweiflung aus: Der Abstand zum *bonum* erscheint als unüberwindbar.

1310 Das *malum* ist eingetroffen und lässt sich aus eigener Kraft nicht abwenden.

1311 Ausdruck des Verneinung des eigenen Willens (Widerwillen).

1312 Es gibt einen Bezugspunkt zur Sehnsucht, ein *bonum*, welches aber nicht in Reichweite liegt.

1313 Der Abstand zum diesem *bonum* scheint so gross, dass dessen Erfüllung im Bereich ‹rhetorischer› Fragen liegt.

1314 Angesichts des unerschwinglich erscheinenden *bonum*, erweist sich der Abstand zum *malum* als sehr gering.

1315 Neue Zielsetzung: Anflug an Kühnheit.

1316 Die Ausrichtung auf das *bonum* ist zumindest hypothetisch vor Augen gestellt und wird musikalisch anabatisch ausgeführt.

1317 Der Abstand zum *bonum* ist, dogmatisch gesprochen, nicht aus eigener Kraft zu überwinden. Siehe Hutter 1961, 29: VIII (de peccato), 4: «Quid est peccatum originis?» vgl. 7.4.3.3.

det, wenn er der Versuchung erliegt, sich selbst gerecht zu sprechen. Der kirchlichen Lehre entsprechend ist erst in der Zufluchtnahme zu Jesus ein Affekt mit positiver Konnotation zu erspähen und wird ab Takt 20 von Bach bezeichnenderweise arios[1318] musiziert. Hier eine mögliche Affektgestaltung:

	BWV 78,3		Thomas von Aquin[1319]
II I	12	Will ich den Schaden nicht verhehlen,	*desperatio*[1320]
	13	So kann ich nicht, wie offt ich fehle, zehlen.	*timor*[1321]
I V	14	Drum nehm ich nun der Sünden Schmerz und Pein	*audacia*[1322]
	15	Und meiner Sorgen Bürde	Steigerung der *audacia*[1323]
	16	So mir sonst unerträglich würde,	Anflug von *timor*[1324]
	17	Ich lieffre sie dir, JEsu, seufzend ein.	*gaudium* (Freude)[1325] *desiderium* (Sehnsucht)[1326]
V	*(Arioso)*		
	18	**Rechne nicht die Missetat,**	*spes*[1327]
	19	**Die dich, Herr, erzürnet hat!**	*tristitia*[1328]

1318 Zur «einschmeichelnden Harmonik» eines Arioso siehe Steiger 2002, 44 (und 8.7.2).

1319 Thomas von Aquin 1955, 15ff: Questio XXIII.

1320 Thomas von Aquin stellt dem Zweifel keinen eigenen Affekt zur Verfügung. Wenn der Abstand zum *bonum* wieder grösser wird, stellt sich wieder Verzweiflung ein. Dies lässt sich im Ausdruck natürlich nuancieren.

1321 Trotz aller Bemühungen gerät einem das *malum* immer wieder ins Blickfeld und lässt sich nicht leugnen.

1322 Umschwung: Der Sünder lässt sich nun aktiv («drum nehm ich») auf ein Wagnis ein. Die Vertonung erfolgt in Form einer allmählich sich abzeichnenden *anabasis.*

1323 Der Abstand zum *malum* vergrössert sich mit steigendem Zutrauen.

1324 Der Rückblick auf die eigentlich unüberwindliche Sünde lässt die Angst ihr gegenüber momentweise wieder zunehmen.

1325 Das *bonum* wird zumindest verbal als eingetroffen vorgestellt …

1326 … doch wirklich eingetroffen ist es noch nicht.

1327 Hoffnung ist der Ausdruck des Vertrauens, der sich in diesen Worten äussert. Die Vertonung unterstützt die Argumentation in der Continuostimme. Siehe folgenden Abschnitt.

1328 Hier legt die Musik die Affektlage fest: der Sünder weint über den Zorn, den er bei Gott ausgelöst hat.

Der Mensch entdeckt, mit welcher Radikalität ihm jegliche Selbsterlösung verwehrt bleibt.[1329] Entsprechend ‹sec›[1330] kommen Stilmittel wie Tritonus und Dezime[1331] zum Zug. Die in der *Glaubens-Lehre* gewählte Qualifizierung der Sündenfolgen als «gröster Schaden» wird in diesem Satz ohne Abschwächung in Szene gesetzt. Die Pathetik des Satzes führt der Homiletik dieser Zeit entsprechend nun zu Inhalten der *Glaubens-Pflicht* hinüber:

> «Es macht dich JEsu Blut von allen Sünden rein,
> Die Wohlthat ist sehr groß! Willst du nicht danckbar seyn?»[1332]

Wozu Deyling in der zweiten Hälfte der zweiten Zeile auffordert, wird in BWV 78,3 als aus eigener Kraft nicht einlösbar geschildert. Petzoldt schreibt zur musikalischen Gestaltung:

> «D[ies]er dritte Abschnitt […] gesteht die Unfähigkeit zur Erkenntnis der Menge der Sünde mit einer chromatischen Führung eigener Art im Continuo (T. 14) ein.»[1333]

In Abschnitt IV wird dieses Eingeständnis auf den ariosen Abschnitt V hin vorbereitet: dem «Opfer- und Gottesdienstverständnis, wie es Luther […] entwickelte»[1334] entsprechend, möge Jesus dem Bittenden die Ursünde nicht anrechnen.[1335] Auf die Vertonung dieses Abschnittes komme ich nun in der Behandlung der letzten Stilhöhe zu sprechen.

1329 Vgl. Hutter 1961, 26: VI (de imagine Dei in homine), 5: «Humana natura, quae hoc malo perversa et tota corrupta est, aliter sanari non potest, nisi ut per Spiritum Sanctum regeneretur et renovatur.» – VI (Vom Ebenbild Gottes im Menschen), 5: «Die menschliche Natur, die durch das Übel der Erbsünde verkehrt und völlig verdorben ist, kann nur durch die Wiedergeburt und Erneuerung des Hl. Geistes geheilt werden.» (Hutter / Schnabel 2000, 81.

1330 Die Gattung dieses Rezitativs wird mit «*secco*» angegeben (vgl. Petzoldt 2005, 411).

1331 So z. B. auf «irre weit (und breit)» in Takt 2 (Petzoldt 2005, 412).

1332 Deyling 1734a, 28.

1333 Petzoldt 2005, 412.

1334 Ebd.

1335 Hutter 1961, 117: XXV (de invocatione), 5: «[…] Nam bona sprituialia, ut Spiritum Sanctum, remissione peccatorum, perseverantiam in fide […] sine ulla conditione petamus, et indubitato expectemus […]» – «[…] Denn die geistlichen Güter, wie der Hl. Geist, die Vergebung der Sünden, Die Beharrlichkeit im Glauben […] sollen wir […] ohne jede Bedingung von Gott erbitten und ohne jeden Zweifel erhoffen […]» (Hutter/Schnabel 2000, 234: XXV (Von der Anrufung), 5).

8.7.2.3 Delectare

Petzoldt bemerkt zur Gestaltung dieses Schlussabschnittes:

> «Die gleichmäßigen Achtel des Continuo mögen die innere Bangigkeit des Beters wiedergeben, der in seinem Gesang dem Zorn Gottes Anschaulichkeit verleiht.»[1336]

Zu einer solchen Schlussfolgerung kommt, wer sich nicht auf unterschiedliche Argumentationsebenen innerhalb der *elocutio* selbst einstellt. Es ist aber allein dem Stilwechsel innerhalb des Satzes wegen auch mit einem Wechsel der Argumentationsebene zu rechnen. Die Bitte des Sünders, der «Herr» möge ihm die Missetat nicht anrechnen, wird aus dieser Perspektive heraus durch die Continuoführung als tröstlich gestützt zu verstehen sein, dies umso mehr, als das Continuo in Takt 20 drei Achtel vor der Singstimme ansetzt und sogar das Seufzermotiv (Zeile 17) noch zu tangieren vermag. Die Continuostimme führt somit von der Affektlage der Singstimme vom *desiderium* (Sehnsucht) zur *spes* (Hoffnung). Eine solche Affektlage lässt sich für den Ausdruck des Trostes verwenden. Harro Hoyer zählt in seiner NBA-Ausgabe die einzelnen Continuonoten des *arioso* und kommt auf die Zahl 33: «Lebensjahre Xi [= Christi], weil Gott nicht rechnet, sondern X [= Christus] sterben läßt.»[1337]

Auf diese Weise mag das *arioso* Deylings Aussage zum *Glaubens-Trost* widerspiegeln:

> «Der Sünden Aussatz schleußt die Thür des Himmels zu,
> Doch JEsus öffnet sie, und bringt dich ein zur Ruh.»[1338]

Doch damit ist es auf der Ebene *äthos*-gestützter Argumentation nicht genug. Hoyer zählt auch für den ersten Teil des Satzes: Takt 1–20 dreiunddreissig Anschläge des *continuo*: in Christus werden des Menschen Sünden nicht nur

1336 Petzoldt 2005, 412.

1337 Die handschriftliche Notiz steht unterhalb der Partitur (Kugelschreiber, rot). Zur symbolischen Dimension der Zahl 33 siehe Hirsch 1986, 57. Zahlensymbolische Spekulationen über Anzahl Noten, Taktzahlen usw. sind generell im Rahmen einer Argumentation über das *äthos* möglich: Glaubwürdigkeit lässt sich über die Geschlossenheit des Systems wie in Architektur, Malerei, plastische Kunst usw. erzielen. Zahlensymbolik wie komplexe Formprinzipien sind grundsätzlich in Bachs Werk vorauszusetzen. Sie sind strukturprägend und gehören zur Seriosität eines Komponisten dazu (siehe 8.5.3.3). Sie bilden für sich genommen eine eigene *äthos*-spezifische Kategorie, auf die im Rahmen dieser Arbeit aber nicht näher eingegangen werden kann.

1338 Deyling 1734a, 28.

nicht angerechnet, sondern vollumfänglich übernommen. Ein solches ‹Argument› muss nicht immer auf der Ebene des *docere* für die Hörenden vernehmlich musiziert werden, sondern kann im Sinn des *conciliare* über das schlüssige ‹Bauprinzip› eines Satzes vermittelt werden.[1339]

8.7.3 Inszenierte Andacht

Dieser Satz trägt deutlich lehrhafte wie pathetische Züge. Er zielt auf eine hoch affektive persönliche Aneignung der Erkenntnis ab, im welchen Masse der Handlungsspielraum des Menschen Gott gegenüber als schmal zu gelten hat. In Bezug auf gegenwartsbezogene Gottesdiensttheorien, die die Abläufe in der Gestalt von «Lernphasen» analysieren, wäre mit diesem Satz die Phase der «Problemlösung» erreicht.[1340] In der Anspielung auf eine Gerichtsverhandlung rufen Librettist und Komponist Erfahrungen eigener oder mündlich oder literarisch tradierter Gerichtszenen in Erinnerung, mit denen für den einzelnen Gottesdienstbesuchenden die Rolle des oder der Angeklagten leicht einzunehmen ist. Somit lassen sich über das Individuum und dessen Erfahrungshorizont (William James)[1341] hinaus rollenspezifische Inszenierungen «aktuell relevant erscheinender Szenen» (Plüss)[1342] zur inszenatorischen Profilierung dieses Satzes beiziehen. Erbauliche Aktualisierung und individueller Erfahrungshorizont verschmelzen zu einer Inszenierung, bei welcher Hören und Antworten auf das Wort Gottes das konzeptionelle Zentrum bilden.[1343]

1339 Siehe 8.5.3.3.
1340 Siehe 5.4.5.
1341 Siehe 5.4.7.
1342 Plüss 2007, 115.
1343 Siehe 5.1.5.

8.9 BWV 78,4: Aria T

4. Aria tenore

Flauto traverso, Continuo

A Das Blut, so meine Schuld durchstreicht,
Macht mir das Herze wieder leicht,
Und spricht mich frey.
B Rufft mich der Höllen=Heer zum Streite,
So stehet JEsus mir zur Seite,
Daß ich beherzt und sieghafft sey.

8.9.1 Inventio & dispositio

Es handelt sich bei diesem Satz um eine «sehr freie Umdichtung der 6. und 7. Strophe von Rists Choral.»[1344] Folgende inhaltliche Bestimmung Dürrs bleibt insofern etwas vage, als er die Thematik dieses Satzes als Beginn des Hinweises «auf die Tilgung unserer Schuld durch die Passion Christi»[1345] zu erfassen sucht und somit die folgenden Sätze bereits inhaltlich dadurch mitbestimmt. Zu diesem Kantatensatz bemerkt er abschliessend:

> «Aus den Flötenpassagen glaubt man das ‹Durchstreichen› der Schuld[1346] (Tonleiter) sowie das erleichterte Hüpfen des Herzens[1347] (Staccato-Figuren) herauszuhören.»

1344 Schulze 2006a, 406.

1345 Hutter 1961, 52: XII (de iustificatione / Von der Rechtfertigung). Wörtlich wird die Blutthematik nur als Bibelzitat (Kol 1,20) unter Frage 10 aufgegriffen.

1346 Hutter 1961, 52: XII, 3: «Quibus ergo partibus absolvitur nostra coram Deo Iustitia? Duabus: quarum una est privativa. DEUS enim aufert id, quod nobis inest, remittit peccata ex mera gratia. Absque ullo operum nostrorum respectu.» – «In welchen Stücken besteht nun unsere Gerechtigkeit vor Gott? In zwei Stücken. Die erste von ihnen ist die persönliche Gerechtigkeit. Gott nimmt nämlich weg, was sich in unserer Natur befindet, indem er uns aus lauter Gnade ohne irgendwelche Rücksicht auf unsere Werke oder Verdienste unsere Sünde vergibt.» (Hutter/Schnabel 2000, 127).

1347 Siehe Fortsetzung der Behandlung der Frage 3: «Altera est positiva. DEUS enim donat nobis id, quod nobis non inest, sive inhaeret: hoc est, imputat nobis iustitiam obedientae Christi.» (Hutter 1961, 53). – «Die zweite ist die positive Gerechtigkeit. Gott schenkt uns nämlich das, was sich nicht in unserer Natur befindet oder ihr anhängt, indem er uns die Gerechtigkeit des Gehorsams Christi zurechnet.» (Hutter/Schnabel 2000, 127).

Mit seiner etwas unsicheren Formulierung: «glaubt man», gibt Dürr einerseits seine Einschätzung wieder, bringt andererseits aber auch seinen Zweifel darüber zum Ausdruck, ob er damit denn auch wirklich das Wesentliche trifft. Ob ihm die musikalische Gestaltung der Arie als für das gewählte Thema zu leichtfüssig vorkommt? Petzoldt wagt sich noch dezidierter als Dürr in die Beschreibung der Leichtigkeit, die diese Vertonung charakterisiert:

> «Ihr musikalischer Charakter allein scheint fast nichts von der Ernsthaftigkeit und der tiefen Bedeutung des schuldentilgenden Handelns Christi mitzuteilen. Wenn man aber erkennt, an welchen Textpassagen Bachs musikalische Erfindung orientiert ist, ist der Zusammenhang von Wort und Ton plausibler: Es sind – im A-Teil (T.12–26) – die entlastenden Aussagen, das Durchstreichen der Schuld, das erleichtert springende Herz; im B-Teil (T. 30–61) sind es die den Streit – fast wie ein Spiel empfunden, später in Sexten und Terzen verlaufend – symbolisierenden Koloraturen von Flöte und Tenor. Dazwischen gibt es Anklänge an die Kriegsfanfare auf die Worte ‹zum Streite› (T. 32–34, 46–48). Die Gewißheit des musizierenden Ich – auf einem langen Ton wird ausgehalten ‹So stehet (Jesus mir zu Seite)› (T. 52–56) – verwandelt aber selbst die gefährlichste Situation zu einem Spiel. Der verliehene Mut läßt die Worte ‹daß ich beherzt (und sieghaft sei)› [T. 59–61] arhythmisch und unangepaßt erklingen und so das Tumultmotiv in den Continuo verlegen.»[1348]

Um Klarheit über Bachs *inventio* zu erlangen, ist eine genauere Analyse der *dispositio* der Textgrundlage nötig. Die Frage nach der *dispositio* dieses Satzes verknüpft sich – wie Dürr bereits sieht – mit der Frage nach dessen Funktion im Gesamtrahmen der Kantate. Petzoldt schreibt dazu:

> «Die Arie umgreift mit ihrer Aussage das Geschehen der Begegnung der Aussätzigen mit Jesus, das Geschehen der Heilung und das Geschehen der Dankbarkeit des Einen. Insofern bildet die Arie sachlich die Mitte der gesamten Kantate. Von ihrer Grundaussage sind alle anderen Aussagen in den Sätzen abhängig.»[1349]

Auf die Funktion der Arie als «sachliche Mitte» wird noch einzugehen sein. Rhetorisch gesprochen handelt es sich um eine *probatio*,[1350] die auf die *refutatio* von Satz 3 als positives Gegenstück antwortet. Die Sätze 3 und 4 sind unter dem Aspekt der *dispositio* als *paradigmata* (Musterbeispiele) zu verstehen.[1351]

1348 Petzoldt 2005, 412f.

1349 Petzoldt 2005, 413.

1350 Näheres zur *probatio* siehe 7.5.3.

1351 Hindermann 1987, 292.

Der Schwerpunkt der Aussage liegt im Teil A grammatikalisch auf den beiden Hauptverben «leicht machen» und «freisprechen». Der theologisch gewichtige Sachverhalt der ersten Zeile: «das Blut» ist Subjekt der Aussage. Objekt der Aussage sind «das Herze» und «mich». In B wird zunächst der grammatische Aufbau des Satzes wiederholt: diesmal stellt «der Höllen Heer» das Subjekt. Wieder wird die Aufmerksamkeit auf das Objekt «mich» gelenkt. Ein drittes Mal erscheint in der vorletzten Zeile ein heilsrelevantes Subjekt «Jesus», welches sich immer noch auf dasselbe Objekt, diesmal im Dativ («mir») bezieht. Die Handlung ist auch hier auf dieses typisierte Ich fokussiert, welches thematisch durch Rist der Kantate vorgegeben ist. Eine Wendung erfährt der grammatische Aufbau der Arie erst mit der letzten Zeile. Hier wird auf einmal das «Ich» zum Subjekt der Aussage, freilich im Rahmen eines Nebensatzes der Zweckbestimmung, sodass mit Rücksicht auf den Gesamtaufbau die Aussage: «dass ich beherzt und sieghaft sei» wiederum als Objekt zu verstehen ist, auf das sich die Handlung insgesamt bezieht. So dicht sich auch die gewählte Thematik an den Duktus der Perikope zu schmiegen scheint, so sehr erweist sie sich ihrer dogmatischen Verankerung in der Rechtfertigungslehre halber als eine «von außen geholte *probatio*».[1352] Aufgabe einer *probatio* ist ja gerade, Argumente von ausserhalb des vorliegenden Falles zu liefern:

> «Die […] Beziehungsherstellung erfolgt mittels [der] Methode des Ähnlichkeitsvergleichs. Als Kurzform dient dazu die Metapher, die für die Sache selbst steht: *metaphora brevior est similitudo … haec pro ipsa re dicitur* ([Quintilianus: Institutio Oratoria] 8,6,8).»[1353]

In der Beurteilung der *inventio* dieses Satzes gilt es, auf eine inhaltliche Verlagerung zwischen Teil A und B aufmerksam zu machen. Während Teil A weiterhin die Rechtfertigungslehre als Referenzrahmen beibehält, schreitet Teil B zu einer weiteren dogmatischen Beziehungsgrösse. Allein schon die Evokation des «Höllen=Heer[s]» führt in den Themenkomplex der *novissima*[1354] (die letzten Dinge), die sich bei Hutter vom «locus XXIX. De morte corporis» (Vom Tod des Körpers …) über den «locus XXXIII. De inferno» (Von der Hölle) zum «locus XXXIV. De vita aeterna» (Vom ewigen Leben) erstreckt. Die genaueste dogmatische Anbindung an BWV 78,4B findet sich im *locus de*

1352 Ebd.

1353 Hindermann 1987, 293 zu BWV 140,4.

1354 Siehe Meyfart 1626, Titel zit. n. Pfefferkorn 2005, 390.

inferno, in welchem die Macht der Hölle auf die Gläubigen behandelt wird, freilich auf einer durch Christi Höllenfahrt bereits gebrochenen Weise:

> «Descenditne Christus vere ac realiter ad Infernum sive locum damnatorum? Maxime: [...] ut Satanam devinceret, potestatem inferorum everteret, Diabolo omnem vim et potestatem in credentes eriperet: hoc est, [...] ut triumphum ageret de potestatibus, ac principatibus infernalibus.»[1355] – «Ist Christus wahrhaftig und wirklich zur Hölle oder zum Ort der Verdammten hinabgestiegen? Selbstverständlich; [...] damit er den Teufel überwinde, die Macht der Hölle zerstöre und dem Teufel seine Kraft und Macht über die Gläubigen entreiße, das geschah [...] damit er über die höllischen Gewaltigen und Fürstentümer einen Siegeszug veranstalte.»[1356]

Dem in BWV 78,4B «zum Streite» rufenden «Höllen=Heer» entsprechen bei Hutter «Satan[as]» und «Diabol[us]» sowie die «potestat[es] ac principat[i]». Diesen gilt es, ihre «potestatem in credentem» bzw. über «mich» zu entreissen (eripere). Dem «mir zur Seite» stehenden «Jesus» entspricht bei Hutter «Christus», dem die Tätigkeitswörter überwinden (devincere), zerstören (evertere), entreissen (eripere) und schliesslich einen Siegeszug veranstalten (triumphum agere) zugeschrieben werden.

In beiden Texten bleibt offen, worin denn die Macht der «Höllen=Heer[e]» auf die Gläubigen im Anschluss an Christi Heilswerk denn noch bestehen könne. Hutter weist aber auf einen möglichen «genus hominum» zwischen demjenigen der «fidelii» (Gläubigen) und der «infidelii»[1357] (Ungläubigen) hin, «qui infirma fide hac in vita»[1358] (die mit einem schwachen Glauben in diesem Leben)[1359] versehen worden sei. Hutter bestreitet die dogmatische Berechtigung einer solchen an die Klassifizierungen der römischen Kirche erinnernden Unterteilung,[1360] geht aber dennoch auf diese Gefährdung im Glauben ein, indem er

---

1355 Hutter 1961, 139: XXXIII, 10.

1356 Hutter/Schnabel 2000, 270.

1357 Hutter 1961, 139: XXXIII, 8.: «Num veri aliquid subesse putas?» – «Was hältst du von dieser Behauptung?» (Hutter/Schnabel 2000, 268).

1358 Hutter 1961, 139: XXXIII, 9.: «Vedetur tertium posse dari genus hominum, eorum videlicet, qui infirma fide hac in vita fuerunt praediti?» – «Scheint es nicht eine dritte Gruppe von Menschen geben zu können, nämlich diejenigen, die mit einem schwachen Glauben in diesem Leben versehen worden sind?» (Hutter/Schnabel 2000, 269).

1359 Hutter/Schnabel 2000, 269.

1360 Siehe Hutter 1961, 138: XXXIII, 7: «Suntne distinctae classes in Inferno, uti Pontificii volunt?» – «Gibt es in der Hölle verschiedene Klassen, wie die Papisten behaupten?» (Hutter/Schnabel 2000, 268).

einerseits die Zugehörigkeit der Schwachen im Glauben zu den Gläubigen und somit auch endgültig Geretteten zählt:

> «Nam et infirma fides, vera fides est, et non minus apprehendit Christi meritum, quam firma fides. Siquidem haec non iustificat, quatenus ex sua qualitate, sive firmitate aut infirmitate pensitatur: sed unice, quatenus apprehendit Christum, Medicum illum infirmorum.»[1361] – «Denn auch ein schwacher Glaube ist ein wahrer Glaube, und er ergreift nicht weniger das Verdienst Christi als ein starker Glaube, weil der Glaube ja nicht rechtfertigt, sofern er nach seiner Beschaffenheit, sei es Schwachheit oder Stärke, betrachtet wird, sondern einzig, sofern er Christus ergreift, den rechten Arzt und Helfer der Schwachen.»[1362]

Gerade in der letzten Aussage über «Christum, Medicum ... infirmorum» (Christus, Arzt der Schwachen) verbirgt sich eine grundsätzliche Aussage über die Infirmität menschlichen Glaubens überhaupt. Als biblische Referenz wird denn auch 2Kor 3 zitiert, in welcher Gottes Kraft sich «in infirmitate nostra perfecit» (in unserer Schwachheit vollendet). Gerade aber diese «infirmitate nostra» scheint in BWV 78,4B den thematischen Schwerpunkt zu bilden, um den herum sich Streit und Sieg (Zeile 4 und 6) ranken. Dogmatisch korrekt verweist das Libretto gesamthaft auf die für Gläubige zentral bleibende Gestalt Christi hin, ohne welche die Gläubigen weder ihrer Schuld losgesprochen worden wären (Zeile 1), noch auch in Zukunft allerlei Anfechtungen der Hölle gegenüber «beherzt und sieghafft» zu sein vermöchten (Zeile 6). Ins Zentrum seiner Aussage in Abschnitt B (= Zeile 5) rückt das Libretto aber nicht etwa die gläubige Seele mit ihrer Infirmität, sondern die Gestalt Christi selbst, die lyrisch-erbaulich intimistisch mit «JEsus» das einzige Mal im Satz namentlich erwähnt wird. Somit ist wohl auch der Höhepunkt des Satzes und seiner Dynamik bezeichnet: Während in BWV 78,4A «Das Blut» Subjekt der Handlung ist, «stehet JEsus» in B nun explizit dem von Schwachheit gezeichneten gläubigen Ich «zur Seite». Auf diese Weise wird in erbaulicher Perspektive das Ich zwar als aktiv dargestellt: «Daß ich ... sieghafft sey». Die dogmatisch fixierte Alleinwirksamkeit des «Medicum infirmorum» bleibt aber über dessen zentrale Stellung in B und über dessen Stellung als Kulminationspunkt im ganzen Satz erhalten. Hierzu Hutter im *locus de morte corporis* (Vom Tod des Körpers):

[1361] Hutter 1961, 139: XXXIII, 9.
[1362] Hutter/Schnabel 2000, 269: XXXIII, 9.

«Piorum sive in Christum credentium Animae sunt in manu DEI, expectantes ibi gloriosam corporis resurrectionem, et plenam aeternae beatitudinis fruitionem.»[1363] – «Die Seelen der Frommen oder derer, die an Christus glauben, sind in der Hand Gottes, und erwarten dort die herrliche Auferstehung ihrer Körper und den vollen Genuß der ewigen Glückseligkeit.»[1364]

8.9.2 Elocutio

In der im Satz 4 vorliegenden *probatio* dient das Stichwort «Blut» als metaphorisch-homiletischer Brückenschlag zur Perikope. Mit dieser «Beziehungsherstellung» (Hindermann) auf der Ebene der *decoratio* führt der Librettist eine Wende im rhetorischen Duktus der Kantate herbei: Der Fokus der Dramaturgie wird vom als hilflos inszenierten Ich in Satz 3 auf das dieses Ich freisprechende[1365] «Du» in Satz 4 verlagert. Dieses Du wird selber zwar erst in Satz 5 explizit, muss aber in der *probatio* dieses Satzes als bereits wirksam gedacht werden.

8.9.2.1 Docere

Mit dem soeben beschriebenen rhetorischen Kunstgriff einer *probatio* wird die Aufgabe des homiletisch motivierten *officium didascalicum* einer Predigt erfüllt. Damit liegt der Librettist zunächst ganz auf der homiletisch-erbaulich motivierten Linie Deylings, der in seinem Zweizeiler zur *Glaubens-Lehre* im Sinne des *officium didascalicum* die Zuwendung zur Rechtfertigungslehre über das Motiv der Flucht zu plausibilisieren versucht:

BWV 78	**Deyling: *Glaubens-Lehre*[1366]**
BWV 78,2–3, Zeile 15	Der Sünden Greuel richt den grösten Schaden an,
BWV 78,3, Zeile 15–4	Lasst uns zu JEsu fliehen, er ists, der helffen kann.

1363 Hutter 1961, 130: XXIX (de morte corporis), 7: «Quis vero est status Animarum. Postquam per Mortem a corpore sunt solutas?» – «Was ist aber der Zustand der Seelen, nachdem sie durch den Tod vom Körper gelöst worden sind?» (Hutter / Schnabel 2000, 256).

1364 Hutter/Schnabel 2000, 256: XXIX (Vom Tod des Körpers und von der Unsterblichkeit der Seele), 7: «Was ist aber der Zustand der Seelen, nachdem sie durch den Tod vom Körper gelöst worden sind?»

1365 Satz 4, Zeile 3.

1366 Deyling 1734a, 28.

Die aufstrebende Bewegung der Flötenstimme,

Flauto traverso

das «an Sprüngen reiche Continuo im Pizzicato»[1367] sowie die vorwärtsstrebende Singstimme versinnbildlichen darüber hinaus die Figur der *fuga*: «Lasst uns zu JEsu fliehen …». Diese Grundfigur unterstützend ist auch die generelle Dynamik der Vertonung als Beleg für deren Lehrbezug zu werten: Hier wird die Kraftquelle göttlicher Hilfestellung poetisch-musikalisch erfahrbar gemacht und somit der zweite Teil des *officium didascalicum* szenisch umgesetzt: «er ists, der helffen kann». Die von Dürr als «Durchstreichen der Schuld» gekennzeichneten Flötenpassagen[1368] sind ein weiterer Hinweis auf Bachs Vertonung auf dieser Argumentationsstufe. Am Schluss des ersten Tenoreinsatzes: «Das Blut, so mei-ne Schuld durch-streicht» vollführt ausserdem das Continuo eine die Silbe «-streicht» abschliessende Abwärtsbewegung (Takt 14):[1369]

Continuo

Dürr weist ausserdem auf «Staccatofiguren» hin, die er als «erleichterte[s] Hüpfen des Herzens» deutet, das sich aus der Streichung der Schuld erklärt und somit die Grundfigur der *fuga* (Flucht) «zu JEsu» hin ein weiteres Mal versinnbildlicht.

8.9.2.2 Movere

Petzoldt vermutet, dass Bach in diesem Satz auch «das Geschehen der Dankbarkeit des Einen (Aussätzigen)» thematisiert.[1370] Somit wäre die Ebene der Deylingschen *Pflicht* erreicht. In der Tat mag beim Hörenden der Streit zwischen Flöte und Tenorstimme von Takt 49 bis 52 Unbehagen auslösen. Je länger dieser Streit dauert (insgesamt ganze vier Takte, was in der *executio* eini-

---

1367 Anmerkung von Marie-Louise Hoyer.

1368 Dürr 2010, 586.

1369 Eintrag Hoyers im Notenbild der NBA (Neumann 1959a, 163).

1370 Petzoldt 2005, 413.

ge Sekunden beansprucht), desto mehr rückt die sieghafte Gewissheit (als anvisiertes *bonum*) in ungewisse Ferne. Der Affekt der *desperatio* (Verzweiflung) stellt sich ein und verdrängt eine Zeitlang *audacia* (Kühnheit) und *spes* (Hoffnung). Diese Affektlage wird aber durch die Inszenierung des als standhaft vorgestellten Christus wieder erreicht und überboten, in dem der Tenor über drei Takte hinaus ununterbrochen die Silbe «Steh-» auf ein- und derselben Note aushält[1371] und somit zum Ausdruck des *gaudium* (Freude) den Weg bahnt. Folgende Gegenüberstellung streicht die Parallelität zwischen der Argumentationslogik bei Kantatenlibrettist und Deyling heraus:

BWV 78,4A	**Deylings *Lebens-Pflicht*[1372]**
Das Blut, so meine Schuld durchstreicht	Es macht dich JEsu Blut von ... Sünden rein,
Macht mir das Herze wieder leicht	Die Wohlthat ist sehr groß!
—	Willst du nicht danckbar seyn?[1373]

Das Kantatenlibretto ‹folgt› Deylings Gedankenlinie bis zur ersten Aussage der zweiten Zeile und bricht dann ab. Im Unterschied zu Deylings Zweizeiler wird im Libretto die «Danckbarkeit» nicht gefordert, sondern, so deute ich, als realisiert vorgestellt. Das *summum bonum*, in diesem Fall der Freispruch des Ichs wird als bereits erreicht inszeniert! Jegliches zur *Pflicht* rufende *movere* erübrigt sich. Dürrs Unsicherheit bei der inhaltlichen Bestimmung dieses Satzes[1374] rührt von diesem unerwarteten Überspringen jeglicher pathetischen Schwere her, die einem opfertheologischen Kontext doch anhaften müsste.

8.9.2.3 Delectare

In welchem Mass sich die von Petzoldt getroffene Feststellung thematischer «Umgreifungen»[1375] auf die Komplexität der rhetorisch-stilistischen Konstruktion dieses Satzes beziehen lässt, macht folgende Gegenüberstellung deutlich, in welcher der Teil B des Satzes diesmal in die Nähe der Deylingschen Argumentation zum *Glaubens-Trost* gebracht werden kann:

1371 Es handelt sich um die Takte 53–56.

1372 Deyling 1734a, 28.

1373 Ebd.

1374 Siehe 8.9.1.

1375 Ebd.

BWV 78,4B	**Deylings *Glaubens-Trost*[1376]**
Rufft (mich)	schleußt
der Höllen=Heer	Der Sünden Aussatz
zum Streite,	die Thür des Himmels zu,
So Jesus	Doch JEsus
mir	dich
stehet zur Seite	öffnet sie und bringt
Daß ich beherzt und sieg-	ein zur Ruh.
haft sey.	

Der B-Teil der Arie gibt exakt denselben Sachverhalt wie Deylings *Glaubens-Trost* wieder. Einzig in der Wahl der Metaphorik wählt die Arie eine im Vergleich zum Deylingschen *Glaubens-Trost* lyrisch bedingt abgeschwächte Form: Der Drastik des Bildes wie das eines «Höllen=Heers» zum Trotz, stellt dasjenige einer verschlossenen Tür in der Sache den grösseren Abstand zum angestrebten *bonum* dar und trägt den Charakter des Definitiven. Desgleichen steht Jesus der gläubigen Seele in der Kantate lediglich bei, während er bei Deyling die alles entscheidende rettende Handlung der Türöffnung vollbringt. Ansonsten verläuft die Argumentation beider Texte auch grammatikalisch parallel: Subjekt ist in beiden Texten «JEsus», bzw. dessen «Blut». Objekt ist der mit «mich» oder «dich» persönlich angesprochene Mensch. Das zu behebende Hindernis ist «der Höllen=Heer», bzw. der «Sünden Aussatz». Auch die gewählten Verben «stehet … zur Seite» bzw. «öffnet … und bringt … zur Ruh» unterstreichen die helfend-rettende Komponente des göttlichen Eingreifens. Selbst in der auf Christi Handeln folgenden Befindlichkeit des Menschen sind Parallelen auszumachen: Dem «leichten Herze» entspricht auf der anderen Seite die «Ruh». Was Jesus auf der einen Seite «macht», «bringt» er auf der anderen. Ebenfalls parallel erfolgt im «so» bzw. «doch» die Wende im Gedankengang zwischen der ersten und zweiten B-Zeile der Arie sowie zwischen den zwei Zeilen des Deylingschen *Trosts*: Beide Aussagestränge sind perspektivisch auf die Erfüllung christlicher Existenz im *status gloriae* ausgerichtet. Hierzu Hutter:

> «Haec enim praecipua pars erit beatitudinis nostrae, quod a facie ad faciem videbimus DEUM […]»[1377] – «Denn dies wird der beste Teil unserer Glückseligkeit sein, daß wir Gott von Angesicht zu Angesicht sehen werden […]»[1378]

1376 Deyling 1734a, 28.

Das Redeziel an dieser Stelle der Kantate ist eine aus der Dogmatik über die opfertheologisch gefüllte Blutmetaphorik in die *narratio* hineingetragene *probatio* (Beweisführung). In homiletischer Hinsicht erfüllt diese *probatio* den Zweck, von der Lehre in die Dimension des *Glaubens-Trosts* hinüberzuführen, die von nun an die Klangfarbe der Kantate bestimmt. Entsprechend wird der freudige, ja übermütig überschwängliche Grundton verständlich, den bereits das Libretto anschlägt. Bach lehnt sich im Ausdruck der Leichtigkeit ganz an die Argumentation seines Librettos an und rückt die Verheissungen der *novissima*, insbesondere der *vita aeterna* dramaturgisch in den Bereich menschlicher Erfahrung. Der Satz ist als Trio gestaltet. Harro Hoyer notiert neben der Satzbezeichnung lapidar: «Trio-Satz = Trinität».[1379] Wertvoll ist dieser Hinweis bezogen auf das Bauprinzip des Satzes, das auf die trinitarische Synergie aufmerksam macht und somit heilstheologisch den göttlichen Beistand des gläubigen Ich bereits im Diesseits plausibilisiert, der im *locus de Deo uno et trino* (Von Gott, dem Einen und Dreifaltigen) angelegt ist:

> «sicut patefacta est divinitas certo verbo, et testimoniis divinis, quod Pater aeternus cum filio et Spiritu sancto condiderit et conservet coelum et terram, et omnes creaturas, et adsit omnibus creaturis, quoad conservationem, et colligat sibi in genere humano Ecclesiam propter Filium, et per eum, et sit Iudex iustorum et iniustorum.»[1380] – «Wie sich die Gottheit im zuverlässigen Wort und in den göttlichen Zeugnissen geoffenbart hat, daß der ewige Vater mit dem Sohn und dem Hl. Geist Himmel und Erde und alle Geschöpfe erschaffen hat und erhält, so ist er allen Geschöpfen zu ihrer Erhaltung gegenwärtig und sammelt durch seinen Sohn sowie durch sich aus dem menschlichen Geschlecht für sich eine Kirche und ist ein Richter der Gerechten und der Ungerechten.»[1381]

Über die Abbildung des belebenden Heiligen Geistes (*flauto*), der Heilstat Christi (*tenore*) und der Fundament spendenden Gegenwart des Vater (*continuo*) wird das erschaffende (condiderit), erhaltende (conservet) und aus dem menschlichen Geschlecht heraus zur Kirche sammelnde (colligat) Wirken der

---

1377 Hutter 1961, 140: XXXIV (de vita aeterna), 3.

1378 Hutter/Schnabel 2000, 271: XXXIV (Vom ewigen Leben), 3: «Meinst du, daß die Glückseligen Gott sehen werden, wie er ist?»

1379 Handschriftliche Eintragung neben der Satzüberschrift der NBA (Neumann 1959a, 135).

1380 Hutter 1961,4f: II (de Deo uno et trino), 2: «Quid igitur es DEUS?»

1381 Hutter/Schnabel 2000, 44: II (Von Gott), 2: «Was ist also Gott?»

Trinität insgesamt musikalisch vergegenwärtigt. Ein solches starkes musikalisches Argument lässt sich allein aus der Not heraus begründen, in welchem sich das «Ich» als Repräsentant der angefochtenen Kirche im Angesicht des «zum Streite» rufenden «Höllen=heer[s]» befindet. Affektsystematisch wirkt sich die Nähe des «Himmels» bis zum Überschwang *audacia-* und *spes*-verstärkend aus. Die Grenze zu *gaudium* (Freude) und *amor* (Liebe) wird in der Gestalt eines Vorgeschmacks auf die himmlische Glückseligkeit in dieser Arie suggeriert.[1382] Über die Affektgestaltung hinaus vermag Musik über ihre Architektur bereits die Erfahrung unmittelbarer Verbundenheit zwischen Schöpfer und Geschöpf herzustellen: Zahl, Mass und Gewicht, aus denen heraus die Musik ihre Ordnungsprinzipien ableitet,[1383] sind durch keine Ursünde in ihrer unmittelbaren Bezogenheit auf ihren Schöpfer hin verfälscht.[1384] Hoyer setzt die in Takt 10f. und 72f. mit insgesamt 13 Noten ausgeführte chromatisch aufstrebende Figur

---

1382 Vgl. hierzu Dammann 1984, 83: «Werckmeister bezieht seine endzeitlich zugeschnittene Lehre auf die paradiesische Vollkommenheit, in der die unruhige Seele Ruhe finden wird. Es ist eine ‹Ruhe›, die jenseits der Affekte steht.»

1383 Siehe Marti 1981,10: «‹Aber du hast alles nach Maß, Zahl und Gewicht geordnet› (Weish. 11,20). Dieser Satz bildete die Grundlage für die Musikanschauung, die auf Pythagoras zurückgeht und das Mittelalter beherrschte.» Dieses Prinzip bleibt im Deutschen Barock erhalten: «Die Zahlen sind die Formen (*formae*), die ‹Ideen›, die als vorgegebener Hintergrund der Musik erscheinen und gleichzeitig auf Gott, den Schöpfer und Baumeister der Welt hinweisen.» (Dammann 1984, 62).

1384 Über die Durchdringung von Musik und Theologie im Deutschen Barock siehe Dammann 1984, 397–476: «5. Kapitel: Mythologische, naturphilosophische und theologische Vorstellungen». Über den Zusammenhang von Musik und Trinität siehe Dammann 1984, 439ff. Zusammenfassend hält Dammann fest: «Die Musiker und Musiktheoretiker des deutschen Barock suchen das vergleichende Bild. Sie sind bedacht auf allegorische und figurale Interpretation sowie auf symbolische und emblematische Vorstellungen, um dadurch die vordergründig-sinnliche Erscheinungsweise der Musik ins Ideell-Hintergründige zu vertiefen. Ein befeuernder Wille ist wirksam, im musikalischen Kosmos verborgene Bedeutungen zu entdecken. Auch wird verständlich, daß der Musiker der Werkdisposition zuweilen harmonikale Zahlen zugrunde legt, um das göttliche Ordnungsprinzip abbildhaft zu bestätigen […]. Wie im Dreiklang, als Baustein der Barockmusik, ein Spiegel göttlicher Trinität erblickt wird, so erscheint innerhalb dieser Epoche die Musik als Ganzes transparent: sie ist figura. […] Der Musikbegriff des deutschen Barock ist durchdrungen von einer erregten Jenseitsschau. Es ist ein Illusionismus, in dem der Mensch den Himmel geöffnet sieht.» (Dammann 1984, 476). Vgl. hierzu Martis Beschreibung des Kirchenmusikverständnisses im Kontext des Tridentinums in 1.1.1 und 10.3.5.

in Klammern und schreibt darüber: «13 = X». Mit X ist Christus gemeint.[1385] Im Rahmen dieser Argumentationslogik weist die hier erwähnte Figur darauf hin, dass jeder wahre Sieg über Sünde und Tod nur in Christo errungen werden kann. In der fröhlichen, den gesamten Vortrag durchziehenden Grundtendenz der Vertonung liegt ein weiterer Hinweis auf diesen homiletisch-erbaulichen Sachverhalt: Affekttheoretisch bedeutet Fröhlichkeit (*gaudium*), dass jeder Abstand zum *absolute bonum* überwunden ist. Dies ist die «Ruh», von der Deyling spricht, wenn er den *Glaubens-Trost* in Worte zu fassen versucht: in der Ruh, in die uns Christus führt, ist Seligkeit ohne Ende. Hierzu Hutter:

> «Sufficit nos credere, quod vita aeterna futura sit ineffabilis Beatitudo, qua fideles suos DEUS aeternum beabit et glorificabit, ut in ipso, cum omnibus Angelis aeternum vivant, et de Mundi huius miseriis triumphantes DEUM sine fastidio ament, sine satietate colant, sine fine intueantur.»[1386] – «Es genügt, wenn wir glauben, daß das ewige Leben eine unaussprechliche Glückseligkeit sein wird, mit der Gott seine Gläubigen ewig selig und herrlich machen wird, damit sie in ihm selbst mit allen Engeln in Ewigkeit leben, und, vom Elend dieser Welt erlöst, Gott ohne Überdruß lieben, ohne je genug davon zu bekommen, ehren und ohne Ende anschauen.»[1387]

8.9.3 Inszenierte Andacht

Unter dem Aspekt der *äthos*-Argumentation betrachtet, gewinnt die Vertonung des Satzes eine mystisch anmutende Dimension. Musik wird zum «Vorschmack»[1388] der im Jenseits zur erwartenden «Ruh» (Deyling) und bewegt sich inhaltlich im Kernbereich dessen, was die Erbauungsliteratur des 17. Jahrhunderts ihren Zeitgenossen bereithält: der «sprachlich-stilistisch» häufig aufwendig geschilderten Verschmelzung des Ichs mit seinem Gott.[1389] Von diesem erbau-

---

1385 Jesus als Dreizehnter im Zwölferkreis seiner Jünger. Siehe Hirsch 1986, 42.

1386 Hutter 1961, 140: XXXIV (de vita aeterna), 2.

1387 Hutter/Schnabel 2000, 270f: XXXIV (Vom ewigen Leben), 2: «Was ist das ewige Leben?»

1388 Heinrich Müller 1695, 18a zit. n. Renate Steiger 1998b, 200.

1389 Siehe Pfefferkorn 2005, 274. Pfefferkorn zitiert z. B. Johann Matthäus Meyfarts Beschreibung der ewigen Herrlichkeit aus dessen vier Predigten: Tuba novissima (Meyfart 1626), die in Anlehnung an 1Kor 2 Formulierungen aufweisen wie: «[E]in unaußsprechliche Lust» (Meyfart 1626, 32) «von der vnaußsprechlichen Wonne / Frewde vnnd Herrligkeit» (Meyfart 1626, 34) «da fähre dahin die gleubige Seele / den Weg der Ewigkeit / in vnnachdencklicher Geschwindigkeit» (Meyfart 1626, 39) «über dem lichen Horizont her bearbeitet Bach ein Libretto, das selber poetisch geschickt die von ihm ins Spiel gebrachte Dimension der existentiellen Auseinandersetzung des Menschen um sein persönliches Seelenheil als im Beistand Christi längst überwunden schildert. Auch an dieser Stelle werden eschatologisch-theologisch schwerwiegende Sachverhalte mit der Vorstellung eines ganz menschlich einleuchtenden «Zur-Seite-Stehens» der göttlichen Vorsehung zusammengefasst, ohne die Schwere des Katechismus und der Amtspredigt mit ihrer zu Gewissenskonflikten führenden Frage der Rechtgläubigkeit zu evozieren. Der für die sieghafte Überwindung der «zum Streite» rufenden Höllen=heer[e]» nach reformatorischem Verständnis so notwendige Glaube wird mit keiner Zeile erwähnt. Implizit wird er aber als leicht nachvollziehbare menschliche Haltung dargestellt. Die Verwunderung, die dieser Satz in der Fachwelt auslöst, rührt von seiner ausgesprochenen *virtus* (Fertigkeit, Kompetenz)[1390] her, musikalisch-poetisch schwerwiegende Thematiken rhetorisch-szenisch so zu plausibilisieren, dass sie sich in die Gedankenwelt der einzelnen Gottesdienstbesuchenden zu fügen verstehen, von diesen als zugänglich nachvollzogen werden können und ihren persönlichen Glauben zu vertiefen helfen. Aus der Perspektive gegenwärtiger Gottesdiensttheorien lassen sich solche die «religiöse Erfahrungsebene» (5.4.7) berührende rhetorische Verfahren erhellend zum Vergleich heranziehen: In der die Nähe Gottes zur gläubigen Seele suggerierenden Aufführung eines Satzes erhält das teilnehmende Individuum die Gelegenheit, seine eigene Nähe zu Gott mit der in Szene gesetzten Nähe in Relation zu setzen und auf diese Weise den eigenen persönlichen Aneignungsprozess zu fördern und zu steuern.[1391]

---

vnaußforschlichen Schmuck des Frewdensaals» (Meyfart 1626, 42) «über der vnerforschlichen grösse des Himmels» (ebd.) «vnd alle zeit ein newes Lied daher spielen vnd singen / Apoc 14. Ohne Auffhöhrung vnd doch ohne Verdriessung / ohne Auffhörung / vnd doch ohne Wiederholgung» (Meyfart 1626, 44) «von diesem vnendlichen Brun(n)en der Liebligkeit / … aus dem vnendlichen Fewer der Frewdigkeit» (Meyfart 1626, 45 zit. n. Pfefferkorn 2005, 274f.).

1390 Zu Etymologie und Wortbedeutung des Begriffs *virtus* siehe 5.2.2.1.1.

1391 Auf die schier unendliche Anzahl möglicher Rückbezüge vom Libretto zum Kirchenlied einzugehen, die sich unter gottesdienstinszenatorischen Gesichtspunkten herstellen liessen, sprengt den Rahmen dieser Untersuchung. Dennoch möchte ich auf eine frappante Verwandtschaft zwischen BWV 78,4B und der zweiten Strophe von Johann Francks Lied: «Jesu, meine Freude» hinweisen, das dieselbe dogmatische Thematik mit lyrisch-dramatisch leicht unterschiedlicher *elocutio* behandelt: «Unter deinem Schirmen / Bin ich vor den Stürmen / Aller Feinde frei. / Lass den Satan wittern, / Lass den

8.10 BWV 78,5: Recitativo B

5. Recitativo (Basso)

Violino I/II, Viola, Continuo

1 (T.1–7)	*piano*	Die Wunden, Nägel, Cron und Grab, Die Schläge, so man dort dem Heyland gab, Sind ihm nunmehro Sieges-Zeichen, Und können mir verneute Kräfte reichen.
2,1 (T 8–9)	*vivace*	Wenn ein erschreckliches Gericht Den Fluch vor die Verdammten spricht,
2,2 (T.10–17)	*adagio*	So kehrst du ihn in Segen. Mich kan kein Schmerz und keine Pein bewegen, Weil sie mein Heyland kennt, Und da dein Herz vor (für) mich in Liebe brennt, So lege ich hinwieder, Das meine vor dich nieder.
3 (T.17–27)	*andante*	**Diß mein Herz, mit Leyd vermenget,** **So dein theures Blut besprenget,** **So am Creutz vergossen ist,** **Geb ich dir, HErr JEsu Christ.**

Allgemein wird dieser Satz als «besonders kunstvoll angelegt»[1392] wahrgenommen:

> «Wieder ist es die außerordentliche Expressivität, die auch vor extremen Intervallsprüngen nicht zurückschreckt, die diesen Satz – ähnlich wie Satz 3 – kennzeichnet.»[1393]

Feind erbittern, / Mir steht Jesus bei. / Ob es itzt gleich kracht und blitzt, / Ob gleich Sünd und Hölle schrecken: / Jesus will mich decken.» (BWV 227,3). In Bezug auf eine Parallelisierung von erbauungsrelevanten Textsorten ist der Einfallsreichtum nicht in Bezug auf die *inventio*, sondern in Bezug auf die *elocutio* bemerkenswert. Genau in dieser durch Originalität gesteuerten Wiedererkennung einer Thematik erweist sich ein inszenatorisch-semiotischer Zugang in Bezug auf liturgische Querverbindungen als besonders hilfreich (vgl.5.4.3).

1392 Dürr 2010, 587.

1393 Petzoldt 2005, 413.

Die Bassstimme wird als «pathetisch rezitierend» bezeichnet und «das Streicheraccompagnato» erinnere an «Bachs Passionen, plötzliche Tempowechsel («vivace», «adagio», «andante») und die Vortragsanweisung «con ardore» (zum Vivace) erhöhen die dramatische Wirkung.» Weiter wird auf «Intervallsprünge der Singstimme [...] als Ausdruckssteigerung»[1394] hingewiesen. Als weitere Besonderheit dieses Satzes gilt die «kunstvolle Umspielung» der Melodie des Abgesangs zu den textlichen Choralpassagen:

> «Sicherlich ist dies eine der subjektivsten und expressivsten Auszierungen eines cantus firmus, die je für Singstimme geschrieben wurden.»[1395]

8.10.1 Dispositio

Analog zu Hindermanns Beurteilung der letzten beiden Sätze der Kantate BWV 140 als *peroratio*, sehe auch ich in diesem Satz diese Stufe erreicht:

> «Im Hinblick auf den Urteilsspruch bildet die peroratio rhetorisch eine Art ‹beratende Rede› (*deliberatio*). Empfehlende, bzw. abratende Erwägungen und Überlegungen sind zukunftsbezogen. Die Prüfung der Sachlage (res) und der (öffentlichen) Stimmung (*adfecus*) beeinflußt das Urteil.»[1396]

Entsprechend einer *peroratio* lässt sich die Suggestion: «Die Wunden ...| Sind ihm nunmehro Sieges-Zeichen ...» als eine Art Empfehlung gelesen werden. Es gilt wie in einer *deliberatio*[1397] künftiges Verhalten positiv zu indizieren: «Mich kann kein Schmerz und keine Pein bewegen,| Weil sie mein Heyland kennt». Dem Auditorium wird geraten, bei künftigen Anfechtungen nicht irre zu werden, sondern sich im Bewusstsein des Beistandes Christi ruhig und besonnen zu verhalten. Die suggerierte Handlung: «So lege ich hinwieder| [mein Herze] vor dich nieder», bietet als «Erwägung» (Hindermann) die Krone aller Empfehlungen. Weiter lässt sich der auffallende Wechsel in den gewählten *modi* und *tempi* innerhalb dieses Satzes als Ausdruck einer *peroratio in adfectibus* lesen:

> «Auch die Affekterregung geschieht entsprechend der Einleitung, doch in größerer Freiheit und Fülle: *in prooemio similia, sed hic liberiora plenioraque* ([Institutio Oratoria] 6,1,9) [...] Wenn irgendwo, sollen hier alle Quellen der Beredsamkeit sprudeln: *at hic, si*

[1394] Dürr 2010, 587.
[1395] Ebd.
[1396] Hindermann 1987, 294.
[1397] Zum Begriff siehe 8.10.1.

> *usquam, totos eloquentiae aperire fontes licet* (6,1,51) [...] Zwecks Entfachung von Gefühlswallungen anvertraut uns Quintilian die Regel, wie der Redner (dem Richter) die volle Bedeutung der Angelegenheit klarmachen kann: *concitare adfectus ... hoc praeceptum dari ... ut totas causae suae vires orator ponat ante oculos* (6,1,11).»[1398]

Doch noch eine weitere Besonderheit lässt sich über die Bestimmung dieses Satzes als Teil einer *peroratio* in ihrer rhetorischen Absicht aufschlüsseln. Es handelt sich um die Aufzählung: «... Wunden, Nägel, Cron und Grab, |... Schläge», die mit dem Stichwort «Blut» im Satz 4 zusammengefasst wurden und nun im Duktus der Rede als überflüssige Zusätze aufgefasst werden könnten.[1399] Quintilian vergleicht in dieser Hinsicht die Schlußrede mit der Einleitung, die ebenfalls eine Themenvielfalt aufweist. Dazu Hindermann:

> «So ist die Aufzählung der Fakten (*enumeratio*) zu Beginn meist aufgliedernd expandierend (*distributio*), während sie zum Schluß zusammenfassend wiederholend (*recapitulatio*), erfolgt.»[1400]

Wie auch die Affekte in der *peroratio* grosszügiger gehandhabt werden als im *prooemium*, so scheint auch die *recapitulatio* mit grösserer Lizenz zu verfahren als die *enumeratio* zu Beginn der Klangrede.

8.10.2 Inventio & elocutio

Steiger versucht, der *inventio* dieses Satzes aus dessen theologisch-frömmigkeitsgeschichtlichem Kontext heraus näher auf die Spur zu kommen:

> «Das Rezitativ [...] bietet ein Beispiel der Verbindung von Lehre und persönlicher Aneignung, von *doctrina et pietas*, in der künstlerischen Gestalt der Verbindung von allgemeingültig geprägter Form und expressivster Subjektivität im Ausdruck.»[1401]

Der von Steiger wie von Dürr verwendete Begriff Subjektivität vermag auf den eigentümlichen Modus dieses Satzes wie als auf einen Filter hinzuweisen, durch

---

1398 Ebd.

1399 Bereits die Ristsche Vorlage liest sich in der Strophe acht als Aufzählung: «Dein rothgefärbten Wunden, | Deine Nägel, Cron und Grab, | Deine Schenckel fest gebunden, | Wenden alle Plagen ab, | Deine Pein und blutigs Schwitzen | Deine Striemen, Schläg und Ritzen, | Deine Marter, Angst und Stich, | O HErr JEsu! trösten mich.» (Zit. n. Petzoldt 2005, 406).

1400 Hindermann 1987, 294.

1401 Renate Steiger 2002, 46.

welchen hindurch die Inhalte behandelt und somit analytisch herausgearbeitet werden können.

Abschnitt 1

Die Takte 1–7 widmen sich der christologischen Umwertung der Zeichen des Kreuzesleidens in «Sieges-Zeichen». Sie sind zugleich das, was Christus auf sich nimmt und dadurch aber auch dem Menschen zurückerstattet, wenn dieser sich dessen bewusst wird: sie «können mir verneute Kräfte reichen.»[1402] Die von Rist angeführten acht Zeichen des Passionsleidens[1403] Christi werden vom Librettisten auf fünf reduziert[1404] und antithetisch mit den «Sieges-Zeichen» (V. 3) in Beziehung gesetzt. Formal handelt es sich auf der Ebene des Librettos um eine Weiterentwicklung der ersten Zeile des 4. Satzes: Aus «Blut» werden «Wunden, Nägel, Cron und Grab» und «Schläge». Dem Freispruch und dem leichten Herzen aus Satz 4 entsprechen die «Siegeszeichen» aus Satz 5. Die «neuen Kräfte» in Satz 5 explizieren die Aussage, dass Jesus «mir zur Seite» steht. Die Weiterentwicklung des Gedankens von Satz 4 zu 5 verläuft einerseits über eine relativ ausladende Schilderung der zur Passion Jesu angewandten Folter-Mittel, andererseits aber auch über den damit verbundenen Schmerz, der von Bild zu Bild: «Wunden, Nägel, Cron» usw. stärker evoziert wird. Darin liegt die Besonderheit der Entwicklung von Satz 4 zu 5, dass der Nachvollzug des Leidens bei der Hörerschaft im Sinne der fortschreitenden Intensivierung inszeniert wird. Bach nimmt sich entsprechend durch etliche Pausen Zeit, die einzelnen Bilder sinnfällig und affektspezifisch auszuformen. So stehen sich «Cron» (hohes D) «und Grab» (tiefes As), von einer Achtelpause getrennt, im grösst-denkbaren klangräumlichen Abstand einander gegenüber.

Basso, Takt 2f.

In der Kombination beider Figuren entfaltet sich vor dem inneren Auge der Hörenden die Kreuzesabnahme. Gleichzeitig werden sie selbst affektiv in dieses tristitia (Trauer) evozierende Geschehen mit hineingezogen. Das Passionsge-

1402 Petzoldt 2005, 413.

1403 Zum Text der achten Strophe siehe Petzoldt 2005, 406.

1404 Hinweis auf 2 Sam 7,14b siehe Petzoldt 2005, 413.

schehen «dort» (Zeile 2) wird «mir» (Zeile 4) darin gegenwärtig. Gleichwohl zielen Text und Musik nicht eigentlich – wie auch in Satz 4 nicht – auf Christi Passion selbst. Wie steht es nun mit der heilsgeschichtlichen «christologischen Umwertung der Zeichen ... in Siegeszeichen» (Petzoldt)? Bach lässt in einer sanft ansteigenden Figur den Wandel der Foltermittel in Siegeszeichen nachvollziehen (Takt 5). Doch auch darin liegt der Akzent des Vortrags nicht. Die instrumentale Begleitung ist zu verhalten, um den geschilderten Vorgang als thematischen Schwerpunkt herauszustreichen. Dieser erste Abschnitt ist entsprechend eher als *proömium* zu werten, als Vorwort zum folgenden Abschnitt. Gleichwohl liegt der Akzent, anders als in Satz 4, auf dem Nachvollzug der leidensschweren Heilstat Christi.

Abschnitt 2 (Takt 7–17)
Von der zweiten Takthälfte (Takt 7) an vertont Bach die beiden Zeilen als *vivace*:

Die Instrumentalstimmen wechseln vom *piano* ins *forte.* Der Bass wird dazu angehalten, con ardore zu singen. Im Übergang aber zum darauf folgenden *adagio* (Takt 10) gleiten die Instrumentalstimmen im Takt 9 bereits wieder ins *piano* hinüber. Die Singstimme führt ihren Vortrag *lente* fort, und dies bis zum Ende des Abschnitts (Takt 17). Wozu der insgesamt dreifache Wechsel in Stimmung und Vortrag? Wozu das Herausstreichen des «erschrecklichen» Gerichts durch die Instrumente mit dem sich daraus ergebenen «Fluch vor die Verdammten»? Wozu der überbetont langsame Vortrag: «so kehrst du ihn in Segen»? Es handelt sich um eine die affektive Aneignung (Steiger) der Heilstat Christi steuernde Inszenierung einer idealtypisch individualisierten Danksagung. Petzoldt ist im Hinblick auf die Orientierung des Librettos auf das Sonntagsevangelium recht zu geben, wenn er von einer in Wort und Ton dargestellten «Dankesgeste des einen Geheilten»[1405] spricht. Als thematischer Hintergrund bietet sich wieder Deylings Predigtextrakt *zur Lebens-Pflicht* an:

1405 Ebd.

> «Es macht dich JEsu Blut von allen Sünden rein,
> Die Wohlthat ist sehr groß! Willst du nicht danckbar seyn?»[1406]

Gemäss der Bestimmung dieses Satzes aber als *deliberatio, recapitu*latio und *peroratio* (*in adfectibus*) ist in Bezug auf die *inventio* nicht die Behandlung eines neuen dogmatischen Sachverhaltes zu erwarten. Vielmehr scheint sich an dieser Stelle bereits die *inventio* dieses Satzes auf der erbaulich-reflexiven Ebene zu bewegen, die bisher von mir in der Kantatenanalyse stets erst auf der Ebene der *elocutio* behandelt wurde. Nun scheint das Libretto der Kantate das dankbare Verhalten des «Ich» selbst zum Thema zu machen: «Diß mein Herz […] Geb ich dir, HErr JEsu Christ.»

Somit rückt erstmals in dieser Untersuchung ein erbaulich-reflexives Motiv der Kantatenvorlage zum Thema eines Satzes selbst auf und legt gleichzeitig das stilistische Schwergewicht desselben auf die *movere*-Argumentation fest. Statt in einer ausführlichen Gegenüberstellung von BWV 78,5 und Deylings Doppelzeiler seien an dieser Stelle lediglich Bachs *tempi-* und *modi*-Anweisungen zum Vergleich der Affektgestaltung mit dem Duktus der Deylingschen *Lebens-Pflicht* in Beziehung gesetzt:

BWV 78,5	**Deylings *Lebens-Pflicht***[1407]
piano	Es macht dich JEsu Blut von allen Sünden rein,
vivace, forte, con ardore	
	Die Wohlthat ist sehr groß!
adagio, lente	
	Willst du nicht danckbar seyn?
Andante	

Diese auf den Aufführungsmodus (*executio*) bezogene Gegenüberstellung ergibt in Bezug auf die erste Zeile der *Lebens-Pflicht* ein sachgemässes *piano*. Nachdruck und Bewegung sind an dieser Stelle nicht nötig, weil die Topik dieser Zeile in den vorhergehenden Sätzen ausführlich behandelt wurde und an dieser Stelle in der Form einer *recapitulatio* behandelt wird. Anders sieht es in der Behandlung der zweiten Zeile aus. Es will beinahe den Eindruck machen, als sollten Deylings Worte durch Bachs Anweisungen ‹hörbar› gemacht werden. In der Tat liegt in der zweiten *Pflicht*-Zeile Deylings ein Pathos, dem in Bachs An-

1406 Deyling 1734a, 28.
1407 Ebd.

weisungen adäquat entsprochen wird. Da es Deyling um eine affektbezogene Herausstreichung der mit der Heilstat Christi verbundenen Gabe geht, sind den Variationen für deren Affektgestaltung an dieser Stelle kaum Grenzen gesetzt. Daher die Klammern in meiner Darstellung: Deylings Aufforderung könnte vivace *forte* wie *con ardore* vorgetragen werden, *forte* mit Betonung auf das «sehr groß!», und *adagio*, das heisst langsam (*lente*) im Sinne von ruhig mit Rücksicht auf Christi «Wohlthat». Ähnlich variationsfreudig lässt sich der Ausdruck der Dankbarkeit gestalten: mit Nachdruck und Einfühlung das «du», zur Dankbarkeit führend (*adagio, lente*), oder aufmunternd in Bezug auf die rhetorisch formulierte Frage: «Willst du nicht ...?» Im Rezitativ jedenfalls kommt der Ausdruck der Dankbarkeit sowohl im *adagio* wie im ariosen *andante*[1408] zu stehen, wird aber ausführlich und mit Nachdruck erst im *andante* ausformuliert: «Dies mein Herz,... geb ich dir». Petzoldt fasst die *inventio* dieses Abschnitts präzis zusammen:

> «Es ist die Übergabe des Herzens, dessen Inhalt die Sünden bzw. der Sündenaussatz sind, als Depositum, weil es seinerseits mit dem Blut des Kreuzes Christi durchtränkt ist.»[1409]

8.10.2.1 Docere

Besteht die Aufgabe von *inventio* und *dispositio* darin, Dankbarkeit auf eine Art zu inszenieren, dass die Hörgemeinschaft zum stillen, persönlichen Dankgebet verleitet wird, so beschränkt sich die Aufgabe der *logos*-Argumentation auf dieser Stufe darauf, diesen vertonten Inhalt nach Lehre und Perikope autoritativ zu untermauern.[1410] Die für ein *recitativo* aufwendige Instrumentierung weist in diese Richtung. Im piano-Abschnitt wird das *continuo* von den übrigen Streicherstimmen ergänzt, um den Vortrag des Bassisten unterstützend zu explizieren. Eingeleitet wird der Satz durch einen ruhenden Akkord solenner Länge. Erst im Auftakt zum Schlag drei setzt die Bassstimme ein. Die sprachlich evidente Betonung auf Silben wie «Nä-(gel)», «Cron» (Takt 2) und «Schlä-(ge)» (Takt 3) wird durch die zusätzlichen Streicherstimmen in ihrer Bedeu-

---

[1408] Die Worte: «So lege ich hinwieder das meine [= Herze] vor dich nieder» befindet sich noch im *adagio*. Die Gabe des Herzen ist dann «Sache» der Tempovorschrift *andante*: «gehend, schrittmässig» (Schaal 2000, 31).

[1409] Petzoldt 2005, 413f.

[1410] Zum *officium paedeuticum* als Aufgabe der *Lebens-Pflicht* siehe 8.10.2.2.

tungsschwere gestützt. Dies gilt auch für das Kreuzabnahmemotiv, im Verlauf derer das *continuo* auf einem ruhenden Ton die dogmatische Relevanz der geschilderten Begebenheit unterstreicht, während die übrigen Streicherstimmen «mit einem grossen Intervallsprung»[1411] die Kreuzesabnahme schildern. Weiter wird im vivace-Abschnitt auf den *locus de extremo iudicio* (Vom Jüngsten Gericht) hingewiesen, der in aller Klarheit die Verurteilung der «Verdammten» festschreibt:

> «impios […] condemnabit [CHRISTUS], ut sine fine crucientur».[1412] – «die gottlosen Menschen […] wird [Christus] zur ewigen Strafe in die Hölle verbannen, wo sie ohne Ende gepeinigt werden.»[1413]

Auf diesem dogmatischen Sachverhalt beruht Bachs expressive Vertonung, wo hingegen im *adagio* die den Gläubigen besänftigende Mitteilung zugesprochen wird:

> «piis et electis dabit (CHRISTUS) vitam aeternam […].»[1414] – «den Frommen und Auserwählten wird er ewiges Leben und ewige Freude geben […]»[1415]

Dass der *locus de extremo iudicio* einzig aus dem *locus de iustificatione*[1416] (Von der Rechtfertigung) heraus in seiner heilsgeschichtlichen Dimension erfasst werden kann, macht das Zitat aus Neh 13,2 deutlich, mit welchem der Librettist geschickt die Verbindung zwischen dem *locus de extremo iudicio*,[1417] dem *locus de iustificatione* und dem *locus de peccato* (Von der Sünde)[1418] zu vermitteln versteht: «… aber unser GOtt wandte den Fluch (= die Sünde und die damit zwangsläufig verbundene Verdammung in ewiger Gottferne) in einen Segen (= das ewige Leben in Gottes Gegenwart).»[1419]

1411 Anmerkung von Marie-Louise Hoyer.

1412 Hutter 1961, 135: XXXII (de extremo iudicio et adventu CHRISTI ad iudicandum vivos et mortuos), 1: «Estne futurum aliquod externum Iudicium?»

1413 Hutter/Schnabel 2000, 262: XXXII (Vom Jüngsten Gericht und von Christi Wiederkunft, zu richten die Lebenden und die Toten), 1: «Wird es denn gewiß ein Jüngstes Gericht geben?»

1414 Hutter 1961, ebd.

1415 Hutter/Schnabel 2000, ebd.

1416 Hutter 1961, 52ff: XII.

1417 Hutter 1961, 135ff: XXXII.

1418 Hutter 1961, 29ff: VIII.

1419 Biblia 1712.

Hierfür gibt ihm der gläubige Mensch im *andante* sein Herz (= seine Liebe) als Ausdruck seiner «gratiarum actio[...], pro acceptis beneficiis»[1420] («schuldige Danksagung für die empfangenen Wohltaten»).[1421] Dies alles wird von der Gemeinde aus den Worten des Librettos herausgehört. Dies alles ist *docere.* In der Vertonung verstärkt die Dramatik der Inszenierung genau die diesem Satz eignende Klarheit.

8.10.2.2 Movere

Wie in der *inventio* geschildert, liegt der inhaltliche Schwerpunkt des Satzes auf dessen homiletischer Funktion, die Gemeinde zur Dankbarkeit zu bewegen (*movere*). Die argumentative Anstrengung verläuft parallel zum genus paedeuticum, das sich auf die *Lebens-Pflicht* bezieht und unterschiedlichen *species* gerecht werden muss. Auf der Ebene des Textes lässt sich diesbezüglich folgende Aufstellung machen:

BWV 78,5	*species des genus paedeuticum*[1422]
Die Wunden, Nägel, Cron und Grab, Die Schläge, so man dort dem Heyland gab, Sind ihm nunmehro Sieges-Zeichen, Und können mir verneute Kräfte reichen.	*promissio* (Versprechen) (1)
Wenn ein erschreckliches Gericht Den Fluch vor die Verdammten spricht, So kehrst du ihn in Segen.	*promissio* (2)
Mich kan kein Schmerz und keine Pein bewegen, Weil sie mein Heyland kennt,	*promissio* (3)
Und da dein Herz vor mich in Liebe brennt, So lege ich hinwieder, Das meine vor dich nieder.	*narratio exempli imitandi* (Erzählung nachzuahmender Beispiele)

1420 Hutter 1961, 116: XXV (de invocatione), 2.

1421 Hutter/Schnabel 2000, 233: XXV (Von der Anrufung Gottes), 2.

1422 Löscher 1720, 73

In Sinn einer Zusammenfassung:

Diß mein Herz, mit Leyd vermenget,	*narratio …*
So dein theures Blut besprenget,	
So am Creuz vergossen ist,	*promissio*
Geb ich dir, HErr JEsu Christ.	*… exempli imitandi*

Die Tabelle macht deutlich, in welchem Masse die *pathos*-Argumentation ihre Wirksamkeit durch den Einsatz weniger Mittel zu erhöhen gedenkt. Die Aussage zielt, der Vorlage Rists entsprechend, auf das Überzeugungsmittel der Verheissung einerseits, und des Vorbilds andererseits. *Promissio 1* wird durch den *piano*-Abschnitt vertont: die Tonlage ist ruhig und gemessen.[1423] *Promissio 2* setzt auf den glücklichen Ausgang der Konfrontation von Hölle und Himmel und stellt insofern eine *promissio* dramatisch höheren Ranges dar: die Frage nach Himmel und Hölle bewegt die Hörerschaft im *status gratiae*[1424] unmittelbar. Auf diese Passage konzentriert Bach die einzigen Tempobezeichnungen der Kantate überhaupt! Segen (*adagio*) folgt der Ankündigung des Fluchs (*vivace*). Der Höhepunkt der *pathos*-Argumentation ist mit diesem unvermittelten Wechsel (*abruptio*) von einer die Hölle evozierenden Motivik[1425] in die sich durch keine Bedrohung irremachende Stimmungslage der vom Auftakt zu Takt 10 an *lente* vorgetragenen Singstimme erreicht, wo «du […] Fluch» in «Segen» «kehrst» (*lente, adagio, piano*). *Promissio 3* bietet eine intimistische Verlängerung[1426] der *promissio 2* und dient als Nachhall der von Rists Vorlage unabhängigen freien Dichtung, als *conclusio* des *movere*. Mit der *narratio exempli imitandi* schliesst im Grunde der Satz ab: «so lege ich hinwieder, das meine vor dich nieder.» Hier ist der Punkt erreicht, den die *Lebens-Pflicht* anstrebt: «Willst du nicht danckbar seyn?»[1427]

1423 Vgl. ausführliche Besprechung in 8.10.2.1.

1424 Siehe 5.1.6.

1425 Küster spricht von «motivischen Einwürfen» (Küster 1999, 265). Zur Höllenmotivik der Streicherstimmen lassen sich verschiedene Figuren zählen, die Bach an dieser Stelle verwendet: Bombo, Ekphonesis, Dissonanz, Aposiopesis, Abrutio. Es mögen derer noch mehr sein. Die Bassstimme vollführt auf «schreck-lich» (Takt 8) die Figur des Hyperbaton, in dem es diese Silbe in eine deutlich andere Lage versetzt und so die Heftigkeit des Affekts hörbar macht. Zu den genannten Figuren siehe Weller 2010.

1426 Die Wortfolge: «mein Heiland kennt» (Takt 12f.) wird ausgeschmückt.

1427 Deyling 1734a, 28.

Die letzten Zeilen des Recitat*ivo* stammen aus der zehnten Zeile des Ristschen Liedes und bilden die *conclusio* des Satzes im Sinne einer *recapitulatio*. Die nochmals veränderte Tempoangabe: «*andante a tempo*»[1428] setzt an dieser Stelle eine Zäsur. Die Vertonung ist noch einmal neu gestaltet, «gehend, schreitend» statt «langsam, ruhig» wie im *adagio*. Die Handlung leitet, obwohl im Wesentlichen die *pathos*-Argumentation abgeschlossen ist, zum Sakrament des Abendmahls über: musikalisch parallel werden die Ausdrücke «vermenget» in Bezug auf «Dies mein Herz» und «besprenget» in Bezug auf «so dein theures Blut» gestaltet.

8.10.2.3 Delectare

Die spezielle im Grunde auf Affektminderung ausgerichtete Argumentationsebene des *delectare* ist nun im Anschluss an meine Ausführungen zum *movere* nicht einfach plausibel zu machen. Dennoch bietet die kunstvolle Vertonung dieses Satzes Hinweise auf diese Argumentationsstufe: Die Abfolge der unterschiedlichen *tempi* und *modi* gestalten den Satz unterhaltsam. Wenn das *andante* als Teil der 10. Strophe des Ristschen Liedes als Ausgangspunkt genommen wird, können der *vivace*- und *adagio*-Teil als kontrastierende Vorarbeit auf denselben gelten. Gerade das *andante* ist besänftigend vertont und mit zahlreichen Verzierungen auf «mein Herz» (Takt 18), «(mit Leid) vermenget» (Takt 19) «dein teures (Blut)» (Takt 20), «besprenget» (Takt 21) usw. versehen. Auch hier wird die Beteuerung einer Predigt nicht aus den Augen verloren: «… Jesus … bringt dich ein zur Ruh.»[1429]

8.10.3 Inszenierte Andacht

Auffällig ist bereits im Libretto die paradox erscheinende Umkehrung von «Wunden, Nägel, Cron und Grab» in «Sieges-Zeichen», von «Gericht» in «Segen», die theologisch über die Gegenüberstellung «dort» und «nunmehro» miteinander in Beziehung gebracht werden. Über den Hang der Barockliteratur zu einer gewissen Drastik hinaus müssen solche paradoxalen Relativierungen evozierter Gegensätze im Lichte erbauungsliterarischer Bibelhermeneutik betrach-

---

1428 *A tempo* heisst «im Takt», also «nicht mehr rezitativisch frei» (Anmerkung vom Marie-Louise Hoyer).

1429 Deyling 1734a, 28.

tet werden. An dieser Stelle dient die Arndtsche Gegenüberstellung von «innen» und «aussen» als Schlüssel zur Wertung des Wortes Gottes selbst, das in erbauungsliterarischer Perspektive in ein totes äusseres und ein lebenspendendes inneres Wort unterteilt werden kann.[1430] Bernd Hamm versucht die Qualität einer verinnerlichten Rezeption des Bibelwortes folgendermassen zu beschreiben:

> «Wenn aber das innere Wort des heiligen Geistes die Seele erleuchtet, gewinnt der Mensch Verständnis für den verborgenen geistlichen Sinn des äußeren biblischen Wortes.»[1431]

Aus dieser Erbauungsperspektive erscheint die Rhetorik von Libretto und Vertonung als werbende *deliberatio*,[1432] sich auf das äussere Geschehen des Gottesdienstes, an dieser Stelle auf die Feier des Abendmahls, mit der auf Verinnerlichung und persönlicher Aneignung zielenden Hermeneutik einzulassen. Innerer und äusserer Gottesdienst fallen zusammen: der (agendarisch vorgeschriebenen) Spende des Sakraments soll mit Andacht, das heisst emotional und individualisiert in ihrer aktuell heilswirksamen Dimension für das einzelne gläubige Gemeindeglied begegnet werden. Gleichzeitig wird die Zielrichtung von Andacht veranschaulicht: Es gilt, die christliche Kirche von innen heraus zu erbauen.[1433]

Nirgendwo in der Kantate wird die hermeneutische Brücke zwischen innerem und äusserem Gottesdienst wahrnehmbarer als in diesem Satz.[1434] Es wird um die Verschmelzung beider Ebenen regelrecht geworben. Die gewagte dichterische Verdeutlichung dieses Sachverhalts im Libretto wie die keinen wirkungsorientierten Aufwand scheuende Vertonung dienen der Plausibilisierung dieses Zusammenhangs.

1430 Siehe 1.2.2 und 5.5. Zur Verhältnisbestimmung zwischen erbauungsliterarischen Erzeugnissen und der offiziellen Lehre bei Arndt siehe ferner Pfefferkorn 2005, 101.

1431 Hamm 1982, 66f. zit. n. Pfefferkorn 2005, 101.

1432 Zum Begriff siehe 7.7.2.

1433 Pfefferkorn 2005, 116f: «Zentral für den Erbauungsbegriff ist zunächst seine Zielrichtung: Wer oder was soll erbaut werden? Die Mehrzahl der Belege nennt die christliche Kirche oder die Gemeinde Gottes als Objekt der Erbauung […] Die Erbauung der Gemeinde kann allerdings nur durch die Erbauung ihrer einzelnen Glieder geschehen.» Pfefferkorn weist somit erbauungsperspektivisch auf den Bezug zwischen Individuum und Kollektiv hin, der gleichzeitig als Brücke zwischen innerem und äusserem Gottesdienstvollzug dienen kann.

1434 Siehe 5.5.

8.11 BWV 78,6: Aria B

6. Aria (basso)

Oboe I, violino I/II, viola, continuo

A Nun, du wirst mein Gewissen stillen,
So wider mich um Rache schreyt,
Und[1435] deine Treue wird's erfüllen,
Weil mir dein Wort die Hoffnung beut.[1436]

B Wenn Christen an dich glauben,
Wird sie kein Feind in Ewigkeit
Aus deinen Händen rauben.

Violino I, Takt 1ff.

Dürr fasst die musikalische Anlage dieser Arie in knappen Worten zusammen:

> «Sie ist [...] fast ein kleines Konzert für Oboe und Vokalbaß mit Tuttieinwürfen der Streicher. Tatsächlich besteht ihr Aufbau in einem stetigen Wechsel zwischen einem Tutti-Vordersatz a, einer Solo-Fortspinnung b der Oboe und ab und zu einer Tutti-Kadenz c.»[1437]

Wieder setzt meine Analyse mit der Funktion des Satzes innerhalb des Redeganzen, also mit der *dispositio* ein.

8.11.1 Dispositio

Im Libretto unterscheidet sich B von A durch eine höhere Reflexionsstufe. Auch musikalisch unterscheidet Bach B von A trotz aller gestalterischen Abhängigkeit von A deutlich:

> «Im letzten Vokalabschnitt[1438] kommt es [...] zu einem Nebeneinander von Orchester und Vokalsolist [...]. Parallel zur Linie der Singstimme läuft ein kompletter Ritornelldurchgang ab – doch er erscheint gegenüber dem Gesangspart verschoben, setzt einen

---

1435 «Und» anstelle von «Ja,» in der NBA. Siehe Schabalina 2009, 39, Abb. 5.

1436 Diese Zeile fehlt in der Textfassung bei Schabalina (Schabalina 2009, 39).

1437 Dürr 2010, 587.

1438 = B.

> Takt vor dessen Neu-Eröffnung mit ‹Wenn Christen an dich glauben› ein und erreicht die ‹Schlusskadenz› auch einen Takt früher als der Bassist; folglich wird diese Kadenz zum Trugschluss umgewandelt, und die Singstimme kann ihren Anteil, allein vom Continuo begleitet, beschließen.»[1439]

Während sich der A-Teil strenger an das Grundschema des Satzes hält[1440] und als Triosatz deutlich wahrnehmbar bleibt, weil die Tutti-Einsätze nur gelegentlich hinzutreten,[1441] kommt es im B-Teil, wie bereits erwähnt, zu einem «Nebeneinander von Orchester und Vokalsolist» (Küster). Möglich ist, dass eine solche in B die Stimmen vermehrt ineinander greifen lassende Vertonung auf den Umstand zurückzuführen ist, dass in B auch die «Christen» als Subjekt in Erscheinung treten. Während in A Jesus, bzw. Gott handelt und alle Prädikate für sich beansprucht (Gott = Trinität = Triosatz),[1442] erlangen in B «Menschen» einen Teil der Initiative zurück, indem sie «glauben». Das «Wenn» zu Beginn von B ist durchaus aufmunternd als Heilsgrund, als *causa salutis* zu veranschlagen. Aus dem Triosatz wird ein Konzert (Mensch + Gott = Konzert).[1443] Die Verschiebung der Stimmenlage in B ermöglicht einerseits der Singstimme, die eigentliche «Schlusskadenz» in eine Art «Trugschluss» umzuwandeln, sodass sie «allein vom Continuo begleitet» den Satz beschliesst.[1444] Andererseits nutzen die Instrumente diese Lage aus, um den Schluss des Satzes «als scheinbares Da capo» zu gestalten: Der Wechsel der ‹Initiative› zwischen Gott und dem Menschen ist Teil des Heilsplanes, im Rahmen dessen Gott letztlich jedoch die Führung behält. In rhetorischer Hinsicht ist dieser Satz Teil der *peroratio in adfectibus*,[1445] die mit ihrem eschatologischen Horizont als Ausblick zum Schluss der Rede gewertet werden kann:

> «Etiam futuri temporis imagine iudices movet. [– [Der Redner] mag die Richter auch über eine Vorstellung künftiger Zeiten berühren.]»[1446]

Ebenfalls ist mit der gewählten Gestaltung des Kantatensatzes eine rhetorisch motivierte Steigerung von A nach B im musikalischen Ausdruck gegeben, wie

---

1439 Küster 1999, 265.

1440 Vgl. dazu Dürr in 8.11.

1441 Küster 1999, 265.

1442 Siehe Erläuterungen zum Triosatz in 8.9.2.3.

1443 Siehe zum *Concerto* 8.5.4.

1444 Küster 1999, 265.

1445 Zur Beschreibung dieser Art *peroratio* siehe 7.7.2.

1446 Quintilianus 1971 Bd. 2, 314: 6,1,19 zit. n. Hindermann 1987, 294.

bereits Satz 6 dem auf ihn vorbereitenden Rezitativ (Satz 5) gegenüber eine Steigerung bedeutet. Es ist überhaupt zu fragen, ob die gesamte Kantate nicht in Satz 6 ihren rhetorischen Kulminationspunkt erreicht. Hindermann führt dieses Steigerungsprinzip im Abschnitt zur *peroratio in adfectibus* an:

> «Die Gedanken müssen sich nämlich steigern und aufrichten, denn immer überbietet das eine das [Vorhergehende][1447] an Größe: *augere enim debent sententiae et insurgere, ... aliud enim maius alii supervenit* ([Institutio Oratoriae] 9,4,23).»[1448]

8.11.2 Inventio & elocutio

Petzoldt versucht nun die Aussage des Satzes folgendermassen zusammenzufassen:

> «Die von Schmerz und Sorgen befreite glaubende Seele sieht sich von Rachegelüsten ebenso entbunden wie sie sich vor allem der ‹Treue Christi› (Takt 21)[1449] und der ‹Hoffnung› seines Wortes (Takt 22 und durch längere Koloratur betont in Takt 24)[1450] versichert sehen kann.»[1451]

Diese etwas ausholende Inhaltsbestimmung lässt manche Frage offen[1452] und vermag letztlich den Grundgedanken des Satzes nicht herauszustreichen. Ausserdem handelt es sich in der zweiten Zeile nicht um «Rachegelüste», die vom typisierten gläubigen Ich ausgingen, sondern im Gegenteil um die Rachenahme des eigenen Gewissens an den Gläubigen selbst («wider mich»)! Der Sinnzusammenhang dieses Satzes lässt sich vielmehr analog zu Deylings drittem Doppelzeiler zum Sonntag als Ausdruck eines zu vermittelnden *Glaubens-Trosts* lesen:

1447 Hindermann schreibt statt vorhergehende «folgende», was den Sachverhalt umkehren würde. Ich erlaube mir an dieser Stelle diese Korrektur.

1448 Hindermann 1987, 296.

1449 Petzoldts Versangaben werden hier durch Taktangaben ersetzt.

1450 Anmerkung von Marie-Louise Hoyer.

1451 Petzoldt 2005, 414.

1452 Petzoldts Zusammenfassung bleibt in mancher Hinsicht unterbestimmt: worauf beziehen sich «Schmerz und Sorgen», von der die «glaubende Seele» sich befreit sieht? Worin besteht die Kraft der «Treue Christi» die Seele zu versichern? In welchem Verhältnis steht die «Hoffnung» zum «Wort» und der «Treue» Christi? Etc.

	BWV 78,6	**Deylings *Glaubens-Trost*[1453]**
A	Nun du wirst mein Gewissen stillen,	... bringt dich ein zur Ruh ...
	So wider mich um Rache schreit,	Der Sünden Aussatz schleußt
		die Thür
		des Himmels zu,
	Ja, deine Treue wird's erfüllen,	Doch JEsus öffnet sie,
	Weil mir dein Wort die Hoffnung beut.	und bringt dich ein zur Ruh.

Bereits der A-Teil des Satzes korrespondiert inhaltlich nahtlos mit Deylings Vorstellungen zum *Glaubens-Trost*. Wo der Kantatensatz vom gestillt werdenden Gewissen spricht, spricht Deyling von «Ruh». Die schreiende Rache wird wie bei Deyling theologisch bestimmt: Aus eigener Kraft ist laut Rechtfertigungslehre keine Heilung des «Sünden Aussatzes» zu erlangen. Daher wartet das Gewissen des Gläubigen mit schärfsten Anschuldigungen wider diesen auf, um ihn zu überführen (Satz 3). Wie bei Deyling verdankt der gläubige Mensch seine Rechtfertigung einzig und allein «JEsus» (Deyling), bzw. dessen «Treu» (BWV 78,6). Zur Deutung der letzten A-Zeile hilft Petzoldts Umschreibung auf ein «Sich-versichert-sehen-können» weiter. In der Tat handelt es sich nicht um einen lehrhaften Inhalt, sondern um eine letzte Vergewisserung auf etwas hin. BWV 78,6 spricht von «Hoffnung», die Christi Wort dem Gläubigen «beut». Deyling spricht von «einbringen zur Ruh». In beiden Fällen geht es um den Ausblick ewiger Seligkeit, der bei Deyling explizit und im Kantatensatz lediglich angedeutet wird, was zu den Stilfragen gehört. Der B-Teil der Arie lässt sich analog der Deylingschen Definition des «*officium paracleticum*» beschreiben, bei welchem ebenfalls der *Glaubens-Trost* im Mittelpunkt steht:

[1453] Deyling 1734a, 28

BWV 78,6		Deyling: Institutiones: XXVII.[1454]
		ut afflicti[1455]
B	Wenn Christen an dich glauben,	ex verbo Dei erigantur, & de
		gratia divina certiores redditi[1456]
	Wird sie kein Feind in Ewigkeit	res adversas[1457]
	Aus deinen Händen rauben.	aequo & forti animo ferant, & in summi Numinis voluntate placide adquiescant.[1458]

Obwohl beide Texte literarisch stark divergieren, wird aus der Gegenüberstellung des Kantatentextes mit Deylings Institutiones dennoch deutlich, auf welche Gemütslage dieser Kantatensatz hinzielt. Es geht um einen ausgeglichenen Gemütszustand: «mite ac placidum ...»,[1459] welcher – und dies im Zusammenhang mit diesem Satz besonders bezeichnend – sich gleichermassen «procul ab ira, procul ab odio» (weit von Zorn, weit von Hass) bewegt.[1460] Dies ist der eigentliche Sinn, in diesem Gedicht von «Rache» und «Feind» zu sprechen, damit die christliche Haltung umso stärker affektiv von ira und odium entfernt im Licht des *süssen Glaubens-Trostes* entfaltet werden kann. In diesem Sinn trägt diese rhetorisch-homiletische Ebene der Themenbehandlung den Charakter der Überwindung von Affekten, mehr als den Ausdruck dieses oder jenes Affektes selbst. Wöhrle spricht in diesem rhetorischen Zusammenhang auch von «Gelassenheit», was die Aussage dieses Satzes auf emotionale Distanz zur Welt hin generell perspektivieren hilft.[1461]

Dies zusammenfassend und abschliessend auf einer höheren Reflexionsstufe als in A zum Ausdruck zu bringen, ist die Aufgabe des B-Teils dieser Arie. B ist der Theorie näher (Institutiones) als der Praxis («Herrliche Dinge») und ist

---

1454 Deyling 1734a, 310.

1455 Übers.: «Damit die Angefochtenen ...»

1456 Übers.: «von Gottes Wort aufgerichtet werden und durch die göttliche Gnade mit grösserer Gewissheit ausgerüstet ...»

1457 Übers.: «widrige Umstände ...»

1458 Übers.: «mit ausgeglichenem und starkem Gemüt ertragen, und friedsam in den Willen des höchsten Wesens einwilligen.»

1459 Quintilianus 1971 Bd. 2, 324: 6,2,13.

1460 Quintilianus 1971 Bd. 2, 324: 6,2,14.

1461 Wöhrle 1994, 521.

daher in der Lage, diese noch einmal in einer Synthese zu verdichten. In musikalischer Hinsicht versteht Küster die Arie ihrer «großen Besetzung» zum Trotz als «eine weitere Annäherung an den virtuosen Triosatz».[1462] Damit führt Bach eine Linie fort, die mit der Tenorarie im 4. Satz begonnen hat und in Bezug auf die ewige Seligkeit der gläubigen Seele den Gedanken trinitarischen Zusammenwirkens nahelegt:

> «Denn die Streicher treten schon im Ritornell nur gelegentlich zum Musizieren von Oboe und Continuo hinzu; entsprechend ist Bach auch in den Vokalabschnitten frei, entweder nur die Oboe mit dem Bass zu koppeln oder aber auch das Orchester – vorzugsweise mit dem Anfangsmotiv des Ritornells – hinzutreten zu lassen.»[1463]

Zusätzlich ist noch die Gestaltung des Satzes als *rondo* mit seinen *ritornelli*[1464] und *couplets* zu thematisieren. Bachs Vertonung bildet in diesem Satz in doppelter Hinsicht eine Fortsetzung der vorhergehenden Sätze: Das Prinzip des Trios verbindet ihn mit Satz 4, dasjenige des Konzerts mit komfortabler Instrumentalbesetzung und der Möglichkeit von Tutti-Einsätzen mit dem Satz 5. In dieser Hinsicht vollführt Bach mit dem ‹Scharniersatz› 4, der die zweite Kantatenhälfte einleitet, eine Wende zu aufwendiger Instrumentalmusik. Wird die mögliche Aufteilung der Kantate, in: BWV 78,1–3 vor und BWV 78,4–7 nach der Predigt, bzw. liturgierelevant als handlungsbegleitende Abendmahlsmusik[1465] auch für die Beurteilung der *inventio* in Ansatz gebracht, lässt sich der mögliche Trinitätsbezug in Satz 4 und 6 als trostspendende Rückbindung der Musik auf den dreieinen Gott lesen, der Christi Erlösungswerk den einzelnen Gläubigen im Herrenmahl zueignet:

> «promissio gratiae singulis credentibus applicatur et obsignatur.»[1466] – «in dem die Gnadenverheißung jedem einzelnen Gläubigen zugeeignet und versiegelt wird.»[1467]

Die konzertante Struktur des Satzes dient aus dieser Optik heraus dazu, diesen Beistand Gottes als göttliches «Wohlwollen» (Wöhrle)[1468] den gläubigen am

---

1462 Küster 1999, 265.

1463 Ebd.

1464 Zum Ritornell bei Bach und insbesondere in den Kantaten siehe Rampe 2014.

1465 Zur Parallelität zu den Begleitgesängen im Offertorium im Missale Romanum siehe Bieritz 2004, 409.

1466 Hutter 1961, 98: XXI (de coena Domini), 1 (Quid est coena Domini?)

1467 Hutter/Schnabel 2000, 205: XXI (Vom Abendmahl), 1 (Was ist das Abendmahl?)

1468 Wöhrle 1994, 521.

Abendmahl Teilnehmenden gegenüber akustisch erfahrbar zu machen. Ja, es geht sogar darum, im Rahmen andächtiger Musik,[1469] so etwas wie ‹Angstfreiheit› zu fördern und den am Abendmahl Teilnehmenden im Rahmen dessen, was die Lehre de *praedestinatione* (von der Vorbestimmung)[1470] zulässt, buchstäblich für den Empfang «geneigt» (Wöhrle)[1471] zu machen. Die für den Empfang des Abendmahls notwendige *dignitas*[1472] gilt es, im Anschluss an der in der Beichte vermittelten «privata absolutio» (privater Lossprechung),[1473] musikalisch zu unterstützen. In diesem zugespitzten Sinne ist Bachs Musik seelsorglich zu nennen, weil sie die Gläubigen auf ihren Gang zum Abendmahl[1474] stärkend vorbereitet:

> «Credentes enim non modo Sacramentaliter et ore percipiunt Sacramentum, sed et spiritualiter, hoc est, salutarem eius fructum per fidem percipiunt, in certum pignus et confirmationem, quod peccata ipsis certo sint remissa.»[1475] – «Denn die Gläubigen empfangen das Sakrament nicht allein sakramental und mit dem Mund, sondern auch geistlich, d. h., sie empfangen seine heilsame Frucht durch den Glauben zu einem gewissen Pfand und einer gewissen Versicherung, daß ihnen ihre Sünden gewiß vergeben sind.»[1476]

Die Topik dieses und des vorausgehenden Satzes bezieht sich insbesondere auf die Not eines bestimmten Personenkreises:

1469 Siehe 5.1.7.

1470 Hutter 1961, 58f.

1471 Wöhrle 1994, 521.

1472 Zum würdigen Empfang des Herrenmahls siehe Hutter 1961, 105–107: XXI (de coena Domini), 26–29.

1473 Hutter 1961, 76: XV (de poenitentia et confessione), 18.

1474 «... manducatio corporis Christi est SACRAMENTALIS, et ore fit, quando in sacra Coena verum et substantiale corpus et sanguis Christi, ore accipiuntur atque participantur, ab omnibus, qui panem illum benedictum, et vinum in Coena Dominica edunt bibuntque.» (Hutter 1961, 104, XXI, 21). – «Die andere Nießung des Leibes Christi ist sakramental und geschieht mit dem Mund, weil im Hl. Abendmahl der Leib und das Blut Christi wahrhaftig und wesentlich mit dem Mund empfangen und ihrer teilhaftig werden, und zwar von allen, die jenes gesegnete Brot und jenen Wein im Abendmahl des Herrn essen und trinken.» (Hutter/Schnabel 2000, 214).

1475 Hutter 1961, 104f: XXI, 23: «Concurritne utraque manducatio Sacramenti huius usu?»

1476 Hutter/Schnabel 2000, 215: «Sind diese beiden verschiedenen Nießungen, die sakramentale und die geistliche, immer beim Gebrauch des Abendmahls zusammen?»

> «infirmi in fide, pusillanimes, pertubati Christiani, qui dum magnitudinem et multitudinem suorum peccatorum secum reputant, cohorrescunt, quia magnam suam immundiciem considerantes, hoc preciosissimo thesauro et beneficiis Christi indignos sese iudicant: qui denique fidei suae infirmitatem sentiunt et deplorant, et nihil magis in votis habent, quam ut firmiore fide et puriore obedientia DEO servire possint.»[1477] – «die Schwachen im Glauben, die kleinmütigen, betrübten Christen, die wegen der Größe und der Menge ihrer Sünden, die sie sich vorhalten, von Herzen erschrecken, weil sie ihre große Unreinheit betrachten und sich selbst dieses edlen Schatzes und der Wohltaten Christi für unwürdig halten; die ihre Schwachheit im Glauben fühlen und beklagen, und die nichts mehr im Sinn haben als wie sie mit stärkerem Glauben und reinerem Gehorsam Gott dienen können.»[1478]

Im Gegensatz zu einer auf *movere* ausgerichteten dichterischen wie musikalischen Diktion, bezweckt *delectare* exakt das Gegenteil davon: nicht antreiben, sondern beruhigen ist das Ziel dieses homiletischen Predigtzwecks. Wie eng sich der *süsse Glaubens-Trost (*Deyling) auf den Empfang des Herrenmahls bezieht, wird schon bei Hutter in seiner Beschreibung der «*causa finalis*» des Herrenmahls festgehalten:

> «Ideo institutum est, ut fides in iis, qui utuntur Sacramento, recordetur, quae beneficia accipiat per Christum, et erigat et consoletur pavidam conscientiam. Nam id est Christi meminisse, beneficia eius meminisse, ac credere, quod vere exhibeantur nobis.»[1479] – «Das Hl. Sakrament wurde eingesetzt, damit der Glaube in denen, die das Sakrament gebrauchen, sich daran erinnert, welche Wohltaten er durch Christus empfängt, nämlich Gnade und Sündenvergebung; und damit das geängstigte Gewissen aufgerichtet und getröstet wird. Denn das heißt an Christus gedenken, seiner Wohltaten gedenken, und fest glauben, daß sie uns wahrhaftig geschenkt werden.»[1480]

In inszenatorischer Hinsicht beschreibt Deylings *Glaubens-Trost* die Zielsetzung einer Predigt und damit wohl eines lutherischen Gottesdienstes insgesamt!

1477 Hutter 1961, 106: XXI, 27: «Priusquam hoc demonstres, ostende, Quinam sint digni et Indigni?» – «Bevor du dies beweist, zeige, welche würdig und welche unwürdig sind?» (Hutter/Schnabel 2000, 217). In kaum einem anderen Abschnitt zeigt sich das seelsorgliche Interesse für das Befinden des Menschen wie an dieser Stelle des Hutterschen Kompendiums.

1478 Hutter/Schnabel 2000, 217f.

1479 Hutter 1961, 108: XXI, 34: «Quae est causa finalis instituti Sacramenti Eucharistici, respectu nostri?»

1480 Hutter/Schnabel 2000, 222: XXI, 34: «Was ist der Endzweck der Einsetzung des eucharistischen Sakraments im Blick auf uns?»

Wer auf dieses Ziel hin zu dichten und zu musizieren versteht, erreicht den gläubigen Christen in seiner Not und begleitet diesen in seinem äusseren wie inneren Gottesdienst auf die Begegnung mit seinem Heiland hin.

8.11.2.1 Docere

Die Überzeugungsarbeit διὰ δὲ τοῦ λόγου[1481] ist vor allem von der Reflexionsstufe B her zu bestimmen. Mit Deylings homiletischer Brille betrachtet, müsste sich diese Reflexionsstufe auf den *locus de cruce et consolationibus* beziehen[1482] (Vom Kreuz und von den Tröstungen). Die Betonung, mit der das Libretto «Gewissen», «Rache» und «Feind» thematisiert, leitet das Hauptmerkmal der homiletischen Behandlung aber eher gekoppelt mit den Anliegen des *locus de coena Domini*[1483] (Vom Mahl des Herrn) auf *den locus de poenitentia et confessione*[1484] (Von der Buße und Beichte). Dieser Bezug will ‹elocutiv› hergestellt werden. Der Sängerpart ist demnach sachorientiert zu gestalten. Die Akzente müssen ‹richtig›, das heisst dogmatisch konform platziert werden:

> «Hic enim scopus doctrinae Evangelicae vel maxime est proprius, ut poenitentibus gratiam et remissionem peccatorum gratuitam annunciet.»[1485] – «Denn dies ist das eigentliche Ziel, auf das die Lehre des Evangeliums vor allem ausgerichtet ist, daß sie allen Bußfertigen die Gnade Gottes und die gnädige Vergebung der Sünden verkündigt.»[1486]

Die erste Zeile des Satzes wird als «Tutti-Vordersatz» (Dürr) komponiert und stellt somit das exordium zur Rede dar: Diese Einleitung enthält aber bereits die entscheidende Heilsbotschaft: «Nun du wirst mein Gewissen stillen», von der alle weitere *narratio* abhängt. In der Terminologie Dürrs ist diese der «Solo-Fortspinnung» der Oboe entlang komponiert. Die 2. Zeile befindet sich entsprechend im Rahmen der *logos*-Argumentation in einem Abhängigkeitsverhältnis zur ersten, auch wenn das Wortpaar «um Rache» zweimal und dies mit steigender Intensität vertont wird und mit dem Prädikat «schreyt» endet. Parallel zum ersten Zeilenpaar verhält es sich mit dem zweiten, sodass die Betonung

---

1481 Aristoteles 1976, 7: 1356a, 19f.

1482 Hutter 1961, 113ff: XXIV.

1483 Hutter 1961, 98ff: XXI.

1484 Vgl. 8.11.2.

1485 Hutter 1961, 73: XV (de poenitentia et confessione), 2: «Siccine etiam Scriptura sacra docet?»

1486 Hutter/Schnabel 2000, 162: XV (Von der Busse und der Beichte), 2: «Lehrt so nicht auch die Hl. Schrift?»

wieder auf «deine Treue» liegt, und dies umso mehr, als diesmal Ritornell-Einsatz und Vokalstimme in eins fallen, sodass dieser Abschnitt mit «Und[1487] dei-(ne Treue)» besonders dynamisch in Dur beginnt. Die *narratio* verfährt wie im ersten Zeilenpaar, nur ausführlicher, sodass der «Hoffnung» um ein Mehrfaches grössere Aufmerksamkeit geschenkt wird als der «Rache» im ersten Zeilenpaar. Gesungene «Hoffnung» und Schlussritornell (Tutti-Einsatz) des A-Teils fliessen ineinander über, sodass das Orchester seinen Vortrag mit einem quasi Neubeginn zum Teil B hin überleitend fortsetzt. Somit wird die Spannung auf diesen B-Teil hin erhöht, der sich, wie gesagt, vom A-Teil durch grössere Freiheiten auszeichnet. Im Gegensatz zu A wird in B der Zeilenbeginn nach Dur moduliert – der Bass übernimmt die gleichen Töne wie *oboe* und *violino1* in Takt 20f. («deine Treu ...»).[1488] Der Subjektwechsel vom «du» zu «Christen» wird somit deutlich herausgestrichen. Die darauf folgende *narratio* bietet eine zweifache Textwiederholung der ersten Zeile. Dies geschieht einerseits, die Diktion unterstützend, mit der Figur des *accentus*,[1489] die zweimal auf das Prädikat «glauben» Bezug nimmt, und andererseits dadurch, dass Bach aus der Analogie der Singstimme mit dem Schema «Ritornell-Solofortspinnung» ausschert und den *tractus* bis zum Begriff «Ewigkeit» quer durch alle übrigen Stimmen ausführt. Der Höhepunkt der Spannung liegt auf der Silbe «E-(wigkeit)», die Bach über 1½ Takte hinweg ausdehnt, bevor die Aussage auf «-wigkeit» den Weg zurück in die Analogie zur «Solo-Fortspinnung der Oboe» (Dürr) findet, diesmal auf der Silbe «Rau(-ben)», die ebenfalls über 1½ Takte hinweg vorgetragen wird. Eine weitere Besonderheit von B ist, dass diese Doppelzeile, wenngleich anders gewichtet als das erste Mal,[1490] nach dem Tutti-Ritornell der Oboe folgend ein zweites Mal vorgetragen wird. Somit werden die Aussagen in B auf unterschiedliche Weise (Betonung, Wiederholung, Sonderbehandlung) im Hinblick auf die darin verhandelte Thematik der Hörerschaft in ihrer den Satz zusammenfassenden Bedeutung herausgestrichen. Dass der Duktus der Rede aus ihrer *logos*-Argumentation heraus zu verstehen ist,

---

1487 Zu bedenken hier der Unterschied zur NBA: «Ja, deine ...» Marie-Louise Hoyer vermutet an dieser Stelle sogar einen Eintrag aus Bachs Feder.

1488 Anmerkung von Marie-Louise Hoyer.

1489 Weller 2010.

1490 Der Solobass singt in Takt 44f. den Text «Wenn Christen an dich glauben» auf dieselben Töne wie im A-Teil, Takt 9f. («Nun du wirst mein Gewissen stillen») – «Ist das eine bewusste Verknüpfung der beiden Aussagen?» (Anmerkung von Marie-Louise Hoyer).

macht die vorletzte B-Wiederholung sinnfällig, in der die Glieder der Silbenreihe «wird-sie-kein-Feind-in-E-wig-keit-aus-dei-nen-Hän-den» in aller Deutlichkeit voneinander abgesetzt werden und die Aussage des gefahrenfreien Lebensvollzugs der gläubigen Christen bis zur «Ewigkeit» somit noch ein weiteres Mal mit Nachdruck ausgesprochen wird.[1491] Der Bezug zum Herrenmahl liegt nahe.

8.11.2.2 Delectare

Während eine ausgefeilte *pathos*-Argumentation nicht zu vermuten ist, weil sich die Affektlage wie in 8.11.2 besprochen «procul ab ira, procul ab odio» bewegt,[1492] wende ich mich bereits der *äthos*-Argumentation zu. Löscher hält Cicero rezipierend fest:

> «Fundamentum delectandi est materia thematis elegantioris in textu occurrens. V.g. Phrasis emphatice, (ich will dich mit meinen Augen leiten).» – [Die Grundlage des (rhetorischen) Gefallens besteht darin, in der Darstellung einen Gegenstand thematisch kunstvoller in Erscheinung treten zu lassen, als er im Text begegnet, so z. B. mit einer Nachdruck verleihenden Aussage wie: Ich will dich mit meinen Augen leiten.]»[1493]

Dieses Prinzip «kunstvoller» Umschreibung eines Sachverhalts trifft auf die Wortwahl des Satzes in mehrfacher Hinsicht zu: «Gewissen stillen» steht für Gnade finden, das «um Rache» schreiende «Gewissen» steht für Anklage, «deine Treue» steht für Jesus bzw. für den gnädigen Gott, das «Hoffnung» bietende «Wort» steht für Evangelium, und die die Glaubenden «in Ewigkeit» niemals aus Jesu «Händen raubenden» «Feinde» stehen für den Umstand, dass Jesus, bzw. Gott die Gläubigen aus Gnade bei sich aufnimmt und nicht in die ewige Verdammnis verstösst. Aus der Perspektive von Löschers Kurzhomiletik betrachtet, sind mit folgenden *species consolatorium* zu rechnen: «Annunciatio, Sympathiae testificatio, Erectio animi depressi, Auxilii ostensio & Gratulatio de statu meliori»[1494] (Ankündigung freudigen Inhalts, Mitgefühlsbezeugung, Aufrichten niedergeschlagener Seelen, Hilfestellung, Beglückwünschung zur Besse-

---

1491 «Die dritte Wiederholung hat nochmals den langen Ton auf E-(wigkeit), weist aber eine etwas kürzere Koloratur auf ‹rau-(ben)› auf.» (Anmerkung von Marie-Louise Hoyer).

1492 Quintilianus 1971 Bd. 2, 324: 6,2,14.

1493 Löscher 1720, 70.

1494 Ebd.

rung). Bis auf die letztgenannte *species* lassen sich alle übrigen bereits im Libretto nachweisen:

BWV 78,6	**Löschers «species consolatorium»**[1495]
Nun du wirst …	Annunciatio[1496]
… mein Gewissen stillen,	Erectio animi depressi[1497]
So wider mich um Rache schreit,	Auxilii ostensio[1498]
Und bzw. Ja,[1499] …	Annunciatio
… deine Treue wird's erfüllen,	Auxilii ostensio
Weil mir dein Wort die Hoffnung beut.	Sympathiae testificatio[1500]
Wenn Christen an dich glauben,	Annunciatio
Wird sie kein Feind in Ewigkeit	Auxilii ostensio
Aus deinen Händen rauben.	

In musikalischer Hinsicht fällt die schwungvolle Bearbeitung des Satzes auf. Kurze Generalpausen (Takt 8 und 53) wie Pausen einzelner Stimmen (z. B. Takt 5 und 13 [Continuo], 16 [Oboe]), dienen hier der ‹Schwungnahme› vor Einsätzen. Zum Schwung gesellt sich die Freudigkeit, die unter anderem über die zahlreichen Ritornelle vermittelt wird. Zusammen mit den Solopartien, die in diesem Zusammenhang auch als *couplets* verstanden werden können, stellt sich die Form eines Rondos ein, der die Gemeinde auf ihrem Gang zum Herrenmahl antreibende Reigen.[1501] Tuttieinsätze und Verzierungen dienen derselben Satzdynamik. Liegende Töne bei «E-(wigkeit)» (in Takt 37f. und 49f.) dienen als retardierende Momente dem Aufbau der Spannung, die sich sogleich im nächsten Höhepunkt entlädt. Es ergibt sich das Bild von Tanzenden, die aneinander vorbeischreiten und sich für ihren nächsten Einsatz sammeln. In diesem Sinne ist die Inszenierung dieses Satzes auch als seelsorgliche Choreografie ins Argumentarium des *delectare* einzureihen. Gedanken und

[1495] Ebd.

[1496] Übers.: Ankündigung freudigen Inhalts.

[1497] Übers.: Aufrichten niedergeschlagener Seelen.

[1498] Übers.: Hilfestellung. Im Aufgreifen der drohenden Rachenahme im Relativsatz schimmert die Art der Hilfe auf, die zum Aufrichten der niedergeschlagenen Seelen (Zeile 2) angekündigt wird (Zeile 1).

[1499] Siehe Textkritik in 8.11.

[1500] Übers.: Mitgefühlsbezeugung.

[1501] Zum mittelalterlichen Ursprung des Rundtanzes (rondet de carol) siehe Fallows 1998, 537.

Emotionen werden ausgedrückt und gleichzeitig in einen Tanzduktus integriert, der jede erschwerende Reflexion darüber umgeht, diese gleichwohl – und dies ist das Ziel der gewählten Form – in einen sie transzendierenden Zusammenhang integriert, ohne sie ganz aufzugeben. Auf dieser Argumentationslinie gewinnt der «Einsatz» der Trinität als *figura* göttlichen Beistandes an sinnfälliger Evidenz.

8.11.3 Inszenierte Andacht

Diese Arie lässt sich wegmetaphorisch in der Inszenierung von «Erfahrungen von Veränderung» und «Durchgang»[1502] auf den Gottesdienst hin perspektivieren.[1503] In diesem choreografischen Zusammenhang ist auch der Zuzug szenenanthropologischer Ansätze[1504] denkbar, die es den Beteiligten erlauben, sich selber szenisch einzubringen:

> «Zumeist gestalten sie die Szenen mit, prägen sie um oder schreiben das Skript, nach dem gespielt wird, fort.»[1505]

Andachtsrelevant scheint mir in der Inszenierung eines wie in Satz 1 und 2 Gott und Mensch miteinander in Beziehung setzenden Tanzes der Umstand, dass die ‹Antwort› des am Gottesdienst teilnehmenden Individuums[1506] über den Weg der Choreografie vorgezeichnet wird. Die «Fortschreibung» (Plüss) der Szene wird inszenatorisch bereits angebahnt. Das Gemeindeglied weiss sich in einem höheren heilsgeschichtlichen Zusammenhang aufgehoben und braucht der lyrisch-musikalisch-erbaulich gezeichneten Bahn lediglich zu folgen, um sich im individuellen Nachvollzug die Heilsbotschaft anzueignen.

8.12 BWV 78,7: Choral

7. Choral

Flauto traverso in octava | e Corno e Oboe I e Violino I col Soprano, | Oboe II e Violino II | coll' Alto,| Viola col Tenore, | Continuo

---

1502 Ehrensperger 2006,1.

1503 Siehe 5.4.9.

1504 Siehe 5.4.8.

1505 Plüss 2007, 111f.

1506 Meyer 1977, 117. Siehe 5.1.5.

HErr, ich gläube, hilff mir Schwachen,
Laß mich ja verzagen nicht;
Du, du kanst mich stärcker machen,
Wenn mich Sünd und Tod anficht.
Deiner Güte will ich trauen,
Bis ich frölich werde schauen
Dich, HErr JEsu, nach dem Streit
In der süßen Ewigkeit.[1507]

8.12.1 Inventio

Dieser «schlicht-vierstimmige Chorsatz»[1508] nimmt in Wortlaut und Melodie die zwölfte und letzte Strophe der Ristschen Vorlage auf.[1509] Im Hinblick auf dessen *inventio* lässt sich auch ohne Zuhilfenahme der von Bach und seinem Librettisten nicht berücksichtigten Passagen aus der Ristschen Vorlage die Vermutung anstellen, es handle sich um eine Zusammenfassung der Gesamtkomposition «im Sinne des theologischen Stichwortanschlusses».[1510] Im Rahmen dieser Logik erblickt Petzoldt im Aufgreifen der in Satz 5 und 6 behandelten Glaubensthematik den Willen, den Anschluss an die Perikope ein letztes Mal zu wagen:

> «Damit kommt der Schwerpunkt der Evangelienlesung in den Blick, die mit der Äußerung Jesu zu dem dankbaren Samariter endet: ‹Stehe auf / gehe hin / dein Glaube hat dir geholfen.›»[1511]

Doch weist Petzoldt noch auf einen weiteren Stichwortanschluss hin:

> «[A]uch die Bitte um Stärkung (Zeile 3)[1512] hat ihren Bezug in Satz 5 (Zeile 4 = Takt 6), ebenso die Erinnerung an den Streit in Satz 4 (Zeile 4, ausführlich musiziert in den Takten 31ff. + 46–52). Entscheidend sind aber die Entsprechungen zu Satz 1 in dem

---

1507 Orthografie nach der Originalfassung des Chorals. Siehe Petzoldt 2005, 408.
1508 Dürr 2010, 587.
1509 Siehe Petzoldt 2005, 408.
1510 Petzoldt 2005, 414.
1511 Ebd.
1512 Die Zeilenangaben sind auf den jeweiligen Satz bezogen. Petzoldt zählt von Satz 1 bis 7 durch, was in der hier vorliegenden Darstellung nicht hilfreich ist. In den folgenden Klammerbemerkungen wird von Satz zu Satz neu gezählt, auch habe ich Petzoldts Zeilenangaben mit Taktangaben ergänzt.

> Gedanken der Befreiung aus Seelennot[1513] (Zeile 4) und zu Satz 4 in den Gedanken der Tilgung der Sünde (Zeile 1) und des Beistands in Anfechtung (Zeile 5).»[1514]

Mit dem Rekurs zu Beginn des Satzes auf die «Schwachen» (im Glauben) liegt der thematische Akzent auf den *loci* der Bewahrung in Zeiten der Anfechtung und der *novissima.*[1515]

8.12.2 Dispositio

In Bezug auf die dispositio lässt sich bei diesem Satz genauer von einer *peroratio in rebus* sprechen.[1516] Bemerkenswert ist, wie dieser Rückbezug des Schlusssatzes selbst dann mit dem Kantatenlibretto übereinstimmt, wenn Bach und sein Librettist eigene Wege gehen wie zum Beispiel im Satz 5, Zeile 4: «Und können mir verneute Kräfte reichen.» Diese Aussage korrespondiert mit der 3. Zeile des Schlusssatzes: «Du, du kanst mich stärcker machen».[1517] Es ist daher anzunehmen, dass in der Ausarbeitung des Librettos zu Satz 4 darauf geachtet wurde, dass die Aussagen möglichst mit dem Duktus der Ristschen zwölften Strophe im Sinne einer «werkbeschließenden Aufzählung (*enumeratio*)»[1518] übereinstimmen. Somit erfolgt in dieser Frage eine *inventio* in umgekehrte Richtung: Nicht der Schlusssatz bezieht sich auf die Sätze davor, sondern umgekehrt: Bach und sein Librettist bemühen sich, den Anschluss an ihre Vorlage nicht zu verlieren, mehr noch, diese durch ihre eigene Arbeit inhaltlich und künstlerisch weiterzuentwickeln! Damit erwirken sie, dass Rists zwölfte Strophe als *peroratio in rebus* den alles noch einmal zusammenfassenden Abschluss der Kantate zu bilden vermag.[1519]

1513 NBA-Version. Siehe 8.5.

1514 Petzoldt 2005, 414.

1515 Siehe 8.9.1.

1516 Siehe Hindermann 1987, 296. Genaueres zur *peroratio in rebus* siehe 7.8.2.

1517 Diese Thematik wird bei Rist in keiner seiner Strophen ausgeführt, wohl aber in BWV 78!

1518 Hindermann 1987, 288.

1519 Dies ist umso bemerkenswerter, als es Librettisten und Komponisten gelingt, den Bezug der Liedvorlage zu einer Perikope herzustellen und bis zum Schluss aufrechtzuerhalten, der ihr von Hause aus fremd ist.

8.12.3 Elocutio

Der Schlichtheit des Chorsatzes entsprechend, verzichtet Bach auf eine reiche Einzelargumentation innerhalb des Stimmenrepertoires. Es finden in diesem Sinn nur minimale detailbehandelnde Verzierungen statt. Das Kirchenlied spricht als «Symbol der durch Christus gegründeten Kirche»[1520] eine klare, zur liturgischen Handlung «responsoriale», propriumsbezogene Sprache.[1521] Im Zeichen der reformatorischen Bemühungen um Reinheit der Lehre ist auch in diesem Kirchenlied der Aspekt des *docere* vorherrschend: Silbenabfolge und Betonungen sind so gesetzt, dass der Wortlaut des Textes deutlich wahrnehmbar wird. Als Beispiel sei dafür die Betonungsstruktur der ersten Zeile angeführt: «Herr (betont), ich (unbetont) glau- (betont) be (unbetont), hilf (betont) mir (unbetont) Schwa- (betont) chen (unbetont)» usw.

Auch die *colla parte*-Begleitung der Instrumente unterstützt diese auf Klarheit der Wahrnehmung bezogene Diktion. Während wie in Satz 6 keine nennenswerte *pathos*-Argumentation vorzuliegen scheint, ist der schlüssigen Harmonik wegen neben der *logos*-Argumentation auch mit einer *äthos*-Argumentation zu rechen. Das *continuo* vollführt im Unterschied zu BWV 25,6 eine parallel zur Bassstimme laufende und weiterführende Begleitstimme. Auch die *flauto traverso* erlaubt sich im letzten Takt eine punktierte Note. Harro Hoyer vermutet hinter der Taktzahl 16 zweimal die Symbolzahl für Ewigkeit (= 8),[1522] was mit dem rhetorisch-homiletischen Duktus der zweiten Kantatenhälfte übereinstimmt.

8.12.4 Inszenierte Andacht

Petzoldt spricht infolge der aufgefundenen Bezüge zu den vorausgehenden Sätzen von einer katechetischen Funktion des Schlusschorals.[1523] Persönlich ziehe ich eine andere, liturgietheoretische Deutung vor: Den Gedankengang

---

1520 Dürr 1970, 292.

1521 «... die [infolge der Reformation Martin Luthers] verstärkte Heranziehung der Gemeinde [im Gottesdienst] dient der Aktualisierung des Gottesdienstes, und es ist kein Zufall, daß sie ihre entscheidende Verwirklichung nicht in einem der Ordinariumsstücke erfuhr, sondern im zeitlich wechselnden Gesang des Graduale, der Einbruchsstelle des evangelischen Kirchenliedes.» (Ebd.).

1522 Eintragungen am Rand der NBA-Ausgabe.

1523 Siehe Petzoldt 2005, 414.

der Kantate an dieser Stelle zusammenfassend, gliedert bereits der Librettist diese wieder in den Ablauf des äusseren Gottesdienstes ein. Die erste und letzte Strophe des Ristschen Lieds dienen hierzu als Ausgangs- und Schlusspunkt einer poetisch-musikalischen Anleitung zum inneren Gottesdienst der Gemeinde. Der Schlusschoral gibt dabei als *conclusio*[1524] das ‹Signal zur Übergabe› an das Priesterpersonal.[1525] Somit betont Bach, dass über dieses Kirchenlied innerer und äusserer Gottesdienst einander begegnen und sogar einander bedingen: Eine Choralkantate greift gezielt liturgische Elemente des äusseren Gottesdienstes auf, um vom äusseren zum inneren und umgekehrt zu führen und verweist somit ebenfalls auf die frühkirchliche Praxis des Wechselgesangs, indem sie proprial die Evangelienlesung andachtsbezogen aufgreift und mit einem Kirchenlied abschliesst. Über diesen Abschluss inszeniert die Kantate gleichzeitig eine liturgierelevante Überleitung, diesmal ins *ordinarium* des Gottesdienstes (Credolied). Mithilfe gegenwartsbezogener Inszenierungstheorien, die den Fokus auf Übergänge innerhalb des Gottesdienstablaufes legen, lässt sich Bachs intensive Anwendung von Chorälen in seinen Kirchenkantaten, Oratorien und Passionen auf ihre andachtsinszenatorische Schwellenfunktion[1526] hin analysieren. An dieser Stelle wäre Ehrenspergers wegmetaphorischer Ansatz zu nennen.[1527] Aber auch ritualtheoretische Ansätze helfen, die Schwellenfunktion des Kirchenlieds für die Hörerschaft heilsrelevant zu profilieren.[1528] Somit stellt auch dieser Satz, um mit Josuttis zu sprechen, «jene soziale Situation» her, «in der in, mit und unter menschlichem Verhalten das Heilige Handlungsgegenwart wird.»[1529] Das Einstimmen der Gemeinde in ein Kirchenlied bildet ein solches «Verhalten», im Rahmen dessen «das Heilige Handlungsgegenwart» erlangt. Doch auch das Hören eines üblicherweise ihr selbst vorbehaltenen Liedes stellt ein «Verhalten» der Gemeinde dar, diesmal auf der Ebene

---

1524 Zum Begriff und seiner Verwendung im Kontext einer Predigt zur Zeit Bachs siehe 3.2 und insbesondere Blankenburg 1985a, 103.

1525 Solche Übergänge spielen sich liturgiehistorisch immer wieder innerhalb eines liturgischen Ablaufs ab. Zum Vergleich kann die traditionsreiche antiphonale bzw. responsorische Gesangspraxis der Kirche in Ost und West herangezogen werden, mit der sich die Praxis des Wechsels und des Übergangs *eis állo génos* (in eine andere Gattung) in der Liturgie belegen lässt. Vgl. Bieritz 2004, 138.

1526 Siehe 5.4.6.

1527 Siehe Ehrensperger 2006, 1.

1528 Siehe 5.4.4.

1529 Josuttis 1991, 149. 151 zit. n. Plüss 2007, 278.

des inneren Gottesdienstes: Die Gemeinde findet sich als durch den Chor repräsentiert wieder, sieht und hört sich gewissermassen als Gemeinde singen. Was es dabei sieht und hört, ist der Gesang einer idealtypischen Gemeinde, die ihren Gottesdienst singend beschliesst und das in der Kantate Dargestellte ganz zu eigen gemacht hat, analog zu den singenden «Einzel-Ichs», die ebenfalls idealtyptisch die einzelnen Gottesdienstbesucherinnen und -besucher auf die Bühne bringen. So erfährt sich einerseits die Sonntagsgemeinde auf ihren eigenen äusseren Gottesdienst verwiesen, andererseits aber auch auf ihren eigenen inneren Gottesdienst, den nach Massgabe der soeben inszenierten Botschaft zu gestalten ihr indirekt nun aufgetragen ist. Beide Gottesdienstvollzüge gehören als Resultat dieses gegenseitigen Verweises zusammen. Auf dieser Ebene liesse sich somit die Kantateninszenierung auch semiotisch näher beschreiben.[1530]

8.13 Andachtsspezifische Deutung von BWV 78 als Choralkantate

Während die Vorlage der Kantate BWV 25 bereits auf das Sonntagsevangelium bezogen gedichtet wurde, müssen Bach und sein Librettist für BWV 78 diesen Bezug über den ‹Umweg› einer Kirchenliedvorlage überhaupt erst herstellen. Dabei scheint Bach in seiner Vertonung das Tanzmotiv vor allem in den beiden Anfangs- und Schlusssätzen[1531] in den Rang einer musikalisch-rhetorischen *figura* heben zu wollen.[1532] Doch warum erschwert sich Bach mit der Durchführung eines Choralkantatenjahrgangs den Weg zur Perikope über eine grundsätzlich perikopenindifferente Vorlage? Nach den Beobachtungen zur aufwendigen Textbearbeitung des Librettisten, aber auch zu den Anstrengungen, die Bach und sein Librettist unternehmen, Anfangs- und Schlusssatz der Liedvorlage, wie in allen Kantaten dieses Jahrgangs üblich, aufs Engste mit in die kantateneigene *inventio* zu integrieren,[1533] wird Bach neben der Anbindung seiner Kantate an das *proprium* wohl auch an der Anbindung des äusseren Gottesdienstes an das neuere Kirchenlied[1534] interessiert sein. Evangeliumslesung und Kirchenlied gehören als propriale liturgische Stücke dem dynamischen,

---

1530 Siehe 5.4.3.

1531 Zur choreografischen Gestaltung dieser Sätze siehe 8.5.1, 8.6.1, 8.11.2.2, 8.11.3 und kultchoreografisch ebenfalls 8.12.4.

1532 Zur *figura* siehe 5.2.2.1.1.

1533 Siehe 8.3.

1534 Zur Entwicklung in Bachs Verhältnis zum evangelischen Kirchenlied siehe Dürr 1988d, 150f.

aktualitätsbezogenen Teil des Gottesdienstes an. In dieser Hinsicht lassen sich beide ihres Aktualisierungsbezugs wegen auch erbauungsliterarisch perspektivieren. Wenn zudem berücksichtigt wird, dass das Kirchenlied in sich bereits als Textsorte Andacht ist (Pfefferkorn),[1535] findet in dessen Verarbeitung in einem Kantatenlibretto eine weitere Verdichtung andachtsspezifischer Momente im Rahmen der Gesamtkonzeption statt. Vermutlich erblickt Bach in beiden liturgierelevanten Vollzügen eine beide miteinander synthetisch verbindende Bewegung: hie die Botschaft (Evangelium), da die Antwort (Kirchenlied), hie Christus, da die Gemeinde, hie Gott, da der Mensch.[1536] In der perspektivisch zu denkenden Vereinigung beider aufeinander zustrebenden Dynamiken ist die Lösung der beschriebenen Spannung in der soeben behandelten Kantate nachvollziehbar: Gott und Mensch bleiben im ‹Durchgang› durch die Kantate BWV 78 einander im *status gratiae* voneinander getrennte Dimensionen, aber heilsperspektivisch mit Bezug auf die *novissima* und den *status gloriae* alles andere als miteinander unvereinbar. Und diese heilsperspektivische Dimension über eine weitere rhetorisch-homiletisch gesteuerte lyrisch-musikalische Plausibilisierung des bereits auf Andacht ausgerichteten Kirchenlieds in die Erfahrungswelt ihrer Hörerschaft zu transponieren, ist die liturgieinszenatorische Aufgabe, die Bach sich und seinen Librettistinnen und Librettisten stellt und zu der ihm das von ihm unterschriebene Revers, wenn auch liturgietheoretisch unterbestimmt, Kompetenz verleiht.[1537]

1535 Siehe 5.1.5.

1536 Vgl. Luthers Torgauer Formel besprochen in 5.4.10.3.

1537 Siehe 5.4.10.

9 «Wer Dank opfert, der preiset mich» (BWV 17)

9.1 Quellenlage

Zur Quellenlage hält Neumann fest:

> «Da ausschließlich Originalpartitur (A) und Originalstimmensatz (B) vorliegen, ist das Quellenverhältnis einfach zu bestimmen. [...] B erweist sich durch zahlreiche Merkmale als direkter Abkömmling von [...] A. [...] Die Abweichungen im Notentext der beiden Quellen erklären sich fast ausnahmslos aus Kopistenunzulänglichkeiten.»[1538]

Neumanns Angaben, der als Textdichter Bach selbst, Mariane von Ziegler oder den Thomaspfarrer D. Christian Weise vermutet,[1539] sind überholt:

> «Der Text stammt aus dem Meininger Jahrgang des Vetters Johann Ludwig Bach (1677–1731), von denen Bach eine ganze Reihe vertonte.»[1540]

Wollny schätzt die Entstehungszeit dieser Kantaten des Meininger Bach um die Jahre 1714/15, während er die Texte selbst zeitlich um 1704/05 ansetzt.[1541] Der Textdichter bleibt somit weiterhin unbekannt. Doch lässt sich aus dem höfischen Kontext der Vertonung eine auf entsprechende Bedürfnisse abgestimmte Textwahl vermuten.[1542] Das Libretto ist bereits als Kantatendichtung verfasst.[1543]

1538 Neumann 1959b, 167.

1539 Ebd.

1540 Petzoldt 2005, 416.

1541 Wollny 2006, 42.

1542 Siehe im Detail hierzu insbesondere 9.5.3.3.

1543 Zur Forschungsgeschichte dieser Kantate siehe Grischkat 1961, III–VI.

9.2 Kontext

Die Erstaufführung dieser Kantate findet am 22. September 1726 in der Frühpredigt der Thomaskirche statt. Die Predigt des Thomaspfarrers D. Christian Weise ist nicht erhalten.[1544]

Die Verwendung eines Textes aus der Kantatensammlung Johann Ludwig Bachs[1545] stellt die Frage nach dessen allfälligem Einfluss auf Johann Sebastian Bachs Vertonung. Wollny vermutet, «daß [angesichts des zum Zeitpunkt ihrer Leipziger Aufführung bereits recht hohen Alters dieser Kantaten] Bach dem Stil seines Meininger Vetters kaum musikalische Anregungen für sein eigenes Schaffen entnahm.»[1546]

Die Kantate wird zum dritten Jahrgang gerechnet, der sich vom 9. Sonntag nach Trinitatis (29. Juli) 1725 bis zum Sonntag Septuagesimae (9. Februar) 1726 erstreckt. Dieser Jahrgang liegt nicht als vollständig durchkomponierter Jahrgang vor. Wolff nimmt an, dass Bach die «Schaffenspausen» mit Werken fremder Komponisten auffüllt.[1547] Ähnlich wie im ersten Leipziger Kantatenjahrgang bieten die Kantaten dieses Jahrgangs «keine konzeptionelle Geschlossenheit»[1548] und zeichnen sich durch keine einheitliche Programmatik[1549] aus, sodass auch keine jahrgangsspezifischen konzeptionellen Rückschlüsse auf das zu analysierende Einzelwerk möglich sind. Dieser Umstand bietet Bach die Möglichkeit einer individuellen Handhabung von Kantate zu Kantate.

9.3 Bezug zur Perikope

Dürr fasst den Duktus des Librettos in meinen Augen angemessen zusammen:

1544 Siehe Petzoldt 2005, 416. Zur Frage der nicht erhaltenen Predigten aus dieser Zeit siehe 3.2.

1545 Zur leicht veränderten Aufnahme des Librettos in Christoph Birkmanns Kantatenzyklus «GOtt-geheiligte Sabbaths-Zehnden» von 1728 siehe Blanken 2015,70.

1546 Wolff 2006, 42.

1547 Wolff 2006, 30.

1548 Ebd.

1549 «Die Kantaten dieses Jahrganges bieten wie diejenigen des ersten Jahrganges keine konzeptionelle Geschlossenheit. Bach griff auch hier wiederum auf ganz unterschiedliche dichterische Vorlagen zurück, darunter solche von Herzog Ernst Ludwig von Sachsen-Meiningen (1704) und Erdmann Neumeister. Auch im musikalischen Aufbau bot der Jahrgang keine grundsätzliche Neuerungen.» (Ebd.).

«Inhaltlich schließt sich der Text an die Evangelienlesung des Sonntags an und betont die Dankesschuld des Menschen für die von Gott erwiesenen Wohltaten, wobei im I. Kantatenteil vornehmlich von der weltumspannenden Güte Gottes die Rede ist, deren Wohltaten allenthalben spürbar sind, während der II. Teil von der Pflicht des Christen handelt, Gott dafür zu danken. Doch seine Wohltaten, so sagt das abschließende Rezitativ, sind nur Abbilder der noch reicheren Schätze, die wir einst in der Seligkeit zu erwarten haben.»[1550]

Entsprechend der Vorlage seines Meininger Vetters ist das Werk in «Evangelienmusik» und «*musica sub communione*»[1551] aufgeteilt.[1552] In rhetorischer Hinsicht stellt Satz 1 das *principium,* also die Themeneinführung des ersten Teils der Kantate dar, während mit Satz 4 der zweite Teil mit einer *insinuatio* «als internes Exordium vor dem zweiten Hauptteil, der *argumentatio*»[1553] beginnt.

9.4 BWV 17,1: Coro

1. (Coro)

Oboe I/II, Violino I/II, Viola, Continuo

Wer Dank opfert, der preiset mich, und das ist der Weg, dass ich ihm zeige das Heil Gottes.

9.4.1 Inventio

In der Bestimmung der Satzthematik liegt Petzoldt grundsätzlich richtig:

1550 Dürr 2010, 589.

1551 Zum historischen Nachweis dessen, was zur Zeit Bachs als Kommunionsmusik aufgeführt wird, siehe Uwe Wolf 1999.

1552 Petzoldt weist auf die «klare Symmetrie» von BWV 17 hin, die seiner Meinung nach einer Zweiteilung der Kantate zuwiderläuft. Den «Zenit» der Kantate ortet Petzoldt demnach dem Tenorrezitativ (Satz 4) zu, welches von zwei Arien axialsymmetrisch umgeben wird. Diese Symmetrie setzt sich mit zwei weiteren Rezitativen (Satz 2 und 6) fort. Die letzte Klammer bilden beide Chorsätze am Anfang und Schluss der Kantate (Petzoldt 2005, 416).

1553 Kirkendale 1985, 251.

> «Die zeitgenössische Theologie bezieht die Aussage sofort auf die Erkenntnis der Wohltat des Opfers Christi».[1554]

In Bezug auf die konkret zu eruierende *inventio* dieses Satzes gilt es, innerhalb der Opfersystematik der orthodoxen Lehre Unterscheidungen vorzunehmen. So ist es einerseits lehrkonform, dass das Lobopfer der christlichen Gemeinde grundsätzlich nur als Antwort auf die primäre Opfertat Christi verstanden werden kann.[1555] Andererseits wird innerhalb des Lehrsystems in dieser Frage auf der Ebene des *locus de Sacrificiis* (Von den Opfern) differenziert. Neben den *sacrificia externa* (äusseren Opfer), die mit Christi Opfertat *antiquitata* (überwunden) sind, spricht Hutter von den *sacrificia Eucharistica spiritualia* (geistlichen Dankopfern), die «allen Gläubigen im Alten und Neuen Testament gemeinsam sind»:[1556]

> «... qualis sunt sacrificia laudis, ut praedicatio Evangelii, fides, invocatio, gratiarum actio, confessio, afflictiones Sanctorum: Imo omnia opera sanctorum.»[1557] – «Es sind geistliche Lob- und Dankopfer unserer Lippen, wie die Verkündigung des Evangeliums, der

---

[1554] Petzoldt 2005, 417. Petzoldt verweist auf Olearius, der Ps 50,23 anders als Luther nicht als Gotteswort (Vershälfte 1) und Kommentar (Vershälfte 2) auffasst, sondern als zweigliedrige Aussage Gottes wertet. Siehe Olearius 1678 III, 292f. Vgl. ferner Kraus 1989, 526.

[1555] Hutter 1961, 109f: XXII (de sacrifiis: et de missa Pontificia), 3: «Quotuplicia sunt sacrificia? Duae tantum sunt sacrificii species. Unum est PROPITIATORIUM, hoc est, opus satisfactorium pro culpa et poena, reconcilians DEUM, et placans iram eius, aliisque meretur remissionem peccatorum. Quale sacrificium tantum unicum in mundo est oblatum, et quidem semel, neque repeti potest aut debet, videlicet Sacrificium mortis Christi. Hebr. 7, 27. Et cap. 10, ver. 12. Altera species est sacrificium EUCHARISTICUM, quod non meretur remissionem peccatorum, aut reconciliationem: sed fit a reconciliatis, ut pro accepta remissione peccatorum, et pro aliis acceptis beneficiis gratias DEO agant.» – «(Von den Opfern und von der papistischen Messe) Wieviele Opferarten werden in der Schrift beschrieben? Es gibt nur zwei Arten von Opfern. Das eine ist das Sühneopfer, d. h. ein Genugtuungswerk für die Schuld und Strafe, das Gott versöhnt und seinen Zorn besänftigt, und es verdient anderen die Sündenvergebung. Dieses Sühneopfer ist ein einziges Mal für die Sünden der Welt dargebracht worden, und es kann oder darf als Opfer des Todes Christi nicht mehr wiederholt werden, wie Hebr 7,17; 10,2 bezeugt. Die andere Art ist das Dankopfer, das die Sündenvergebung oder Versöhnung nicht verdient, sondern von den Versöhnten vollzogen wird, damit wir für den Empfang der Sündenvergebung und für den Empfang anderer Wohltaten Gott Dank abstatten.» (Hutter/Schnabel 2000, 223).

[1556] Hutter/Schnabel 2000, 224: «Sind denn die Dankopfer alle gleich?»

[1557] Hutter 1961, 110: XXII, 6: «Suntne Sacrificia Eucharistica uniusmodi?»

Glaube, das Gebet, die Danksagung, das Bekenntnis der Sünden, alle Drangsale und guten Werke der Heiligen.»[1558]

Um den thematischen Auffindungsvorgang (*inventio*) dieses ersten Satzes adäquat zu beschreiben, gilt es entsprechend differenzierend zu bedenken, dass das christliche Lobopfer zwar inhaltlich auf Christi Opfertat verwiesen bleibt, dass sich darin aber gleichzeitig zu Beginn des Gottesdienstes liturgisch introitusbezogen und antiphonal der Ausdruck einer liturgischen Grundhaltung Gottes Wohltat gegenüber ausspricht. Somit bleibt das Libretto in seiner Topik mit Petzoldt wohl grundsätzlich auf die Heilslehre, ganz bestimmt aber – in der Wahl eines Psalmwortes – ebenso auf den Gottesdienst selbst bezogen, ohne sich bereits auf Inhalte des Sonntagsevangeliums fixieren zu müssen. Arnolds Einschätzung des Werkes als doxologisch geprägt[1559] lässt sich mit diesem Befund bestätigen. Weiter ist mit Petzoldt auf eine in der Vertonung von Chorsätzen häufig vorkommende Textkontraktion hinzuweisen, die den dogmatischen *Sitz im Leben* des Psalmworts im *locus de Sacrificiis* noch weiter veranschaulicht: Während die Tenorstimme in Takt 28 mit der «regulären Textfassung»[1560] ansetzt und einen ersten Durchgang des Psalmwortes bis Takt 40 vollführt, folgt in Takt 34 der Alt mit der Aussage «Wer Dank opfert, der preiset mich, und das ist der Weg.» (Alt: Takt 34–41). Zu diesem Zusammenhang hält Petzoldt fest:

«Sollte hinter solcher Textbehandlung mehr stehen als die Lösung einer brauchbaren Textverteilung im Verhältnis zu musikalischen Abläufen einer Fuge, so deutet alles darauf hin, daß mit dieser Gleichzeitigkeit bereits der Grundgedanke der ganzen Kantate formuliert wird, der im Text erst sukzessive an Klarheit gewinnen wird: Den im Herzen empfundenen Dank für das Übermaß an Schätzen Gott zu opfern, ist der einzige Weg, die Barmherzigkeit Gottes für die Menschen zu erkennen.»[1561]

Der Akzent liegt demnach anders als in BWV 25,1 oder 78,1 weder auf der Sünde noch explizit auf Christi Heilstat, sondern auf dem Weg selbst, der zur Erkenntnis des Gottesheils führt. Petzoldts Einschätzungen müssen nun auf deren dogmatischen Hintergrund hin präzisiert werden.

1558 Hutter/Schnabel 2000, 225.
1559 Arnold 2009, 301.
1560 Petzoldt 2005, 418.
1561 Ebd.

Wer Dank opfert …

Hutter gibt folgende Definition des Opfers (sacrificium):

> «Sacrificium est ceremonia vel opus a DEO mandatum, quod nos DEO reddimus, ut ipsum honore afficiamus.»[1562] – «Ein Opfer ist eine Zeremonie oder ein Werk, das von Gott aufgetragen ist, das wir Gott geben, um ihm selbst Ehre zu erweisen.»[1563]

Unter «ceremonia» werden gottesdienstliche Handlungen aller Art mit Ausnahme der Sakramente gefasst, weil in letzteren Gott dem Mensch als Gebender gegenübersteht.[1564]

Unter «opus» versteht Hutter ein nicht auf den öffentlichen Kult bezogenes Verhalten gläubiger Christen, welches insbesondere im *locus de bonis operibus* (Von den guten Werken) ausdifferenziert,[1565] insgesamt aber ebenfalls als *sacrificium laudis* (geistliche Lobopfer) eingestuft wird. Die *sacrificia laudis* oder *sacrificia Eucharistica*[1566] unterteilt Hutter als «sacrificia Eucharistica spiritualia» in

> «sacrificia laudis, ut praedicatio Evangelii, fides, invocatio, gratiarum actio, confessio» und «afflictiones Sanctorum: Imo omnia opera sanctorum.»[1567] – «Es sind geistliche Lob- und Dankopfer […], wie die Verkündigung des Evangeliums, der Glaube, das Gebet,

---

1562 Hutter 1961, 109: XXII, 1: «Quid est sacrificium proprie sic dictum?» Zum Ursprung des Wortlauts in der Antwort bei Hutter siehe die Formulierung Melanchthons in der Apologie der CA zitiert und kommentiert bei Arnold 2004, 150f.

1563 Hutter/Schnabel 2000, 223: «Was ist eigentlich ein Opfer?»

1564 Hutter 1961, 109: XXII, 2: «Sacramentum est ceremonia vel opus, in quo DEUS nobis exhibet hoc, quod offert annexa ceremoniae promissio.» – «Das Sakrament ist eine Zeremonie oder ein Werk, in dem Gott uns das darbietet, was die mit der Zeremonie verbundene Verheißung anbietet.» (Hutter/Schnabel 2000, 223).

1565 Hutter 1961, 67: XIV (de bonis operibus), 2: «Bona opera sunt internae et externae actiones divinitus mandatae, et decalogo comprehensae: ac fiut a Renatis, fide per Spiritum Sanctum, ad gloriam DEI, et ad nostram DEO declarandam tum obedientiam, tum gratitudinem.» – «Gute Werke sind innerliche und äußerliche Verrichtungen, die durch göttliche Eingebung befohlen und von Gott in den Zehn Geboten zusammengefaßt sind; und sie geschehen von den Wiedergebornen aus Glauben durch den Hl. Geist zur Ehre Gottes und zum Erweis unseres Gehorsams sowie unserer Dankbarkeit gegen Gott» (Hutter/Schnabel 2000, 152).

1566 Hutter 1961, 110: XXII, 6. Schnabel übersetzt beide Begriffe gleich. Siehe Hutter/Schnabel 2000, 224: «Von den Opfern und von der papistischen Messe, Frage 6: Sind denn die Dankopfer alle gleich?»

1567 Hutter 1961, 110, XXII, 6.

die Danksagung, das Bekenntnis der Sünden» und «alle Drangsale und guten Werke der Heiligen.»[1568]

Bachs Psalmwortkontraktion bezeichnet demnach theologisch ein recht weites Spektrum möglicher menschlicher heilsbezogener Verhaltensweisen («ceremoniae vel opera»), die sich dadurch auszeichnen, dass sie ihm von Gott aufgetragen («mandata»), diesem zu Ehren («ut ipsum honore») vollbracht und sich als «Rückerstattung» («reddere»)[1569] für dessen Wohltat verstehen. Diese Dankopfer werden daher als «spiritualia» bezeichnet und unterscheiden sich von den Sühnopfern,[1570] die sich mit dem «sacrificium mortis Christi»[1571] ganz erübrigt haben. Ein «sacrificium EUCHARISTICUM» (Dankopfer) wird «a reconciliatis» (von den Versöhnten) vollzogen, «ut pro accepta remissione peccatorum, et pro aliis acceptis beneficiis gratias DEO agant.»[1572] – «damit [sie] für den Empfang der Sündenvergebung und für den Empfang anderer Wohltaten Gott Dank abstatten.»[1573] Dieser liturgierelevante Bezug ist der Opferthematik wegen gegeben und bezieht sich auf alle gottesdienstlichen Begehungen mit Ausnahme derjenigen, in denen Gott selbst als Spender wahrgenommen wird.

... der preiset mich,

Die eigenartige Doppelung der Aussage «Dank opfern» und «preisen» in Luthers Übersetzung löst sich auf, wenn der masoretische Text konsultiert wird. Das dort verwendete Verb für «preisen» כבד im Pi'el wird mit «ehren» übersetzt.[1574] In diesem Sinne entspricht die Huttersche Definition des *sacrificium* der gedanklichen Stossrichtung des Psalmisten.

1568 Hutter/Schnabel 2000, 224.

1569 Siehe Georges 1869 Bd. 1, 1296.

1570 Hutter 1961, 109: XXII (de sacrificiis: et de missa Pontificia), 3: «Quotuplicia sunt sacrificia? Duae tantum sunt sacrifticii species. Unum est PROPITIATORIUM, hoc est, opus satisfactorium pro culpa et poena, reconcilians DEUM [...] Altera species est sacrificium EUCHARISTICUM [...]»– «(Von den Opfern ...) Wieviele Opferarten werden in der Schrift beschrieben? Es gibt nur zwei Arten von Opfern. Das eine ist das Sühnopfer, d. h. ein Genugtuungswerk für die Schuld und Strafe, die Gott versöhnt [...]. Die andere Art ist das Dankopfer, das [...] von den Versöhnten vollzogen wird [...]» (Hutter/Schnabel 2000, 223).

1571 Ebd.

1572 Hutter 1961, 110.

1573 Hutter/Schnabel 2000, 223.

1574 Gesenius 1962, 332. Vgl. Kraus 1989, 536 zu Ps 50,23.

... das ist der Weg»

Bleibt die Beurteilung der Vokabel «Weg». Die aufgrund der masoretischen Vorlage schwer zu entscheidende Frage, ob letztlich Gott als Subjekt auch in der zweiten Satzhälfte zu gelten hat,[1575] oder wie Luther vermutet, der Psalmist, muss an dieser Stelle nicht entschieden werden.[1576] Zweifellos aber bezieht Bach die Vokabel selbst auf die Erkenntnis des Heils, das Gott für die Menschen bereithält. Dieses Heil wird in der Metaphorik des Weges als Zielangabe vorausgesetzt und auf die «plenam aeternae beatudinis fruitionem»[1577] («vollen Genuß der ewigen Glückseligkeit»)[1578] perspektiviert. Petzoldt erblickt entsprechend den Schwerpunkt der Aussage in der Thematik, welche erst im Zitat Lk 17,15f. in Satz 4 entfaltet wird:

> «Im Sonntagsevangelium ist dieses Heil Gottes nur greifbar in der erlangten Gesundheit des zuvor aussätzigen Samariters und dessen Anbetung und Dank gegenüber Gott.»[1579]

Bezeichnenderweise liegt die Betonung in Bachs durch Kontraktion gewonnener Kurzformel gerade aber auf dem Weg selbst und nicht so sehr auf dem Ziel, das wohl als selbstverständlich vorausgesetzt, rhetorisch aber nicht in den Vordergrund gerückt wird. Aus dieser rhetorisch motivierten Unbestimmtheit heraus steht dieser Satz als *principium* (siehe die anschliessende Analyse der *dispositio*) thematisch für unterschiedliche *topoi* offen.[1580]

[1575] Kraus 1989, 536 übersetzt: «Wer ‹rechtschaffen› wandelt, den lasse ich schauen ‹mein› Heil.» Die ZÜ schliesst sich eher Luthers Lesart an: «... und wählt den Weg, auf dem ich ihn Gottes Hilfe schauen lasse.»

[1576] Petzoldt 2005, 417 vermutet auf Olearius' Kommentar gestützt, dass Bach «ein ununterschiedenes Verständnis der beiden Versteile erkennen» lässt.

[1577] Hutter 1961, 130. XXIX (de morte corporis), 7.

[1578] Hutter/Schnabel 2000, 256: XXXIX (Vom Tod des Körpers), 7.

[1579] Petzoldt 2005, 418.

[1580] Potenziell hält die lutherische Lehre einige *loci* über diejenigen hinaus bereit, die sich allein auf den Glauben beziehen: «De bonis operibus – Von den guten Werken» (XIV), «De poenitentia et confessione – Von der Buße und Beichte» (XV), «De cruce, et consolationibus – Vom Kreuz und von den Tröstungen» (XXIV), «De magistratu et rebus civilibus – Von der weltlichen Obrigkeit und den bürgerlichen Sachen» (XXVII), «De Conjugo – Von der Ehe» (XXVIII), «De morte corporis: deque immortalitate Animae – Vom Tod des Körpers und von der Unsterblichkeit der Seele» (XXIX). Letzter Lehrpunkt wird in diese Liste aufgenommen, weil der Weg der gläubigen vom sterblichen Leib getrennten Seele (XXIX, 1 und 6) darin als «in manu DEI» (XXIX, 7) sein irdisches Ziel erreicht hat, bevor «De fine seculi sive mundi – Von der Vollendung oder dem Ende der Welt» (XXX) und «De resurrectione mortuorum – Von

9.4.2 Dispositio & elocutio

Der Kantatenkopfsatz ist grundsätzlich als *exordium*,[1581] näher aber als *principium*, das heisst als freies *exordium* zu bestimmen und auf alle erdenklichen Seiten hin offen angelegt.[1582] Somit wird der Bezug zu Lk 17,11–19 erst in der *Parte seconda* (BWV 17,4) thematisiert. Die Kantate erfährt auf diese Weise erst dort an theologischer Brisanz. Dies geschieht in der Gestalt einer *insinuatio*,[1583] durch welche die eigentliche *argumentatio* in 5 und 6 beginnt. Auf diese Weise arbeitet das Libretto mit Satz 1 im Sinne einer «extemporalis oratio»[1584] auf das Evangeliumszitat hin, ohne dies sogleich explizit zu machen.

9.4.2.1 Docere

Auf der Ebene der *logos*-Argumentation fällt einerseits die Gebetsmetaphorik (aufsteigende Figur) und anderseits die Wegmetaphorik[1585] (Auf- und Abfolge der Stimmen) auf, mit welcher die Aufmerksamkeit und somit die Andacht der Hörerschaft über *hypotyposis* und *emphasis* komplementär gesteuert wird.[1586]

---

der Auferstehung der Toten» (XXXI) den Weg über die Bedingungen des *status gratiae* hinaus führend beschreiben. Siehe 5.1.6.

1581 Zur Funktion von Exordien oder Proömien siehe 7.3.2.

1582 Kirkendale weist auf die Nuance hin, die zwischen *initium* und der eigentlichen *insinuatio* besteht. Während letztere zielstrebig die Thematik der *narratio* einführt, begnügt sich das *initium* damit den Hörer denken zu lassen, «daß wir uns nicht dabei aufhalten wollen …» (Kirkendale 1985, 252). Mit diesem von Kirkendale nicht näher zugeordneten Zitat aus der «Institutio Oratoria» wird die Beiläufigkeit deutlich, die einem *initium* anhaften soll, um die Hörerschaft nicht eingangs schon mit der Schwere des Falls zu erdrücken.

1583 «Nun hatte […] Quintilian, der erste Ciceronianer, gelehrt, daß man beide Exordiatypen in einer einzigen Rede anbringen könne: das freie *principium* am Anfang, als Einleitung zur *narratio;* die *insinuatio* als internes Exordium vor dem zweiten Hauptteil, der *argumentatio.*» (Kirkendale 1985, 251).

1584 Kirkendale 1985, 252.

1585 Siehe 5.4.9

1586 Zur Unterscheidung der beiden Grundfunktionen aller musikalischen Figuren siehe 5.2.2.1.1.

Tenor, Takt 25ff.

Die Wegmetaphorik wird in der Durchführung der *sinfonia* zusätzlich durch die Gestaltung langsam absteigender Passagen (mit langen liegenden Noten) unterstrichen, die jeweils nach einem durch die Gebetsmetaphorik motivierten Anstieg eingeleitet werden. Die Singstimmen vollführen teilweise ihre Figuren parallel.[1587] Während in Takt 50 die Tenorstimme den Weg aufwärts geführt wird, kommt ihr über den Alt «das Heil» musikalisch abwärts geführt gewissermassen entgegen.

Alt, Takt 52f.

In Takt 77 führen der Alt auf der Silbenfolge «Wer Dank-…» und der Tenor auf der Silbenfolge «und das ist der …» voneinander fortstrebende Figuren durch. Argumentativ ist neben der optischen Sinnfälligkeit (*hypotyposis*) der gewählten Motivik die Figur der *anaphora*[1588] zu nennen. Damit soll die Motivik an Intensität (*emphasis*) gewinnen. Darüber hinaus lässt sich wie in BWV 78,1 eine doppelte Bewegung der Stimmführung feststellen, in deren Verlauf das göttliche Subjekt «ich» und das im Psalm angesprochene menschliche Subjekt «wer» sich aufeinander zu bewegen. Diese Bewegung wird im häufigen Auf und Ab der Stimmführungen erkennbar. Während die aufsteigende Bewegung für das Gebet des Menschen steht («Wer Dank opfert» = *anabasis*), wird bereits in der Vertonung von «Weg» eine Kehrtwende zur *katabasis* vollzogen, die mit der Silbenfolge «dass-ich-ihm-zei-(ge)» endet, die im Notenbild die Gestalt eines liegenden Kreuzes annimmt (zum Beispiel Takt 47 im Alt). Die Gegenüberstellung mit Deylings *Glaubens-Lehre* ergibt folgendes Bild:

1587 So laufen in Takt 35 die Alt- und Tenorstimmen parallel: «o-(pfert)» und «Weg» werden miteinander aufstrebend vertont.

1588 «Anaphora (Kircher) = Repetitio (Nucius). The repetition of a melodie; statement on different notes in different parts […]; Thuringus, however, limited it in his definition to the repletion of a bass part only.» (Buelow 2001, 264).

BWV 17,1	Deylings *Glaubens-Lehre*[1589]
	Der Sünden Greuel richt den grösten Schaden an,
Wer Dank opfert, der preiset mich,	Lasst uns zu JEsu fliehen,
und das ist der Weg,	er ists,
dass ich ihm zeige das Heil Gottes.	der helffen kann.

Wie bereits festgehalten, bezieht sich inhaltlich der Kopfsatz der Kantate nicht explizit auf die Sündenthematik. Die erste Zeile der Deylingschen *Glaubens-Lehre* bleibt somit unbehandelt. Hingegen findet die musikalische *anabasis* auf das Motiv «Wer Dank opfert» in der Fluchtthematik bei Deyling eine erstaunlich exakte Entsprechung. Diese zieht sich über die Wortfolge: «und das ist der Weg» fort, bei der Bach auf «Weg» die Kehrtwende vom Auf zum Ab einleitet: Er = Jesus «ists», der als Zielpunkt der Fluchtfigur das «Heil Gottes» katabatisch zu «zeigen», sprich, zu vermitteln versteht. Dies ist der Grund, warum Bach das Kreuzmotiv an dieser Stelle in den Gesamtduktus einfügt. Das Psalmwort lässt sich somit christologisch und erlösungstheologisch aufschlüsseln:

BWV 17,1	Deylings *Glaubens-Lehre*[1590]
Ich	er ists (= JEsu[s]),
zeige das Heil Gottes	der helffen kann

Die von Petzoldt wahrgenommene Engführung der Thematik auf die Aussage: «Wer Dank opfert, das ist der Weg», lässt sich somit noch einmal auf die Aussage: «das ist der Weg», nämlich «er (= Jesus) ists» verkürzen. Unter diesem Blickwinkel betrachtet, mögen die vielfältigen Vertonungen von «prei-(set)» als Zusammenwirken von Dank- und Sühnopfer und somit aller gottesdienstlichen Vollzüge (Sakrament, Beichte und Segen) interpretiert werden. Denn auch Bach weiss über die hebräische Wurzel des von Luther als «preisen» übersetzten Verbs כבד Bescheid:[1591] Gottes Herrlichkeit wirkt im menschlichen Preisen mit, indem er diese selber bedingt. Auf dieser Argumentationsebene erschliesst sich die Gestaltung des Chorsatzes als Fuge: Wenn beide Opfertypen aufein-

---

1589 Deyling 1734a, 28.

1590 Ebd.

1591 Bach wird wohl über Olearius' Kommentar zu Ps 50,23 darüber in Kenntnis gesetzt sein. Siehe Petzoldt 2005, 417.

ander bezogen zu denken sind, unterstreicht die Gesetzmässigkeit einer Fuge[1592] diejenige der lutherischen Erlösungslehre. Jedes menschliche Dankopfer steht demnach ‹in der Nachfolge› des Sühnopfers Christi.

9.4.2.2 Movere

Die Deylingsche *Lebens-Pflicht* hilft eine *pathos*-gestützte Argumentation ausfindig zu machen, die an dieser Stelle kaum vermutet würde. Doch lässt sich die doxologische Qualität (Arnold) dieser Kantate überhaupt erst über diese Stilhöhe als Anregung zum Dankopfer homiletisch-erbaulich adäquat verstehen. Über die Heranziehung der Deylingschen *Lebens-Pflicht* wird ersichtlich, warum Bach vor allem die erste Psalmvershälfte aufwendig vertont. Mit ihrer Hilfe lässt sich das Psalmwort gewissermassen von hinten nach vorn lesen:

BWV 17,1		**Deylings *Lebens-Pflicht***
4	das Heil Gottes	Es macht dich JEsu Blut von allen Sünden rein,
3	dass ich ihm zeige	Die Wohlthat (ist sehr groß!)
2	das ist der Weg	} Willst du nicht danckbar seyn?
1	Wer Dank opfert, der preiset mich	}

Während die mit 1 und 2 bezifferten Satzbausteine des Psalmwortes als Ausführung der von Deyling geforderten Dankbarkeit gelesen werden können, lässt sich mit Satzbaustein 3 «die Wohlthat» herausstreichen, die darin besteht, dass «ich» (= Gott) «das Heil», nämlich die Rechtfertigung der Sünder in Christus «zeige». Während sich die *logos*-Argumentation um eine grösstmögliche Adäquatheit zur Textvorlage bemüht, kann die *pathos*-Argumentation diese auch in entgegengesetzte Richtung lesen und den Akzent auf den Anfang legen. Der Akzent kommt somit nicht auf dem dogmatisch bedeutsamen «Heil Gottes»[1593] zu stehen, sondern auf dem Dankopfer selbst und auf dem Weg, der zum Heil führt. Bereits die instrumental ausgeführte *sinfonia* scheint vornehm-

1592 Zur Fuge als Formprinzip siehe Schulze 2004, 248, dessen Stellungnahme ich in 7.3.3.1 bespreche.

1593 Marie-Louise Hoyer bemerkt, dass diese Thematik auf Takt 54f. im Alt gleichwohl von Bach aufgegriffen wird: «Sextsprung nach oben, 5 Töne in Folge abwärts: ‹Heil› kommt von oben.»

lich diese Thematik musikalisch aufnehmen und umsetzen zu wollen.[1594] Das Ausrufungszeichen bei Deyling streicht heraus, wie schwer sich die Gläubigen damit tun, sich der Grösse der Wohltat Christi bewusst zu werden und sich nutzbar zu machen. Und Bachs musikalische Umsetzung der Thematik scheint sich genau mit diesem Desiderat auseinandersetzen zu wollen. Auf der Ebene der Affektsteuerung gilt es *spes* (Hoffnung) zum Ausdruck zu bringen: Der Abstand zum *bonum* (das Heil Gottes) ist gering, aber … er ist vorhanden! Deyling legt in seiner *Lebens-Pflicht* den Finger auf die wunde Stelle: Undank! Doch mit seiner rhetorischen Frage legt Deyling der Gemeinde gleichzeitig die Lösung des Problems nahe. Musikalisch schlägt sich eine solche Argumentation nun in der Beschwingtheit nieder, mit der Bach das Psalmwort bearbeitet. Die Nähe des Menschen zum *bonum* wird spürbar. Diese Fröhlichkeit wird durch die schwungvoll aufstrebenden Figuren besonders sinnfällig. Aus diesem Blickwinkel heraus betrachtet sind die Melismen auf «Prei-(set)» als *jubili,* als Jubelrufe heiter und die Fortsetzung darauf als durch Freude (*gaudium*) getragen zu singen.[1595]

9.4.2.3 Delectare

Auf dieser Ebene geht es darum, den Hörer «durch Neigung seines Willens gewogen *(delectare, conciliare)*» zu machen.[1596] Deylings Angaben zum *Glaubens-Trost* lassen diesen «konzilianten» Zug des homiletisch dritten Grundauftrags einer Predigt aufleuchten:

> «Der Sünden Aussatz schleußt die Thür des Himmels zu,
> Doch JEsus öffnet sie, und bringt dich ein zur Ruh.»[1597]

Während in BWV 17,1 der Sündenaussatz und dessen verheerende Wirkung nicht explizit thematisiert wird, ist diese Thematik mit der Aussage: «Dies ist der Weg» dennoch inbegriffen. Das unter *docere* bereits erwähnte Kreuzmotiv gewinnt an dieser Stelle erst seine argumentative Stärke: als unscheinbares Ele-

---

1594 Hierzu wieder Marie-Louise Hoyer: «Das Ende der Sinfonia, Takt 20–28, entspricht Takt 117–Schluss, dort mit Chor. Von Takt 64–71 ist alles eine Quart tiefer transponiert.»

1595 Dazu Cantagrel 2010, 899–903 zu BWV 17,1: «le sujet commun à ces deux fugues […] se déploie en de long mélismes jubilatoires.» (zit. n. Role 2013, 5).

1596 Dyck 1991, 79.

1597 Deyling 1734a, 28.

ment in der Argumentationskette ist es dennoch präsent als Zeuge der Einheit von Lehre, Musik, Gesellschaftsordnung und Kosmos.[1598] Bach steht als Künstler, Kantor und Christ hinter seiner klangrednerischen Inszenierung. In dieser Hinsicht lässt sich die Gestaltung des Satzes als Fuge auch als Ehrfurcht des Komponisten der göttlichen Heilsordnung und ihres «Wegs» gegenüber interpretieren.[1599] Dürr spricht in Bezug auf diesen Chorsatz von einer «großflächige[n] architektonische[n] Anlage der reifen Vokalwerke Bachs.» Dies sei «das Ergebnis einer zielstrebigen Entwicklung von der motettischen Vielgliedrigkeit hin zur einheitlichen Großform.»[1600] Inwiefern sich Bachs kompositorische «Zielstrebigkeit» dieses Satzes auf die Argumentationsebene auswirkt, versucht Basso in seiner Beurteilung zu umreissen:

> «[U]ne introduction instrumentale […] conduit à une fugue qui utilise tout le verset […], mais sur deux expositions distinctes, de même longueur […] dont la seconde est une variante de la première, dans laquelle l'ordre d'entrée des voix est différent […] et la fonction instrumentale n'est pas articulée de la même façon. L'organisation musicale qui se prévaut d'un passage de transition entre les deux expositions […], obéit une fois encore au principe de variété et de refus de tout caractère répétitif qui préside à toute l'œuvre créatrice de Bach […] Le schéma A A' […], le matériel qui concourt à former l'introduction se transforme en support concertant pour une complexe structure polyphonique, celle-ci étant, autrement dit, comme greffée sur une base préexistante …»[1601]

Basso macht unterschiedliche Ebenen im Aufbau der Satzstruktur aus. Wenn auf der einen Seite Ordnung das Strukturprinzip bestimmt, scheint die *varietas* ein zweites und gleich starkes Prinzip in Bachs Komponieren zu sein. Bach sagt damit etwas über sich selbst aus, über seine Kunst und über das Verhältnis, das er zu seiner Hörerschaft unterhält. Mit seiner unverwechselbaren Eigenart und Vorliebe zu «komplizierter Musik» (Sackmann)[1602] setzt Bach gewissermassen auch seine Unterschrift. Hinter einer guten Rede steht die Wahrnehmung der Persönlichkeit des Redners, oder, um es aristotelisch auszudrücken, von dessen Charakter (*äthos*).[1603] Mit *äthos* ist die Transparenz der eigenen Rednerpersönlichkeit auf die in der Gesellschaft geltenden Werte (*koina*) zu verstehen. So

---

[1598] Zu Bachs theologischem Formbegriff (Siegele) siehe 8.5.3.3.
[1599] Vgl. Schulzes Anmerkungen zur Fuge in 7.3.3.1.
[1600] Dürr 2010, 590.
[1601] Alberto Basso 1979 II, 428f. zit. n. Role 2013, 4.
[1602] Aus einem Gespräch mit Dominik Sackmann am 09.03.2011.
[1603] Aristoteles/Krapinger 2007, 12: 1356a.

stellt auch Bach *seine* Kunst in den Dienst der Lehre *seiner* Kirche. Damit lässt sich auch etwas über Bachs Verbindung zu *seiner* Hörerschaft aussagen: Diese gerät im Vollzug der Kantatenaufführung als Hörerin der *viva vox evangelii* (lebendige Stimme des Evangeliums)[1604] und Gemeinde Jesu Christi in den Fokus Bachscher Kommunikation. In diesem Sinn lässt sich die Verkürzung des Psalmverses auf die beiden «Choreinlagen» als eine von Bach eingeleitete *äthos*-relevante Verdichtung einer auf das Sonntagsevangelium bezogenen Aktualisierung verstehen. Dieses buchstäblich zentrale Thema wird einmal von Sopran und Bass (Takt 73–75) und das zweite Mal von Alt und Tenor (Takt 77–79) als Verschränkung beider Aussagen dargestellt. Eine Gegenüberstellung des verdichteten Psalmwortes mit den Merksätzen des Deylingschen *Glaubens-Trost* lässt dieses inhaltsbezogen als Scharnier zwischen Deylings Aussageteilen erscheinen. Das eigene Dank-Opfer (BWV 17) entfaltet sich heilstheologisch erst über Christi Sühn-Opfer (Deyling) zum Heilsweg:

BWV 17,1		**Deylings Lebens-Pflicht**
		JEsus öffnet [die Thür des Himmels] …
Sopran/Alt	Wer - Dank o - pfert,	
Bass/Tenor	Und das ist der Weg …,	
… dass ich ihm zeige das Heil Gottes		… und bringt dich ein zur Ruh.

Bach setzt beide Psalmaussagen in ein Verhältnis der Simultaneität und suggeriert damit, dass beide Aussagen einander bedingen und interpretieren: Es gibt keinen «Weg» zur Erkenntnis des Heils ohne «Dankopfer». Gleichzeitig gibt es kein «Dankopfer» ohne den Sühnopferweg Christi, der in beiden Sequenzen herabsteigend (*katabasis*) vertont wird, bevor er sich auf «Weg» parallel zu «o-pfert» wieder zwei Schläge lang hinauf bewegt (*anabasis*), um dann nach einer einen Schlag dauernden Katabase wieder auf einer höheren Note zu enden. Biblisch gesprochen: im Dankopfer der christlichen Gemeinde verwirklicht sich die Heilsaneignung, die beide Richtungen, einmal vom Himmel, einmal von

1604 Siehe Arnold 2004, 150 unter 4.1.4. «‹Pure et recte› – Evangeliumsgemäße Verkündigung und Sakramentsausteilung als Kennzeichen der Kirche (CA VII)», ferner Renate Steiger 1998b, 197.

der Gemeinde aus in gegenseitiger dogmatisch-musikalischer Harmonie (*delectare*) verbindet.

9.4.3 Inszenierte Andacht

Mit Ps 50,23 steht der Kantate wie in BWV 25 ein Psalmvers vor. Somit wird auf den Beginn des Gottesdienstes hingewiesen, der traditionsgemäss im Introitus häufig seine Texte aus dem Psalter bezieht.[1605] Mit der Reformation werden diese zunehmend auf das Evangelium bezogen und somit proprial verstanden.[1606] Die Kantate fügt sich infolgedessen in die liturgische Tradition, womit nun auch die Gemeinde selbst zumindest indirekt in den Brennpunkt der Kommunikation gerät.[1607] Wie der Chor traditionsgemäss die Stimme der Gemeinde vertritt,[1608] so wird diese ebenfalls durch den Eingangschor der Kantate in ihrer proprialen Zurüstung auf die Evangeliumsverkündigung vertreten. Wird «Andacht» etymologisch als Vorgang des Konzentrierens auf einen Gegenstand (Grimm) bestimmt, das auf Gott bezogen in eine Dialektik des Hörens und Antwortens (Medler,[1609] Luther[1610]) mündet, lieferte die bisherige Analyse Bachscher Musik die Erkenntnis einer homiletisch-rhetorisch gestützten Bibeltextinszenierung, in die verschiedene gottesdienstliche Begehungen eingeflochten werden, worin sich die Gemeinde über die Stellvertretung durch den Chor[1611] als eigentliches Gottesdienstsubjekt wiederzufinden vermag. Somit verdichtet sich ein weiteres Mal der gesamte kommunikative Prozess einer Kantatenaufführung diesmal auf den Gottesdienst und alle daran beteiligte Personen. Bassos reizvolle Beschreibung der Weigerung (refus) Bachs allem Repetitiven gegenüber[1612] erhält in dieser Untersuchung ihren andachtsspezifischen Ort: Bach bekennt sich damit zu einem stets situativ aktuell lebendig

---

1605 Zur festgeschriebenen Ordnung siehe Stiller 1970, 75.

1606 Siehe Wetzel 1985, 132.

1607 Siehe hierfür 6.3. unter «EINGANG».

1608 Zum Begriff Chor in der Geschichte der Kirchenmusik siehe Blankenburg 1979a, 11ff.

1609 Siehe 5.1.5.

1610 Siehe 5.1.5. und 5.4.2.

1611 Zu Bachs Zeit ertönen Psalmen in der Fastenzeit choraliter, in den übrigen festlosen Zeiten überwiegend figuraliter, das heisst in der Gestalt von Motetten. Hohe Feste beginnen mit einem Hymnus. Siehe Wetzel 1985, 133.

1612 Siehe 9.4.2.3.

machenden göttlichen Wort. Dass Bach sich musikalisch einiges an Freiheiten herausnimmt, mindert den Andachtsbezug seiner Musik in keiner Weise, sondern fördert diesen, in dem er somit auch die Hörenden vom Zwang befreit, das spielerisch Rebellische ihres eigenen Andachtsbezugs zu unterdrücken.[1613]

9.5 BWV 17,2: Recitativo A

2. Recitativo

Alto, continuo, organo

Es muss die ganze Welt ein stummer Zeuge werden
Von Gottes hoher Majestät,
Luft, Wasser, Firmament und Erden,
Wenn ihre Ordnung als in Schnuren geht;
Ihn preiset die Natur mit ungezählten Gaben,
Die er ihr in den Schoß gelegt,
Und was den Odem hegt,
Will noch mehr Anteil an ihm haben,
Wenn es zu seinem Ruhm so Zung als Fittich regt.

9.5.1 Inventio

Im ersten Teil des Rezitativs erblickt Petzoldt den «spätmittelalterlichen Gedanken des ‹Buches der Natur›» verwirklicht, «die sowohl Gotteserkenntnis bewirkt als auch selbst […] Lobpreis Gott gegenüber darbringt.»[1614] Zahlreiche Bibelstellen stehen für diesen Gedanken Pate. Olearius geht in Bezug auf Ps 19,5 auf die im Text auffallende Schnur-Metaphorik ein, indem er sie als *linearis structura* mit einer «Meß=Schnur» der «Feld=Messer oder «des Baumeisters» vergleicht.[1615]

Im zweiten Teil wird derselbe Gedanke parallel zum ersten entwickelt, in dem die stumme Zeugenschaft der nichtlebenden Geschöpfe durch diejenige der Lebewesen («was Odem hegt») ergänzt und damit überhöht («noch mehr Anteil … haben») wird. Assoziativ schliesst dieser Satz mit der Thematik des Dankopfers an Satz 1 an. Im *locus de creatione* (Von der Schöpfung) lässt sich

[1613] Vgl. u. a. 5.4.8.
[1614] Petzoldt 2005, 418.
[1615] Olearius III, 120 zit. n. Petzoldt 2005, 418f.

die Topik bestimmen, um die sich theologisch alles zu drehen scheint, genauer um die Beantwortung der Frage nach den «causae praecipuae, propter quas Deus creavit hoc universum»[1616] (die besonderen Ursachen, um derentwegen Gott diese Welt erschaffen hat). Hutter gibt deren *causae* (Ursachen) zwei an. Die erste bezieht sich auf das Woher der Schöpfung:

> «Causa impulsiva fuit immensa DEI bonitas, qui uti in se est summe bonus, ita Bonitatis etiam huius suae partem nobiscum communicare voluit liberrime»[1617] – «Die bewegende Ursache in Gott war seine unermeßliche Güte. Denn gleichwie er in sich selbst das höchste Gut ist, so hat er auch dadurch ein Stück seiner Güte freiwillig mitteilen wollen.»[1618]

Die zweite *causa* wird nach dem Wohin der Schöpfung definiert:

> «Causa finalis est, ut a creaturis vicissim agnoscetur et celebratur[.]»[1619] – «Die Endursache dieses Werkes aber ist,[1620] daß er wiederum von den Geschöpfen recht erkannt und gepriesen werde[1621] [.]»[1622]

In der Tat scheinen beide *causae creationis* den Librettisten zu inspirieren. Wird in der stummen Zeugenschaft der «ganze[n] Welt» (Zeile 1) eine Art stiller Bewunderung alles Organischen und Anorganischen der «immensa DEI bonitas» ausgedrückt, mündet diese Zeugenschaft im zweiten Teil über die Ausdeutung der Werke Gottes als «ungezählte[...] Gaben» (Zeile 5) in die Deutung des Zungen- und Flügelschlags der Tier- und vielleicht auch schon der Menschenwelt «zu seinem (= Gottes) Ruhm» (Zeile 9) in die Beschreibung der *causa finalis* des gesamten Schöpfungswerkes.

9.5.2 Dispositio

Hinsichtlich der *dispositio* des Satzes gilt es, diesen weniger einzig nur als «Bindeglied zur ersten Arie» (Dürr),[1623] sondern vielmehr bereits als *narratio*[1624] der

---

1616 Hutter 1961, 20: IV, 6.
1617 Ebd.
1618 Hutter/Schnabel 2000, 70f.
1619 Hutter 1961, 20: IV, 6.
1620 Schnabel bleibt der Vergangenheitsform treu und schreibt «war».
1621 Aus der von ihm gewählten Vergangenheitsformel heraus schreibt Schnabel an dieser Stelle «würde».
1622 Hutter/Schnabel 2000, 71.

Kantate selbst zu begreifen, die in Teil 2 nach der *insinuatio* von Satz 4 in die eigentliche *argumentatio* (Beweisführung) münden wird.[1625] An dieser Stelle werden die Inhalte des *locus de creatione* narrativ «expandierend» (Hindermann) in der Darlegung von Fakten aufgegliedert (*partitio*):[1626]

> «distincta rebus, personis, temporibus, locis, causis, ipsa etiam pronuntiatione in hoc accommodata, ut iudex quae dicentur quam facillime accipiat. – [Eine klare Sicht der Fakten, Personen, zeitlichen und örtlichen Begebenheiten und Ursachen; die Beratung muss so konzipiert werden, dass sichergestellt ist, dass der Richter das Gesagte so einfach wie möglich auffasst.]»[1627]

Die aufgeführten Zeugen: «Luft, Wasser, Firmament» usw. dienen als Musterbeispiele (*paradigmata*). Aus der breiten Schilderung schöpfungsrelevanter Topik heraus entfaltet sich die *probatio*[1628] (Beweisführung) in Satz 3, für den dieser Satz als *propositio* (Darlegung, Angabe einer Tatsache[1629]) die Kulisse abgibt.

9.5.3 Elocutio

Bach unterstützt die Argumentation des Librettos, indem er *sec(co)* – sich auf «das klanglich notwendigste»[1630] beschränkend – der *narratio* Folge leistet: Die ganze Welt wird emphatisch (mit Betonung auf «Welt» in Takt 2) als huldigendes Zeugnis göttlicher Majestät präsentiert und somit das Gotteslob als längst bestehende Evidenz vorgeführt. Die vom Text verwendeten «inliegende[...] Vorstellungskräfte» weckenden und entfaltenden Detailschilderungen[1631] werden entsprechend bildlich – «oculos mentis ostendi»[1632] (vor das geistige Auge führen) – eindrücklich und knapp vertont.

1623 Dürr 2010, 590.
1624 Zur *narratio* siehe 7.3.2, 7.4.2. und 7.4.3.1.
1625 Kirkendale 1985, 251.
1626 Hindermann weist auf den Bezug zwischen «werkbeschließende konzentrierende Aufzählung (*enumeratio*)» und «expandierende Aufgliederung (*partitio*) der Fakten zu Beginn» einer Rede hin. (Hindermann 1987, 288).
1627 Quintilianus 1971 Bd. 1, 206: 4,2,36f. Vgl. Hindermann 1987, 290.
1628 Georges 1869 Bd. 2, 1058.
1629 Georges 1869 Bd. 2, 1115 mit einem Hinweis auf Quintiliians Institutio Oratoria: 4,2,4.
1630 Hindermann 1987, 290.
1631 Vgl. Hindermann 1987, 287.
1632 Quintilianus 1971 Bd. 2, 207: 8,3,62. Vgl. Hindermann 1987, 287.

9.5.3.1 Docere

Wird Deylings Erläuterung zur *Glaubens-Lehre* zu Rate gezogen, ist dessen inhaltliche Bezogenheit auf die *loci de peccato* (Von der Sünde):[1633] «Der Sünden Greuel richt den grösten Schaden an,» und *de iustificatione* (Von der Rechtfertigung):[1634]«Lasst uns zu JEsu fliehen, er ists, der helffen kann[,]»[1635] dem Libretto alles andere als grundsätzlich fremd. In der Tat wird der nach Deyling anzustrebenden skopusgerechten Behandlung der grundsätzlichen Sündhaftigkeit und Verdammungswürdigkeit jeglicher menschlichen Existenz bereits im Libretto nicht einfach nur ausgewichen. Mehr noch, ohne diesen Bezug zur Rechtfertigungslehre bleiben Aussagen wie: «Da du uns willst den Weg des Heils hingegen weisen» (Satz 3) und «Welch Übermaß der Güte schenkst du mir!» (Satz 5), vor allem aber die Anspielung auf die Notwendigkeit, «vollkommentlich zu heilen» (Satz 6) unverständlich. In Bezug auf die als ‹hidden agenda› oder verborgenes Motiv miteinzubeziehende Rechtfertigungslehre, welche das Libretto nicht leugnet, dem es aber auch nicht explizit gerecht werden will, gilt, dass es sich um eine rhetorische Lizenz des Dichters handelt, die theologisch normative Auslegung und homiletische Behandlung des Predigttextes argumentativ auf einer anderen, aber dogmatisch-korrekt rezipierbaren Schiene laufen zu lassen, als es seine Kollegen in Bezug auf die Kantaten BWV 25 und 78 tun. In dieser Hinsicht bietet im Zeitraum der Frühaufklärung[1636] der Bezug zur Natur eine willkommene Gelegenheit, religiöse Themen über den *locus de creatione* zu behandeln, die es einem Librettisten erlauben, sich auf der Ebene der *elocutio* anderer Gemeinplätze (*koina*) zu bedienen, um eine in dessen Augen zeitgemässe Überzeugungsarbeit (*persuasio*) leisten zu können. Im Vergleich mit der Deylingschen *Glaubens-Lehre* fällt neben der Auslassung der Sündenproblematik und der Hinwendung zur Schöpfungslehre die völlige Ausblendung jeglicher christologischer Implikation auf.[1637] In Hin-

1633 Hutter 1961, 29: VIII.

1634 Hutter 1961, 52: XII.

1635 Deyling 1734a, 28.

1636 Czok 1988, 36. Vgl. Küster 1999, 17.

1637 Petzoldt 2005, 418 meint hinter dem Terminus «hohe Majestät» «die anklingende Schöpfungsmittlerschaft Christi» aus Hiob 1,3 («Majestät in der Höhe», Biblia 1712) erblicken zu können. Bei Hutter aber wird die als «aeterna» qualifizierte «majestas» mit einem trinitarischen Sinn aufgeladen: «[…] Patris et Filii et Spiritus sancti una est Divinitas, aequalis gloria, aeterna majestas.» (Hutter 1961, 4: II (de Deo uno et trino), 1.) – «[…] Vater, Sohn und hl. Geist sind verschiedene Personen [aber …] eine einziwendung aber zu «Gottes hoher Majestät» ist dennoch die ‹Fluchtlinie› der offiziellen *Glaubens-Lehre* zu diesem Sonntag auf der Stilebene respektiert: «Lasst uns zu [Gott] fliehen, er ists, der helffen kann.»[1638]

Im Hinweis auf «die ungezählten Gaben, die er (Gott) ihr (der Natur) in den Schoß gelegt», wird zumindest das Bedürfnis der Kreatur suggeriert, «noch mehr Anteil an ihm (Gott) zu haben», womit dem homiletischen Zweck der *Glaubens-Lehre*, sich vertrauensvoll an Gott, – wenngleich trinitarisch undifferenziert – zu wenden, ebenfalls in den Grundzügen entsprochen wird: Ziel der Argumentation bleibt selbst in diesem physikotheologisch beeinflussten Text[1639] die uneingeschränkte Zuwendung zu Gott. Allein, die sich dahinter verbergende Not der gefallenen Kreatur bleibt unthematisiert. Dürrs Charakterisierung dieses Satzes als «schlichtes Bindeglied» verrät die Einfachheit seiner musikalischen Gestaltung und somit seine auf der Ebene des *docere* vorwiegend auf Informationsvermittlung zielenden Deklamation. Den «lang ausgehaltenen Schlußton im Continuo» deutet Petzoldt als «Ausrufungszeichen bzw. als *nota bene!* [Merke gut!]»[1640]

---

ge Gottheit, gleich an Herrlichkeit und ewiger Majestät.» (Hutter/Schnabel 2000, 44). Auch wird dieser trinitarische Zusammenhang bei Hutter auf Gottes Schöpfertätigkeit und dessen Erhaltungswerk ausgeweitet: «[…] quod Pater aeternus cum Filio et Spiritu sancto condiderit et conservet coelum et terram, et omnes creaturas, et adsit omnibus creaturas […]» (Hutter 1961, 5: II, 2) – «[…] daß der ewige Vater mit dem Sohn und dem Hl. Geist Himmel und Erde und alle Geschöpfe erschaffen hat und erhält […]» (Hutter/Schnabel 2000, 44). Bei Hutter fehlt also die von Petzoldt im Libretto vermutete Note der «Schöpfungsmittlerschaft Christi».

1638 Deyling 1734a, 28.

1639 Zum Begriff «Physikotheologie» siehe Kreutzer 2005, 72. Er bezeichnet damit «einerseits eine Schreibweise mit naturwissenschaftlich-theologisch-philosophischer Substanz, andererseits eine Leseweise gegenüber der Natur. Die jüngere Aufklärung, das Zeitalter Kants, hat dieser Einheitlichkeit ein Ende gesetzt; auf Zeit hatte sich jedoch ein stimmiges und harmonisches Bündnis von Naturwissenschaft und Theologie hergestellt und das in dichterischer Form. Diese Dichtart ist nicht schlechthin kennzeichnend für Bachs Texte, doch kann man an ihr gleichsam Maß nehmen, geschichtlich wie literarästhetisch. Damit war der Nerv der Zeit berührt. Diese Dichtung brachte die Grundanschauungen der frühen, der religiös gebundenen Aufklärung in einer Weise zum Ausdruck, die allgemeine Akzeptanz fand. Die Physikotheologie ist englischen Ursprungs, ohne die New Science im Sinne Newtons ist sie nicht denkbar.»

1640 Petzoldt 2005, 419.

9.5.3.2 Movere

Analog zur Parallelität zwischen der Argumentation des Satzes und Deylings *Glaubens-Lehre* verhält es sich mit dessen *pathos*-geführter Argumentation der *Lebens-Pflicht* zu diesem Sonntag. Wird einmal vom christologischen Versteil «Es macht dich JEsu Blut von allen Sünden rein» abgesehen, lässt sich auch in diesem Rezitativ die Deylingsche Forderung: «Die Wohlthat ist sehr groß! Willst du nicht danckbar seyn?»[1641] auf die *pathos*-Ebene der Argumentation in BWV 17,2 beziehen. Auch hier wird eine Forderung gestellt: «Es muß die ganze Welt ein stummer Zeuge werden ...». Auf die Aufforderung, Gott für seine grosse Wohltat zu danken, reagiert der Librettist suggestiv mit einer Vorausnahme des Gotteslobs in der «stumme[n]» wie mit «Zung und Fittich» ausgerüsteten «Welt» bzw. «Natur». So wird der Menschendank zwar nicht unmittelbar gefordert, aber subtil und nicht direktiv stimuliert. In musikalischer Hinsicht ermöglicht dieser Argumentationsweg, die affektiven Qualitäten des Textes unmittelbar auf das *summum bonum* hin zu gestalten. Theologisch steht dem Ausdruck des *gaudium* (Freude) solange nichts im Wege, als sich die Beziehung der Natur zu Gott als nicht durch von Menschenschuld (*peccatum*) getrübt darstellt. So kann Bach die Anfangsworte festlich im Sinne des *gaudium* gestalten. Dasselbe gilt für die Dreiklangsfanfare:[1642] «ihn preiset die Natur» (Takt 7f.).

9.5.3.3 Delectare

Der dünnen Forschungslage wegen bin ich zur Bestimmung dieser letzten Argumentationsebene auf eigene Vermutungen angewiesen. Mangels lehrrelevanter oder pflichtbezogener Auseinandersetzungen lassen sich in der Ruhe, mit welcher dieser Satz in der *executio* musiziert werden kann, Qualitäten einer auf Gewogenheit (*delectare, conciliare*)[1643] ausgerichteten Vertonung vermuten. Der von Petzoldt aufgegriffene «lang ausgehaltene[...] Schlußton»[1644] sowie der über 2½ Takte hinweg gezogene Anfangston im Continuo können auf dieser Überzeugungsebene zum Ausdruck von Gelassenheit, Getragenheit, Ordnung und Standfestigkeit in der musikalischen Gestaltung verwendet werden. Parallel zu

---

[1641] Deyling 1734a, 28.

[1642] Anmerkung von Marie-Louise Hoyer.

[1643] Siehe 5.2.2.3. und 8.10.1.

[1644] Petzoldt 2005, 419.

BWV 78,5, in welchem «Wunden, Nägel, Cron» usw. im Sinne einer rekapitulativen *peroratio* aufgelistet werden,[1645] lässt sich auch die hier vorliegende Aufzählung: «Luft, Wasser, Firmament und Erden» in ihrer Qualität als *deliberatio*[1646] über das Aufgreifen wohlbekannter Fakten würdigen, womit der Ordnungssinn des Schöpfers herausgestrichen werden soll. Auch folgende Formulierungen wie «ihn preiset die Natur mit ungezählten Gaben» mit der entsprechenden Vertonung legen den Charakter einer Huldigungsrede nahe, was im Kontext höfischer Begehungen in Bezug auf das Libretto nicht weiter verwunderlich ist.[1647]

9.5.4 Inszenierte Andacht

Der höfische Kontext des Kantatenlibrettos erklärt im Grundsatz die Verlagerung der Thematik von der Schilderung des «Sündenaussatzes» (Deyling) in BWV 25 zu einer eher unverbindlichen Aufforderung zum Gotteslob in BWV 17.[1648] Bachs Vertonung folgt diesem Duktus und konzentriert sich entsprechend auf *loci* der christlichen Verkündigung, die das Gewissen der Einzelnen nicht wirklich binden. Gleichwohl bleibt sich Bach in der liturgischen Behandlung seiner Vorlagen treu: Wie in den Schwesterkantaten erfährt die Textvorlage in BWV 17 eine gottesdienst- und perikopenbezogene Vertiefung. Freilich wird der Gesamtstil des Vortrags höfisch angehoben und dadurch von der dogmatischen Schwere der Schwesterkantaten entlastet. Somit präsentiert Bach dem annähernd gleichen Publikum innerhalb von drei Jahren drei völlig unterschiedliche Kantatenstile zur gleichen Perikope und unabhängig davon, unter Anwendung welcher Argumente jeweils gepredigt wird.

Mit Blick auf die von mir konsultierten Inszenierungstheorien bietet sich Gräbs Theorie der «ästhetische[n] Verflüssigung[…]» an, mit welcher parallel zur *narratio* von BWV 25,2 und BWV 78,2 die Hörerinnen und Hörer über das «überraschende Spiel mit überlieferten Deutungsmustern» angesprochen werden.[1649] Im Fall dieses Satzes sticht der höfische Kontext ins Auge, der das

---

1645 Siehe 8.10.1: BWV 78,5 zur *dispositio*.

1646 Zum Begriff siehe 8.10.1.

1647 Siehe 9.1: Quellen.

1648 Zum Vergleich sei an die anklägerische Dynamik erinnert, mit welcher dieselbe Wortfolge «Die ganze Welt» in BWV 25,2 vertont wird.

1649 Gräb 1997, 225 zit. n. Plüss 2007, 77 (Siehe 5.4.10.5).

Gotteslob im Kleid einer königlichen Huldigung präsentiert. Auf diese Weise findet sich die Gottesdienstgemeinde Gott gegenüber anders als in den Schwesterkantaten in eine deutlich weltlich geprägte Rolle versetzt. Mit einer solchen frühaufklärerisch anmutenden Verweltlichung der Redegestaltung nähert sich Bach Gräbs Forderung an Liturgie und Predigt, auf eine «ebenso kreative wie auch persönliche Aneignung setzende Eröffnung einer Vielfalt von Lesarten».[1650] Gräbs Anweisungen für den heutigen Gottesdienst lassen sich somit ebenso bereits auf die drei von mir analysierten *narrationes* von BWV 25, 78 und 17 beziehen:

> «[Christliche Deutungspotenziale können] Verbindlichkeit für Individuen vor allem dann gewinnen, wenn sie von diesen als ebenso gehaltvoll wie subjektiv plausible Artikulation ihrer Selbstdeutung gelesen werden. Daraufhin, dass solche Selbstdeutung die ästhetische Anregung und religiöse Vertiefung findet, sind Gottesdienste und Predigt heute zu gestalten».[1651]

Die hermeneutische Brücke in der Andachtsgestaltung zwischen ‹heute› und ‹damals›[1652] ist an kaum einer Stelle dieser Analyse so einfach geschlagen wie in Bezug auf die drei von mir besprochenen *narrationes*: Die Andacht bleibt, ihr Ausdruck variiert. Es scheint Bach in erster Linie darum zu tun zu sein, aus einem gesicherten homiletischen Rahmen heraus ‹seiner› Gemeinde verschiedene Ausdrucksformen und Ausdruckshöhen zuzutrauen. Die homiletische Grundausrichtung bleibt sich gleich. Was variiert, sind die *koina* (Gemeinplätze), mit denen der Argumentation zum Durchbruch verholfen werden soll. Andacht lässt sich in Bachs Augen somit nicht auf nur eine bestimmte Sprechweise festlegen, sondern bezieht sich primär auf die Bereitschaft der am Klangereignis Beteiligten, sich auf verschiedene Formen eines und desselben An- und Zuspruchs Gottes einzulassen, den das Evangelium und die lutherische Lehre bereithalten. Einmal mehr wird deutlich, dass sich Andacht nicht aus dieser oder jener Einzelbeobachtung zum Kommunikationsprozess heraus bestimmen lässt, den Bach mit einer Kantatenaufführung anstösst, sondern über das Gesamtereignis ihrer Inszenierung. Aus diesem Winkel betrachtet, wird die werkmässig grundsätzliche Unabgeschlossenheit des überlieferten Notenmaterials[1653]

[1650] Gräb 1977, 224 zit. n. Plüss 2007, 77.

[1651] Gräb 1997, 224 zit. n. Plüss 2007, 77.

[1652] Siehe 1.3.

[1653] Siehe Dürr 1989 und in Bezug auf diese Untersuchung die Abschnitte zur Quellenlage der einzelnen Kantaten.

andachtsrelevant: Eine Kantatenaufführung erfüllt sich jeweils *in actu,* unter den gerade gegebenen Bedingungen.[1654] Kantatenaufführungen sind und bleiben *performances* und somit grundsätzlich ‹unfertig›, wie auch Andacht permanent der Wandlung unterworfen ist und niemals abgeschlossen sein kann, sofern sie sich auf Gottes lebendiges und stets situativ herausforderndes Wort bezogen versteht. Zusammenfassend lässt sich sagen: Andacht kommt in der Kombination von Text, Musik und Aufführungsumständen jeweils an ihr Ziel, aber niemals an ein Ende.

9.6 BWV 17,3: Aria S

3. Aria soprano

Violino I/II, Continuo

Herr, deine Güte reicht, so weit der Himmel ist,
Und deine Wahrheit langt, so weit die Wolken gehen.
Wüßt ich gleich sonsten nicht, wie herrlich groß du bist,
So könnt ich es gar leicht aus deinen Werken sehen.
Wie sollt man dich mit Dank davor nicht stetig preisen?
Da du uns willt den Weg des Heils hingegen weisen.

9.6.1 Inventio

Bei diesem Stück handelt es sich nach Petzoldt um einen «Quartettsatz, den Bach im Vierertakt komponiert, damit wohl bewußt anzeigend, daß es sich bei seinem Inhalt um Gottes gute Schöpfung, seine Welt handelt, die in allen vier

---

1654 Das Vorkommen unterschiedlicher Fassungen insbesondere im Kantatenwerk erklärt Dürr in der Gegenüberstellung der Zielsetzung von Komponisten aus der Klassik mit denjenigen ihrer Kollegen aus dem Barockzeitalter: «Überspitzt formuliert, geht es dem Klassiker darum, ein opus perfectum zu schaffen, ein Werk, an dem es nichts mehr zu bessern gibt, selbst wenn die gegenwärtige Aufführung in ihren Unzulänglichkeiten dieses Ziel nicht vollkommen zu erreichen vermag. Dagegen geht es dem Musiker der Zeit Bachs darum, mit seiner Komposition die Voraussetzung für ein bestes Gelingen der eben geplanten Aufführung zu schaffen. Kurz: nicht die Fassung, sondern die bevorstehende Aufführung soll die denkbar beste sein.» Dürr 1989, 16.

Himmelsrichtungen, zu allen vier Tages- und Jahreszeiten, auf allen Kontinenten sich symbolisch darstellt.»[1655]

Während sich das erste und letzte Zeilenpaar dicht an seine Vorlagen (Ps 36,6 und 57,11 für das erste und Ps 50,23 für das letzte Paar) hält, ragt im mittleren Paar neben einem weiteren Bezug zu einem Psalmwort (Ps 96,4b) für die erste Zeile, derjenige zu Röm 1,20 in der zweiten Zeile heraus.[1656] Damit erreicht das Libretto die erste wirklich explizite Bezugnahme auf eine Aussage aus dem Neuen Testament:[1657]

> «19. Denn daß man weiß / daß GOtt sey / ist ihnen[1658] offenbar / denn GOtt hat es ihnen offenbaret / 20. Damit / daß Gottes unsichtbares Wesen / das ist / seine ewige Krafft und Gottheit / wird ersehen / so man deß warnimmt an den Wercken / nemlich an der Schöpffung der Welt / [...]»[1659]

Petzoldt meint, «vor allem in den unablässigen skalenhaften Sechzehntelbewegungen [...] die Weite und Größe der Schöpfung [...] vernehmen» zu können, «die urbildlich die Reichweite der göttlichen Güte und Wahrheit zeigen will.»[1660] Die theologische Zielrichtung dieser «versifizierten Bibeltextkompilation»[1661] ist demnach in der sich an Paulus anlehnenden Feststellung zu suchen, dass sich Gott dem Mensch «gar leicht» in der Beobachtung «aus» seinen (Schöpfungs-)«Werken» heraus erschliesst. Somit bewegt sich die Topik ganz im Themenfeld des *locus de creatione* (Von der Schöpfung). Dieser Bezug ist nicht christologisch konnotiert. Hutter löst denn auch die Frage, weshalb die Schöpfungstätigkeit im «Symbolo Apostolico» (Apostolisches Glaubensbekenntnis) allein «Patri assignatur» (dem Vater zugeschrieben wird), mit einer innertrinitarischen Kompetenzzuweisung:

> «Quia DEUS pater in opere creationis potissimum sese revelavit, ut patrem et creatorem ac conservatorem rerum creatarum omnium.»[1662] – «Weil Gott der Vater durch das

---

1655 Petzoldt 2005, 419.

1656 Petzoldt 2005, 415 und 419.

1657 Den ersten neutestamentlichen Bezug sieht Petzoldt in der Wortfolge «Gottes hoher Majestät» gegeben, die sich seiner Beurteilung nach an Hb 1,3 anlehnt. Siehe aber 9.5.3.1.

1658 Gemeint sind die Menschen (v 18).

1659 Biblia 1712.

1660 Petzoldt 2005, 419.

1661 Vgl. Schulze 2006b, 114.

1662 Hutter 1961, 20: IV, 4.

Werk der Schöpfung sich vorzüglich als der eine Vater, Schöpfer und Erhalter aller geschaffenen Dinge geoffenbart hat.»[1663]

Gleichwohl erblicke ich in der erstmaligen Inszenierung des menschlichen Ichs in dieser Kantate, die die Hörerschaft von schöpfungsbezogenen Betrachtungen (*locus de creatione*) unmittelbar zum Ausdruck eines unbeschwerten Gotteslobs (*locus de Sacrificiis*) führt, den Versuch, der zum Verständnis der Perikope unumgänglichen Rechtfertigungslehre (*locus de iustificatione*) gerecht zu werden. Diese heilstheologischen Bezüge lassen einzig über einige Andeutungen des Librettisten erahnen, worum es in der lutherischen Theologie schwergewichtig geht: «Wüßt ich gleich sonsten nicht ...» und «Da du uns willt den Weg des Heils ... weisen.» Das «sonsten» bezieht sich auf Bibel und Katechismus, und der «Weg des Heils» ist kein anderer als derjenige, der im *locus de iustificatione* (Von der Rechtfertigung) beschrieben wird, und ohne den es keinen theologisch vertretbaren Einbezug eines menschlichen Ichs geben kann.

Die in Satz 2 suggerierte graduelle Adäquatheit zwischen dem Gotteslob nach der «Ordnung» der stummen sowie der stimmhaften «Welt» mit letztlich der eigenen, menschlichen Welt, wird in Satz 3 über den Subjektwechsel von «Luft, Wasser» usw. und «Zung» und «Fittich» als *pars pro toto* für die Tierwelt (Satz 2) zu «ich» (Zeile 3 und 4) und «man» (Zeile 5) vollzogen. An dieser Stelle wird der Einbezug der Rechtfertigungslehre unerlässlich, gilt es doch, die Evidenz des Gotteslobs der Schöpfung auf «uns» (Zeile 6) zu übertragen. Petzoldt hält in seiner Deutung denn auch unbeirrt von aller vordergründigen Schöpfungsthematik fest:

«Im Gegenüber zu Gott ist das seine Besonderheit vor der gesamten Mitschöpfung: Der Mensch weiß von Gottes Heilswillen und der göttlichen Bestimmung, diesem zu entsprechen.»[1664]

9.6.2 Dispositio

Formal rhetorisch vollführt das Libretto eine *probatio* (Beweisführung), im Rahmen derer die einzelnen kompilativ aneinandergereihten Schriftwortanspielungen als ebenso viele biblische *paradigmata* (Beispiele),[1665] welche «extrinse-

1663 Hutter/Schnabel 2000, 70.

1664 Petzoldt 2005, 419.

1665 Georges 1869 Bd. 2, 706.

cus adducuntur in causam – [von aussen in einen Fall eingeführt]»[1666] werden. In den mittleren beiden Zeilen wird das Psalmwort auf dessen *evidentia*[1667] hin kommentiert, die kirchliche Heilslehre argumentativ zu untermauern, die im «sonsten» poetisch-rhetorisch in unübertrefflich geraffter Weise subsumiert und gleichzeitig auf höfisch-angenehme Weise ihrer kirchlich-pädagogischen Schwerfälligkeit entkleidet wird. Die letzten beiden Zeilen erreichen wieder die Thematik des wegmetaphorisch gestalteten Dankopfers (Satz 1) und schliessen somit die *narratio* dieses ersten Kantatenteils ab, der als Evangelienmusik vor der Predigt aufgeführt wird.[1668] Somit fungieren diese letzten Zweizeiler auch als *conclusio* der ersten drei Sätze.

9.6.3 Elocutio

Auf dieser Stufe der Analyse gilt es nun, die Argumentation zu beschreiben, mit der Librettist wie Komponist die für die innere Kohärenz unerlässliche Thematik (*locus de iustificatione* – Von der Rechtfertigung) als *hidden agenda* führen. Die «barocke Konzertform»[1669] des Satzes weist dabei auf eine verschiedene Stilebenen miteinander verbindende Argumentation.

9.6.3.1 Docere

Auf der Ebene stilistischer Überlegungen handelt es sich vermutlich bei der in der *dispositio* festgehaltenen Charakterisierung des Satzes als *probatio* (Einzelbeweis) unter dem Aspekt einer wirkungsorientierten *argumentatio* (Gesamtbeweisführung) um eine *iactatio* (Paradestück), eine Sonderform des *egressus,* mit welchem sich auf einen «anmutigen und Beifall verheißenden Gegenstand abschweifen»[1670] lässt. Kirkendale erläutert Quintilians Qualifizierung der rhetorischen *iactatio*:

1666 Quintilianus 1971 Bd. 1, 273: 5,11,1. zit. n. Hindermann 1987, 292. Siehe 7.5.3.

1667 Kirkendale 1985, 255.

1668 Siehe Petzoldt 2005, 419.

1669 Küster 1999, 323. Zum musikalischen Konzept, das sich hinter einem *concerto* verbirgt, siehe 7.5.3.3 und ausführlich 8.5.4.

1670 Siehe Kirkendale 1985, 257.

«Damit könne die Rede im höchsten Grad geschmückt werden, ‹wenn es kohärent› sei und sich ‹logisch› anschlösse.»[1671]

In welchem Mass auch immer die Näherbezeichnung des Verfahrens als *egressus*, mehr noch als *iactatio* nun zutreffen mag, im Rekurs auf die Schöpfungslehre versucht der Librettist, die in der Rechtfertigungslehre als sperrig empfundenen Inhalte auf eine Weise zu behandeln, die den Grundsätzen entspricht, die Quintilian für eine forensische *narratio* vorschreibt: 1) Nichts sagen, was der Natur zuwider ist,[1672] 2) Übereinstimmung von Rollen, Personen und Fakten, 3) scheinbare Einfachheit,[1673] 4) Erhabenheit und 5) Anschaulichkeit.[1674] Die *iactatio* zur Schöpfungs- und Lobopferlehre dient der Plausibilisierung und entspricht somit dem ersten Grundsatz. Weiter wird der Dialog zwischen «ich» und «Gott» so inszeniert, dass das darin singende Subjekt in «Übereinstimmung» mit Lehre und Zeitgeist erscheint (2). Damit ist gleichzeitig das Prinzip «scheinbarer Einfachheit» (3) gewahrt: Himmel und Wolken (5) plausibilisieren Gottes Grösse und genügen darüber hinaus auch noch dem Prinzip der Erhabenheit einer solchen Redeführung (4). Die Verwendung einer ‹rhetorischen› Frage vervollständigt den Eindruck, dass mit der gewählten Argumentation bei der Hörerschaft der Eindruck von Einfachheit, Evidenz und Kohärenz in Bezug auf die verhandelte *causa* hervorgerufen werden soll. Mit Hilfe scheinbarer Vereinfachungen hofft ein Redner, seinem Publikum in einer komplexen Angelegenheit die notwendigen Entscheidungshilfen vermitteln zu können. Aristoteles definiert denn auch die Rhetorik als

«Fähigkeit [δύναμις], […] das Überzeugende, das jeder Sache innewohnt, zu erkennen. Keine andere Wissenschaft [τέχνη] hat diese Aufgabe, denn von diesen lehrt und stellt überzeugend jede nur die ihr zugrunde liegende Materie [τὸ … ὑποκείμενόν] dar, […] Die Rhetorik hingegen, scheint sozusagen zu dem, was ihr vorgegeben ist, das Überzeugende [τὸ πιθανόν] sehen [θεωρεῖν] zu können.»[1675]

Wie in Satz 1 fehlt dieser rhetorischen Logik folgend im Libretto – ausser allerhöchstens über die Andeutung «sonsten» (Zeile 3) – jegliche Bezugnahme auf

---

1671 Ebd.

1672 «ne quid naturae dicamus adversum» – ohne nähere Angaben zit. n. Kirkendale 1985, 254.

1673 «illusio simplicitatis» (ebd.).

1674 Kirkendale 1985, 254f.

1675 Aristoteles 1976, 5f. und Aristoteles/Grapinger 2007, 11f: 1355b, 25.

die in einer lutherischen Predigt notwendig zu thematisierende Sündenlehre. Der Satz wird dafür aber analog zur Deylingschen zweiten Zeile zur *Glaubens-Lehre* als Hinwendung zu Gott dramatisiert:

> «... Laßt uns zu JEsu fliehen, er ists, der helffen kann.»[1676]

In welchem Mass der Librettist in seiner Anrede «Gott» in Entsprechung zu Deyling an dieser Stelle die zweite Person der Trinität anvisiert, muss offen bleiben, obschon der Duktus der Kantate, insbesondere durch ihren 4. Satz, eine direkte Bezugnahme auf Jesus nahelegt: «Einer aber unter ihnen, ... fiel ... zu seinen [= Jesu] Füßen und dankte ihm ...» Allein, «JEsus» fehlt als Vokabel in der gesamten Kantate. Diese Vermeidung ist wohl stilistisch wieder als *egressus* zu bewerten, womit der Blick heilstheologisch vom rechtfertigungstheologisch definierten Gottessohn fort auf die Schöpfergestalt des Vaters hin gelenkt werden soll, die sich im Kontext der Frühaufklärung frömmigkeitsbezüglich einer grösseren Akzeptanz erfreut und somit eine *illusio simplicitatis* darstellt.

In der Vertonung folgt Bach dem vom Libretto vorgelegten *egressus* und konzentriert sich bereits in der Struktur des Satzes als «Quartettsatz» (Küster, Petzoldt) auf schöpfungsbezogene Inhalte.[1677] Die von Küster hervorgehobenen «fließenden Bewegungen der Violinstimmen»[1678] unterstreichen die vom Libretto angestrebte *illusio simplicitatis*. In der musikalischen Gestaltung gleicht sich dieser Satz denn auch dem Kopfsatz der Kantate mit seiner ausgeprägten Wegmetaphorik an.[1679] Der von Quintilian geforderten ersten Qualität: «ne quid naturae dicamus adversum»[1680] (wir sagen nichts, was der Natur zuwiderläuft), werden die drei Oberstimmen gerecht:

> «Les trois voix de dessus évoluent en imitation constantes et des formules changeantes sur la basse (quasi ostinato comme dans le chœur d'entrée).»[1681]

Der Anforderung der Anschaulichkeit wird im Text mit der gleichnishaften Parallelisierung von «Güte» und «Himmel» (Zeile 1) und «Wahrheit» und «Wolken» (Zeile 2) entsprochen. Pirro erblickt hinter den «motifs uniformes» der

---

1676 Deyling 1734a, 28.

1677 Siehe Petzoldts Charakterisierung in der *inventio.*

1678 Küster 1999, 323.

1679 Kuijken schreibt dazu: «[R]eviennent dans l'aria des segments de motifs que nous connaissons du chœur d'entrée.» Kuijken 2007 ohne Seitenangaben zit. n. Role 2013, 6.

1680 Kirkendale 1985, 254.

1681 Kuijken 2007 ohne Seitenangaben zit. n. Role 2013, 6.

Violinstimmen, «qui se poursuivent indéfiniment»,[1682] gleichnishaft Wolkenformationen, die an den Betrachtenden vorüberziehen, und stellt somit Bachs Musik ebenfalls das Prädikat der Anschaulichkeit aus.[1683]

9.6.3.2 Movere

Der Umstand, dass dieser Satz sich trotz allen scheinbaren Eigensinns nicht nur mit einem Teilaspekt der *Glaubens-Lehre* Deylings in Beziehung setzen lässt, sondern ebenfalls mit der Grundausrichtung von dessen *Lebens-Pflicht*, ist für die lutherisch-orthodoxe Prägung einer über mehrere Jahrzehnte gleichbleibenden Auslegungstradition bezeichnend. Auch in dieser Gegenüberstellung lassen sich Parallelen zwischen Texten ausmachen, die entstehungsgeschichtlich nichts zu verbinden scheint:

BWV 17,3	**Deylings *Lebens-Pflicht***[1684]
Herr, deine Güte reicht, so weit der Himmel ist,	Es macht dich JEsu[s]… rein,
Und deine Wahrheit langt, so weit die Wolken gehen.	
Wüßt ich gleich sonsten nicht, wie herrlich groß du bist,	Die Wohlthat ist sehr groß!
So könnt ich es gar leicht aus deinen Werken sehen.	
Wie sollt man dich mit Dank davor nicht stetig preisen?	Willst du nicht danckbar seyn?
Da du uns willt den Weg des Heils hingegen weisen.	

Die dogmatische Bezugsgrösse beider Texte ist dem Prinzip der *illusio simplicitatis* wegen unterschiedlich, die Durchführung der jeweiligen homiletisch-rhetorischen Aufgabe aber, das Auditorium über emotionale Bindung zu einem bestimmten Verhalten zu bringen (*flectere*),[1685] bleibt sich gleich. Während sich erwartungsgemäss die erste Doppelzeile des Kantatensatzes rhetorisch nicht auf

1682 Pirro 1907, 466–468 zit. n. Role 2013, 6.

1683 In dieser Untersuchung wird dem Lautmalerischen (wie bei Albert Schweitzer 1960, 398ff: «Wort und Ton bei Bach») keine allzu grosse Beachtung geschenkt. Pirro wird an dieser Stelle zitiert, weil in der rhetorischen Forderung nach Anschaulichkeit die Grenze zum Lautmalerischen als fliessend gewertet werden kann.

1684 Deyling 1734a, 28.

1685 Siehe Dyck 1991, 79.

die lutherische Erlösungslehre stützt, wird dennoch die «Güte» des Herrn parallel zur ersten Zeile der Deylingschen *Lebens-Pflicht* als bedingungslose Vorleistung Gottes den Menschen gegenüber gepriesen und als Begründung der sich ihr anschliessenden Dankesäusserungen festgeschrieben. Der bei Deyling festgehaltenen «Wohlthat» entspricht die Darstellung von deren Evidenz im Kantatensatz. Die Übereinstimmung beider Texte geht so weit, dass sie dasselbe Adjektiv verwenden, mit welchem die Dankesschuld aufseiten der Menschen erhöht werden soll. Dem etwas blasseren «sehr groß» bei Deyling entspricht auf der anderen Seite «wie herrlich groß». Bezeichnenderweise bezieht sich dieses «groß» bei Deyling auf die Tat Gottes, während sie in der Kantate ein Wesensmerkmal Gottes bezeichnet. Schliesslich wird in beiden Textschlüssen der «Dank» explizit zum Gegenstand gemacht, beide Male in der Gestalt einer (rhetorischen) Frage. In seiner Schlusszeile holt der Librettist die *hidden agenda* der Erlösungslehre[1686] aus ihrer scheinbaren Versenkung hervor, womit die enge intertextuelle Beziehung zwischen beiden Erbauungstexten als umso dichter erscheint. Der zur Darstellung der *Lebens-Pflicht* benötigten Affektik des Satzes entspricht somit die zum «großen» Stil passende *magnificientia.*[1687] Die Grundaffekte *amor* und *gaudium* (Freude) werden durchgehend mit *jubili* auf «Wol-(ken)» (Takt 19), «ge-(hen)» (Takt 21), und «prei-(sen)» (Takt 49–51) vertont. Als der Dynamik der *pathos*-Argumentation förderlich erweist sich Bachs zweimaliges Herausstreichen der Fragepartikel «Wie?» in Takt 40 und 43 als selbstständige *exclamatio.*

9.6.3.3 Delectare

Auch auf dieser Argumentationsebene bietet der Text die Grundlage für den Ausdruck des *Glaubens-Trostes*, doch anders als bei der *Lebens-Pflicht* nicht über den ganzen Satz verteilt, sondern allein in den letzten vier heilstheologisch gestimmten Zeilen:

1686 Der Librettist bewegt sich in seiner Inszenierung auf einmal sehr nah an dem in der Perikope inszenierten Auftritts Jesu als des nach Jerusalem ziehenden Heilands, der auf dem Weg die sich ihm querstellenden Aussätzigen exemplarisch von ihren physisch-sozialen Leiden erlöst. Diesem Perikopenduktus entspricht das «Da du uns willt den Weg des Heils [...] weisen» aus der Kantate.

1687 Kirkendale 1985, 255.

BWV 17,3	**Deylings *Glaubens-Trost*[1688]**
Wüßt ich gleich sonsten nicht, wie herrlich groß du bist,	Der Sünden Aussatz schleußt die Thür des Himmels zu,
So könnt ich es gar leicht aus deinen Werken sehen.	Doch JEsus öffnet sie,
Wie sollt man dich mit Dank davor nicht stetig preisen?	(Vgl. *Lebens-Pflicht*)
Da du uns willt den Weg des Heils hingegen weisen.	und bringt dich ein zur Ruh.

Der für die Ausarbeitung des *delectare* bedeutendste Hinweis aus dieser Gegenüberstellung ist die Formulierung des Librettisten: «Da du willt». Diese gibt exakt die Intention des *Glaubens-Trostes* wieder, die Initiative zum Heil als von Gott aus erfolgend zu schildern: Aus dem «du» (BWV 17,3) wird bei Deyling «JEsus», aus dem «uns» wird dort ein «dich», aus dem «Weg des Heils» wird dort ein Einbringen «zur Ruh». Im begründenden «Da» ist das Einfallstor der lutherischen Heilslehre in den anderen Kontexten verpflichteten Duktus des Librettos zu erblicken: Grundlegend für jede Heilserlangung ist Gottes ureigene Initiative, die an dieser Stelle mit «Da» wieder auf eine einsilbige Vokabel verkürzt, einen weiteren Hinweis auf das Verfahren der *illusio simplicitatis* liefert. Während Deyling die Komplexität der Problematik ausführt: Eigentlich – das heisst, ohne göttliches Zutun – ist die Himmelstür jedem Menschen unwiederbringlich verschlossen. «Doch» Gott wird von sich aus aktiv «und» führt die (Un-)Heilsgeschichte zu einem guten Ende. Ganz anders die Argumentation in BWV 17,3: Deylings apodiktische Feststellung wird über ein «Wüßt ich gleich … nicht» abgeschwächt. Auch wird die *theologia crucis*[1689] über die Betrachtung der göttlichen Werke geschickt überspielt, wenn auch nur zum Schein (*illusio*). Einzig im «Da» der letzten Zeile wird der theologische Ernst auch des Librettisten erkennbar. Bach folgt auch auf dieser Argumentationsebene seinem Librettisten. Cantagrel umschreibt Bachs Vertonung denn auch mit «Climat joyeux, allègre». Gleichwohl setzt Bach eigene Akzente und gestaltet das in seinen Augen offenbar gewichtige «wei-(sen)» als ein sich über 3 Takte ausdehnendes *melisma*, in welchem ein über zwei halbe Noten liegender Ton (Takt 53f.), an die ebenfalls liegenden Noten in der *sinfonia* aus Satz 1 erinnernd, in eine katabatische Linie übergeht (Takt 54f.), bevor mit Takt 55 der

---

1688 Deyling 1734a, 28.

1689 Siehe Hutter 1961, 54: XII, 5.

Aufstieg in Form des «Wer-Dank-opfert-Motivs» aus dem ersten Satz wieder zur Höhe des liegenden Tones findet.[1690]

Obwohl der dreiteiligen Textgestalt des Librettos wegen kein eigentliches *da capo* gespielt werden kann, verleiht Bach diesem Satz einen *da capo*-ähnlichen Schluss:

> «Bach réussit à transmettre une impression de complétude en introduisant dans les dernières mesures chantées la répétition de la ritournelle instrumentale.»[1691]

9.6.4 Inszenierte Andacht

Wie bereits bei Satz 1 fällt auch in diesem Satz die Bereitschaft Bachs auf, in der *elocutio* seine Musik der weltlich-höfischen Stilhöhe des Textes anzupassen und somit eine im Vergleich zu den Kantaten BWV 25 und 78 unterschiedliche Rhetorik anzuwenden. Dies ermöglicht Bach, mit BWV 17 die musikalische Inszenierung des Textes grundlegend anders zu gestalten, wofür der Wechsel vom Triosatz in BWV 78 zum Quartettsatz hier als struktursymbolischer Indikator dienen mag. Die beschriebene stilistische Verschiebung innerhalb der drei Kantaten wirkt sich auch auf deren Andachtsbezug aus. Andacht bezeichnet den Vorgang der Plausibilisierung mithilfe lebensbezogener Motive. Gerade aber die Vermeidung heilsrelevanter christologischer Bezüge in BWV 17 darf als Beweis einer rhetorisch-homiletischen *virtus*[1692] gewertet werden, die Andacht der Gemeinde zu gestalten: Es geht eben nicht einfach nur darum, Predigtinhalte mehr oder weniger mit Lebensbezügen anzureichern. BWV 17 zeigt sich bemüht, die Hörerschaft mit Bezügen zu überraschen, die den eigentlich behandelten Gegenstand (Rechtfertigung der Sünder) in einer ganz neuen Evidenz (Schöpfungslehre) aufscheinen lässt.

1690 Erinnerungen an rechtfertigungstheologische Bezüge in Satz 1 wie auch in BWV 78,1 und 2 lassen Bachs Handschrift erkennen.

1691 Bomba 1999 ohne Seitenangaben zit. n. Role 2013, 5.

1692 Zur Etymologie und Wortbedeutung des Begriffs Siehe 5.2.2.1.1.

9.7 Parte 2da, BWV 17,4: Recitativo T

Parte 2da

4. Recitativo

Tenore, Continuo, Organo

Einer aber unter ihnen, da er sahe, daß er gesund worden war, kehrete um und preisete GOtt mit lauter Stimme und fiel auf sein Angesicht zu seinen Füßen und dankte ihm, und das war ein Samariter. (Lk 17,15f.)[1693]

9.7.1 Dispositio

Wie die Überschrift «Parte 2da» bereits anzeigt, beginnt mit diesem Kantatenteil die *«musica sub communione»*,[1694] wie dies bei allen zweiteiligen Kantaten der Fall ist.[1695] Mit einem Bibelwort statt einer freien Dichtung beginnend, entsteht in der Wahrnehmung des Werks eine Parallele zum Kopfsatz, dem ebenfalls ein Bibelwort zugrunde liegt. In rhetorischer Hinsicht liegt die Deutung dieses Satzes als zweiten Redebeginn mit verändertem Duktus nah. Ein solcher kann mit Kirkendale als *insinuatio* definiert werden, als «‹anderer›, subtiler Eingang, der sich heimlich einschleicht und höchst kunstvoll darbietet.»[1696] Dieser Beschreibung entspricht Küsters Interpretation dieses Satzes als «Diktum»,[1697] womit er ihn wie Kirkendale von seinem Kontext abhebt. Nach Petzoldt zeigt dieses *secco*-Rezitativ «in der Durchführung die gleichen wortdeutenden Vertonungen, wie sie in den Großwerken[1698] üblich sind.»[1699] Diese Einschätzung unterstreicht einmal mehr seine Qualifizierung als *insinuatio*, deren Aufgabe nach Kirkendale darin besteht, «als internes Exordium vor dem zweiten Hauptteil, der *argumentatio*»[1700] zu dienen.

1693 Biblia 1712.

1694 Vgl. Petzoldt 2005, 416.

1695 Siehe 6.3.

1696 Kirkendale 1985, 250f.

1697 Petzoldt 2005, 420, Küster 1999, 323.

1698 Gemeint sind Passionen und Oratorien.

1699 Petzoldt 2005, 419f. So auch Hofmann 2010, 15: «Das Tenor-Rezitativ […] lässt für wenige Takte die Erinnerung an die Evangelistenpartien der Bach'schen Passionen aufscheinen.»

1700 Kirkendale 1985, 251.

9.7.2 Inventio & elocutio

Potenziell lässt sich der Text in homiletischer Hinsicht mit zahlreichen Lehrinhalten in Beziehung setzen. Über den Gedanken der «Dankesschuld des Menschen Gott gegenüber» erblickt Dürr die Verbindung zum nächsten Satz.[1701] Petzoldt weitet den Zusammenhang «auf die geistliche Existenz des Menschen» aus, «die nun in den folgenden Sätzen zur Debatte» stehe.[1702] Selber ziehe ich vor, mögliche dogmatische Bezüge unmittelbar mit dem Bibelzitat zu verbinden, und mich auf diese Weise der Topik anzunähern:

BWV 17,4 = Lk 17,15f	**Hutter 1961**
Einer aber …	Locus XIII. De aeterna praedestinatione sive Electione Filiorum DEI ad salutem[1703]
unter ihnen,	Locus XIII. De aeterna praedestinatione[1704]
… da er sahe, dass er gesund worden war,	Locus VI. De imagine Dei in homine[1705]

1701 Dürr 2010, 190f.

1702 Petzoldt 2005, 420.

1703 Übers.: «Von der ewigen Vorherbestimmung oder Erwählung der Kinder Gottes zum ewigen Leben.» Genauer zur Frage 5 heisst es: «Quid est aeterna DEI Praedestinatio? Praedestinatio sive Electio est voluntatis divinae propositum et decretum ab aeterno factum, quo DEUS ex mera misericordia in CHRISTO ad vitam aeternam elegit, et salvare constituit eos omnes, qui in CHRISTUM vere credunt, et in ea fide ad finem usque perseverant […] (Hutter 1961, 60). – «Was ist die ewige Vorherbestimmung? Die Vorherbestimmung oder Wahl Gottes ist der von Ewigkeit her getroffene Vorsatz und Beschluß des göttlichen Willens, in dem Gott aus lauter Gnade und Barmherzigkeit in Christus, seinem Sohn, alle diejenigen zum ewigen Leben und zur Seligkeit erwählt, errettet und verordnet hat, die an Christus wahrhaftig glauben und in diesem Glauben bis zum Ende beständig beharren; […]» (Hutter/Schnabel 2000, 140).

1704 Siehe Fortsetzung der Erläuterungen zur Frage 5: «Praedestinatio […] est voluntatis divinae propositum […] ab aeterno factum, quo Deus […] reliquis omnibus, propter finalem incredulitatem, aeternae damnationi adiudicatis.» (Hutter 1961, 60). – «Die Vorherbestimmung […] ist der von Ewigkeit her getroffene Vorsatz […], in dem Gott […] alle diejenigen, die bis zum Ende im Unglauben beharren, zur ewigen Verdammnis verordnet hat.» (Hutter/Schnabel 2000, 140).

1705 Übers.: «Vom Ebenbild Gottes im Menschen.» In keiner der drei Kantaten wird diese Aussage auf die medizinische Dimension bezogen, sondern ausschliesslich theologisch auf die Wiedererlangung der Gottesebenbildlichkeit nach dem Sündenfall. So heisst es auf die Frage 5: «Potestne amissa imago Dei in homine reparari? Humana natura, que hoc malo perversa et tota corrupta est, aliter sanari non potest, nisi ut per Spiritum

	oder: Locus XXXIV. De vita aeterna[1706]
kehrete um	Locus XV. De poenitentia et confessione[1707]
und preisete Gott	Locus XXV. De invocatione[1708]
und fiel auf sein Angesicht zu seinen Füßen	Locus XXV. De invocatione[1709]
und dankte ihm,	Locus XXII. De sacrificiis[1710]

Sanctum regeneretur et renovetur.» (Hutter 1961, 26). – «Kann aber das verlorene Ebenbild Gottes wiederhergestellt werden? Die menschliche Natur, die durch das Übel der Erbsünde verkehrt und völlig verdorben ist, kann nur durch die Wiedergeburt und Erneuerung des Hl. Geistes geheilt werden.» (Hutter/Schnabel 2000, 83).

1706 Siehe Frage 5: «[…] in altera illa vita restaurabitur plenissime Imago illa DEI, ad quam primus homo erat conditus.» (Hutter 1961, 141). – «[…] in jenem anderen Leben [wird] das Ebenbild Gottes vollkommen wiederhergestellt werden, zu dem der erste Mensch geschaffen worden war.» (Hutter/Schnabel 2000, 272).

1707 Übers.: «Von der Buße und der Beichte». In Hutters Compendium wird die Thematik der Umkehr (des Samariters) auf der Ebene dieses Artikels behandelt: «Poenitentia seu conversio ad DEUM est contritio cordis propter peccata nostra: et fiducia certo sibi propter CHRISTUM promittens remissionem peccatorum, reconciliationem, iustificationem et vivificationem: cum firmo proposito inchoandi novam obedientiam.» (Hutter 1961, 73). – «Die Buße oder Bekehrung zu Gott ist die Reue des Herzens über unsere Sünden und eine sichere Zuversicht, daß uns um Christi willen die Vergebung der Sünden, Versöhnung mit Gott, Rechtfertigung und Lebendigmachung zugesagt wird, damit wir mit einem festen Vorsatz im neuen Gehorsam zu wandeln beginnen.» (Hutter/Schnabel 2000, 162).

1708 Übers.: «Von der Anrufung Gottes». Zum Wortlaut siehe 7.8.1.

1709 Siehe Frage 3: «Quis finis et effectus est Invocationis? Hoc scire debemus, omnem tutelam ac defensionem nostram, in oratione unice sitam esse. Multo enim viribus imbecilliores sumus, quam ut cum Diabolo usque soci auxiliaribus nos infestantibus aequo Marte pugnare queamus.» (Hutter 1961, 116). – «Was ist das Ziel und die Wirkung der Anrufung? Daß wir dies wissen sollen, daß all unser Schutz und unsere Obhut einzig im Gebet besteht. Denn wir haben viel zu schwache Kräfte, als daß wir mit dem Teufel und seinen feindlichen Hilfstruppen wie im Krieg kämpfen und sie besiegen könnten.» (Hutter/Schnabel 2000, 233).

1710 Übers.: «Von den Opfern». Im Detail heisst es unter 6: «[…] vero sunt sacrificia Eucharistica spiritualia, utrique: Testamento communia, et ad finem usque seculi duratura: qualis sunt sacrificia laudis, ut praedicatio Evangelii, fides, invocatio, gratiarum actio, confessio, afflictiones Sanctorum: Imo omnia opera sanctorum.» (Hutter 1961, 110). – «Einige […] sind geistliche Dankopfer, wie sie allen Gläubigen im Alten und Neuen Testament gemeinsam sind, und dauern bis ans Ende der Welt. Es sind geistliche Lob- und Dankopfer unserer Lippen, wie die Verkündigung des Evangeliums, der

und das war ein Samariter.	Locus XI. De evangelio[1711] Locus XII. De iustificatione[1712] Locus XIII. De praedestinatione[1713]

Bei dieser stichwortgestützten Gegenüberstellung lassen sich inhaltliche Schwerpunkte herausschälen, auf die es dem Librettisten bei der Wahl dieses Evangeliumszitats angekommen sein muss. In den Kontext der *loci de invocatione* und *de sacrificiis*, die bereits die Topik der ersten Kantatenhälfte bestimmten, werden mit Satz 4 nun solche *loci* eingeführt, die den Ernst der heilstheologischen Auseinandersetzung der beiden Schwesterkantaten erreichen. Als

---

Glaube, das Gebet, die Danksagung, das Bekenntnis der Sünden, alle Drangsale und guten Werke der Heiligen.» (Hutter/Schnabel 2000, 224f.).

1711 Übers.: «Vom Evangelium». Zur Frage 1: «Quid est Evangelium» («Was ist das Evangelium») heisst es: «Evangelium est doctrina divinitus revelata, plena consolationis, de misericordia DEI, et gratuita Remissione peccatorum, per et propter CHRISTI meritum fide apprehensum.» (Hutter 1961, 48). – «Das Evangelium ist [...] eine von Gott geoffenbarte Lehre, voll von Tröstungen [... über] die Barmherzigkeit Gottes und die umsonst geschenkte [...] Vergebung der Sünden [...]; es wird durch und wegen Christi Verdienst im Glauben ergriffen.» (Hutter/Schnabel 2000, 120 ohne die zahlreichen Hinzufügungen Schnabels). Die besondere Erwähnung des bussfertigen Geheilten in Lk 17 lässt sich auf seine ‹Nichtzugehörigkeit› zum jüdischen Volk hin mit der Seligsprechung der «da geistlich arm sind» (Mt 5,3 [Biblia 1712]) in Verbindung bringen. Hutter schreibt in Bezug auf die Unterschiede zwischen Gesetz und Evangelium infrage 5: «Evangelium vero [pertinet] ad contritos et sensu ac metu irae divinae prostratos, sive pauperes Spiritu.» (Hutter 1961, 49). – «Das Evangelium aber betrifft die zerknirschten und betrübten Herzen, die Gottes Zorn wegen der Sünde fürchten und fühlen, und die geistlich arm sind.» (Hutter/Schnabel 2000, 121).

1712 Übers.: «Von der Rechtfertigung». Im Detail heisst es: «Quomodo definis Iustificationem Hominis coram Deo? Iustificatio est opus DEI, quo hominem peccatorem, credentem in CHRISTUM, ex mera gratia, sive gratis a peccatis absolvit ...» (Hutter 1961, 52: XII, 2). – «Wie bestimmst du die Rechtfertigung des Menschen vor Gott? Die Rechtfertigung ist Gottes Werk, durch das er den sündigen Menschen, der an Christus glaubt, aus lauter Gnade und umsonst und ohne seinen Verdienst von den Sünden losspricht;» (Hutter/Schnabel 2000, 127).

1713 Übers.: «Aeterna vero Electio sive Praedestinatio DEI ad salutem, [...] pertinet [...] ad filios DEI, qui ad aeternam vitam consequendam electi et ordinate sunt, priusquam mundi fundamenta iacerentur.» (Hutter 1961, 58f: Frage 1). – «Die ewige Wahl oder die Vorherbestimmung Gottes zur Seligkeit bezieht sich [...] allein auf die Kinder Gottes, die zum nachfolgenden ewigen Leben erwählt und verordnet sind, ehe der Welt Grund gelegt war ...» (Hutter/Schnabel 2000, 138).

Haupttopik wird dabei der *locus de praedestinatione* zu betrachten sein, auf den sich die Anfangs- und Schlussaussagen des Satzes markant zu beziehen scheinen:

> «Einer aber unter ihnen … und das war ein Samariter».

Vermittels der lutherischen Erwählungslehre lässt sich die Stufe schöpfungstheologischer Allgemeinbetrachtungen (Satz 1–3) um spezifisch heilstheologische *loci* ergänzen, die nicht explizit mit solchen in Beziehung stehen, die auf Sünde, Not und Kreuz fokussieren:

> «Praedestinatio sive Electio est voluntatis divinae propositum et decretum ab aeterno factum, quo DEUS ex mera misericordia in CHRISTO ad vitam aeternam elegit, et salvare constituit eos omnes, qui in CHRISTUM vere credunt, et in ea fide ad finem usque perseverant.»[1714] – «Die Vorherbestimmung oder Wahl Gottes ist der von Ewigkeit her getroffene Vorsatz und Beschluß des göttlichen Willens, in dem Gott aus lauter Gnade und Barmherzigkeit in Christus, seinen Sohn, alle diejenigen zum ewigen Leben und zur Seligkeit erwählt, errettet und verordnet hat, die an Christus wahrhaftig glauben und in diesem Glauben bis zum Ende beständig beharren.»[1715]

Insbesondere bietet sich als Bezugsgrösse der *ordo salutis* (Heilsordnung)[1716] an, mit dem sich ein Leben *coram Deo* perspektivieren lässt, ohne dabei die Sündenfallthematik anschneiden zu müssen:

> «Consilium sive propositum Divinae Praedestinationis octo distinctis gradibus absolvitur: qui sunt Redemtio, Vocatio, Conversio, Iustificatio, Sanctificatio, Conservatio, in omnibus calamitatibus, finalis Confirmatio, Glorificatio.»[1717] – «Der […] Ratschluß oder Vorsatz der göttlichen Vorherbestimmung vollendet sich in acht unterschiedlichen Stufen, welche sind: I. Die Erlösung II. Die Berufung III. Die Bekehrung IV. Die Rechtfertigung V. Die Heiligung VI. Die Erhaltung in allen Widerwärtigkeiten VII, Die Bestätigung bis zum Ende VIII. Die Verherrlichung.»[1718]

1714 Hutter 1961, 60: XIII, 5: «Quid est aeterna DEI Praedestinatio?»

1715 Hutter/Schnabel 2000, 140: XIII, 5: «Was ist die ewige Vorherbestimmung?»

1716 Siehe Schnabels Kommentar zur im Anschluss zitierten Frage 6 (Hutter/Schnabel 2000, 140, Fussnote 133).

1717 Hutter 1961, 60: XIII, 6: «[…] ostende quaeso, quidnam Deus in aeterno illo suo consilio et propisito decrevit?»

1718 Hutter/Schnabel 2000, 140: XIII, 6: «[…] zeige mir bitte, was denn Gott in seinem ewigen Ratschluß und Vorsatz beschlossen hat!» Schnabel verweist in Bezug auf diesen

Der Samariter lässt sich auf diese Weise als leuchtendes Beispiel (*paradigma*) auf der Stufenleiter der menschlichen Erlösung darstellen. Der Glaube soll thematisiert werden, aber lediglich unter dem Aspekt der «Gnad» (Satz 5, Zeile 4). Was Bachs eigene musikalische Topik angeht, bietet die Machart dieses Satzes dazu gewichtige Anhaltspunkte:

> «[Dieser] Ausschnitt aus dem Evangelium lässt für wenige Takte die Erinnerung an die Evangelistenpartien der Bachschen Passionen aufscheinen.»[1719]

Zur Präzisierung ziehe ich Emil Platens Einschätzung der Evangelistenrolle zu Rate:

> «Der Evangelist [...] ist kein objektiver Chronist, sondern ein innerlich beteiligter Verkünder, der über ein bewegendes Ereignis mit entsprechender Anteilnahme berichtet. Demgemäß spiegelt sich jede Situation der Handlung im melodischen Duktus seiner Partie wider. Dabei ist zu unterscheiden zwischen der Grundstimmung, die eine Szene beherrscht oder in ihr entwickelt wird, und vereinzelten emphatischen Akzentuierungen.»[1720]

Auf dieser Logik aufbauend, liest sich die markant katabatisch gestaltete Einstiegsaussage «Ei-ner a-(ber)» als Hervorhebung dieses einen Samariters aus dem Kreis der Aussätzigen:

Tenore Takt 1f.

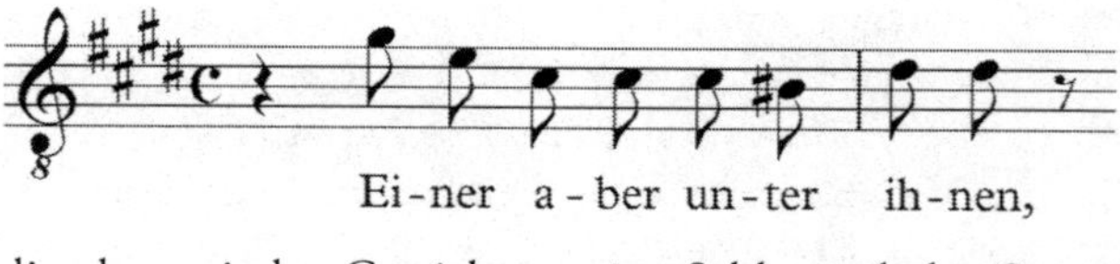

Noch deutlicher wird die thematische Gewichtung im Schlussteil des Satzes vernehmbar: Bach lässt in Takt 8 die Silbe «Sa-(mariter)» auf einer langgezogenen Dissonanz singen, was auf die mögliche Funktion einer *refutatio* bzw. Anklage hinweist.[1721]

«ordo salutis» (Heilsordnung) auf Luthers Auslegung des 3. Glaubensartikels im Kleinen Katechismus (ebd., Anmerkung 133).

1719 Hofmann 2010, 15.

1720 Platen 1991, 76.

1721 Zur Thematik der *refutatio* siehe 7.6.2, 8.7.1, 8.7.2.1 und 9.8.2.

Tenore, Takt 8 mit Auftakt

Die von Platen hervorgehobene «Grundstimmung» dürfte demnach von der Rahmenerzählung («Einer aber … und das war ein Samariter») getragen sein, die das Verhalten des Samariters als vorbildlich herausstreicht. Dies hindert Bach aber nicht, weitere Inhalte mit «vereinzelten emphatischen Akzentuierungen» (Platen) hervorzuheben. So vermerkt Petzoldt:

> «Besonders eindrücklich ist das bei dem stufenweisen Abfall der rezitativischen Melodie auf ‹und fiel auf sein Angesicht …› von dem höchsten Ton ‹(und preisete Gott mit) lauter Stimme› (T. 4–5) auf den tiefsten ‹(zu seinen Fü-)ßen› (T. 6).»[1722]

Die anschliessend stark anabatisch gestaltete Silbe «Da - a - an - (ke - te ihm)» auf Takt 7 macht deutlich, in welchem Mass Bach beide theologisch-liturgischen Bezüge: Anrufung und Dankopfer als *katabasis* und *anabasis* aufeinander bezogen thematisiert.[1723]

9.7.2.1 Docere

Das hoch dramatisch aufgeladene Rezitativ weiss sich als Träger einer Heilsbotschaft. Ein solcher Schluss liegt schon rein formal in der Wahl der Singstimme (Tenor) und deren Deklamation nahe: es handelt sich um Stimme und Rede des Evangelisten, also um biblisch vermittelte Offenbarung. Als lehrhafter Hintergrund bietet sich Deylings *Glaubens-Lehre* als Zusammenfassung der Inhalte aus dem *locus de peccato* und *de iustificatione*[1724] an:

1722 Petzoldt 2005, 419f.

1723 «Es gehört zu den Eigenheiten des Wort-Ton-Verhältnisses bei Bach, daß gelegentlich Details unabhängig vom Kontext um ihrer selbst willen hervorgehoben werden. […] Die wichtigsten Mittel expressiven Hervorhebens sind ungewöhnliche Intervalle, unerwartete Melodieführung, extreme Tonlagen, plötzliche Registerwechsel und die bei Bach geradezu unerschöpflich farbige und ausdrucksvolle Harmonisierung. Das rhythmische Element im Rezitativstil beschränkt sich dagegen auf die Angleichung an den Sprachduktus in Achtel- und Sechzehntelwerten.» (Platen 1991, 76f.).

1724 Hutter 1961, 29 und 52.

> «Der Sünden Greuel richt den grösten Schaden an,
> Lasst uns zu JEsu fliehen, er ists, der helffen kann.»[1725]

Die Vergleichsgrösse Passionsmusik stellt das Verhältnis zwischen Jesus und dem Samariter in eine heilstheologische Perspektive: Der den Samariter Heilenden wird dafür auch am Kreuz sterben. Auf diesen Zusammenhang ist die «dramatische Expressivität» (Dürr)[1726] des Satzes zurückzuführen. Die sich aufs Wesentliche konzentrierende Vertonung streicht die heilsrelevante Bedeutung der einzelnen Aussagen heraus und lenkt die Konzentration auf den Text selbst, dessen Inhalte als bedeutsam aufzunehmen sind. Diesem Ziel dient die «reiche und vielfach kühne Harmonik» (Dürr),[1727] mit der Bach von Silbe zu Silbe den Nachvollzug durch die Gemeinde anregt. In stilistischer Hinsicht gerät die knapp gehaltene *narratio* des Evangelisten in den Bereich der Gerichtsrede, für den sich laut der klassischen Rhetoriklehre – aller Anteilnahme (Platen) zum Trotz – «nur der nüchterne, knappe Stil» empfiehlt.[1728] Die musikalische Argumentation vermittelt auf dieser Ebene den dogmatischen Ernst, der sich hinter der Begegnung zwischen Jesus und dem Samariter verbirgt. Das Evangeliumszitat dient somit rhetorisch als *paradigma* geglückter Aufnahme der biblisch vermittelten Heilsbotschaft. Der Zusammenhang mit Passionsmusiken eröffnet ein weiteres, diesmal liturgisches Bezugsfeld: Die Austeilung des Abendmahls, in deren Verlauf[1729] der zweite Teil der Kantate als handlungsbegleitende Musik erklingt.[1730] Somit gewinnt dieser Satz seine andachtsbezogene lehrhafte Diktion: er konfrontiert paradigmatisch die Abendmahlsgemeinde mit dem Lobopfer des Samariters, welches die allein adäquate Haltung des Menschen widerspiegelt, die es der Heilsbotschaft gegenüber einzunehmen gilt. Insofern erwirkt das Rezitativ in Bezug auf seine knappe und klare Deklamation beides: das Hören auf Gottes Wort und die Antwort der Gemeinde darauf im Gebet:[1731] Es lässt sich über die sorgfältige Vertonung Bachs als exemplarisch die «Dankesschuld» (Dürr) thematisierende *insinuatio* zwischen Kompo-

---

1725 Deyling 1734a, 28.

1726 Dürr über Bachs Rezitativ in Dürr 1988b, 73.

1727 Ebd.

1728 Ottmers 1996, 4: «Die narratio, so der Auctor ad Herennium, ‹soll kurz, sie soll deutlich, sie soll wahrscheinlich sein› (Her. 1.9.14)».

1729 Messformular zu festlosen Zeiten siehe Petzoldt 2006, 86.

1730 Zur Parallele mit den Begleitgesängen im Offertorium im Missale Romanum siehe Bieritz 2004, 409.

1731 Siehe 5.1.5.

nisten und Librettisten die Vermutung äussern, Bach gehe es dabei noch stärker als dem Librettisten um eine Anbindung der Kantate an die Rechtfertigungslehre, auf die es in der Zurüstung auf den Empfang des Abendmahls nach lutherischem Verständnis gerade ankommt.[1732]

9.7.2.2 Movere

Unter dem Aspekt *pathos*-gestützten Argumentierens lenkt nun die Affekte bindende Eindringlichkeit dieser Satzgestaltung auf Inhalte, die im Rahmen der *Lebens-Pflicht* angelegt sind, wie sie Deyling exemplarisch zusammenfasst:

BWV 17,4	**Deylings *Lebens-Pflicht*[1733]**
Einer aber unter ihnen,	
da er sahe, dass er gesund worden war,	Die Wohlthat ist sehr groß!
dass er gesund worden war,	Es macht dich JEsu Blut
	von allen Sünden rein,
kehrete um und preisete Gott	Willst du nicht danckbar seyn?
mit lauter Stimme	Die Wohlthat ist sehr groß!
und fiel auf sein Angesicht zu seinen Füßen	Die Wohlthat ist sehr groß!
und dankte ihm,	Willst du nicht danckbar seyn?
und das war ein Samariter.	

Die Hervorhebung der Wahrnehmung des Samariters im Bibeltext: «da er sahe, dass er gesund worden war» entspricht bei Deyling der Feststellung «Die Wohlthat ist sehr groß!». «Gesund» korrespondiert mit dem Reinwerden «von allen Sünden». Der Umkehr des Samariters entspricht bei Deyling die Aufforderung: «Willst du nicht danckbar seyn?». Die Zusätze «mit lauter Stimme» und «fiel auf sein Angesicht usw.» im Evangelientext entsprechen der Deylingschen Emphase: «Die Wohlthat ist sehr groß!» Einzig der Rahmenbericht: «Einer aber … und das war ein Samariter», fällt aus der unmittelbaren *Lebens-Pflicht* Deylings heraus und zeigt damit das partikulare Interesse des Librettisten an. Wird nun berücksichtigt, dass es sich bei der zweiten Kantatenhälfte um eine Abendmahlsmusik handelt, lässt sich die homiletisch-erbaulich gesteuerte Bezugnah-

---

1732 Zur kirchen- und frömmigkeitsgeschichtlichen Situation in Leipzig siehe 3.

1733 Deyling 1734a, 28.

me des Bibelzitats auf das Sühnopfer Christi (Deyling) nun auch musikalisch-inszenatorisch (Bach) plausibilisieren: Die Musik muss im Gewand einer Passionsmusik daher kommen, wenn es darum geht, Christi «groß[e]» «Wohlthat» (Deyling) andachtsrelevant zu inszenieren, handelt es sich dabei doch um die Gelegenheit, den Kontrast herauszustreichen, der zwischen einer möglicherweise nur der Konvention verpflichteten und einer andächtigen Begehung besteht.[1734] Die rhetorisch-forensisch herausgehobene Dissonanz auf «Sa(mariter)» (Takt 8)[1735] erwirkt affektiv, dass das *summum bonum* des mit dem Abendmahl verbundenen göttlichen Beistands und Zuspruchs als gefährdet dargestellt wird. Die Empfindung des *timor* (Furcht) legt sich nahe: Der Abstand zum *malum*, des Heils durch Undank verlustig zu gehen, wird als gering erlebt. Dieser «eine[…] Samariter» bestimmt als *paradigma* von nun an die *narratio* der Kantate. Alles daran ist nun exemplarisch und wird als besonders hervorgehoben. Die Passage «da er sahe», wird durch zwei Pausenzeichen eingerahmt. Die Spannung auf das, was er denn zu sehen bekam, soll damit erhöht werden. Pirro spricht in Bezug auf die Vertonung der Wortfolge «gesund worden» von einem «motif tiré de l'arpège de l'accord parfait = bonheur, calme, la guérison, la consolation, la jouissance profonde.»[1736] Pirro unterstreicht in seinem Kommentar ausserdem die Augenfälligkeit der bereits in der *inventio* besprochenen Proskynese:

> «C'est ainsi que nous le voyons dans la cantate représenter le lépreux guéri par Jésus-Christ, se prosternant la face contre terre devant lui, sans que les motifs indiquent autre chose que le fait même, et sans qu'ils paraissent évoquer rien de plus que le spectacle de l'agenouillement. Il semblerait, à ne voir que la mélodie, que Bach ne songe qu'à décrire le geste extérieur.»[1737]

Ich vermute, dass Bach in dieser ‹Exteriorität› der musikalischen Handlungsschilderung in Verbindung mit der ausgesprochenen Expressivität des «style déclamatoire» (Macia)[1738] die Heilsrelevanz der umfangreichen Dankesgestik zum Ausdruck bringen will. In dieser Optik bietet sich die Affektlage des *gaudium* (Freude), zumindest aber der *audacia* (Kühnheit) an, weil für den Samariter das *summum bonum* der Heilung als erreicht und in der augenblicklich

---

1734 Siehe 5.5.

1735 Siehe 9.7.2.

1736 Pirro 1907, 51–52 zit. n. Role 2013, 6.

1737 Ebd.

1738 Macia 2009 ohne Seitenangaben zit. n. Role 2013, 6.

überwundenen sozial-religiösen Ausgrenzung das *malum* in weite Ferne gerückt erscheint. Die Affektlage bewegt sich demnach zwischen *audacia*, *spes* und *gaudium* im eindeutig Freude evozierenden Bereich. Im Kontrast hierzu weist die Dissonanz auf «Sa-(mariter)» auf eine ganz andere Affektlage hin, die sich zwischen *timor* (Furcht), *desperatio* (Verzweiflung), *tristitia* (Trauer) und vielleicht sogar *ira* (Zorn) bewegen mag. Persönlich neige ich dazu, in der *executio* dieser Stelle *timor* und *ira* den Vorzug zu geben, geht es doch Librettisten und Komponisten wohl gleichermassen darum, die Gefahr hervorzuheben, die in einem bloss äusseren Vollzug des Abendmahls liegt. Der Abstand zum *malum* bloss äusserlicher Andacht ist gering bis verschwindend gering, so dass das *malum* als greifbar real dargestellt werden muss. An dieser Stelle gilt es an Jesu Mahnung zu erinnern: «Sind ihr nicht zehen rein worden? Wo sind aber die neune?»[1739]

9.7.2.3 Delectare

Die Eindringlichkeit der Schilderung lässt sich nun auch auf die *äthos*-Argumentation hin auslegen. Als «zur Ruh» bringendes (Deyling) Element ist zunächst die musikalisch durch Pausenzeichen und Figuren reich geschmückte Schilderung des dankopfernden Samariters selbst zu nennen. An diesem einen Samariter lässt sich vorstellen, auf welche Weise, «JEsus» dem *ordo salutis* gemäss «die Thür des Himmels … öffnet». Das musikalische Denkmal, das dem Samariter zum Schluss gesetzt wird, klingt wie eine Verheissung: Wer wie dieser «Eine […] unter ihnen» «Dank opfert», dem steht der Himmel offen, oder, um mit Satz 1 zu sprechen, «das ist der Weg»[1740] dazu. Die sich auf die äussere Schilderung konzentrierende Vertonung (Pirro) genügt, um das Wesentliche daran in eschatologischer Hinsicht auszusagen. Der Samariter, der Jesus auf seinem Passionsweg begegnet, vollführt in der musikalisch katabatisch wie anabatisch vollzogenen Bewegung[1741] seinen durch Busse und Lobpreis vorgezeichneten Weg zur *vita aeterna* (Hutter) beziehungsweise zur «Ruh» (Deyling).

1739 Lk 17, 17 (Biblia1712).

1740 Zur Kontraktion des Kantatenkopfsatzes siehe 9.4.1 und 9.4.2.

1741 Siehe die *inventio* zu diesem Satz.

9.7.3 Inszenierte Andacht

Andacht erscheint in dieser ‹Evangelistenstelle› der Kantate als ein dichtes argumentativ mehrschichtiges Geschehen, in welchem die knapp, aber ausdrucksstark durchgeführte musikalische Argumentation den Evangeliumstext als mahnende, drohende (*ira, timor*) und gleichzeitig über die paradigmatisch eingeführte Gestalt des Samariters zugleich auch tröstende Gerichtsrede gestaltet, und somit die Andacht der Gemeinde in ihrer rezeptiven (hören) wie produktiven (antworten) Dimension zu steuern sucht. Dabei spielt in der Andachtsinszenierung die Figur des Samariters eine Schlüsselrolle als Beispiel «für das richtige, zur Erbauung beitragende Verhalten».[1742] In Analogie zu Gottesdienstinszenierungstheorien der Gegenwart erfüllt die hier vorliegende Andachtsinszenierung die von Cornehl auf den Gottesdienst bezogene Aufgabe der «öffentliche[n] symbolische[n] Kommunikation der christlichen Erfahrung im Medium biblischer und kirchlicher Überlieferung zum Zwecke der Orientierung, Expression und Affirmation.»[1743] Der Fokus auf «Orientierung, Expression und Affirmation» findet sich in Bachs Vertonung von BWV 17,4 wieder. Die Hervorhebung einer biblischen Gestalt in ihrer forensisch motivierten Vorbildfunktion dient der Orientierung. Die gewählte musikalische Argumentation fördert die «Expression» des christlichen Glaubens in der zuversichtlichen Teilnahme am heiligen Abendmahl in der Regel nach abgelegter Beichte.[1744] In der Teilnahme am liturgischen Akt, zu welchem sich die Musik als handlungsbegleitend[1745] verhält, partizipieren Gemeinde wie Musizierende an der zu erzielenden Affirmation öffentlicher symbolischer Kommunikation.

1742 Pfefferkorn 2005, 121. Vgl. auch 8.10.2.2 zur homiletischen Funktion der «Narratio Exempli imitandi».

1743 Cornehl 1979, 186 zit. n. Bieritz 2004, 9. Siehe ferner 5.4.2.

1744 Siehe Stiller 1970, 124.

1745 Zur Parallelität mit der Begleitmusik u. a. im Offertorium im Missale Romanum siehe Bieritz 2004, 409ff.

9.8 BWV 17,5: Aria T

5. Aria

Tenore, Violino I/II, Viola, Continuo

(A) Welch Übermaß der Güte
Schenkst du mir!
(B) Doch was gibt mein Gemüte
Dir dafür?
(A') Herr, ich weiß sonst nichts zu bringen,
Als dir Dank und Lob zu singen.

9.8.1 Inventio

Dem Duktus des vorausgehenden Rezitativs folgend, «bringt» diese Tenorarie nach Dürr «in liedhafter Melodik die Dankesschuld des Menschen Gott gegenüber zum Ausdruck; dabei sind Worte wie ‹Dank› und ‹Lob› durch ausgedehnte Koloraturen gekennzeichnet.»[1746]

Die *inventio* dieses Preisliedes[1747] lässt sich in der Durchdringung des *locus de Sacrificiis*[1748] (Von den Opfern) durch den *locus de iustificatione*[1749] (von der Rechtfertigung) wieder nach dem Prinzip der *hidden agenda* verstehen, denn nach lutherischer Lesart ist jegliches Dankopfer stets nur als Antwort auf das jede Not wendende Sühnopfer Christi zu verstehen. Hutter macht diesen Zusammenhang an der genauen Kennzeichnung des Subjekts des Dankopfers klar:

> «sacrificium EUCHARISTICUM, quod non meretur remissionem peccatorem, aut reconcialitionem: sed fit a reconciliatis, ut pro accepta remissione peccatorum, et pro aliis acceptis beneficiis gratias DEO agant.»[1750] – «das Dankopfer, das die Sündenvergebung oder Versöhnung nicht verdient, sondern von den Versöhnten vollzogen wird, damit

1746 Dürr 2010, 590f.

1747 Schulze 2006a, 409.

1748 «Sacrificium vero, [...] est opus, quo nos DEO aliquid exhibemus.» (Hutter 1961, 109: XXII, 2).

1749 Hutter 1961, 52: XII.

1750 Hutter 1961, 110: XXII, 3.

[diese] für den Empfang der Sündenvergebung und für den Empfang anderer Wohltaten Gott Dank abstatten.»[1751]

Subjekte des *sacrificium EUCHARISTICUM* sind einzig *reconciliati* (die Versöhnten). Die von Hutter hinzugefügten *alia accepta beneficia* (weitere empfangene Wohltaten) sind über ein «et» (und) als von der vorausgesetzten *accepta remissio peccatorum* (die empfangene Sündenvergebung) nicht losgelöst zu begreifen.[1752]

9.8.2 Dispositio

Satz 5 selbst überträgt die mit Satz 4 eingeführte Thematik des Dankopfers in die aktuelle Lebenssituation der Gemeinde vermittels eines mustergültigen Ichs. Er lässt sich somit als Beispielargumentation *(paradigma; exemplum)*[1753] auffassen, die im Sinne einer *probatio* (Beweisführung) zunächst in A[1754] das «Übermaß» göttlicher «Güte» als die Gemeinde aktuell herausfordernde Gnade postuliert, sodann in B im Ton der Selbstanklage (rhetorisch in der Gestalt einer *refutatio*) die mangelnde Adäquatheit auf der Seite des Ichs beklagt, um schliesslich in A' die dogmatisch-kultische Anschlussfähigkeit in der Gestalt des christlichen Dankopfers als Lösung der in A gestellten Aufgabe – man achte auf das Ausrufungszeichen am Schluss dieses Teils – anzubieten.

1751 Hutter/Schnabel 2000, 223.

1752 Die im Kontext alttestamentlicher Begehungen für Hutter als noch gültig bezeichneten *sacrificia spiriualia* (geistliche Dankopfer) sind beiden Testamenten gemeinsam (*communia*) und werden von ihm auf die *praedicatio Evangelii* hin perspektiviert. Entsprechend zitiert er nach Mal 1,11 1Petr 2,5.9: «Vos estis regale sacerdotium, ad offerendum spirituales hostias, acceptabiles DEO per Iesum Christum.» – «Ihr seid das königliche Priestertum, zu opfern geistliche Opfer, die Gott angenehm sind durch Jesus Christus.» (Hutter 1961, 110: XXII, 6 bzw. Hutter/Schnabel 2000, 225).

1753 Ottmers 1996, 6.

1754 Die klassische Aufteilung einer Arie in A, B und A' lässt sich bei dieser Arie nur bedingt anwenden. Daher die Klammern in der Gliederung des Textes. Dürr 2010, 591 spricht dennoch von drei Teilen, sodass ich ebenfalls im Sinne einer Kenntlichmachung der Textabschnitte davon Gebrauch mache.

9.8.3 Elocutio

Das Schwergewicht der *narratio* liegt auf der *Lebens-Pflicht*, auf die das Libretto seit der *insinuatio* von Satz 4 einschwenkt. Doch gilt es, sich auch an dieser Stelle nicht allein auf eine Stilebene zu beschränken.

9.8.3.1 Docere

Die poetisch-rhetorischen Amplifikationen wie «im Übermaß» (für: gross), «mein Gemüte» (für: mich) oder «Herr, ich weiß sonst nichts zu bringen» (für: ‹ich kann nicht anders›) steuern auf die Aussageklimax in A' zu. In der Vertonung wird dieses Ziel durch die «liedhafte[n] Züge»[1755] der Komposition unterstützt. Hofmann schreibt, dass dieser Satz, der inhaltlich und formal Satz 3 nahesteht, diesen aber an «Innigkeit» übersteigt.[1756] Diese Stossrichtung lässt sich homiletisch über das Ziel der *Glaubens-Lehre* untermauern: «Lasst uns zu JEsu fliehen …»[1757]

Somit wird die Hinwendung zu Jesus – im Abendmahl! – in diesem fiktiven Dialog zwischen dem gläubigen «ich» (Zeile 5) und dem göttlichen «du» (Zeile 2) in Szene gesetzt und die *imitatio* des Samariters erbaulich aktualisiert. Pfefferkorn hält fest, dass sich nach Philipp Nicolai und Johann Arndt die Erbauungsliteratur durch «Emotionalisierung, Individualisierung und Vergegenwärtigung der theologischen Lehre» auszeichnet und «sich gezielt an den einzelnen Christen» wendet.[1758] Die Argumentation von Libretto und Musik spiegelt diese «frömmigkeitsgeschichtliche Wende» (Pfefferkorn) wider. So unterstützen die Instrumente die Rede der Tenorstimme im «vollstimmigen Streichersatz» (Dürr),[1759] ohne mit ihr motivisch in Konkurrenz zu treten. Bach unterbricht dabei die einzelnen Arienteile jeweils durch Instrumentenritornelle. Auch werden A, B und A' unterschiedlich und im Sinne der Klimax von A nach A' mit stufenweise stärkerer Ausdruckskraft musiziert. Dies alles dient der Konzentration auf die verhandelten Themen der *inventio*.

1755 Hofmann 2010, 15.
1756 Ebd.
1757 Deyling 1734a, 28.
1758 Pfefferkorn, 2005, 95.
1759 Dürr 2010, 590.

9.8.3.2 Movere

In welchem Ausmass dieser Satz aber schwergewichtig homiletisch-erbaulich auf die *Lebens-Pflicht* hin ausgerichtet ist, macht bereits dessen Struktur evident: A) Der Nachvollzug der Evangeliumsbotschaft geschieht in einem ersten Schritt in der persönlichen Aneignung der durch die Lehre vermittelten Heilsbotschaft:[1760] «Welch Übermaß der Güte … Schenkst du mir»! Homiletisch fasst Deyling diesen Sachverhalt in der ersten Hälfte der zweiten Zeile seiner *Lebens-Pflicht* zusammen: «Die Wohlthat ist sehr groß!».[1761] Für den Librettisten wie für Deyling handelt es sich um mehr als um eine Feststellung. Der Anspruch Gottes macht sich in diesen Worten als *deliberatio*,[1762] das heisst, als eine auf Entscheidung hindrängende Überlegung bemerkbar. Anders als in Bezug auf die *Glaubens-Lehre* wird der Christenmensch im Rahmen der *Lebens-Pflicht* als Teil der *ecclesia militans*[1763] auf sein eigenes Verhalten hin herausgefordert, sich die *promissio gratiae* (Gnadenverheissung) in Erinnerung zu rufen, welche «singulis credentibus applicatur et obsignatur»[1764] – «jedem einzelnen Gläubigen zugeeignet und versiegelt wird».[1765]

Dieser erste Arienteil mündet übergangslos in den B-Teil, sodass A und B bei Bach letztlich als eine einzige Aussage aufgefasst werden können. In der Gestalt einer *illusio simplicitatis*[1766] thematisiert B suggestiv die Möglichkeit einer menschlichen Gegenleistung: «was gibt mein Gemüte (= gebe ich)| Dir dafür?» Was Deyling mit Nachdruck fordert: «Willst du nicht danckbar seyn?», wird in der Kantate als weit natürlicherer Vorgang geschildert. Im Duktus

---

1760 «… verbum iustificare … significat idem quod absolvere a peccatis et aeternis peccatorum suppliciis …», Hutter 1961, 52: XII, 1. Übers.: «… das Wort rechtfertigen … bezeichnet … [dasselbe] als von den Sünden lossprechen und von den ewigen Strafen der Sünden …», (Hutter/Schnabel 2000, 126).

1761 Deyling 1734a, 28.

1762 Zum Begriff siehe 7.7.2.

1763 Hutter 1961, 81f: XVII (de ecclesia), 9: «[Ecclesia militans] complectitur Electos adhuc in his terris, sub vexillo Christi, adversus Diabolum, mundum et carnem militantes.» – «(Von der Kirche) [D]ie streitende Kirche [umfaßt] die Erwählten in diesem Leben […], die hier auf der Erde unter dem Fähnlein gegen Teufel, Welt und Fleisch kämpfen müssen.» (Hutter/Schnabel 2000, 177).

1764 Hutter 1961, 98: XXI (de coena Domini), 1.

1765 Hutter/Schnabel 2000, 205 (Vom Abendmahl).

1766 Zum Begriff der «scheinbaren Einfachheit» im Kontext einer (forensischen) *narratio* siehe 9.6.3.1.

decken sich aber beide Aussagen. Es handelt sich bei beiden Autoren um eine *refutatio*: Die Blossstellung mangelhafter oder sogar fehlender gläubiger Rezeptivität der Erlösungstat Christi gegenüber! Der Librettist schwächt im Gegensatz zu Deyling aber die Schärfe seiner *refutatio* poetisch geschickt ab,[1767] kleidet diese in eine höfisch-werbende Frage um, nimmt ihr somit jeglichen moralisierenden Beigeschmack und lässt folglich B wie aus der *exclamatio* A heraus fliessen: Was gibt es Natürlicheres, als für die inkommensurable göttliche Wohltat ebenfalls im Übermass dankbar sein zu wollen? Andererseits verhält sich B auf diese Weise wie eine Art gestischer Vorhalt zu Teil A', in welchem sich nun die gesamte Aussagewucht entlädt. Dieser letzte Arienteil ist vom Libretto her nicht als *da capo* konzipiert, die musikalische Struktur lässt aber «den dritten Teil merklich an den ersten anklingen» (Dürr).[1768] Die in A und B thematisierte Bringschuld der Christenheit entlädt sich gewissermassen in A' in die positive, äusserst bescheidene und gleichzeitig vollkommen hinreichende Antwort der Gläubigen auf die an sie gerichtete Forderung. Es wird wieder als ein Leichtes (*illusio simplicitatis*) dargestellt, Gott für seine «Wohlthat» zu danken. Indem der Librettist seine Hörerschaft als *societas fidei*[1769] anspricht, eröffnet er ihr die Möglichkeit, sich von diesem Horizont aus den gespendeten Gaben von Brot und Wein gegenüber als dankbar zu verhalten. Da ein solches Verhalten der lutherischen Dogmatik gemäss – unserer durch Adams Fall ausgelösten «ἀδυναμία, impotentia et stupiditas [– Armut, Unvermögen und Sinnlosigkeit»[1770] wegen – nicht gefordert werden kann, ist auch in Bezug auf die menschliche Dankbarkeit die Bedingung der Möglichkeit dazu als Gabe Gottes aufzufassen:

1767 Zur rhetorischen «Minderung (minutio)» siehe Hindermann 1987, 287.

1768 Dürr 2010, 591.

1769 Hutter 1961, 81: XVII, 7: «Quia vero Ecclesia vera non tantum es societas externarum rerum ac rituum, sicut aliae politiae: sed principaliter est societas fidei et Spiritus Sancti: respectu cuius societatis, haec Ecclesia sola dicitur corpus Christi.» – «Weil aber die Kirche nicht nur ein Verband mit äußeren Aufgaben und Satzungen wie andere Staatswesen ist, sondern in erster Linie ein Bund des Glaubens und des Hl. Geistes, wird im Hinblick auf diesen Bund diese Kirche allein in der Hl. Schrift der Leib Christi genannt.» (Hutter/Schnabel 2000, 176).

1770 Hutter 1961, 25: VI. (de imagine Dei in homine), 4.

«Humana natura […] aliter sanari non potest, nisi ut per Spiritum Sanctum regeneretur et renovetur.»[1771] – «Die menschliche Natur […] kann nur durch die Wiedergeburt und Erneuerung des Hl. Geistes geheilt werden.»[1772]

Christen können ihre Dankbarkeit nicht aus eigener Natur (humana natura) erwirken, «quae hoc malo perversa et tota corrupta est».[1773] An dieser Stelle geschieht die gedankliche Durchdringung des Evangelientextes (Satz 4) in der synthetischen Verbindung mit dem Eingangswort (Satz 1): In der *imitatio* des Samariters aus Lk 17,15f. liegt die Lösung der der Menschheit durch die Rechtfertigungslehre gestellten Aufgabe, sich dem «Übermaß der Güte» (Satz 5, A) gegenüber adäquat, das heisst mit neuem Gehorsam (*nova obedientia*) (Satz 5, A') zu verhalten. Am *exemplum* des Samariters lässt sich lernen, was es heisst, in den Lobpreis der Schöpfung (Satz 2) einzustimmen. Im Gott entgegengebrachten (*conversio ad DEUM*) restlosen Eingeständnis (*contritio*) eigener Unzulänglichkeit und Sündhaftigkeit (*poenitentia* bzw. «ich weiss sonst nichts zu bringen …») und in der sicheren Zuversicht (*fiducia*) auf dessen Vergebung (*remissio*). *Fiducia* und *remissio* werden als die Stellungnahme des Ichs bestimmend vorausgesetzt. Diese schlägt sich im Grundton der Komposition zu Buche, die sich vom ersten bis zum letzten Takt durch eine ruhige, gelassene Heiterkeit auszeichnet. Der diesen Sachverhalt behandelnde Glaubensartikel lautet «de poenitentia et confessione»[1774] (von der Buße und der Beichte). Der inhaltlichen Nähe zur Deylingschen *Lebens-Pflicht* wegen lässt sich der Wechsel von mit Ausrufungs- und Fragezeichen endenden Sätzen auf Zeile 2 und 4 auf die Intention zurückführen, das Gewissen zur Entscheidung zu drängen.[1775] In

---

1771 Hutter 1961, 26: VI, 5.

1772 Hutter/Schnabel 2000, 81.

1773 Hutter 1961, 26: VI, 5: «… die durch das Übel der Erbsünde verkehrt und völlig verdorben ist …» (Hutter/Schnabel 2000, 81).

1774 «Poenitentia seu conversio ad DEUM est contritio cordis propter peccata nostra: et fiducia certo sibi propter CHRISTUM promittens remissionem peccatorum, reconciliationem, iustificationem et vivificationem: cum firmo propositio inchoandi novam obedientiam.» (Hutter 1961, 73: XV, 3). – «Die Buße oder Bekehrung zu Gott ist die Reue des Herzen über unsere Sünden und eine sichere Zuversicht, daß uns um Christi willen die Vergebung der Sünden, Versöhnung mit Gott, Rechtfertigung und Lebendigmachung zugesagt wird, damit wir mit einem festen Vorsatz im neuen Gehorsam zu wandeln beginnen.» (Hutter/Schnabel 2000, 162).

1775 Interessanterweise taucht dieser Wechsel zwischen Ausrufungs- und Fragezeichen in Deylings *Lebens-pflicht* exakt parallel zu Satz 5 wieder auf: «Die Wohlthat ist sehr groß! / Willst du nicht danckbar seyn?»

der musikalischen Affektgestaltung ist bereits durch den tänzerischen Charakter dieses Satzes – «le climat est ici à la danse»[1776] – grundsätzlich keine Leidenschaft des «überwindenden Vermögens» (Thomas von Aquin) zu vermuten. Zeile 1 und 2 bewegen sich im Bereich des «begehrenden Vermögens», in diesem Fall des *amor* (Liebe). Gottes «Güte» wird als Ausdruck dieses Affekts siebenfach musiziert, das siebte Mal auf Takt 22 mit einer ausholenden Höflichkeitsgeste. Mit dem «Doch» in der ersten Zeile des Teils B entsteht gleichwohl ein Abstand zur affektiven Bezugsgrösse. Dieses «doch» wird fünffach musikalisch in Szene gesetzt, die letzten beiden Male emphatisch nacheinander auf ganz unterschiedlichen Tonhöhen und nur durch eine Achtelpause voneinander getrennt. Auf diese Weise erhöht Bach erheblich die vom Dichter eingeleitete affektive Verunsicherung. Der Blick richtet sich auf die fehlende Dankbarkeit des singenden Subjekts selbst, das in der *executio* mit einem leichten Zorn (*ira*) wiedergegeben werden mag. Auch Furcht (*timor*) wäre als Ausdruck der Überraschung darüber ein denkbarer Affekt. Dieser Affektlage entspräche auch die Dringlichkeit, mit der Deyling seine Ermahnung formuliert: «Willst du nicht danckbar seyn?» In A' schliesslich wechselt der Affekt wieder zum Ausdruck der *audacia* (Kühnheit), beziehungsweise der *spes* (Hoffnung), um letztlich jubelnd-melismatisch auf «Dank» in den Ausdruck des *gaudium* (Freude) zu münden (Takt 44–46). Dieser Affektausdruck zieht sich mit einer Figur auf «Lob» fort, die einmal aufsteigend in Takt 51 und einmal absteigend in Takt 56 mit einer ehrerbietigen Gestik den Sängerpart dieses Satzes abschliesst. Mit der Anrede «Herr» wird zweimal je mit einer Achtelpause zum anschliessenden «Ich» (Takt 41 und 49) getrennt das *bonum* bezeichnet, auf welches sich der Dank- und Lobgesang bezieht. Mit A' wird affektiv zumindest die unmittelbare Nähe zu Gott inszeniert und somit die bleibende Distanz zwischen Gott und seiner Schöpfung erbauungsrhetorisch als überbrückbar in Szene gesetzt.

9.8.3.3 Delectare

«L'aria entière respire un merveilleux sentiment de plénitude et de gratitude.»[1777]

Mit einer solchen Umschreibung hebt Kuijken die Argumentation aus der Schwere eines etwa alleinigen *pathos*-Bezuges heraus und weist ihr eine gefälligere Note zu:

[1776] Cantagrel 2010 ohne Seitenangabe zit. n. Role 2013, 6.

[1777] Kuijken 2007 ohne Seitenangaben zit. n. Role 2013, 6.

«le motif principal est simple et nonchalant.»[1778]

Dieser Beschreibung entspricht Deylings *Glaubens-Trost* mit der Verheissung:

«JEsus bringt dich ein zur Ruh.»[1779]

Somit bleibt die Vertonung bei allem Affektbezug im Rahmen einer gewissen Verhaltenheit des Ausdrucks, die sich unter anderem in der formgebenden Struktur des Satzes äussert. Marchand glaubt in diesem Satz den Goldenen Schnitt verwirklicht zu sehen.[1780] Dieser Hinweis lässt auf einen möglichen Anspruch Bachs schliessen, der Anforderung einer Rede gerecht werden zu wollen, aus der Stimmigkeit der Rede selbst glaubwürdig zu wirken.

9.8.4 Inszenierte Andacht

Der Ausdruck der Dankbarkeit wird in der Gestalt einer als Selbstvermahnung gestalteten Textinszenierung des vorausgehenden Satzes gewissermassen als das Natürlichste von der Welt suggeriert. Gleichzeitig wird mit diesem Verfahren der Forderung Henning Luthers entsprochen, die Gottesdienstbesucherinnen und -besucher zum «Orientierungspunkt» der Predigt zu machen.[1781] Klassische lutherische Erlösungslehre und «Physikotheologie»[1782] finden in der auf diese Weise fokussierten Schilderung der *nova obedientia* (neuer Gehorsam) zueinander. Dogmatische Komplexität löst sich in homiletisch-rhetorische *simplicitas* (Einfachheit) auf. Dem Verstand verborgene dogmatische Zusammenhänge werden im *exemplum* des Samariters zur mimetischen Nachahmung (*imitatio*) durch ein idealtypisches Ich aufgeschlüsselt. Aus einer geforderten *Lebens-Pflicht* wird die zu sich selbst zurückfindende Natur des Menschen. An dieser Stelle ist das dichterische Geschick zu würdigen, mit welchem der Autor auf kürzestem Raum einen dogmatisch anspruchsvollen, mit Anspielungen auf insgesamt sechs unterschiedliche Bibelstellen[1783] untermauerten und nach homiletischen Regeln exakt angeordneten Satz disponiert. Die dichterische Form

---

[1778] Ebd.

[1779] Deyling 1734a, 28.

[1780] «Les proportions de ce mouvement correspondent exactement au nombre d'or.» (Marchand 2003, 332 zit. n. Role 2013, 6).

[1781] Siehe 5.4.10.

[1782] Kreutzer 2005, 69.

[1783] Vgl. Petzoldt 2005, 415.

wird in Anlehnung an das Madrigal als jambisches «kurtzbündiges Sin-Gedicht»[1784] zu erfassen sein. Vom Madrigal wird erwartet, dass es

> «kurtz gefaßt und nachdencklich gemacht sein muß / so ist es nichts anders als ein Epigramma, darinnen man offtermals mehr nachzudencken giebt und mehr verstanden haben will / als man in den Worten gesetzt und begriffen hat».[1785]

Unter textinszenatorischen Gesichtspunkten betrachtet, erschliesst sich der zum «mehr nachdencken» anregende Satz als ein auf «Selbsterschliessung des biblischen Wortes» (Nicol)[1786] hin ausgerichtetes Gebet, in welchem, um mit Plüss zu sprechen, «Predigerin und Hörer» eingeladen sind, «sich am [homiletischen Deutungsprozess] zu beteiligen, indem sie den Textraum betreten und begehen.»[1787]

Kultinszenatorisch begleitet Satz 5 die individuelle Vorbereitung auf den Akt des Empfangs von Brot und Wein.[1788] Auch an dieser Stelle lässt sich der Satz in seiner wegmetaphorischen Qualität würdigen, von A nach A' die Hörerschaft, auf dem Weg zum Abendmahl durch «Erfahrungen von Veränderung, Durchgang und Übergang» (Ehrensperger) inszenierend zu begleiten.[1789] Es gilt, die im Tenorrezitativ zuvor vorgetragene Evangeliumsbotschaft meditativ-reflexiv nachzuvollziehen und für den eigenen inneren Gottesdienst aus dem *paradigma* des Samariters zu lernen. Während Erbauung in der einschlägigen Literatur häufig deckungsgleich mit «Besserung im Christentum» verwendet wird,[1790] und dem gespendeten Trost eine «Ermahnung zur Buße»[1791] voraus-

---

1784 von Zesen 1967, 509 (urspr. Ausg. 1670) zit. n. Meid 2008, 75.

1785 Ziegler 1971, 31 (urspr. Ausg. 1653) zit. n. Meid 2008, 74.

1786 Martin Nicol 1994, 279 zit. n. Plüss 2007, 60.

1787 Plüss 2007, 60.

1788 Da jeweils der strengen Beichtpraxis wegen (Vgl. Hutter 1961, 105 f: XXI (de coena Domini), 26f.) nicht die ganze Gemeinde am Abendmahl teilnimmt, ist der Nachvollzug der gesungen Worte im Textheft ungehindert möglich. Zur Beichtpraxis zur Zeit Bachs siehe Stiller 1970, 124.

1789 Siehe 5.4.9.

1790 Siehe Pfefferkorn 2005, 121: «*Erbauung und Besserung* erscheinen häufig in einer Art Doppelformel als toposbildende Kollokation, womit ihre enge semantische Beziehung noch unterstrichen wird. Doppelformeln zeichnen sich traditionell durch ein synonymisches, antonymisches oder komplementäres Bedeutungsverhältnis der beiden Glieder aus […] In diesem Fall scheiden die beiden letzten Möglichkeiten aus. *Erbauung und Besserung* werden nahezu synonymisch verwendet.»

1791 Pfefferkorn 2005, 122.

geht, fehlt ein solcher Bussakt im Libretto dieses Satzes völlig. In Kombination aber mit dem auf die *Lebens-Pflicht* hin vertonten Rezitativ BWV 17,4 inszeniert Bach diesen Satz als aufrichtige Antwort darauf. Bach vertieft darin die erbaulichen Bezüge, ohne dem Libretto im Grundsatz zu widersprechen. Dieses dient ihm im Gegenteil dazu, die Affektpalette seiner Vertonung im Vergleich zu BWV 25 und 78 in Richtung *amor* und *gaudium* (Freude) hin auszuweiten. Zugespitzt formuliert: Bach bedient sich unterschiedlicher Andachtsliteratur, um sich einen möglichst breiten Inszenierungsspielraum zu bewahren.

9.9 BWV 17,6: Recitativo B

6. Recitativo

Basso, Continuo

Röm 7,18b–19; Ps 103,14	I, 1	Sieh meinen Willen an, ich kenne, was ich bin:
Vgl. Lk 17,15	2	Leib, Leben und Verstand, Gesundheit, Kraft und Sinn,
1Tim 6,17c	3	Der[1792] du mich lässt mit frohem Mund genießen,
Ps 36,9	4	Sind Ströme deiner Gnad, die du auf mich lässt fließen.
Röm 14,17	II, 5	Lieb, Fried, Gerechtigkeit und Freud in deinem Geist
1Tim 6,19	6	Sind Schätz, dadurch du mir schon hier ein Vorbild weist,
Ps 103,2	7	Was Gutes du gedenkst mir dorten zuzuteilen
Jer 17,14; 1Kor 13,10	8	Und mich an Leib und Seel vollkommentlich zu heilen.[1793]

9.9.1 Inventio

Petzoldt teilt den Text inhaltlich in zwei Hälften auf: I befasst sich mit der «äussere[n] Existenz des Menschen» und stellt eine Fortsetzung des Gedankens der Arie dar. II nimmt Petzoldts Ansicht nach «die geistliche Existenz des glaubenden Menschen in den Blick.» Dogmatisch steht dieser Satz seiner *inventio* nach hauptsächlich in Verbindung mit 5 *loci:*

1792 Petzoldt vermutet, dass es grammatikalisch korrekt «die» statt «der» heissen muss (Petzoldt 2005, 415). Marie-Louise Hoyer plädiert aber für «der» analog zu BWV 248/II/19, Altarie: «Schlafe, […] genieße der Ruh».

1793 Angabe der Bibelstellen siehe Petzoldt 2005, 415.

a. De imagine Dei in homine[1794]
b. De aeterna DEI providentia[1795]
c. De evangelio[1796]
d. De iustificatione Hominis peccatoris coram DEO[1797]
e. De vita aeterna[1798]

Die homiletische Grundierung des Librettos[1799] lenkt die Aufmerksamkeit in eine dogmatisch festgelegte Richtung: Der Verweis auf Röm 7,18: «Denn ich weiß / daß in mir ... wohnet nichts Gutes: Wollen habe ich wohl / aber vollbringen das Gute finde ich nicht»,[1800] unterstreicht die durch Adams Fall privative Seite der Lehre der Gottesebenbildlichkeit (a), von der das Libretto freilich nur eine Art positiver Selbsterkenntnis und Vertrautheit vor Gott – «Sieh ..., ich kenne, was ich bin» – gelten lässt:

> «Iustitia originalis respicit non tantum secundam tabulam Decalogi: sed primam quoque, quae praecipit de timore DEI, de fide, de amore DEI. Itaque homo ad imaginem hanc DEI conditus habiturus erat, non tantum aequale temperamentum qualitatum corporis: sed etiam notitiam DEI, certiorem, timorem DEI, fiduciam DEI, aut certe rectitudinem. Itaque homo ad Imaginem hanc DEI conditus habiturus erat, non tantum aequale temperamentum qualitatum corporis: sed etiam notitiam DEI certiorem, timorem DEI, fiduciam DEI, aut certe rectitudinem, et vim ista efficiendi: item immortalitatem et dominium in res creatas.»[1801] – «Die ursprüngliche Gerechtigkeit bezieht sich nicht einzig auf die zweite Tafel des Dekalogs, sondern auch auf die erste, die von der Gottesfurcht, vom Glauben und der Gottesliebe handelt. Deshalb war der Mensch zu diesem Ebenbild Gottes so erschaffen und so beschaffen, daß er nicht nur eine vollkommene Gesundheit und unverderbte Körperkräfte besaß, sondern auch eine gewisse Gotteserkenntnis, rechte Gottesfurcht, herzliches Vertrauen gegen Gott, und einen rechtschaffenen Verstand, ein fröhliches Herz gegen Gott und alle göttlichen Dinge und

1794 Hutter 1961, 25: VI (Vom Ebenbild Gottes).
1795 Hutter 1961, 26: VII (Von der ewigen Vorsehung Gottes).
1796 Hutter 1961, 48: XI (Vom Evangelium).
1797 Hutter 1961, 52: XII (Von der Rechtfertigung des sündigen Menschen vor Gott).
1798 Hutter 1961, 58: XXXIV (Vom ewigen Leben).
1799 Vgl. Petzoldt 2005, 14ff, der sich in seiner Analyse systematisch auf Olearius' «Biblische Erklärung» abstützt.
1800 Biblia 1712.
1801 Hutter 1961, 25: VI (de imagine Dei in Homine sive iustitia originali), 1.

eine wirkende Kraft, die Unsterblichkeit und die Herrschaft über alle irdischen Geschöpfe.»[1802]

Auf diese Weise ‹positiv› an die geschöpfliche Gottesebenbildlichkeit des Menschen anknüpfend, verweist diese ausführliche Liste aller Verrichtungs- und Genussfähigkeiten des Menschen mit 1Tim 6,17c[1803] auf Gottes ‹stufengerechte›[1804] Vorsehung (b):

> «Providentia DEI est talis actio, qua DEUS [...] res a se conditas sustentat et conservat.»[1805] – «Die Vorsehung Gottes ist eine solche Tätigkeit, [...] durch die die von ihm erschaffenen Dinge unterstützt und bewahrt werden.».[1806]

Petzoldt fasst diesen Lehrbezug in einer Formel zusammen:

> «Eigentlich weiß der Mensch, was er ist, nämlich das, was er an Gutem hat. Denn alles, was er hat und sein eigen nennt, stammt von Gott, ‹Ströme seiner Gnad› [...], sonst ist er nichts.»[1807]

1802 Hutter/Schnabel 2000, 79 (Vom Ebenbild Gottes und von der ursprünglichen Gerechtigkeit im Menschen vor dem Fall).

1803 «Den Reichen dieser Welt gebeut / Dass sie [...] hoffen [...] auf den lebendigen GOtt / der uns dargibt reichlich allerley zu genießen.» (Biblia 1712).

1804 Hutter 1961, 27: VII (de providentia Dei), 4: «Tres praecipue [gradus] constituuntur: Quorum primus *Generalis* sive *Universalis* providentia dicitur, quae consideratur generatim in illa rerum conditarum sustentatione, que DEUS ordinem sive modum naturae agendi incolumem servat et sustendat [...] Alter dicitur *Specialis*, quo omnes creaturae jubenti et volenti DEO obtemperant, ipsiusque mandata exequuntur. Tertius dicitur *Peculiaris*, qui est Electorum proprius, et ad Articulum de Praedestinatione pertinet.» – «Drei [Stufen göttlicher Vorsehung] werden vorzugsweise aufgestellt. Die erste wird die *allgemeine* oder *universale* Vorsehung genannt, die im allgemeinen an der Unterstützung der erschaffenen Dinge gesehen werden kann, durch die Gott die Ordnung oder die Weise der bewegenden Natur unversehrt erhält und bewahrt [...] Die zweite Stufe wird die *besondere* Vorsehung genannt, durch die alle Geschöpfe dem Befehl und Willen Gottes gehorchen, und selbst seine Gebote ausführen. Die dritte Stufe wird die *eigentümliche* Vorsehung genannt, die einzig und allein den Erwählten zukommt und zum Artikel von der Vorherbestimmung gehört.» (Hutter/Schnabel 2000, 83: VII (Von der Vorsehung Gottes), 4.)

1805 Hutter 1961, 26: VII, 2. Es mag verwundern, warum dieser *locus* zur Beweisführung der Argumentation herangezogen wird. Tatsächlich bieten einzig die *loci de Imagine* und *de providentia* Anhaltspunkte, die ein freudvolles Leben bereits im Diesseits in Aussicht stellen, wenn auch dies nur im Ansatz, weil wahre Erfüllung – den Auserwählten – erst in der Ewigkeit widerfährt.

1806 Hutter/Schnabel 2000, 82.

Mit den Gemeinplätzen in Teil II: «Lieb, Fried, Gerechtigkeit und Freud in deinem Geist» weist die Argumentation über leibliches Wohl betreffende «Ströme deiner Gnad» hinaus in den Herrschaftsbereich der Lehre *de evangelio*, die sich auf geistliche «Schätz» bezieht, «die schon die Predigt Jesu (Mt 6,20) und die Ermahnung des Paulus (1Tim 6,19) zusammen empfiehlt, weil sie auf den Himmel weisen.»[1808] Evangelium und Rechtfertigung (c und d) werden als aufeinander bezogene verbundene Lehrinhalte verstanden, wie dies Hutters Definition zu Beginn des Artikels *de evangelio* zusammenfasst:

> «Evangelium est doctrina divinitus revelata, plena consolationis, de misericordia DEI, et gratuita Remissione peccatorum, per et propter CHRISTI meritum fide apprehensum.»[1809] – «Das Evangelium ist […] eine von Gott geoffenbarte Lehre, voll von Tröstungen […] über die Barmherzigkeit Gottes und die umsonst geschenkte, von Christus erworbene Vergebung der Sünden […]; es wird durch und wegen Christi Verdienst im Glauben ergriffen.»[1810]

Entschieden erbaulich-lehrbezogen nimmt sich der Schluss des Satzes aus, in welchem der Begriff des «Vorbildes» wohl als ein auf «dorten» zu erwartendes «Gute» bezogenes proleptisches ‹Abbild› zu verstehen ist. In Anlehnung an Röm 17,14 wird der Blick auf den Fluchtpunkt der fünf behandelten *loci* gerichtet:

> «Denn das Reich GOttes ist nicht Essen und Trincken /sondern Gerechtigkeit und Friede / und Freude in dem Heiligen Geist.»[1811]

Mit der Thematik des «Schätze Sammlen» aus 1Tim 6,19, mit welchen die «Schätz» der zweiten Zeile dieses Satzes wortassoziativ wie inhaltlich korrespondieren, wird definitiv der Blick «aufs Zukünfftige» gerichtet: auf «das ewige Leben.»[1812] (e), worin der Heilungsprozess des Christenmenschen «vollkommentlich» seinen Abschluss gefunden haben wird.[1813]

1807 Petzoldt 2005, 421.

1808 Ebd.

1809 Hutter 1961, 48: XI (de evangelio), 1.

1810 Hutter/Schnabel 2000, 120.

1811 Biblia 1712.

1812 Ebd. Der Bezug auf Jer 17,14 («Heile mich / HERR / so werde ich heil.») und 1Kor 13,10 («Wenn aber kommen wird das Vollkommene …») legt den Jenseitsbezug in dieser Zusammensetzung der Bibelstellen fest und lässt den in der Vorzeile ziemlich eindeutigen Diesseitsbezug von Ps 103,2 («Lobe den HERRN/… und vergiß nicht,

9.9.2 Dispositio & elocutio

Im Hinblick auf die Stellung dieses Satzes im homiletisch-rhetorisch beeinflussten Gesamtaufbau der Kantate ist mit diesem Satz die Stufe der *peroratio*[1814] erreicht. Im Rekurs auf die irdische Mitgift wie «Leib, Leben und Verstand» usw. ist von einer *deliberatio*[1815] zu sprechen, bei welcher es darum geht, das fiktive «ich» für sich selber noch einmal in einer Art Schlussrede durch positive Anreize Empfehlungen aussprechen zu lassen. Mit «dorten» (Zeile 7) liegt im Ausblick auf das Ewige Leben der Fluchtpunkt der Argumentation, wie es sich für eine *peroratio in rebus* gehört, in der Zukunft. Als untrügliches Zeichen dafür sind beide Aufzählungsreihen zu werten. Ziel dieses Satzes ist, dem einzelnen Gemeindeglied abschliessende Argumente zu liefern, in die Lehre der Kirche einzuwilligen.[1816]

9.9.2.1 Docere

Bach bemüht sich, ähnlich expressiv wie in Satz 4, aber ohne den autoritativen Habitus eines «Evangelisten»,[1817] den einzelnen Silben entlang zu komponieren. Überhaupt komponiert er kurzgliedrig. «Sieh meinen Willen an» ist eine aufsteigende Fanfare.[1818] Sinnfällig liegen die Betonungen auf «Will-(en)» und vor allem auf «an». Gott wird aufgefordert, wie auf den Samariter nun auch auf den einzelnen Christenmenschen hinab zu schauen. Darauf erfolgt eine Achtelpause. Erst danach wird der Satz fortgesetzt, aber nur bis zum Doppelpunkt. Die Betonung kommt auf den dritten Schlag des Taktes auf «(ich) kenn-(e)» zu liegen. Der Mensch ist sich also dessen bewusst, was er alles Gott verdankt (Vorsehung). Nach einer weiteren Achtelpause wird «Leib» im hohen d (wie später «froh-(em Mund)») gesungen. Die nachfolgende Sequenz «Leben und Verstand» wird wieder durch Achtelpausen vom Kontext gesondert vorgetragen. Dasselbe gilt für die Sequenzen «Gesundheit, Kraft und Sinn», «der du

---

was er dir Guts gethan hat.») vergessen machen. Das «dorten» im Libretto lässt einer anderen Ausrichtung der Aussage definitiv keinen Spielraum mehr.

1813 Hutter 1961, 140: XXXIV (de vita aeterna), 2.

1814 Siehe Hindermann 1987, 294. Zur *peroratio in rebus* siehe meine Besprechung in 7.8.2, zur *peroratio in adfectibus* meine Besprechung in 7.7.2.

1815 Zum Begriff siehe 9.8.3.2.

1816 Siehe 7.8.2.

1817 Vgl. dazu 9.8.4.

1818 Anmerkung von Marie-Louise Hoyer.

mich läßt mit frohem Mund genießen», «sind Ströme deiner Gnad», und «die du auf mich läßt fließen». Der Höhepunkt der Deklamation liegt auf «Strö-(me)». Bach nimmt seine Hörerschaft an die Hand und führt sie durch die sich durch Gelehrtheit auszeichnende Aufzählung der Gottes Vorsehung illustrierenden Einzelbeschreibungen,[1819] deren Thematik er jeweils ausformuliert. Dieses Prinzip setzt er auch in Teil II bis zum Satzende fort. In der *executio* lässt sich über die Betonung von «hier» in Takt 12 einen Bogen zu «dorten» in Takt 14 schlagen. Mit dieser Methode treibt Bach einerseits die Handlung behutsam, Einzelbeschreibungen würdigend, voran und vermag andererseits, die Hörenden auf die Schlussaussage hin vorzubereiten, die auf «(voll-)komm-(entlich)» betont gleichzeitig die höchste Note e im Rezitativ ein letztes Mal erreicht. Auch hier wird Deylings *Glaubens-Lehre* gefolgt: «Lasst uns zu JEsu fliehen, er ists, der helffen kann.»[1820] Nur diesmal wird dieses «zu JEsus» in einer *extensio* der Aussage aus dem Evangeliumstext in die jenseitige Welt projiziert: Dort im Himmel «wird im Sinne der Endgültigkeit und Unumkehrbarkeit ‹Gutes› (Takt 13) zugeteilt».[1821]

9.9.2.2 Movere

Mit der Wahl der hohen Stilart (*genus grande*)[1822] wählt Bach gleichzeitig eine affektgesteuerte Argumentation:

> «stilus gravis, qui constat ex sententiarum verborumque, magna et ornata constructione. – [Der hohe Stil, der aufgrund einer edlen und geschmackvollen Verbindung von Sätzen und Wörtern zustande kommt.]»[1823]

Bereits der Text enthält eine Feierlichkeit, die an ein Gelübde erinnert, obwohl er ‹nur› Dank und Hoffnung auf das Ewige Leben zum Ausdruck zu bringen scheint. Der Dank eines Geretteten an seinen Schöpfer kann aber nicht leichtfüssig daher kommen, sondern muss der Würde des angesprochenen Gegenübers gemäss gestaltet sein.[1824] So gehören Petzoldts Hinweise auf die patheti-

---

1819 Siehe dazu Niefanger 2006, 70ff: «Dichtung und Gelehrtheit».

1820 Deyling 1734a, 28.

1821 Petzoldt 2005, 421.

1822 Vergleich der unterschiedlichen Stile bei Niefanger 2006, 76.

1823 Stieler 1673, 341: lat. Anm. am Rand zit. n. Dyck 1991, 99.

1824 An dieser Stelle müsste auch der ‹Standesunterschied› zwischen dem gläubigen Menschen und seinem Gott grössere Beachtung geschenkt werden. Bei Geburtstagsfeiersche Deklamation der auf den betenden Menschen herabfliessenden Ströme göttlicher Gnade auf diese Stufe der Argumentation. Deylings Aufforderung: «Willst du nicht danckbar seyn?»[1825] gibt auch hier die Richtung an. Sie stützt sich wie in Deylings Predigt auf die Feststellung: «Die Wohlthat ist sehr groß!»[1826] Der Begriff «Willen» zu Beginn des Satzes korrespondiert mit Deylings Formel «Willst du …» und ist als weiterer Hinweis auf diese homiletisch-erbauliche Dimension zu werten.

9.9.2.3 Delectare

Die in der *inventio* identifizierten fünf *Loci* lassen sich synoptisch mit Deylings *Glaubens-Trost* in Beziehung setzen und auf ihre Qualität hin befragen, die *argumentatio* (Beweisführung) des Satzes homiletisch-erbaulich zu bekräftigen.

BWV 17,6	**Hutter: Loci theologici**[1827]	**Deylings *Glaubens-Trost***[1828]
I Sieh meinen Willen an,	De imagine Dei in homine[1829]	
ich kenne, was ich bin:	De peccato[1830]	Der Sünden Aussatz schleußt die Thür des Himmels zu,
Leib, Leben und Verstand, Gesundheit, Kraft und Sinn, Der du mich lässt mit frohem Mund genießen, Sind Ströme deiner Gnad,	De providentia Dei[1831]	

lichkeiten hochstehender Personen wird auch nicht leicht und locker musiziert, sondern deklamiert und mit Pauken und Trompeten aufgefahren: Pathos schwingt bei solchen Anlässen immer mit. Vgl. Dyck 1991, 95ff. Marie-Louise Hoyer weist auf die «gewichtige und feierliche Stimme» der Bass-Stimme sowie auf insgesamt zehn Dreiklänge hin: in Fis-Dur auf «Sieh meinen Willen an,» in e-moll auf «(Leben) und Verstand», in A-Dur auf «Gesundheit, Kraft und Sinn» usw.

1825 Deyling 1734a, 28.

1826 Ebd.

1827 Hutter 1961.

1828 Deyling 1734a, 28.

1829 Übers.: Vom Ebenbild Gottes im Menschen.

1830 Übers.: Von der Sünde.

1831 Übers.: Von der Vorsehung Gottes.

die du auf mich lässt fließen.		
II Lieb, Fried, Gerechtigkeit und Freud in deinem Geist	De evangelio	
	De iustificatione Homi- nis peccatoris coram DEO[1832]	Doch
Sind Schätz, dadurch du mir schon hier ein Vorbild weist,		JEsus öffnet
Was Gutes du gedenkst mir dorten zuzuteilen	De vita aeterna[1833]	sie,
Und mich an Leib und Seel vollkommentlich zu heilen.		und bringt dich ein zur Ruh.

In dieser Gegenüberstellung wird ein weiteres Mal deutlich, wie sich der Librettist um die dunklen Seite der Lehre, sprich: Sündenlehre ‹drückt› und stattdessen aus einer ausschliesslich positiven Bezugnahme zur Gottesebenbildlichkeit seine *argumentatio*, – die Evangeliumslehre dabei nicht ausblendend, aber doch deutlich als Stufe innerhalb der Vorsehungslehre behandelnd –, entfaltet. Ebenfalls wird deutlich, wie in der poetisch-erbaulichen Umkehrung des sehr lehrhaften Deylingschen «dich» zum «ich» dem Libretto die andächtige Hinwendung zum göttlichen «du» gelingt und auf diesen Fluchtpunkt hin Text und Musik zu perspektivieren und zu dynamisieren vermag. Es fällt weiter auf, wie wenig von dem *sub communione* aufgeführten Kantatensatz auf die liturgische Begehung des Abendmahls inhaltlich Bezug genommen wird. Mit der Ausblendung jeglicher christologischer Inhalte ist die gesamte Abendmahlslehre der Orthodoxie, auf die Andacht der Gemeindeglieder bezogen, ausser Kraft gesetzt.[1834] Die Wortfolge: «mit frohem Mund genießen» aus Zeile 3 reicht als Andeutung nicht aus, um diesen Bezug herzustellen. Es ist dem Librettisten getreu seiner Argumentationslinie einzig und allein darum zu tun, die christliche Lob- und Dank-Praxis als leicht nachvollziehbares Bedürfnis einer in der Nachfolge des Samariters stehenden Person durch scheinbare Einfachheit (*illusio simplicitatis*) überzeugend und das individuelle Gewissen nicht belastend

1832 Übers.: Von der Rechtfertigung des Menschen vor Gott.

1833 Übers.: Vom ewigen Leben.

1834 Vgl. Hutter 1961, 98ff: XXI (de coena Domini / vom Abendmahl).

darzustellen.[1835] Was Bachs eigene musikalische Topik angeht, «läßt Gott» nach Petzoldt die «Ströme [s]einer Gnad auf den Menschen herabfließen, wie es das Rezitativ in Tönen hörbar macht.»[1836]

Den Wechsel von I nach II und somit innerhalb der dogmatischen Bezüge (von b nach c und darüber hinaus) markiert Bach, indem er die Sängerstimme «eine Dezime höher als der» vorausgehende «Abschluss» (Petzoldt) neu ansetzen lässt.[1837] Gerade die Absicht, alle christologische Schwere aus Text und Musik zu entfernen, kann im Rahmen einer *äthos*-Argumentation als Vorgriff auf den *status gloriae* gewertet werden, in welchem es weder Sünde noch Sühnopfer mehr geben wird und der Mensch «an Leib und Seel vollkommentlich» geheilt sein wird. Von dieser Warte aus betrachtet kann die Feierlichkeit, die unter *movere* thematisiert wurde, auch als Ausdruck ruhiger Zuversicht angesichts der bereits offen stehenden Himmelstür verstanden werden.

9.9.3 Inszenierte Andacht

Entsprechend der Bestimmung der *dispositio* als *peroratio in rebus* trägt der Satz durch die aufgezählten Begriffsketten einen deutlichen «Anleitungs- und Belehrungscharakter»,[1838] der auch aus Predigten bekannt ist.[1839] Andacht geschieht an dieser Stelle in der Gestalt einer abschliessenden Ermahnung. Im Unterschied zu Satz 5 lassen sich hier pädagogisch-didaktisch orientierte Modelle von Gottesdienstinszenierungen zum Vergleich heranziehen. Insbesondere Traut-

1835 An dieser Stelle ist die von mir festgestellte Nähe des Textes zur frühen Aufklärung mit zu bedenken: Das selbstbewusste Auftreten der Ich-Stimme (siehe 1.2.4) passt in der Tat schlecht zu einem aus der lutherisch-orthodoxer Sicht angebrachten Sündenbewusstsein, dafür aber gut zur Inszenierung einer *illusio simplicitatis*.

1836 Petzoldt 2005, 421.

1837 «Sehr bedacht und markant werden «Lieb, Fried, Gerechtigkeit und Freud in deinem Geist» (Petzoldt 2005, 421) – «in einem gebrochenen Cis-Dur-Akkord» (Anmerkung von Marie-Louise Hoyer) – «vorgetragen.» (Petzoldt ebd.).

1838 Pfefferkorn 2005, 111 in Bezug auf Gerhard 1700.

1839 «Eine strikte Entgegensetzung von Predigt und Andacht trägt der Erfassung ihres Wesens in der Barockzeit wenig bei. Sinnvoller erscheint es, sie in ihren wechselseitigen Relationen zu erfassen. Gerade zwischen diesen beiden Textsorten bestehen im 17. Jahrhundert enge Verbindungen. So können Teile von Predigten in Andachten wieder verwendet oder sogar vollständige Predigten in leicht überarbeiteter Form als Andachtsbücher herausgegeben werden.» Pfefferkorn 2005, 111f.

manns lernprozessorientierte «Antizipationsphase und Ausgangsphase»[1840] helfen den gottesdienstinszenatorischen Hintergrund des Satzes hervorzuheben.[1841]

9.10 BWV 17,7: Choral

7. Choral

Oboe I/II e Violino I col Soprano, Violino II coll'Alto, Viola col Tenore, Continuo

Stollen I	Ps 103,13a	Wie sich ein Vatr erbarmet
Stollen II	Ps 103,13a	Üb'r seine junge Kindlein klein
Gegenstollen I	Ps 103,13b; vgl. Tob 4,22	So tut der Herr uns Armen,
Gegenstollen II	Ps 103,13b	So wir ihn kindlich fürchten rein.
Abgesang	Ps 103,14a	Er kennt das arme Gemächte,
	Ps 103,14b	Gott weiß, wir sind nur Staub.
	Ps 103,15a	Gleichwie das Gras vom Rechen,
	Ps 103,15b	Ein Blum und fallendes Laub,
	Ps 103,16a	Der Wind nur drüber wehet,
	Ps 103,16a	So ist es nimmer da:
	Ps 90,7; Jak 1,10b	Also der Mensch vergehet,
	Sir 33,24a; 11,19[1842]	Sein End, das ist ihm nah.

9.10.1 Inventio

Der Schlusschoral stammt aus dem Lied «Nun lob, mein Seel, den Herren» von Johann Gra[u]mann (1487–1541) und ist «im Dresdner Gesangbuch 1725/1736 […] überschrieben […] mit ‹Dancksagung für geistliche und leibliche Wohlthaten. Psalm. 103.› Der hier gebrauchten dritten Strophe liegt Ps 103,13–16 zugrunde. In den *de-tempore*-Registern der Bachzeit wird das Lied vom Dresdner und vom Leipziger G[esang]b[uch] dem 14. Sonntag n. Trinitatis zugewiesen. Sonst hatte es in Leipzig seine regelmäßige Verwendung während der Austeilung des Abendmahls.»[1843]

1840 Dieter Trautwein 1972, 20–33 und 125 zit. n. Plüss 2007, 288.

1841 Siehe 5.4.5.

1842 Angaben zu den Bibelstellen siehe Petzoldt 2005, 416.

1843 Petzoldt 2005, 416.

Die Motivik aus Ps 103 entspricht dem Hang frühneuzeitlicher Poetik, Naturphänomene ihres «exemplarischen Erkenntnischarakters»[1844] wegen zur «Darstellung einer ständisch geordneten, heilsgeschichtlich determinierten und ethisch idealisierten Welt»[1845] zu verwerten. Auch in dieser Strophenauswahl fällt auf, wie sich die Topik des Textes einerseits biblizistisch eng an den Wortlaut der Schrift hält, sich andererseits aber auch ohne expliziten Bezug auf Evangelium und Christologie auszukommen bestrebt zeigt. Petzoldt streicht den Zusammenhang zwischen Anfangs- und Schlusssatz heraus, wobei dieser dem ersten Satz «gegenüber in tänzerisch gelöstem Dreiertakt musiziert wird.»[1846] Damit scheint Petzoldt anzudeuten, dass Bach über die Melodievorlage von Johannes Kugelmann hinaus deren tänzerischen Charakter gestalterisch unterstreicht. Werden als Hauptakzente der Topik dieses Satzes das väterliche Erbarmen und das stets nahende Ende gewertet, steht vor allem der letzte aller von Hutter behandelten *loci* als theologische Bezugsgrösse im Vordergrund. Dort wird auf die Frage zu antworten versucht «Quid est vita aeterna?» – «Was ist das ewige Leben?»[1847] Die darin enthaltene Wendung «Sufficit nos credere» – «Es genügt, wenn wir glauben», leitet eine lehrhafte Aussage ein, deren Schwerpunkt auf Trost liegt. Um die «ineffabilis Beatitudo» – «unaussprechliche Glückseligkeit» bemüht sich Hutter mit Beschreibungen, die das künftige Leben der Gläubigen anschaulich machen:

> «qua fideles [...] ut in ipso, cum omnibus Angelis aeternum vivant [...]» – «mit der seine Gläubigen [...] in ihm selbst mit allen Engeln in Ewigkeit leben [...]»

Weiter heisst es im gleichen Atemzug:

> «[qua fideles ...] DEUM sine fastidio ament, sine satietate colant, sine fine intueantur» – «[mit der seine Gläubigen ...] Gott ohne Überdruß lieben, ohne je genug davon zu bekommen, ehren und ohne Ende anschauen.»[1848]

1844 Meid 2008, 33.

1845 Dyck 1991, 112 zit. n. Meid 2008, 33.

1846 Petzoldt 2005, 421. Vgl. Gardiner: «Le trait le plus remarquable de la cantate est ... l'ultime choral. Il s'agit d'une version sur mètre ternaire de la section centrale du grand motet à double chœur BWV 225 [...] composé à peu près à la même époque, soit 1726/1727.» (Gardiner 2006 ohne Seitenangabe zit. n. Role 2013, 7).

1847 Hutter 1961, 140: XXXIV (de vita aeterna), 2 bzw. Hutter/Schnabel 2000, 270.

1848 Hutter 1961, 140 bzw. Hutter/Schnabel 2000, 271.

Solcherlei Wendungen wollen als ebenso viele Verheissungen gelesen werden und lassen die Grenzen zwischen Lehre und Andacht als fliessend erscheinen. Georges übersetzt diese letzte Vokabel:

> «**in-tueor**, tuitus sum, [...] genau auf etwas hinsehen, hinschauen, es anschauen».[1849]

9.10.2 Dispositio & elocutio

Petzoldts Hinweis auf die inhaltliche Entsprechung beider Chorsätze als Rahmensätze der Kantate lässt sich nun auch klangrednerisch stützen: Satz 7 steht zu Satz 1 wie die *peroratio* (oder *finis*)[1850] einer Rede zu ihrem *exordium*. Hindermann schreibt zur *peroratio* im Allgemeinen:

> «Die Funktion der Rekapitulation im (normalerweise) schlicht vierstimmigen Choralsatz bildet gleichzeitig eine in der Kürze liegende, bzw. durch Massierung zustandekommende Häufung der Affekte: *rerum repetitio et congregatio ... etiamsi per singula minus moverat, turba valet.* [– Die Wiederholung und Zusammenstellung von Fakten ... vermag viel, auch wenn diese im Einzelnen wenig ausrichten.] ([Quintilianus: Institutio Oratoria] 6,1,1). Solche Sätze [...] haben deutliche thematische Rahmenbeziehungen zur Einleitung. Denn die werkbeschließende konzentrierende Aufzählung (*enumeratio*) bezieht sich gedanklich auf die expandierende Aufgliederung (partitio) der Fakten zu Beginn.»[1851]

Petzoldt schreibt zum Verhältnis des Schlusssatzes zu den übrigen Sätzen:

> «Der Schlußchoral gibt sich als Vergleich und kann so in geeigneter Weise Rückbezüge herstellen.»[1852]

Demnach beziehen sich die Aussagen des Schlusschorals als *enumeratio* von Inhalten, die in den übrigen Kantatensätzen behandelt wurden. So korrespondiert des «Vaters Erbarmen» in Satz 7, Zeile 1 mit «Gottes Güte» in Satz 3, Zeile 1 und dessen «Gnadenströme» in Satz 6, Zeile 4.[1853] Gleichzeitig gerät auch die «Erkenntnis des Menschen durch Gott» (Petzoldt) in Satz 7, Zeile 5 und 6 assoziativ und somit auch argumentativ in Berührung mit der Selbsterkenntnis des Menschen in Satz 6, Zeile 1.[1854] Auch taucht die «Natur mit

[1849] Georges 1869 Bd. 1, 2530.
[1850] Vgl. Dammann 1984, 125.
[1851] Hindermann 1987, 288.
[1852] Petzoldt 2005, 421.
[1853] Siehe ebd.
[1854] Ebd.

ungezählten Gaben» in Satz 2, Zeile 5, «an denen ein Beispiel zu nehmen dem Menschen empfohlen wurde»[1855] (Satz 3, Zeile 4) in der Gestalt ihrer Vergänglichkeit wieder auf (Satz 7, Zeile 7–10), bezieht den Menschen wie in einen «Totentanz» (Petzoldt) ein und lässt diesen am Schluss «vergehen» (Satz 7, Zeile 9).

Im Unterschied zu Satz 5 handelt es sich an dieser Stelle ‹dispositiv› aber um eine *peroratio in adfectibus*.[1856] Nicht Fakten stehen im Vordergrund der redeabschliessenden Aufzählung (*peroratio in rebus*), sondern Emotionen ansprechende Bilder wie «Kindlein klein», das «arme Gemächte», der «Staub», das «fallende Laub» und der «drüber» wehende «Wind».

Als Quintessenz aus dem Zusammenwirken von *inventio* und *dispositio* ergibt sich das Selbstbild eines Menschen, der sich Gottes Güte und Beistand über die Natur – nicht über das Evangelium! – bewusst wird und gleichzeitig an ihrer und somit auch seiner eigenen «unumkehrbare[n] Endgültigkeit vor Gott» (Petzoldt) ein Gegenmuster von Gottes Ewigkeit und «Übermaß der Güte» erhält: In seiner Endlichkeit begegnet der Mensch dem uneingeschränkten, aber gleichzeitig seine Schöpfung liebenden (Satz 6, Zeile 5) Gott und gewinnt daraus die Einsicht, dass einzig im aufrichtigen Dankopfer, zu dem implizit äussere Zeremonien wie die Feier des Abendmahls gehören (wenngleich ohne christologischen Bezug), ein für ihn adäquater «Weg» (Satz 1) zu seiner ewigen Seligkeit bereit liegt.[1857]

1855 Ebd.

1856 Zur *peroratio in adfectibus* meine Besprechung in 7.7.2.

1857 Nun ist die Entstehungsgeschichte gerade dieses zu einer Klangrede geformten Satzes vielfältig: So geht z. B. weder die Herauslösung dieser dritten Liedstrophe aus ihrem ursprünglichen Kontext auf Johann Gra[u]mann selbst zurück, noch hat Bach die Choralmelodie massgeblich gestaltet. Auf diese Weise ergibt sich eine vielschichtige Entstehungsgeschichte, an der Lieddichter, Liedkomponist, Librettist und Kantatenkomponist Anteil haben. Dennoch muss aus diesem vielschichtigen Prozess eine für die aktuelle Hörerschaft schlüssige Rede entstehen, für die einzig nun Bach als letzter ‹Redaktor› verantwortlich zeichnet. Aus der Perspektive einer homiletisch motivierten Rhetorik betrachtet, wird Gra[u]manns Liedstrophe über ihre Verwendung als finaler Choralsatz intertextuell angereichert, wobei in Bezug gerade auf Kirchenlieder zu sagen ist, dass diese nicht nur in Hinsicht auf ihren biblischen Bezug, sondern erst recht mit Rücksicht auf ihre Verwendung in Gottesdiensten auf Intertextualität hin konzipiert sind, um überhaupt kultisch verwendbar zu sein.

9.10.2.1 Docere

Neumanns[1858] Beschreibung des Satzes als «schlichter Choralsatz» lässt sich unter rhetorischem Gesichtspunkt zunächst auf der Ebene der *elocutio* im Sinne des «*subtile in probando* [– durch schmucklose Einfachheit plausibel machen]»[1859] verstehen. Die Melodie ist der Leipziger Gemeinde geläufig.[1860] Im Sinne der *Glaubens-Lehre* Deylings dient die Aussage einer einzigen vertrauensvollen Hinwendung zu Gott, dessen Erbarmen die Bezogenheit menschlichen Lebens auf dessen «Ende» hin relativieren und auf ein ewiges Leben hin perspektivieren hilft. Dies wird jeweils an bedeutsamen Passagen musikalisch hervorgehoben, wie in Takt 3 «(er-)bar-(met)», oder in Takt 19 «(Ge-)mäch-(te)». An dieser Stelle könnte das in *basso* und *continuo* gut wahrnehmbare Kreuzmotiv[1861] die Bezogenheit von «Erbarmen» auf «das arme Gemächte» über das Evangelium (Kreuz) sinnfällig unterstreichen helfen. Auf die Silbenfolge «sind-nur-Staub» in Takt 22f. kommen insgesamt fünf statt nur drei Noten, wenn Bass und Tenor kombiniert werden. Auch wird die Wortfolge «Blum und fallendes Laub» (Takt 28–30) von *tenore*, *basso* und *continuo* sinnbildlich in Wellenbewegungen abfallend vertont. Ebenfalls veranschaulichen die mittleren Stimmen die *katabasis* auf «wehet» (Takt 33f.). Als letztes sei auf die Ausschmückung der Silbe «ist» in Takt 43 hingewiesen. Damit wird wohl der Lehrgehalt dieses Satzes ein letztes Mal herausgestrichen: Wie Dankopfer und Gottespreis im Kopfsatz «der Weg» «ist», so «ist» auch das «End» dem Menschen «nah». Anders formuliert: es gibt diesen Weg, und dieser Weg führt über das Ende, sprich, den Tod alles Geschöpflichen, der in Text und Musik als ‹Ankommen› stilisiert wird, hinaus: «Staub» und «Erbarmen» treffen aufeinander.[1862]

9.10.2.2 Movere

Dem homiletischen Duktus der Deylingschen *Leben-Pflicht* entsprechend, bindet sich das *pathos* dieses Satzes an den Ausdruck der Sehnsucht (*desiderium*),

---

1858 Neumann 1984, 42.

1859 Cicero 2004: Orator, 21, 69 zit. n. Dyck 1991, 91.

1860 Siehe Petzoldt 2005, 214 und Hofmann 2006, 80.

1861 Siehe Frieberger 2011: «Figurensymbolik und Symbole der musikalischen Faktur».

1862 Vgl. die Analogie zwischen dem Sterben Christi und dem eigenen Sterben des Christenmenschen in 8.6.3.3.

die letzte Distanz zwischen dem gläubigen Menschen und seinem Schöpfer und Erlöser zu überwinden.

Dies geschieht bereits über die Textebene: Gra[u]manns Wortlaut haftet – nicht zuletzt durch eine von ihm provozierte Verlangsamung des Psalmduktus – eine gewisse Schwere und Pathetik an. Bach stachelt in seiner musikalischen Umsetzung mit Dissonanzen auf «ar-(me Gemächte)» in Takt 18, «(nim-)mer (da)» (Takt 36) und «(ver-)geh-(het)» (Takt 40) das *pathos* (*tristitia* [Trauer]) des Satzes zusätzlich an: Der «Weg» zur Dankbarkeit für Gottes Grosstat (*Lebens-Pflicht*) führt über die schmerzliche Erkenntnis der eigenen Vergänglichkeit.

9.10.2.3 Delectare

Der «tänzerische Dreiertakt» (Petzoldt) lässt sich auf dieser letzten Argumentationsebene hin auch als wiegende und sanfte Bewegung musikalisch umsetzen, die mit der Aufgabe des *Glaubens-Trost* korrespondiert:

> «… JEsus öffnet [die Thür des Himmels], und bringt dich ein zur Ruh.»[1863]

Die Aufschlüsselung nach biblischen Bezügen macht das Verfahren deutlich, nach welchem Gra[u]mann diese verarbeitet: die in ihnen enthaltene Metaphorik wird um weitere Elemente angereichert und somit in ihrer Aussagekraft verstärkt. Dies dient der Verinnerlichung der Botschaft. So werden aus «Kinder[n]» (Ps 103,13a) «junge Kindlein» (Liedzeile 2), und die unpersönliche Formulierung «die / so ihn fürchten» (Ps 103,13b) wird, die Kindmetaphorik übernehmend, auf die Grundbedürftigkeit aller Menschen[1864] bezogen: «[wir] Arme[n], so wir ihn kindlich fürchten rein.» (Zeile 3 und 4). Das «rein» bietet wiederum eine auf den Glauben bezogene Steigerung des Ausdrucks. In der Kombination mit dem «tänzerische[n] Dreiertakt» vermittelt der Schlusschoral der Kantate die beruhigende Empfindung einer sämtliche Dissonanzen der *pathos*-Argumentation wieder auflösenden Geborgenheit.

1863 Deyling 1734a, 28.

1864 Vgl. zur Thematik menschlicher Grundbedürftigkeit und Armut Veit 1986, 18. «Die Lieder zeichnen […] das Bild eines alles gebenden Gottes. Dies deutet eine Konsequenz für die Darstellung des Menschen bereits an – der Mensch ist, als Empfänger der göttlichen Gaben, ganz von Gott abhängig. Hierbei unterstreicht Luther vor allem zwei Aspekte, die Sünde und den Glauben, beide schon spürbar in der Wahl der Benennungen der Menschen als ‹Menschenkinder, Sünder, Arme, Gläubige, Fromme, Heilige›.»

9.10.3 Inszenierte Andacht

Mit einem Psalmwort beschliesst Bach diese Kantate, die er ebenfalls mit einem Psalmwort beginnen lässt. Über die *de-tempore*-Bestimmung des Kirchenliedes ist der propriale Bezug zum Gottesdienst gewahrt, der mit Satz 1 eingeleitet wurde. Mehr noch, mit der geläufigen Verwendung dieses Chorals als liturgiebegleitende Musik zur Austeilung des Abendmahls,[1865] verdichtet Bach andachtsinszenatorisch gleich mehrere liturgische Übergänge zu einer einzigen das «Vergehen» menschlicher Existenz tröstend begleitenden Bewegung:

a) Diese Choralstrophe inszeniert die definitive Einmündung der Thematik des geschuldeten Lobopfers (*Lebens-Pflicht*) in die durch eine Vater-Kind-Metaphorik gestützte Geborgenheit (*Glaubens-Trost*).
b) Als Schlusschoral leitet dieser Satz den Übergang von der Kantatenaufführung zurück zum liturgisch äusseren Ablauf des Gottesdienstes insgesamt.
c) Mit der Auswahl einer Strophe gerade dieses Chorals dient der Schlusssatz der Kantate nun auch als eine das Proprium dieses Sonntags mit dem Ordinarium der Abendmahlsfeier verbindende liturgische Klammer.

(a) lässt sich lernphasentheoretisch deuten: Der Einbezug des Chorals dient im Rahmen der Aufführung als «Ausgangsphase»[1866] des auf den inneren Gottesdienst zielenden liturgischen Vollzugs Kantate. Der zugesprochene Trost wird in der Gestalt einer vertrauten Choralstrophe zu einer erfahrbaren Grösse. Die Besonderheit dieses Schlusschorals im Vergleich zu den Schwesterkantaten liegt in seiner präzisierbaren Zuordnung (c) zum Abendmahlsgang der Gemeinde, der in diesem Fall als die liturgische Handlung begleitende Musik fungiert. Dieser Satz leitet also nicht einfach nur zur Liturgie der Gemeinde über (b), sondern begleitet diese: innerer und äusserer Gottesdienst verschmelzen an dieser Stelle zu einer einzigen Handlung. In der Gestaltung des inneren Gottesdienstes der Abendmahlsgemeinde erfüllt dieser Schlusschoral die dem Gottesdienst insgesamt zugerechneten Aufgaben der «Orientierung, Expression und Affirmation».[1867]

[1865] Siehe 9.3.

[1866] Plüss 2007, 288 mit Bezugnahme auf Trautwein 1972.

[1867] Cornehl 1979, 186 zit. n. Bieritz 2004, 9.

9.11 BWV 17: Ergebnis

Auf die Wort-Musik-Beziehung hin befragt, bietet diese Kantate ein Beispiel dafür, wie ein Komponist einerseits sein Libretto aufnimmt und musikalisch untermauert, andererseits aber auch insofern korrigierend in den Text eingreift, als dass er Einzelaussagen wie «und das ist der Weg» (Satz 1) herausstreicht und zum Mittelpunkt der Gesamtinszenierung macht. Zu den inhaltlichen Eingriffen Bachs gehören auch erlösungstheologisch relevante Anspielungen, die sich vom Libretto her nicht aufdrängen.[1868] Bachs Textbearbeitung lässt sich liturgietheoretisch auf die Formel bringen: Zwischen den Zeilen Gelesenes zu Ohren bringen und das Libretto verkündigungsgerecht in die Gesamtinszenierung des lutherischen Gottesdienstes einfügen. Unter diesen Voraussetzungen zielt *andächtig Musig* einerseits auf die gedankliche Anstrengung des Individuums, das im Verlauf einer Aufführung Vernommene auf den eigenen Glauben zu beziehen. Andererseits befindet sich im Fokus *andächtiger Musig* aber auch die Selbstwahrnehmung des Individuums, das als Gemeindeglied am gottesdienstlichen Heilsvollzug teilhat. In dieser Hinsicht können Deylings Einwürfe gegen eine allzu theatralische und opernhafte Kirchenmusik[1869] in Bezug auf die Bachsche Musik als unbegründet gelten: Äusserer und innerer Gottesdienst bleiben durch Bachs musikalische Inszenierung stets aufeinander bezogen: Die agendarisch kollektiv verantwortete Dimension der Feier und diejenige des individuellen Nachvollzugs werden vermittels der Stilmittel und Stilschichten der *elocutio* in einem dauerhaften Spannungsverhältnis gehalten. Wo nicht die musikalische Gestalt eines Satzes an den äusseren Gottesdienst erinnert,[1870] ist es die homiletisch konforme Stoffbehandlung,[1871] die die Verbindung zum Ernst der offiziellen Verkündigung und Sakramentenvermittlung aufrechterhält.[1872] Umgekehrt achtet Bach stets darauf, Bezüge zum äusseren Gottes-

---

1868 So z. B. in der Kreuzmotivik in Satz 1 (9.4.2.1) und in der heilstheologisch aufgeladenen Vertonung von Satz 4, die sich an Rezitative aus Oratorien und Passionsmusiken anlehnt (9.7.2.1).

1869 Siehe 5.4.1.

1870 Satz 1, 4 und 7.

1871 Siehe die *inventio* der Kantatensätze.

1872 Satz 4–7.

dienst über die homiletisch-erbauliche Brechung durch *Lehre*, *Pflicht* und *Trost* auf der Ebene individueller Aktualisierung zu halten.[1873]

1873 Dieses Andacht strukturierende Modell Deylings wurde in der vorliegenden Analyse der Kantatensätze aller drei Kantaten zum 14. Sonntag nach Trinitatis auf seine hermeneutische Leistung hin befragt. Im Abschnitt 10.4 wird das Verhältnis Bach-Deyling ein letztes Mal im Sinne einer Synthese untersucht und zusammengefasst.

10 Was Musik andächtig macht – Auswertung einer Rekonstruktion

Die vorausgehende Analyse der Kantaten Johann Sebastian Bachs zum 14. Sonntag nach Trinitatis versteht sich als eine praktisch-theologische Annäherung an die Frage, auf welche Weise Musik *im* Gottesdienst und *für* denselben eine relevante Rolle zu spielen vermag (1). Sie nimmt ihren Ausgangspunkt in der Auslegung einer Notiz des Komponisten am Rand seiner Studienbibel (5.1). Darin begründet Bach sein Verständnis einer *andächtig Musig* (5.1.7). Er versteht darunter eine Musik, die den Auftrag wahrzunehmen versteht, im Rahmen der lutherischen Tradition die Hörerschaft zweifach mit dem göttlichen Wort in Beziehung zu bringen: Einerseits in der Gestalt einer Hilfestellung zur mentalen Konzentration auf den Wortlaut der Heiligen Schrift und auf dessen durch die christliche Lehre vermittelte Botschaft, andererseits aber auch in der Stimulierung zur persönlichen Wahrnehmung des Anspruches, den Gott bzw. sein biblisch vermitteltes Wort an die Menschen richtet.

In dieser Untersuchung bietet die Anlehnung der Analyse an die Aufbauschritte der klassischen Rhetorik (5.2) die Grundlage für einen detaillierten und alle Einzelbeobachtungen miteinander in Beziehung setzenden Vergleich zwischen Werken, die einerseits gemeinsam auf den gottesdienstlichen Kontext als ihrem liturgischen *Sitz im Leben* bezogen sind (4 und 6). Andererseits gestalten die drei untersuchten Kantaten ihren Bezug zu den liturgisch wie homiletisch annähernd identischen Rahmenbedingungen je auf ihre eigene Weise (7 bis 9) und verraten somit den grossen Spielraum, der einem Komponisten bei aller obrigkeitlichen Normierung[1874] gegeben ist. Diesen Spielraum gilt es an dieser Stelle nun unter Einbezug der in der Einzelanalyse gewonnen Ergebnisse zu nutzen, um Bachs Musik in der Gestalt seiner Kirchenkantaten zusammenfassend auf ihren Andachtsgehalt hin zu befragen.

Die Orientierung der Analyse der drei Kantaten[1875] Satz für Satz an den Aufbauschritten der klassischen Rede *inventio*, *dispositio* und *elocutio* (5.2.1), sowie an den unterschiedlichen Stilhöhen *docere*, *movere* und *delectare* (5.2.2, 5.2.2.1 und 5.2.2.3), die ebenfalls ungebrochen aus der klassischen Rhetorik bis in Bachs Zeit hinein rezipiert werden, dient einer heuristisch verlässlichen

1874 Siehe 5.4.1.

1875 Zu den Kriterien der Auswahl siehe Abschnitt 6.

Methodik zur Interpretation von Musik im Zeitalter des deutschen Barock (5.2). Insgesamt als Klangrede begriffen, gewinnt die Aufführung einer Kirchenkantate gleichzeitig Konturen, die sie mit dem Hauptakt der kirchlichen Verkündigung im lutherischen Gottesdienst, mit der Amtspredigt, in Beziehung bringt (5.4). Gleichzeitig wird der liturgische Kontext insgesamt in meiner Untersuchung anhand von Theorien beschrieben, die sowohl die Feier des Gottesdienstes selbst als auch die darin aufgeführte Kantate als Inszenierungen in den Blick nehmen und dergestalt aufeinander beziehen, dass sich die Kantaten als Teilinszenierung im Rahmen einer Gesamtinszenierung Gottesdienst profilieren lassen (5.4, 5.4.1–5.4.10.5). Diesem methodischen Zugang ist der Abschnitt «Inszenierte Andacht» am Schluss jeder Einzelanalyse gewidmet, der Bachs Konzeption einer andächtigen Musik auf jeden einzelnen Kantatensatz herunterbricht und gleichzeitig dessen unmittelbaren Bezug zur Gesamtinszenierung Gottesdienst auslotet.

Durch dieses planmässig und konsequent durchgeführte Verfahren, mit dem sich die Analyse der drei Bach-Kantaten in den Schritten 7 bis 9 durchführen lässt,[1876] leiten die darin beschriebenen Übereinstimmungen wie Abweichungen in der poetisch-musikalischen Behandlung der liturgisch-homiletischen Vorgaben (6.3 und 6.4) auf eine Betrachtungshöhe über, auf welcher endlich die Ebene heuristisch ins Feld geführter Theorien verlassen und die Stufe historischer Plausibilität erreicht werden kann. Mit anderen Worten: Im Lichte einer nach qualitativen Kriterien geführten Forschung, ist auf der Stufe

---

[1876] Die einzelnen Analyseschritte können bisweilen in der Reihenfolge variieren. So kommt es vor, dass die *dispositio* vor der *inventio* eines Satzes behandelt wird (BWV 78,5 und 6, wie in BWV 17,4), weil die Bestimmung der Satzfunktion innerhalb des Werkganzen das Feld möglicher inhaltlicher Bezüge einzugrenzen vermag, was ganz besonders in BWV 17,4 der Fall ist, wo das Evangeliumszitat an sich noch keinen eindeutigen Lehrbezug nahelegt. Bisweilen werden *inventio* und *dispositio* zusammengelegt wie in BWV 78,3 und 4, weil auch hier die recht eindeutige Funktionsbestimmung der Suche nach Inhalten förderlich ist. In BWV 78,5 und 6 werden *inventio* und *elocutio* zusammen behandelt, weil sich diesmal die Bestimmung möglicher Inhalte am plausibelsten in der Zusammenschau mit den Stilhöhen eruieren lässt. In der Behandlung von einigen Sätzen wird auf eine Herausstreichung der *elocutio* als separate Überschrift verzichtet (BWV 17,1, 6 und 7) und unmittelbar auf die Behandlung der Stilhöhe *docere* übergegangen, weil sich in der Analyse der dritten Kantate Betrachtungen zum Wechsel von einer Analyseebene zur nächsten erübrigen. Doch auch unabhängig von diesen Erörterungen am Rande dürfte es keinem Zufall unterliegen, dass sich BWV 25 in rhetorischer Hinsicht restlos schemakonform untersuchen lässt, stellt dessen Libretto doch für den Komponisten anders als BWV 78 und 17 keine nennenswerten Herausforderungen dar, den Bezug zwischen Kantate, Predigt und Liturgie herzustellen (Siehe zusammenfassend 8.13 und 9.11).

«erwogener und argumentativ begründet[er]» «Zusammenhänge»[1877] nun auch in dieser Untersuchung ein «Sättigungsgrad»[1878] erreicht, der es ermöglicht, die aus «hinreichend differenzierten und überzeugenden Analysen» heraus gewonnenen Ergebnisse als auch historisch erhärteten Ertrag zu würdigen, der nun auf verschiedene Seiten hin ausgewertet und mit Theorien der Gegenwart ins Gespräch gebracht werden kann (siehe 5.4). Es handelt sich somit nicht mehr um eine heuristische Annäherung an einen Gegenstand, sondern vielmehr um die Auswertung eines historisch eruierten Ertrags, der darüber hinaus für die Erschliessung gegenwartsbezogener Verhältnisbestimmungen zwischen Musik bzw. Kunst allgemein und Gottesdienst dienstbar gemacht werden kann (11). Auf diese Weise lassen sich die in der Kantatenanalyse herausgearbeiteten poetisch-musikalisch geformten Überzeugungsmittel[1879] nicht allein mit ihrem unmittelbaren liturgischen Kontext in Beziehung setzen, sondern zeitübergreifend als Ausdruck einer «zum Zwecke der Orientierung, Expression und Affirmation» (Cornehl)[1880] profilierten Interaktion zwischen Kunst und Gottesdienstgemeinde interpretieren.

Diese Interaktion lässt sich im Anschluss an die Detailanalyse über die Stringenz definieren, mit welcher Bach seine drei Werke bis ins Detail hinein beschreibbar lehrkonform auf die heilige Schrift der Christenheit ausrichtet, mit welcher er die agendarisch festgelegten liturgischen Vorgaben bis ins Detail hinein beschreibbar mit seinen Kompositionen in Beziehung setzt, und mit welcher er erbauliche Bezüge zur Alltagserfahrung seiner Hörerinnen und Hörer bis ins Detail hinein beschreibbar herstellt. Über diese allen drei Werken gemeinsame inszenatorische Stringenz hinaus gilt es auf dieser Auswertungsstufe Gemeinsamkeiten wie Unterschiede zwischen den Kantaten in der konkreten Ausformung der jeweiligen Lehrkonformität, (10.1) Liturgieaffinität (10.2) sowie des jeweiligen Erbauungsgehalt (10.3) herauszuarbeiten, um verlässliche Aussagen über Bachs konzeptionelles Verfahren treffen zu können, bei den Gottesdienstbesuchenden durch Musik Andacht hervorzurufen. Auf dieser Stufe angelangt, sind nicht einzig die drei analysierten Werke Bachs und deren unmittelbarer zeitlicher wie liturgischer Kontext mehr im Fokus der Untersuchung. Die von mir zurate gezogenen Quellen und theorien ermöglichen im Sinne eines qualitativ geführten Vorhabens, die für den 14. Sonntag nach Tri-

---

1877 Deeg/Plüss 2018, Einleitung.

1878 Deeg/Plüss 2018, Einleitung.

1879 Zur rhetorischen Verwendung dieses Begriffs im Rahmen der *elocutio* siehe 5.2.2.3.

1880 Zit. n. Bieritz 2004, 9. Siehe 5.4.2. Im Analyseteil findet Cornehls Gottesdienstkonzeption explizit in Bezug auf BWV 17,4 (9.7.3) und 17,7 (9.10.3) ihren Niederschlag.

nitatis komponierten und über einen grösseren Zeitraum immer wieder aufgeführten Werke als Zeugen einer Andachtssystematik zu begreifen, deren Gültigkeit sich wohl über die gesamte Leipziger Schaffensperiode Bachs erstreckt. Nennenswerte Brüche innerhalb dieses Zeitraums sind keine auszumachen. Und in dieser Hinsicht lässt sich die in der Forschung übliche zeitliche Ansetzung der von mir analysierten Marginalie zu 2Chr 5,13 (5.1) in die späte Lebenszeit Bachs als Garantin für eine gewissen Konstanz im Andachtsverständnis des Komponisten über seine gesamte Leipziger Periode werten.

In einem letzten Abschnitt (10.4) stelle ich einen weiteren Vergleich an, diesmal zwischen den Kantaten und den erbaulichen Texten «Herrliche Dinge», die Salomon Deyling 1734 zur Meditation der Inhalte annähernd derselben Gottesdienstdispositionen veröffentlicht, für die Bach die drei analysierten Kantaten komponiert und aufführt.[1881] Dieser Abschnitt dient der Veranschaulichung des zuvor eruierten Ertrags der Gesamtanalyse anhand einer von der Forschung bisher erstaunlicherweise nicht berücksichtigten Publikation, die sich analog zu den Kantaten selbst auf ihre Lehrkonformität, Liturgieaffinität und Erbauungsgehalt befragen lässt und sich somit als ein historisch kaum zu überschätzendes Korrelat zu den Bach-Kantaten dieser Periode herausstellt.[1882]

10.1 Lehrkonformität

An dieser Stelle soll zunächst der lehrkonformen Ausrichtung der Kantaten Beachtung geschenkt werden, die bei aller Unterschiedlichkeit ihrer Skriptvorgaben durch die jeweiligen Librettisten[1883] gemeinsam deutliche Spuren einer zielstrebigen Stoffbehandlung aufweisen.[1884] Die Lehrkonformität der Werke lässt sich aus der reformatorischen Perspektive heraus[1885] am stringentesten an ihrem inhaltlichen wie formalen Bezug zur Sonntagsperikope ermessen, an der

---

[1881] Es ist nicht bekannt, dass sich in Ablauf und Gestaltung der Leipziger Gottesdienste zu St. Thomae und Nicolai innerhalb der im Rahmen dieser Untersuchung zur Debatte stehenden Dekade 1724–1734 wesentliche Änderungen zu verzeichnen wären (siehe 3.1).

[1882] Zur Detailbesprechung der Publikation «Herrliche Dinge» siehe 5.3.

[1883] Siehe die Abschnitte zur Quellenlage der jeweiligen Kantate.

[1884] Diese Zielstrebigkeit lässt sich aus der Konsequenz heraus ablesen, mit welcher Bach sich sowohl an die rhetorischen Aufbauschritte als auch an die homiletischen Vorgaben hält, um jedem einzelnen Werk eine eigene inhaltliche Prägnanz zu verleihen. Siehe die jeweiligen Abschnitte zur *inventio*, *dispositio* und *elocutio*.

[1885] Zum Bezug der Lehre der Kirche zur Bibel als Heilige Schrift aus der Perspektive der lutherischen Orthodoxie siehe 5.1.3.

anzuschliessen ihnen liturgisch vorgegeben ist.[1886] In der von mir gewählten nach der Massgabe der klassischen Rhetorik aufbauenden Logik der Einzelanalyse aller drei Kantaten[1887] ist die Lehrkonformität von Text und Musik in den Abschnitten zur *inventio* zu erheben und im Unterabschnitt der *elocutio* zum *docere* auf ihre homiletische Zuspitzung hin näher zu qualifizieren. Auf diese Weise wird ersichtlich, dass sich der Lehrbezug in BWV 25 insgesamt nach der lutherischen Rechtfertigungslehre ausrichtet, indem zunächst die ersten beiden Sätze schwergewichtig auf die Sündenlehre Bezug nehmen.[1888] Von Satz 3 an weitet sich der dogmatische Horizont auf die Thematisierung der Anrufungslehre (*de invocatione*), auf die freilich im Proömium,[1889] im ersten Satz bereits angespielt wurde.[1890] In Satz 4 wird nun explizit die Rechtfertigungslehre als Kerndogma der lutherischen Kirche[1891] musikalisch umgesetzt, ein Bezug, der in der Leichtigkeit der poetisch-musikalischen Behandlung – nach aller Schwere, die der Sünden- und Anrufungsthematik anhaftet – zum Ausdruck kommt. Die Einarbeitung neuer Lehrbezüge geschieht somit in dieser Kantate im Libretto wie in dessen Vertonung nach dem Prinzip von aufeinander aufbauenden, ineinander überfliessenden und aufeinander verweisenden Ergänzungen, die bei den Hörenden den Eindruck einer dichten und stringenten Stoffbehandlung hinterlassen. Denn an keiner Stelle wird mechanisch von einem Thema zum nächsten gewechselt oder etwa nur eines davon behandelt.[1892] Stets wirkt ein nachfolgender Satz als antwortende Fortspinnung der Stoffaufbereitung vorausgehender Sätze.[1893] Somit greifen denn auch die letzten beiden Sätzen der Kantate die zuvor behandelten Themenkreise einmal in der Gestalt

---

1886 Siehe insbesondere 4 und 6.3.4.

1887 Siehe 5.2.

1888 Siehe hierfür alle Abschnitte zur *inventio.*

1889 Siehe 7.3.2.

1890 Siehe 7.3.1.

1891 Im Rahmen dieser Untersuchung zeigt sich die Zentralität dieser Lehre allein schon an der hohen Anzahl von Bezügen, die Bach zur ihr herstellt, und dies in allen drei Kantaten. Siehe: 7.6.1, 7.6.2.2, 7.7.2, 7.8.1, 8.5.1, 8.9.1, 8.9.2.1, 8.11.2. Am deutlichsten wird dieser Bezug in der kompositorischen Umsetzung der Rechtfertigungslehre in der Form einer Passacaglia in BWV 78,1 (siehe 8.5.1).

1892 Dies war denn auch Gegenstand des Gesprächs mit Dominik Sackmann (09.03.2011), ob Bach in der *inventio* wie in der Verarbeitung durch die *elocutio* die thematischen Schwerpunkte nacheinander abarbeitet. Beide vermuteten wir damals, dass dies nicht der Fall sei, was sich nach der Einzelanalyse nun als schlüssig herausstellt.

1893 So werden in BWV 25,4 die *loci* der Sünden- und Anrufungslehre, die in BWV 25,1 eingeführt und in 25,3 weiterentwickelt worden sind, erneut aufgegriffen und um den *locus* der Rechtfertigungslehre ergänzt.

einer *peroratio in adfectibus*[1894] und ein anderes Mal in der Gestalt einer *peroratio in rebus*[1895] im Sinne einer emotional gesteuerten (*in adfectibus*) wie Fakten auflistenden (*in rebus*) Rekapitulation auf und ergänzen sie zusätzlich einmal um die Lehre «vom ewigen Leben»[1896] und ein anderes Mal um die Lehre «von den guten Werken»,[1897] was das gesamte Werk um einen eschatologischen (BWV 25,5) wie glaubenspragmatischen (BWV 25,6) Ausblick anreichert.

Dieses Grundprinzip des Einbezugs dogmatischer Inhalte lässt sich im Aufbau auch der Schwesterkantaten antreffen, doch in beträchtlich modifizierter Gestalt. Während in der Choralkantate BWV 78 der lehrkonforme Perikopenbezug weit stärker über die Musik selbst als über den Wortlaut des Librettos getragen und klanglich veranschaulicht wird,[1898] bahnen sich im höfisch und dogmatisch unverfänglichen Duktus der Kantate BWV 17 Perikope und Dogmatik ihren Weg über das Verfahren einer *hidden agenda*[1899] durch das Satzgefüge des Werkes. Auch schlägt in dieser Kantate, mit Ausnahme von Satz 4, vor allem die Musik selbst die Brücke zur Perikope wie zur im Luthertum zentralen Rechtfertigungslehre.[1900] Das Libretto dagegen bezieht sich in der ersten Kantatenhälfte schwergewichtig auf die Schöpfungslehre[1901] und widmet sich in der zweiten Hälfte schwergewichtig der Dankespflicht mit eschatologischem Ausblick.[1902] Ansonsten lässt sich in den Schwesterkantaten zu BWV 25 dasselbe nach rhetorisch-homiletischen Kriterien gestaltete Prinzip von aufeinander aufbauenden, ineinander überfliessenden und aufeinander verweisenden dogmatischen Bezügen feststellen: Auf eine die Passion Christi herausstreichende musikalische Einführung der Rechtfertigungslehre in BWV 78,1[1903] folgt in Satz 2 der Ausdruck der christlichen Dankbarkeit der Heilstat Christi gegenüber.[1904] Diesen Sachverhalt vereindeutigen Satz 3 und 4, indem mit der Heranziehung der Sündenlehre das Heil der Menschen einzig auf das Sühnopfer

---

1894 Siehe 7.7.2.

1895 Siehe 7.8.2.

1896 Siehe 7.7.1.

1897 Siehe 7.8.1.

1898 Siehe an dieser Stelle ergänzend zu den Abschnitten zur *inventio* vor allem auch die Abschnitte zum *docere*.

1899 Siehe 9.5.3.1, 9.6.3, 9.6.3.1 und 9.8.1.

1900 Siehe an dieser Stelle hierzu die Abschnitte zum *docere*.

1901 Siehe wieder die Abschnitte zur *inventio*.

1902 Siehe auch hier wieder die Abschnitte zur *inventio*.

1903 Siehe 8.5.1.

1904 Siehe vor allem 8.6.3.2.

Christi beruhend statuiert[1905] und mit der Aussicht auf ‹die letzten Dinge› hin verheissungsvoll perspektiviert wird.[1906] Die drei letzten Sätze erfüllen wie in BWV 25 wieder den Zweck rekapitulativer Vergewisserung.[1907]

In BWV 17 wiederum verdeutlicht das Libretto den Bezug zur Schöpfungslehre (Satz 2 und 3)[1908] den vom Satz 1 an festgelegten Fokus auf das christliche Lobopfer.[1909] Von Satz 4 an liegt der Fokus auf der Heilsvergewisserung,[1910] die in den letzten beiden Sätzen rekapitulativ, wie in den Schwesterkantaten über die beiden Formen der *peroratio*, einmal *in rebus* (Satz 6),[1911] das zweite Mal in *in adfectibus* (Satz 7),[1912] verdichtet thematisiert wird. Dass Bach die im Libretto ‹vergessene› Rechtfertigungslehre aber aus Treue zur exegetisch-homiletischen Tradition seiner Zeit dennoch in seine Vertonung aufnimmt,[1913] lässt auf eine theologische Vertiefung der im Libretto vorhandenen Topoi durch den Komponisten schliessen, sodass sich das soeben beschriebene verdichtete Verweissystem dogmatischer Bezüge an dieser Kantate ein weiteres Mal verifizieren lässt.

Abschliessend zur Lehrkonformität der drei Kantaten halte ich als Zielrichtung der Stoffbehandlung fest: Auf die christliche Heilslehre hin transparent inszeniert,[1914] korrespondiert Musik in Bachs Augen unmittelbar mit Gottes *Gnaden-Gegenwart*[1915] und vermag somit zwischen der christlichen Gemeinde und Gottes Zu- und Anspruch an sie erbauungsrelevant[1916] adäquat zu vermitteln.[1917] Von dieser Perspektive aus betrachtet, gewinnt Scherings Deutung der Kantaten als «klingende[s] Seitenstück zur Predigt»[1918] an gottesdiensttheologischer Brisanz: Bach wagt über seine Gottesdienstmusik eine Begegnung mit

---

1905 Siehe 8.7.1.

1906 Siehe 8.9.1.

1907 Siehe 8.9.2, 8.10.2 und 8.11.1.

1908 Siehe 9.5.1 und 9.6.1.

1909 Siehe 9.4.1.

1910 Siehe 9.7.2.

1911 Siehe 9.9.2.

1912 Siehe 9.10.2.

1913 Siehe u. a. 9.5.3.1, 9.6.1, 9.6.3, 9.6.3.2, 9.6.3.3, 9.7.2 usw.

1914 Siehe jeweils die Abschnitte *inventio*, aber auch *docere*, *movere* und *delectare*.

1915 Zum Begriff siehe 5.1.6f. Zur Behandlung des *status gratiae* in den Einzelanalysen siehe 7.6.2.1, 7.6.2.2, 7.7.2, 8.6.3.3, 8.10.2.2, 8.13 und 9.4.1.

1916 Hierzu ausführlicher in Abschnitt 10.3.

1917 Wie Bach selbst diese Vermittlungsarbeit theologisch definiert, wird in 5.1.7 zusammengefasst. Zum Anspruch der Musik zur Zeit Bachs, im öffentlichen Diskurs präsent zu sein, siehe 5.2.

1918 Schering 1926, 12.

dem reformatorisch aufgewerteten Amt der Verkündigung sowie mit dem Amt der Sakramentsspendung[1919] auf Augenhöhe.[1920] Liturgiepraktisch konzentriert er sich dabei aber auf die Bedienung erbaulicher Bezüge und ist somit auf den inneren Gottesdienst der Gottesdienstgemeinde fokussiert.[1921] Unter dem Aspekt ihrer Lehrkonformität betrachtet ist aber allen drei Kantaten gemeinsam die Intensität, mit welcher Bachs Musik die Gottesdienstgemeinde mit den verkündigungsrelevanten Inhalten konfrontiert. Gleichwohl stechen in der Analyse markante Akzentverschiebungen in der theologischen Behandlung derselben Perikope heraus. Diese Akzentverschiebungen lassen sich auf der Stufe der *inventio* und der *elocutio* gut beschreiben und verschaffen einen Einblick in die Weite dessen, was Bach als *andächtig Musig* gelten lässt: vom hamartiologisch geprägten Ernst der Kantate BWV 25[1922] über die erstaunlich tänzerisch leicht gestaltete Anlehnung an die lutherische Erlösungslehre als solche in BWV 78[1923] zur physikotheologischen[1924] Behandlung schöpfungs- und vorsehungsrelevanter Inhalte in BWV 17, wo jeglichen christologischen Bezügen bis hin zum Namen Jesu selbst ausgewichen wird.[1925] An dieser Stelle wird deutlich, wie vielfältig sich Bach in der Text- wie in der Musikwahl von Kantatenjahrgang zu Kantatenjahrgang «die | Stimme […] von den Dromme= | ten / Cymbaln und andere Seitenspie= | len / und von dem (würklichen) loben des | Herrn»[1926] vorstellt.

10.1.1 Zurück zur Fragestellung

Die Fragestellung dieser Untersuchung (1.1) aufgreifend, findet in Bachs Vorgehen und in der lutherisch-orthodoxen Zuordnung der Musik zum Gottesdienst Luthers verkündigungsmotivierter Pragmatismus seinen Niederschlag. Der Musik als «Dei Donum» (Gabe Gottes) werden keine agendarisch gezoge-

1919 Zum Priesterpersonal und zur Durchführung eines Gottesdienstes zur Zeit Bachs siehe Stiller 1970, 58ff. Siehe ausserdem zur «reformatorischen Erneuerung des Gottesdienstes im 16. Jahrhundert» Möller 2004, 78f.

1920 Zur biblisch-theologischen Begründung der Musik als am Kult zentral beteiligte Begehung der Gemeinde siehe 5.1.3.

1921 Siehe 10.3.

1922 Siehe vor allem 7.3.1, 7.3.3.1 und 7.4.1.

1923 Siehe vor allem 8.5.1, 8.5.3.1, 8.5.3.3 und 8.7.1.

1924 Kreutzer 2005, 72. Siehe 9.5.3.1.

1925 Siehe bereits zu BWV 17,1 die Abschnitte 9.4.1, 9.4.2.1–9.4.2.3 und 9.4.3. Die physikotheologische Behandlung des Stoffs zieht sich durch die gesamte Kantate.

1926 2Chr 5,13 (*Deutsche Bibel).* Siehe 5.1.1.

nen[1927] Grenzen gesetzt, solange sie sich der Verkündigung verschreibt. Sie erscheint als an keiner Stelle dem predigenden oder betenden Wort gegenüber zum blossen «Menschenwerk»[1928] disqualifiziert. Im Gegenteil. Wie soeben beschrieben, nimmt die Musik in BWV 78 die Aufgabe wahr, die Beziehung zwischen Choralvorlage und Sonntagsevangelium rhetorisch-homiletisch überhaupt erst herzustellen und auf vielfältige Weise lehrbezogen (!) zu entfalten. Unter diesem Gesichtspunkt betrachtet, erweist sich auch das von Bach bei seiner Einsetzung in Leipzig zu unterschreibende «Revers»[1929] als auf keine grundsätzliche agendarische Einschränkung der Musik hinauslaufende Klausel. Auch Deylings grosse Zurückhaltung der Musik im Gottesdienst gegenüber[1930] stützt sich zwar auf vorlutherische (!) Kommentare einschlägiger Schriftstellen ab. Deyling führt dabei aber keine theologisch begründeten Argumente ins Feld, mit denen er die Musik ganz oder auch nur teilweise aus dem Gottesdienst zu verbannen trachte. Auch weiss sich Bachs Musik in einem lutherischen Kontext von keiner liturgietheoretischen Zuweisung etwa auf den Gemeindegesang (Calvin, Pietismus) eingeschränkt. Bach weiss sich von solchen Engführungen frei und bewegt sich in der Ausgestaltung seiner Musik auf einem grundsätzlich offenen Feld. Zugespitzt auf die Lehrkonformität der Bach-Kantaten lässt sich abschliessend festhalten, dass Bachs Kommunikationsbemühungen auf den inneren Gottesdienst der Gottesdienstbesuchenden ausgerichtet sind.[1931] Bach leitet die Gemeinde an, sich persönlich intensiv mit dem Wort Gottes aus der Heiligen Schrift auseinanderzusetzen. Er scheut dabei weder vor der Komplexität dieses sich letztlich selbst auferlegten Auftrags,[1932] noch vor der Gefahr zurück, mit der Vertonung theologisch unterschiedlicher Inhalte[1933] sein Publikum zu verwirren.[1934] Zusammenfassend möchte ich die Behauptung aufstellen: Bach vertraut auf das sich selbst auslegende[1935] Gottes-

---

1927 Zu den vielfältigen Entfaltungsmöglichkeiten z. B. des Leipziger Gottesdienstes zur Zeit Bachs siehe Stiller 1970, 127–142: Gottesdienst und Musik.

1928 Knellwolf 1989, 59f. Siehe 1.1.1.

1929 Zum Wortlaut siehe 5.4.10.3.

1930 Siehe 5.4.1.

1931 Siehe 5.5.

1932 Das in dieser Untersuchung viel zitierte Revers fordert, umgangssprachlich ausgedrückt, nicht die Hälfte dessen, was Bach sich selber infolge seiner Bibelarbeit auferlegt.

1933 Man bedenke die zahlreichen Lehren, denen Bach in der *inventio* seiner Kantaten gerecht wird. Siehe die einzelnen Abschnitte zu diesem rhetorischen Aufbauschritt.

1934 Siehe Martis Einschätzungen zum Anspruch, denn Bach an seine Hörerinnen und Hörer stellt in 11.4.

1935 Siehe 5.1.3.

wort selbst und überlässt es ihm, sich den Menschen zu erschliessen. Seine, Bachs Aufgabe ist es, seine Hörerinnen und Hörer möglichst unmittelbar an den an sie gerichteten göttlichen Anspruch zu führen.

10.2 Liturgieaffinität

Bereits über die soeben beschriebene perikopenzentrierte Entfaltung lehrhafter Bezüge tritt ein deutlich liturgieaffiner Zug der Bachschen Kirchenkantaten zu Tage.

10.2.1 Bezüge zum Proprium

Dass die Perikopenzentrierung in den drei analysierten Kantaten gleichermassen auffällig ist, obwohl sich eine solche im Falle der Choralkantate BWV 78 formal und in BWV 17 – vom vierten Satz abgesehen – inhaltlich vom Libretto her keinesfalls aufdrängt,[1936] setzt eine von Bach bewusste und zielgerichtete propriale Anknüpfung seiner Kantatenaufführungen an den ihr vorausgehenden Vortrag der Sonntagsperikope voraus. Zusätzlich klingen die Eingangssätze der Kantaten BWV 25 und 17 als auskomponierte Psalmzitate an die Praxis der zur Zeit Bachs ebenfalls musizierten[1937] Introitus-Psalmen an, ohne sich freilich auf den dafür vorgesehenen Psalm zum 14. Sonntag nach Trinitatis selbst zu beziehen. Sie dienen vielmehr in erster Linie der inhaltlichen Anknüpfung an das Sonntagsevangelium.[1938] In Bezug auf ihre Liturgieaffinität sind sie als Anspielungen auf die Praxis des Gottesdienstes für die Teilnehmenden und deren Gottesdiensterfahrung aber nicht irrelevant, halten sie doch den Bezug der Teilinszenierung Kirchenkantate zum Gottesdienst als deren genuinen *Sitz im Leben* wach. Auf derselben Stufe liturgieaffiner Anspielung sind auch die in Bachs Kirchenkantaten häufig eingeflochtenen instrumental ausgeführten Choralzitate[1939] zu erwähnen, eine kompositorische Technik, der sich Bach zum Beispiel in BWV 25,1 bedient.[1940] Über die Stufe musikalischer Anspielung hinaus weisen die Gestaltung eines ganzen Satzes als Choralbearbeitung in BWV 25,1,[1941] die Anwendung der Choralmotette als Gestaltungskomponente

---

1936 Siehe 8.3.

1937 Siehe 6.3.

1938 Zum Orientierung des Introitus am Proprium des Gottesdienstes siehe Wetzel 1985, 133 und Werthemann 1960, 3.

1939 Vgl. Dürr 1970, 293.

1940 Siehe 7.3.1 und 7.3.3.1.

1941 Siehe wiederum 7.3.1.

von BWV 78,1[1942] und erst recht die Bestimmung der Schlusssätze aller drei untersuchten Kantaten als «Choral».[1943] Doch auch an dieser Stelle ist zu beachten, dass sich Bach bei der Auswahl des jeweiligen Chorals oder Choralmotivs selten an die Kirchenlieder hält, die von der Gemeinde an dem Sonntag gesungen werden, an dem eine Kantate aufgeführt wird.[1944] Diesen soeben erwähnten liturgieaffinen Gestaltungsmitteln ist vielmehr gemeinsam, dass sie über die Anspielung gottesdienstlicher Bezüge die Aktualität des Sonntagsevangeliums heilstheologisch vertiefen und verdichten helfen. Es geht Bach offensichtlich darum, über dieses Verfahren in der gottesdiensttheologischen Linie Luthers die «Gegenwärtigkeit» des «göttlichen Heilsgeschehens» «Ereignis werden zu lassen» (Dürr).[1945] Es ist daher wohl auch kein Zufall, dass die im Rahmen dieser Untersuchung besprochenen musikalischen Anspielungen auf das eine oder andere Kirchenlied in den Anfangs- und Schlusssätzen vorkommen, wo sie unter rhetorischen Gesichtspunkten betrachtet, eine hinführende,[1946] rekapitulative[1947] oder überleitende[1948] Funktion ausüben. Im Kirchenlied haben sich die «Glaubenserfahrungen» der christlichen Gemeinde lutherischer Prägung «eingelagert» (Plüss),[1949] die nun vermittels einer poetisch-musikalischen Neuinszenierung aus ihrem liturgischen Kontext herausgelöst den Bezug der Gottesdienst feiernden Gemeinde zu dessen verkündigungsrelevantem Kern, der Predigt, herzustellen hilft.[1950]

Es ist Dürr recht zu geben, wenn er hinter der vielfältigen und mehrschichtigen Einarbeitung unterschiedlicher liturgiespezifischer Elemente literarischer wie musikalischer Herkunft in Bachs Kirchenkantaten die Anwendung des «Tropusprinzip[s]»[1951] erblickt. Dieses sieht er nicht allein in der Auslegung eines Bibelwortes durch ein weiteres verwirklicht, sondern ebenfalls in der Verschränkung musikalischer wie textlicher Einschübe in ein bestehendes Gefü-

---

1942 Siehe 8.5.1.

1943 Siehe die Satzbezeichnung in der NBA zu allen drei Kantaten (7.8, 8.12 und 9.10).

1944 «Wenige Behauptungen sind so haltlos wie die, Bach habe sich in seinen Kantatenchorälen an das Lied des jeweiligen Sonntags gehalten; das mag zuweilen zutreffen; in der Regel aber fällt dieses Lied der Gemeinde zu, und es bestand kein Anlaß, es in der Kantate zu wiederholen.» (Dürr 1970, 293).

1945 Dürr 1970, 291.

1946 Siehe 7.3.1 und 7.3.3.1.

1947 Zu ihrer Funktion als *peroratio* siehe 7.8.2, 8.12.2 und 9.10.2.

1948 Siehe 7.8.3.1, 8.12.4 und 9.10.3

1949 Siehe 7.3.4.

1950 Vgl. hierzu 1.1.

1951 Dürr 1970, 294.

ge.[1952] Auf dieser Ebene liturgiehistorischer Transformationstechniken angelangt, wirken Bachs Choralbearbeitungen BWV 25,1 und BWV 17,1 der poetisch-musikalischen Einarbeitung eines Psalmwortes wegen, aber auch die Choralkantate BWV 78 als solche[1953] als dem «Tropusprinzip» geschuldet. So fügen sich zum Beispiel in den Wortlaut des Librettos der Kantate BWV 78 beinahe unmerklich[1954] einzelne Choralpassagen, die den inneren Zusammenhalt zwischen der je aktualisierenden Auslegungsanstrengung der Kantate mit dem «Kirchenlied als Symbol der durch Christus gegründeten Kirche und ihrer Gemeinde» (Dürr)[1955] liturgiepragmatisch plausibilisieren helfen.[1956]

Mit «34 Zitate[n] aus den Evangelien darunter 30 aus dem jeweiligen Sonntagsevangelium» streicht Wetzels «statistische Erfassung sämtlicher biblischer Dicta in den Leipziger Kantaten» die Bedeutung heraus, die Bach dem Evangelium schlechthin und insbesondere der Sonntagsperikope beimisst.[1957] Im Vergleich dazu greift Bach nur 17 Mal unmittelbar auf den Psalter, 12 Mal auf weitere Bücher aus dem Alten Testament und 10 Mal auf die neutestamentliche Briefliteratur zurück.[1958] Als einzige Referenz für Bachs überdurchschnittlich häufigen Rückgriff auf die Sonntagsperikope steht im Rahmen dieser Untersuchung der Satz BWV 17,4. Seiner musikalischen Gestaltung nach erinnert dieser Satz aber nicht an die im Lektionston von den Liturgen vorgetragene Evangelienlesung selbst, sondern an Passagen, die in den Passionen und Oratorien vom «Evangelisten» wahrgenommen werden. Wie zur *inventio*[1959] dieses Satzes festgehalten wurde, übt der Evangelist die Rolle des «innerlich beteiligte[n] Verkünder[s]» aus, «der über ein bewegendes Ereignis mit entspre-

---

1952 Dürr 1970, 293. Siehe zur «Dimension der realen Simultaneität» in der Musik Hammerstein 1970.

1953 «So wurde z. B. häufig die traditionelle Bindung von Text und Melodie aneinander aufgegeben. Dem textlosen Choralzitat in Bachs Kantaten steht die Vertonung den Choraltexten als Arie oder Rezitativ gegenüber, bisweilen noch mit melodischen Anklängen an die ursprüngliche Weise, oft auch ohne sie. Textliche Einschübe können nach Art eines mittelalterlichen Tropus das Gefüge der Lieddichtung durchbrechen und unkenntlich machen, oder freie Nachdichtungen schmelzen die Liedstrophe in Arien- oder Rezitativform um. Eine reiche Fundgrube für alle eben erwähnten Veränderungen sind die Choralkantaten Bachs.» (Dürr ebd.).

1954 Siehe die Hervorhebungen dieser Passagen durch Fettschreibung bei Neumann 1974, 127f. sowie in meiner eigenen Textwiedergabe.

1955 Dürr 1970, 292.

1956 Siehe 8.5, 8.7, 8.10 und 8.12.

1957 Siehe Wetzel 1985, 131.

1958 Ebd.

1959 Siehe 9.9.1.

chender Anteilnahme berichtet.»[1960] Aber auch in der musikalischen Gestaltung von Psalmzitaten scheint sich Bach jede Freiheit nehmen zu wollen. Ihre Liturgieaffinität erhalten die Vertonungen von Abschnitten aus Psalter und Evangelium somit gerade nicht aus einer unmittelbaren Bezugnahme auf liturgisch erprobte Vortragsweisen und Lektionstöne, sondern aus der den Gottesdienstbesucherinnen und -besuchern zur Zeit Bachs bereits wohl vertrauten Form figural ausgeführter Introitus-, Oratorien- wie Passionsmusik. Anders verhält es sich mit Bachs Umgang mit dem Choral. Dieser erfährt bei aller Tuttibesetzung der Schlusssätze zum Trotz keine wesentliche musikalische Transformation.[1961] Er wird von der Gemeinde unmittelbar als aktuell vollzogene Ausdrucksform ihrer eigenen liturgischen Präsenz im Gottesdienst wahrgenommen. Gleiches ist weder vom Psalm- noch vom Evangeliumswort zu sagen. Beide werden von Bach aller Liturgieaffinät zum Trotz nicht mehr in den liturgiegeschichtlich angestammten Lektionstönen rezipiert, sondern durchwegs verkündigungsgerecht und wirkungsorientiert einem erheblichen musikalischen Transformationsprozess unterzogen.[1962] Rückbezüge zur Tradition schafft dagegen wieder die musikalische Ausdrucksform der Motette,[1963] die in BWV 78,1 Verwendung findet und an dieser Stelle auch auf die vom Chor aufgeführte Introitus-Motette zu Beginn des Gottesdienstes zu verweisen vermag.

10.2.1.1 Exkurs: Brücken zur Epistel

Es ist in diesem Zusammenhang auf eine grundsätzliche Ausklammerung im Rahmen dieser Untersuchung aufmerksam zu machen: Mögliche inhaltliche wie formale Bezugnahmen der Kantaten auf die Sonntagsepistel fehlen in sämtlichen der von mir konsultierten Kommentaren.[1964] Der Grund für das Schweigen der Forschung und der Werkeinleitungen in dieser Hinsicht wird in der

---

1960 Platen 1991, 76.

1961 Siehe hierzu die Abschnitte *elocutio* zu den Kantaten BWV 25 und 78.

1962 Siehe Abschnitt 4.

1963 Zur Entwicklung von der Motette zur Kantate siehe Dürr 2010. 18f, der in Abschnitt 4 zitiert wird.

1964 Als Beispiele seien Dürrs und Petzoldts Kommentare zu BWV 17 erwähnt. Dürr schreibt einleitend zum Werk als Ganzes: «In den Text sind mancherlei Bibelworte hineinverwoben.» (Dürr 2010, 589) Es folgen neben Ps 50, 23 (= BWV 17,1) zwei weitere Psalmstellen und neben dem Sonntagsevangelium noch eine Stelle aus dem Röm. Ein Hinweis auf die Epistel sucht man vergebens. Ebenso taucht in Petzoldts Aufstellung der biblischen Bezugsstellen am Rand der einzelnen Zeilen des Librettos (Petzoldt 2005, 415f.) eine Unzahl möglicher biblischer Bezüge auf. Allein, Gal 5,16–24, die Epistellesung des Tags, bleibt unerwähnt.

offenbar geteilten Annahme liegen, die Bach-Kantaten seien in der Hauptsache «Evangeliumsmusik» und somit als eine in Töne gebrachte Predigt zu interpretieren.[1965] Ihre Bezüge zum ‹übrigen› Gottesdienst seien, wenn überhaupt, dann allein aus dieser Optik heraus in die Analyse mit einzubeziehen. Dabei bleibt der Ausschluss der Epistellesung im Rahmen dieser Untersuchung bei der Jahrhunderte alten[1966] und auch im Leipzig zur Zeit Bachs bestens bezeugten und detailliert beschriebenen Praxis[1967] schwer verständlich, handelt es sich doch um eine der beiden als solche gekennzeichneten Schriftlesungen des Gottesdienstes.

Der Grund für diese drastische Deklassierung der Epistel gegenüber dem Sonntagsevangelium wird in der Annahme begründet liegen, dass sie in ihrer Bedeutung auf den Predigtinhalt als Randerscheinung einzustufen ist, steht diese doch nach altkirchlicher Tradition in keinem inhaltlichen Abhängigkeitsverhältnis zur anschliessenden Evangeliumsperikope.[1968] Und werden hierfür die «Herrliche[n] Dinge» Salomon Deylings zum 14. Sonntag nach Trinitatis herangezogen, bestätigt sich dieser Eindruck sogar: Einen offensichtlichen Bezug zur Epistel scheinen dies nicht herstellen zu wollen. Vielleicht lässt sich bei Deylings Predigkompilationen überhaupt von einer gewissen verkündigungsmotivierten Liturgieindifferenz sprechen, die sich freilich bereits aus der Sorge erklären liesse, für jeden Sonn- und Feiertag homiletisch Relevantes erbauungsspezifisch so verdichten zu müssen, dass es auf drei immer genau gleich betitelten Zweizeilern Platz findet.[1969]

Werden aber Bachs Kantatenlibretti zurate gezogen, ergibt sich ein doppeltes Bild. Zunächst muss mit Wetzel festgehalten werden, dass Bachs Leipziger Kantaten keine längeren Epistelzitate enthalten.[1970] Dennoch kann von einem generellen Desinteresse Bachs der Epistellesung gegenüber nicht die Rede sein. Im Folgenden wird nun keine ausführliche Analyse möglicher Epistelbezüge in

---

1965 Siehe 5.4.

1966 Zum Ursprung der Lektionsreihen und zur Geschichte der Leseordnungen siehe Bieritz 2004, 397ff.

1967 Siehe 6.3. Siehe ferner Stiller 1970, 106f.

1968 Bieritz hält zusammenfassend zur Entstehung der Leseordnungen fest: «Epistel und Evangelienreihe haben sich unabhängig voneinander entwickelt, so dass in der Regel – von den großen Festen und Festzeiten abgesehen – zwischen beiden Lesungen kaum ein inhaltlicher Zusammenhang besteht.» (Bieritz 2004, 398).

1969 Hierfür müssten die Ausführungen zu den einzelnen Gottesdienstanlässen im Detail analysiert werden, was im Rahmen dieser Untersuchung nicht geleistet werden kann. Gleichwohl sollte die Deylingsche Publikation nicht mit Erwartungen überfrachtet werden, denen sie – der Knappheit ihrer Anlage wegen – kaum gerecht werden kann.

1970 Siehe Wetzels «Erfassung sämtlicher biblischen Dicta in den Leipziger Kantaten» (Wetzel 1985, 131) und meine Ausführungen in 10.2.1.

den Kantaten angestrebt. Hierzu fehlen mir – wie gesagt – Anhaltspunkte vor allem aus musikwissenschaftlicher Perspektive. Auf der Ebene der Libretti hingegen lassen sich einige Schneisen in dieses noch kaum erforschte Gebiet schlagen.[1971] Auf dem Weg hierzu gebe ich als erstes den Wortlaut der Epistel zum 14. Sonntag nach Trinitatis wieder, wie ihn Bach aus der einen oder anderen Bibelausgabe vorgefunden haben mag:

> **Das 5. Capitel**
> Hat drey Theil. [...] III. Abmahnung von den fleischlichen Lüsten / und wie man hingegen die Früchte des Geistes soll sehen lassen. V. 16 bis 24
> [...]
> 16. Ich sage aber / wandelt im Geist / so werdet ihr die Lüste des Fleisches nicht vollbringen.
> 17. Denn das fleisch gelüstet wider den Geist / und den Geist wieder das Fleisch. Dieselbige sind wider einander / daß ihr nicht thut / was ihr wollet.
> 18. Regieret euch aber der Geist / so seyd ihr nicht unter dem Gesetze.
> 19. Offenbar sind aber die Wercke des Fleisches / als da sind: Ehebruch / Hurerei / Unreinigkeit / Unzucht /
> 20. Abgötterey / Zauberey / Feindschafft / Hadder / Neid / Zorn / Zanck / Zwietracht / Rotten/
> 21. Haß / Mord / Sauffen / Fressen / und dergleichen / von welchen ich euch habe zuvor gesagt / und sage noch zuvor / daß die solches thun / werden das Reich GOttes nicht ererben.
> 22. Die Frucht aber des Geistes ist / Liebe /Freude / Friede / Gedult / Freundlichkeit / Gütigkeit / Glaube / Sanfftmuth / Keuschheit.
> 23. Wider solche ist das Gesetze nicht.
> 24. Welche aber Christum angehören / die creutzigen ihr Fleisch samt den Lüsten und Begierden.[1972]

Was nun die greifbaren Bezüge zur Epistellesung betrifft, gibt das Libretto der Kantate BWV 25 die meisten Anhaltspunkte einer literarischen Abhängigkeit von der biblischen Vorlage: Von möglichen indirekten Bezügen, die sich mit der Psalmwahl (Satz 1) verbinden liessen einmal abgesehen, liefert Satz 2 die offensichtlichsten Anhaltspunkte für wörtliche Bezugnahmen zur Epistel: So

---

[1971] Andreas Marti hat mich in einem Gespräch vom 05.08.2015 auf eine systematische Bezugnahme durch Libretto und Musik der Kantate «Die Himmel erzählen die Ehre Gottes» (BWV 76) auf die Tagesepistel aufmerksam gemacht. Im Vergleich zu den erhaltenen Kantaten zum 14. Sonntag nach Trinitatis verweist diese Kantate zum 2. Sonntag nach Trinitatis in Satz 10 und ausführlich in 12 explizit auf den Wortlaut der Epistel. Siehe hierfür Petzoldt 2005, 54.

[1972] Biblia 1712.

entspricht die «böse[…] Lust» (Zeile 6) den «Wercken des Fleisches» (Gal 5, 19), wie sie von V. 19 bis 21 beschrieben werden. Wörtlich findet die von mir zitierte Stelle aus dem Libretto aber in den «Lüsten» (Gal 5,24) ihren unmittelbaren Stichwortanschluss zur Epistel. Weiter lässt sich eine Brücke zwischen dem «an eigener Ehre hässliche[n] Gestank» (Zeile 8) zu allerlei «Hadder / Neid / Zorn / Zanck / Zwietracht / Rotten/ […] Haß / Mord / Sauffen / Fressen / und dergleichen» (Gal 5,20f.) schlagen.[1973] Zu derselben Kategorie «fleischlicher Wercke» lässt sich die «Geldsucht» (Zeile 10) rechnen. Der in meinen Augen markanteste Hinweis auf einen von Bach angeregten oder vom Librettisten aus eigenem Antrieb gesuchten Epistelbezug liegt aber in der Auflistung der einzelnen «Krankheiten» selbst, die, anders als im blossen Vortrag des Sonntagsperikope, die paränetische Ermahnung aus Gal 5 in Erinnerung zu rufen versteht und somit der Gemeinde in der Bemühung beisteht, gedankliche Brücken zwischen den Lesungen und von den Lesungen zu ihrem eigenen Leben schlagen zu können. An dieser Stelle liessen sich in hermeneutischer Absicht lernprozessorienterte Inszenierungstheorien bemühen.[1974] Vielleicht reicht aber der Hinweis aus, dass der reformatorisch geprägte Gottesdienst seit Luther die Verkündigung ins Zentrum rückt und somit von diesem Ansatz her ein pädagogisches Interesse auch an der Gestaltung der Liturgie und ihrer Bezüge verfolgt.[1975] Spiegelbildlich zu den «Wercke[n] des Fleisches» lässt sich nun im Votum des stilisierten Ichs: «So will ich dir | Mein ganzes Herz dafür | Zum steten Opfer weihn» (BWV 25,4, Zeile 9–11) wie in der darin versprochenen lebenslangen Dankbarkeit (Zeile 12) mühelos «[d]ie Frucht aber des Geistes» vom Librettisten aufgegriffen sehen. Aus dieser Perspektive heraus lassen sich auch die letzten beiden Kantatensätze auf epistelaffine Bezüge hin befragen.

Das Libretto der Choralkantate BWV 78 ist formal bereits engstens auf Kirchenlied und Evangeliumsperikope bezogen.[1976] Dies schliesst keinesfalls weitere liturgieaffine Bezugnahmen aus, wie ich sie in der Einzelanalyse in Bezug auf die Feier des Abendmahls beschrieben habe.[1977] In welchem Mass auch die Epistelperikope Gegenstand poetisch-musikalischer Integrationsbe-

---

1973 Zum Vergleich: die von Petzoldt vorgeschlagene biblische Bezugsstelle zu dieser Zeile: Gal 5, 26b liegt ausserhalb der Epistelperikope (Petzoldt 2005, 389).

1974 Siehe 5.4.5.

1975 Siehe grundsätzlich 1.1 und im Detail zur gottesdienstheologischen Grundierung des lutherischen Gottesdienstes Arnolds Ausführungen in Abschnitt 3.

1976 Siehe 8.4.

1977 Siehe 8.10.2.2, 8.10.3 und 8.11.2. Gleiches lässt sich aber erst recht von BWV 17 sagen. Siehe 9.7.2.1, 9.7.2.2, 9.7.3, 9.8.3.1, 9.8.4, 9.9.2.3, 9.10.1, 8.11.2 und 9.10.3.

mühungen durch Librettist und Komponist ist, lässt ein innerbiblischer Querverweis im 3. Satz (Zeile 6) erahnen. «Mein Wille trachtet nur nach bösen.» An dieser Stelle dient die Anlehnung des Textes an Röm 7,18[1978] auch als Brücke zur Sonntagsepistel, in welcher im Hinblick auf den Widerstreit zwischen Geist und Fleisch zusammenfassend festgehalten wird: «Diesselbige sind wider einander / daß ihr nicht thut / was ihr wollet.» (Gal 5,17). Entsprechend greift der Kantatentext die Thematik aus Gal 5 auf, indem er einerseits das typisierte Libretto-Ich die Geistterminologie rezipieren lässt: «Der Geist zwar spricht ...» (Zeile 7), diese Aussage aber andererseits unmittelbar mit «Fleisch (und Blut)» aus Zeile 9 (eine Aussage aus der Kirchenliedvorlage) konfrontiert. Auf diese Weise baut der Librettist zwischen beiden Aussagen (Geist und Fleisch) dieselbe dialektische Spannung auf, die die gesamte Epistel durchzieht und verleiht somit der Kantate einen stärkeren paränetisch-ethischen Zug, als es Kirchenlied, Evangeliumsperikope und Römerbriefpassage bereits nahelegen. Auf derselben Ebene grundsätzlicher ethischer Auseinandersetzungen bewegt sich die nächste Bezugnahme der Kantate auf die Epistel, wenn Satz 4 und 5 mit der Schlussaussage der Sonntagsepistel in Beziehung gebracht werden. Hierzu Gal 5,24: «Welche aber Christum angehören / die creutzigen ihr Fleisch samt den Lüsten und Begierden.» BWV 78,4 und 5 gelingt es, die Thematik der Zugehörigkeit zu Christus aus der Epistel mit Christi eigenem Solidaritätshandeln der Gemeinde gegenüber zu verbinden: Wird in der Epistel das «Creutzigen» als ein Handeln der gläubigen Menschen beschrieben, «streicht» in der Kantate wiederum Christus bzw. «Das Blut (am Kreuz)» deren Schuld «durch», «spricht» die Gläubigen «frei» und «stehet» ihnen «zur Seite» (BWV 78,4). Natürlich handelt es sich nicht um einen Widerspruch zwischen beiden Aussagen. Die Epistel fordert – einfach gesagt – dazu auf, das am Kreuz Vollbrachte (Evangelium) nun im eigenen Verhalten auch fruchtbar werden zu lassen und selber nun das «Fleisch samt den Lüsten und Begierden» (Gal 5, 26) zu «creutzigen». Beiden Aussagesträngen ist die Zugehörigkeit zu Christus gemein: einmal aus der Perspektive des handelnden Christus (sich auf das Tagesevangelium stützendes Libretto) und ein weiteres Mal aus der Perspektive des handelnden gläubigen Menschen (Epistel) heraus betrachtet.

Diese Reflexionsebene greift BWV 78,5 insofern wieder auf, als der Librettist die durch Christus garantierte Sicherheit des gläubigen Ichs («Mich kan kein Schmerz und keine Pein bewegen ...» (Zeile 8) dazu benutzt, dessen «Herz» (Zeile 11) ihm bzw. «dir, HErr JEsu Christ» wiederum zu geben bereit

---

1978 Siehe 8.7.2.1.

sein lässt. Dieser Bewegung entspricht in der Epistel die Kurzformel: «Welche aber Christum angehören» (Gal 5, 24).

Auch in dieser Kantate besteht eine Korrespondenz zwischen den Auflistungen im Libretto und denjenigen in der Epistel. Nur handelt es sich diesmal um die Auflistung der Früchte «des Geistes» (Gal 5,22), wie sie im Libretto durch Christus dem gläubigen Ich zugutekommen: «Die Wunden, Nägel, Cron und Grab, | Die Schläge, so man dort dem Heyland gab, | Sind ihm nunmehro Sieges-Zeichen | Und können mir verneute Kräfte reichen.» (BWV 78,5 Zeilen 1–4). Diese lassen sich als ebensolche «Frucht [...] des Geistes» auffassen und mit folgenden Inhalten füllen: «Liebe / Freude / Friede / Gedult / Freundlichkeit / Gütigkeit / Glaube / Sanfftmuth / Keuschheit.» (Gal 5,22). Explizit wird dieser innige Zusammenhang zwischen der von der Epistel geforderten «Frucht des Geistes» und dem diese ermöglichenden Beistand Christi in BWV 78,6: «Wenn Christen an dich glauben, | Wird sie kein Feind in Ewigkeit| Aus deinen Händen rauben.» (Zeile 5–7). Der «Glaube» gehört zu der in Gal ausdifferenzierten «Frucht des Geistes». Die Kantate vereint Evangelium (Christi Heilstat) und Epistel (Früchte des Geistes und Kreuzigung des Fleisches), indem sie das Anliegen der Epistel im Lichte der lutherischen Rechtfertigungslehre auf Christi Heilswerk hin perspektiviert bzw. umgekehrt, die im Libretto entfaltete Rechtfertigungslehre in Anlehnung an Gal auf ihre ethisch-paränetische Implikationen für die Gläubigen hin weiter auslegt.

Nun gilt es mögliche Bezüge zur Epistel auch nicht zu pressen. In welch hohem Mass die Kantatendichtungen auf biblische Querverbindungen Wert legen, wird aber bereits in der Darstellung der Libretti aller drei Kantaten in Petzoldts Kommentar ersichtlich: Marginal zu jeder Textzeile wird in der Regel mindestens eine biblische Querverbindung hergestellt. Häufig sind es deren zwei.[1979] Dies entspricht ganz der lutherisch-orthodoxen Lehre der sich selbst auslegenden Heiligen Schrift.[1980] Allein, eine im Wortlaut auf Verse der Epistel bezugnehmende Stelle im Libretto ist Petzoldt – mit einer Ausnahme – bei keiner der drei Kantaten aufgefallen.[1981]

Am wenigsten drängt sich ein im Wortlaut unmittelbarer Epistelbezug hinsichtlich des Librettos in der Kantate BWV 17 auf. Ähnlich wie in BWV 78

1979 In meinen Einzelanalysen habe ich Petzoldts Darstellung für BWV 17,6 und 7 übernommen. Zum literarischen Phänomen der «versifizierten Bibeltexkompilation» siehe 9.6.1.

1980 Siehe 3.2 und 5.1.3.

1981 Einzig in der letzten Zeile von BWV 25,3 vergleicht Petzoldt die von Christus angebotene «Seelenkur» mit Gal 5,24. (Petzoldt 2005, 391).

wird auch hier der «Dank» und der Lobpreis des Menschen (Satz 3, Zeile 5) lehrkonform[1982] als schuldige Reaktion auf Gottes gütiges Handeln interpretiert. Dieser Zusammenhang wird in Satz 5 wieder bedient, wenn es dort heisst: «Herr, ich weiß sonst nichts zu bringen, | Als dir Dank und Lob zu singen.» (Zeile 5f.). In welchem Mass hierfür die «Frucht des Geistes» aus Gal 5,22 als inhaltliche Bezugsgrösse herangezogen werden soll, bleibt eine Ermessensfrage. Gleichwohl lassen sich deutliche Parallelen zwischen der Aufzählung: «Lieb, Fried, Gerechtigkeit und Freud in deinem Geist» aus Satz 6 (Zeile 5) und derjenigen feststellen, die von der «Frucht [...] des Geistes» handelt: «Liebe / Freude / Friede / Gedult / Freundlichkeit / Gütigkeit / Glaube / Sanfftmuth / Keuschheit» (Gal 5,22). Mit Ausnahme der «Gerechtigkeit» finden sich die vom Libretto aufgezählten «Schätz» (Zeile 6) auch in der Epistelaufzählung wieder. Anders nun als bei den Schwesterkantaten liegt der Akzent des möglichen Episelbezugs in BWV 17 auf der kirchenmusikalischen Ausführung der schuldigen Danksagung der Gemeinde. Als Schlüsselstelle hierfür erblicke ich die Schlusszeilen aus Satz 5: «Herr, ich weiß sonst nichts zu bringen, | Als dir Dank und Lob zu singen.» An dieser Stelle liesse sich auf der Ebene des Librettos eine an die Epistel anlehnende Rechtfertigung kirchenmusikalischer Aufführungen herauslesen, mit welcher Musik als Ausdruck der Geistesfrucht und nicht etwa der Fleischeslüste gottesdiensttheologisch positioniert würde.[1983] Als Zeugen für eine solche gottesdiensttheologische Positionierung der Kirchenmusik führe ich das «Gebeth vor der Predigt / wenn musicieret wird» an, das mehrfach bereits besprochen wurde:[1984]

> «Ich will den HErren singen / weil er so wohl an mir thut / hie in der Hütten des HErrn will ich mein Gelübde mit singen / und bethen bezahlen und den HErrn Lob mit vollem Munde und heller Stimme verkündigen / meine Ehre soll zu dir, O GOtt andächtig singen / und nicht stille werden / deine Macht / Wunder und Gutthaten zu preisen. Ich will dir mein Hort in öffentlicher Gemeinde dancken / denn du bist mein Schutz in der Noth / mein armes Lied soll rühmen dich / und singen von deiner Gnade ewiglich: Siehe / bey dieser Kirchenversammlung will ich Psalmen / geistliche Lieder und Lob-Gesänge im Geist, das ist / mit Andacht / und zugleich mit dem Sinn / das ist / mit gutem Bedacht und Verstande singen / ja wir wollen uns unter einander selbst in Psalmen

---

1982 Siehe unter anderem 7.7.4, 8.6.3.2, 9.8.1 und 9.8.3.2.

1983 Siehe die Ermahnungen Deylings, die genau auf diese Unterscheidung zielen, in 5.4.1. Deyling bezieht sich dabei auf den *locus classicus* kirchentheologischer Grundierung der Kirchenmusik in Eph und Kol.

1984 Siehe 5.1.7, 7.9 und 10.2.

auffmuntern / dir unserem GOtt zu singen und zu spielen von gantzem Hertzen. – So singet dem HErrn ein neues Lied ...»[1985]

Zeile für Zeile entwickelt der unbekannte Autor eine Hymnologie, die sich an die der Kantaten BWV 78 und BWV 17 anlehnt.[1986] Der Autor beginnt sein Gebet mit dem Gotteslob in der Gestalt des «Dankliedes eines Einzelnen»[1987] – freilich bereits «in der Hütten des HErrn» und «in öffentlicher Gemeinde». Im zweiten Satz gerät die «Kirchenversammlung» ins Blickfeld und die von ihr gesungenen Gattungen wie «Psalmen / geistliche Lieder und Lob-Gesänge». Sogleich gilt es, mit den Begriffen «Andacht» und «Sinn» jedem Missbrauch zu wehren.[1988] Schliesslich gerät die gegenseitige «[A]uffmunter[ung]» ins Blickfeld, und zum Verb «singen» gesellt sich diskret das Verb «spielen», welches nun unmissverständlich aber doch recht implizit den Einsatz von Musikinstrumenten voraussetzt.[1989] Dieser Befund verdankt sich keinem Zufall, wird doch auch in BWV 17 in vollständiger Kongruenz mit dem zitierten Gebet zentral nur das *Danklied eines Einzelnen* thematisiert. Das Libretti greift diese offenbar obrigkeitlich wohl gelittene Begründung von Kirchenmusik auf, indem es diese in der Gestalt des «mit lauter Stimme» vorgetragenen Dankes durch den Samariter als Evangeliumsmusik inszeniert und in den darauf folgenden Sätzen in der Gestalt einer epistel- und gottesdiensttheologisch konformen Anwendung im vokal wie instrumental kirchenmusikalisch ergänzten Lob der Gemeinde absichert.

10.2.2 Bezüge zum Ordinarium

Über diese auf Aktualisierung gerichteten poetisch-musikalischen Kompositionstechniken hinaus stellt Bachs Musik auch zum Ordinarium des Gottesdienstes Bezüge her, wie dies die unvermutet zahlreichen Anspielungen auf das Abendmahl herausstreichen, mit denen Bach seine Hörerinnen und Hörer als die sich auf diese liturgische Begehung hin vorbereitende Gemeinde anspricht:

1985 LKS, 83f. Zit. n. Stiller 1970, 242f.

1986 Auch hinsichtlich ihrer zeitlichen Entstehung stehen sich beide Texte nahe (siehe 9.1).

1987 Zur Gattung siehe Krause 1989, 50ff.

1988 Siehe wieder 5.4.1

1989 Siehe ferner der Hinweis auf vokal wie instrumental aufgeführte Musik im soeben zitierten «Gebeth vor der Predigt / wenn musiciret wird», dessen Wortlaut sich recht unmittelbar mit demjenigen von BWV 25,5 in Beziehung setzen lässt: «[...] da will ich / wenn alles wird wohl klingen / im höhern Chor [vgl. Libretto BWV 25,5!] ein Danklied singen und eine bessere Music die meinen Schöpffer bringen [...]» (LKS, 84. Zit. n. Stiller 1970, 243).

in BWV 25,5 über die Thematisierung des Dankopfers,[1990] expliziter noch in BWV 78,5 über die Verbindung des Dankopfers mit Christi «theure[m] Blut.»[1991] Ferner lässt sich auch BWV 78,6 seiner (zum Mahl) einladenden musikalischen Gestik wegen als Hinführung auf das Abendmahl deuten,[1992] weit eindeutiger aber in der zweiten Hälfte[1993] der Kantate BWV 17, die bereits von ihrer Stellung im Gottesdienst her als Hinführung zum Abendmahl konzipiert ist und für zahlreiche Anschlüsse an die Abendmahlsthematik lehrhafter wie affektiver Natur offen steht.[1994]

Weitere Querverweise zum Ordinarium werden im anschliessenden Abschnitt zu einzelnen Liturgiebausteinen aufgegriffen.

10.2.3 Bezüge zu einzelnen Liturgiebausteinen

An dieser Stelle liessen sich auch die von den Libretistinnen und Libretisten gewählten Textsorten der Kantaten auf ihre Liturgieaffinität zu untersuchen. Ich denke dabei an das Evangelienzitat in BWV 17,4 sowie an die von mir als Gebete gekennzeichnete Sätze[1995] oder einzelner Satzabschnitte.[1996] Zur Kategorie Gebet gehören natürlich auch die Schlusschoräle der Kantaten BWV 25 und 78. Ferner möchte ich auf BWV 25,4 hinweisen, welches nicht allein als Gebet zu betrachten ist, sondern darüber hinaus als eine sich auf das Ordinarium stützende Liturgie ‹en miniature› präsentiert mit Anrufung, Kyrie, Credo, Predigt, Beichte und Danksagung.[1997]

Da ich im Rahmen dieser Untersuchung schwergewichtig auf die rhetorischen Aspekte der Kommunikation fokussiere, die Bach und seine Librettisten mit der Gottesdienstgemeinde unterhalten,[1998] gehe ich auch hier nicht näher auf gattungsspezifische Überlegungen zu Bachs Libretti ein. Allein, auch im idealtypisch inszenierten Gebet BWV 25,5 findet sich die versammelte Gottesdienstgemeinde als im liturgisch vermittelten Dialog mit ihrem Gott wieder,

---

1990 Siehe 7.7.4.

1991 Siehe 8.10.2.2 und 8.10.3.

1992 Siehe 8.11.2.

1993 Zur Aufteilung der Kantate in zwei Teile siehe 9.3.

1994 Siehe 9.7.2.1, 9.7.2.2, 9.7.3, 9.8.3.1 und 9.8.4. Siehe ferner Stillers Aufstellung von Kantaten, die «deutliche Hinweise und Bezugnahmen auf das Altarsakrament» enthalten (Stiller 1970, 72).

1995 Siehe 7.7.3 zu BWV 25,5, 8.5.3.1 zu BWV 78,1, 8.6.1ff. zu BWV 78,2, 8.10.2.1 zu BWV 78,5, 9.9.3 zu BWV 17,6.

1996 Siehe 7.5.3 zu BWV 25,3.

1997 Siehe 7.6.1.

1998 Siehe 1.1und 1.3.

auch wenn formal die Gebetssprache der Kantaten sich von derjenigen unterscheiden dürfte, die im öffentlichen Gottesdienst den Geistlichen vorliegen.[1999] Dass sich Gebete wie in BWV 25,5 sprachlich wohl eher mit denjenigen vergleichen lassen, die in Textheften abgedruckt der Gemeinde zur persönlichen Andacht «vor der Predigt / wenn musiciret wird» feilgeboten werden,[2000] führt bereits zu Überlegungen, die sich im folgenden Abschnitt dem Andachtsbezug der Kantaten widmen.

Zuvor soll an dieser Stelle noch versucht werden, die unbestreitbare Liturgieaffinität der von Bach gewählten Textsorten wie ihrer Vertonung zu deren Lehrkonformität in ein Verhältnis zu bringen, das beiden Aspekten gerecht zu werden verspricht. Denn wie sehr Text und Musik sich auch liturgieaffin erweisen mögen, es stellt sich gleichwohl die Frage, ob die bisher aufgeführten Bezüge zur Liturgie und ihrer Inhalte nicht letztlich insgesamt ihren Fixpunkt in der Auslegung der Perikope selbst haben und somit adäquater unter dem Gesichtspunkt ihrer Lehrkonformität hin (10.1) untersucht zu werden verdienen. Ich erblicke aber in dieser festgestellten Nähe zwischen Liturgieaffinität und Lehrkonformität keinen Widerspruch, lässt sich der lutherische Gottesdienst doch seinem Wesen nach lehrbezogen von der Verkündigung und liturgietheoretisch von der Predigt her aufschlüsseln.[2001] Dass sich Bachs Kirchenkantaten in die Tradition verkündigungsrelevanter Musik einreihen lassen, wurde bereits in Abschnitt 4 festgehalten. Doch aller «Bindung» Bachscher Kirchenmusik «an die Predigt»[2002] zum Trotz, erfüllt ihre Liturgieaffinität noch einen weiteren Zweck, als nur die Aufmerksamkeit ihrer Hörerschaft auslegungsspezifisch auf die Sonn- und Feiertagspredigt zu lenken. Bachs überaus hohe und vielfältige Einbindung des Kirchenliedes in seine Kantateninszenierungen allein auf ihre Lehrkonformität hin interpretieren zu wollen, schöpft den Reichtum an Bezü-

---

1999 Siehe Ehrensperger 2004b, III E 01 Protestantische Orthodoxie.

2000 Siehe LKS 1710, 83f. abgedruckt bei Stiller 1970, 242f. BWV 25,5 ähnelt im Duktus besonders dem Beginn des im Kirchen-Staat abgedruckten Gebet, jedoch in verdichteter Form. Ein langes Gebet wie dieses liesse sich kaum in die Form einer Arie oder eines Rezitativs bringen (zum Prinzip poetisch-musikalischer Verdichtung siehe 5.1.7). Das Verdichtungsprinzip wird in den Einzelanalysen dieser Untersuchung immer wieder aufgegriffen und führt ausser im poetisch-musikalischen Kontext auch unter inszenierungsspezifischen Gesichtspunkten zu verwertbaren Ergebnissen. Hierzu meine Frage in 5.4.2: «Ist es denkbar, dass Musik im Gottesdienst und insbesondere die Kantaten gerade als Ausdruck verdichteter ‹christlicher Erfahrung› in der ansonsten vom Priesterpersonal gesteuerten ‹symbolischen Kommunikation› (Cornehl) ihre ureigene Rolle finden?».

2001 Siehe 5.4.

2002 Dürr 1970, 295f.

gen nicht aus, die zum Beispiel vom Kirchenlied als dem Lied der Gemeinde und somit als für den lutherischen Gottesdienst – an der Seite der Predigt – konstitutiven Bestandteil ausgeht. Diese Einbindung gilt ebenso für die im Rahmen dieser Untersuchung vielfach erwähnten Bibelzitate, insbesondere für diejenigen aus dem Psalter, wie sie in BWV 25,1 und BWV 17,1 prominent und aufwendig poetisch-musikalisch umgesetzt werden. Von den im Abschnitt 5.4 beschriebenen Theorien, mit denen sich Bachs Kirchenkantaten auf seine Funktionen innerhalb des Gottesdienstes hin perspektivieren lassen, ermöglicht die in 5.4.9 skizzierte und sich auf die Wegmetaphorik stützende Theorie, die Bedeutung von Übergängen herauszustreichen, die vom Gottesdienst als Gesamtinszenierung zur Kantate als Teilinszenierung und von dieser wieder zurück zum Gottesdienst führen. Dass genau an diesen ‹Nahtstellen› besonders aufwendig musiziert wird, muss nicht einzig auf werkimmanente Kriterien zurückzuführen sein. Liturgierelevant weisen die Psalmvertonungen in BWV 25,1 und BWV 17,1 auf das der Kantate vorausgehende Proprium des Gottesdienstes hin, in dem sie auf die Praxis des Introitus anspielen,[2003] der wie die Epistel- und Evangeliumslesung von Gottesdienst zu Gottesdienst wechselt. Ebenfalls lässt sich in allen drei Kantaten der als Choral bezeichnete Schlusssatz als liturgierelevante Brücke zum Fortgang des Gottesdienstes deuten und, gewiss lehrkonform und verkündigungsgerecht auf die Predigt zusteuernd, gleichwohl aber ebenso als auf das dem Ordinarium zugerechnete Credolied der Gemeinde,[2004] bzw. im Fall der zweiteiligen Kantate BWV 17 auf die ebenfalls dem Ordinarium zugeordnete Begehung des Abendmahls hinführend interpretieren.[2005] Somit erfüllen solche auf den äusseren Gottesdienst verweisende poetisch-musikalisch gestalteten Sätze oder Sequenzen über ihre Verkündigungsqualitäten hinaus die gottesdienstinszenatorische Funktion, der Hörerschaft ihre rituell vollzogene Beteiligung am Gottesdienst – um mit Josuttis verhaltenswissenschaftlich und ritualtheoretisch zu sprechen[2006] – als «jene soziale Situation» wahrzunehmen, «in der in, mit und unter menschlichem Verhalten das Heilige Handlungsgegenwart wird.»[2007]

Abschliessend zur Liturgieaffinität der Bach-Kantaten sei auf den hohen Stellenwert hingewiesen, den ihr der Komponist beizumessen scheint. So kommt der im Vergleich zu weniger liturgieaffinen Mittelsätzen der Kantaten

---

2003 Zur Introitusthematik in BWV 17,1 siehe 9.4.1 und 9.4.3.

2004 Siehe 7.8.4 und 8.12.4.

2005 Siehe 9.10.3.

2006 Siehe Abschnitt 5.4.4.

2007 Josuttis 1991, 149. 151 zit. n. Plüss 2007, 278. Vgl. ferner 8.12.4.

musikalisch deutlich aufwendigeren Besetzung der Eingangs- und der Schlusssätze höchste liturgiesymbolische Signifikanz zu.[2008] Gerade an diesen Sätzen mit liturgischer Brückenfunktion lässt sich Stellvertretungsfunktion einer *andächtig Musig* der «Gemeine Israels»[2009] gegenüber besonders markant herausstreichen. Dies gilt aber auch für den Satz BWV 17,4, in welchem Bach ein Zitat aus dem soeben von einem der drei amtierenden Geistlichen vorgetragenen Sonntagsevangelium gleichsam antiphonal und musikalisch in der Weise von Passionsmusiken und Oratorien gestaltet.[2010]

Auf dieser Ebene grundsätzlicher Überlegungen angelangt, greife ich die in 5.1 begriffsgeschichtlich geführte Untersuchung zu Bachs Andachtsverständnis auf und wende mich der gottesdiensttheologischen Einordnung seiner Musik zu. In der Besprechung der auch von mir zu Rate gezogenen Dokumente «Entlassungsgesuch an den Rat der Stadt Mühlhausen» (1708) und «Kurtzer, iedoch höchtsnöthiger Entwurff einer wohlbestallten *Music*»[2011] bringt Siegele Bachs Ansinnen an die ihn anstellende Behörder in absolutistischer Umkehrung der Verhältnisse folgendermassen auf den Punkt: «dass die Obrigkeit Neigung für die Musik haben in ihr ergeben sein müsse.»[2012] Der 1730 datierte «Entwurff» fordert nach Siegele von der Obrigkeit demnach nichts weniger als der Gottesdienstmusik gegenüber Ergebenheit (!) und spiegelt somit denselben symbolisch hoch aufgeladenen Anspruch wider wie derjenige, der in dem von mir ausgelegten und vielleicht zur gleichen Zeit verfassten Notabene zum Ausdruck kommt: die Erhebung der im Gottesdienst Musizierenden in den Rang der mit Gottes Gegenwart von Amtes wegen kommunizierenden Priesterschaft.

10.2.4 Die Fürbitten als liturigsche Brücke zum inneren Gottesdienst

Auf dieser Reflexionsstufe angelangt, führen die Überlegungen zur durchgehend systematisch beschreibbaren und gleichzeitig von Werk zu Werk unterschiedlich gestalteten Lehrkonformität und Liturgieaffinität der Kantaten zu einer dritten Stufe, auf welcher abschliessend nun auch der innere Gottesdienst der Hörerschaft in den Blick genommen zu werden verdient. Mit dem Einbezug des Erbauungsgehalts der Kantaten wird die Finalität ihres Lehr- und Li-

---

2008 «Und es war / als wäre es | einer / der drommetet / und singe / als | höret man eine Stimme zu loben und | zu dancken dem Herrn.» (*Deutsche Bibel:* 2Chr 5,13 siehe 5.1.1). Zur Besprechung der Einmütigkeit siehe 5.1.7.

2009 2Chr 5,6 (Biblia 1712).

2010 Siehe 9.7.2.1 und 9.7.2.2.

2011 Siehe 5.1.3.2.1.

2012 Siegele 1999, 21.

turgiebezugs beschreibbar: Bachs Kirchenkantaten – und seine Kirchenmusik wohl überhaupt – verfolgen den Zweck, im Rahmen der Gesamtinszenierung Gottesdienst einer auf diesen bezogenen, diesen gleichzeitig aber um eine hochspezifisch erbauliche Dimension erweiternde Qualität zum Ausdruck zu verhelfen. Oder anders formuliert: Ohne diese Qualität schätzt Bach den Gottesdienst seiner Zeit als um eine den inneren Gottesdienst stimulierende Dimension ärmer ein, um deren kulttheologische Untermauerung sich Bach in seiner persönlichen Bibelarbeit bemüht zeigt.[2013]

An dieser Stelle sei auf den Erbauungsgehalt hingewiesen, der sich bereits in der Liturgie in Gestalt der ausführlichen Fürbitten entfaltet,[2014] und zu deren Themenkreisen die Bach-Kantaten – in diesem Sinn auch liturgieaffin – Bezug nehmen, wie dies zum Beispiel in Bezug auf die «Krancken»[2015] in BWV 25 geschieht. BWV 78,3 spielt auf die Situation von Menschen an, die in Rechtsangelegenheiten verstrickt sind.[2016] «Betrübte» und «Personen mit Anfechtungen»[2017] können ihren Trost in BWV 78,4–7 finden. Allgemein ist die Hinfälligkeit und das ‹Auf-Gottes-Willen-Angewiesensein›[2018] der Menschen ein sämtliche Fürbitten prägender Zug, der insbesondere in BWV 17,7 liturgieaffin verarbeitet wird: In diesem Schlusschoral sieht sich das «arme Gemächte» (Zeile 5) menschlicher Existenz der Barmherzigkeit Gottes in der Gestalt einer alle Fürbitten umgreifenden poetisch-musikalischen Zusammenfassung anempfohlen. Entsprechend lässt sich auch der in den Kantaten entfaltete Dank mit dem liturgischen Akt der «Dancksagungen»[2019] in Verbindung bringen, so der ganze Satz BWV 17,5 oder im Detail ausgeführt in BWV 17,6:

> «Leib, Leben und Verstand, Gesundheit, Kraft und Sinn, | Der du mich lässt mit frohem Mund genießen, | Sind Ströme deiner Gnad, die du auf mich lässt fließen.» (Zeile 2–4).

Auf Naturereignisse, die ebenfalls in Fürbitte und Danksagungen aufgeführt werden,[2020] liesse sich die Aussage in BWV 17,3 beziehen:

> «So könnt ich es gar leicht aus deinen Werken sehen. | Wie sollt man dich mit Dank davor nicht stetig preisen?» (Zeile 4f.).

2013 Siehe 5.1.

2014 Siehe 6.3, Quellentext zu den Fürbitten.

2015 Quellentext 6, in: Stiller 1970, 243.

2016 «‹5. Vor Handlung in Rechten›» (ebd.).

2017 Unter 2. (ebd.).

2018 Siehe «‹ 8. Vor [= für] diejenigen, die um GOttes Willen bitten lassen.›» (Ebd.).

2019 Siehe 6.3.

2020 Vgl. LKS 1710, 7ff. zit. n. Stiller 1970, 243: «B. Danksagungen […] Wenn GOtt der HErr gefährliche Gewitter / Feuersbrünste usw. in Gnaden abgewendet.»

Den einzelnen Dankesbekundungen übergeordnet gestaltet sich die gesamte Kantate BWV 17 als Danksagung: «Wer Dank opfert …», ein Thema, das im Satz 4 (Lk 17,16) entsprechend musikalisch prominent anabatisch ausgestaltet wird.[2021] BWV 25,4 greift die Danksagung «[v]or [= für] diejenigen / deren GOtt zu voriger Gesundheit geholffen» auf. Doch auch das «Danklied» von BWV 25,5 stellt einen deutlichen Bezug zu den Gattungen Gebete, Danksagungen und Loblieder her.

10.2.5 Zurück zur Fragestellung

Die soeben umrissene grosse Liturgieaffinität der drei analysierten Bach-Kanntaten lässt sich nun mit der Fragestellung dieser Untersuchung gewinnbringend konfrontieren. Wenn, wie eingangs bereits festgehalten wurde, im Luthertum die spezifisch liturgietheoretische Zuordnung der Musik in der Nähe der Verkündigung geortet werden kann, ohne dass damit eine weitere liturgiespezifische «Soll-Forderung hinsichtlich gottesdienstlicher Musik»[2022] (Krummacher) verbunden ist, bietet sich für den ausgesprochenen Reichtum an liturgischen Bezügen in der Bachschen Kantatenmusik Calvins liturgiefunktionale Bestimmung von Musik als Vergleichsgrösse an, um die Bach-Kantaten über ihren grundsätzliche verkündigungsrelevanz hinaus liturgietheologisch zu profilieren.[2023] Dieser zur Deutung der Bach-Kantaten für die konfessionellen Verhältnisse dieser Zeit unübliche Anschluss an reformiertes und insbesondere calvinisches Gedankengut lässt sich unter der in der Fragestellung bereits angesprochenen Traditionslinie plausibilisieren, die Calvin in dieser Frage mit Chrysostomos und Augustin verbindet; beides Autoritäten, die sich einer interkonfessionell breiteren Rezeption innerhalb der christlichen Kirchen erfreuen als Calvin selbst.[2024] Auch wenn es keine Anhaltspunkte dafür gibt, dass Bach je direkt auf Calvin bezugnimmt,[2025] begegnen Bach und Calvin einander in

---

2021 Siehe 9.7.2.1.

2022 Krummacher 1994, 38. Siehe ausführlicher Abschnitt 1.1.1.

2023 Siehe 1.1.1.

2024 Als Beispiel diene Salomon Deylings Abhandlung zur praktischen Theologie, in der u. a. Chrysostomos und Augustin in liturgischen Fragen häufig als Referenzgrössen angegeben werden (Deyling 1734b, 578ff: «Caput IIX. De prudentia & officio pastoris circa universam liturgiam»).

2025 Siehe vielmehr August Pfeiffers «Anti-Calvinismus, Das ist Kurtzer, deutlicher und bescheidentlicher Bericht und Unterricht Von der Reformirten Religion, Wie weit die Reformirten oder insgesamt genannte Calvinisten in ihrem Glauben und Lehre von uns Evangelischen abgehen und welcher der richtigste Weg zur gewünschten Einnigihrem gemeinsamen liturgietheologischen Interesse, Musik unmittelbar in den liturgischen Bezügen des Gottesdienstes selbst zu verankern. Wenn es bei Calvin ausschliesslich der Psalmgesang der Gemeinde ist, der im Fokus seines kirchenmusikalischen Interesses liegt, so ist es bei Bach der Gemeindegesang als solcher, den er in der Form des lutherischen Chorals in einem Mass rezipiert, dass es nach 1700 bereits als «Anachronismus» (Dürr) gewertet wird.[2026] Sämtliche seiner Bibelmarginalien beziehen sich auf (instrumental begleitete) Chormusik mit dem Gotteslob als liturgischen Bezug.[2027] Doch auch Calvins Auffassung, dass durch den Psalmgesang Gott gleichfalls «in uns sänge» («comme si luy-mesmes chantoit en nous»),[2028] lässt sich im Anschluss an diese liturgieinszenatorisch ausgerichtete Untersuchung für das ebenfalls wohl als anachronistisch zu bezeichnende Interesse Bachs für liturgische Vollzüge verwerten. Denn wenn bereits bei einer oberflächlichen Betrachtung, Bachs Kirchenmusik in Anlehnung an Luthers Torgauer Formel[2029] als am Dialog zwischen Gott und seiner Gemeinde partizipierend wahrgenommen werden kann – dies legen im Rahmen dieser Untersuchung 2Chr 5,[2030] die Homiletik eines Salomon Deylings[2031] sowie die rhetorisch motivierte Abfolge der Kantatensätze[2032] bereits nahe – sperren sich Bachs eigene Auslegung von 2Chr 5[2033] keinesfalls und noch weniger seine Musik selbst gegen ein inszenatorisch eng gefasstes «Ineinander von Gottes Werk und der entsprechenden menschlichen Kunst» (Meyer-Blank),[2034] oder gegen eine unmittelbaren Verortung der göttlichen Realpräsenz im Gesang der Gottesdienstgemeinde: «als ob er selbst in uns sänge» (Cal-

---

keit sey». Diese Veröffentlichung aus dem Jahr 1699 befand sich in Bachs Bibliothek (siehe Leaver 1983, 143f.).

2026 Dürr 2010, 25.

2027 Siehe 5.1.

2028 Busch 1997, 158 / Marti 2005, 5.

2029 Im Wortlaut in 5.4.2 zitiert.

2030 Die biblische Inszenierung der salomonischen Tempeleinweihung bedient sich der Technik zeitlicher Abfolgen: Einzug der Lade (1–10), Heiligung und Ausrüstung des Kultpersonals (11–12), Beginn der Einzugsliturgie (13), Auftauchen der Wolke göttlicher Präsenz (13f.), Störung des Kultbetriebs eben durch diese Präsenz (14). Vgl. Japhet 2003, 69–73.

2031 Siehe vor allem die ‹responsorial› gegliederte «Lebens=Pflicht»: «Es macht dich JEsu Blut von allen Sünden rein, … Willst du nicht danckbar seyn?»

2032 Ich greife als Beleg die Abfolge zwischen BWV 78,1 und 2 heraus: In der Tanzbewegung der Gemeinde greift das «wir» der Gemeinde im zweite Satz die von Christus initiierte Passacaglia von Satz 1 auf. Siehe 8.6.1.

2033 Siehe 5.1.

2034 Meyer-Blank 2003, 780 zit. n. Plüss 2007, 66.

vin).[2035] Diese Verschränkung bzw. dieses «Ineinander» göttlichen wie menschlichen Wirkens und Seins[2036] lässt sich an der Anstrengung des Komponisten festmachen, permanent Bezüge zwischen dem göttlichen Heil wirkenden Wort und den menschlichen darauf antwortenden Gottsdienst herzustellen. Unter diesem Gesichtspunkt lässt sich die soeben beschriebene vielfältige Aufnahme liturgischer Elemente in seinen Kantaten als Ausdruck eines Gottes Handeln und des Menschen Antwort inszenierenden «Ineinanders» verstehen. Näher auf die einzelnen Überzeugungswege der *elocutio* bezogen, hat diese Untersuchung den Nachweis dafür erbracht, in welch hohem Masse Bach an der Korrelation zwischen innerem und äusserem Gottesdienst gelegen ist, und auf welche Weise der Komponist diese von Satz zu Satz unterschiedlich der Gemeinde zu Gehör bringt.[2037] Eine weitere Parallele zu Calvins Zweckbestimmung dieses soeben beschriebenen «Ineinanders», nämlich: «... pour exalter sa gloire» («um seine [= Gottes] Ehre zu erhöhen»),[2038] lässt sich in Bachs früh formuliertem «Endzweck» seiner Musik, als «eine[r] *regulir*te[r] Kirchen *music* zu Gottes Ehren»[2039] ausmachen. Diese zugegebener Massen auch in Luthertum nicht ungewöhnliche Zweckbestimmung *Soli Deo Gloria* aller menschlichen Verrichtungen bestätigt gleichwohl ein weiteres Mal, in welchem Mass Bach als Komponist über Luthers eigenem pragmatischem Wohlwollen der Musik gegenüber hinaus seine Kunst gottesdiensttheologisch zu verankern und zu systematisieren sucht.

Abschliessend lässt sich ebenfalls Calvins Schlussbetrachtung zur Einführung «heiliger Lieder» («chansons sainctes»)[2040] im Gottesdienst als Parallele zu Bachs Librettoauswahl ziehen:

> «Parquoy Chrysostome exhorte tant hommes que femmes et petis enfans de saccoustumer à les chanter, afin que cela soit comme une meditation pour s'associer à la compagnie des Anges.» [– Deshalb ermahnt Chrysostomus sowohl Männer wie Frauen und

---

[2035] Busch 1997, 158; Übers. bei Marti 2005, 5.

[2036] Siehe insbesondere die Wahl des Verbs in Bachs Marginalie zu 2Chr 5,13: «Bey einer andächtig Musig ist ...» (vgl. 5.1).

[2037] Siehe sämtliche Abschnitte zur «inszenierten Andacht», die die Analyse der einzelnen Sätze abschliessen, und in welchen die von mir angeführten Gottesdiensttheorien in ihrer Anwendbarkeit auf den soeben bearbeiten Kantatenabschnitt besprochen werden.

[2038] Busch 1997, 158 zit. n. Marti 2005, 5

[2039] Siehe 5.1.3.2.1 und ferner zum von Bach oft verwendeten Kürzel SDG (= Soli Deo Gloria) und dessen Kontext Arnold 2009, 76.

[2040] Busch 1997, 158 zit. n. Marti 2005, 5.

kleine Kinder, sich anzugewöhnen, sie zu singen; dies sei wie eine Andacht [méditation], um sich der Gesellschaft der Engel anzuschliessen.]»[2041]

Da ich auf die Jenseitsperspektivierung der Musik im folgenden Abschnitt näher eingehen werde, begnüge ich mich an dieser Stelle mit dem alleinigen Verweis auf das Libretto in BWV 25,5, wo die Brücke zwischen dem hiesigen menschlichen und dem «höhern» Engelschor in aller Ausdrücklichkeit geschlagen wird. Freilich findet sich in Bachs Textvorlagen meines Wissens nirgends ein Hinweis auf eine gleichzeitig zelebrierte Liturgie im Himmel wie auf Erden. An dieser Stelle gilt es, bei aller Parallelität von Traditionssträngen die Unterschiede im Gottesdienstverständnis Bachs mit demjenigen anderer Konfessionen nicht zu nivellieren. In Bachs Libretti freut sich das ‹Gemeinde-Ich› auf ein Singen im Chor der Engel gut lutherisch-orthodox stets im «hernach» (BWV 25,6).[2042]

10.3 Erbauungsgehalt – Einbezug des Alltags

Der Erbauungsgehalt einer Kantate wird in seiner Vollständigkeit erst erfasst, wenn neben Bezügen zu Lehre, Predigt und Liturgie auch solche zu Erfahrungswelten ins Gespräch gebracht werden, die ausserhalb von Kirche, Lehre und Kult liegen. In dieser letzten ‹Beziehungssetzung› liegt die Herausforderung der Teilinszenierung Kirchenkantate darin, ihr gewaltiges rhetorisch profiliertes Klangpotenzial auf eine die Subjektivität der Gottesdienstbesuchenden erreichende «Vereindringlichung» (Hindermann)[2043] der von der Kirche vermittelten Inhalte zu fokussieren. Die hierfür in dieser Untersuchung ins Spiel gebrachten Methoden werden nun auf ihre Tauglichkeit hin befragt, die erzielten Ergebnisse so zu synthetisieren, dass sich daraus eine Vorstellung dessen zeichnen lässt, was Bach am Beispiel der drei Kantaten zum 14. Sonntag nach Trinitatis unter einer «andächtig Musig» versteht. Anders formuliert: Anhand der Ergebnisse der Einzelanalyse dieser drei Kantaten sollen nun Bachs Anstrengungen veranschaulicht werden, zwischen dem äusseren agendarisch gesteuerten und öffentlich verantworteten Gottesdienst und der gewissermassen ‹reinen› Privatandacht der Gottesdienstbesucherinnen und -besucher vermitteln zu können.[2044] Und noch einmal anders formuliert: Wie vermitteln Bachs Kantaten zwischen dem zu seiner Zeit als objektiv wahrgenommenen Wort Gottes

---

2041 Ebd. mit Übersetzung.

2042 Siehe insbesondere 1.2.2.

2043 Siehe 5.1.6.

2044 Zur Unterscheidung eines inneren und äusseren Gottesdienstes siehe 5.5.

und dem ebenfalls zu seiner Zeit wachsenden Bedürfnis, diese Wort subjektiv auf sich wirken zu lassen?[2045]

Auf dieser Betrachtungsstufe gelangen nun insbesondere die die Analyse der einzelnen Kantatensätze jeweils abschliessenden Abschnitte zur «inszenierten Andacht» ins Blickfeld der Untersuchung. In ihnen wird die von mir als gezielt rhetorisch gesteuert und homiletisch vermittelt verstandene Kommunikationsanstrengung Bachs auf ihre möglichen Implikationen im Alltagsleben der am Gottesdienst teilnehmenden Personen hin beschrieben.[2046] Auf dieser Betrachtungsstufe angelangt, haftet der Analyse freilich eine in meinen Augen unumgängliche Unschärfe an. Diese ist nicht allein dem Umstand geschuldet, dass wir diesen ‹Alltag› der Zeitgenossinnen und -genossen Bachs historisch kaum mehr aus der jeweiligen Ich-Perspektive heraus adäquat zu umreissen vermögen.[2047] Die Unschärfe gründet weit mehr noch in der grundsätzlichen Subjektivität jeder ‹Alltagswahrnehmung› – ganz gleich, von welchem zeitgeschichtlichen Horizont aus eine Untersuchung geführt wird. Aus diesem Grund beschränke ich mich in der Anwendung der von mir ins Feld geführten Inszenierungstheorien im Wesentlichen darauf, mögliche Bezugsgrössen anzudeuten. Es gilt an dieser Stelle, die Anschlussfähigkeit der Bachschen Rhetorik an unterschiedliche Alltagserfahrungen in ihrer Vielfalt und Breite annähernd in den Blick zu bekommen, nicht aber diese zum Gegenstand einer eigenen Untersuchung zu machen.[2048]

10.3.1 BWV 25 und der Alltag der Hörerinnen und Hörer

Bereits in BWV 25,1 stellt Bachs Vertonung von Ps 38,4, wie bei Proömien zu erwarten ist,[2049] eine Vielfalt von Bezügen zur religiösen wie aber auch zur ganz profanen Alltagserfahrung[2050] bereit. Es gilt vom ersten Satz an, die Relevanz

2045 In dieser Untersuchung verwende ich Subjektivität in einem weiten, die Bedürfnisse von Menschen der ersten Hälfte des 18. aber auch des vorausgehenden Jahrhunderts mit einschliessenden Sinn. Siehe 5.1.5.

2046 Zum Einbezug alltagsrelevanter Kriterien im Rahmen dieser Untersuchung lassen sich beinahe alle Theorien heranziehen, die ich unter 5.4 bespreche, insbesondere die Abschnitte 5.4.7 und 5.4.8.

2047 – geschweige denn, wie sie persönlich auf die Musik reagieren, die ihnen im Rahmen eines Gottesdienstes geboten wird. Zur unbefriedigenden Erschliessung der Kantatenrezeption durch die Hörerinnen und Hörer zur Zeit Bachs siehe 1.1.

2048 In dieser Hinsicht beschreitet Arnold 2009 einen vielversprechenden Weg. Siehe Abschnitt 2.

2049 Zur Funktion von Proömien oder Exordien siehe 7.3.2.

2050 Siehe 7.3.4.

der Sonntagsperikope über eine lehrkonforme homiletische Aufbereitung und eine liturgieaffine Einbettung in den Gottesdienstverlauf hinaus für den Alltag der Menschen sinnfällig zu machen. Die vom ersten Takt an deutlich vernehmbare Seufzermotivik[2051] sowie die ganz allgemein Ordnung suggerierende fugale Satzstruktur[2052] unterstützen als grundsätzlich kultunabhängige Stilmittel zusammen mit dem aus dem Kult wie aus der privaten Andacht bekannten Kirchenlied den Duktus eines Psalmworts, das die homiletisch zu vermittelnden Sachverhalte der Sünden- und Rechtfertigungslehre über die Metaphorik somatischer Krankheitsbilder einzuführen versteht.[2053] Bereits an dieser Stelle lässt sich festhalten: Bachs Stilmittel sind lehrkonform und liturgieaffin. Die Brücke zum äusseren Gottesdienst ist geschlagen. Für eine auf Andacht fokussierende Kommunikationsanstrengung von *grösserer* Bedeutung ist aber der Anschluss der gewählten Stilmittel an die Alltagserfahrung der Hörerinnen und Hörer, die sich teils aus religiösen, teils aus profanen Komponenten zusammensetzt und sich somit als Erfahrungsmix präsentiert. Und genau diesem Erfahrungsmix muss Bach gerecht zu werden versuchen, soll es ihm gelingen, seine Hörerschaft in ihren Alltagsbezügen zu erreichen, um sie auf Inhalte zu lenken, die ihr durch den agendarisch vermittelten äusseren Gottesdienst entgegentreten. Erst auf dieser Stufe poetisch-musikalischer Rhetorik wird greifbar, auf welche Weise Bach den inneren Gottesdienst seiner Hörerschaft steuert und unter Einsatz geeigneter Stilmittel Andacht als geglückte Begegnung zwischen innerem und äusserem Gottesdienst zu inszenieren versteht. Bach legt dabei den Fokus nicht allein auf das Erleben der Hörerschaft selbst, sondern mehr noch auf den Reichtum an erfahrungsrelevanten Bezügen, die Bibel und Gottesdienst für den inneren Gottesdienst der einzelnen Gottesdienstbesuchenden bereitstellen. Diese Logik auch auf dieser Ebene wechselseitiger Beziehungssetzungen[2054] findet in Satz 2 ihre Fortsetzung, indem die alltagsrelevante Krankheitsmetaphorik um Erwägungen ethischer Natur ergänzt und auf die Spitze getrieben wird.[2055] Der Rededuktus erhält in diesem Satz einen überraschend unmittelbar auf die Person der einzelnen Gottesdienstbesucherinnen und -besucher zielenden[2056] konfrontativen Zug.[2057] Mit der Frageserie: «Wo find ich

---

[2051] Siehe 7.3.1.

[2052] Siehe 7.3.3.1.

[2053] Siehe 7.3.1.

[2054] Vgl. hierzu die Erläuterungen zur Lehrkonformität der Kantaten in 10.1, die sich in vergleichbarer Weise gestaltet.

[2055] Siehe 7.4.3.1.

[2056] Zum Kunstgriff der inszenierten Überraschung siehe 7.4.4.

[2057] Vgl. unter *movere* die Drastik der Argumentation (7.4.3.2).

Armer Arzenei?» usw., wird die Hilflosigkeit eines suggerierten Individuums in Szene gesetzt, welches sich mit einer solch drastischen ‹Diagnose› ohne «Arzenei» noch «Arzt» fertig zu werden, nicht im Stande zeigt und seinem als ‹chronisch› wenn nicht gar zum Tode führenden Leiden – dieser Gedankengang wird angebahnt, aber nicht ausgesprochen – restlos ausgeliefert ist. Der religiösdogmatische Kontext dieser Diagnostik wird durch das Additiv «Sünden (-aussatz)» auch in diesem Satz evident gemacht, sodass die im Satz 3 erflehte «Seelenkur» als Fortspinnung des Gedankenganges erscheint, diesmal auf die Bedürftigkeit des einzelnen Christenmenschen gemünzt. Anders als in den ersten beiden Sätzen spielt die instrumentale Begleitung der Bassstimme auf die einladende Gestik des Tanzes an, ein weiteres Beispiel, wie die religiös determinierte Anbetung «Jesu» als «Arzt» mit einer wenn nicht gar alltäglichen so doch dezidiert profanen, vielleicht sogar höfisch konnotierten Erfahrungsebene[2058] verbunden wird. Auf diese Weise wird der religiös geprägte Bekenntnisakt, der in diesem Satz zum Ausdruck kommt,[2059] um die Vertonung weltlicher Bezüge angereichert und somit der Hörerschaft nähergebracht. Umgekehrt werden ebenso die weltlichen Bezüge lehrkonform und liturgieaffin auf die im Evangelium und im Erfahrungsschatz der Kirche «eingelagerten» «Glaubenserfahrungen» (Plüss)[2060] hin selbst transformiert und existenziell vertieft.

Satz 4 leitet die «Problemlösungsphase»[2061] ein und sublimiert den Dialog zwischen Jesus und dem Samaritaner aus Lk 17 auf das «einseitige Gespräch mit dem am Kreuz Verstummenden» (Blankenburg), das aus der geistlichen Lieddichtung des 17. Jahrhunderts vertraut ist.[2062] Dieser Kontext wird wiederum durch eine expressive poetisch-musikalisch inszenierte Fluchtbewegung sinnfällig gemacht und so mit der Alltagserfahrung der Hörerschaft in Berührung gebracht.

Auch in Satz 5 wird der dogmatisch schwergewichtige Sachverhalt des Dankgebets[2063] über die Fröhlichkeit des Satzes alltagsrelevant poetisch-musikalisch inszeniert und gleichzeitig eschatologisch perspektiviert.[2064] Das von Satz 2 an ins Spiel gebrachte Ich verliert von Satz zu Satz seinen stereotypen

---

2058 Vgl. hierzu die Analyse zu BWV 17, deren Libretto auf höfische Verhältnisse anspielt (zur Quellenlage siehe 9.1).

2059 Siehe 7.5.4.

2060 Siehe 7.3.4.

2061 Siehe 7.6.3.

2062 Siehe ebd.

2063 Zur Todah in BWV 25,5 siehe 7.7.4.

2064 Siehe 7.7.3.2.

Charakter und gewinnt an Lebendigkeit und Vertrautheit und somit auch an ‹weltlicher› Plausibilität.

Im Schlusschoral wird der kirchlich-gottesdienstliche Kontext der Welt, Bibel und Kult miteinander ins Gespräch bringenden Kantatensätze noch einmal betont, um die individuelle Andacht der Hörerschaft gemeinschaftsperspektivisch zu stimulieren. Mit diesem Schlusssatz wird gleichzeitig der Sachverhalt ein letztes Mal gebündelt[2065] und die Hörerschaft auf die versöhnende Dimension verwiesen, die in der Teilnahme am äusseren Gottesdienst und insbesondere am Gemeindegesang für das Individuum erfahren werden kann.[2066]

Die beiden Schwesterkantaten liessen sich nun analog zu dem in diesem Abschnitt gewählten Verfahren auf ihre spezifische Faktur hin untersuchen, mit welcher sie Alltag, Kult, Heilige Schrift und Lehre inszenatorisch miteinander ins Gespräch bringen. Anstelle einer blossen Wiederholung derselben Vorgehensweise greife ich im folgenden Abschnitt die heuristisch ins Feld geführten Inszenierungstheorien[2067] wieder auf und übertrage die am Beispiel der Kantate BWV 25 hinreichend nachgewiesene Einbindung der Alltagserfahrungen auf alle drei analysierten Kantaten. Dabei ändert sich der Blickwinkel, unter dem der Alltagsbezug ‹eingefangen› werden soll: Dieser wird aus seinem rein historischen Kontext gelöst und erfährt eine die heutige Lebenswelt mit einbeziehende Dimension.

10.3.2 Die Inszenierungstheorien und der Alltagsbezug in den Kantaten

Aus einer inszenierungstheoretischen Vogelschauperspektive betrachtet, gewinnt der von Bach gesuchte Alltagsbezug seiner Kirchenmusik auch für heutige Beobachterinnen und Beobachter gottesdiensttheoretisch nachvollziehbare Konturen. Wurden in der Detailbesprechung der Kantaten (7 bis 9) situativ im Rahmen der Einzelanalyse inszenierungstheoretische Aspekte zur Profilierung des von Bach jeweils intendierten Andachtsgehalts seiner Vertonung zurate gezogen, soll an dieser Stelle der umgekehrte Weg eingeschlagen werden: Die von mir ins Feld geführten Inszenierungstheorien der Gegenwart werden im Anschluss an die erfolgten Einzelanalysen nun noch einmal einzeln aufgegriffen und zur Profilierung der Kommunikationsanstrengung eingesetzt, mit welcher die Bach-Kantaten Inhalte aus Bibel, Lehre und Kult mit dem Alltag der Gottesdienstgemeinde seiner Zeit andachtsrelevant zu verbinden trachten. Es geht

---

2065 Siehe 7.8.2.

2066 Siehe vor allem 7.8.1.

2067 Siehe 5.4.2 bis 5.4.10.5.

an dieser Stelle nicht mehr darum, mögliche Bezüge zwischen den Kantaten und den Inszenierungstheorien aufzuzeigen, sondern vielmehr darum, nach erfolgter Analyse den Ertrag dieser Gegenüberstellung zusammenzufassen. Darin werden die Bezüge zwischen den Inszenierungstheorien und den drei von mir analysierten Kantaten nicht an sämtlichen Sätzen überprüft. Es ist von vornherein auch nicht anzunehmen, dass sich alle Inszenierungstheorien zur Beschreibung sämtlicher Sätze eignen. Vielmehr geht es darum, die Gestaltung des Alltagsbezugs als andachtsrelevante Dimension der Kommunikationsanstrengung herauszustreichen und exemplarisch am Beispiel einzelner Sätze zu kennzeichnen.

Auf diese Weise lässt sich das vertonte Psalmwort in BWV 25,1 als szenisch gestaltete «Verflüssigung von Glaubenserfahrungen» (Wilhelm Gräb, 5.4.10.5) *avant la lettre* aufschlüsseln, die sich in Psalmwort und Evangeliumstext «eingelagert» haben.[2068] Die Anstrengung Bachs, in heuristischer Anlehnung an Gadamers Hermeneutik, den Horizont biblischer Verhältnisse (Psalm und Evangelium) mit demjenigen der Zeit frühchristlicher Liturgieentwicklungen (Introitus), mit demjenigen reformatorischer Umbrüche (Choral) und schliesslich mit demjenigen der 1720er Jahre verschmelzen zu lassen,[2069] wird mit einem solchen theoretischen Zugang greifbar. Auf diese Grunddimension szenischer Gestaltung beziehe ich mich explizit ferner in BWV 25,2,[2070] 78,2,[2071] 17,2[2072] und 17,5.[2073] Eine Hermeneutik dieses Typs lässt sich somit in allen drei Kantaten nachzeichnen und beschränkt sich mit Sicherheit nicht auf die von mir an dieser Stelle herausgegriffenen Sätze.

Lernprozessorientiert (5.4.5) streiche ich in der Einzelanalyse besonders BWV 25,4,[2074] 78,3,[2075] 17,6[2076] und 17,7[2077] heraus. Auch dieser heuristische, die Abfolge der Kantatensätze in Lernphasen unterteilende Zugang lässt sich zur Erläuterung einer pädagogisch angelegten Aneignung von kirchlich vermittelten Inhalten auf alle drei Kantaten beziehen. Die christliche Wahrheit fällt nicht einfach nur vom Himmel, sondern lässt sich ein Stück weit auch weltlich

---

2068 Vgl. hierzu die andachtsrelevante Synthese von BWV 25,1 in 7.3.4.
2069 Zum Begriff der Horizontverschmelzung siehe Gadamer 1990, 311.
2070 Siehe 7.4.4.
2071 Siehe 8.6.4.
2072 Siehe 9.5.4.
2073 Siehe 9.8.4.
2074 Siehe 7.6.3.
2075 Siehe 8.7.3.
2076 Siehe 9.9.3.
2077 Siehe 9.10.3.

nachvollziehen. Biblische Pädagogik – der *eine* Samaritaner versteht es, sein Heil zu *er-* bzw. zu *begreifen*[2078] – begegnet einer musikalisch-rhetorisch sowie homiletisch gesteuerten Auffächerung der biblischen Inhalte in Einzelaussagen und -szenen, in dies alles, ohne den kultischen Kontext dabei zu vernachlässigen, der sich selber als weghaft nachvollziehbare Begehung[2079] verstehen lässt und in diesem Sinn sich als lernphasenaffin erweist.

Victor Turners Konzept ritueller Liminalität (5.4.6) bringe ich explizit mit BWV 25,4[2080] und 25,6[2081] in Verbindung. Das Verfahren, die Alltagserfahrung der Hörerschaft über ein stereotyp verwendetes Ich in eine den Alltag transzendierende Gemeinschaftserfahrung zu sublimieren, lässt sich auf die Ich-Aussagen der beiden Schwesterkantaten übertragen. Dies gilt für die Kantate BWV 78 insgesamt, ein Werk, das exemplarisch von Anfang an auf das nachvollziehende Choral-Ich ausgerichtet ist: «Jesu, der du meine Seele ... herausgerissen usw.» und von Satz 5 an auch für BWV 17: «Welch Übermaß der Güte schenkst du mir ...». In all diesen Sätzen wird die Verbindung zwischen Lehre und Leben über die Einspielung eines fiktiven Ichs zuweilen unvermittelt aktualisiert und für die Einzelnen hörbar gemacht. Gerade der Übergang von BWV 17,4 auf BWV 17,5 ist für dieses Verfahren bezeichnend, wird doch im Kopfsatz des zweiten Kantatenteils mit dem Zitat aus Lk 17,15f. die Dankbarkeit des Samariters aufwendig in Szene gesetzt, unmittelbar anschliessend in Satz 5 von einem stilisierten Ich übernommen und somit als in die Lebensverhältnisse des 18. Jahrhunderts transponierbar und zugleich als mit der Begehung des Abendmahls der Gemeinde kompatibel dargestellt. Der Alltag der Kantatenhörerinnen und -hörer wird mit dem idealtypischen Ich im Sinne der Gadamerschen Horizontverschmelzung erreicht und gleichzeitig «liminal» in die Sphäre einer weiteren Identität gehoben, nämlich derjenigen der feiernden Gemeinde insgesamt. Auch im Hinblick auf Jesus selbst – dessen Name in der ganzen Kantate BWV 17 unbenannt bleibt[2082] – wird in der Form eines ganz natürlich erscheinenden Dialogs mit einem trinitarisch undifferenzierten

---

2078 In diesem Zusammenhang ist die Inszenierung der Szene aus Lk 17,15f. in BWV 17,4 als auf besonders eindrückliche Weise pädagogisch zu werten, weil sie hoch dramatisch und buchstäblich Schritt für Schritt die exemplarische Gestik des *einen* Samariters aufgliedert und als eine Folge unmittelbar nachvollziehbarer Einzelhandlungen «vereindringlicht» (Hindermann 1987, 287 siehe 5.1.5).

2079 Siehe 5.4.9.

2080 Siehe 7.6.3.

2081 Siehe 7.8.4.

2082 Siehe 9.6.3.1.

Gott[2083] die Unmittelbarkeit einer Kommunikation suggeriert, die, wenn schon kein «Fluten von Ich und Du», so doch «ein Aufeinanderzu» und «dynamisches Gegenüber» (Buber)[2084] die Distanz zwischen Gott und seiner Gemeinde für den Augenblick einer Kantatenaufführung als aufgehoben erscheinen lässt. Auf dieser Betrachtungsebene wiederum angelangt, lässt sich dieser liminale Zug nun in zahlreichen weiteren Sätzen auch der Schwesterkantaten übertragen.

In BWV 78,3f. verweise ich auf William James' Anliegen, die Privatsphäre der einzelnen Gottesdienstbesuchenden miteinzubeziehen (5.4.7), steht in diesen Sätzen doch die persönliche, individuelle Aneignung im Mittelpunkt poetisch-musikalischer Gestaltung.[2085] Hinweise aus dem Bereich der «szenischen Anthropologie» (5.4.8) werden in Bezug auf BWV 78,3,[2086] aber auch im Ergebnisse zusammenfassenden Abschnitt (7.9) aufgegriffen. Dieser theoretische Zugang lässt sich besonders ansprechend an der Kantate BWV 78 veranschaulichen, weil sie das Ich der Kantatenhörerin und -hörer besonders prägnant in Szene setzt. Doch auch in BWV 25,2 werden die Gottesdienstteilnehmenden in ein «Hospital» ‹verlegt› oder finden sich im Anschluss an den in BWV 17,4 in Szene gesetzten Samariter ebenfalls unvermittelt in der Rolle eines zu Dank Verpflichteten wieder. An dieser Stelle möchte ich die suggestive Kraft der drei Schlusschoräle, insbesondere aber desjenigen von BWV 17 herausstreichen. Gerade in BWV 17,7 inszeniert der Text das Ich der Gottesdienstbesucherinnen und -besucher als ein auf Erbarmen angewiesenes «Gemächte». Die auf ihre Hinfälligkeit verwiesene menschliche Existenz wird über die Metaphern «Staub», zusammengerechtes «Gras», «Blum» und «fallendes Laub» (durchgehend Bilder aus Ps 103) mit der noch ausstehenden Erfahrung des Sterbens konfrontiert, die sich ihr auf diese Weise als «biografische Schlüsselszene» (Plüss)[2087] poetisch-musikalisch erschliesst. Die Ebenen Lehrkonformität, Liturgieaffinität und Alltagsbezug gehen somit auch in den Schlusschorälen erbauungsrelevant ineinander über und verweisen aufeinander.

Ferner sind die inszenierungspragmatisch den Gottesdienst und insbesondere die Predigt in den Blick nehmenden Theorien wie die die textinszenatorisch orientierten Ansätze von Henning Luther (5.4.10.1), Nicol (5.4.10.2), Meyer-

2083 Siehe ebenfalls 9.6.3.1.

2084 Siehe 5.4.6.

2085 Siehe 8.7, 8.7.3 und 8.9.3.

2086 Siehe 8.9.3.

2087 Plüss 2007, 118.

Blank (5.4.10.3), Spiegel (5.4.10.4),[2088] Gräb (5.4.10.5)[2089] und Plüss (5.4.2) alltagsrelevant mit dem Text- und Notenmaterial der Kantaten ins Gespräch zu bringen.

Mit Henning Luthers Brille erfahren sich die Predigthörerinnen und -Höher als eigentlicher «Orientierungspunkt»[2090] der Predigt in BWV 78,1. Über den täglich nachvollziehbaren Gang durch eine schmale Gasse (Passacagliamotiv) partizipieren sie an Jesu Passions- und Erlösungsweg und erfahren sich als aus einer ins Unglück führenden Verengung befreit. Unter Bachs Feder verwandelt sich der Predigttext zum «Skript»[2091] einer Alltagserfahrungen einbeziehenden und daher sich an der Hörerschaft orientierenden Neuaufführung.[2092]

Exemplarisch für eine textinszenatorisch beschreibbare Interaktion zwischen Bibelwort und aktualisierender Komposition lässt sich auch der Ps 38,4 im Sinne von Martin Nicol als «Textraum» verstehen, dessen interpretierendes «[B]etreten und [B]egehen»[2093] durch den Komponisten in BWV 25,1 auf die «Selbsterschliessung des biblischen Wortes»[2094] hin gerichtet gedeutet werden kann: die an biblischen, kultischen und den Alltag der Hörenden miteinander verknüpfende Motivik stellt sich im Dienst eines Schriftwortes, das nach orthodox-lutherischer Interpretation in seiner vielfältigen Bezogenheit auf das Tagesevangelium, den Gemeindegottesdienst und das subjektive Erleben den ganzen Ernst der homiletischen Wirkungsgeschichte als Selbsterschliessungsprozess zu integrieren trachtet.[2095]

Im soeben besprochenen vielseitigen «kunstvollen Handeln»[2096] Bachs in BWV 25,1 lässt sich mühelos ebenso Michael Meyer-Planks Gedanken vom

---

2088 So z. B. in der Wahrnehmung der Liturginnen und Liturgen in ihrer Stellvertretungsfunktion für die Gemeinde ein erstes Mal in der Auslegung von 2Chr 5,13 (5.1.6f.), dann in BWV 25,1 (7.3.3.3) und BWV 17,1 (9.4.3).

2089 So lässt sich das «überraschende Spiel mit überlieferten Deutungsmustern» z. B. auf BWV 25,2 (siehe 7.4.4) übertragen, wo sich die Hörerschaft unverhofft im Bibeltext wiederfindet. Dasselbe lässt sich von der Anwendung der Passacaglia sagen, die aus ihrem weltlichen Kontext gelöst ungewohnt nun auf den Kreuzesweg Jesu in BWV 78,1 übertragen wird, über den dieser obendrein noch auf die Hörerschaft zukommend geschildert wird (siehe 8.5.1).

2090 Siehe Henning Luther 1983, 95 zit. n. Plüss, 2007, 55.

2091 Siehe Plüss 2007, 55.

2092 Siehe 8.5.4.

2093 Ebd.

2094 Nicol 1994, 279 zit. n. Plüss 2007, 60.

2095 Siehe hierzu 7.3.4, ferner BWV 25,5 (7.7.4) zu und BWV 17,5 (9.8.4).

2096 Siehe Plüss 2007, 66.

«Ineinander von Gottes Werk und der entsprechenden menschlichen Kunst»[2097] insbebesondere mit Rücksicht auf Bachs Unterschrift im Takt 41[2098] als dokumentiert authentische aber auch rollenbewusst[2099] besiegelte «Inszenierung des Evangeliums»[2100] als verwirklicht sehen.[2101]

In sämtlichen Kantatensätzen, wo ein «ich» das Subjekt oder ein «mich» das Objekt der Handlung bildet, spiegelt sich die «Stellvertreterfunktion für die Gottesdienstteilnehmer» wider, die Yorik Spiegel den Liturginnen und Liturgen zueignet. In diese Funktion schlüpft entsprechend auch Bachs Musikerensemble, hat sich doch über die gesamte Untersuchung gezeigt, in welchem Mass Text und Musik der Kantaten über die Einspielung eines stereotypen Ichs «Ängste, Not und Schuld – so wie die Hoffnung auf deren Bearbeitung und Überwindung»[2102] zu formulieren bestrebt sind.[2103] Wieder am Exempel von BWV 25,1 erweist sich das Subjekt über die soeben beschriebene Schriftwort und Choral[2104] miteinander ins Gespräch bringende Inszenierungsanlage Bachs als ein solches der Heiligen Schrift und dem Kirchenlied entlehntes und idealtypisch auf jedes Gottesdienstmitglied übertragbare Ich.

Ein weiteres Mal auf BWV 25,1 bezogen habe ich in 10.3.2 bereits Wilhelm Gräbs Konzept «ästhetische[r] Verflüssigungen»[2105] aufgegriffen und auf Bachs Kommunikationsanstrengung angewandt, zu «plausiblen Selbstdeutungen der beteiligten Individuen mittels der angebotenen Medien»[2106] anregen zu können.[2107]

Schliesslich lässt sich David Plüss' Beitrag über die soeben aufgelisteten und von ihm kommentierten und weiterentwickelten textinszenatorisch orientierten Ansätze ebenfalls mühelos mit Bachs Musik in Beziehung bringen. Ich greife insbesondere sein Konzept der szenischen Verflüssigung von im biblischen Text «eingelagerten Glaubenserfahrungen»[2108] und der damit verbundenen Selbster-

---

2097 Meyer-Blank 2003, 780 zit. n. Plüss 2007, 66.

2098 Siehe 7.3.3.1.

2099 Zur Rolle der Authentizität und der Rolle bei Meyer-Plank siehe Plüss 2007, 68.

2100 Siehe Plüss 2007, 66ff.

2101 Siehe ferner BWV 25,5 (7.7.4) und BWV 78,1 (8.5.4) und ausserdem in 10.2.5 (Ertrag) und 11.2 (Ausblick).

2102 Plüss 2007, 70.

2103 Siehe 8.5.4, 8.7.1, 8.9.1, 8.9.2, 8.9.2.3, 9.8.4, 10.3.1, 10.3.5 und 10.4.

2104 Zum Wortlaut des eingespielten Chorals «Ach Herr, mich armen Sünder» siehe 7.3.3.1.

2105 Siehe Plüss' Besprechung in 5.4.10.5.

2106 Ebd.

2107 Siehe auch 9.5.4 zu BWV 17,2.

2108 Siehe insbesondere Plüss 2007, 230f. Zum Wortlauf siehe Fussnote 967.

schliessung Gottes durch die Bibeltexte hindurch heraus und bringe es insbesonderer in 7.4.4 mit BWV 25,2 in Beziehung, wo die Singstimme die Klage der «zehen aussätzige[n] Männer» (Lk 17,12) auf ihre vom Libretto vermuteten existenzielle Dimensionen der allgemeinen Sündhaftigkeit der Menschen ausweitet und über die drastischen Bilder aus dem Spitalwesen der 1720er Jahre wieder zurück in die biblische Klageszene «eintragen».

Was die unmittelbare Bezugnahme auf die eine oder andere dieser predigtzentrierten Theorien angeht, so erfolgt diese im Rahmen dieser Untersuchung konzentriert an nur wenigen Stellen und somit exemplarisch, dafür aber gewissermassen sumiert: Auf diese Weise wird BWV 25,1 mit Plüss und Nicol in Beziehung gebracht,[2109] BWV 25,2 mit Plüss und Gräb,[2110] BWV 25, 5 mit Henning Luther und Nicol (und zusätzlich mit der Semiotik),[2111] BWV 78,1 mit Meyer-Plank und Henning Luther,[2112] weitere Sätze mit auch nur einer Predigtzentrierten Theorie wie in BWV 17,5, wo Nicols Selbsterschliessungstheorie des biblischen Worts als Interpretationshintergrund beigezogen wird.

Die von mir ins Feld geführten Theorien insgesamt stellen somit keine isolierten Grössen dar, sondern ergänzen einander, sodass in diesem einzigen Unterabschnitt 10.3.2 bereits alle Kantatensätze gottesdienstinszenatorisch und teilweise im Lichte mehrerer Theorien in den Blick genommen werden können.[2113] Die soeben herausgehobenen Beispiele textinszenatorischer Arbeit durch Libretto und Vertonung verfolgen den Zweck, die von mir zuvor nachgezeichnete inszenatorische Anstrengung, den Alltag und die Welt privater Bezüge poetisch-musikalisch einzufangen, wiederum mit dem Ernst der kirchlichen Verkündigung in Beziehung zu setzen, sodass sich die Texte der Heiligen Schrift und insbesondere das (Sonntags-)Evangelium als das eigentliche Skript der Andachtsinszenierung herausstellen. So heuristisch und sogar eklektisch der Zuzug der unterschiedlichen Gottesdienstinszenierungstheorien auch sein mag, so sehr lässt sich gleichwohl damit die Vielfalt der Bezüge beschreiben, die Bach

---

2109 Siehe 7.3.4.

2110 Siehe 7.4.4.

2111 Siehe 7.7.4.

2112 Siehe 8.5.4.

2113 Statistisch ergibt sich folgendes Bild: zu BWV 25,1 stelle ich vier Bezüge her, zu BWV 25,2 ebenfalls vier, zu BWV 25,3 einen, zu BWV 25, 4 zwei, zu BWV 25,5 vier, zu BWV 25,6 zwei. Zu BWV 78, 1 stelle ich vier Bezüge her, zu BWV 78,2 einen, zu BWV 78,3 vier, zu BWV 78, 4 ebenfalls vier, zu BWV 78,5 einen, zu BWV 78, 6 zwei und zu BWV 78, 7 drei. Für BWV 17 ergibt sich folgendes Bild: BWV 17,1 erhält drei Bezüge, BWV 17,2 einen, BWV 17,3 zwei, BWV 17,4 ebenfalls zwei, BWV 17,5 drei, BWV 17,6 zwei und BWV 17,7 vier.

und seine Librettisten von Kantate zu Kantate zwischen ihren Adressatinnen und Adressaten und der offiziell verkündeten Botschaft der Kirche herstellt.

Weiter alltagsbezogen verweise ich auf wegmetaphorische Perspektivierungen (5.4.9) von Text und Musik, die explizit in BWV 25,6,[2114] 78,1,[2115] 78,6f,[2116] 17,1[2117] und 17,3 vorgestellt werden.[2118] Sie erweisen sich einerseits als einer grundlegenden Dimension der christlichen Liturgie zugehörig, suggeriert doch bereits die Abfolge der einzelnen liturgischen Stücke das Abschreiten eines Weges (Ehrensperger).[2119] Über diesen liturgieaffinen Zug hinaus, der den Kantaten allein schon ihrer Entstehungsgeschichte wegen anhaftet,[2120] ist andererseits der heilsgeschichtliche Aspekt nicht zu vernachlässigen, mit welchem die Gedanken permanent auf ein ‹Vorn› gerichtet bleiben, steht doch bereits theologisch die Erfüllung des christlichen Glaubens auf einem zeitlichen Horizont, der sich jenseits der irdischen Existenz befindet.[2121] Das Abschreiten der einzelnen Kantatensätze erscheint in dieser Hinsicht entsprechend als ein alltagsbezogenes Vorwärtskommen auf dem Weg zu einer individuell erfahrbaren Heilserfüllung. Wegmetaphorik liegt aber auch in der homiletischen Stoffbehandlung durch die Kantaten vor, wenn zum Beispiel in BWV 78,1 Jesu *Weg* nach Jerusalem über das redundant eingespielte Motiv der Passacaglia in seiner Bedeutung als *Kreuzesweg* zu den zehn Aussätzigen in Lk 17 wie zu den einzelnen Gottesdienstbesucherinnen und -besuchern hin inszeniert wird.[2122] Als noch grundsätzlicherer Natur ist in dieser Hinsicht die Fluchtfigur zu Jesus hin zu werten, die den paränetischen Kern der Deylingschen *Glaubens-Lehre*: «Laßt uns zu JEsu fliehen», ausmacht und in jedem Kantatensatz im Abschnitt *docere* direkt oder indirekt den Lehrbezug innerhalb der *elocutio* steuert. Doch auch auf dieser Ebene ist der Alltagsbezug bereits in Deylings erbaulicher Predigtverdichtung spürbar: Wer kennt den Fluchtreflex nicht, der sich etwa angesichts einer Gefahr einstellt? Doch auch in Bezug auf diese simple Alltagsvorstellung steckt bei Deyling eine erbauungsrelevante Pointe: Deyling lässt seine Predigthörerinnen und -hörer nicht etwa von etwas fort fliehen, sondern suggeriert ihnen die Flucht auf ihre Rettung zu. In meiner Analyse der drei Kantaten habe

---

2114 Siehe 7.8.4.

2115 Siehe 8.5.4.

2116 Siehe 8.11.3 und 8.12.4.

2117 Siehe 9.4.2.1

2118 Siehe 9.6.2und 9.6.3.1.

2119 Siehe 5.4.9 und ferner z. B. Marti 1999.

2120 Siehe Abschnitt 4.

2121 Zur lutherischen Status-Lehre siehe 5.1.6.

2122 Siehe 8.5.1.

ich entsprechend stets darauf geachtet, das Motiv der *fuga* in Konformität mit Deylings ‹Fluchthermeneutik› zu lesen. Im Gegensatz zu Thomas von Aquin[2123] ist die *fuga* bei Deyling nicht auf ein *malum* ausgerichtet, sondern auf ein *bonum*: «Jesus».[2124] An keiner Stelle in Libretto und Musik erweist sich diese rhetorische Lizenz[2125] Deylings als unbegründet.

Zum Abschluss erörtere ich an dieser Stelle die semiotisch gestützte Inszenierungstheorie, mit der sich der Einbezug unterschiedlicher Ebenen gottesdienstlicher, poetischer und musikalischer Vollzüge als ein permanent «konstruktive[r] Prozess» beschreiben lässt.[2126] In BWV 25,5 wird deutlich, in welchem Mass sich Bach an der Herstellung einer Beziehung zwischen dem in der Form eines gegenwartsbezogenen «Dankopfers» des ‹geheilten› Ichs und dessen verinnerlichtem Abendmahlsvollzugs interessiert zeigt: Als «liturgische Zeichenkomplexe» verweisen «Lobopfer» (Gebet) und «Dankopfer» (Abendmahl) über die poetisch-musikalische Kantateninszenierung aufeinander.[2127] In BWV 78,7 ist es die Qualität des doppelten Verweises, der vom Erklingen eines Chorals auf eine die Choräle üblicherweise selber singende Gemeinde ausgeht, der sich semiotisch ausloten lässt.[2128] Ferner lassen sich weitere Sätze unter diesem Aspekt beleuchten, in denen sich die innere wie die äussere Weise, den Gottesdienst zu verstehen und zu erleben, einander begegnen und auf diese Weise zu einer vertieften Auseinandersetzung mit genau dieser Begegnung herausfordern, dergestalt, dass sie Bach zusammengehörig inszeniert und ihre Zusammengehörigeit damit auch postuliert: In BWV 25,3 vereinigt er den versifizierten Bibeltext,[2129] das «Andachtslied für die persönliche Erbauung» (Blankenburg) ausserhalb des öffentlichen Gottesdienstes, die italienische Opernarie und die öffentliche Predigtverkündigung[2130] zu einer einzigen «strukturierten Inszenierung» (Plüss).[2131] In Bezug auf BWV 78 liesse sich unter semiotischen Gesichtspunkten der permanente Verweischarakter herausstreichen, der von der Grundstruktur der Komposition als Choralkantate ausgeht.[2132] Ferner bietet allein das Stilprinzip des *concerto*[2133] ein Verweissystem in

---

2123 Siehe dessen Affektsystematik in 5.2.2.2.1.

2124 Siehe 7.3.3.2, 7.6.2.1–7.6.2.3, 7.7.3.1, 8.6.3.1–8.6.3.3 und 8.7.2.2.

2125 Vgl. 5.2.

2126 Siehe 5.4.3.

2127 Siehe 7.7.4.

2128 Siehe 8.12.4.

2129 Siehe 7.5.1.

2130 Zur Aufzählung all dieser unterschiedlichen Bezüge siehe 7.5.4.

2131 Plüss 2007, 287. Siehe 5.4.3.

2132 Siehe 8.3.

sich, werden dort mehrere musikalische Ebenen permanent miteinander in Beziehung gebracht. In der Gestalt von BWV 78,1 ist es das Sonntagsevangelium mit seinen homiletisch zu vermittelnden Inhalten, der Choral als «die Handlung (im Affekt) kommentierende»[2134] Stimme der Gemeinde und die ganz private Andacht der einzelnen Gottesdienstbesuchenden.[2135] Alle drei Kommunikationsebenen und -formen werden über dieses Verfahren ‹konzertant› miteinander ins ‹Spiel› gebracht. Auf diese Weise lassen sich alle weiteren Kantatensätze auf semiotisch zu verwertende Verweissysteme analysieren. Im Kontext dieser Untersuchung stützt dieser Umstand vor allem aber meine These, dass Bach seine Kantaten und wohl seine Gottesdienstmusik allgemein als ein liturgietheologisch legitimierter Akt der Verschränkung des äusseren und des inneren Gottesdienstvollzugs der Gemeinde betrachtet.[2136] In diesem Sinn lässt sich der Sitz im Leben der Bach-Kantaten im Gottesdienst als essenziell semiotisch fundiert begreifen.

10.3.3 Vom Alltagsbezug zum inneren Gottesdienst

Die von mir vorgenommenen Auflistung möglicher und im Wesentlichen inszenatorisch orientierter Zugänge erhält ihre schlüssige hermeneutische Funktion erst in der Verbindung mit der letzten von mir angeführten Gottesdiensttheorie, die im Kontext orthodox-lutherischer Verhältnisse zwischen einem inneren und einem äusseren Vollzug unterscheiden muss (5.5), will man die gottesdiensttheoretischen Auseinandersetzungen *um* den lutherischen Gottesdienst dieser Zeit zeitgeschichtlich adäquat einordnen. Im Rahmen dieser Wahrnehmung erschliesst sich der Gottesdienst einerseits als öffentlich zelebrierter Kult, andererseits aber auch, bzw. nach Johann Arndt sogar *wesentlich* als ein innerer subjektiver Vorgang. Dieser innere Gottesdienst spielt sich nach Arndt im Individuum auch – wenn nicht gar wiederum wesentlich – *ausserhalb* des öffentlichen Kultes ab. Unter diesen Voraussetzungen betrachtet, lässt sich Bachs gottesdienstmusikalisches Andachtsverständnis (5.1.7) als ein permanenter Prozess gegenseitiger Bezugnahme beider Gottesdienstebenen begreifen und

---

2133 Zum Prinzip des *concerto* siehe 8.5.4.

2134 Radulescu 2013, 18.

2135 Siehe besonders der Schlussabsatz zur musikalischen Herausstreichung der Vokabel «mein» in 8.5.4.

2136 Stichprobenartig sei auf 78,5 verwiesen, wo exemplarisch innerer und äusserer Gottesdient aufeinander bezogen inszeniert werden (siehe 8.10.3). Siehe ferner 8.11.2 zu BWV 78,6, 8.12.4 zu BWV 78,7, 9.8.4 zu BWV 17,5, 9.10.3 zu BWV 17,7 und 9.11 in der Besprechung der Ergebnisse zu BWV 17.

als Konvergenzgeschehen[2137] qualifizieren: Das durch den amtlich-öffentlichen und offiziell-konfessionell gebundenen und agendarisch-autoritativ abgestützten Gottesdienst (3) vermittelte Gotteswort wird durch Bach poetisch-musikalisch mit dem inneren Gottesdienst der einzelnen Gottesdienstbesucherinnen und -besucher in einen unmittelbaren Bezug gestellt.[2138] Auf dieser Betrachtungsebene gewinnt das Konzept der «Verflüssigung» von in Bibel und christlicher Kultur «eingelagerten Glaubenserfahrungen» in «szenische Gestaltungen» (Plüss)[2139] eine unmittelbar mit dem geistesgeschichtlichen Kontext der Bach-Kantaten kommunizierende Qualität. Gleichzeitig erhält diese permanente Bezugnahme vom äusseren zum inneren Gottesdienst eine weitere Qualität. Die Qualität nämlich, dass aus dieser Bezugnahme heraus nun auch der äussere Gottesdienst in Bachs Augen, so meine Hypothese, durch den von ihm mitinszenierten inneren Gottesdienst im selben Masse modifiziert wird, wie dieser die Massgaben des äusseren Gottesdienstes berücksichtigt.[2140] Und genau in diesem gegenseitigen Modifikationsprozess erschliesst sich die Fülle dessen, was im Kontext konfessionell lutherischer Spiritualität unter Andacht verstanden werden kann: eine Wechselbewegung zwischen «Hören» und «Antworten» (Ulrich Meyer),[2141] zwischen einem passiven Entgegennehmen und einem aktiven Transformieren. Im Licht dieser von mir angenommenen gegenseitigen und konvergenten Bezugnahme von äusserem und innerem Gottesdienst in der Bachschen Musik erschliesst sich Bachs bibelhermeneutisch ange-

---

2137 Siehe vor allem 5.1.7. Bach scheint der Gedanke eines sich vom öffentlichen Kult verabschiedenden inneren Gottesdienstes fremd zu sein.

2138 Explizit in Bezug auf BWV 25 geschieht dies in 25,1 (7.3.3.3), 25,3 (7.5.4), 25,5 (7.7.4), 25,5 (7.8.1) und im Ergebnis (7.9). In Bezug auf BWV 78 geschieht dies in 78,1 (8.5.4), 78,3 (8.7.2.3), 78,5 (8.10.3), 78,6 (8.11.2), 78,7 (8.12.4). In Bezug auf BWV 17 geschieht dies in 17,3 (9.6.3), 17,5 (9.8.4), 17,7 (9.10.3) und im Ergebnis (9.11).

2139 Siehe 7.3.4. Siehe ferner zusammenfassend die Auswertung in 7.9 unter Punkt 5.

2140 Siehe die Abschnitte «inszenierte Andacht». In der Detailbesprechung beschränke ich mich auf die zur Kantate BWV 25 gemachten Beobachtungen: In BWV 25,1 setzt Bach Psalm und Kirchenlied in ein Verhältnis der Gleichzeitigkeit und vereindringlicht somit gezielt die damit evozierten liturgischen Bezüge (7.3.4). Weiter wird in BWV 25,3 das Credo der Gemeinde durch ein ‹privat› formuliertes weiterentwickelt (7.5.4) und somit im Voraus inhaltlich gesteuert. In BWV 25,4 wird exegetisch-homiletisch die Klage der Aussätzigen auf das fromme Ich hin subjektiviert und dabei die Alltagswelt in die Behandlung verkündigungsrelevanter Bezüge getragen (7.6.3). In BWV 25,5 greift Bach mit einem Dankopfer auf die Teilnahme am Abendmahl vor, welches somit als situativ in der Perikopeninszenierung integriert erscheint (7.7.4).

2141 Siehe 5.1.5.

legte Reflexion darüber, was Musik zu einer *andächtig Musig* werden lässt (5.1), bzw. was Musik überhaupt erst andächtig macht.

10.3.4 Vom inneren zum äusseren Gottesdienst

Abschliessend sei an Plüss' Beobachtung erinnert, mit welcher sich Rezeption und Transformation vorgefundener liturgischer Bezüge durch die Musik als Vorgänge erfassen lassen, die permanent ineinander fliessen, ohne je Gegenstand von musik- oder gottesdiensttheoretischen Erwägungen zu werden. Zum Zusammenspiel zwischen der liturgischen Praxis und der Reflexion darüber hält Plüss fest:

> «Die konkrete liturgische Praxis wich schon immer von den Vorlagen ab und stiess in Bereiche vor, die liturgietheoretisch noch nicht bearbeitet waren und nur mit zeitlicher Verzögerung oder gar nicht als theoriewürdige liturgische Themen Beachtung fanden.»[2142]

Diese Beobachtung gilt erst recht in Bezug auf eine künstlerische Darbietung, wie sie Kantaten im Gottesdienst zur Zeit Bachs darstellen.[2143] Bachs liturgierelevanter Beitrag in der Gestalt von Kantatenaufführungen, so meine Hypothese, stützt sich auf das erbauungsgeschichtlich gewonnene Konzept der Unterscheidung zwischen einem inneren und einem äusseren Gottesdienst. So betrachtet wirkt andächtige Musik, in dem hier untersuchten Fall von Kantatenaufführungen, über die Stimulierung des inneren Gottesdienstes der einzelnen Gottesdienstbesucherinnen und -besucher. Diese sollen einerseits in die Lage versetzt werden, dem äusseren Gottesdienst mit innerer Rezeptivität zu folgen. Sie sollen andererseits aber auch dazu angeleitet werden, diesem äusseren Gottesdienst mit der Bereitschaft zu begegnen, ihn in dankbarer Teilnahme – insbesondere in der Feier des Abendmahls – rollenbewusst[2144] mitzugestalten. Die Schlüsselposition in dieser Wahrnehmung gottesdienstlicher Bezüge nimmt die Gemeinde selbst ein.[2145] Auf diese Betrachtungsebene

---

[2142] Plüss 2007, 302f. Siehe 5.4.3.

[2143] Siehe Abschnitt 4, in welchem die Kirchenkantate als ‹work in progress› über die Jahrhunderte geschildert wird.

[2144] Zur Bedeutung der Rolle, die die Gemeinde im Gottesdienst annimmt, siehe die Theorien zur «religiösen Erfahrungsbene» in 5.4.7, über «Identität und Szene» in 5.4.8 und Meyer-Blanks Theorie zur «Inszenierung des Evangeliums» in 5.4.10.3.

[2145] Siehe in diesem Zusammenhang Plüss 2007, 249: «Erfahrungstheoretisch und theologisch hat eine liturgische Rollentheorie vom Gottesdienstteilnehmer auszugehen und den Gottesdienst von ihm her und auf ihn hin zu perspektivieren […] Es muss der Liturgin darum gehen, die liturgische Inszenierung auf der äusseren Bühne so zu gestalkomme ich in 10.4 noch einmal zu sprechen, wenn ich den Unterschied zwischen Bachs und Deylings Wahrnehmung der Rolle der Gemeinde abschliessend erläutere.

10.3.5 Zurück zur Fragestellung – Schlussbetrachtung

Im Hinblick auf die Fragestellung dieser Untersuchung bietet die aus der tridentinischen Proposition gewonnene kirchenmusikalische Bestimmung mit ihrer doppelt jenseitigen Ausrichtung eine willkommene Parallele zu den erbaulichen Akzenten in Wortlaut und Vertonung der untersuchten Bach-Kantaten:

> «Die ganze Art des musikalischen Gotteslobes [...] soll [...] auf allgemeines Textverständnis, auf die Sehnsucht nach himmlischer Harmonie und auf die Betrachtung des Glücks der Heiligen gerichtet sein.»[2146]

Vom «allgemeine[n] Textverständnis» abgesehen, welches auch die Reformation anstrebt,[2147] weisen die ins Jenseits gerichteten Zielvorgaben in eine Richtung, die mit derjenigen der von mir untersuchten Bach-Kantaten im Wesentlichen kongruent ist. Die «Sehnsucht nach himmlischer Harmonie» findet ihren Widerhall zunächst elementar in der Eigenschaft der Musik, bei den Hörerinnen und Hörern unter anderen Affekten auch Sehnsucht, *desiderium*[2148] hervorzurufen. Im Kontext reformatorischer Theologie steht Christi Erlösungstat als Ausgangs- und Fluchtpunkt für den christlichen Glauben fest. Entsprechend lassen sich sämtliche mit *desiderium* musizierten Textpassagen der Bach-Kantaten auf Jesus (Christus) als deren Fluchtpunkt beziehen.[2149] Hierfür stehen stellvertretend für Bachs Libretti auch Salomon Deylings «Herrliche Dinge» zur Glaubens-Lehre am 14. Sonntag nach Trinitatis:

> «Der Sünden Greuel richt den grösten Schaden an,
> Laßt uns zu JEsu fliehen, er ists, der helffen kann.»[2150]

---

ten, dass auf der inneren Bühne der Teilnehmenden religiöse Rollenaufnahmen – und das heisst: religiöse Erfahrungen – möglich werden. Die äussere Bühne ist auf die innere hin ausgerichtet. Die Teilnehmerin stellt die Schnittstelle zwischen den beiden Bühnen dar.»

2146 Fellerer 1976, 7. Zum Besprechung der Proposition siehe 1.1.1.

2147 Zum Verhältnis Text und Musik z. B. bei Luther siehe Renate Steiger 1998b, 196ff.

2148 Siehe Affektsystematik bei Thomas von Aquin in 5.2.2.2.1. Vgl. ferner Eicken 2000.

2149 Siehe 7.4.3.2, 7.5.3.2, 7.6.2.2, 7.7.3.2, 7.8.3.2, 8.7.2.2, 8.7.2.3 und 9.10.2.2.

2150 Siehe 6.4. Anhand der Fluchtfigur Deylings liesse sich der Brückenschlag zwischen der christlichen Sehnsucht und der lutherischen Erlösungslehre in jedem Satz mehrfach

In welchem Mass der Fluchtpunkt dieser bereits theologisch gefüllten Sehnsucht im «Himmel» zu suchen ist, streichen sowohl Bachs Libretti[2151] als auch wiederum Deylings «Herrliche Dinge» selbst, diesmal zum *Glaubens-Trost* heraus:

> «Doch JEsus öffnet sie [= die Thür des Himmels], und bringt dich ein zur Ruh.»[2152]

In welchem Mass mit der Erfüllung der christlichen Sehnsucht im Jenseits auch «Harmonie» enthalten ist, macht das Libretto in BWV 78,7 mit der Qualifizierung der Ewigkeit als «süß[...]» anschaulich. An dieser Stelle ist vor allem aber auch auf Bachs Systematik zu verweisen, mit welcher er den homiletisch vorgezeichneten *Glaubens-Trost* vertont. In meiner Untersuchung umfasst sie die drei Stilhöhen der *elocutio*[2153] und lässt sich dort bis in Einzelheiten hinein offenlegen.[2154] Als dafür strukturgebend ist der von Siegele beschriebene Formbegriff zu nennen, mit welchem Bach Ästhetik, Gott und Universum perspektivisch aufeinander bezieht.[2155] Diesen Formbegriff ordne ich der Stilhöhe *delectare* zu, weil von ihm eine grundlegend angenehme Wirkung ausgeht: «procul ab ira, procul ab odio» (weit von Zorn, weit von Hass),[2156] die jeder konkreten sachlichen Argumentation (*docere*) oder affektgeladener Motivation (*movere*) als deren Grundstruktur vorausgeht. Auf dieser Betrachtungsebene gerät definitiv der Redner selbst mit seiner inneren Einstellung (*äthos*) zum verhandelten Gegenstand ins Blickfeld der Untersuchung. Dies alles ‹wirkt› nach Aristoteles durch alle weiteren ‹Wirkfaktoren› (*docere* und *movere*) einer Rede ‹hindurch› und bildet die Basis für deren Glaubwürdigkeit.[2157]

---

nachweisen. Explizit geschieht dies in 7.3.3.1, 7.4.3.2, 7.5.3.1f, 7.6.2.1, 7.7.3.1, 8.6.3.1 und 8.6.3.3, 9.4.2.1, 9.5.3.1, 9.6.3.1, 9.7.2.1, 9.8.3.1 und 9.9.2.1.

2151 In BWV 25,5 in der Metapher des «höher[e]n Chores», in BWV 25,6 mit der Anspielung «hernach», in BWV 78,6 in der Verlängerung der Formel «in Ewigkeit», mehrfach in BWV 78,7 mit der ausführlich geschilderten Schau Christi in der «süßen Ewigkeit» und in BWV 17,9 mit der Anspielung auf «dorten».

2152 Siehe 6.4.

2153 Es sei an dieser Stelle noch einmal auf die Parallelität zwischen der Aufteilung der Deylingsschen «Herrliche[n] Dinge» in «Lehre», «Pflicht» und «Trost» und der Aufteilung der *elocutio* einer klassischen Rede in *docere*, *movere*, und *delectare* hingewiesen (siehe 5.3.1).

2154 Siehe u. a. vor allem die jeweiligen Ergebnisse zusammenfassenden Abschnitte «inszenierte Andacht».

2155 Siehe den Exkurs hierzu in 8.5.3.3.

2156 Quintilianus 1971 Bd. 2, 324: 6,2,14 (Siehe 8.11.2).

2157 Siehe 5.2.2.3.

Was die grundsätzliche Ausrichtung dieser Stilhöhe auf einen jenseits gerichteten *Glaubens-Trost* anbelangt, ist kein wesentlicher Unterschied unter den Konfessionen wahrzunehmen. Barockmusik – insbesondere in Deutschland – lässt sich auf ihr Verhältnis zur kosmischen Harmonie[2158] hin befragen und steht für Bezüge zu himmlischer Musik strukturell offen.[2159]

Dies ändert sich grundlegend erst, wo der Einfluss von Pietismus und Aufklärung den Fluchtpunkt menschlicher Existenz ins Diesseits zu verlagern beginnen, beides Bewegungen, die in ihrer ausgeprägten Form für Bachs Kirchenmusik der 1720er als noch nicht ausschlaggebend eingeschätzt werden müssen.[2160]

Nicht viel anders verhält es sich mit der dritten ‹tridentinischen›[2161] kirchenmusikalischen Grundausrichtung auf «die Betrachtung des Glücks der Heiligen». Wenn der Kirchenmusik nach diesem Verständnis die Aufgabe zukommt, die vollendete Gestalt geglückter Gottesbeziehung antizipierend in den Erfahrungshorizont irdischer Verhältnisse zu ‹transponieren›, bieten sich ihr hierfür im lutherischen Kontext mindestens zwei Möglichkeiten. Die eine besteht darin, als Textgrundlage zur Erbauungszwecken anstelle der unzähligen «Legenden von den Heiligen / vnd Passional / Exempel-Bücher vnd Historien» den biblischen Psalter zu verwenden:

> «ICH halt aber / das kein feiner Exempelbuch oder Legenden der Heiligen auff Erden komen sey oder komen müge / denn der Psalter ist.»[2162]

Eine weitere Möglichkeit besteht darin, eine wie in der tridentinischen Konzilsvorlage beschriebene erfüllte Beziehung im Sinne eines eschatologischen Ausblicks als Dialog zwischen dem idealtypischen Ich und seinem Gott in Szene zu setzen.

Als Beleg für die erste Möglichkeit, sich für seine persönliche Erbauung am Beispiel der Heiligen zu orientieren, stehen die Kopfsätze der Kantaten BWV 25 und 17, in denen vermittels eines Psalmwortes die Worte eines im Lutherschen Sinn «Heiligen auff Erden» vertont wiedergegeben werden. Auch in dieser Frage bieten die Abschnitte zum *delectare* dieser beiden Sätze den Anknüpfungspunkt für den erbaulich-tröstlichen Rückbezug auf das

---

2158 Siehe «Der Begriff musikalischer Ordnung» bei Dammann 1984, 23–92: Kapitel 1.

2159 Siehe «Mythologische, naturphilosophische und theologische Vorstellungen» bei Dammann 1984, 397–476: Kapitel 5, insbesondere die Seiten 450ff, wo das Verhältnis zwischen irdischer und himmlischer Musik thematisiert wird.

2160 Siehe hierzu 1.2.3 und 1.2.4.

2161 Zur Detailbesprechung dieser «Proposition» zum tridentinischen Konzil siehe 1.1.1.

2162 Luther 1974, 964.

«Glück[…] der Heiligen».[2163] Die Bezugnahme auf den Psalter dieser beiden Kopfsätze schlägt nicht nur – wie bereits festgestellt wurde[2164] – eine Brücke zum äusserlich zelebrierten Kult und zum Proprium des Gottesdienstes. Sie erfüllt weit mehr noch die Aufgabe, die im Psalter «eingelagerten […] Glaubenserfahrungen»[2165] der Heiligen (Luther) in der Gestalt einer musikalischen Inszenierung «wieder zugänglich» (Plüss) zu machen.[2166] Nach Luther braucht es keine ‹weiteren› Heiligen im Sinne von Vorbildern als die, die uns biblisch bereits vermittelt werden. Der Psalter stellt in seinen Augen hierfür «Exempelbuch»[2167] genug dar.

Was nun den musikalisch inszenierten Dialog zwischen dem idealtypischen und die gläubige Gemeinde stellvertretenden Ich und seinem Gott anbelangt, finden sich in den von mir analysierten Kantaten deutliche Hinweise in den Schlusschorälen BWV 25,6 und 78,7. Der Umstand, dass sich diese eschatologische Motivik in die Schlusssätze verlagert, lässt sich als Hinweis dafür werten, in welchem Mass sich die Kantaten in ihrem Verlauf auf den *Glaubens-Trost* hin zubewegen, eine Richtung, die das Libretto der Kantate BWV 17 ebenfalls – aber weniger bestimmt als die Schwesterkantaten – einschlägt. Hier ist es der vorletzte Satz, der den eschatologisch formulierten *Trost* zum Ausdruck bringt.[2168]

Darüber hinaus klingt der Jenseitsbezug der drei Kantaten grundsätzlich in jeder Anrede Jesu an, wird Jesus im lutherisch-orthodoxen Kontext doch als jenseitige Grösse wahrgenommen.[2169] Insofern lassen sich alle weiteren gebetsartig sich an Jesus richtenden Sätze in diesem Sinn auf die jenseitige Erfüllung einer Begegnung mit ihm *a facie ad faciem* (von Angesicht zu Angesicht)[2170] hin

2163 Siehe 7.3.3.3 und 9.4.2.3.

2164 Siehe 9.4.3.

2165 Zum Begriff siehe Plüss 2007, 230.

2166 Ebd. Zu diesem Verfahren der Verflüssigung von Glaubenserfahrungen siehe ferner die Abschnitte 7.3.4, 7.4.3.3 und 10.2.1.

2167 Luther 1974, 964.

2168 Im Schlusschoral begegnet den Hörerinnen und Hörern statt einer festen jenseitsfrohen Gewissheit (BWV 25 und 78) einer sein nahes Ende ‹in Aussicht stellenden› Herbstmetaphorik. Gottes Erbarmen wird zwar eingangs ebenfalls in Aussicht gestellt, im Rahmen des Kantatenduktus aber wirkt die Wahl des Schlusschorals eher als Ausdruck einer gewissen Hilflosigkeit des Librettisten seiner Aufgabe gegenüber, «die Sehnsucht nach himmlischer Harmonie» (tridentinische Vorlage) wecken zu sollen.

2169 Siehe 5.1.7.

2170 Hutter 1961, 140: XXXIV (de vita aeterna), 3 bzw. (Hutter/Schnabel 2000, 271. Näheres zur Anrufungsthematik siehe 7.6.1.

perspektivieren.[2171] Das Paradebeispiel aber eines explizit im Himmel imaginiert geführten Dialogs zwischen der «Seele» (Sopran) und «Jesus» (Bass) findet sich in der Arie BWV 140,3, das wie die Kantate insgesamt auf das «Gleichniß von den zehen Jungfrauen»[2172] bezugnimmt:

> Sopran
> Wenn kömmst du, mein Heil?
> Baß
> Ich komme, dein Teil.
> Sopran
> Ich warte mit brennendem Öle.
> Sopran
> Baß
> { Eröffne / Ich öffne } den Saal
> beide
> Zum himmlischen Mahl
> Sopran
> Komm, Jesu!
> Baß
> Komm, liebliche Seele![2173]

Es ist hier nicht der Ort, eine ausführliche Analyse dieses Satzes wiederzugeben. Im Sinne einer Zusammenfassung der Jen- und Diesseits aufeinander beziehenden wesentlichen Inhalte zitiere ich Dürrs Eindrücke zu diesem Duett:

> «Der Zwiegesang, thematisch aus dem Ritornellbeginn entwickelt, erweckt in seinem sehnsuchtsvoll-sinnlichen Charakter mystische Eindrücke: Himmlische und irdische Liebe sind hier in eines verschmolzen.»[2174]

Hindermann spricht von diesem Satz[2175] in rhetorischer Hinsicht als von einer «gekonnten Illusion», mit welcher Bach «sein Publikum durch ein glaubhaftes Bild in die Lage des Augenzeugen» versetzt.[2176] Dieses gestalterische Prinzip der

---

2171 Als Gebete lassen sich auffassen: BWV 25,1.3–6; BWV 78,1–3.5–7; BWV 17,3.5f.

2172 Mt 25, 1–13, Biblia 1712.

2173 Neumann 1974, 155. Diese Kantate wurde erstmals am 25. November 1731 aufgeführt (Dürr 2010, 720).

2174 Dürr 2010, 723.

2175 Die von Hindermann in 7.5.2 wiedergegebene Definition der rhetorischen Abschweifung bezieht sich auf eben diesen Satz.

2176 Hindermann 1985, 291.

antizipierenden Inszenierung himmlischer Verhältnisse ist im Barockzeitalter weit verbreitet. Geistliche Musik greift ‹von Hause aus›[2177] bereits in diesen Bereich hinein. Renate Steiger zitiert eine Orgelinschrift, in welchem dieser Anspruch der Musik bereits musikmorphologische Züge trägt: «*Kirchenmusik ist praeludium vitae aeternae* [– ein Vorspiel auf das ewige Leben]».[2178] Steigers Kommentar dazu lautet:

> «Kirchenmusik ist Vorabbild der Himmelsmusik. Sie vergönnt schon jetzt einen ‹Vorschmack›[2179] (wie man damals sagte) des Zukünftigen.»[2180]

Diese Ausführungen müssen genügen, das Potenzial der Bach-Kantaten anschaulich zu machen, die Andacht der Gottesdienstbesucherinnen und -besucher bis über den irdischen Erfahrungshorizont hinaus auf die *unio mystica*[2181] selbst zu steuern und somit umgekehrt diesen über alle konfessionellen Grenzen hinweg definierten Fluchtpunkt christlicher Frömmigkeit schlechthin poetisch-musikalisch in Szene zu setzen, das heisst in den Erfahrungshorizont irdischer Bezüge zu transferieren. Für einen Augenblick inszenierter Antizipation überschreiten die Gottesdienstbesucherinnen und -besucher ihre Zugehörigkeit zur *Ecclesia militans*[2182] und ‹erfahren› sich als Mitglieder der *Ecclesia triumphans*,[2183] als Wiedergeborene,[2184] also als solche, denen die seit Urzeit verloren gegangene *imago Dei* (Gottebenbildlichkeit) wieder erstattet wurde,[2185] bar jeder Erbsündenlast,[2186] Anklage,[2187] Krankheit,[2188] Erlösungsbedürftigkeit,[2189] Hinfälligkeit,[2190] Sterblichkeit.[2191] Die christliche Sehnsucht (*deside-*

2177 Vgl. Dammann 1984, 476 und Abschnitt 8.9.2.3.

2178 Renate Steiger 1998b, 200.

2179 Zum Begriff siehe 8.9.3.

2180 Renate Steiger 1998b, 200f.

2181 Siehe 1.2.2. Genaueres dazu in Bezug auf die Kantate BWV 140 siehe Casper 1985, 62ff.

2182 Siehe die Erläuterungen zu diesem Konzept 7.8.3.2.

2183 Ebd.

2184 Siehe Casper 1985, 62.

2185 Siehe 5.1.6.

2186 Zur Umsetzung dieser Thematik in den Kantaten siehe 7.3.3.1f, 7.4.1, 7.4.3.3, 7.8.1, 8.7.1, 9.7.2 und 9.8.3.2.

2187 Zur Umsetzung dieser Thematik in den Kantaten siehe 7.4.2, 7.4.3.1, 7.6.2, 8.7.1, 8.7.2.1, 8.11.2.2, 9.7.2 und 9.8.2.

2188 Zur Umsetzung dieser Thematik in den Kantaten siehe 7.3.2, 7.3.3.1f, 7.4, 7.4.3, 7.4.3.2f, 7.4.4, 7.5.3.1, 7.5, 7.5.3.1, 7.6, 7.6.1, 8.6.1–8.6.3 und 8.7.1.

2189 Zur Umsetzung dieser Thematik in den Kantaten siehe 7.5.3.3, 7.6.2.2, 7.7.3.2, 8.5.1, 8.5.3.1–8.5.3.3, 8.7.1, 8.7.2.1f, 8.11.2, 9.4.2.1, 9.6.3.2, 9.7.2, 9.8.3.2, 9.8.4 und 9.11.

rium)[2192] ist an ihr Ziel (*summum bonum* – das höchste Gut) gelangt, Freude (*gaudium*)[2193] verscheucht jeden Hass (*odium*),[2194] jede Trauer (*tristitia*)[2195] und erst recht jeden Zorn (*ira*).[2196] Doch müssen nun alle weiteren Affekte ebenfalls weichen: Flucht (*fuga*),[2197] Verzweiflung (*desperatio*)[2198] und Furcht (*timor*).[2199] Und von der Warte des *status gloriae*[2200] aus betrachtet, werden auch Hoffnung (*spes*)[2201] und Kühnheit (*audacia*)[2202] als im *status gratiae* durchaus noch willkommene Affekte obsolet. Einzig verbleiben die Grundaffekte Liebe (*amor*)[2203] und Freude (*gaudium*).[2204] Das höchste Gut (*summum bonum*), in diesem Fall die Vereinigung mit Christus, ist erreicht, zumindest in der poetisch-musikalisch gestalteten Vorwegnahme himmlischer Verhältnisse.

2190 Siehe 10.2.4 mit den Bezügen zwischen der gottesdienstlichen Fürbitte und den einzelnen Kantaten.

2191 Zur Umsetzung dieser Thematik in den Kantaten siehe 7.8, 7.8.3.3, 8.7 und 8.7.2.1f.

2192 Zur Umsetzung dieser Thematik in den Kantaten siehe 7.3.3.1, 7.4.3.2, 7.5.3.2, 7.6.2.2, 7.7.3.2, 7.8.3.2, 8.7.2.2, 8.7.2.3 und 9.10.2.2.

2193 Zur Umsetzung dieser Thematik in den Kantaten siehe 7.3.3.3, 7.6.2.2, 8.7.2.2, 8.9.2.2, 8.9.2.3, 9.4.2.2, 9.5.3.2, 9.6.3.2, 9.7.2.2, 9.8.3.2, 9.8.4, und indirekt 9.9.1. In der eschatologischen Gestalt expliziter «ewige[r] Freude» siehe 8.10.2.1.

2194 Zur Umsetzung dieser Thematik in den Kantaten siehe 7.3.3.2, 8.7.2.2 und indirekt 8.11.2.

2195 Zur Umsetzung dieser Thematik in den Kantaten siehe 7.4.3.2,8.5.3.2, 8.7.2.2, 8.10.2 und 9.10.2.2.

2196 Zur Umsetzung dieser Thematik in den Kantaten siehe 7.3.3.2, 7.4.3.2, 8.7.2.2, 8.7.2.3, indirekt 8.11.2, 9.7.2.2 und 9.8.3.2.

2197 Siehe weiter oben im Zusammenhang mit Deylings Lehr-Zeile aus «Herrliche Dinge» im Detail in 10.3.2 im Absatz zu den «wegmetaphorischen Perspektivierungen».

2198 Zur Umsetzung dieser Thematik in den Kantaten siehe 7.3.3.2, 7.4.3.2, 7.6.2.2, 8.7.2.2, 8.9.2.2 und 9.7.2.2.

2199 Zur Umsetzung dieser Thematik in den Kantaten siehe 7.3.3.2, 8.7.2.2, 9.7.2.2, 9.8.3.2, in der Gestalt der Ehr-furcht siehe 7.6.2.2, in der Gestalt der Gottesfurcht siehe auch – wenngleich indirekt 9.9.1.

2200 Zur Statuslehre siehe 5.1.6.

2201 Zur Umsetzung dieser Thematik in den Kantaten siehe 7.4.3.2, 7.6.2.2, 7.8.3.2, 8.7.2.2f, 8.9.2.2f, 9.4.2.2 und 9.7.2.2.

2202 Zur Umsetzung dieser Thematik in den Kantaten siehe 7.4.3.2, 7.6.2.2, 8.6.4, 8.7.2.2 und 8.9.2.2f.

2203 Zur Umsetzung dieser Thematik in den Kantaten siehe 7.8.3.2, 8.5.3.2, 8.9.2.3, 9.6.3.2, 9.8.3.2 und 9.8.4.

2204 Zur Affektsystematik siehe 5.2.2.2.1. Zur Umsetzung dieser Thematik in den Kantaten siehe 8.6.4, 8.7.2.2, 8.10.2.2, 8.10.2.3, 9.4.2.2, 9.5.3.2, 9.6.3.2, 9.7.2.2, 9.8.3.2 und 9.8.4.

Martis zusammenfassende Beurteilung der Zielsetzung von Kirchenmusik im Spiegel der Vorbereitung zum Konzil von Trient als Vermittlung einer «Ahnung» dessen, was jenseits der «Grenzen der Sprache, der Ausdrucksmöglichkeit, der Erfahrung»[2205] liegt, lässt die zu den Kantaten BWV 25, 78, 17 und 140 an Andachtsinszenierung himmlischer Verhältnisse gesammelten Ergebnisse im Lichte zweier Geistesrichtungen betrachten. Während die Kantaten BWV 25, 78 und 140 ein noch ganz als voraufklärerisch zu bezeichnendes verklärtes Bild himmlischer Realitäten zeichnen,[2206] von denen aus letztlich die irdischen Verhältnisse als Vorstufen erfüllter menschlicher Existenz erscheinen, nuanciert der Librettist der Kantate BWV 17 frühaufklärerisch[2207] diesen Aspekt merklich, in dem er im Satz 6 den Verweis auf die himmlische Zukunft zu einem «dorten» (Zeile 7) komprimiert und diese zwar als Heil(ung)svervollkommnung (Zeile 8) beschreibt, aber eben auch nur als Vervollkommnung bereits erfahrbarer Realitäten darstellt.[2208] Im Schlusschoral fehlt im Libretto jede jenseitsbezügliche Verheissung.[2209] Der *Glaubens-Trost* beschränkt sich in diesem letzten Satz auf eine sehr allgemein gehaltene Andeutung göttlichen Erbarmens. Im Grundsatz folgt Bachs Vertonung in der Affektgestaltung diesem schwergewichtig einer gewissen herbstlichen Metaphorik verpflichteten (Staub, Gras, Rechen, Blum, fallend Laub, Wind usw.) Duktus. Auf der Ebene der Trost-Gestaltung ermöglicht der «tänzerische Dreiertakt» (Petzoldt) einen Ausblick auf eine das «nahe Ende» hinausführende Dimension menschlicher Existenz. Doch gewaltsam verfährt Bach nicht mit seiner Textvorlage. Es bleibt an dieser Stelle bei der «Ahnung», die Marti der tridentinischen Bestimmung von Musik im Gottesdienst zuschreibt, «eine Ahnung davon, dass jenseits dieser Grenzen nicht nichts ist».[2210] In BWV 25 und 78 (und 140) gestaltet sich diese «Ahnung» – wie gesagt voraufklärerisch – zur Darstellung «himmlischer Harmonie»[2211] und macht diese «hier und jetzt wirksam: So gesehen holt die Musik eben doch den Himmel auf die Erde.»[2212]

Mit dieser Musik, Theologie und Gottesdienst auf ihren gemeinsamen Fluchtpunkt hin perspektivierenden Aussage Martis schliesse ich meine litur-

---

2205 Marti 2012, 7f. Siehe 1.1.

2206 Siehe 1.2.4.

2207 Siehe 1.2.4 und in Bezug auf BWV 17,2 siehe 9.5.3.1.

2208 Siehe vor allem 9.9.1 und 9.9.2.3.

2209 An dieser Stelle geht es nicht darum, die Liedstrophe Gra[u]manns für sich genommen zu betrachten, sondern ihre Verwendung im Libretto.

2210 Marti 2012, 7f.

2211 Fellerer 1976, 7.

2212 Marti 2012, 7f.

gietheoretische Untersuchung der Leipziger Kantaten zum 14. Sonntag nach Trinitatis aus der Feder Johann Sebastian Bachs ab. Der beschrittene Weg führte von der Auslegung einer Marginalie zu Bachs Verständnis einer «andächtig Musig» über die nach rhetorisch-homiletischen Kriterien vorgenommene Einzelanalyse der Kantaten zu deren Auswertung nach gottesdienstinszenatorischen Kriterien der Gegenwart. Auf diese Weise erfolgte die Bestimmung dessen, womit Bach (seine) Musik andächtig macht, über deren Entfaltung im Vollzug des Gottesdienstes, für den sie konzipiert wurde. Die Rezeption dieser Musik durch die damalige Gottesdienstgemeinde konnte dabei unmöglich über deren unmittelbare Reaktion eruiert werden. Die Quellenlage hierfür ist als zu dürftig einzustufen.[2213] Indirekt aber, über den Vollzug des Gottesdienstes, an dem sich die Gemeinde zu jener Zeit auf zweifache Weise beteiligte, nämlich im rollenbewussten Nachvollzug des agendarisch vorgeschriebenen liturgischen Weges wie in der Gestaltung ihres eigenen inneren Gottesdienstes, bietet diese Untersuchung gleichwohl einen Zugang zur Rezeption Bachscher Musik durch seine Hörerschaft. Der Schlüssel hierfür liegt in der zu jener Zeit insbesondere in Leipzig noch rege gepflegten privaten Lektüre erbauungsliterarischer Erzeugnisse, auf denen Bach seine Kommunikation mit der Gottesdienstgemeinde aufbaut und die auf seine Zeitgenossen einen über deren Verbreitung in den Haushalten schier messbaren Einfluss ausübten.[2214] Auf diese Weise bündelt die vorliegende Untersuchung Musik, Gottesdienst, Predigt und Privatandacht und ermöglicht nun doch, Konzeption und Rezeption der Bach-Kantaten geistesgeschichtlich adäquat miteinander in Beziehung zu setzen. Dieser rezeptionsorientierte Zugang deckt im Rahmen dieser Untersuchung ein weiteres Mal die Schwierigkeiten auf, denen Bach in seiner Andachtsinszenierung begegnet sein muss. Wenn sich Bach in der Hauptsache tatsächlich – Aufführungen von Kantaten wie BWV 17 zum Trotz – auf dem Boden voraufklärerischer Theologie und Frömmigkeit bewegte, ist es nicht verwunderlich, dass sich Repräsentanten der damaligen Moderne wie Johann Christoph Gottsched kaum mit Bachs Musik auseinandersetzten, während sich Bach wie Gottsched doch gleichzeitig in Leipzig aufhielten und über viele Jahre hinweg dieselben Gottesdienste besuchten.[2215] Keine Rezeption ist in dieser Hinsicht wohl auch eine Form von Rezeption.

2213 Vgl. 1.1.2.

2214 Siehe 5.1.5.

2215 Zum Verhältnis Gottsched-Bach siehe Stiller 1970, 198. Zu Gottscheds Gottesdienstbesuch siehe 3.2.

Auf diese Weise erweist sich die von der Forschung bisher vernachlässigte Publikation Salomon Deylings «Herrliche Dinge» ein weiteres Mal als Hauptreferenz, diesmal für die Kompetenz der Libretti und der Bachschen Vertonungen, mit den Erbauungsbedürfnissen der Kantatenhörerinnen und -hörer auf der Höhe der theologischen wie der erbauungsbezüglichen Erwartungen einer wohl stets abnehmenden, aber immer noch grossen Bevölkerungsschicht korrespondieren zu können.[2216] In dieser für den unmittelbaren Konsum durch die Gottesdienstgemeinde niederschwellig gehaltenen Publikation vereinigt Deyling als Homiletiker und Dichter präzis die für diese Untersuchung wesentlichen Faktoren Predigt (Proprium/äusserer Gottesdienst) und Erbauung (innerer Gottesdienst) und wendet sich ausserdem zeitlich annähernd an dasselbe ‹Publikum›, das auch Bach mit seinen Kantatenaufführungen im Auge hat.[2217] Diesem dokumentarischen Glücksfall widmet sich nun die letzte Gegenüberstellung im Rahmen der den Ertrag der Untersuchung zusammenfassenden Schlussbetrachtungen. Es gilt, Bach und Deyling ein letztes Mal erbauungsrelevant, somit auch rezeptionsspezifisch und den vorausgehenden Unterabschnitten zufolge vor allem auch alltagsbezogen miteinander ins Gespräch zu bringen, bevor ich im Abschnitt 11 von den Ergebnissen dieser Untersuchung aus einige Schneisen in eine gegenwartsbezogene Verhältnisbestimmung zwischen Musik bzw. Kunst und Gottesdienst schlage.

10.4 Bach und Deyling – zwei Andachtsperspektiven im Vergleich

Die in der vorliegenden Untersuchung durchgehend festgestellte grosse formale wie inhaltliche Nähe der drei Bach-Kantaten zur Predigtrekapitulation Deylings zum 14. Sonntag nach Trinitatis[2218] lässt auf ein beiden Textsorten gemeinsames Anliegen schliessen: Es gilt, das erbauungsrelevant Wesentliche an einer Evangeliumstextinterpretation so in Szene zu setzen, dass den Lesenden

2216 In dieser Hinsicht verdient der in 1.2 zitierte Zeitungsartikel zur Kantoratsprobe vom 7. Februar 1723 ein weiteres Mal im Rahmen dieser Untersuchung Beachtung, unterscheidet die darin gemachte Beuteilung des musikalischen Ereignisses einer Kantate bereits das im Gottesdienst anwesende ‹Publikum› in unterschiedliche Geschmacksrichtungen, ohne diese freilich zukennzeichnen: «Am verwichenen Sonntage Vormittage macht der Hochfürstl. Capellmeister zu Cöthen, Mr. Bach, allhier in der Kirchen zu St. Thomä […] seine Probe, und ist desselben damahlige Music von allen, welche dergleichen ästimiren, sehr gelobet worden.» (BD II, Nr. 124, 91).

2217 Über eine allfällige literarische Abhängigkeit der Broschüre «Herrliche Dinge» von den von Bach vertonten Texten siehe Jochen Arnolds Vermutung in 5.3.2.

2218 Beinahe jeder Analyseabschnitt dieser Untersuchung weist formale wie inhaltliche Bezugspunkte zwischen den Kantaten und den Deylingschen Merksätzen zum Sonntag auf.

bzw. Hörenden daraus Andacht erwächst.[2219] In dieser Perspektive erscheint die Deylingsche Zusammenfassung einer Amtspredigt auf drei Doppelzeiler als ein poetisch radikal reduktiver Akt. Worin die Andachtsrelevanz dieser zielgerichteten Verdichtung bei Deyling dabei besteht, lässt sich im Anschluss an Pfefferkorn mit der fünffachen Konfrontation der Lesenden mit einer auf Aktualisierung, Individualisierung, Subjektivierung, Emotionalisierung und Verinnerlichung[2220] zielenden Perikopenauslegung zusammenfassen. Das konfrontative Element dieser mit der Leserschaft unterhaltenen Kommunikation leite ich bei Deyling aus der Ansprache der Lesenden in der zweiten Person «du»[2221] oder «ihr»[2222] ab.[2223]Auch ist die an Drastik grenzende Direktheit der gewählten Sprache[2224] als ein weiteres Anzeichen für eine andachtsbezogene Sprachpragmatik[2225] zu werten. Deylings «Herrliche Dinge» wollen betroffen machen, eine persönliche Auseinandersetzung bei den Lesenden auslösen, gestalten und in Gang halten.[2226] Es geht um eine Vereindringlichung[2227] der in der Predigt behandelten Inhalte, diesmal im Kontext privater Rezeption vermutlich im Anschluss an den öffentlichen Gottesdienst, vielleicht aber auch für die Zeit während des Gottesdienstes oder sogar während des Kanzeldienstes selbst.[2228]

2219 Siehe grundlegend 5.1.5 und 5.1.7.

2220 Siehe im Detail 5.1.5.

2221 So z. B. im *Trost* «Am ersten Advents=Sonntage: Was zagst du frommes Herzt? Warum ist dir so bange? / Ruff Hosianna aus! die Hülfe bleibt nicht lange.» (Deyling 1734a, 3).

2222 So z. B. in der *Pflicht* zum selben Sonntag: «Hier eylet Zions Volck den HErrn anzunehmen, / Solt ihr Ghorsam nicht euch Heuchler izt beschämen?» (Ebd.).

2223 Deyling drückt sich bisweilen sehr allgemein aus, wie in der *Lehre* zum «Fest der Heiligen Drey Könige»: «Die Heyden lassen sich zu Christi Krippe leiten./ Wer JEsum recht erkennt, des Hertze wird voll Freuden.» (Deyling 1734a, 7). Es dominiert aber bei ihm die konfrontative Anrede in der zweiten Person wie im *Trost* zum «ersten Sonntag nach dem Heil. drey Königs=Fest»: «Du sprichst: JEsus ist verloren! aller Trost will nun verschwinden: / Suche ihn nur Glaubens=voll, er läßt sich gewißlich finden.» (Ebd.).

2224 So z. B. in der *Pflicht* zum «Fasnacht Sonntage»: «Der HErr hat dich erkaufft, willst du nicht danckbar seyn? / Dien ja der Sünde nicht, sonst folget Straff und Pein.» (Deyling 1734a, 11), oder in der *Lehre* «Am Sonntag Qvasimodogeniti»: «GOtt beut uns Gnade an. Wie groß ist diese Gabe! / Die frohe Friedens=Post erschallt aus JEsu Grabe.» (Deyling 1734a, 17).

2225 Siehe 5.1.5.

2226 So im *Trost* zum «Sonntag Misercordias Domini»: «Was wilt du traurig seyn? Ach höre auf zu weinen, Merck itzt das Freuden=Wort: Es kennt der HErr die seinen.» (Ebd.).

2227 Siehe Hindermann 1987, 287.

2228 Zum aus heutiger Sicht eigenartigen Gebrauch von Gebeten und Texten aller Art während des Gottesdienstes siehe 5.1.5, 5.1.7, 5.3 und 10.2.3.

Auch weist die Auffächerung der zu rezipierenden Inhalte in *Lehre, Pflicht* und *Trost* auf eine das gesamte Leben der Leserschaft in Anspruch nehmende Rhetorik, welche das Individuum auf seine persönliche Eingliederung in den grösseren Zusammenhang der zu erbauenden Christenheit anspricht.[2229] Insbesondere legt die sprachliche Fassung der vermittelten Inhalte in wohlgeformte Hexameter eine erbauungsspezifische Ausrichtung nahe. Schliesslich gilt es, die rein formale Gestaltung des Layouts zu würdigen, das mit derjenigen von Kantatentextbroschüren dieser Zeit identisch ist[2230] und Deylings «Herrliche Dinge» sogar optisch in die Nähe von Publikationen bringt, die auf den inneren Gottesdienst ausgerichtet sind.

Die drei analysierten Bach-Kantaten erweisen sich in der rhetorisch-poetischen wie homiletisch-erbaulichen Grundausrichtung mit Deylings «Herrliche Dinge» im Grundsatz kongruent.[2231] An manchen Orten lässt sich die Nähe beider Textsorten zueinander sogar bis in den Wortlaut hinein dokumentieren.[2232] Zur beschriebenen konfrontativen Sprachpragmatik Deylings gerät diejenige der Bachkanten jedoch in einen signifikanten Kontrast. Als erster grundlegender Unterschied sticht die jeweilige Anrede der Adressatinnen und Adressaten heraus. Während Deyling fast durchgehend im «du» bzw. «ihr» sein aus der homiletischen Perspektive heraus definiertes Gegenüber anspricht, legt sich Bach in der Auswahl seiner Libretti der drei analysierten Kantaten auf ein idealtypisches Ich fest, aus dessen Perspektive heraus Gott bzw. Jesus als Du angesprochen wird.[2233] Während sich Deyling explizit im biblischen Begleit-

---

2229 Hierzu Pfefferkorn: «Zentral für den Erbauungsbegriff ist zunächst seine Zielrichtung: Wer oder was soll erbaut werden? Die Mehrzahl der Belege nennt die christliche Kirche oder die Gemeinde Gottes als Objekt der Erbauung […] Die Erbauung der Gemeinde kann allerdings nur durch die Erbauung ihrer einzelnen Glieder geschehen, sie setzt immer beim einzelnen Christen an. Der Erbauungsbegriff besitzt schon von Anfang an eine kollektive und eine individuelle Komponente; wird nur ein Aspekt direkt thematisiert, bleibt der jeweils andere trotzdem im Hintergrund präsent.» (Pfefferkorn 2005, 116f.).

2230 Siehe 5.3.

2231 Siehe insbesondere die Detailuntersuchung zu den gewählten Stilhöhen der einzelnen Sätze: *docere, movere, delectare.*

2232 So z. B. die Begriffe «Aussatz» in 7.5.3.3, «Sünden» und «Schaden» in 8.7.2.1 und Jochen Arnolds Einschätzung zur möglichen Abhängigkeit der Deylingschen Publikation von den Bach-Kantaten-Libretti in 5.3.2.

2233 Dies gilt durchwegs für die untersuchten Kantaten. Bisweilen schwenken andere von Bach in Leipzig vertonte Kantatentexte ins Unpersönliche und Direktive über wie in den beiden zu Exaudi erhaltenen Werken BWV 44 und 183 (siehe Neumann 1974, 86f.). Die grosse Mehrheit der Libretti schliesst sich meiner Einschätzung nach aber der dialogischen Perspektive zwischen Gott und Mensch an wie z. B. BWV 103 und wort zu «Herrliche Dinge» als «Hirt» und «Engel des Herrn Zebaoth[2234] zu erkennen gibt, stellt sich Bach grundsätzlich auf die Ebene seiner Textdichterinnen und -dichter und nimmt die Rolle der Gott gegenüberstehenden Gemeinde ein, aus deren Reihe heraus freilich die Musiker einen von der Obrigkeit akkreditierten kultspezifischen Sonderauftrag wahrnehmen.[2235] Damit positioniert Bach seine Kantate auch rollenspezifisch[2236] auf der Ebene der Gemeinde.[2237] Die in allen Satztypen eingenommene Perspektive ist, formal betrachtet, die eines Gott selbst gegenüberstehendem Wir bzw. Ichs.[2238] Die im vorausgehenden Abschnitt beschriebene gottesdiensttheologische ‹Augenhöhe› zum Priesterpersonal bleibt gleichzeitig aber gewahrt. Im Rahmen dieses poetisch-musikalisch inszenierten Dialogs, den der Einzelne für sich oder im Kollektiv mit Gott unterhält,[2239] steht Bach und sein Ensemble nun wiederum der

146 (Jubilate), BWV 166 und 108 (Cantate), BWV 86 und 87 (Rogate) usw. Natürlich lassen sich auch unterschiedliche Anreden kombinieren wie im Himmelfahrts-Oratorium BWV 11, wo es in Satz 1 heisst: «Lobet Gott in seinen Reichen», während in Satz 2 aus der Schriftlesung zitiert wird: «Der Herr Jesus hub seine Hände auf …», und in Satz 3 und 4 ein menschliches «wir» bzw. «ich» mit Gott im Gespräch inszeniert werden. Die in dieser Untersuchung analysierte Kantate BWV 17 bietet eine in rhetorischer Hinsicht einsichtige Mischform dar: Während die beiden Anfangssätze 1 und 4 aus ‹unpersönlichen› Bibelzitaten bestehen und Satz 2 noch sehr deklamativ feststellend Gottes Schöpfermacht besingt, schaffen die übrigen Sätze – selbst der Schlusssatz über die Vokabeln «uns» und «wir» – die Identifizierung des singenden Ichs mit der dem Gottesdienst beiwohnenden Hörerschaft.

2234 Siehe 5.3.

2235 Siehe 5.4.1 und insbesondere 5.4.10 im Zusammenhang mit dem von Bach unterzeichneten *revers*. Ich verweise insbesondere auf Bachs Marginalie zu 2Chr 5,13 selbst, in welcher der Komponist den Begriff «Andacht», den Calov im Zusammenhang mit der Priesterschaft verwendet, unmittelbar mit dem Begriff «Music» verschränkt (siehe 5.1.2). Musiker üben entsprechend ein gottesdienstliches mit den Priestern vergleichbares Amt aus. Beiden ‹Körperschaften› ist in Bachs Augen Andacht als Voraussetzung zur Erfüllung ihrer Funktion aufgetragen.

2236 Siehe auf der Ebene der Theorie die Abschnitte 5.4.7 und 5.4.8 und im Rahmen der Einzelanalyse die Abschnitte 8.7.3 und 9.6.3.1.

2237 Siehe Henning Luthers Verständnis der Gemeinde als «Orientierungspunkt» der Predigt in 5.4.10.1.

2238 In keiner der drei analysierten Kantate wird die Ebene des Gebets, das sich an Gott richtet, verlassen. Sogar das Psalmzitat in BWV 17,1 und das Evangeliumszitat in BWV 17,4 sind andachtsinszenatorisch auf das Gebet hin ausgerichtet.

2239 Dies gilt für alle analysierten Kantatensätze, mit Ausnahme der Bibelzitate BWV 25,1; 17,1 und 4, die erbauungsliterarisch als Meditationsimpulse eingesetzt werden (vgl. Pfefferkorn 2005, 211).

Gottesdienstgemeinde gegenüber, freilich nicht als Prediger,[2240] sondern als Regisseur eines öffentlich begangenen und den inneren Gottesdienst der Einzelnen strukturierenden Vorgangs: Bach disponiert seine Texte so (oder findet sie bereits so disponiert vor), dass sie beide andachtsrelevanten Momente des «Hörens» auf das Wort Gottes und des darauf «Antwortens» (Meyer)[2241] in Szene setzen. Im Psalm-, Choral- oder Evangeliumswort lässt sich die Gottesdienstgemeinde das äussere Wort Gottes im Hinblick auf ihren persönlichen inneren Gottesdienst noch einmal gesagt sein, während die übrigen Sätze die aus dieser Konfrontation heraus erwachsene Antwort als Gebet szenisch vorstellen, und dies auf eine Weise, dass verschiedene Aspekte des Antwortens zum Zug kommen und dass das einzelne Mitglied seine eigene Antwort aus dieser oder jener Inszenierung zusammenzusetzen vermag.[2242] Rhetorik und Andacht sind inszenatorisch aufeinander bezogen und ergänzen einander: Die Andacht liefert die Inhalte, die Rhetorik bereitet diese wirkungsorientiert auf. Weiter verläuft die Argumentation der Bach-Kantaten auf einer grundsätzlich der kerygmatisch konfrontativen Grundstruktur eines Deylingschen Zweizeilers gegenüber abgeschwächten, verspielteren Linie. Dies ist bei BWV 17 besonders auffällig, wo das Libretto jedem Bezug zu einer direkten christologischen Implikation aus dem Weg geht.[2243] Insbesondere diese Kantate zeigt Bachs Bemühungen auf, sich auch eine positive Rezeption durch dem Geist der Aufklärung verpflichtete Gottesdienstbesuchende sichern zu wollen. Doch auch in BWV 25 und 78 suchen Librettist und Komponist Mittel und Wege, den offiziellen Duktus einer Predigt stärker noch in die Lebenswelt ihrer Hörerschaft zu übertragen, als dies Deylings «Herrliche Dinge» bereits anstreben.[2244] In der Perspektivierung einer Kantatenaufführung als inszenierte Andacht gewinnt dieses Verfahren der Abschwächung bzw. der Umspielung nun an liturgietheoretischer Relevanz. Die Liturgie erweitert sich für den Zeitraum dieser Kantatenaufführungen zu einer die persönliche Aneignung der durch die Predigt

---

2240 Zur liturgietheoretischen Beziehung der Bach-Kantaten zur Predigt siehe 5.3.2.

2241 Siehe 5.1.5.

2242 An dieser Stelle sind die Ergebnisse zur jeweiligen *dispositio* der einzelnen Sätze relevant. Die Hörerschaft wird von einer *narratio* (z. B. BWV 25,2) anders angesprochen als von einer *probatio* (positiven Beweisführung) (z. B. BWV 25,3) oder *refutatio* (Widerlegung) (z. B. BWV 78,3). In der *peroratio* (Schlusserörterung) schliesslich, die sich wiederum als *in adfectibus* (z. B. BWV 78,5) bzw. *in rebus* (z. B. BWV 76,6) aufteilen lässt, bieten sich der Hörerschaft wieder unterschiedliche Möglichkeiten, andächtig hörend und antwortend auf den verhandelten Gegenstand der Klangrede zu reagieren.

2243 Siehe die Abschnitte zur *inventio* der Kantatensätze.

2244 Siehe hierzu 10.3 mit Unterabschnitten.

vermittelten Inhalte inszenierenden Begehung der Gemeinde selbst. Deyling sieht diesen Andachtsbezug im Wesentlichen wohl für die Zeit vor oder nach dem öffentlichen Gottesdienst vor, bietet sie doch einen Überblick über die gehaltenen Predigten eines ganzen Jahrganges.[2245] Bach inszeniert ihn aber ausschliesslich für die Zeit *während* des äusseren Gottesdienstes und *als Teil* davon. Die von Deyling angeregte Andacht gewinnt keine den äusseren Gottesdienst mitgestaltende Qualität. Auch wenn die Gemeinde die von ihm gedichteten Zweizeiler während des Predigtvollzugs meditieren sollten, wird ihr hierfür keinerlei Zeit eingeräumt, in welcher etwa der Prediger zu verstummen hätte. Die Kirchenkantate hingegen gestaltet mit ihrer Fokussierung auf den inneren Gottesdienst der Einzelnen als während des äusseren Gottesdienstes (er-)«klingende[s] Seitenstück zur Predigt» (Schering) gerade auch deren äusseren Gottesdienst mit und dies von Aufführung zu Aufführung unterschiedlich![2246] Aus dieser Perspektive heraus lässt sich die Emphase interpretieren, mit welcher Bach in seiner Studienbibel die Belegstellen herausstreicht, denen zufolge Musik *im* Gottesdienst eine solch gewichtige Rolle spielt, dass derselbe *ohne* Musik ihres spezifischen Andachtsbezuges wegen Gottes Auftrag nur unvollständig zu entsprechen vermag. Ohne *andächtig Musig* ist aus Bachs Sicht der Gottesdienst um eine biblisch angeordnete anamnetische Dimension ärmer,[2247] nämlich um eine spezifisch auf Verinnerlichung und Vereindringlichung ausgerichtete Konfrontation der Gemeinde mit Gottes (Gnaden-)Gegenwart.

In diesem Sinn zeigt sich Bach im Verhältnis zu der bereits auf erbauungsliterarische Bezüge ausgerichteten Lyrik Deylings über die Vielfalt der von ihm gewählten Ausdrucksmittel als ausgesprochen rezeptionsinteressiert. Als Hauptkriterium hierfür lässt sich der im Schlussabschnitt 10.3 mit seinen Unterabschnitten beschriebene vielgestaltige Alltagsbezug der Kantaten ausmachen, der sich wie in BWV 25 und 78 an erbauungsliterarische Erzeugnisse vornehmlich aus dem 17. Jahrhundert orientiert oder wie in BWV 17 auch die Nähe zum Gedankengut der frühen Aufklärung sucht.

2245 Siehe 5.3.2.

2246 An dieser Stelle ist auf Arnold 2009 zu verweisen, der aus einer Gesamtschau des erhaltenen Kantatenwerks Bachs heraus unterschiedliche Kantatentypen mit unterschiedlichen liturgisch relevanten Akzenten herausarbeitet und auf aufführungsspezifische Unterschiede hinweist (siehe 2).

2247 Wie z. B. in der Fastenzeit, in der die Musik nicht als ganze schweigt, aber keine Kantaten aufgeführt werden. Siehe Petzoldt 2006, 85f.

11 Andächtig Musig – eine Herausforderung für den Gottesdienst der Gegenwart

Während ich mich in den vorausgehenden Abschnitten auf die liturgieformalen Bedingungen einer Bach-Kantatenaufführung im Kontext ihres ursprünglichen Aufführungsrahmens konzentrierte, soll an dieser Stelle das darin erarbeitete Andachtsverständnis auf sein Potenzial hin ausgelotet werden, das Verhältnis zwischen Gottesdienst und Musik bzw. Kunst in welcher Form auch immer unter heutigen Bedingungen beleuchten zu können. Es handelt sich an dieser Stelle nicht um eine alle möglichen Parameter berücksichtigende Analyse der aktuellen Situation, sondern um einige Schlaglichter, die ich von der vorausgehenden Untersuchung her auf eine gottesdienstliche Situation werfe, wie ich sie praxisnah beiderseits der Sprachbarriere zwischen der Deutschschweiz und dem Welschland französischer Zunge wahrnehme.[2248]

Nun ist der von mir umschriebene Andachtsbegriff nicht besonders eng gefasst, ging es in den vorausgehenden Abschnitten doch darum zu beschreiben, über welche Techniken Bach Musik auf Andacht hin konzipiert und in Szene setzt und nicht darum, einen Bach eigentümlichen Andachtsbegriff herauszuarbeiten. Unter Andacht verstehe ich, meine Untersuchung rekapitulierend und gleichfalls auf die geistesgeschichtlichen Bedingungen der Gegenwart beziehend, eine innere Sammlung, die im Kontext einer vornehmlich individuell verantworteten christlichen Spiritualität in der Begegnung mit Gott oder zumindest in der Ausrichtung auf Gott ihren expliziten oder vielleicht auch nur impliziten Bezugspunkt findet.[2249] Entsprechend wird im Folgenden analog zu Bach die Bezogenheit der Andacht auf den Wortlaut der Bibel und dem sich

---

2248 Zwischen 1994 und 1997 habe ich die liturgische Situation im Welschland über meine eigene Gottesdienstpraxis in der Gemeinde Meyrin bei Genf aus eigener Erfahrung heraus kennengelernt. Als Präsident der SEK-Liturgiekommission bis 2015 habe ich die liturgische Situation auch nach meinem Wechsel als Gemeindepfarrer nach Thalwil bei Zürich weiter verfolgt. Über gelegentliche Besuche lutherischer Gottesdienste in der Schweiz wie in Deutschland, die ich teilweise als Liturg selber gestaltet habe, bin ich somit auch liturgiepraktisch mit dieser Gottesdiensttradition und deren neuerer Entwicklung persönlich vertraut.

2249 Siehe 5.1.7., 5.4.3, 5.4.10.1 und 10.3.5.

dahinter verbergenden Anspruch Gottes an den Menschen zumindest implizit stets vorausgesetzt, ebenso wie die Vorstellung einer Gottesbegegnung oder -bezogenheit, die der Begrenztheit des irdischen Lebens wegen als ein für den Menschen zeitlebens unabgeschlossener Prozess gedacht wird. Entsprechend wird die Möglichkeit einer ‹realen› Begegnung mit Gott *a facie ad faciem* auch im Rahmen meines Andachtsverständnisses als für den Menschen grundsätzlich ausserhalb irdischer Realisierungen betrachtet.[2250] Dass der Bezugspunkt der Andacht selbst ausserhalb dessen zu liegen kommt, was Liturginnen und Künstler im Rahmen eines Gottesdienstes an Andacht zu erzielen vermögen, halte ich für eine noch heute vertretbare Einschränkung ihres Kompetenzbereiches. Entsprechend können demnach Gottesdienst und Musik lediglich eine Ahnung göttlicher Präsenz vermitteln oder diese augenblicklich gewissermassen aufscheinen lassen, ohne dass damit eine wie auch immer geartete Verfügbarkeit über sie verbunden wäre. Diese Spannung zwischen Kompetenz und prinzipieller Ohnmacht ist ausschlaggebend für einen Andachtsbegriff, der seinen Gegenstand kennt und gleichzeitig in seiner Unverfügbarkeit respektiert.[2251] In Ermangelung der Möglichkeit, das Feld, auf welchem sich das Verhältnis zwischen Musik und Gottesdienst abspielt, «systematisch und umfassend aufzuarbeiten»,[2252] beschränke ich mich in der Darstellung der Herausforderung, die von Bachs Musik für das Zusammenwirken von Musik und Gottesdienst ausgeht, auf die Beschreibung von vier Spannungsfeldern, in denen sich in meinen Augen jede Gottesdienstvorbereitung bewegt.[2253]

[2250] Siehe insbesondere 8.9.2.3. Ich möchte hiermit evangelikal oder pfingstlerisch orientierten Gottesdienstbesuchenden Andacht nicht grundsätzlich absprechen wollen, nur weil sie sich bereits als Erlöste und Wiedergeborene verstehen. Ich vermute aber, dass in einem pfingstlerisch geprägten Andachtsbegriff eine Vermischung zwischen den Ebenen stattfindet, sodass sich die Andacht mehr auf die von Gott erbetenen Zeichen richtet als auf Gott selbst, und dass im Mittelpunkt dieses Andachtsbegriffes mehr der Wunsch unmittelbarer Ergriffenheit steht, als die Bereitschaft, sich von Gott und dessen Wort nicht nur trösten und aufrichten, sondern auch herausfordern zu lassen. Zur Auseinandersetzung zwischen Bach und dem Pietismus seiner Zeit siehe 1.2.3 und ferner Wallmann 2010c, 248ff.

[2251] Zur «Verweisfunktion» der Musik und ihrer «Selbsttranszendierung», ihrer «Ausrichtung auf ein Unverfügbares Unbedingtes» siehe Marti 2002, 145 über das Verhältnis von Theologie und Musik.

[2252] Marti 2002, 143.

[2253] Ein solches Vorgehen ist in unterschiedlichen neueren Untersuchungen zum Gottesdienst der Gegenwart, gerade auch in Bezug auf das Verhältnis immer wieder anzutref-

11.1 Zwischen Tradition und Innovation – Stichwort Sorgfalt

Im Spannungsfeld zwischen Tradition und Innovation, das den Gottesdienst seit je her kennzeichnet, ganz besonders aber in Zeiten multipler Identitätsbestimmungen, die durch eine gewisse Unübersichtlichkeit[2254] gekennzeichnet sind, möchte ich zur Bestimmung einer andachtsrelevanten Gottesdienstvorbereitung und -gestaltung eine Vokabel ins Feld führen, die mir schon längere Zeit in Alfred Ehrenspergers Texten aufgefallen ist. Es handelt sich um den Begriff «Sorgfalt» bzw. dessen Adjektiv «sorgfältig.» Allein auf der Homepage der Liturgiekommission der evangelisch-reformierten Kirchen der deutschsprachigen Schweiz stammen die meisten der 61 Belege für «Sorgfalt» bzw. «sorgfältig» aus der Feder Ehrenspergers, dessen Beiträge unter der Rubrik «Liturgische Orientierung» zu finden sind:

> «Echte, bedachte und begründete Erneuerung, auch im liturgischen Bereich, ist immer sorgfältig vorbereitet und auf ein begleitendes Wort der Deutung angewiesen.»[2255]

---

fen, das Musik, Gottesdienst und Glaube miteinander unterhalten. So spricht Klaus Röhring in dieser Hinsicht ebenfalls von Spannungsfeldern wie z. B. zwischen «Tradition und Gegenwart» (Röhring 2002, 154), «Ritus und Individualität» (Röhring 2002, 158), dann innerhalb der Liturgie zwischen «Kyrie und Gloria, Sanctus und Agnus Dei» (Röhring 2002, 160) und schliesslich zwischen «Theologie und musikalische[r] Ästhetik» (Röhring 2002, 162). Ähnlich spannungsbezogen verhält es sich bei Dietrich Wiederkehr, wenn er zwischen Weltlichem und Geistlichem in Bezug auf die Musik unterscheidet und beide Klassifizierungen gleichzeitig aufeinander bezieht. So entstehen bei ihm spannungsvoll aufeinander bezogene Themenpaare wie «Standorte und Wegorte» (Wiederkehr 2002, 133) sowie programmatische Gegenüberstellungen, die er gleichzeitig in ihrer Verschränkung zu erfassen sucht wie in der Überschrift «Religiöse Musik – weltlich gehört: Weltliches in geistlicher Musik» (Wiederkehr 2002, 134) oder in deren Umkehrung: «Weltliche Musik – geistlich gehört: Immunabwehr und Offenheit» (Wiederkehr 2002, 138). Marti zeichnet gleich ein ganzes Begriffspentragramm, um das «strukturierte[...] Feld» kenntlich zu machen, auf welchem sich die Bezüge zwischen den Komponenten einer im Gottesdienst erklingende Musik bewegen (Marti 2002, 143). Vgl. ferner auch Peter Bubmann, der seine kirchenmusikalischen «Leitperspektiven» ebenfalls auf Begriffspaare abstützt, die eine spannungsvolle Komplementarität zum Ausdruck bringen: «Raum & Zeit», «Form & Gestalt», «Inszenierung & Dramaturgie», «Aufführung & Spiel», «Performanz & Partizipation», «Atmosphäre & Stimmung» (Bubmann 2013, 185ff).

2254 Zum Begriff siehe bereits Habermas 1985, insbesondere die Seiten 141–163: «Die Krise des Wohlfahrtsstaates und die Erschöpfung utopischer Energien».

2255 Ehrensperger 2005, 2.

> «Wer möchte bezweifeln, dass z. B. die Erarbeitung einer Predigt, die inhaltlichen Schwerpunkte eines Gebets, die Auswahl der Lesestücke und der Gemeindelieder (auch deren einzelnen Strophen) sowie der Vorgang der sorgfältigen Verknüpfung der einzelnen Liturgieteile Bekenntnischarakter haben [...]?»[2256]

> «Auch Kirchenmusiker/-innen tragen durch eine bedachte Wahl ihrer Eingangs-, Zwischen- und Schlussspiele (Orgel), durch die Sorgfalt ihrer Intonation und Begleitung der Gemeindegesänge (mit der Orgel oder mit anderen Instrumenten) oder durch die Wahl textlich und musikalisch überzeugender Chormusik zum Bekenntnischarakter des Gottesdienstes bei.»[2257]

Diese Zitatenauswahl mag genügen, um den bei Ehrensperger auffällig hohen Gebrauch der Vokabeln «Sorgfalt» und «sorgfältig» zu veranschaulichen. Es wird ihm dabei weniger nur um die *in liturgicis* wie in jedem anderen Geschäft stets wünschenswerte Sorgfalt im Allgemeinen gehen. Vielmehr weist Ehrensperger damit auf die Notwendigkeit hin, bei der Vorbereitung und Gestaltung eines Gottesdienstes eine eigene *Haltung* dem liturgischen Geschehen gegenüber einzunehmen und diese in der praktischen Durchführung transparent werden zu lassen. Mit Rücksicht auf die vorausgehende Untersuchung ist damit die Glaubwürdigkeit einer Inszenierung angesprochen, die Liturgie mit Musik sowie mit weiteren Künsten zu verbinden trachtet. Der Glaubwürdigkeit der Rednerin bzw. des Redners verbunden mit der Kohärenz des Redeaufbaus kommt im Überzeugungsprozess nach Aristoteles sogar die Hauptaufgabe zu.[2258] In der vorausgehenden Kantatenanalyse gerät die Haltung der klangrednerisch agierenden Personen jeweils in den Abschnitten zur Stilhöhe *delectare* ins Blickfeld der Untersuchung.[2259] Denn für die Hörerinnen und Hörer ist es die kompetent durchgeführte Verknüpfung einer als aktuell wahrgenommenen Thematik mit vertrauten Werten und Normen, die sie von der Qualität einer Rede überzeugt sein lassen. Dies geschieht nur dann, wenn spürbar wird, dass die für die Inszenierung massgebliche Person oder Personengruppe selber ‹hinter› der angesprochenen Verknüpfung ‹steht›.[2260] In diesem Sinn lassen sich die

---

2256 Ehrensperger 2004a, 1.

2257 Ehrensperger 2004a, 5.

2258 Siehe 5.2.2.3.

2259 Zur Funktion des *delectare* siehe insbesondere Siegeles Beschreibung des rhetorischen Formbegriffs Bachs in 8.5.3.3.

2260 Diese Verbindung von Werk und Person lässt sich in jedem der Abschnitte zum *delectare* beschreiben und in seiner Entwicklung von Satz zu Satz verfolgen: In BWV 25,1 von Ehrensperger verwendeten Vokabeln «Sorgfalt» und «sorgfältig» in meinen Augen gerade auch mit der Glaubwürdigkeit einer künstlerischen Aufführung im Gottesdienst oder überhaupt eines liturgischen Handelns in Verbindung bringen, das sich innerhalb des Spannungsbogens zwischen Tradition und Innovation zu bewähren sucht. Die durch den Einsatz von Musik anvisierte Andacht der Gottesdienstbesuchenden lässt sich aus dieser Perspektive heraus wesentlich auch von der persönlichen Haltung der an der Produktion beteiligten Personen her konzipieren, von der Sigristin angefangen bis zum Verwalter der Kirchenchorliteratur. Aus deren «konzentrierte[r] innere[r] Anteilnahme»[2261] heraus erwächst letztlich auch der Gemeinde im Vollzug der Gottesdienstfeier das, womit Ulrich Meyer Andacht zunächst einmal begriffsgeschichtlich ganz weltlich umschreibt: «ein Erleben mit gesammeltem Bewußtsein».[2262] In dieser Hinsicht lässt sich Ehrenspergers Wortwahl als Aufruf zu einer Form von

---

ist es die Faktur des Satzes, durch welche Bach den Psalter, Martin Luther folgend, als «Buch der Kirche» in Szene zu setzten versteht (siehe 7.3.3.3). Bach vertont an dieser Stelle nicht einfach einen Bibeltext, sondern liest sich und die Gemeinde gewissermassen in diesen Text hinein, identifiziert sich und die christliche Gemeinde mit ihm als Ausdruck ihrer Zugehörigkeit zu einem Ganzen, dessen Konturen der Reformator vorgezeichnet hat. In BWV 25,2 ist es die *virtus*, mit welcher Bach das drastische Bild der Welt als «Hospital» auf eine Weise vertont, dass es nachdenklich stimmt, ohne übertrieben zu wirken (siehe 7.4.3.3 und 7.4.4). Auf diese Weise ‹steht› Bach ‹hinter› der als doch für seine Zeit bereits als gewagt zu bezeichnenden Metaphorik ‹seines› Librettisten und verleiht ihr den nötigen musikalischen Nachdruck. In BWV 25,3 ist es das Prinzip des Konzertes selbst, mit welchem Bach bereits den *Glaubens-Trost* in die vom Libretto ausgebreitete Szene einbringt, in der um das eigene Heil gerungen wird (siehe 7.5.3.3). Als Komponist ‹muss› Bach dies keineswegs. Er tut dies aber, bringt unterschiedliche Ebenen ins Spiel und ‹verrät› damit seine klangrednerische Absicht, die textliche Vorlage homiletisch auf den *Glaubens-Trost* hin zu vertiefen. Bereits am Beispiel dieser ersten Sätze einer Kantate lässt sich der Ernst nachzeichnen, mit dem Bach in seiner Vertonung Tradition, Glaube und Zeitgeschmack von Satz zu Satz neu miteinander ins Gespräch zu bringen trachtet, und somit auch seine eigene Haltung permanent, aber auf unterschiedliche Weise ins Spiel bringt: Bach setzt sich mit seiner Thematik gründlich auseinander. Vertrauen dem Komponisten gegenüber erweckt die solide Faktur der Komposition, mit welcher Bach als kompetenter Klangredner den Ernst der Tradition durch die Wahl unterschiedlichster Ausdrucksmittel durchscheinen lässt und auf diese Weise gleichzeitig aktualisiert und somit auch zeitgemäss transformiert.

2261 Meyer 1977, 116.

2262 Ebd. Siehe ferner 5.1.5.

Askese[2263] *in liturgicis* interpretieren, als eine die eigene Person und Haltung einbeziehende Übung und Disziplin im Umgang mit der Liturgie, ihrer Bestandteile und ihrer Bezüge. Ich verstehe unter Askese in diesem Zusammenhang die Bereitschaft der an der Inszenierung eines Gottesdienstes beteiligten Personen, sich über den eigenen ‹Part› hinaus für den Anlass insgesamt zu ‹interessieren› und eine aus dieser Bereitschaft resultierende ‹Unterordnung› unter eine gemeinsam verantwortete Inszenierung.

Die von mir für diese Untersuchung heuristisch ins Spiel gebrachten Parallelen zwischen Bachs eigener konzeptioneller Arbeit und den meist inszenierungsaffinen Liturgietheorien der Gegenwart (siehe 5.4.2ff.) erweisen sich ein weiteres Mal als erhellend: Liturgisches Handeln – und als solches verstehen sich auch Bachs Kantatenaufführungen[2264] – lässt sich zu Bachs Zeit wie auch noch heute als ein zielgerichtetes Handeln verstehen und analysieren.[2265] Entsprechend ist auf eine innere Kohärenz innerhalb der gottesdienstlichen Handlungselemente zu achten.

Aus meiner eigenen Erfahrung als Pfarrer und Gottesdienstbesucher heraus erachte ich diesen Hinweis auf die Bereitschaft, sich einem grösseren Inszenierungszusammenhang unterzuordnen, als unter heutigen Akteuren im Rahmen einer Gottesdienstvorbereitung und -durchführung leider als alles andere als selbstverständlich. Allzu häufig beobachte ich, wie die Motivation der sogenannt ‹Mitwirkenden›[2266] stark ausgeprägt ist, den eigenen Part möglichst gut zu gestalten und entsprechend mit einer grosser Unbefangenheit auch in den Mittelpunkt der Inszenierung zu stellen. Andacht im Bachschen Sinn fordert

---

2263 Siehe Übersetzung des Begriffs ἄσκησις (askäsis) Menge 1979 und Bergmann 1979, 195f.

2264 Siehe die Abschnitte zur inszenierten Andacht, ferner die die Analyse einer Kantate jeweils abschliessenden Abschnitte 7.9, 8.13, 9.11 und die Auswertung in 10.

2265 Steht z. B. bei Luther der Dialog zwischen Gott und Mensch im Mittelpunkt gottesdienstlichen Handelns (5.4.2), läuft Cornehls Gottesdienstdefinition auf eine Zweckbestimmung hinaus (5.4.2). Auch Josuttis versteht den Gottesdienst nicht als Selbstzweck: «Der Ritus realisiert den Mythos» (5.4.4). Bei Bach ist es insbesondere die Integration des äusseren und des inneren Gottesdienstes, die im Fokus seiner Kommunikation mit der Gemeinde steht (Siehe zusammenfassend Abschnitt 10).

2266 Dieser Begriff ist im Rahmen eines Gottesdienstes missverständlich, muss doch die Gemeinde selbst als mitwirkend im Sinne von mitvorbereitend und mitgestaltend in Betracht gezogen werden. Zur Bezeichnung der Personen, die diesen Gottesdienst mit eigenen Darbietungen mitgestalten – denn um mehr als eine spezifische Art der Mitgestaltung kann es sich ja nicht handeln – fällt mir kein adäquater Begriff ein.

dagegen die Bereitschaft der Einzelnen heraus, sich am Ganzen der Andachtsinszenierung mit innerer Anspannung zu beteiligen und entsprechend auch ihre individuellen Bedürfnisse und *performance* dem Gesamtereignis unterzuordnen. Andacht fordert also Disziplin, Einübung und die Bereitschaft, sich vertieft mit der Sache des Gottesdienstes auseinanderzusetzen. Aus einer mit vertiefter Sachkenntnis angereicherten Übung und Disziplin erwächst mit der Zeit die liturgische Kompetenz, traditionelle liturgische wie musikalische Elemente aus ihrem vertrauten Kontext lösen und in neue Zusammenhänge stellen oder situativ mit unerwarteten Unterbrüchen, Einwürfen oder Veränderungen stilistischer Art konfrontieren zu können, um die Andacht der Gemeinde gekonnt von einer Wahrnehmungsebene in die nächste zu führen. Allfällige Störungen der Andacht lassen sich aus dieser Sicht heraus entsprechend auf einen Mangel an Sorgfalt zurückführen.[2267]

11.2 Zwischen Expertentum und uneingeschränkter Partizipation – Stichwort Amt

Dass der Gottesdienst nicht den Pfarrern gehört, gilt als ökumenisch unbestrittene Selbstverständlichkeit. Als Aussage zu Beginn eines die Interdisziplinarität in den Mittelpunkt stellenden Liturgiesymposiums 2011[2268] in Bern ist sie aber als Hinweis auf die Gefahr einer sich selbst genügenden Liturgiepflege durch Pfarrpersonen zu werten.

2267 Peter Bubmann stellt in seinem Artikel «Zur Kriteriologie der Musik im Gottesdienst» in Anlehnung an Lieberknecht 1994 eine Art Kriterienkatalog auf. In Bezug auf die Auswahl von Gemeindeliedern stellt er 6 Grundprinzipien auf: «a) das Prinzip der Zeitgemäßheit b) das Prinzip der Pluriformität c) das Prinzip der Kommunikabilität als Abwägung von Traditionsbezug und Aktualität d) das Prinzip der Zielgruppenorientierung [...] e) das Prinzip des Nutzens für die Gemeinde» und «f) das Prinzip des pneumatologischen Vorbehalts [...]» In meinen Augen kann ein solches Verfahren bei der Überprüfung eines Anlasses nützlich sein, nicht aber in der Phase der Entstehung selbst. Zu unterschiedlich sind unter den Akteuren in der Vorbereitung eines Gottesdienstes die Ansichten z. B. darüber, was zeitgemäss, kommunikabel oder nützlich für die Gemeinde ist. Die von mir angesprochene rhetorische Kohärenz erhält eine Gottesdienstinszenierung durch die Bereitschaft der Akteure, sich gemeinsam ‹ans Werk zu machen› und durch ihre Haltung, ‹hinter› dem Produkt auch zu ‹stehen›. Sie lässt sich in meinen Augen nicht normativ-deduktiv ableiten.

2268 Siehe Walti 2012, 51.

Bachs biblische Randnotizen helfen, die andachtsbezogene Integration von Musik im Gottesdienst der Gegenwart auch unter dem Gesichtspunkt der Partizipation durch die Gemeinde zu beleuchten: Insbesondere die Marginalie zu 1Chr 25[2269] gibt ein Amtsverständnis wieder, welches die Zuordnung von Musik und Gottesdienst als einen biblisch begründeten Auftrag Gottes an seine Gemeinde integriert. Demzufolge besteht das Kultpersonal nicht allein aus Pfarrpersonen, sondern mindestens ebenso aus musizierenden Profis und Laien. Bach ‹beamtet› gewissermassen seine Musiker und begründet dies kulttheologisch.[2270] Die Frage ist, ob sich daraus nun auch für eine heutige Perzeption künstlerisch-liturgischer Zusammenarbeit in den Mitarbeiterkonventen der Kirchgemeinden Nutzen ziehen lässt. Ich denke dabei an eine effektiv gemeinsam wahrgenommene Anstrengung der verantwortlichen Akteure, insbesondere das Zusammenwirken von Musik und Liturgie «sorgfältig» (Ehrensperger) zu bedenken und die dabei eingenommenen Rollen andachtsrelevant – das heisst in geteilter liturgischer Kompetenz – aufeinander abzustimmen.[2271] Dies bedingt freilich die Bereitschaft, die bisherige Praxis in der Gottesdienstvorbereitung, in welcher in der Regel die Pfarrperson die wesentlichen liturgischen Stücke sowie das Gottesdienstgerüst inklusive Liedwahl festlegt, grundlegend auf eine breitere interdisziplinäre Abstützung der Gottesdienstverantwortung hin zu modifizieren. In einer solchen Perspektive lässt sich ausserdem nicht nur die Mitwirkung externer Künstlerinnen und Künstler in Vorbereitung und Durchführung von Gottesdiensten sachgemäss einbeziehen, sondern auch diejenige der Gemeinde selbst. Doch was heisst es, die Gemeinde im Bachschen

---

2269 Siehe 5.1.3.

2270 Siehe 5.1.3.2.

2271 Zur Professionalität im Rahmen gottesdienstlichen Handelns siehe u. a. Meyer-Blank, 2011, 391f. Meyer-Blank insistiert dabei zu Recht auf Routine und Bildung, vernachlässigt aber den an der Durchführung eines Gottesdienstes notwendigen Zuzug unterschiedlicher Disziplinen. Auch Bieritz behandelt die unterschiedlichen Rollen innerhalb des Gottesdienstes lediglich mit Rücksicht auf die im Kult vorgesehenen (vorgeschriebenen) Rollen und ihrer liturgiegeschichtlichen Verankerung. Querverbindungen zum spezifischen Kompetenzbereich von Musikerinnen und Musikern wie von Sigristinnen und Sigristen werden nicht erörtert (Bieritz 2004, 160ff: Rollen, Dienste, Ämter). Zumindest angerissen wird diese Problematik bei Walti 2012, wo über den oftmals mangelhaften Dialog zwischen «Pfarrperson und Organist» hinaus «die Mitarbeit von Ehrenamtlichen und der Gemeinde» aber auch der «Sigristen» als Aufgabenfelder der Kirchen und der praktischen Theologie thematisiert wird (Walti 2012, 56f.).

Sinn analog zu den Musikern ebenfalls gewissermassen kirchlich amtierend in den Gottesdienst einzubeziehen? Während zu seiner Zeit die Gottesdienstgemeinde im Leipziger Kontext als eine mehr oder weniger gegebene Grösse betrachtet werden kann, deren partizipative Rolle am Gottesdienst durch normierte Verhaltensmuster geregelt erscheint,[2272] ist die Verbindlichkeit heutigen Gottesdienstbesuchs eine Frage der individuellen Einstellung. Andachtsrelevant und rollenspezifisch muss die Beteiligung der Gemeinde am gesamten Inszenierungsgeschehen Gottesdienst unter heutigen Bedingungen stärker reflektiert werden, als dies im Leipzig zur Zeit Bachs bereits der Fall war.[2273] Hierfür gilt es wesentlich, die Gemeinde in einer Weise anzusprechen, dass sie sich im Verlauf der Gesamtinszenierung Gottesdienst und der künstlerischen Teilinszenierungen nicht allein als Publikum[2274] erfährt, sondern vielmehr als am Geschehen existenziell Beteiligte wahrzunehmen in die Lage versetzt wird.[2275] Anders als Meyer-Blank, der sich in dieser Hinsicht mit einer «innere[n] Beteiligung» der Gemeinde zu begnügen scheint,[2276] halte ich es für geboten, in der Planung eines Gottesdienstes das Potenzial einer auch ‹äusseren› Beteiligung der Gemeinde sorgfältig auszuloten. Ich denke dabei zum Beispiel bei Aufführungen von (Bach-)Kantaten nun weniger an das Mitsingen der Gemeinde bei einfachen Choralsätzen[2277] oder an eine die Gemeinde mit einschliessende Probenarbeit,[2278] als vielmehr grundsätzlich an eine *dispositio*[2279] des gesamten Gottesdienstes, durch welche die Gemeinde durch gezielte Massnahmen mehr und mehr befähigt wird, am Gottesdienst gestaltend mitzuwirken und somit das ‹Amt› des allgemeinen Priestertums kompetent und «mit gesammeltem Bewußtsein und konzentrierter innerer Anteilnahme»[2280] wahrzunehmen.[2281] Eine

---

2272 Siehe Abschnitt 3.

2273 Zum nachreformatorischen Gottesdienstbesuch im Allgemeinen und dessen Niederschlag in der Agendenproduktion siehe Ehrensperger 2004b.

2274 Zur Problematik dieses gottesdienstgeschichtlich bedeutsamen Rollenverständnisses im Verlauf des 18. Jahrhunderts siehe Kalb 1982, 38.

2275 Zur gegenwartsbezogenen Diskussion über die Durchdringung von Liturgie und Theater siehe Meyer-Blank 2011, 381ff.

2276 Siehe Meyer-Blank, 2011, 375.

2277 Siehe Wustmann 1909.

2278 Siehe Walter 2007, 342ff. Zu diesem stets aktuellen Projekt siehe ferner Walters Homepage: www.meinrad-walter.de/bachkantate.php (11.04.2017).

2279 Zur Anordnung einzelner Teile innerhalb einer Rede siehe 5.2.1.

2280 Meyer 1977, 116f. siehe 5.1.5.

solche *dispositio* bezieht sich – wo innenarchitektonisch und denkmalschützerisch möglich – auf die Einrichtung von Bänken bzw. Stühlen, die es so anzuordnen gilt, dass eine allzu frontale Gegenüberstellung von ‹Bühne› und ‹Publikum› vermieden wird.[2282] Doch auch in der zeitlichen *dispositio* der Abläufe lässt sich zum Beispiel bereits in der Phase der Begrüssung mehr Zeit für einen freien Austausch unter den Gottesdienstbesuchenden einplanen, was sich positiv auch auf deren ‹innere› *dispositio* auswirkt, sich auf Aufforderung oder spontan am Geschehen als Gemeinschaft zu beteiligen und ihrem Gott als mündige Gemeinde zu begegnen.[2283] Auf solchen Grundbedingungen gelungener Interaktion im Rahmen einer Veranstaltung aufbauend, von denen nicht erwartet wird, dass sich die miteinander Feiernden einander bereits gut kennen, lässt sich eine ganze Systematik förderlicher Massnahmen entwerfen, die es den zunehmend kirchlich nicht mehr sozialisierten Zufallsgemeinden ermöglicht, sich anlassbezogen gewinnbringend am gottesdienstlichen Geschehen zu beteiligen. In diese Richtung weist Christoph Müllers und Matthias Kriegs Artikel «Laienhaft oder professionell», wenn sie von *«Empowerment»* der Gemeinde sprechen und dazu festhalten:

> «Die Professionellen sind im evangelischen Bereich durch die Gemeinde Beauftragte und können aus ihrer Aufgabe kein Deutungsmonopol ableiten; sie würden ihren Auftrag verfehlen, wenn sie die Teilnehmer als Unmündige behandeln und sie von sich abhängig

---

2281 Einen mutigen Schritt zur Befähigung der Gemeinde geht die Projektgemeinde St Laurent in Lausanne. In den dort gefeierten Gottesdiensten wird insbesondere auf die Kohärenz zwischen liturgischem Handeln und einer auch im Alltag verständlichen Kommunikation geachtet. So wird unter anderem auf den strukturellen Einbezug von Kindern im Gottesdienst Wert gelegt. Erwachsene und Kinder feiern durchgehend gemeinsam Gottesdienst, aber auf eine den unterschiedlichen Bedürfnissen gerecht werdende Weise. Kinder werden somit nicht zunächst willkommen geheissen und anschliesend an ein Sonderprogramm verwiesen, sondern gehören von Anfang bis Ende zur Gottesdienstgemeinde dazu. Siehe die Homepage dieser Gemeinde www.saintlaurenteglise.eerv.ch (11.04.2017).

2282 In diesem Sinn sind die in den reformierten Gebieten Europas anzutreffenden Quadrat-, Polygonal-, Rund- oder Ovalbauten zu erwähnen, in der die Gemeinde sich um Taufstein und Kanzel sammelt. Jegliche Unterteilung in Chor und Schiff findet sich in dieser Raum-*dispositio* zugunsten einer kultischen Gleichberechtigung aller Gläubigen aufgehoben (siehe Reymond 2015, 64–88).

2283 Siehe St-Laurent-Projekt, das ich soeben besprochen habe.

machen – und ihnen nicht vielmehr ermöglichen würden, mitzudenken, mitzugestalten, selbst zu deuten und Antworten zu finden […].»[2284]

Müllers und Kriegs im Konjunktiv gehaltene Formulierungen zeigen an, wie gross das Desiderat im Hinblick auf eine liturgietheoretisch zufriedenstellenden Integration der Gemeinde selbst im Vollzug eines evangelischen bzw. evangelisch-reformierten Gottesdienstes nach wie vor ist.

11.3 Zwischen Planung und Improvisation – Stichwort Situativität

Folgende aus Bachs Studienbibel zitierte Zeilen zur salomonischen Tempelweihe geben die Schlussaussage der Passage wieder, die Bach marginal mit seiner Aussage zu einer «andächtig Musig» kommentiert. In ihnen zeichnet sich bereits eine liturgierelevante Spannung zwischen Planung und Improvisation ab.

«… da ward das Hauß | des HErrn erfüllet mit einem Nebel. V, 14. Dass die Priester nicht | stehen kundten zu dienen für dem Nebel / | denn die Herrligkeit des HErrn erfüllet | das Hauß Gottes.»[2285]

Es wird immer wieder zu Recht auf den Wert, ja die Notwendigkeit der Zusammenarbeit zwischen den unterschiedlichen ‹Disziplinen› im Rahmen einer Gottesdienstvorbereitung hingewiesen.[2286] Die andachtsfördernde Dimension einer solchen Zusammenarbeit liegt in meinen Augen nicht allein in der Auseinandersetzung über eine liturgierelevante Platzierung zum Beispiel von Musikstücken. Weit wichtiger scheint mir der zunächst nicht produktorientierte Austausch der Akteure darüber zu sein, wie sie ‹sich› den betreffenden Gottesdienst als Gesamtinszenierung ‹etwa vorstellen› können. Dabei ‹wird› den Akteuren allmählich ‹klar›, welche Kompetenzen in musikalischer wie liturgischer Hinsicht überhaupt ‹im Spiel› sein werden. Im Rahmen dieser Abstimmung aufeinander ‹entsteht› so etwas wie ein von allen Seiten ‹getragener› liturgischer Ablauf, entsteht die Gesamtinszenierung Gottesdienst. Die von mir verwendeten Anführungsstriche zeigen an, in welchem Masse die angestrebte Andacht eine Frage einer situativen Affinität unter den Mitwirkenden ist und sich nicht

---

2284 Müller/Krieg 2011, 322.

2285 Aus 2Chr 5,13f. (*Deutsche Bibel*). Zur Auslegung dieser Stelle siehe 5.1.

2286 Siehe Meyer-Blank 2011, 535: «Planung und Vorbereitung mit anderen» aber auch Walti 2012.

auf theoretisch festgelegte Kriterien abstützen kann. Haben sich die Mitwirkenden in ihren Vorbereitungen ‹einmal gefunden›, beginnt eine Zusammenarbeit, in welcher Sorgfalt, der interdisziplinäre Austausch und eine bewusst vorgenommene Beteiligung der Gemeinde zum erwünschten Ziel führen, die Andacht aller Anwesenden, sprich, der Gemeinde insgesamt reflektiert zu gestalten. Gestützt durch Bachs Verhältnisbestimmung: «Beÿ einer andächtig Musig ist allezeit Gott mit seiner Gnaden-Gegenwart»,[2287] lässt sich unter diesen Bedingungen ‹vertrauensvoll ans Werk› gehen. Musik, Wort, Stille, Raumgestaltung, Ton- und Beleuchtungstechnik sowie Werbung, Begleitzettel usw. werden geplant und in ein ‹richtiges› Verhältnis zueinander gesetzt. Damit können sich die Teilnehmenden in den je und je ansatzweise und bruchstückhaft erlebten Momenten gedanklicher Klarheit,[2288] persönlicher Herausforderung[2289] und erfahrener Geborgenheit[2290] als von Gott gerufen und gesendet wahrnehmen.[2291] Die von mir verwendeten Anführungsstriche und insbesondere der von mir gewählte Begriff ‹richtig› weisen ausserdem auf eine von allen beteiligten Akteuren zu teilende Ahnung über die Unverfügbarkeit hin, die in jeder gottesdienstlichen Handlung liegt, und von der 2Chr 5,13f. sprechend zu berichten weiss. Hierzu braucht es neben Wissen, Erfahrung, Kunst und Intuition vor allem aber auch Einsicht, die Einsicht nämlich, dass jede Gottesdienst-

---

2287 Randnotiz Bachs zu 2Chr 5,13. Zur Auslegung siehe 5.1.

2288 Ich beziehe mich dabei auf den in der Rhetorik unter *docere* bezeichneten sachbezogenen Argumentationsstrang einer Rede (siehe 5.2.2.1) sowie auf die von Salomon Deyling als *Lehre* bezeichneten homiletische Aufgabe einer Predigt (siehe 5.3).

2289 Ich beziehe mich dabei auf den in der Rhetorik unter *movere* bezeichneten emotionalen Argumentationsstrang einer Rede (siehe 5.2.2.2) sowie auf die von Salomon Deyling als *Pflicht* bezeichnete homiletische Aufgabe einer Predigt (siehe 5.3).

2290 Ich beziehe mich dabei auf den in der Rhetorik unter *delectare* bezeichneten auf Gefälligkeit ausgerichteten Argumentationsstrang einer Rede (siehe 5.2.2.3) sowie auf die von Salomon Deyling als Trost bezeichneten homiletische Aufgabe einer Predigt (siehe 5.3).

2291 Zu einem Verständnis des liturgischen Beitrags von Musik im Gottesdienst in der Literatur der Gegenwart siehe Plüss 2007, der im Abschnitt «Atmosphärische Gestaltungselemente» schreibt: «Die Instrumentalmusik und der Gesang sind für das emotionale Erleben deshalb bedeutsam, weil sich Gottesdienstteilnehmende noch lange an die Musik erinnern, selbst wenn sie die vermittelten Inhalte bereits vergessen haben. Die Musik erzeugt und gestaltet eine Schwingung, die in die nichtmusikalischen Teile hineinwirkt und lange nachschwingt. Gemeinsam gesungene Lieder können die vereinzelten Teilnehmenden – temporär und nachhaltig – in eine Gemeinschaft verwandeln und so das Gottesdiensterleben insgesamt prägen.» (Plüss 2007, 200f.).

inszenierung wie diejenige zur salomonischen Tempelweihe damit rechnen darf, von Gottes eigener Anwesenheit überrascht und bis hin zur Behinderung in der Ausführung inspiriert[2292] zu werden. Gerade in Bezug auf die Bereitschaft, sich interdisziplinarisch auf eine im Grundsatz unverfügbare Begegnung mit Gott hin in Planung und Durchführung abzustimmen, kann die konzeptionelle Situativität grundsätzlich jeder musikalischen Darbringung Bachs[2293] wertvolle Impulse vermitteln: Es kann andachtsspezifisch nicht wirklich um die jeweils beste Darbringung eines Stückes gehen, welches nun zufällig im Rahmen eines Gottesdienstes aufgeführt wird, sondern vielmehr darum, situativ die für die intendierte Andacht jeweils beste Inszenierungsgestalt eines Stückes im Rahmen der Gesamtinszenierung eines ganz bestimmten Gottesdienstanlasses zu finden. Erst wenn eine Musik als für den jeweiligen Gottesdienst erklingend wahrgenommen wird, erhält sie ihre liturgierelevante Qualität. Vorbereitung und Durchführung eines auf Andacht angelegten Gottesdienstes bleiben darauf angewiesen, dass das Ereignis Gottesdienst von den hauptverantwortlichen Akteuren als zwischen Planung und Improvisation schwebend wahrgenommen wird.[2294] An dieser Stelle stellt sich die Frage der Notwendigkeit einer gemeinsamen Einstimmung aller Akteure – bisweilen auch die in der Vorbereitung

---

2292 Im Rahmen lebensweltlicher Bezüge spricht Plüss von Störungen, wenn eine gewisse Selbstverständlichkeit verloren geht, weil «Menschen in neue Szenen geraten, die ihnen unvertraut sind, deren Skripte sie nicht kennen. Sobald sie sich allerdings in den neuen Szenen zurechtgefunden, sich bezüglich der Rollenangebote orientiert haben und das Skript kennen, werden die Szenen zunehmend selbstverständlich und Bestandteile der alltäglichen Lebenswelt.» (Ebd., 112). Analog zu dieser rollenspezifischen Wahrnehmung des menschlichen Verhaltens lässt sich die Einzugszene in 2Chr 5 als ein zwar geplanter, aber gleichzeitig auf der Erfahrungsebene ebenso unvertrauter Szenenwechsel verstehen, auf den sich Priesterschaft und Gemeinde erst einzustellen haben. Von einem regelrechten Abbruch des Gottesdienstes, der durch den Einzug Gottes in den Tempel provoziert worden wäre, steht in 2Chr 5 wie in 1 Kö 8 der wohl massiven Störung zum Trotz natürlich nichts.

2293 Siehe Alfred Dürrs aufführungspraktische Überlegungen in Abschnitt 4.

2294 Hierzu Marti: «Es müssen immer wieder situative Entscheide gefällt werden. Das ist hoffentlich heute eine Binsenwahrheit, aber nicht immer ganz einfach durchzuhalten, wenn ich mich als Organist in der einen Situation dafür entscheide, eine künstlerisch fragwürdige Aktion mitzutragen, und in der anderen dagegen nicht. […] Daraus folgt der bewusste und auch explizit deklarierte Verzicht auf den Anspruch absoluter Richtigkeit von Entscheiden, die dann auch für andere Situationen Gültigkeit haben könnten. […] Wenn ich entscheide, dann tue ich das im Bewusstsein der Vorläufigkeit […]» (Marti 2002, 150f.).

nicht einbezogenen Gottesdienstgemeinde selbst – in einen Gottesdienst, in dessen Verlauf die Situativität des jeweils ‹Richtigen› eine bedeutende Rolle spielen soll. Die eingangs dieses Abschnitts aufgegriffene Störung der Tempelweihliturgie durch den eigentlich planmässig erfolgenden Einzug Gottes in seinen Tempel unterstreicht den Aspekt der liturgischen Notwendigkeit, sich mit der Spontaneität einer Gotteserfahrung gerade im Rahmen einer darauf hin angelegten öffentlichen Inszenierung, wie es der Gottesdienst ist, auseinanderzusetzen.

11.4 Zwischen Verkündigung und Seelsorge – Stichwort Konfrontation

Die soeben geschilderte göttliche Störung der Liturgie in 2Chr 5,14 führt mich zu meiner letzten Überlegung, die deutlicher noch als die vorhergehenden Bachs eigene Kommunikationsanstrengung in den Mittelpunkt stellt und auf den Gottesdienst der Gegenwart bezogen zu verwerten versucht. Andacht lässt sich im Zusammenhang dieser Untersuchung als das Resultat eines aufwendigen rhetorisch-poetisch-musikalisch gestützten kommunikativen Prozesses zusammenfassen, im Rahmen dessen das von Ulrich Meyer beschriebene Wechselspiel zwischen Hören und Antworten[2295] auf eine regelrechte Konfrontation zwischen dem göttlichen Wort und der christlichen Gemeinde hinausläuft. Das in Bachs Kantaten ins Spiel gebrachte aufwendige und in dieser Untersuchung beschriebene rhetorische Instrumentarium ist als Indiz für eine auf höchste Konzentration zielende Kompositionsweise zu werten. Bachs auf Andacht zielende Kommunikationsanstrengung zeichnet sich durch äusserste Dichte und Präzision aus. Einerseits gilt es, sich zeitlich horizontal von einer musikalischen Passage in der eigenen Andacht anleiten zu lassen. Andererseits geht es aber zugleich darum, zeitlich vertikal, das heisst *während* des Erklingens einer Passage, durch zahlreiche Bezüge auf die unterschiedlichen Dimensionen aufmerksam zu werden, die Bach *gleichzeitig* ins Spiel bringt. Hiermit spreche ich die Anstrengung an, die Bach seinen Hörerinnen und Hörern abverlangt, und somit spreche ich auch den Aspekt der *persönlichen Arbeit* an, die in seinen Augen mit Andacht einherzugehen scheint. In diesem Zusammenhang betrachtet, ist bei der Aufführung von Musik im Gottesdienst nicht allein auf eine interdisziplinär und sorgfältig situativ erarbeitete Stil- und Liturgiekongruenz

---

2295 Siehe 5.1.5.

zu achten. Die Hörenden ‹leisten› auch im Hören einer Musik ihren ‹Beitrag› am Gottesdienst und sollen dies auch tun dürfen. Es ist schliesslich ja ‹ihr› Gottesdienst, der von Liturginnen, Musikerinnen, Sigristinnen usw. lediglich angeleitet wird. Eine solche von der Gemeinde abverlangte Denkanstrengung steht in der Spannung zwischen einer vor allem auf Verkündigung fokussierenden Auffassung von Gottesdienst und einer solchen, in welcher die seelsorgliche Nähe Gottes im Vordergrund steht.[2296] Auf welche Weise nun die herausfordernde wie die bergende Dimension göttlicher Präsenz nicht etwa gegeneinander ausgespielt zu werden verdienen, sondern in der Andacht der Gottesdienstgemeinde als einander spannungsreich ergänzend inszeniert werden können, darüber versuchten vor allem die mit «inszenierte Andacht» überschriebenen Abschnitte im Analyseteil dieser Untersuchung Auskunft zu geben.[2297] In Bezug auf den Gottesdienst der Gegenwart liest sich Bachs Kommunikationsanstrengung über alle sozialen Schichten seiner Zeit hinweg als eine Aufforderung, die Gottesdienstteilnehmenden weder in ihrer musikalischen noch in ihrer theologischen wie liturgischen Kompetenz zu unterfordern. Marti schreibt zur Überforderungsgefahr, die von Bachs Kirchenmusik auf seine Zuhörerschaft ausgeht:

> «Ich kann mir nicht vorstellen, daß Bach sich groß darum gekümmert hat, ob seine Musik nicht vielleicht zu anspruchsvoll, zu differenziert, zu aufwendig sei für die gottesdienstliche Gemeinde. Er hat sie so geschrieben, wie er sie aus der Notwendigkeit der musikalischen Strukturen schreiben mußte, nicht ängstlich darauf bedacht, elitären Anspruch zu vermeiden.»[2298]

Im Rahmen dieser abschliessenden Betrachtungen verdient die ungebrochen grosse Bereitschaft heutiger Menschen gewürdigt zu werden, sich mit Bachs Musik auseinanderzusetzen: Der Umstand, dass die von Bach inszenierte Andacht Menschen auch ausserhalb kirchlich-religiöser Bezüge anzusprechen

---

2296 Vgl. hierzu Marti 2001.

2297 Strenggenommen stellt bereits die Aufteilung einer Rede in *movere* und *delectare* (siehe 5.2.2.2 und 5.2.2.3) diese Spannung zwischen Herausforderung und Beheimatung da. Dies setzt sich in der christlichen Homiletik in der Gestalt der *Pflicht* und des *Trostes* (siehe Deyling 5.3) fort. Vgl. hierzu in der Einzelanalyse die Abschnitte zu *movere* und *delectare*.

2298 Marti 1985, 98.

vermag,[2299] weist auf das Potenzial musikalischer bzw. allgemein künstlerischer ‹Einschübe› hin, den jeweils hierfür gewählten Inszenierungskontext – zum Beispiel ein Gottesdienst – für das Erleben der am Ereignis Teilnehmenden zu transformieren, ja sogar zu transzendieren. Unbemerkt kann sich über die ‹Einspielung› von Musik das Rollenbewusstsein der am Ereignis Teilnehmenden modifizieren. Menschen, die nur der Musik wegen an einem Gottesdienst teilnehmen, entdecken sich vielleicht situativ neu als Teil einer ihnen noch ungewohnten unsichtbaren, aber gewissermassen hörbar präsent gewordenen ‹universellen Kirche› jenseits jeder konfessionellen Anbindung. Andere wiederum, die sich traditionsverbunden zur Gottesdienstgemeinde zählen, mögen im Rahmen einer Kantateninszenierung eine Vertiefung und Erweiterung ihrer konfessionellen Zugehörigkeit erfahren. Auf Bachs Kantatenmusik zugespitzt: Die in Bachs Musik andachtsspezifisch angelegte Provokation vermag nicht nur Verkündigung und Seelsorge miteinander zu verbinden, sondern beides in einen auch ekklesiologisch neuen Kontext zu stellen.[2300] Kunst birgt somit für die Veranstalter von Gottesdiensten auch eine gewisse Gefahr. Der Rat der Stadt Leipzig wusste wohl, warum er den Wirkungskreis der Musik mittels eines vom Kantor vor Stellenantritt zu unterzeichnenden «Revers» einzuschränken suchte.[2301]

11.5 Schlussbetrachtung

Somit schliesst sich der Kreis dieser Gottesdienst und Musik unter heutigen Voraussetzungen miteinander in Beziehung setzenden Gedanken: der durch persönliche Askese geprägten Sorgfalt (11.1) und einer umsichtigen, unterschiedliche Kompetenzen integrierenden Zusammenarbeit aller Gottesdienstakteure (11.2) sowie der Situativität, in die sich jede andachtsbezogene Arbeit am Gottesdienst gestellt sieht (11.3), entspricht die Arbeit, die die Inszenierung

2299 Vgl. hierzu der Artikel Mauricio Kagels mit dem bezeichnenden Titel: «An Gott zweifeln – an Bach glauben» (Kagel 2005).

2300 Geck unterscheidet in seinem Kapitel «Bach als Christ» zwischen dem persönlichen Glauben des Komponisten und der Wirkung, die von seiner Musik ausgeht, wenn er zusammenfasst: «Es bleibt eine Differenz zwischen berechtigten Vermutungen über Bachs christlichen Glauben und den universellen Erfahrungen, die seine Musik ermöglicht; es ist die Kontingenz, das heißt die produktive Unabgeschlossenheit des ästhetischen Diskurses.» (Geck 2000, 723).

2301 Zur Besprechung dieses Schriftstücks siehe 5.4.10.3.

eines Musikstückes auch und gerade der Gottesdienstgemeinde selbst abverlangt, abverlangen darf und muss, soll es ihr darum gehen, sich individuell wie kollektiv im Verlauf eines Gottesdienstes mit Gottes Gegenwart auseinanderzusetzen, um daraus Orientierung für das eigene Leben zu gewinnen (11.4).[2302]

Das in 11.2 angesprochene Desiderat der chronischen ‹Unterbeteiligung› der Gemeinde am gottesdienstlichen Geschehen selbst aufgreifend, kann es in meinen Augen in Planung und Durchführung von Gottesdiensten nicht mehr darum gehen, die Gottesdienstgemeinde als mehr oder weniger stummes Publikum mit künstlerischen Darbringungen erfreuen zu wollen, sondern diese in den Prozess der Gottesbegegnung inszenatorisch verantwortet miteinzubeziehen. Dies am Beispiel der Bach-Kantaten im Leipziger Gottesdienst seiner Zeit ansatzweise zu beschreiben, ist einer der Beiträge dieser Untersuchung. Denn Andacht ist auch mit Bachs Augen betrachtet nicht mit Passivität zu verwechseln. Über ihre Andacht nimmt die Gottesdienstgemeinde nachvollziehend an der Gottesdiensthandlung teil und bestimmt sie möglicherweise auch äusserlich mit, indem sie, selber inszenatorisch eingebunden, diese durch gezielte Beiträge mitzusteuern befähigt wird. Auf dieser Betrachtungsstufe angelangt, wird die vornehmlich historisch angelegte Ebene dieser Untersuchung definitiv verlassen. Bach konnte für ‹seine› Gemeinde über den Freiraum des inneren Gottesdienstes hinaus[2303] keine weitere liturgische Autonomie einfordern. Dies ist unter den heutigen Bedingungen im westeuropäischen Kontext selbst römisch-katholischer Gottesdienste seit dem II. Vatikanum anders.[2304] In vielem lässt sich liturgietheoretisch von Bach lernen. In Bezug auf eine sich aktiv am Gottesdienst mitbestimmend beteiligte Gemeinde aber nicht mehr oder eben nur bedingt. Hierfür gab die lutherisch-orthodoxe Gottesdiensttradition keinen wirklichen Spielraum. Die in Bachs Musik angelegte Andachtskonzeption lässt sich gleichwohl über ihre im Grundsatz voraufgeklärten Rahmenbedingun-

---

2302 Siehe Cornehls Gottesdienstdefinition in 5.4.2.

2303 Siehe 5.5.

2304 Siehe Gerhards/Kranemann 2008, 18. Für den Einbezug der Gottesdienstgemeinde im katholischen Gottesdienst greifen die Autoren auf den reformatorischen Andachtsbegriff zurück, ohne dies freilich explizit zu machen: «Will man sich dem Gefeierten sprachlich annähern, kann man das Grundgeschehen der Liturgie also als «Dialog zwischen Gott und Mensch (Lengeling/101), als Kommunikationsgeschehen oder Begegnungsereignis beschreiben. Wichtig ist, dass es um ein Geschehen zwischen Gott und Mensch geht, dessen rituelle Grundvollzüge das Hören auf Gottes Wort und das Antworten auf dieses Wort sind.» (Ebd.)

gen[2305] hinaus auf einen Gottesdienst hin weiterentwickeln, in welchem sich die christliche Gemeinde zusammen mit den Liturginnen und Liturgen und weiteren von ihr beauftragten Akteuren ihre reformatorische Souveränität *in liturgicis* wahrzunehmen getraut. Der Gedanke einer interdisziplinär umsichtigen und situativ partizipativen Sorgfalt, die in diesem Schlussabschnitt ins Feld geführt wird, versteht sich als Impuls für eine andachtsorientierte Zusammenarbeit zwischen einer feiernden Gemeinde und dem von ihr bestellten ‹Personal›, deren vornehmste Aufgabe es ist, die Gemeinde in der Inszenierung ihres Gottesdienstes anzuleiten.

2305 Siehe 1.2.4.

Anhang

Abkürzungen

BD	Bach-Dokumente
BD I	= Neumann/Schulze 1963
BD II	= Neumann/Schulze 1969
BD III	= Schulze 1984
BJ	Bach-Jahrbuch
Bn	Bildnisse der sämmtlichen Superintendenten der Leipziger Diöces
BWV	Bach-Werke-Verzeichnis
CA	Confessio Augustana
DME	Digital Mozart Edition
IJPT	International Journal of Public Theology
JLH	Jahrbuch für Liturgik und Hymnologie
LKA	Leipziger Kirchen-Andachten
LKS	Leipziger Kirchen-Staat
LThK	Lexikon für Theologie und Kirche
MGG	Die Musik in Geschichte und Gegenwart
NBA	Neue Bach-Ausgabe
ZÜ	Zürcher Bibel 2007
RG	Gesangbuch der Evangelisch-reformierten Kirchen der deutschsprachigen Schweiz
ThPr	Zeitschrift Theologie für die Praxis
ThQ	Theologische Quartalschrift
ThZ	Theologische Zeitschrift
TRE	Theologische Realenzyklopädie
WA	Weimarer Ausgabe = D. Martin Luthers Werke, Weimar 1883–2009

Bibelausgaben

Biblia (1712): Das ist Die gantze Heilige Schrift, Alten und Neuen Testaments nach der Verdeutschung Doct. Martin Luthers, hg. v. Heinrich Hansch, Gotha.

Deutsche Bibel (1682): Die heilige Bibel nach S. Herrn D. Martini Lutheri Deutscher Dolmetschung und Erklärung, hg. v. A. Calov, Wittenberg.

Die Bibel (1984): Nach der Übersetzung Martin Luthers mit Apokryphen, hg. v. Evangelische Kirche in Deutschland, Stuttgart.

Die gantze Heilige Schrifft Deutsch, Wittenberg 1545 (1971): Letzte zu Luthers Lebzeiten erschienene Ausgabe, hg. v. Hans Volz, Zürich.

Zürcher Bibel (2007), hg. v. Zürcher Kirchenrat, Zürich.

Weitere Quellen

Bärenreiter-Verlag Karl Vötterle GmbH & Co. KG (2016): NBArev, Kassel. Online verfügbar unter: https://www.baerenreiter.com/programm/gesamt-und-werkausgaben/bach-johann-sebastian/nba/ (12.04.2017).

Bildnisse der sämmtlichen Superintendenten der Leipziger Diöces (1839), Leipzig.

Gesangbuch der Evangelisch-reformierten Kirchen der deutschsprachigen Schweiz (1998), hg. v. Liturgie- und Gesangbuchkonferenz der evangelisch-reformierten Kirchen der deutschsprachigen Schweiz, Basel/Zürich.

http://www.butz-verlag.de/deutsch/bach.htm (Einzelabbildungen der in Bearbeitung stehenden Faksimileausgabe der Deutschen Bibel, hg. von A. Calov) (19.06.2017).

Leipziger Kirchen-Andachten (1694), Leipzig.

Leipziger Kirchen-Staat (1710): Das ist deutlicher Unterricht vom Gottes-Dienst in Leipzig / wie es bey solchem so wohl an hohen und anderen Festen / als auch an denen Sonntagen ingleichen die gantze Woche über gehalten wird / nebst darauff eingerichteten Andächtigen gebeten und denen dazu verordneten Teutsch- und Lateinischen gesängen. Welchem zuletzt noch mit beygefüget Geistliche Morgen- und Abend-Segen auf jeden Tag in der Woche, Leipzig.

Literatur

Achelis, Ernst Christian (1893): Lehrbuch der praktischen Theologie, Freiburg i. Br./Leipzig.

Aeschbacher, Gerhard (1992): Zwingli und die Musik im Gottesdienst, in: Reformiertes Erbe. Festschrift für G. W. Locher Bd. 1, Zürich, 1–11.

Albrecht, Christoph (1995): Einführung in die Liturgik, Göttingen.

Albrecht, Erdmann Hannibal (1799): Sächsische evangelisch-luther'sche, Kirchen- und Predigergeschichte von ihrem Ursprunge an bis auf gegenwärtige Zeiten, Leipzig.

Anderson, Robert R., Ulrich Goebel, Oskar Reichmann (Hg.) (1989): Frühneuhochdeutsches Wörterbuch Bd. 1, Berlin/New York.

Aristoteles (1986): Ars rhetorica, hg. v. W. D. Ross, Oxford.

Aristoteles (2007): Rhetorik, übersetzt und hg. v. Gernot Krapinger, Stuttgart.

Arndt, Johann (2005): Von wahrem Christentumb. Die Urausgabe des ersten Buches (1605), hg. v. Johann Anselm Steiger, Hildesheim/Zürich/New York.

Arndt, Johann (2007): Vier Bücher von wahrem Christentumb/ Die erste Gesamtausgabe (1610) Buch 3 und 4, hg. v. Johann Anselm Steiger, Hildesheim/Zürich/New York.

Arnold, Jochen (2004): Theologie des Gottesdienstes. Eine Verhältnisbestimmung von Liturgie und Dogmatik, Göttingen.

Arnold, Jochen (2009): Von Gott poetisch-musikalisch reden. Gottes verborgenes und offenbares Handeln in Bachs Kantaten, Göttingen.

Axmacher, Elke (1984): «Aus Liebe will mein Heyland sterben», Neuhausen-Stuttgart.

Axmacher, Elke (1985): Bachs Kantatentexte in auslegungsgeschichtlicher Sicht, in: Bach als Ausleger der Bibel, hg. v. Martin Petzoldt, Göttingen,15–32.

Bach, Johann Sebastian (2007): Aria «Alles mit Gott und nichts ohn' ihn», Faksimile (2. Aufl.), Basel/Kassel/London u. a.

Bättig, Andreas (2016): In Bach versinken, in: Bref. Das Magazin der Reformierten, Zürich, 24.
Basso, Alberto (1979): Jean Sebastian Bach, 2 Bde., Turin.
Bechmann, Friedemann (1703): Annotationes Uberiores, in: Compendium Theologicum Hutteri, Leipzig.
Bennett, S. W (2008): Cantata BWV 78 Jesu, der du meine Seele. Commentary, in: Bach Cantatas Website. Online verfügbar unter: http://bach-cantatas.com/Guide/BWV78-Guide.htm (19.06.2017).
Bergmann, Jan (1979): Art. Askese I, in: TRE Bd. IV, Berlin/New York, 195–198.
Bernhardt, Reinholdt (2017): Sola, solitaria, tota scriptura? Zur Bedeutung des Schriftprinzips in der evangelischen Theologie, in: ThZ 73/1, Basel, 13–39.
Beutel, Albrecht (1997): Art. Predigt VIII.: Evangelische Predigt vom 16. zum 18. Jahrhundert, in: TRE Bd. XXVII, Berlin/New York, 296–311.
Bieritz, Karl-Heinrich (1995): Struktur. Überlegungen zu den Implikationen eines Begriffs im Blick auf künftige Funktionen liturgischer Bücher, in: Zeichen setzen. Beiträge zu Gottesdienst und Predigt, hg. v. ders., Stuttgart/Berlin/Köln.
Bieritz, Karl-Heinrich (2004): Liturgik, Berlin.
Blanken, Christine (2015): C. Birkmanns Kantatenzyklus «GOtt-geheiligte Sabbaths-Zehnden» von 1728 und die Leipziger Kirchenmusik unter J. S. Bach in den Jahren 1724–1727, in: BJ, Leipzig, 13–74.
Blankenburg, Walter (1979a): Die frühchristliche Bedeutung des Wortes «Chor», in: Kirche und Musik, gesammelte Aufsätze zur Geschichte der gottesdienstlichen Musik, Göttingen, 11–16.
Blankenburg, Walter (1979b): Luther und die Musik, in: Kirche und Musik, gesammelte Aufsätze zur Geschichte der gottesdienstlichen Musik, Göttingen, 17–30.
Blankenburg, Walter (1979c): Heinrich Schütz und der protestantische Choral, in: Kirche und Musik, gesammelte Aufsätze zur Geschichte der gottesdienstlichen Musik, Göttingen, 106–109.
Blankenburg, Walter (1982): Das Weihnachts-Oratorium von Johann Sebastian Bach (2. Aufl.), München.
Blankenburg, Walter (1983): Luther und Bach, in: Musik und Kirche, Kassel, 233–242.
Blankenburg, Walter (1985a): Aufklärungsauslegung der Bibel in Leipzig zur Zeit Bachs – Zu Johann Christoph Gottscheds Homiletik, in: Bach als Ausleger der Bibel, hg. v. M. Petzoldt, Göttingen, 97–108.
Blankenburg, Walter (1985b): Theologische Bachforschung heute, in: Theologische Bachforschung heute, hg. v. R. Steiger, Glienicke/Berlin/Cambridge/Massachusetts, 173–189.
Blankenburg Walter (1986): Der Einfluss des Kirchenliedes des 17. Jahrhunderts auf die Geschichte des evangelischen Gesangbuches und der Kirchenmusik, in: Das protestantische Kirchenlied im 16. und 17. Jahrhundert. Text-, musik- und theologiegeschichtliche Probleme, Wiesbaden, 73–85.
Blume, Friedrich (1962): Umrisse eines neuen Bach-Bildes, in: Musica16, hg. v. Fred Hamel, Günter Hausswald, Wolfram Schwinger u. a., Kassel, 169–176
Bomba, Andreas (1999): Einführungsnotizen zur Kantate BWV 17, in: Complete Works of J. S. Bach, Edition Bachakademie Bd. 5, Stuttgart.

Bornhauser, Thomas (2005): Der reformierte Gottesdienst in der Deutschschweiz. Tatsachen und Tendenzen zu Beginn des 21. Jahrhunderts, in: Homepage der Liturgiekommission der evangelisch-reformierten Kirchen der deutschsprachigen Schweiz. Online verfügbar unter: http://liturgiekommission.ch/customer/files/01_Situation.pdf (19.06.2017).

Braun, Lucinde (2000): Art. Gottsched, Johann Christoph, in: Das Bach-Lexikon, Laaber, 231–232.

Brecht, Martin (1996): Art. Pietismus, in: TRE Bd. XXVI, Berlin/New York, 606–631.

Buber, Martin (1984): Das Dialogische Prinzip (5. Aufl.), Heidelberg.

Bubmann, Peter (2013): Zur Kriteriologie der Musik im Gottesdienst, in: Gottesklänge. Musik als Quelle und Ausdruck des christlichen Glaubens, Leipzig, 175–189.

Buelow, George J. (1980): Art. Rhetoric and music, in: The New Grove Dictionary of Music and Musicians Bd. 15, London, 793–803.

Busch, Eberhard, Matthias Freudenberg u. a. (Hg.) (1997): Calvin Studienausgabe Bd. 2, Neukirchen-Vluyn.

Calov, Abraham (1652): Paedia theologica de methodo studii theologici (etc.), Wittenberg.

Calov, Abraham (Hg.) (1682): Die heilige Bibel nach S. Herrn D. Martini Lutheri Deutscher Dolmetschung und Erklärung, Wittenberg.

Cantagrel, Giles (2010): Les cantates de J.-S. Bach, Paris.

Casper, Jost (1985): Die Auslegungstradition im Text der Kantaten BWV 140, in: Bach als Ausleger der Bibel, hg. v. M. Petzoldt, 49–76.

Chalamet, Christophe (2016): La musique pour dire Dieu?, in: Vie & liturgie – revue protestante de recherche liturgique et de spiritualité 106, Lausanne, 8–11.

Cicero, Marcus Tullius (2004): Orator. Der Redner. Übersetzt und hg. v. H. Merklin, Stuttgart.

Cornehl, Peter (1979): Theorie des Gottesdienstes – ein Prospekt, in: ThQ 159, Tübingen,178–195.

Czok, Karl (1988): Zum Problem des aufgeklärten Absolutismus in Sachsen in der ersten Hälfte des 18. Jahrhunderts, in: Bericht über die Wissenschaftliche Konferenz zum V. internationalen Bachfest der DDR in Verbindung mit dem 60. Bachfest der Neuen Bachgesellschaft, Leipzig, 35–40.

Dadelsen, Georg von (1958): Beiträge zur Chronologie der Werke J. S. Bachs, in: Tübinger Bach-Studien, Heft 4/5, hg. v. W. Gerstenberg, Trossingen.

Dahlhaus, Carl (Hg.) (1985): Die Musik des 18. Jahrhunderts, in: Neues Handbuch der Musikgeschichte Bd. 5, Laaber.

Dammann, Rolf (1984): Der Musikbegriff im deutschen Barock (2. Aufl.), Laaber.

Deeg, Alexander, Plüss, David (2018): Liturgik. Lehrbuch Praktische Theologie Bd 5, Bielefeld (noch nicht veröffentlicht).

Deyling, Salomon (1734a): Herrliche Dinge wurden in der Stadt GOttes geprediget, und in einem Jahr-Gange 1734 der Gemeine zu St. Nicolai in Leipzig auf jedem Sonn- und Fest-Tag I. Eine herrliche Glaubens-Lehre, II Eine nöthige Lebens-Pflicht, III. Ein süsser Glaubens-Trost, unter GOttes gnädigen Beystand vorgetragen von Sr. Magnificenz, Herrn D. Dalomon Deyling, P. P. Theologieae, des Chur- und Hoch-Fürstl. Sächs. Consistorii Assessore, des hohen Stiffts zu Zeitz Canonico, Past. zu St. Nicolai, und der Leipziger Dioeces Hoch-verdienten Superintendend, Leipzig.

Deyling, Salomon (1734b): Institutiones prudentiae pastoralis ex genuinis fontibus haustae et variis observationibus, ac quaestionum enodationibus illustratae, Leipzig.

Dienst, Karl (2000): «NB. Bey einer andächtigen Musique ist allezeit Gott mit seiner Gnaden Gegenwart»: Johann Sebastian Bach als Prediger, in: Gedenkschrift Werner Felix (1927–1998), Berlin, 5–12.

Dinglinger, Wolfgang (2000): Art. Arie (ital.: aria, frz.: air), in: Das Bach-Lexikon, Laaber, 47f.

Dürr, Alfred (1957): Art. Chronologie der Leipziger Vokalwerke J. S. Bachs, in: BJ, Leipzig, 5–144.

Dürr, Alfred (1970): Johann Sebastians Kirchenmusik in seiner Zeit und heute, in: Johann Sebastian Bach, hg. v. W. Blankenburg, Darmstadt, 290–303.

Dürr, Alfred (1976): Zur Chronologie der Leipziger Vokalwerke J. S. Bachs, Kassel/Basel u. a.

Dürr, Alfred (1988a): Bemerkungen zu Bachs Leipziger Kantatenaufführungen, in: Im Mittelpunkt Bach, hg. v. Kollegium des Johann-Sebastian-Bach-Instituts, Göttingen,192–197.

Dürr, Alfred (1988b): Die Johannes-Passion von Johann Sebastian Bach (2. Aufl.), München.

Dürr, Alfred (1988c): Das Bachbild im 20. Jahrhundert, in: Im Mittelpunkt Bach, hg. v. Kollegium des Johann-Sebastian-Bach-Instituts, Göttingen, 178–191.

Dürr. Alfred (1988d): Gibt es einen Spätstil im Kantatenschaffen Bachs?, in: Im Mittelpunkt Bach, hg. v. Kollegium des Johann-Sebastian-Bach-Instituts, Göttingen, 146–157.

Dürr, Alfred (1988e): Zur Textvorlage der Choralkantaten Bachs, in: Im Mittelpunkt Bach, hg. v. Kollegium des Johann-Sebastian-Bach-Instituts, Göttingen, 133–166.

Dürr, Alfred (1989): Bachs Werk. Vom Einfall bis zur Drucklegung, Wiesbaden.

Dürr, Alfred (2010): Die Kantaten von Johann Sebastian Bach (10. Aufl.), München/Kassel u. a.

Dyck, Joachim (1991): Ticht-Kunst. Deutsche Barockpoetik und rhetorische Tradition (3. Aufl.), Tübingen.

Ebeling, Gerhard (1989): Lutherstudien dritter Teil. Disputatio de homine. Die theologische Definition des Menschen. Kommentar zu These 20–40, Tübingen.

Eggebrecht, Hans Heinrich (1970): Über Bachs geschichtlichen Ort, in: Johann Sebastian Bach, hg. v. W. Blankenburg, Darmstadt, 247–289.

Egli, Emil und Finsler, Georg (Hg.) (1984): Corpus Reformatorum Volumen LXXXIX, Huldrych Zwinglis sämtliche Werke, Zürich.

Ehrensperger, Alfred (2004a): Der Bekenntnischarakter des Gottesdienstes, in: Homepage der Liturgiekommission der evangelisch-reformierten Kirchen der deutschsprachigen Schweiz. Online verfügbar unter: http://liturgiekommission.ch/customer/files/II_A_06_Bekenntnis.pdf (19.06.2017).

Ehrensperger, Alfred (2004b): Die allgemeine Entwicklung des Gottesdienstes vom 16. bis zum 20. Jahrhundert im deutschsprachigen Raum. Der Gottesdienst im nach-reformatorischen, orthodoxen Zeitalter (ca. 1560–1700), in: Homepage der Liturgiekommission der evangelisch-reformierten Kirchen. Online verfügbar unter: http://liturgiekommission.ch/customer/files/III_E_01_prot_Orth.pdf (19.06.2017).

Ehrensperger, Alfred (2005): Gottesdienst als primärer Ausdruck religiösen Selbstverständnisses, in: Homepage der Liturgiekommission der evangelisch-reformierten Schweiz. Online verfügbar unter: http://liturgiekommission.ch/customer/files/II_A_02_primaer.pdf (19.06.2017).

Ehrensperger, Alfred (2006): Weg und Raum als Dimensionen der Liturgie, in: Homepage der Liturgiekommission der evangelisch-reformierten Schweiz. Online verfügbar unter: http://liturgiekommission.ch/customer/files/II_B_01_Weg_Raum.pdf (19.06.2017)

Eicken, Alexa (2000): Der Affektbegriff in der Musik des Barock, Internetpublikation. Online verfügbar unter: https://www.yumpu.com/de/document/view/51809317/der-affektbegriff-in-der-musik-des-barock-les-joyeuxde/5 (19.06.2017).

Eller, Rudolf (2005): Die Neue Bachgesellschaft – Kontinuität und Wandlung, in: Bach und die Nachwelt: 1950–2000, hg. v. J. Lüdtke Bd. 4, Laaber, 239–287.

Enderlein, Wolfgang (2014): Rechtfertigung und Mystik. Zum mystischen Kern der Rechtfertigungslehre bei Luther, in: ThZ 70/1, Basel, 118–141.

Fellerer, Karl Gustav (Hg.) (1976): Geschichte der katholischen Kirchenmusik Bd. II, Kassel/Basel/Tours/London.

Fallows, David (1998): Art. Rondeau – Rondo, in: MGG (2. Aufl.) Bd. 8, 537–549.

Finscher, Ludwig (2008): Cantata BWV 78 Jesu, der du meine Seele, Commentary, in: Bach Cantatas Website, Last update: September 3, 2008 19:37:27. Online verfügbar unter: http://bach-cantatas.com/Guide/BWV78-Guide.htm#Finscher (22.06.2017).

Fischer, Ludwig (1968): Gebundene Rede. Dichtung und Rhetorik in der literarischen Theorie in Deutschland, Tübingen.

Föllmi, Beat (2017): La création d'identités confessionnelles à travers le chant, in: Vie & liturgie – revue protestante de recherche liturgique et de spiritualité 111, Lausanne, 6–10.

Forchert, Arno (2000): Johann Sebastian Bach und seine Zeit, Laaber.

Forschner, Maximilian (2006): Thomas von Aquin, München.

Franke, Stephan (2000): Art. Neue Bach-Ausgabe (NBA), in: Das Bach-Lexikon, Laaber, 388–392.

Frieberger, Rupert Gottfried (2011): Johann Sebastian Bach's Johannespassion – liturgischer Standort und formale Überlegungen, Internetpublikation, last modified: Thursday, 03-Nov-2011 08:22:19. Online verfügbar unter: https://sbg.ac.at/pth/texte/30-jahre/frieberger.htm (22.06.2017).

Gadamer, Hans-Georg (1990): Hermeneutik I. Wahrheit und Methode (6. Aufl.), Tübingen.

Gardiner, John Eliot (2006): Notice de son enregistrement SDG, volume 7. 2006. Traduction française de Michel Roubinet, Abbaye d'Ambronay.

Geck, Martin (2000): Bach. Leben und Werk, Reinbek b. Hamburg.

Georges, Karl Ernst (1869): Ausführliches Lateinisch-Deutsches Handwörterbuch, 2 Bde., Leipzig.

Gerber, Christian (1732): Historie der Kirchen-Ceremonien in Sachsen, Dresden und Leipzig.

Gerhard, Johann (1653): SCHOLA˙PIETATIS, Das ist / Christliche vnd Heilsame Vnterrichtung / was für Vrsachen einen jeden wahren Christen zur Gottseligkeit bewegen sollen / auch welcher Gestalt er sich an derselben üben soll, Nürnberg. Ferner:

Gerhard, Johann (1700): Schola Pietatis (etc.), Nürnberg.

Gerhard, Johann (1719): SCHOLA PIETATIS (etc.), Nürnberg.

Gerhards, Albert / Kranemann, Benedikt (2008): Einführung in die Liturgiewissenschaft (2. Aufl.), Darmstadt.

Gese, Harmut (1984a): Psalm 22 und das Neues Testament, in: ders.: Vom Sinai zum Zion. Alttestamentliche Beiträge zur biblischen Theologie, München, 180 –201.

Gese, Hartmut (1984b): Zur Geschichte der Kultsänger am zweiten Tempel, in: ders.: Vom Sinai zum Zion. Alttestamentliche Beiträge zur biblischen Theologie, München, 147–158.

Gesenius, Wilhelm (1962): Hebräisches und Aramäisches Handwörterbuch über das Alte Testament (Nachdr. d. 17. Aufl.), Berlin/Göttingen/Heidelberg.

Gottsched, Johann Christoph (1728): Grundriß Zu einer Vernunftmäßigen Redekunst Mehrenteils nach Anleitung der alten Griechen und Römer entworfen und zum Gebrauch seiner Zuhörer ans Licht gestellet, Hannover.

Gottsched, Johann Christoph (1975): Ausgewählte Werke Bd. VII, hg. v. P. M. Mitchell, Berlin.

Gräb, Wilhelm (1997): Der inszenierte Text. Erwägungen zum Aufbau ästhetischer und religiöser Erfahrungen in Gottesdienst und Predigt, IJPT 1, 209–226.

Graff, Paul (1994): Geschichte der Auflösung der alten gottesdienstlichen Formen in der evangelischen Kirche Deutschlands Bd. 1, Waltrop.

Greza, Peter Oliver (2012): Redeteile (partes orationis), in: der rhetoriker. Alles und nichts, davon mehr als genug. Online verfügbar unter: https://derrhetoriker.wordpress.com/2012/01/09/redeteile-partes-orationis/ (Zugriff: 05.01.2018).

Grimm, Hartmut (2000): Art. Aufklärung, in: Das Bach-Lexikon, Laaber, 52–55.

Grimm, Jakob und Wilhelm (Hg.) (1854): Deutsches Wörterbuch Bd. 1, Leipzig.

Grischkat, Hans (Hg.) (1961): Johann Sebastian Bach – Wer Dank opfert, der preiset mich BWV 17, Stuttgart.

Grözinger, Albrecht (2012): Die Praktische Theologie als Kind der Aufklärung, in: ThZ 68/3/4, Basel, 297–310.

Gurlitt, Wilibald (1944): Musik und Rhetorik – Hinweise auf ihre geschichtliche Grundlageneinheit, in: Helicon, Revue Internationale des Problèmes Généraux de la Littérature Tome V, Amsterdam/Basel/Antwerpen.

Habermas, Jürgen (1985): Die Neue Unübersichtlichkeit, Frankfurt a. M.

Hamel, Fred (1951): Johann Sebastian Bach – Geistige Welt. Göttingen.

Hamm, Bernd (1982): Johann Arndts Wortverständnis. Ein Beitrag zu den Anfängen des Pietismus, in: Pietismus und Neuzeit Bd. 8, hg. v. M. Brecht, F. de Boor, K. Deppermann u. a., Göttingen, 43–73.

Hammerstein, Reinhold (1970): Über das gleichzeitige Erklingen mehrerer Texte. Zur Geschichte mehrtextiger Komposition unter besonderer Berücksichtigung J. S. Bachs, in: Archiv für Musikwissenschaft Bd. XXVII, hg. v. Heinrich Eggebrecht, Wiesbaden.

Harnoncourt, Nikolaus (1982): Musik als Klangrede. Wege zu einem neuen Musikverständnis, Salzburg.

Hartinger, Anselm (2012): Art. BWV 78 Jesu, der du meine Seele, in: Wie schön leuchtet der Morgenstern: Johann Sebastian Bachs geistliche Kantaten: Werkeinführungen und Dokumente der Basler Gesamtaufführung, hg. v. A. J. Becking, J. A. Bötticher, A. Hartinger, Basel, 367–370.

Haselböck, Lucia (2004): Bach-Textlexikon. Ein Wörterbuch der religiösen Sprachbilder im Vokalwerk von Johann Sebastian Bach, Kassel/Basel/London u. a.

Heinemann, Michael (2000a): Art. Bach-Gesamtausgabe (BGA), in: Das Bach-Lexikon, Laaber, 91–92.

Heinemann, Michael (Hg.) (2000): Das Bach-Lexikon, Laber.

Heinemann, Michael (2000b): Art. Forschung, in: Das Bach-Lexikon, Laaber, 202–204.

Heinemann, Michael (2000c): Art. Smend, Friedrich, in: Das Bach-Lexikon, Laaber, 483–484.

Heinemann, Michael (2000d): Art. Zahlensymbolik, in: Das Bach-Lexikon, Laaber, 573–575.

Heinichen, Johann David (1728): Der General-Bass in der Komposition (2. Aufl.), Dresden.

Hellmann, Diethard (1999): Gedanken zur Bach-Pflege nach der Jahrtausendwende, in: Musik und Kirche, Kassel, 221ff.

Herbst, Wolfgang (1992): Evangelischer Gottesdienst. Quellen zu seiner Geschichte, Göttingen.

Herchet, Jörg und Milbradt, Jörg (1985): Bach als Mystiker, in: Bach als Ausleger der Bibel, hg. v. M. Petzoldt, Göttingen, 207–222.

Herz, Gerhard (1970): Toward a New Image of Bach, in: Bach, the Quarterly Journal of the Riemenschneider Bach Institute, volume 1, No 4 (October 1970), Berea.

Hiltner, Beate (1994): Bach-Pflege von Anfang an, in: Musik und Kirche, Kassel, 343–345.

Hiemke, Sven (2000a): Art. Matthäus-Passion (BWV 244), in: Das Bach-Lexikon, Laaber, 361–362.

Hiemke, Sven (2000b): Art. Schweitzer, Albert. In: Das Bach-Lexikon, Laaber, 476–477.

Hindermann, Walter F. (1987): Johann Sebastian Bach, Himmelfahrts-Oratorium. Gestalt und Gehalt, Hofheim a. Taunus.

Hindermann Walter F. (1987): «Seine Einsicht in die Dichtkunst ...». Bachs Rhetorik-Verständnis im Spiegel von Quintilians «Institutio Oratoria», in: Musik und Kirche, Kassel, 284–297.

Hinrichsen, Hans-Joachim (2000a): Art. Leipzig, in: Das Bach-Lexikon, Laaber, 337–340.

Hinrichsen, Hans-Joachim (2000b): Art. Marx, Adolf Bernhard, in: Das Bach-Lexikon, Laaber, 358–360.

Hinrichsen, Hans-Joachim (2000c): Art. Rust, Wilhelm, in: Das Bach-Lexikon, Laaber, 455.

Hinrichsen, Hans-Joachim (2000d): Art. Spitta, Philipp, in: Das Bach-Lexikon, Laaber, 488–490.

Hinrichsen, Hans-Joachim (2000e): Art. Wiederentdeckung. In: Das Bach-Lexikon, Laaber, 563–564.

Hirsch, Arthur (1986): Die Zahl im Kantatenwerk Johann Sebastian Bachs, Neuhausen-Stuttgart.

Hochreither, Karl (1983): Zur Aufführungspraxis der Vokal-Instrumentalwerke Johann Sebastian Bachs, Berlin.

Hofmann, Klaus (2006): Johann Sebastian Bach – Die Motetten (2. Aufl.), Kassel.

Hofmann, Klaus (2010): Wer Dank opfert, der preiset mich, BWV 17. Kommentar zur Tonaufnahme von Masaaki Suzuki 46, Åkersberga.

Hoyer, Arend (1986): Die Funktion der Kantaten Johann Sebastian Bachs im Leipziger Gottesdienst seiner Zeit. Eine Untersuchung zur Geschichte der christlichen Liturgie. Akzessarbeit, Basel.

Hoyer, Harro (1976): Beziehungen zwischen Predigt und Kantate im Umkreis Bachs. Referat im Rahmen eines Hauptseminars Dürr/Kreutzer: Bachs Kantatentexte WS 76/77, Bach-Institut, Göttingen, unveröffentlicht.

Hutter, Leonhard (1833): Hutterus Redivivus oder Dogmatik der Evangelisch-lutherischen Kirche. Ein dogmatisches Repertorium für Studierende, Leipzig.

Hutter, Leonhard (1961): Compendium locorum, hg. v. W. Trillhaas, Berlin.

Hutter Leonhard (2000): Compendium locorum theologicorum ex Scripura S. et libro Concordiae collectum. Deutsche Ausgabe. Übersetzt, eingeleitet und hg. v. Wolfgang Schnabel, Theologische Studien-Texte Bd. 8, Waltrop.

James, William (1997): Die Vielfalt religiöser Erfahrungen, Frankfurt a. M./Leipzig.

Janowka, Thomas Balthasar (1701): Clavis ad Thesaurum Magnae Artis Musicae, Prag.

Japhet, Sara (2003): 2 Chronik, in: Herders Theologischer Kommentar zum Alten Testament, hg. v. Erich Zenger, Freiburg i. Br.

Joest, Wilfried (1967): Ontologie der Person bei Luther, Göttingen.

Josuttis, Manfred (1991): Der Weg ist das Leben. Eine Einführung in den Gottesdienst auf verhaltenswissenschaftlicher Grundlage, Gütersloh.

Jung, Matthias (2007): Hermeneutik zur Einführung (3. Aufl.), Hamburg.

Jung, Volker (1999): Das Ganze der Heiligen Schrift. Hermeneutik und Schriftauslegung bei Abraham Calov, Stuttgart.

Kagel, Mauricio (2005): An Gott zweifeln – an Bach glauben, in: Bach und die Nachwelt Bd. 4: 1950–2000, hg. v. Joachim Lüdtke, Laaber, 19–29.

Kalb, Friedrich (1959): Die Lehre vom Kultus der lutherischen Kirche zur Zeit der Orthodoxie, in: Arbeiten zur Geschichte und Theologie des Luthertums Vol. III, Berlin.

Kalb, Friedrich (1982): Grundriss der Liturgik – Eine Einführung in die Geschichte, Grundsätze und Ordnungen des lutherischen Gottesdienstes, München.

Kemper, Hans-Georg (1986): Das lutherische Kirchenlied in der Krisenzeit des frühen 17. Jh., in: Das protestantische Kirchenlied, hg. v. Alfred Dürr, Walter Killy, Wiesbaden, 87–108.

Kircher, Athanasius (1650): Musurgia universalis, Rom.

Kirkendale, Ursula (1985): Bach und Quintilian – Die Institutio Oratoria als Modell des Musikalisches Opfers, in: Bachtage Berlin, Vorträge 1970 bis 1981, hg. v. Günther Wagner, 249–262.

Kirste, Reinhard (1985): Theologische und spirituelle Ermöglichungsansätze für Bachs Werk unter besonderer Berücksichtigung des Verhältnisses von Wort und Geist bei Leonhard Hutter und Johann Arnd, in: Bach als Ausleger der Bibel, hg. v. Martin Petzoldt, Göttingen, 77–95.

Knellwolf, Ulrich (1989): Die Musik im reformierten Gemeindegottesdienst, in: Musik in der evangelisch-reformierten Kirche. Eine Standortbestimmung, hg. v. Institut für Kirchenmusik der Evangelisch-reformierten Landeskirche des Kantons Zürich in Zusammenarbeit mit dem Schweizerischen Arbeitskreis für evangelische Kirchenmusik, Zürich, 45–86.

Klingberg, Lars (2005): Die Neue Bachgesellschaft in der Zeit der deutschen Teilung, in: Bach und die Nachwelt Bd. 4: 1950–2000, hg. v. Joachim Lüdtke, Laaber, 211–225.

Knape, Joachim (1996): Art. Figurenlehre, in: Historisches Wörterbuch der Rhetorik Bd. 3, hg. v. Gert Ueding, Tübingen, 289–342.

Kraus, Hans-Joachim (1989): Psalmen (6. Aufl.), in: Biblischer Kommentar Altes Testament, Neukirchen-Vluyn.

Kretzschmar, Hermann (1965): Allgemeines und Besonderes zur Affektenlehre I (Reprint)., in: Jahrbuch der Musikbibliothek Peters, Vaduz, 63–77.

Kreutzer, Hans Joachim (1991): Johann Sebastian Bach und das literarische Leipzig der Aufklärung, in: BJ, Leipzig, 7–31.

Kreutzer, Hans-Joachim (2005): Weltalldichtung und Vollendung der Natur. Aspekte der Literaturtheorie der Bach-Zeit, in: Kunst und Wissenschaft im Zeitalter J. S. Bachs, hg. v. Ulrich Leisinger und Christoph Wolff, Hildesheim, 67–98.

Krones, Hartmut (1997): Art. Musik und Rhetorik, in: MGG (2. Aufl.) Bd. 6, 814–851.

Krummacher, Christoph (1994): Musik als praxis pietatis. Zum Selbstverständnis evangelischer Kirchenmusik, Göttingen.

Kube, Michael (1992): Bachs «tour de force». Analytischer Versuch über den Eingangschor der Kantate «Jesu, der du meine Seele» BWV 78, in: Die Musikforschung 45. Jahrg., Kassel, 138–152.

Kubik, Reinhold (Hg.) (1999): Johann Sebastian Bach – Jesu, der du meine Seele BWV 78. Kantate zum 14. Sonntag nach Trinitatis, Stuttgart.

Kühn, Clemens (2000): Forkel, Johann Nikolaus, in: Das Bach-Lexikon, Laaber, 196–198.

Küster, Konrad (1999): Nebenaufgaben des Organisten, Aktionsfeld des Director musices. Die Vokalmusik, in: Bach Handbuch, Kassel/Basel u. a., 95–534.

Kuhn, Hans (2015): Brünstiges geistliches Verlangen. Erotik im «Geist-reichen Gesangbuch» des Johann Anastasius Freylinghausen, in: Musik & Gottesdienst. Zeitschrift für evangelische Kirchenmusik Nr. 4, hg. v. den Reformierten Kirchenmusikverbänden der deutschsprachigen Schweiz, dem Schweizerischen Kirchengesangsbund und dem Friedrich Reinhardt Verlag, Basel.

Kuijken, Sigiswald (2007): Begleittext zur Aufnahme von BWV 17 Bd. 5, Mark Nordheim.

Müller, Christoph, Matthias Krieg (2011): Laienhaft oder professionell?, in: Reformierte Liturgik – kontrovers, hg. v. Ralph Kunz, Andreas Marti, David Plüss, Zürich, 319–332.

Lausberg, Heinrich, Arnold Arens (Hg.) (1990): Handbuch der literarischen Rhetorik. Eine Grundlegung der Literaturwissenschaft (3. Aufl.), Stuttgart.

Leaver, Robin A. (1983): Bachs theologische Bibliothek. Eine kritische Bibliographie, Neuhausen-Stuttgart.

Leaver, Robin A. (1985): J. S. Bach and Scripture. Glosses from the Calov Bible Commentary, St. Louis.

Leaver, Robin A. (2013): Oper in der Kirche: Bach und der Kantatenstreit im frühen 18. Jahrhundert, in: BJ, Leipzig, 171–203.

Leibniz, Johann Friedrich (Hg.) (1694): Leipziger Kirchen-Andachten Darinnen der Erste Theil, Das Gebetbuch oder die Ordnung des gantzen öffentlichen Gottes-Dienstes (etc.) begreiffet / Der Ander Theil, Das Gesangbuch, In welchem Alle Lieder, nebst einem Anhang der Lateinischen Hymnorum und Collecten etc. so allhier verwendet gebraucht werden (etc.), Leipzig.

Lengeling, Emil Joseph (1988): Liturgie – Dialog zwischen Gott und Mensch, Altenberge.

Lieberknecht, Ulrich (1994): Gemeindelieder. Probleme und Chancen einer kirchlichen Lebensäußerung, Göttingen.

Lindgren, Uta (1992): Art. Artes liberales, in: Historisches Wörterbuch der Rhetorik Bd. 1, Tübingen, 1080–1109.

Lippius, Johannes (1612): Synopsis musicae, Strassburg.

Löscher, Valentin Ernest (1720): Breviarium Homileticum sive Summa Oratoriae Ecclesiasticae ab ipso revisa et suppleta, Wittenberg.

Lundgreen, Peter (2005): Schulhumanismus, pädagogischer Realismus und Neuhumanismus. Die Gelehrtenschule zur Zeit J. S. Bachs, in: Musik, Kunst und Wissenschaft im Zeitalter J. S. Bachs, hg. v. Ulrich Leisinger und Christoph Wolff, Hildesheim, 25–38.
Lühning, Helga (1994): Art. Arie III. 18. Jahrhundert, in MGG (2. Aufl.) Bd. 1, 816–823.
Luther, Henning (1983): Predigt als inszenierter Text. Überlegungen zur Kunst der Predigt, in: Thpr 18, Reutlingen, 89–100.
Luther, Martin (1909):): Περὶ τῆς μουσικῆς, in: D. Martin Luthers Werke 30 II, Weimar, 696.
Luther, Martin (1913): Predigt am 17. Sonntag nach Trinitatis, bei der Einweihung der Schlosskirche zu Torgau gehalten (Predigten des Jahres 1541), in: D. Martin Luthers Werke 49, Weimar, 588–615.
Luther, Martin (1915): Passion Predigt. Die erste, Von der frucht des leydens Christi (Hauspostille 1544), in: D. Martin Luthers Werke 52, Weimar, 226–228.
Luther, Martin (1925): Epistel S. Pauli zu den Collossern auff den fünften Sontag nach Epiphania (Fastenpostille 1525), in: D. Martin Luthers Werke 17 II, Weimar, 122.
Luther, Martin (1926): Disputatio reverendi viri D. Martini Lutheri de homine, Anno 1536, in: D. Martin Luthers Werke 39, 1, Weimar, 175–180.
Luther, Martin (1974): Vorrede auff den Psalter, in: Die gantze Heilige Schrifft Deutsch, Wittenberg 1545, hg. v. Hans Volz, Zürich, 964–968.
Macia, Jean-Luc (2009): Tout Bach. Cantates d'église, Paris.
Mahrenholz, Christhard (1951): Vorwort zum Entwurf der «Agende für evangelisch-lutherischer Kirchen und Gemeinden» Bd. 1, Teil 1, Berlin.
Malter, Rudolf (1988): Art. Kant/Neukantianimus I, in: TRE Bd. XVII, Berlin/New York, 570–581.
Marchand, Guy (2003): Bach ou la Passion selon Jean-Sébastien. De Luther au nombre d'or, Paris.
Marshal, Robert L. und Marhal, Traute M. (2015): Wenig bekannte Dokumente zu J. S. Bachs Ohrdrufer Zeit, in: BJ, Leipzig, 155–165.
Marti, Andreas (1981): «... die Lehre des Lebens zu hören». Eine Analyse der drei Kantaten zum 17. Sonntag nach Trinitatis von Johann Sebastian Bach unter musikalisch-rhetorischen und theologischen Gesichtspunkten, Bern.
Marti, Andreas (1985): Bachs Musik – dem Gottesdienst angemessen? Über Formen der Kirchenmusik, in Johann Sebastian Bach Prediger in Tönen, hg. v. Wolfgang Böhme, Karlsruhe, 87–99.
Marti, Andreas (1999): Weg und Raum als Metaphern von Liturgie und Gemeindegesang, in: JLH 39 Bd. 2000, Berlin, 179–190.
Marti, Andreas (Hg.) (2001): Das Profil des reformierten Gottesdienstes. Arbeitspapier der Liturgiekommission der evangelisch-reformierten Kirchen der deutschsprachigen Schweiz, verabschiedet am 12. September 2001. Internetpublikation, online verfügbar unter: www.liturgiekommission.ch/customer/files/0001_Profil,%20Kriterien_Red2013.pdf (09.09.2016).
Marti, Andreas (2002): Theologie und Ästhetik kirchlicher Gebrauchsmusik, in: Lieder jenseits der Menschen. Das Konfliktfeld Musik – Religion – Glaube, hg. v. A. Landau, S. Koch, Zürich, 143–151.
Marti, Andreas (2005): Reformatorische Texte zum Gesang und zur Musik, unveröffentlichte Vorlesungsunterlagen.

Marti, Andreas (2012): Zeitgemässe Orgeln, Musik im Geschmack der Zeit – Widerspruch oder Chance? Unveröffentlichter Vortrag.

Marti, Andreas (2015): Nachbemerkung zum Aufsatz von Hans Kuhn: Brünstiges geistliches Verlangen. Erotik im «Geist-reichen Gesangbuch» des Johann Anastasius Freylinghausen, in: Musik & Gottesdienst. Zeitschrift für evangelische Kirchenmusik Nr. 4, hg. v. den Reformierten Kirchenmusikverbände der deutschsprachigen Schweiz, dem Schweizerischen Kirchengesangsbund und dem Friedrich Reinhardt Verlag, Basel, 144.

Mattheson, Johann (1739): Der vollkommene Kapellmeister, 1739, Faksimile Nachdruck in der ersten Reihe der Documenta Musicologica, hg. v. Margarete Reimann, Kassel 1980.

Matthias, Markus (1995): Art. Orthodoxie I, in: TRE Bd. XXV, Berlin/New York, 464–485.

Matuschek, Stefan (1994): Art. Ellipse, in: Historisches Wörterbuch der Rhetorik Bd. 2, Tübingen, 1017–1022.

Medler, Nikolaus (1923): Naumburger Kirchenordnung Nikolaus Medlers 1537, in: D. Martin Luthers Werke 35, Weimar, 56–69.

Meid, Volker (2008): Barocklyrik (2. Aufl.), Stuttgart.

Mendel, Arthur (2016): Neue Bach-Ausgabe, in: Wikipedia: Neue Bach-Ausgabe. Online verfügbar unter: http://de.wikipedia.org/wiki/Neue_Bach-Ausgabe (25.06.2017).

Menge, Hermann (1979): Langenscheidts Großwörterbuch. Unter Berücksichtigung der Etymologie (23. Aufl.), Berlin.

Merz, Michael B. (1990): Gebetsformen der Liturgie, in: Gestalt des Gottesdienstes. Sprachliche und nichtsprachliche Ausdrucksformen (2. Aufl.), Regensburg, 97–130.

Meyer, Ulrich (1977): Johann Sebastian Bachs theologische Äusserungen, in: Musik und Kirche, Kassel, 112–118.

Meyer, Ulrich (1998): Zur Einheit gebrachtes Leben. Theologische Aspekte im Werk Johann Sebastian Bachs, in: Theologische Bachforschung heute, hg. v. Renate Steiger, Glienicke/Berlin/Cambridge u. a., 207–214.

Meyer-Blanck, Michael (1997): Inszenierung des Evangeliums. Ein kurzer Gang durch den Sonntagsgottesdienst nach der Erneuerten Agende, Göttingen.

Meyer-Blanck, Michael (2003): Liturgische Rollen, in: Handbuch der Liturgie, Göttingen, 778–786.

Meyer-Blank, Michael (2011): Gottesdienstlehre, Tübingen.

Meyfart, Johann Matthäus (1626): TUBA NOVISSIMA, Das ist VOn den vier letzten dingen des Menschen (etc.), Coburg 1626.

Möller, Christian (2004): Einführung in die Praktische Theologie, Tübingen/Basel.

Müller, Georg Clemens Joseph (undatiert): Herzlich tut mich verlangen nach einem selgen End. Christoph Knoll 1599. Melodie als geistlicher Gesang: Görlitz 1613, Internetdokument. Online verfügbar unter: www.gcjm.de/swlange/11_Herzlich_tut_mich_verlangen.txt (25.06.2017).

Müller, Heinrich (1695): Geistliche Seelen-Musik, Rostock

Müller, Sascha (2010): Die historisch-kritische Methode in den Geistes- und Kulturwissenschaften, Würzburg.

Neuburger, Rahild (2011): Rhetorik, München.

Neumann, Werner (Hg.) (1959a): Johann Sebastian Bach Neue Ausgabe sämtlicher Werke. Serie I: Kantaten Bd. 21, Kantaten zum 13. und 14. Sonntag nach Trinitatis, Kassel/Basel/London/New York.

Neumann, Werner (1959b): Kantaten zum 13. und 14. Sonntag nach Trinitatis: Kritischer Bericht, Kassel/Basel/London u. a.

Neumann, Werner und Hans-Joachim Schulze (Hg.) (1963): Bach-Dokumente Bd. I. Schriftstücke von der Hand Johann Sebastian Bachs, Leipzig.

Neumann, Werner, Hans-Joachim Schulze (Hg.) (1969): Bach-Dokumente Bd. II. Fremdschriftliche und gedruckte Dokumente zur Lebensgeschichte Johann Sebastian Bachs 1685–1750, Leipzig/Kassel/Basel u. a.

Neumann, Werner (1974): Sämtliche von Johann Sebastian Bach vertonte Texte, Kassel/Leipzig.

Neumann, Werner (1984): Handbuch der Kantaten Johann Sebastian Bachs (5. Aufl.), Leipzig.

Nicol, Martin (1994): Im Ereignis den Text entdecken. Überlegungen zur homiletischen Schriftauslegung, in: Einfach von Gott reden. Ein theologischer Diskurs, hg. v. J. Roloff, H.-G. Ulrich, Stuttgart/Berlin/Köln, 268–281.

Niefanger, Dirk (2006): Barock (2. Aufl.), Stuttgart.

Olearius, Johannes (1678): Biblische Erklärung [...] Der gantzen heiligen Schrift (etc.) Bd. 1–3, Leipzig.

Opitz, Martin (1902): Buch von der deutschen Poeterei. Abdruck der ersten Ausgabe (1624), hg. v. Max Niemeyer, Halle.

Oron, Aryeh (Hg.) (2017): Ach Herr, mich armen Sünder. Text and Translation of Chorale, in: Bach Cantatas Website, Last update: 2. Juni 2017. Online verfügbar unter: www.bach-cantatas.com/Texts/Chorale069-Eng3.htm (25.06.2017).

Ottmers, Clemens (1996): Art. Rhetorik, in: Realien zur Sprache Bd. 283, Stuttgart, 54–64 (Auszug). Online verfügbar unter: https://www.lmz-bw.de/fileadmin/user_upload/Medienbildung_MCO/fileadmin/bibliothek/ottmers_rhetorik/ottmers_rhetorik.pdf (25.06.2017).

Petzoldt, Martin (1985a): Beobachtungen zur Spezifik der theologischen Bibliothek Johann Sebastian Bachs, in: Bericht über die Wissenschaftliche Konferenz zum V. Internationalen Bachfest der DDR in Verbindung mit dem 60. Bachfest der Neuen Bachgesellschaft, Leipzig, 65–75.

Petzoldt, Martin (1985b): Christoph Weise d. Ä. und Christoph Wolle – zwei Leipziger Beichtväter Bachs. Vertreter zweier auslegungsgeschichtlicher Abschnitte der ausgehenden lutherischen Orthodoxie, in: Bach als Ausleger der Bibel, hg. v. ders., Göttingen, 109–129

Petzoldt, Martin (1993): «Texte zur Leipziger Kirchen=Music». Zum Verständnis der Kantatentexte Johann Sebastian Bachs, Wiesbaden/Leipzig/Paris.

Petzoldt, Martin (1998): Bachs Prüfung vor dem Kurfürstlichen Konsistorium zu Leipzig, in: BJ, Leipzig, 19–30.

Petzoldt, Martin (2005): Bach-Kommentar. Theologisch-musikwissenschaftliche Kommentierung der geistlichen Vokalwerke Johann Sebastian Bachs Bd. I: Die geistlichen Kantaten des 1. bis 27. Trinitatis-Sonntages (2. Aufl.), Kassel.

Petzoldt, Martin (2006): Liturgie und Musik in den Leipziger Hauptkirchen, in: Die Welt der Bachkantaten Bd. 3, hg. v. Christoph Wolff, Stuttgart, 89–94.

Pfefferkorn, Oliver (2005): Übung der Gottseligkeit. Die Textsorten Predigt, Andacht und Gebet im deutschen Protestantismus des späten 16. und 17. Jahrhunderts, Frankfurt a. M.

Pfeiffer, Johannes (1999): Dass ihr anbetet in Geist und Wahrheit. Morphologie und Mystagogie des orthodoxen Tagzeitengebetes nebst einer allgemeinen Einführung in die orthodoxe Liturgik und das Verhältnis von Liturgie und Mystik, Buchhagen.

Piepmeier, Rainer (1979): Art. Aufklärung I, in: TRE Bd. IV, Berlin/New York, 575–594.

Pirro, André (1907): L'esthétique de Jean-Sébastien Bach, Paris.

Platen, Emil (1959): Untersuchungen zur Struktur der chorischen Choralbearbeitungen Johann Sebastian Bachs, Bonn.

Platen, Emil (1991): Die Matthäus-Passion von Johann Sebastian Bach. Entstehung, Werkbeschreibung, Rezeption, München.

Plüss, David (2007): Gottesdienst als Textinszenierung. Perspektiven einer performativen Ästhetik des Gottesdienstes, Zürich.

Pidoux, Pierre (1962): Le Psautier Huguenot Bd. 1 II, Basel.

Praetorius, Michael (1916): Syntagma musicum I–III, Wolfenbüttel 1615–1619. Diplomatischer Nachdruck von Teil III, hg. v. E. Bernoulli, Leipzig.

Prassl, Fran Karl (2001): Art. Versikel, in: LThK Bd. 10, Freiburg/Basel u. a., 718f.

Quintilianus, Marcus Fabius (1971): Institutionis Oratoriae libri XII Bd. 1 und 2, Leipzig.

Radulescu, Michael (2013): BEY EINER ANDÄCHTIG MUSIQ – Schritte zur Interpretation von Johann Sebastian Bachs geistlicher Klangrede anhand seiner Passionen und der h-Moll-Messe, Wien.

Rambach, Johann (1720): Geistliche Poesien, / Davon / der erste Theil / Zwey und siebenzig CANTATEN über / alle Sonn= und Fest= Tagesevangelia; / Der andre Theil / Einige erbauliche Madrigale / Sonnette und geistliche / Lieder / in sich fasset, Halle.

Rampe, Siegbert (2005): Bach-Interpretation und historische Wirklichkeit, in: Bach und die Nachwelt Bd. 4: 1950–2000, hg. v. Joachim Lüdtke, Laaber, 121–167.

Rampe, Siegbert (2014): Grundsätzliches zur Ritornellform bei Johann Sebastian Bach, in: BJ, Leipzig, 61–70.

Rathey, Markus (2006): Art. Lucia Haselböck, Bach-Textlexikon. Ein Wörterbuch der religiösen Sprachbilder im Vokalwerk von Johann Sebastian Bach, in: BJ, Leipzig, 315–318.

Reichert, Detlev (1975): Der Weg protestantischer Liturgik zwischen Orthodoxie und Aufklärung, Münster.

Reymond, Bernard (2015): La porte des cieux. Architecture des temples protestants, Lausanne.

Rienäcker, Gerd (2005): Vertane Chancen: Nachdenken über Bach-Bilder in der DDR, in: Bach und die Nachwelt Bd. 4: 1950–2000 hg. v. Joachim Lüdtke, Laaber, 227–237.

Röhring, Klaus (2002): Neue Musik und Liturgie, in: Lieder jenseits der Menschen. Das Konfliktfeld Musik – Religion – Glaube, hg. v. A. Landauer, S. Koch, Zürich, 152–168.

Role, Claude (2013): Cantate BWV 17. Wer Dank opfert, der preiset mich (2. Aufl.), in: www. Bach-Cantatas.com, Update: August 2013. Online verfügbar unter: www.bach-cantatas.com/Guide/BWV17-Role.htm (01.09.2013).

Rossin, Thomas Donald (1992): The Calov Bible of Johann Sebastian Bach: An Analysis of the Composer's Markings, Minnesota.

Rost, Johann Christoph (seit 1716): Nachricht, Wie es, in der Kirchen zu St: Thom: alhier, mit dem Gottesdienst … pfleget gehalten zu werden, handschriftliche Aufzeichnungen.

Schaal, Richard (2000): Art. Andante, in: Fremdwörter-Lexikon Musik (5. Aufl.), Wilhelmshaven, 31.
Schabalina, Tatjana (2009): Art. «Texte zur Music» in Sankt Petersburg – Weitere Funde, in: BJ, Leipzig, 11–48.
Schäfers, Thomas (2000): Art. Bach-Gesellschaft, in: Das Bach-Lexikon, Laaber, 92–93.
Scheitler, Irmgard (1982): Das Geistliche Lied im deutschen Barock, Berlin.
Schering, Arnold (1926): Musikgeschichte Leipzigs Bd. 2: von 1650–1723, Leipzig.
Schmidt, Werner Hans (1979): Einführung in das Alte Testament, Berlin/New York.
Schulze, Hans-Joachim (Hg.) (1984): Bach-Dokumente Bd. III. Dokumente zum Nachwirken Johann Sebastian Bachs 1750–1800, Kassel/Basel/London.
Schulze, Hans-Joachim (2004): Martin Petzoldt, Bach-Kommentar. Theologisch-musikwissenschaftliche Kommentierung der geistlichen Vokalwerke Johann Sebastian Bachs Bd. I., in: BJ, Leipzig, 245–249.
Schulze, Hans-Joachim (2006a): Die Bach-Kantaten. Einführungen zu sämtlichen Kantaten Johann Sebastian Bachs, Leipzig.
Schulze, Hans-Joachim (2006b): Texte und Texdichter, in: Die Welt der Bachkantaten Bd. 3, hg. v. Christoph Wolff, Stuttgart, 109–125.
Schweitzer, Albert (1960): J. S. Bach (10. Aufl.), Wiesbaden.
Siegele, Ulrich (1978): Bachs theologischer Formbegriff, Neuhausen-Stuttgart.
Siegele, Ulrich (1981): Bachs Ort in Orthodoxie und Aufklärung, in: Musik und Kirche, Kassel, 3–13.
Siegele, Ulrich (1999): Bachs politisches Profil oder Wo bleibt die Musik?, in: Bach Handbuch Kassel 1999, 6–30.
Smend, Friedrich (1966): Johann Sebastian Bach. Kirchen-Kantaten, Berlin.
Söhnel, Marion (2011): Art. Das Bach-Schrifttum 2001–2005, in: BJ, Leipzig, 117–250.
Söhngen, Oskar (1967): Theologie der Musik, Kassel.
Spiegel, Yorick (Hg.) (1972): Erinnern – Wiederholen – Durcharbeiten. Zur Sozialpsychologie des Gottesdienstes, Stuttgart.
Spitta, Philipp (1970): Johann Sebastian Bach Bd. I, (7. Aufl.), Wiesbaden.
Steiger, Lothar und Renate (1985): «Mein Gott, wie lang, ach lange?» Herzensfrömmigkeit in der Kantate 155, in: Johann Sebastian Bach Prediger in Tönen, hg. v. Wolfgang Böhme, Karlsruhe, 25–71.
Steiger, Renate (1998a): Bibliografie, in: Theologische Bachforschung heute, hg. v. Renate Steiger, Glienicke/Berlin/Cambridge u. a., 415–418.
Steiger, Renate (1998b): «Suchet der Stadt Bestes». Kirchenmusik und Öffentlichkeit, Theologische Bachforschung heute, hg. v. Renate Steiger, Glienicke/Berlin/Cambridge u. a.,190–206.
Steiger, Renate (1998c): Theologische Bachforschung heute – Einführung, in: Theologische Bachforschung heute, hg. v. Renate Steiger, Glienicke/Berlin/Cambridge u. a., IX–XXXI.
Steiger, Renate (Hg.) (1999): Von Luther zu Bach: Bericht über die Tagung 22.–25. September 1996 in Eisenach, Sinzig.
Steiger, Renate (2002): Gnadengegenwart. Johann Sebastian Bach im Kontext lutherischer Orthodoxie und Frömmigkeit, Stuttgart-Bad Cannstatt.
Stieler, Kaspar (1673): Teutsche Sekretariat-Kunst Bd. I, Nürnberg.

Stiller, Günther (1970): Johann Sebastian Bach und das Leipziger gottesdienstliche Leben seiner Zeit, Kassel/Basel.

Thomas von Aquin (1955): Vollständige, ungekürzte deutsch-lateinische Ausgabe der Summa Theologica, Graz.

Till, Dietmar (1996): Art. Geminatio, in: Historisches Wörterbuch der Rhetorik Bd. 3, Tübingen, 697–701.

Trautmann, Christoph (1969): «Calovii Schrifften, 3 Bde.» aus J. S. Bachs Nachlass und ihre Bedeutung für das Bild des lutherischen Kantors Bach, in: Musik und Kirche, Kassel, 145–160.

Trautwein, Dieter (1972): Lernprozess Gottesdienst. Ein Arbeitsbuch unter besonderer Berücksichtigung der «Gottesdienste in neuer Gestalt», München.

Turner, Victor (1998): Liminalität und Communitas, in: Ritualtheorien, hg. v. A. Belliger, D. J. Krieger, Opladen/Wiesbaden.

Veit, Patrice (1986): Gottes Bild und Bild des Menschen in den Liedern Luthers. Untersuchungen zur religiösen Sensibilität, in: Das protestantische Kirchenlied im 16. und 17. Jahrhundert, Wolfenbüttler Forschungen 31, hg. v. A. Dürr, W. Killy, Wiesbaden, 9–24.

Veit, Patrice (2000): Art. Kirchenlied, in: Das Bach-Lexikon, Laaber, 302–304.

Volz, Hans (Hg.) (1971): Die gantze Heilige Schrifft Deutsch, Wittenberg 1545: Letzte zu Luthers Lebzeiten erschienene Ausgabe, Zürich.

Wallmann, Johannes (2010a): Abraham Calov – theologischer Widerpart der Religionspolitik des Grossen Kurfürsten, in: ders.: Pietismus und Orthodoxie, Tübingen, 338–348.

Wallmann, Johannes (2010b): Mystik und Kirchenkritik in der lutherischen Kirche des 17. Jahrhunderts, in: ders.: Pietismus und Orthodoxie, Tübingen, 103–126.

Wallmann, Johannes (2010c): Neues Licht auf die Zeit Johann Sebastian Bachs in Mühlhausen. Zu den Anfängen des Pietismus in Thüringen, in: ders.: Pietismus und Orthodoxie, Tübingen, 191–257.

Wallmann, Johannes (2010d): Prolegomena zur Erforschung der Predigt des 17. Jahrhunderts, in: ders.: Pietismus und Orthodoxie, Tübingen, 427–445.

Wallmann, Johannes (2010e): Reformation, Orthodoxie, Pietismus, in: ders.:
Pietismus und Orthodoxie, Tübingen, 1–21.

Walter, Friedemann (2000): Art. Schering, Arnold, in: Das Bach-Lexikon, Laaber, 466.

Walter, Meinrad (1999): Bericht über das Bach-Symposium Stuttgart: «Die Quellen J. S. Bachs – Bachs Musik im Gottesdienst», in: Theologische Bachforschung heute, hg. v. Renate Steiger, Glienicke/Berlin/Cambridge u. a., 126–128.

Walter, Meinrad (2005): Theologische Bachforschung. Was die Theologie an Bach erforschen kann, in: Bach und die Nachwelt Bd. 4: 1950–2000, hg. v. Joachim Lüdtke, Laaber, 391– 427.

Walter, Meinrad (2007): Bach-Kantaten zum Mitsingen. Übergemeindliche Chöre auf Zeit, in: Musik und Kirche 2007, 342–345.

Walter, Meinrad (2011): Johann Sebastian Bach: Johannespassion. Eine musikalisch-theologische Einführung, Stuttgart.

Walther, Johann Gottfried (1955): Praecepta der Musicalischen Composition, in: Jenaer Beiträge zur Musikforschung II, hg. v. Heinrich Besseler, Leipzig.

Walti, Christian 2012: Ein kommentierender Bericht zum Symposium der Liturgiekommission des SEK «Gottesdienst Im-Puls» am 7. September 2011 in Bern, in: Musik und Kirche, 50–59.

Wartenberg, Günther (1990): Art. Leipzig, Universität, in: TRE Bb. XX, Berlin/New York, 721–729.

Weiss, Stefan (2000): Art. B-A-C-H, in: Das Bach-Lexikon, Laaber, 75–76.

Weller, Wolfgang (2010): Musikalische Figuren, Internetdokument, datiert: 1998–2010. Online verfügbar unter: www.wellermusik.de/Padagogik/Figuren/figuren.html (26.06. 2017).

Werthemann, Helene (1960): Die Bedeutung der alttestamentlichen Historien in Johann Sebastian Bachs Kantaten, Tübingen.

Werthemann, Helene (1985): «Gottlob, wir wissen den rechten Weg zur Seligkeit». Bach und die konfessionellen Auseinandersetzungen seiner Zeit, in: Johann Sebastian Bach Prediger in Tönen, hg. v. Wolfgang Böhme, Karlsruhe, 9–24.

Wetzel, Christoph (1985): Die Psalmen in Bachs Kantaten im Detempore der Leipziger Schaffensperiode, in: Bach als Ausleger der Bibel, Göttingen, 131–150.

Wiederkehr, Dietrich (2002): Weltliches in geistlicher Musik – Geistliches in weltlicher Musik. Die Kirche zwischen Berührungsangst und Berührungslust, in: Lieder jenseits der Menschen. Das Konfliktfeld Musik – Religion – Glaube, hg. v. A. Landauer, S. Koch, Zürich, 133–141.

Wöhrle, Georg (1994): Art. Delectare, in: Historisches Wörterbuch der Rhetorik Bd. 2, Tübingen, 521–523.

Wolf, Uwe (1999): Überlegungen zu Bachs Kommunionsmusiken, in: BJ, Leipzig, 133–141.

Wolf, Uwe (Hg.) (2007): Johann Sebastian Bach. Es ist nichts Gesundes an meinem Leibe. BWV 25, Stuttgarter Bach-Ausgaben. Urtext, Leinfelden-Echterdingen.

Wolff, Christoph (2005): «Newtons Geist» und die Grundlagen Bachscher Kompositionskunst, in: Musik, Kunst und Wissenschaft im Zeitalter J. S. Bachs, hg. v. Ulrich Leisinger und Christoph Wolff, Hildesheim, 11–23.

Wolff, Christoph (2006): Bachs Leipziger Kirchenkantaten: Repertoire und Kontext, in: Die Welt der Bachkantaten Bd. 3, hg. v. Christoph Wolff, Stuttgart, 13–35.

Wolff, Christoph (2009): Johann Sebastian Bach (2. Aufl.), Frankfurt a. M.

Wollny, Peter (2006): Das geistliche Kantatenschaffen von Bachs Zeitgenossen, in: Die Welt der Bach-Kantaten Bd. 3, hg. v. Christoph Wolff, Stuttgart, 37–49.

Wustmann, Rudolf (1909): Konnte Bachs Gemeinde bei seinen einfachen Choralsätzen mitsingen?, in: BJ, Leipzig, 102–124.

Zenger, Erich (2006): Einleitung in das Alte Testament (6. Aufl.), Stuttgart.

Zesen, Philipp von (1967): Assenat, hg. v. Volker Meid, Tübingen.

Ziegler, Caspar (1971): Von den Madrigalen, hg. v. Dorothea Glodny-Wiercinski, Frankfurt a. M.

Zur Mühlen, Karl-Heinz (1991): Art. Luther II, in: TRE Bd. XXI, Berlin/New York, 530–567.